「十四五」國家重點出版物出版規劃項目

「古文字與中華文明傳承發展工程」規劃項目

廣東省文化繁榮發展專項資金項目

陳斯鵬 編著

初版助編：石小力 蘇清芳

增訂本助編：李愛民 石小力

新見金文字編

2000—2019

中西書局

圖書在版編目（CIP）數據

新見金文字編. 2000—2019 / 陳斯鵬編著. -- 上海 : 中西書局，2025. -- ISBN 978-7-5475-2458-9

Ⅰ. K877.33

中國國家版本館CIP數據核字第2025G1K636號

新見金文字編（2000—2019）

陳斯鵬　編著

封面題簽　陳永正
責任編輯　徐　衍
裝幀設計　梁業禮
責任印製　朱人傑

出版發行　上海世紀出版集團
　　　　　中西書局（www.zxpress.com.cn）
地　　址　上海市閔行區號景路一五九弄B座（郵政編碼：201101）
印　　刷　常熟市人民印刷有限公司
開　　本　九八七毫米×一〇九二毫米　十六開
印　　張　五十六・五
版　　次　二〇二五年八月第一版　二〇二五年八月第一次印刷
書　　號　ISBN 978-7-5475-2458-9 / K・507
定　　價　四九八元

目錄

增訂本前言

一

本書初版於二〇一二年由福建人民出版社發行以來，常見有學術同行引及，說明它還是有一點用處的。這讓我感到欣慰，也大大增加了我對它續加增訂的信心。

初版收錄的是本世紀第一個十年間新發表的商周金文資料。當初完稿之時，我即預計以後大約每隔十年即有作一次較大程度增訂的必要。果然，本世紀第二個十年新見金文數量更超過前十年，有二千五百件左右，其中新見字也遠超前十年。具體來說，初版正編部分收錄字頭一千四百二十五個，其中金文首見之新字（包含構件明顯不同的新異體）三百個左右，而增訂本正編字頭有二千二百三十個，增加了八百零五個，由於部分字頭經過歸併或調整，實際上新增的字頭高達八百一十七個，其中屬於金文中新見者有四百三十六個之多（固有字頭下新見寫法尚未計入）。附録下待釋字也由初版的八十三個增加至二百零五個。可見，新增補的分量是相當大的。

增訂本除了增補新內容之外，還對初版中存在的錯誤加以訂正。具體主要包括如下幾個方面。

（一）訂正釋字的錯誤

隨著新材料的發現、學術界研究的深入，以及本人認識的進展，本書初版中有些字的釋法已顯然不正確的，增訂本一一加以訂正。例如，王八年內史操戈「」字，王輝、蕭春源（2005）釋「帀（師）屯」二字，初版從而將其下半收入「屯」

字條（一九頁），誤。字又見於《銘續》1239，作「」，《銘續》釋「帀（師）屰」二字，亦誤。其實這應是「幸」字，吳良寶（2012:10）已正確釋出，今據以訂正。又如，唐叔虞方鼎「」字，初版從饒宗頤（2002）釋爲「冂」之繁體（一六七頁），實則「冂（冋）」字金文作「」，二豎畫上出，與此有別。據文例，「冋」當爲大盂鼎、麥方尊等「」字加飾筆而成。唐蘭曾釋「」爲「堂」之初文，李伯謙（2001）、王輝（2006）、陳劍（2008）等推衍其說，釋此文爲「尚」，讀作「裳」，正確可從。新見𠭯卣又見此字，作「」，文云：「敢爯（稱）令冋女（汝）。」（《銘續》882）董珊（2014b）讀「賞」，甚是，正可合證。今據以將此二形歸入卷二「尚」字條。又如，初版卷十三「堯」字條收悍距末「」字形，該形李守奎（2015）據清華簡改釋爲「方」，甚是。今據以改歸卷八「方」字條。「方」字這種上部作「土」形之寫法可追溯到西周方簋蓋（《集成》4139）之「」，疑屬有意的變形義化。戰國文字下部訛作「人」形，遂與「堯」字相混。

一些初版收在正編的字，實不可信，今改入附錄。例如，初版卷四「叀」字條收字形「」，此字甲金文多見，舊多據《說文》「惠」古文「」而釋作「叀」，或讀作「惠」。然新出清華簡對應傳世文獻「助」之字作「」，以之爲聲符，諸家多據以改讀此字及以之作聲符之字爲「助」，於義均甚合。唯其字所象爲何形，諸家說法不一，方稚松（2015）、侯乃峰（2015）等認爲是「菹」之表意初文，劉洪濤（2018）則釋「鹵」而讀作「勴」，我則疑是「酢」或「醋」之初文，尚未可論定，故今改入附錄下050號。又如，初版卷六有「邰」字頭，收錄字形「」（一九八頁），不確。新見新城令矛（《銘續》1288）有「」，應是同一個字，今放在附錄下060號。

相反地，初版收在附錄中的字，有一些已可識讀，則移入正編。例如，初版附錄下001號「」釋「䚶」，003號「」釋「耳（聽）」，007號「」隸作「𦔻」歸卷七韭部，034號「」釋「予」，056號「」釋「豫」，036號「」從陳劍（2013）說釋「淒」，040號「」從蔣玉斌（2018）釋「戝」，等等。

（二）剔除個別疑僞器銘文字

本書初版卷一「王」字條收之子戈（《通鑒》17222，即《銘圖》17107）「」一形，卷二「𠇫」字條收之子戈「」一形，卷七「宄」字條收宄鼎（《通鑒》2379，即《銘圖》2164）「」一形，卷八「保」字條收之子戈「」、宄鼎「」二形（二四四頁），卷十「替」字條收宄鼎「」一形（三一五頁），「忘」字條收之子戈「」一形（三一七頁）。根據李愛民（2019）的研究，所謂之子戈、宄鼎二器銘文實際上是選取中山王嚳鼎、壺銘中文字而僞刻的。增訂本據以將上述各字形剔除。

又初版采用楚王酓忓衡末飾（《通鑒》19084，即《銘圖》19027），新版《通鑒》備注言「此器銘文疑僞刻」。所疑有理，該銘確有幾個字寫法奇怪不自然，用字習慣也有問題，應該是仿照楚王酓忓盤銘而僞刻的。故增訂本將原采自該銘之字形予以剔除，具體涉及卷二「三」字（一〇頁）、卷二「行」字（六三頁）、卷三「兵」「殹」二字（七九、九八頁）、卷六「楚」字（一八一頁）、卷七「日」字（二〇一頁）、卷十「忓」字（三一六頁）、卷十一「洞」字（三三二頁）、卷十二「戰」字（三六三頁）、卷十四「酓」字（四三九頁）。

（三）訂正技術性錯誤

本書初版技術性錯誤也頗有一些，此次儘量加以校正。

其中有字形錯漏的。例如：卷八「裏」楷書字頭誤作「裹」（二五五頁），卷十二「戋」楷書字頭漏脱（三六三頁）。

有字序錯亂的。例如：初版卷六「楊」字排在「柞」字之前（一七三頁），實應在「柞」後；卷七「夢」字排在「外」字之後（二一五頁），實應前移至「夜」字後；卷九「色」「卿」二字順序顛倒（二八三頁）；卷十三「紳」原誤排在「縈」後（三八〇頁），實應排在「綰」字後；卷十四「鐲」「鈴」二字順序顛倒（三九八頁）。

有誤標星號的。例如：卷七「窶」字楷書字頭誤標星號（二一七頁）；同卷「穖」字楷書字頭誤標星號，並排在禾部之末（二二四頁），實應前移至「穆」字之前。

有誤注出處的。例如：卷二「趛」字出處「伯戠父簋蓋」爲「伯趛父簋蓋」之誤，「古研（27）198頁」爲「古研（27）199頁」之誤；卷八「歆」字出處「文物2003（9）9頁」爲「文物2003（12）9頁」之誤。

二

在本書初版前言中，我將新見金文在文字學上的主要價值歸納爲如下三個方面：（一）出現大量新見字，爲古文字學的研討提供珍貴的新材料。（二）許多字出現有特色的寫法，豐富了我們對古文字形體的認識。（三）不少字詞出現新的文例，有助於字義的考索和漢語史的研討。對於此次增補的新材料來說，這幾點同樣是適用的。這裏想著重強調的是，有些新見金文材料對於古文字（特別是金文）中疑難問題的解決起到至關重要的作用。試舉幾個例子説明。

例如，金文常見「䎽𤔲（司）」一語，其中「䎽」字舊說至爲紛紜，因缺乏語音綫索，終莫能定。二〇一二年，山東沂水縣天上王城景區春秋墓所出㝬君季𦗉鑑新出現「𦗉」字，寫作「」，左旁與「䎽」所從相同，而右旁爲「恖」。李學勤（2012c）推測「𦗉」爲雙聲符字，並據以讀「䎽」爲「總」，音義均甚合適。李氏謂字從「𦔻」得聲，但未解「𦔻」爲何字。林澐（2014）結合徐伯鴻、劉雲意見，謂「𦔻」從「韭」從「井」（「韭」形表蔥屬，「井」形表種植蔥類所需水井），整體即「蔥」之本字；「𦗉」字從「蔥」之本字，益「恖」爲聲符；但於「䎽」右所從人形未能解釋。今按林說大體可信，略可補充者，「䎽」字本象人雙手植蔥之形，正與「埶」字相似，則從「丮」並不難解釋；字後加「井」旁以足義。而「𦗉」字則可能是「恖」益「蔥」之本字爲聲，即「聰」字異體，用爲人名較爲合適。「䎽𤔲（司）」之「䎽」讀「總」，現在已爲古文字學者所普遍接受，「𦗉」字形的出現是這一疑難問題得以解決的關鍵綫索。

又如，金文中器物名稱之前常見一修飾語「𩰫」，此字舊多釋「𩱓」，或讀作《詩·周頌·我將》「我將我享」之「將」。後來陳劍（2008b）認爲所從「」象以刀解肉於俎，釋爲解牲以祭之「肆」。此說影響甚大。但是，「𩰫」字不但用於食器，亦且用於酒器、水器、樂器，則釋「肆」於義不能盡合，終不能無疑。新見金文中可見一系列從「爿」聲之字用作器物名稱的修飾語，如曾仲姬壺言「𤖯壺」（《銘圖》12190），景之蟹鼎言「𤖼彝」（《銘續》178），夆子詹簠言「𤖹匿（簠）」（《銘續》485），夆子詹壺言「𤖹壺」（《銘續》817）。「𩰫」與「𤖯」「𤖼」「𤖹」所處語境相同，又都從「爿」，推測同從「爿」聲，記錄同一個詞，應該是比較合理的。結合古文字中「⿰爿酉」「⿰爿⿱酉皿」本有讀「將」之用字習慣考慮，則把這幾個字統一讀爲將享之「將」，恐怕是最合適的了。

再如，金文常見的「蔑曆」組合的釋讀，是一個長期吸引並困擾研究者的疑難問題，相關釋讀方案有數十種之多。之所以難以得出共識，有一個主要原因，就是對「蔑曆」各種組合的語法分析存在分歧。新出霸伯盂（又稱尚盂，《銘圖》6229）有云：

> 唯三月，王使伯考蔑尚曆，歸柔鬱、旁鬯、臧，尚拜稽首。既稽首，延賓，贊，賓用虎皮稱，毀（饋？），用璋，奉（？）。翌日，命賓曰：「拜稽首，天子蔑其亡（無）曆，敢敏。」用璋。

開頭的「王使伯考蔑尚曆」是普通的「A蔑B曆」格式，但後面與此相呼應的「天子蔑其亡（無）曆」是前所未見的新文例，特別值得注意。李學勤（2011b）說：「這是尚自謙的話，說實際上沒有什麼功勛。」甚確。前後二句相勘，可得出兩點確定的認識：（一）在「A蔑B曆」中，「曆」是名詞性的，充當「蔑」的賓語；（二）在「A蔑B曆」中，「曆」的主體歸屬只能是B，因爲如果「曆」是由A發出的，這裏不可能用「無」予以否定。據此可以斷定，將「A蔑B曆」看作「A蔑B之曆」是最合理的。換言之，「蔑B曆」爲「動+定+中」結構。這一由新材料帶來的新認識，可排除一些明顯不可行的思路，成爲問題合理解決的一個重要環節。詳細論證可參看陳斯鵬（2021a）。

三

本書初版即有意效法曾憲通師《長沙楚帛書文字編》，多作學術性案語。對於疑難字或新見字，或爲讀者提供簡要集釋，以便按圖索驥；或提出個人一孔之得，以供參考批評。這樣一來，工作量和工作難度自然要較一般的整理排比字形要大許多。但這個做法曾受到不少師友的肯定和鼓勵，這促使我在本書的增訂工作中不但對此加以堅持，而且還較前更加強了力度。當然，這也造成了增訂本的定稿再三推延的後果。但是，我覺得這是值得的。這些案語中包含不少個人未經發表的考釋意見，限於體例，只能先簡要表出，異日如有條件、有必要，或可稍加展開論證。這裏略舉幾個例子，以引起讀者注意。

例如，曾占尹蟜缶（《銘續》902）有職官名「尹」，「」字我主張釋「占」，於卷三「占」字條下加案語云：

> 《銘續》釋「旨」，馬超（2017:316—317）釋「仰（信）」，讀「令」。實應釋「占」，所從「卜」寫作近似「人」形，同銘「⿺辶卜」所從「卜」作「」可合證。「占尹」爲主占卜之官，見《漢書・古今人表》，《楚辭・卜居》作「詹尹」（「占」「詹」音近，包山楚簡174「⿰詹卜人」即「占人」；「占人」見《周禮・春官》），應相當於「卜尹」（見《左傳》昭公十三年等）。

在增訂本完稿交付出版社之後，我才讀到劉新全（2023），劉文持相同觀點，而論證詳細，甚爲可喜。由劉文可知，關於此字尚有其他一些不同意見爲我作此案語時所疏忽未注意及者。今既有劉文，則我自然沒有再就此問題展開討論的必要了，但我相信我們的意見是對的，請讀者參之。

又如，競孫旟鬲（《銘圖》3036）、競孫不服壺（《銘圖》12381）爲一人所作，前者云：「畬（欽）哉不服，羕（永）保之用亯（享）。」後者云：「競孫不服，羕（永）保之用亯（享）。」「旟」即讀爲楚公孫朝之「朝」，學界已有共識，而「不服」則有異說。我於卷十二「不」字條加案語云：

> 競孫壺、鬲「不服」，黄錦前（2012b）讀「丕服」，謂猶金文常見之「大服」，難通。董珊（2012d）釋「示服（？）」，於形不確，但疑二字爲人名，則是。董氏於文末評論中已改從「不服」之釋。予意「不服」當即公孫朝之字，蓋名、字相因，取意於朝其不服者。其兄名「寧」而字「子國」，取意於寧其國，兄弟名、字之立意及其構成方式如出一轍也。

又如，金文常見字「達」，牽涉甚廣，我的看法與諸家稍有不同，故於卷二「達」字條下略爲表出：

金文「達殷」「達殷之命」一類文例多見，亦見於《書・顧命》「用克達殷集大命」。舊注訓「達」爲通。清人朱駿聲讀「撻」，近代以來從之者衆。然均有難通處。董珊（2014c）認爲「達」應訓代，乃由其至義引申而來。李學勤（2017a）則讀「徹」，當廢除講。文意把握當以董說爲近是，但謂至義引申出代義，則嫌曲折。實則不如讀爲「迭」，意爲迭代。叔尊之「達」，裘錫圭（2018a）讀「汏」，訓過。予意讀「迭」亦甚通。

又如，另一個金文常見字「諫」，近來改釋讀爲「敕」之說影響似較大，我則仍主張釋「諫」，並於卷三「諫」字條下稍加辨說：

晉公盤「譥」，吳鎮烽（2014）隸定作「譥」，以爲「敕」字異體，訓爲理。黃傑（2014）分析爲從「諫」從「攴」。黃說有理。從照片看，「朿」形右邊之點尚可辨認，且以文例言，亦當與金文常見之「諫」同字，故應隸定作「譥」，蓋「諫」增「攴」之繁構也。「諫辪」之「諫」，諸家頗多以爲「敕」者，詳張富海（2019）。此說實於形有礙。相同辭例見於清華簡《封許之命》簡5，字作「朿」，亦可證不宜讀「敕」。李學勤（2003a）讀「簡」，訓大，詞性未合。王輝（2003）訓正，似較勝。親簋之「諫」疑可讀「簡」，《書・吕刑》：「五辭簡孚，正于五刑。」蔡沈《集傳》：「簡，核其實也。」

再如，甲金文中常見的「桒」及相關諸字，歷來衆說紛紜，我於卷十「桒」字條下云：

其用於祭祀祈求一類語境者，近年讀「禱」之說頗流行，主其說者有陳漢平（1989）、冀小軍（1991）、陳劍（2001a）、單育辰（2017）等，實則於形音義俱不可信。孟蓬生（2004）、董蓮池（2008）、劉雲（2022）對此有合理的批評。「桒」字形本爲一整體，象草形而突出其根系，或加「艸」爲繁體（「艸」或訛類「収」）。《說文》分析爲「从夲、卉聲」，殊誤。「桒」音「忽」（《說文》「㨃」字條），又「餑（饙）」「㨃（拜）」「頪（拜）」等從「桒」聲，其語音信息明確，不容忽視。龍宇純（1963）以「桒」爲「茇」之象形初文，應較爲可信。用於祭祀祈求一類語境之「桒」，龍氏讀「祓」，則嫌不夠妥帖。予意似不若讀「拜」，拜神求福之意。老簋「桒」即讀「拜」，此雖爲拜手之「拜」，然二義本自相涵，蓋拜神一般亦當行拜手禮也。金文拜手通常作「捧」，而拜神通常作「𠦪」，但又偶或通用，正音義同源之故也。霸伯簋蓋「𠦪鹽」之「𠦪」疑讀「拔」，簡選拔取之意。字或加「又」旁，疑即「拔」之異體。參卷三「𣪘」字條。「𠦪較（較）」一類文例之「𠦪」，近年流行讀「雕」，自不可信。舊或讀「賁」，待考。

於卷五「餴」字條下云：

「餴（饙）」《説文》訓「滫飯也」，而金文多用爲食器修飾語，又用爲動詞，言「用餴」（可加「皇父」之類的對象），字又可作「𠦪」或「捧」。考其語源，疑即祭拜之「拜」。蓋祭拜每具飯食，故引申爲具飯食以祭拜之特定意義，遂多從「食」旁而孳乳出「餴」字。

又於卷十二「捧」字條下云：

伯克父盨「捧」字，《銘續》所釋不誤。田率（2017）以爲從二「𠦪」，於形未審，而以爲相當於「餴」，則近是。金文「餴（饙）」爲具飯食以祭拜之意，字又可作「𠦪」或「捧（拜）」，其音義之源疑即祭拜之「拜」。故伯克父盨「捧」字逕讀「拜」亦無不可。

又卷三「𣪘」字條下云：

字從「又」從「𠦪」，「𠦪」亦聲，疑即「拔」字之異體，簡選拔取之意。《論衡·累害》：「夫采玉者破石拔玉。」

此幾處案語綜合起來，即是我目前對此重大疑難問題的基本意見。書中的這些個人考釋意見，未必都可信，但大體均經一番嚴肅之考索斟酌，有所憑據。希望讀者察鑒而是正之。

四

本書初版完成之後，我即一直留意後續新見的金文資料及其研究成果。二〇一五年，李愛民君來從我攻讀博士學位，我即與他商定博士論文選題爲《二〇一〇年以來新出商周金文的整理與研究》，該論文於二〇一九年五月完成並通過答辯。論文收録的新見金文截至二〇一八年底。論文爲本書的增訂工作提供了一個十分重要的基礎。增訂本增補的字形和文例，多數即從論文的「文字編」部分挑選出來並加以修改加工的；而論文的「新見字集釋」部分，則爲增訂本案語的撰寫提供了極大的便利。後來，愛民還協助我收集了部分二〇一九年新見金文資料。

石小力君在增訂工作開始之初，即就初版中存在的問題提出一份詳細的修改意見供我參考，還幫我替換掉了一批質量較差的字形圖片。在增訂工作基本完成之後，他又通讀全稿，提了不少有價值的建議，並協助將書中所引二〇一〇年版《通鑒》編號轉換成《銘圖》編號，以便讀者檢核。

特此說明，並向愛民、小力二君的幫助致以謝忱！

凡例

一、本書專收二〇〇〇—二〇一九年發表的商周金文，酌收極少量此前發表而爲《四版〈金文編〉校補》漏收者。

二、本書主體由正編（十四卷）、合文、附錄（上、下）組成。正編編排次序略依大徐本《說文》；《說文》所無之字則附相應各部之末（個別爲方便繫聯，附密切相關字之後），並在字頭右上角標「*」號，同部所附字頭不止一個者，略依筆畫數爲序。個別字的處理從《金文編》，如「朋」附貝部，「康」隸「庚」後等。合文部分專收合書字例。仿《金文編》之例，以未識之「圖形文字」（一般用爲氏族名稱或徽號）爲附錄上，其他未識字爲附錄下。附錄上所收有複合形體者，其局部或可識，但因其性質尚待研究，暫作一整體看待。

三、每字頭下字形的選取主要考慮寫法有代表性者，同時兼顧文例。每字形下依次出器名、時代、文例、出處。各字形排列略依時代先後爲序，如一字頭下有結構、寫法明顯不同者，則先類聚，再按時代排序。時代的判定多據發表者意見或學術界一般看法，僅供參考。

四、字形儘量采自電子化的拓本或照片，再經電腦處理；原始圖片效果欠佳者，或另附摹本；個別原始圖片效果尤差甚或不可得者，則逕用摹本。摹本或采自各書，或爲編者另摹，恕難一一注明。字形大小經過縮放，多非原大。

五、書中稱引書刊多用簡稱，詳參「引書簡稱表」。簡稱出現在案語中則加書名號。簡稱表中書以出版年份爲序，刊按音序排列。

六、案語中稱引諸家論著一般以「作者（年份）」的形式出現，書末另附「參考文獻」，以備檢核。「參考文獻」按作者姓名音序排列。

七、本書附有「筆畫檢字表」，表中同筆畫的字按書中出現先後爲序。

引書簡稱表

曲村	《天馬—曲村》，北京大學考古學系商周組、山西省考古研究所編著，科學出版社，二〇〇〇年。
長子口	《鹿邑太清宮長子口墓》，河南省文物考古研究所、周口市文化局編，中州古籍出版社，二〇〇〇年。
頤和園	《頤和園文物菁華·銅器類》，頤和園管理處編，五洲傳播出版社，二〇〇〇年。
皕明樓	《皕明樓金文考説》，宗鳴安著，陝西人民美術出版社，二〇〇一年。
保利續	《保利藏金（續）》，保利藝術博物館編，嶺南美術出版社，二〇〇一年。
徵集	《尋覓散落的瑰寶——陝西歷史博物館徵集文物精粹》，陝西歷史博物館編，三秦出版社，二〇〇一年。
近出	《近出殷周金文集錄》，劉雨、盧岩編著，中華書局，二〇〇二年。
南大	《南京大學文物珍品圖録》，洪銀興、蔣贊初主編，科學出版社，二〇〇二年。
晉國	《晉國奇珍——山西晉侯墓群出土文物精品》，上海博物館編，上海人民美術出版社，二〇〇二年。
晉侯	《晉侯墓地出土青銅器國際學術研討會論文集》，上海博物館編，上海書畫出版社，二〇〇二年。
北京	《北京文物精粹大系·青銅器卷》，郁金城、宋大川主編，北京出版社，二〇〇二年。
葛陵	《新蔡葛陵楚墓》，河南省文物考古研究所編著，大象出版社，二〇〇三年。

盛世	《盛世吉金：陝西寶雞眉縣青銅器窖藏》，陝西省文物局、寶雞市文物局、中華世紀壇藝術館編，北京出版社，二〇〇三年。
天星觀	《荊州天星觀二號楚墓》，湖北省荊州博物館編著，文物出版社，二〇〇三年。
第四屆	《第四屆國際中國古文字學研討會論文集》，香港中文大學中國語言及文學系，二〇〇三年。
侯古堆	《固始侯古堆一號墓》，河南省文物考古研究所編著，大象出版社，二〇〇四年。
中銅展	《中國青銅器展覽圖録》，上海博物館編，五洲傳播出版社，二〇〇四年。
淅川	《淅川和尚嶺與徐家嶺楚墓》，河南省文物考古研究所、南陽市文物考古研究所、淅川縣博物館編著，大象出版社，二〇〇四年。
夏商周	《夏商周青銅器研究》，陳佩芬著，上海古籍出版社，二〇〇四年。
雪齋	《雪齋學術論文二集》，張光裕撰，藝文印書館，二〇〇四年。
王坡	《襄陽王坡東周秦漢墓》，湖北省文物考古研究所、襄樊市考古隊、襄陽區文物管理處編著，科學出版社，二〇〇五年。
西安	《西安文物精華·青銅器》，西安市文物保護考古所編著，世界圖書出版公司，二〇〇五年。
黄盛璋	《黄盛璋先生八秩華誕紀念文集》，陝西師範大學、寶雞青銅器博物館主辦，中國教育文化出版社，二〇〇五年。
周原	《周原出土青銅器》，曹瑋主編，巴蜀書社，二〇〇五年。
棗陽	《棗陽郭家廟曾國墓地》，襄樊市考古隊、湖北省文物考古研究所、湖北孝襄高速公路考古隊編著，科學出版社，二〇〇五年。
滕州	《滕州前掌大墓地》，中國社會科學院考古研究所編著，文物出版社，二〇〇五年。
靈壽城	《戰國中山國靈壽城——1975～1993年考古發掘報告》，河北省文物研究所著，文物出版社，二〇〇五年。

小邾	《小邾國遺珍》，棗莊市政協臺港澳僑民族宗教委員會、棗莊市博物館編著，中國文史出版社，二〇〇六年。
珍秦齋秦	《珍秦齋藏金·秦銅器篇》，澳門基金會，二〇〇六年。
湖北	《湖北出土文物精粹》，湖北省博物館編，文物出版社，二〇〇六年。
新收	《新收殷周青銅器銘文暨器影彙編》，鍾柏生、陳昭容、黃銘崇、袁國華編，藝文印書館，二〇〇六年。
左冢	《荊門左冢楚墓》，湖北省文物考古研究所、荊門市博物館、襄荊高速公路考古隊編著，文物出版社，二〇〇六年。
字與史(1)	《古文字與古代史》第一輯，陳昭容主編，「中研院」歷史語言研究所，二〇〇七年。
山東	《山東金文集成》，山東省博物館編，齊魯書社，二〇〇七年。
芮國	《芮國金玉選粹——陝西韓城春秋寶藏》，孫秉君、蔡慶良著，三秦出版社，二〇〇七年。
散歐流美	《流散歐美殷周有銘青銅器集錄》，劉雨、汪濤撰，上海辭書出版社，二〇〇七年。
曾國	《曾國青銅器》，湖北省文物考古研究所編，文物出版社，二〇〇七年。
臨淄	《臨淄齊墓》第一集，山東文物考古研究所，文物出版社，二〇〇七年。
珍秦齋吳	《珍秦齋藏金·吳越三晉篇》，澳門基金會，二〇〇八年。
首陽	《首陽吉金——胡盈瑩、范季融藏中國古代青銅器》，首陽齋、上海博物館、香港中文大學文物館編，上海古籍出版社，二〇〇八年。
華章	《吉金鑄華章——寶雞眉縣楊家村單氏青銅器窖藏》，陝西省考古研究院、寶雞市考古研究所、眉縣文化館編著，文物出版社，二〇〇八年。

論稿	《古文字學論稿》，張光裕、黄德寬主編，安徽大學出版社，二〇〇八年。
隨州	《隨州出土文物精粹》，隨州市博物館編，文物出版社，二〇〇九年。
字與史(2)	《古文字與古代史》第二輯，李宗焜主編，「中研院」歷史語言研究所，二〇〇九年。
玫茵堂	《玫茵堂藏中國銅器》(*Chinese Bronzes from the Meiyintang Collection*, London: Paradou Writing)，汪濤，二〇〇九年。
楚彙	《楚系金文彙編》，劉彬徽、劉長武，湖北教育出版社，二〇〇九年。
涓細成流	《涓細成流：山西博物院捐贈文物選》，山西博物院編，山西人民出版社，二〇〇九年。
通鑒	《商周金文資料通鑒》，《商周金文資料通鑒》課題組，二〇一〇年。
近出二編	《近出殷周金文集録二編》，劉雨、嚴志斌編著，中華書局，二〇一〇年。
深圳	《深圳民間收藏精粹》，深圳市文物管理辦公室、深圳市博物館、深圳市文物考古鑒定所編著，文物出版社，二〇一〇年。
銘圖	《商周青銅器銘文暨圖像集成》，吴鎮烽編著，上海古籍出版社，二〇一二年。
穆穆曾侯	《穆穆曾侯：棗陽郭家廟曾國墓地》，方勤、吴宏堂主編，文物出版社，二〇一五年。
賽寶會	《周末賽寶會——「藏寶閣」百件珍品賞析》，王玲梅、葛曉主編，安徽科學技術出版社，二〇一五年。
銘續	《商周青銅器銘文暨圖像集成續編》，吴鎮烽編著，上海古籍出版社，二〇一六年。
安金彙編	《安徽商周金文彙編》，孫合肥著，安徽大學出版社，二〇一六年。
墨影	《吉金墨影・南陽出土青銅器全形拓》，劉新、劉小磊主編，河南美術出版社，二〇一六年。
沂源	《沂源文物精粹》，沂源縣文物管理所編著，文物出版社，二〇一六年。

大邦之夢	《大邦之夢：吳越楚青銅器》，蘇州博物館編，上海古籍出版社，二〇一七年。
美　好	《美・好・中華——近二十年考古成果展》，首都博物館編著，文物出版社，二〇一七年。
金石同壽	《金石同壽・青銅器精品集2》，閱是編，浙江人民美術出版社，二〇一七年。
九如園	《九如園吉金：朱昌言藏古代青銅器》，彭適凡編著，上海辭書出版社，二〇一八年。
全　集	《中國出土青銅器全集》，李伯謙主編，科學出版社、龍門書局，二〇一八年。
回家（2018）	《國寶回家：2018山西公安機關打擊文物犯罪成果精粹》，山西省公安廳、山西省文物局編著，文物出版社，二〇一八年。
回家（2019一）	《國寶回家：2019山西公安機關打擊文物犯罪成果精粹（一）》，山西省公安廳、山西省文物局編著，二〇一九年。
回家（2019二）	《國寶回家：2019山西公安機關打擊文物犯罪成果精粹（二）》，山西省公安廳、山西省文物局編著，二〇一九年。
追　回	《追回的寶藏——隨州市打擊文物犯罪成果薈萃Ⅰ》，隨州市博物館、隨州市公安局主編，武漢大學出版社，二〇一九年。
銘　三	《商周青銅器銘文暨圖像集成三編》，吳鎮烽編著，上海古籍出版社，二〇二〇年。
古　研	《古文字研究》
故　博	《故宮博物院院刊》
國　博	《中國國家博物館館刊》

華夏	《華夏考古》
江漢	《江漢考古》
考報	《考古學報》
考文	《考古與文物》
歷文	《中國歷史文物》
南方	《南方文物》
南開	《南開學報》
陝博	《陝西歷史博物館館刊》
上博	《上海博物館集刊》
收藏	《收藏界》
史學	《史學集刊》
天地	《文物天地》
文報	《中國文物報》
中原	《中原文物》

卷一

一

作册般黿（商晚）：王～射。◎歷文2005（1）封二

榮仲方鼎（西周早）：子加嫈（榮）中（仲）玐章（璋）～。◎文物2005（9）64頁

曶簋（西周中）：用赤金～匀（鈞）。◎文物2000（6）87頁

師酉鼎（西周中）：𢚃（固）夙夜辟事我～人。◎歷文2004（1）封二

𦮃簋（西周中）：楄（楷）侯𤔲（盩）𦮃馬亖（四）匹、臣～家。◎新收1891

夾簋（西周中）：隹（唯）十又～月既生霸戊申。◎新收1958

二式𤟹簋（西周中）：唯十又～月既望丁亥。◎考文2006（6）60頁

趞伯盨（西周中）：其競余～子。◎銘圖5666

聞尊（西周中）：女（汝）母（毋）又（有）～不聞。◎論稿10頁

霸伯簋蓋（西周中）：虎皮～。◎考報2018（1）102頁

霸伯盤（西周中）：隻（獲）訊～。◎考報2018（1）125頁

卌二年逑鼎甲（西周晚）：贅女（汝）秬鬯～卣（卣）。◎華章39頁

元

卌三年逑鼎甲（西周晚）：用乍（作）余我～人死（怨），不小（肖）隹（唯）死。◎華章55頁

昭宮鼎（戰國晚）：～斗九升止。◎銘圖2099

私府鼎（戰國晚）：～斗半。◎銘圖2100

元卣蓋（商晚）：～乍（作）父戊尊彝。◎銘續867

丁元簋（西周早）：丁～。◎銘圖3714

伯呂盨（西周晚）：隹（唯）王～年六月既眚（生）霸庚戌。◎夏商周395

伯碩父鼎（西周晚）：用孝用亯（享）于卿事、辟王、庶弟、～兕（兄）。◎銘圖2438

元黃戈（春秋早）：～黃□。◎文物2009(1)51頁

秦政伯喪戈（春秋早）：乍（作）造左辟～戈。◎珍秦齋秦42頁

晉公盤（春秋中）：乍（作）～女孟姬宗彝般（盤）。◎銘續952

䖒戕此郤劍（春秋晚）：自乍（作）～用鐱（劍）。◎考古2000(4)95頁

姑發者反之子通劍（春秋晚）：𨑢（通）自乍（作）～用。◎歷文2004(5)圖版6

吳王闔廬劍（春秋晚）：攻敔（吳）王者彶䖒虒自乍（作）～用鐱（劍）。◎江漢2009(3)彩版二

壬午吉日戈（春秋晚）：壬午吉日乍（作）～用玄鏐戈。◎故博2008(6)79頁

曾侯與鐘（春秋晚）：臨觀～□。◎銘續1034

天

夫差劍（春秋晚）：自乍（作）其~用。◎黄盛璋307頁

飲元牡乘馬匜（春秋）：用歆（飲）~駐（牡）乘馬。◎青銅器與金文(2)15頁

越王差徐戈（戰國早）：差郐（徐）𠂤（以）鑄其~甬（用）戈。◎故博2008(4)26頁

元年安平相邦戈（戰國晚）：~年安平相邦司徒田子。◎銘圖17349

吳季子之子逞劍（春秋晚）：吳季子之子逞之~用鐱（劍）。◎銘續1344

之乘辰鐘（戰國早）：疋剌次留之~子。◎文物2004(2)72頁

天戈（商晚）：~。◎銘圖16004

天觚（商晚）：~。◎銘續670

師酉鼎（西周中）：對揚皇~子不（丕）顯休。◎歷文2004(1)封二

親簋（西周中）：敢對揚~子休。◎歷文2006(3)封二

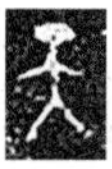

宰獸簋（西周中）：敢對揚~子不（丕）顯魯休命。◎陝博(7)99頁

豳公盨（西周中）：~令（命）禹尃（敷）土。◎歷文2002(6)4頁

豳公盨（西周中）：釁才（在）~下。◎歷文2002(6)4頁

霸伯盂（西周中）：~子蔑其亡（無）麻。◎銘圖6229

太師虘簋蓋（西周中）：敢對揚~子不（丕）顯休。◎銘圖5282

甴盨蓋（西周中）：甴敢對揚~子不（丕）顯休。◎銘圖5673

〔不〕丕

任鼎（西周中）：敢對揚～子休。◎歷文2004（2）21頁

采隻簋（西周中）：采隻𡉚（對）～子休。◎銘圖5154

凷鼎（西周中）：～子不（丕）㬎（顯）休。◎銘圖2453

呂簋蓋（西周中）：呂對揚～子休。◎論稿167頁

卌三年逑鼎丁（西周晚）：畯臣～子。◎華章79頁

卌三年逑鼎丙（西周晚）：畯臣～子。◎華章71頁

頌盤（西周晚）：頌敢對揚～子不（丕）顯魯休。◎文物2009（9）52頁

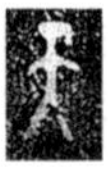

衟鼎（西周晚）：不（丕）顯～尹。◎文博2007（2）17頁

宋公固鼎（春秋晚）：有殷～乙唐（湯）孫宋公豩（固）。◎銘續209

封子楚簠（春秋晚）：受命于～。◎銘續517

曾侯與鐘（春秋晚）：羅（撫）𣪘（定）～下。◎銘續1029

曾侯與鐘（春秋晚）：而～命𨟻（將）誤（虞）。◎銘續1029

司馬義鎛（戰國早）：嚴龏（恭）～命。◎山東104—108頁

虎簋蓋乙（西周中）：對揚天子～杯魯休。◎新收1874

【案】「丕」爲「不」之分化字，卷十二「不」字重見。

吏

弅令鄗戈（戰國晚）：工帀（師）瘟、～涅。◎銘續1235

廿年冢子戈（戰國晚）：庫～祛。◎古研（27）322頁

三年大將李牧弩機（戰國晚）：大㯱（將）～（李）牧。◎文物2006（4）封三

【案】「吏」「事」爲一字之分化，參卷三「事」字。

上

一式獄簋（西周中）：𩁹（馨）香則登于～下。◎考文2006（6）59頁

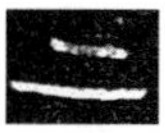

卌二年逑鼎甲（西周晚）：其嚴才（在）～。◎華章39頁

卌三年逑鼎丁（西周晚）：皇考其嚴才（在）～。◎華章79頁

上鄀㒳妻壺（春秋早）：～鄀㒳妻乍（作）尊壺。◎銘續834

悍距末乙（戰國晚）：光張～［下］。◎古研（24）269頁

曾侯與鐘（春秋晚）：［白（伯）］䢔（括）～［疊，差（左）𦋜（右）文］武。◎銘續1030

垣上官鼎（戰國晚）：垣～官財（載）四斗（半）齋。◎文物2005（8）91頁

滎陽上官皿（戰國晚）：縈（滎）陽～官。◎文物2003（10）79頁

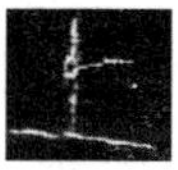

上郡假守鼂戈（戰國晚）：～郡叚（假）守鼂造。◎珍秦齋秦88—89頁

上洛戈甲（戰國晚）：～洛。◎銘圖16486

上皐落戈（戰國晚）：～咎（皐）茖（落）大命（令）少曲夜。◎考古2005（6）95頁

帝

冢子韓政戟刺（戰國晚）：大官～庫嗇夫狢賈。
◎銘續1289

上將軍之牌飾（戰國）：～迺（將）軍之。
◎出土文獻與古文字研究（4）113頁

甗方鼎（商晚）：王窐（賓）文武～乙彡（肜）日。
◎文物2005（9）61頁

伯或父鼎（西周中）：用夙夜于～（嫡）宗室。
◎銘續231

應公鼎（西周晚）：珷（武）～日丁。
◎華夏2007（1）27頁

逑盤（西周晚）：用配上～。
◎盛世34頁

中臣鼎（西周早）：～𠨩。
◎銘續93

【案】中臣鼎「帝」字，石鼓山考古隊（2013）釋「辛」，非是。李學勤（2013）釋「帝」，並謂「帝𠨩」同於庚姬尊、庚姬卣的「帝司」，均應釋讀爲「帝后」。其說可從。

旁

仲畱父壺（西周早）：中（仲）畱父令色㠯（以）～壺□□。◎曲村440頁

霸伯盂（西周中）：歸柔鬱、～（芳）鬯、臧。
◎銘圖6229

曾伯克父簠蓋（春秋早）：走追三（四）～（方）。
◎銘續518

曾伯克父簠蓋（春秋早）：走追三（四）～（方）。
◎銘續518

秦政伯喪戈（春秋早）：秦政白（伯）喪戮政西～（方）。◎珍秦齋秦42頁

下

綰方甗（春秋早）：用鑄～（方）甗（甗），用征用行。◎九如園 24

鄧子旁鄭甗（春秋中）：鄧子～鄭鑄其𥓰甗（甗）。◎銘續 281

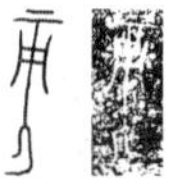

曾侯與鐘（春秋晚）：褱（懷）燮四～（方）。◎銘續 1029

【案】「旁」「方」爲同源詞，金文「旁」多讀「方」。綰方甗之「旁」，葛亮（2019）讀「方」，與器型相合，可從。仲𤰈父壺「旁」，謝明文（2020）亦讀「方」，符合用字習慣，但該壺實屬圓體而非方體，似有可疑。

伯祼簋（西周早）：伯祼于～宮。◎玫茵堂 102

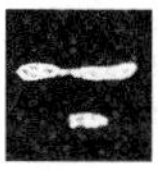

𣎆公盨（西周中）：𡨦才（在）天～。◎歷文 2002（5）5 頁

衛簋甲蓋（西周中）：𨢅（馨）香則登于上～。◎南開 2008（6）封三

卌三年逨鼎丁（西周晚）：廙（翼）才（在）～。◎華章 79 頁

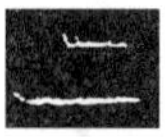

卌三年逨鼎戊（西周晚）：廙（翼）才（在）～。◎華章 87 頁

曾伯霥壺（春秋早）：孔武～孱。◎江漢 2017（6）9 頁

下都唐公疾匜（戰國早）：～都𥂴（唐）公疾之盥盤。◎銘續 984

鄭莊公之孫𣍘鼎（春秋晚）：其遟（徙）于～都。◎湖北 56

曾侯與鐘（春秋晚）：𦋺（撫）𢿢（奠）天～。◎銘續 1029

示

二年邦司寇趙春鈹（戰國晚）：~庫工帀（師）孫疋。◎珍秦齋吳 211 頁

信安鼎（戰國晚）：詢（信）安~官器府。◎文物 2009（11）71 頁

十四年下邑令瘍鈹（戰國晚）：~邑倫（令）瘍。◎銘圖 18002

魚顛匕（戰國）：~民無智（知）。◎銘圖 6320

亞干示觚（商晚）：亞干~。◎近出 750

一式獄簋（西周中）：其日夙夕用氒（厥）𩰫（馨）香𦎫~于氒（厥）百神。◎考文 2006（6）59 頁

伯獄簋蓋（西周中）：其日夙夕用氒（厥）𩰫（馨）香𦎫~于氒（厥）百神。◎銘續 460

祜

曾孟嬴削簠（春秋早）：則永~福。◎棗陽 93 頁

曾亘嫚鼎（春秋早）：爾永~福。◎棗陽 65 頁

曾子壽鼎（春秋早）：則永~福。◎銘續 147

曌侯壺（春秋中）：其永~福。◎銘續 829

京叔簋（西周晚）：用亯（享）于文~（姑）。◎銘續 428

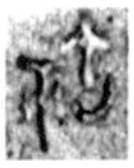
京叔簋蓋（西周晚）：用亯（享）于文~（姑）。◎銘續 428

【案】京叔簋「祜」字之「古」旁訛作「缶」。

福

楚季鐘（西周中）：公其邁（萬）年受氒（厥）～。

◎銘續 1015

逑盤（西周晚）：降逑魯多～。

◎盛世 34 頁

逑鐘（西周晚）：降余多～。

◎首陽 121

伯㦰父簋（西周晚）：用寧～。

◎古研（27）198 頁

一式獄簋蓋（西周中）：用匄百～。

◎考文 2006（6）59 頁

曾亘嫚鼎（春秋早）：爾永祜～。

◎棗陽 63 頁

家伯束⿰孑阝簋（春秋早）：用旛（祈）萬～無疆。

◎銘續 452

⿱陽土侯壺（春秋中）：其永祜～。

◎銘續 829

昭王之即鼎（戰國早）：霝（靈）～之既亟。

◎銘續 225

爾孫造鼎（春秋早）：永古（祜）～。

◎銘續 158

昭王之即簠（戰國早）：霝（靈）～之既亟。

◎銘續 516

南姑甗（西周中）：用匄百～。

◎考文 2006（6）64 頁

倗叔壺蓋（西周中）：弔（叔）乍（作）田甫～壺。

◎銘圖 12401

【案】倗叔壺蓋「福」字，張懋鎔（2013）釋「尊」，非是。器銘「尊壺」之「尊」與此大異。江學旺（2017：5）釋「福」，可從。字從「酉」，不從「畐」，正與南姑甗同。戰國文字「福」亦多有從「酉」者。「福壺」蓋謂用以匄福之壺也。

神

任鼎（西周中）：用各（格）大～。
◎歷文 2004（2）21 頁

趞伯簋（西周中）：其用夙夜亯（享）卲（昭）文～。◎史學 2006（2）封二

衛簋甲蓋（西周中）：臺祀于氒（厥）百～。
◎南開 2008（6）封三

一式獄簋蓋（西周中）：臺示于氒（厥）百～。
◎考文 2006（6）59 頁

獄盨（西周中）：臺祀于氒（厥）百～。
◎銘圖 5275

二式獄簋（西周中）：臺祀于氒（厥）百～。
◎考文 2006（6）60 頁

槐簋（西周中）：用追孝百～。
◎銘續 453

伯戋父簋（西周晚）：用亯（享）于大～。
◎古研（27）198 頁

齋

曾侯與鐘（春秋晚）：共（恭）寅（寅）～盟（盟）。
◎銘續 1029

曾侯與鐘（春秋晚）：龏（恭）寅（寅）～盟（盟）。
◎銘續 1032

元年安平相邦戈（戰國晚）：冶余報～（劑）。
◎銘圖 17349

南行唐令鈹（戰國晚）：冶得報～（劑）。
◎夏商周 591

禋

與兵壺（春秋晚）：余嚴敬丝（兹）～盟（盟）。
◎古研（24）234—235 頁

祭

酉簋（春秋）：自乍（作）～皀（簋）。
◎追回 47 頁

祀

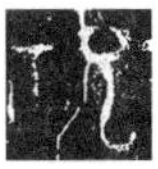

寍孿商方鼎（商晚）：隹（唯）王廿～。◎曲村348頁

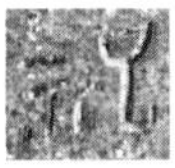

聽簋（商晚）：隹（唯）王八～肜。◎銘續420

覞公簋（西周早）：隹（唯）王廿又八～。◎考古2007（3）圖版3.5

豳公盨（西周中）：考（孝）友愊明，巠（經）齊好～。◎歷文2002（6）4頁

獄盨（西周中）：辜～于氒（厥）百神。◎銘圖5275

鬵君季鰓鑑（春秋中）：用～用卿（饗）。◎銘續535

景之盥鼎（春秋晚）：用共（供）盟～。◎銘續178

司馬義鎛（戰國早）：用克庫（肇）謹祩（先）王明～。◎山東104—108頁

鬳方鼎（商晚）：隹（唯）王廿～又二。◎文物2005（9）61頁

棘䀁鼎蓋（西周早）：王彭～才（在）北宗。◎銘續217

師酉鼎（西周中）：隹（唯）王四～九月初吉丁亥。◎歷文2004（1）封二

免簋（西周中）：隹（唯）王十又九祀正月既生霸庚寅。◎回家（2019二）71頁

有兒簋（春秋早）：用亯（享）用～。◎銘圖5166

晉公盤（春秋中）：虔龏（恭）盟～。◎銘續952

宋君夫人鼎蓋（春秋晚）：宋君夫人自乍（作）饙（饙）貞（鼎）用般亜（禋）～。◎第四屆116頁

燕王職壺（戰國晚）：唯郾（燕）王職𨁆（踐）畨（阼）承～。◎上博（8）146頁

祖

遷邟鐘（春秋早）：台（以）亯（享）于我先～。◎銘續1027

〔禝〕

叔子孶盘（戰國早）：弔（叔）子孶乍（作）孟姜～大宗盘。◎銘圖19237

【案】叔子孶盘「禝」字形及文例均與陳逆簋（《集成》4096）相近。或釋「祭」，非。

〔䄙〕

司馬義鎛（戰國早）：用亯（享）于皇～吝（文）考。◎山東104—108頁

【案】司馬義鎛「祖」所從「且」下加「丌」繁化，「丌」蓋象基座之形，與「其」字之演變相類。

祰

有兒簋（春秋早）：㠯（以）～沬（眉）壽無期。◎銘圖5166

【案】「祰」字金文首見。《玉篇·示部》：「祰，禱也。」此用禱求義，與金文之「祈」「匃」同。

祼

王爵（西周早）：王～彝。◎銘圖8274

內史亳觚（西周早）：成王昜（賜）內史亳豊（醴），～。◎銘圖9855

內史亳觚（西周早）：乍（作）～銅。◎銘圖9855

姞鬲（西周中）：用亯（享）～。◎銘續244

伯祼簋（西周早）：伯～于下宮。◎玫茵堂102

祝

太祝追鼎（西周晚）：白（伯）大（太）～追乍（作）豐弔（叔）姬爨（將）彝。◎上博（8）132頁

禦

克盤（西周中）：克乍（作）～于百（伯）孠（考）日辛卣（卣）竊寶尊彝。◎銘續937

礿*

具鼎（西周中）：敢即～于公。◎銘續229

【案】李愛民（2019：12）以爲「禦」字異體，讀「御」，訓進。

⿰礻先*

司馬義鏄（戰國早）：用克庫（肇）謹～（先）王明祀。◎山東104—108頁

【案】「⿰礻先」爲祖先義之「先」的專造字。新蔡楚簡「楚先」之「先」亦作「⿰礻先」。參陳斯鵬（2011：308）。

⿰礻工*

競之定豆甲（春秋晚）：大有～（功）于洛之戎。◎文物2008（1）82頁

競之定鬲甲（春秋晚）：大有～（功）于洛之戎。◎文物2008（1）81頁

祓*

荊子鼎（西周早）：王大～。◎銘圖2385

【案】「祓」字前見於保卣「王大祀祓于周」（《集成》5415），舊多釋「祐」，讀「佑」，當助祭講。黄鳳春、陳樹祥、凡國棟（2011）然之。王占奎（2011）謂指祈求祐助的祭祀性禮儀。李天虹（2011）讀「侑」，訓報答，指王對眾邦國首領的報答。衡之文例，王說較近是。「祓」當爲祭名。

䄌*

叔矢方鼎（西周早）：王彭、大～、桒，才（在）成周。◎文物2001（8）9頁

奈*

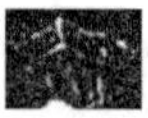

大市量（戰國中）：夏～之月。◎古研（22）129頁

祰*

召生簋（西周晚）：⿱⿰召召⿱酉皿（召）生乍（作）～嬰賸（媵）鼎毁（簋）。◎銘圖5064

召生簋蓋（西周晚）：～弔（叔）祰嬰其萬年子子孫孫永寶用。◎銘圖5065

【案】此「祰」隸定與《説文》訓「告祭」之「祰」同形，但實不從告訴之「告」，而是從「造」字聲符。參陳劍（2006c）。

⿱明示*

與兵壺（春秋晚）：余嚴敬丝（兹）禋～（盟）。◎古研（24）234—235頁

曾侯與鐘（春秋晚）：共（恭）寅（寅）齋～（盟）。◎銘續1029

⿱尚示*

與兵壺（春秋晚）：不斁（懈）春秋歲～（常）。◎古研（24）234—235頁

競孫旟鬲（春秋晚）：龏（恭）孝屎（纘）～（常）。◎銘圖3036

昭王之即鼎（戰國早）：春秋龏（恭）～（常）。◎銘續224

【案】「⿱尚示」爲常祭義之專造字，舊讀爲嘗祭之「嘗」，恐非。參陳斯鵬（2011：313—314）。

⿱北示*

霸伯簋（西周中）：唯正月王～剢于氏。◎考報2018（1）108頁

【案】山西省考古研究所等（2018）釋「祭」。袁金平（2019）分析爲從「刀」從「肉」、「福」聲，疑是「副」之早期寫法，義爲副牲。予疑字從「示」、從「刀」解「肉」會意，從「北」聲，或爲「福」之異體，此表致福、致胙之義。

禲*

趞伯簋（西周中）：用～（賴）旂（祈）沬（眉）壽。◎史學2006（2）封二

趞伯簋蓋（西周中）：用～（賴）旂（祈）沬（眉）壽。◎銘續443

趞伯簋蓋（西周中）：用～（賴）旂（祈）沬（眉）壽。◎銘續444

【案】吳振武（2006a）疑讀「萬」，張再興（2011）讀「匄」。予疑讀「賴」，「賴」有求取義，與「祈」近義連用。詳陳斯鵬（2012）。

爂*

爂姬鬲（春秋早）：～姬乍（作）孟妊姑丝（兹）羞鬲。◎文物2004（12）9頁

【案】「爂」字亦見於爂司寇獸鼎（《集成》2474），從「示」、「訊（執）」聲。趙平安（2006）謂當讀爲「禱」或「祝」。

襘*

晉公盤（春秋中）：嚴～（夤）龏（恭）天命。◎銘續952

三

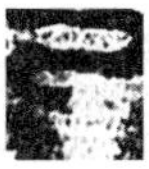

作册般黿（商晚）：王一射，□射～。◎歷文2005（1）封二

大万尊（商晚）：□十終～朕。◎銘續790

何簋（西周早）：乃令（命）何𤔲（司）～族。◎文物2009（2）55頁

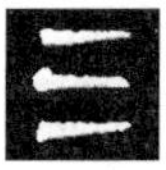

霸伯盂（西周中）：隹（唯）～月。◎銘圖6229

虎簋蓋乙（西周中）：隹（唯）卅年～月初吉甲戌。◎新收1874

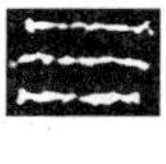

倗伯爯簋（西周中）：唯廿又～年初吉戊戌。◎文物2006（8）8頁

王

文盨（西周晚）：唯王廿又～年八月。◎字與史（1）221頁

冊三年逑鼎丙（西周晚）：隹（唯）冊又～年六月既生霸丁亥。◎華章71頁

焦犲戈（春秋中）：趙氏孫焦犲乍（作）造戈～百。◎銘續1218

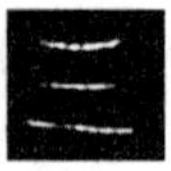

垣上官鼎（戰國晚）：～年。◎文物2005（8）91頁

寯孿商方鼎（商晚）：隹（唯）～廿祀。◎曲村348頁

𤔲方鼎（商晚）：～宜（賓）文武帝乙彡（肜）日。◎文物2005（9）61頁

叔夨方鼎（西周早）：其萬年揚～光氒（厥）士。◎文物2001（8）9頁

陵王尊（西周早）：陵～乍（作）夨姬寶尊彝。◎文博2008（2）7頁

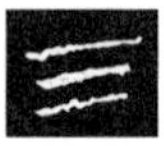

冊三年逑鼎壬（西周晚）：隹（唯）冊又～年六月既生霸丁亥。◎華章119頁

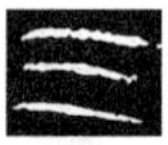

秦子鎛（春秋早）：秦子乍（作）寶龢鐘，吕（以）其～鎛。◎歷文2008（4）圖版二

壽夢之子劍（春秋晚）：敗～軍。◎文物2005（2）68頁

鄢得鼎（戰國晚）：冢（重）十二益（鎰）～兩。◎銘圖2387

王子聽鼎（商晚）：～子耶（聽）。◎近出259

矩方鼎（西周早）：其用卿（饗）～出內（入）。◎新收1664

王妻簋（西周早）：～妻乍（作）寶𣪘（簋）。◎曲村494頁

覫公簋（西周早）：遣于～令（命）昜（唐）白（伯）侯于晉。◎考古2007（3）圖版3.5

小臣臮簋（西周早）：～商（賞）小臣臮。
◎曲村505頁

王鼎（西周早）：～乍（作）䵼彝ナ（左）守。
◎保利續99頁

韓伯豐鼎（西周早）：先～令（命），尚（當）付。
◎銘圖2426

羚簋（西周中）：羚對揚～休。
◎字與史（1）211頁

州簋甲（西周中）：州乍（作）～母寶𣪕（簋）。
◎銘圖4284

獄盨（西周中）：用丝（兹）～休。
◎銘圖5676

芮伯盤（西周中）：敢乍（作）～□般（盤）。
◎銘續939

衛簋甲蓋（西周中）：朕光尹中（仲）侃父右告衛于～。◎南開2008（6）封三

辛囂相簋（西周早）：～子至于方。
◎文物2004（8）80頁

荊子鼎（西周早）：～賫多邦白（伯）。
◎銘圖2385

曶簋（西周中）：～令（命）曶。
◎文物2000（6）87頁

任鼎（西周中）：～事（使）盂聯父蔑（勉）曆（勞）。◎歷文2004（2）21頁

旂伯簋（西周中）：～易（賜）旂白（伯）貝十朋。
◎銘圖5148

二式獄簋（西周中）：～各（格）于康大（太）室。
◎考文2006（6）60頁

朿盉蓋（西周中）：～才（在）埜（野）。
◎銘圖14790

虎簋蓋乙（西周中）：克史（事）先～。
◎新收1874

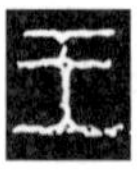

宰獸簋（西周中）：䎌（總）嗣（司）康宮～家臣妾。◎陝博（7）99頁

老簋（西周中）：皇揚～休。◎考文2005增刊65頁

宗人簋（西周中）：敢對揚～父之休。◎銘續461

逑盤（西周晚）：用會卲（昭）～。◎盛世34頁

作册封鬲甲（西周晚）：保～身。◎歷文2002（2）4頁

應侯視工簋蓋（西周晚）：余用乍（作）朕～姑單姬尊𣪘（簋）。◎首陽114頁

應侯視工鐘（西周晚）：～歸自成周。◎保利續158頁

辛王姬簋（西周晚）：辛～姬乍（作）弔（叔）西父姬西母媵𣪘（簋）。◎新收1674

豳公盨（西周中）：成父母，生我～，乍（作）臣。◎歷文2002（6）4頁

雝鼎（西周中）：～才（在）周。◎銘圖2367

卌三年逑鼎丁（西周晚）：史減受（授）～令（命）書。◎華章79頁

𧫚鼎（西周晚）：亞且（祖）師僕、～父師彪。◎文博2007（2）17頁

伯𢦚父簋（西周晚）：隹（唯）～九月初吉庚午。◎首陽107頁

伯吕盨（西周晚）：隹（唯）～元年六月。◎夏商周395

文盨（西周晚）：～命士曶父殷南邦，啟者（諸）侯。◎字與史（1）221頁

楚太師登鐘辛（春秋早）：余保辪楚～。◎上博（11）153頁

許公簠（春秋中）：隹（唯）～五月初吉丁亥。◎銘續510

競之定豆乙（春秋晚）：～命競（景）之定救秦戎。◎文物2008（1）82頁

許公買簠（春秋晚）：隹（唯）～正月初吉丁亥。◎中原2004（1）55頁

鄬王孫盞（春秋晚）：鄬～孫□嬭（芈）𢍰（擇）其吉金。◎文物2002（1）95頁

楚王熊恷盤（春秋晚）：楚～酓（熊）恷。◎文物2008（1）79頁

姑發者反之子通劍（春秋晚）：攻敔（吳）～姑癹（發）者反之子𧻓（通）。◎歷文2004（5）圖版6

夫差劍（春秋晚）：攻敔（吳）～夫差。◎黃盛璋307頁

申文王之孫州奉簠（春秋晚）：䰜（申）文～之孫州奉。◎古研（25）193頁

吳王闔廬劍（春秋晚）：攻敔（吳）～者彶戱虘自乍（作）元用鐱（劍）。◎江漢2009（3）彩版二

司馬義鎛（戰國早）：用克肁（肇）謹祧（先）～明祀。◎山東104—108頁

鑄客簠（戰國晚）：鑄客爲～句（后）六室爲之。◎南大32

三年大將李牧弩機（戰國晚）：邦大夫～平。◎文物2006（4）封三

王子臣俎（春秋晚）：～子臣乍（作）䵼（將）彝。◎銘圖6321

王盉（戰國早）：～之鉌（盉）。◎銘圖14668

越王諸稽於睗矛（戰國早）：戉（越）～者（諸）旨（稽）於睗。◎銘續1280

越王伯侯劍（戰國早）：戉（越）～。◎銘圖17872

珷*

越王諸稽於睗劍（戰國早）：戉（越）～。◎文物 2000（1）71 頁

義尊（西周早）：～（武）王昜（賜）義貝卅朋。◎回家（2019　一）4 頁

應公鼎（西周晚）：～（武）帝日丁。◎華夏 2007（1）27 頁

皇

瘦鼎（西周早）：～兄考（孝）于公。◎銘續 195

㝬應姬鼎（西周早）：㝬（胡）雁（應）姬見于王，辭～。◎銘續 221

晉侯斷壺（西周中）：用亯（享）于文旻（祖）～考。◎晉國 97 頁

聞尊（西周中）：揚對朕～尹休。◎論稿 10 頁

仲枏父鬲（西周中）：用敢卿（饗）考（孝）于～丂（考）。◎首陽 96 頁

師酉鼎（西周中）：對揚～天子不（丕）顯休。◎歷文 2004（1）封二

任鼎（西周中）：用乍（作）氒（厥）～文考父辛寶䵼彝。◎歷文 2004（2）21 頁

老簋（西周中）：～揚王休。◎考文 2005 增刊 65 頁

具鼎（西周中）：揚朕～君休。◎銘續 229

槐簋（西周中）：用乍（作）朕～且（祖）文考寶毁（簋）。◎銘續 454

鄭井叔槐鼎（西周中）：乍（作）朕～且（祖）文考寶鼎。◎銘續 175

單五父方壺甲（西周晚）：單五父乍（作）朕～考尊壺。◎華章 169 頁

頌盤（西周晚）：用乍（作）朕皇考龏（龔）弔（叔）、～母龏（龔）始（姒）寶尊盤。◎文物2009（9）52頁

有司簡簋蓋（西周晚）：乍（作）朕～考益弔（叔）尊毁（簋）。◎文物2004（3）96頁

卌三年逑鼎辛（西周晚）：～考其嚴才（在）上。◎文物2003（6）20頁

柞伯鼎（西周晚）：諆（其）弗敢忞（昧）朕～且（祖）。◎文物2006（5）68頁

卌三年逑鼎甲（西周晚）：～考其嚴才（在）上。◎華章55頁

應侯視工簋甲（西周晚）：用乍（作）～考武侯尊毁（簋）。◎保利續126頁

追夷簋（西周晚）：用乍（作）朕～且（祖）寃中（仲）尊毁（簋）。◎華夏2000（3）20頁

射壺（西周晚）：～君尹弔（叔）命射嗣（司）賈。◎銘圖12443

射壺（西周晚）：用乍（作）朕～考□壺。◎銘圖12444

鄧公孫無忌鼎（春秋早）：其用追孝朕～高且（祖）。◎王坡34頁

家伯束邘簋（春秋早）：～丂（考）武公、皇母武姜。◎銘續452

晉公盤（春秋中）：卲倉～卿。◎銘續952

與兵壺（春秋晚）：其用亯（享）用孝于我～俎（祖）文考。◎古研（24）234—235頁

褱兒鎛（春秋）：元鳴孔～（鍠）。◎銘圖15805

司馬義鎛（戰國早）：曰古朕～祖□公。◎山東104—108頁

皝*

南姞甗(西周中):南姞肁(肇)乍(作)氒(厥)~辟白(伯)氏寶䵼彝。◎考文2006(6)64頁

子辛戈(春秋晚):子辛臭(擇)氒(厥)吉金尃~,自乍(作)用戈。◎浙川165頁

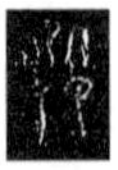

季子康鎛乙(春秋中):自乍(作)龢鐘之~(鍠)。◎考文2009(3)102頁

【案】「皝」爲雙聲字,姑附「皇」字後。

⿰皇生*

加芈編鐘(春秋中):䢅其平龢,休忢(淑)孔~(鍠)。◎江漢2019(3)18頁

【案】「⿰皇生」爲雙聲字,姑附「皇」字後。

玉

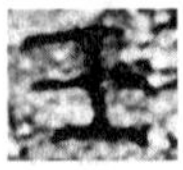

伯□鼎(西周早):公易(賜)白(伯)□寶~五品。◎銘續213

夾簋蓋(西周中):易(賜)~十又二瑴。◎新收1959

霸簋(西周中):內(芮)公舍霸馬兩、~、金。◎銘圖4609

霸伯盂(西周中):用~先車。◎銘圖6229

玉苟盉(西周中):~苟獻鳳圭于穆王。◎出土文獻(11)65頁

應侯視工簋甲(西周晚):易(賜)~五瑴。◎保利續126頁

瓚

作寶瓚鑵(西周早):乍(作)寶~蘿(鑵)。◎銘圖10574

作寶瓚鑵蓋(西周早):乍(作)寶~蘿(鑵)。◎銘圖10574

伐簋蓋(西周中):易(賜)圭~。◎銘圖5321

晍簋(西周中):~(賛)王。◎銘圖5386

璧　瓚　珥　琱

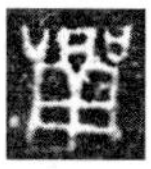

霸伯盂（西周中）：～（贊）。◎銘圖 6229

霸伯盂（西周中）：～（贊）。◎銘圖 6229

郘公𩏂父鎛（春秋晚）：爯歟（祼）～。◎銘圖 15816

郘公𩏂父鎛（春秋晚）：爯歟（祼）～。◎銘圖 15818

【案】「瓚」字之釋，參方稚松（2007）。

陶觥蓋（西周早）：易（賜）圭一、～一、章（璋）五。◎銘續 893

伯碩父鼎（西周晚）：用孝用亯（享）于卿事、～（辟）王、庶弟、元䂀（兄）。◎銘圖 2438

琱生尊（西周晚）：報寽（婦）氏帛束、～一。◎考文 2007（3）8 頁

曾侯與鐘（春秋晚）：～（彌）終無疆。◎銘續 1037

曾侯與鐘（春秋晚）：～（彌）終無疆。◎銘續 1034

【案】所從「玉」或訛同「王」。凡國棟（2014）讀「弭」，謂「弭終」有不死之意；謝雨田（2014）讀「彌」，謂「彌終」屬近義連用；李零（2015）亦讀「彌」，謂「彌終」即金文常見之「彌生」「霝終」。李説爲優。

吕簋（西周中）：戈～戜歐必（柲）彡（彤）沙（緌）。◎論稿 167 頁

琱生尊（西周晚）：召姜吕（以）～生戜五㪥（尋）。◎文物 2007（8）20 頁

琱生尊（西周晚）：～生對揚朕宗君休。◎考文2007（3）8頁

翻鼎（西周中）：～戚。◎銘續230

宗人簋（西周中）：戈～戚。◎銘續461

玨〔瑴〕

夾簋蓋（西周中）：易（賜）玉十又二～。◎新收1959

夾簋蓋（西周中）：易（賜）玉十又二～。◎新收1958

⿰王戈*

仲阪父盆（西周晚）：中（仲）阪父乍（作）～白（伯）寶盆（甕）。◎文物2018（10）封三

⿰王亞*

亢鼎（西周早）：公大（太）保買大～于美亞。◎上博（8）121頁

【案】字亦見作册𤔲卣。其右旁商周文字常見，舊或以爲讀若「休」，或以爲「宁」字。據前說，馬承源（2000）讀爲「球」；據後說，黃錫全（2002b）釋爲「珠」，朱鳳瀚（2002a）讀「璲」。然此二説基礎均不可靠，恐難憑信。陳劍（2007a）以爲「琮」之古字，並疑其右旁即琮之表意字，於形亦不似。

⿰王甹*

復封壺（春秋早）：公命浸（復）封～（聘）于魯。◎銘圖12447

⿱敖玉*

卲簋（西周中）：對揚天子不（丕）㬎（顯）休～（鼇）令（命）。◎回家（2019 一）79頁

【案】字從「玉」，《回家（2019 一）》逕釋「鼇」，不如《銘三》514、515釋「⿱敖玉」準確。

⿰⿱王貝妟*

瓔同盆（春秋晚）：~同鑄用鍺二。◎全集（7）129 頁

【案】謝明文（2020）釋「嬰」，《銘三》621 釋「晏（嬰）」，均不確。此字東周文字常見，可分析爲從「玉」從「貝」，從「癭」之初文「妟」得聲，一般認爲即「瓔」字異體。

⿰王⿱聿廾*

加芈編鐘（春秋中）：用受~福。◎江漢 2019（3）18 頁

【案】諸家讀「介」或「胡」，均通。

班

蔡侯班戈（春秋晚）：蔡侯~之用戈。◎銘續 1163

气

霸姬盤（西周中）：~則誓。◎考報 2018（2）239 頁

霸姬盉（西周中）：~誓曰。◎銘圖 14795

霸姬盤（西周中）：霸姬㠯（以）~訟于穆公。◎考報 2018（2）239 頁

霸姬盤（西周中）：不余~（乞）。◎考報 2018（2）239 頁

士

士觚（商晚）：~。◎銘續 691

士尊（西周早）：竹~乍（作）父癸彝。◎銘續 780

叔矢方鼎（西周早）：王乎（呼）殷氒（厥）~觴（唐）弔（叔）矢。◎文物 2001（8）9 頁

尹氏士吉射簋甲蓋（西周中）：尹氏~吉射乍（作）㾓（作）㾓（姞）朕（媵）𣪘（簋）。◎銘圖 4809

士山盤（西周中）：~山入門。◎歷文 2002（1）4 頁

文盨（西周晚）：王命~曶父殷南邦，啟者（諸）侯。◎字與史（1）221 頁

壯

正叔之士鑪俞簠(春秋早)：正叔之~鑪俞乍(作)旅匿(簠)。◎小邾43頁

秦子簋蓋(春秋早)：義(宜)其~女。◎故博2005(6)22頁

封子楚簠(春秋晚)：㚔(封)子楚奠(鄭)武公之孫，楚王之~。◎銘續517

曾侯與鐘(春秋晚)：倴(進)~備御。◎銘續1034

褱兒鎛(春秋)：及我庶~。◎銘圖15805

尹氏士吉射簋甲(西周中)：尹氏~吉射乍(作)唐夝(姑)朕(媵)𣪘(簋)。◎銘圖4809

【案】尹氏士吉射簋甲「士」上加一横，同銘「吉」所從「士」亦如此，前所未見。

元年上郡假守暨戈(戰國晚)：桼(漆)工~。◎珍秦齋秦92頁

中

中簋(西周早)：~乍(作)父乙尊彝。◎銘續376

太師虘簋(西周中)：立~廷。◎銘圖5283

羚簋(西周中)：逋弔(叔)右羚即立~廷。◎字與史(1)211頁

卌三年逑鼎乙(西周晚)：𤔲(司)馬壽右吳逑入門立~廷。◎華章63頁

卌二年逑鼎乙(西周晚)：𤔲(司)工楸右(佑)吳逑入門立~廷。◎考文2003(3)9頁

卌三年逑鼎丙(西周晚)：母(毋)敢不~不井(型)。◎華章71頁

頌盤（西周晚）：立～廷。◎文物2009(9)52頁

綰方甗（春秋早）：卿事□之元子綰是爲～□大嗣（司）工。◎九如園24

春成侯盉（戰國早）：春成侯～府。◎上博(8)152頁

榮仲方鼎（西周早）：王乍（作）焚（榮）～（仲）序（舍）。◎文物2005(9)64頁

山仲簋（西周早）：山～（仲）乍（作）寶毀（簋）。◎新收1943

陽仲卣（西周早）：陽～（仲）乍（作）寶尊彝。◎保利續143頁

鄂仲鼎（西周早）：噩（鄂）～（仲）乍（作）寶尊彝。◎隨州74

公仲𢓜簋（西周中）：公～（仲）𢓜乍（作）公姊寶毀（簋）。◎保利續120頁

衒鼎（西周晚）：東宮又（右）衒入門立～廷。◎銘續222

褱兒鎛（春秋）：～（終）𠦝（翰）䖒（且）鍚（揚）。◎銘圖15805

右中庖鼎蓋（戰國晚）：冶小所爲，賜右～𢦏（庖）。◎銘圖1950

仲甾父壺（西周早）：～（仲）甾父。◎曲村440頁

晉仲韋父盉蓋（西周早）：晉～（仲）韋父乍（作）旅盉。◎曲村505頁

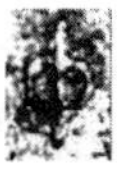

仲子日乙卣（西周早）：乍（作）～（仲）子日乙寶尊彝。◎新收1913

山仲簋（西周早）：山～（仲）乍（作）寶尊毀（簋）。◎銘續339

仲枏父鬲（西周中）：師湯父有嗣（司）～（仲）枏父乍（作）寶鬲。◎首陽96頁

南方追孝鼎（西周中）：南方追孝乍（作）公～（仲）寶尊𩰫彝。◎銘圖2073

仲州鼎（西周中）：～（仲）州乍（作）旅鼎。◎銘圖1456

⿱艹害簋（西周中）：用乍（作）棈（楷）～（仲）好寶。◎新收1891

宰獸簋（西周中）：王乎（呼）內史尹～（仲）冊命宰獸。◎陝博（7）99頁

羚簋（西周中）：用乍（作）朕文且（祖）豐～（仲）寶𣪕（簋）。◎字與史（1）211頁

丞仲觶（西周中）：丞～（仲）乍（作）旅彝。◎銘圖10589

格仲簋（西周中）：格～（仲）率追。◎考報2018（2）234頁

井公簋（西周晚）：井公乍（作）～（仲）姊婁姬寶尊𣪕（簋）。◎文物2017（3）83頁

仲阪父盆（西周晚）：～（仲）阪父乍（作）戋白（伯）寶盆（甕）。2018（10）封三

追夷簋（西周晚）：用乍（作）朕皇且（祖）寬～（仲）尊𣪕（簋）。◎銘圖5222

芮子仲鼎（西周晚）：內（芮）子～（仲）乍（作）旅鼎。◎文博2008（2）6頁

虢仲簠（西周晚）：虢～（仲）乍（作）𪭢姜寶匿（簠）。◎文物2000（12）28頁

郜仲簠（西周晚）：虸～（仲）賸（媵）孟□寶匿（簠）。◎文物2003（4）90頁

逑盤（西周晚）：朕皇高且（祖）惠～（仲）盠父。◎盛世34頁

有司簡簋蓋（西周晚）：豐～（仲）次父其有𤔲（司）簡。◎文物2004（3）96頁

仲⿰言樂父簋（西周晚）：～（仲）⿰言樂父乍（作）尊𣪕（簋）。◎銘圖4845

屯

蘇公匜（春秋早）：穌（蘇）公乍（作）～（仲）改朕（媵）它（匜）。◎夏商周474

遷邟鐘（春秋早）：～（終）鳴延（且）好。◎銘續1027

仲姬脔敦蓋（春秋晚）：～（仲）姬脔之盞。◎淅川38頁

鮑子鼎（春秋晚）：～（仲）匋始（姒）彶（及）子思。◎歷文2009（2）51頁

荂仲甖缶（戰國早）：荂～（仲）甖乍（作）其宗器尊鑪（甒）。◎銘圖14087

吕簋（西周中）：易（賜）女（汝）玄衣黹～（純）。◎論稿167頁

虎簋蓋乙（西周中）：玄衣、㡇～（純）。◎新收1874

召簋（西周中）：曰：易（賜）女（汝）玄衣、㡇～（純）。◎銘圖5230

仲姜鼎（春秋早）：～（仲）姜乍（作）爲趄（桓）公尊鼎。◎芮國81

華孟子鼎（春秋中）：雩（華）孟子乍（作）中（仲）叚氏婦～（仲）子媵寶貞（鼎）。◎銘續207

黄仲酉簠蓋（春秋晚）：曾少宰黄～（仲）酉之行匿（簠）。◎文物2008（2）8頁

唐子仲瀕兒匜（春秋晚）：鴋（唐）子～（仲）瀕兒睪（擇）吉金。◎江漢2003（1）3頁

卅年詔事戈（戰國晚）：～陽。◎故博2006（2）70頁

吕簋蓋（西周中）：易（賜）女（汝）玄衣黹～（純）。◎論稿167頁

師酉鼎（西周中）：髮彔（祿）～（純）魯。◎歷文2004（1）封二

伐簋蓋（西周中）：用旛（祈）～（純）魯。◎銘圖5321

每

京叔簋（西周晚）：㝵～（純）霝（靈）終。◎銘續 428

頌盤（西周晚）：易（賜）女（汝）玄衣黹～（純）。◎文物 2009（9）52 頁

琱生尊（西周晚）：用旂（祈）通彔（祿）㝵～（純）霝（靈）終。◎文物 2007（8）20 頁

頌盤（西周晚）：～（純）右（祐）通彔（祿）。◎文物 2009（9）52 頁

卌三年逑鼎己（西周晚）：康叜～（純）右（祐）通彔（祿）永令（命）。◎華章 95 頁

卌三年逑鼎丁（西周晚）：康叜～（純）右（祐）通彔（祿）永令（命）。◎華章 79 頁

𧗊鼎（西周晚）：㝵～（純）亡敃。◎文博 2007（2）17 頁

亥之屯量器（戰國晚）：亥之～。◎銘圖 18804

公子每鼎（春秋早）：公子～乍（作）其鮨鼎。◎銘續 206

杞伯每亡簋（春秋早）：杞白（伯）～亡乍（作）鼄（邾）嫀（曹）圂䅵（簋）。◎銘圖 4860

杞伯每亡壺蓋（春秋早）：杞白（伯）～亡乍（作）嫀（曹）氏醴壺。◎銘續 836

杞伯每亡壺（春秋早）：杞白（伯）～亡乍（作）嫀（曹）氏寶醴壺。◎銘續 836

【案】杞伯名「每亡」，疑讀爲「悔亡」，吉語，《周易》恆見。

熏

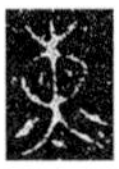

卌三年逑鼎丙（西周晚）：虎冟～裏。◎華章 71 頁

卌三年逑鼎乙（西周晚）：虎冟～裏。◎華章 63 頁

〔⿰爿兒〕莊

卌三年逑鼎庚（西周晚）：虎冟~裏。
◎華章103頁

晉公盤（春秋中）：~（壯）廣啟邦，虔龏（恭）盟祀。◎銘續952

【案】此字古文字多見，字形與《說文》「莊」之古文「𤖼」大體相合，多讀作「莊」或「壯」。諸家多隸定作「⿰爿甾」，以爲從「甾」，非是。字實應隸定作「⿰爿兒」，從「兒」、「爿」聲，蓋取冠兒端莊之意，爲端莊之「莊」之本字。晉公盤「⿰爿兒」，諸家多讀「將」，似不若讀「壯」。「壯廣」蓋形容「啟邦」行爲之壯武廣大也。

莆

京叔簋（西周晚）：京弔（叔）乍（作）~嬴賸（媵）𣪘（簋）。◎銘續429

蒲阪鼎（戰國晚）：~（蒲）坂（阪）行□□□小斗（半）齋。◎銘圖1985

蒲子戈（戰國晚）：~（蒲）子左庫造。
◎中國文字學報（5）142頁

蘇

宿兒缶甲（春秋晚）：~公之孫寡（宿）兒羼（擇）其吉金。◎銘圖14091

〔⿱蓼廾〕蓼

蓼伯簠（春秋早）：~白（伯）乍（作）尊𣪘（簠）。
◎銘圖4713

芋

曾侯與鐘（春秋晚）：嘉檀（樹）~（華）英。
◎銘續1034

【案】凡國棟（2014）讀「竽」，非；李零（2015）讀「華」，是。楚系文字多以「芋」爲「華」，與芋芀字屬同形字，今依形歸此。

落

上臯落戈（戰國晚）：上咎（臯）～（落）大命（令）少曲夜。◎考古2005(6)95頁

薛〔膀〕

薛仲萯簠（春秋早）：～中（仲）萯乍（作）中（仲）妊丝（兹）母媵（媵）白（伯）同朕（媵）匠（簠）。◎銘續504

【案】薛國之薛作此形，不從「艸」。

茅

茅□大令戈（戰國晚）：～□大命（令）肖（趙）□。◎銘續1240

芇〔莽〕

士山盤（西周中）：～侯、蠚方賓貝、金。◎歷文2002(1)4頁

萯

薛仲萯簠（春秋早）：膀（薛）中（仲）～乍（作）中（仲）妊丝（兹）母媵（媵）白（伯）同朕（媵）匠（簠）。◎銘續504

荊

荊子鼎（西周早）：～子蔑（勉）曆（勞）。◎銘圖2385

荊子鼎（西周早）：～子麗賫鬯卣、貝二朋。◎銘圖2385

麸應姬鼎（西周早）：唯鼂（昭）王伐楚～。◎銘續221

士山盤（西周中）：延（誕）退（懋）蠚～方服。◎歷文2002(1)4頁

伯簋（西周中）：白（伯）～肈乍（作）𩰫（將）彝。◎考報2018(1)108頁

逑盤（西周晚）：厮伐楚～。◎盛世34頁

葉　英　萃　苛　蔡

【案】「荊」字鼒簋《集成》3732）作「」，取以刀斬荊棘之象，即「荊」之表意初文。荊子鼎「荊」字，乃將刀形之上附著之荊棘形簡化爲二點而成。其他諸器則在此形基礎上益「井」旁爲聲，刀形之上或更省從一點，其演變軌跡甚明。荊子鼎「荊」字，涂白奎和黃錦前（2011）、黃錦前（2013）釋是。凡國棟（2013）引宋華強説釋爲「梁」字所從之「刅」字，馬超（2017：529）讀「刅」爲「沖」，實則「刅」即「荊」字初文之簡體，《説文》以爲傷創字並不可信。王占奎（2011）釋「戉（越）」，李天虹（2011）釋「朿」，李學勤（2012）釋「斗」，馮時（2014）釋「犁」，於形均不確。

葉

廿一年相邦冉戈（戰國中）：雝工帀（師）～。◎故博2006（2）68頁

英

曾侯與鐘（春秋晚）：蘱（嘉）楨（樹）芋（華）～。◎銘續1034

【案】凡國棟（2014）釋「甫」，讀「鏞」，非；李零（2015）釋「英」，是。

萃

燕侯載戈（戰國早）：郾（燕）侯載乍（作）帀（師）～鋸。◎銘續1204

苛

冶尃秦匕（戰國晚）：冶尃秦、～膪爲之。◎銘續542

蔡

蔡妘盉（西周中）：～娟（妘）乍（作）朕（媵）器。◎銘續964

莽父簋（西周中）：卣易（賜）莽父馬乘、車、虎冟、～㦄、緣（鑾）、𩌂鈴。◎全集（10）251頁

柞伯鼎（西周晚）：今女（汝）𢍏（其）率～侯左至于昏邑。◎文物2006（5）68頁

柞伯鼎（西周晚）：令～侯告遣虢中（仲）。◎文物2006（5）68頁

射壺蓋（西周晚）：～君子。◎銘圖12443

射壺（西周晚）：～君子。◎銘圖12443

蔡侯鼎（春秋早）：～侯乍（作）宋姬媵（媵）鼎。◎首陽127頁

蔡大司馬燮盤（春秋晚）：～大𤔲（司）馬燮。◎古研（24）168頁

蔡侯申簠（春秋晚）：～侯䜌（申）之飤匿（簠）。◎中原2009（2）82頁

蔡侯班戈（春秋晚）：～侯班之用戈。◎銘續1163

蔡公子加戈（春秋晚）：～公子加自乍（作）用戈。◎銘圖16903

蔡侯申戈（春秋晚）：～侯䜌（申）之戈。◎銘圖16833

蔡襄尹啟之用戈（戰國早）：～毀（襄）肙（尹）啟之用。◎文物2018（4）55頁

蔡公子慎戈（戰國中）：～公子𩕢（慎）之用。◎銘續1176

【案】蔡國之蔡作此形，構形待考。或釋爲「㭁」而讀作「蔡」。

茀

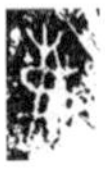

季姬尊（西周中）：君命宰～易（賜）朩季姬。◎文物2003（9）89頁

芰

𨟻卣（西周中）：今氒（厥）僕我興：邑、競、諫、鈚、～、𥧤。◎銘續882

【案】此從董珊（2014b）釋。李學勤（2014b）疑釋「艾」。裘錫圭（2021a）謂字象以手持乂刈草之形，釋「艾」，爲「刈」字異體。

薪

上郡守壽戈（戰國晚）：工鬼～臬。◎銘圖17281

折〔斲〕

鄒得鼎（戰國晚）：傌在（士）序（舍）～勁。◎銘圖2387

【案】董珊（2012a）謂字與楚簡「折」之作「斲」同形，此讀爲姓氏「制」，其說可從。戰國文字「折」多作「斲」，與《說文》籀文同，二「中」之間加二短畫以強調折斷之意。從「日」爲二短畫之進一步變化，疑兼起表音作用，「折」「日」古音相近。

菉

鉅鹿令張密戈（戰國晚）：邸（鉅）～（鹿）倫（令）長（張）密。◎銘續1251

范

二年平陶令戈（戰國晚）：平匋（陶）命（令）～昃。◎考文2007（6）56頁

子犯鬲（春秋中）：子～之寶鬲。◎首陽144頁

芀〔莽〕

昔雞簋（西周中）：王姤（后）乎昔奚（雞）遣～姞于軐（韓）。◎陝金集成28

芀匜（西周晚）：～乍（作）旅般（盤）鉈（匜）。◎銘續993

茆

丂史簋（西周晚）：唯十月初吉丁～（卯）。◎銘續431

宋公差戈（春秋晚）：宋公差之所賠（造）～族戈。◎銘續1216

〔蔣〕蒿

霸伯盂（西周中）：白（伯）遺賓于～（郊）。◎銘圖6229

〔春〕萅

與兵壺（春秋晚）：不斁（懈）～秋歲祟（常）。◎古研（24）234—235頁

昭王之即鼎蓋（戰國早）：～昧（秋）龏（恭）祟（常）。◎銘續224

昭王之即鼎蓋（戰國早）：隹（唯）正孟～吉日隹（唯）庚。◎銘續224

〔旾〕

春成孺子鼎（戰國早）：～成乳（孺）子。◎銘圖2255

郾得鼎（戰國晚）：～平相邦。◎銘圖2387

春成侯盉（戰國早）：～成侯中府。◎上博（8）152頁

二年邦司寇趙春鈹（戰國晚）：邦司寇肖（趙）～。◎珍秦齋吳211頁

卅一年鄭令戈（戰國晚）：～成左庫。◎珍秦齋吳259頁

花*

花孟姬盤（西周晚）：～孟姬乍（作）寶般（盤）。◎銘續935

蒠*

蒠戈（戰國中）：～。◎銘續1067

⿱艹⿰木戈*

季子康鎛（春秋中）：余～𠂤（厥）于之孫。

◎考文2009（3）103頁

季子康鎛（春秋中）：余～𠂤（厥）于之孫。

◎考文2009（3）105頁

季子康鎛（春秋中）：余～𠂤（厥）于之孫。

◎考文2009（3）103頁

季子康鎛（春秋中）：余～𠂤（厥）于之孫。

◎考文2009（3）105頁

【案】《通鑑》《銘圖》釋「茂」，胡長春（2009）釋「敖」。竊疑當釋「⿱艹⿰木戈」。戰國楚文字中有地名「⿱艹⿰木戈郢」，字作「」，或省作「」，又省作「」，季子康鎛「⿱艹⿰木戈」與之甚相吻合。

⿱艹害*

⿱艹害簋（西周中）：⿰木肯（楷）侯𠩺（釐）～馬亖（四）匹。◎新收1891

荳*

京叔鑐（西周晚）：京弔（叔）～嬴朕（媵）鑐。

◎銘續900

藉*

魚顛匕（戰國）：藉入～出。

◎銘圖6320

⿱艹僅*

郙王⿱艹僅劍（春秋晚）：郙王～自鈘（作）甬（用）鐱（劍）。◎銘續1302

蓐

二年屬邦守蓐戈（戰國晚）：屬邦守～造。

◎出土文獻與古文字研究（4）115頁

莫

晉公盤（春秋中）：~［不］秉敬。◎銘續 952

晉公盤（春秋中）：誏（哀）［誏（哀）］~不日頼覺。◎銘續 952

吳王劍（春秋晚）：~敢御余。◎中原 2019（4）31 頁

徐莫敖昭嗇戈（戰國晚）：郐（徐）~嚣（敖）卲（昭）嗇。◎銘圖 17310

葬

曾公子棄疾簠（春秋晚）：曾公子厺（棄）疾之~匿（簠）。◎銘續 486

曾公子棄疾簠蓋（春秋晚）：曾公子厺（棄）疾之~匿（簠）。◎銘續 486

曾公子棄疾甗（春秋晚）：曾公子厺（棄）疾之~膚（甗）。◎銘續 280

【案】曾器「葬」字，湖北省文物考古所、隨州市博物館（2012）誤釋爲「登（升）」。暮四郎（2012）、禤健聰（2016）、鞠煥文（2016）均指出字與秦簡「葬」相合，改釋爲「葬」，甚是。

茾*

茾父簋（西周中）：卣易（賜）~父馬乘。◎全集（10）251 頁

【案】謝明文疑與「莽」字有關，是；但以爲從「尢」而隸定作「茾」，則恐非。字當爲「莽」之簡體。

莽*

老簋（西周中）：王才（在）~京，魚（漁）于大滹（沼）。◎考文 2005 年增刊 65 頁

⿱莫廾*

邾季簠（春秋）：鼄（邾）季咎~用乍（作）中（仲）媒。◎回家（2018）33 頁

卷二

小

小臣唐簋（西周早）：～臣闌。◎銘續 385

伯雝倗鼎（西周早）：白（伯）雝倗宿～妻貞（鼎）。◎曲村 361 頁

叔尊（西周中）：亦唯～羞。◎銘圖 11818

小臣夾盧蓋（西周晚）：奠（鄭）白（伯）大～臣夾盧乍（作）𠤳（簠）。◎銘圖 5896

文盨（西周晚）：逹道于～南。◎字與史（1）221 頁

卅三年逑鼎丁（西周晚）：用乍（作）余我一人夗（怨），不～（肖）隹（唯）死。◎華章 79 頁

此余王鼎（春秋晚）：此余王□□乍（作）□其～鼎。◎銘續 220

蒲阪鼎（戰國晚）：～斗（半）齋。◎銘圖 1985

右中庖鼎（戰國晚）：治～所爲，賜右中戠（庖）。◎銘圖 1950

【案】右中庖鼎「小」爲治官之名，其上「治」因字口較淺，諸家漏釋。

少

芮公叔盤（西周中）：內（芮）公弔（叔）用乍（作）內（芮）～鉰（姒）。◎銘圖 14514

我自鑄鈹（春秋晚）：我自鑄～卒之用鈹。◎銘圖 17860

八

黃仲酉鼎（春秋晚）：曾～宰黃中（仲）酉之行貞（鼎）。◎文物2008（2）9頁

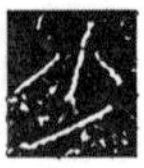
咸阳方壺（戰國晚）：四斗～半升。◎故博2006（2）87頁

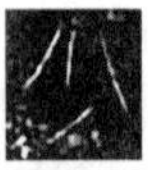
少府鐓（戰國晚）：～府工慧。◎銘圖18545

聽簋（商晚）：隹（唯）王～祀彡（肜）。◎銘續420

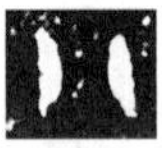
何簋（西周早）：隹（唯）～月公陕殷年。◎文物2009（2）55頁

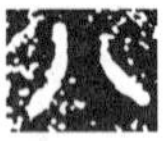
㚇氏劍簋蓋（西周晚）：隹（唯）～月初吉丁亥。◎中原2008（5）63頁

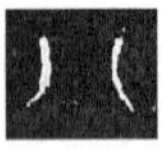
晉姞匜（春秋早）：隹（唯）～月丙寅。◎銘圖14954

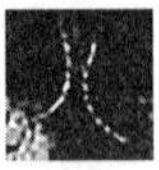
王八年內史操戈（戰國中）：王～年。◎故博2005（3）50頁

滎陽上官皿（戰國晚）：～一益（溢）六分益（溢）。◎文物2003（10）79頁

郭佗壺（戰國晚）：～梁。◎新收1695

卅四年少府戈（戰國晚）：～工□。◎王坡165頁

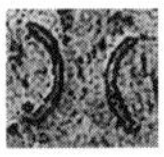
覭公簋（西周早）：隹（唯）王廿又～祀。◎考古2007（3）圖版3.5

季姬尊（西周中）：羊三百又～十又五叡。◎文物2003（9）89頁

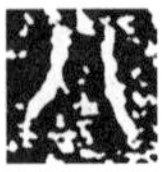
文盨（西周晚）：唯王廿又三年～月。◎字與史（1）221頁

宿兒缶（春秋晚）：隹（唯）正～月初吉壬申。◎銘圖14091

廿八年工師愈戟（戰國中）：廿～年。◎珍秦齋吳117頁

分

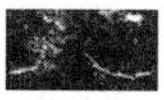

上郡假守鼂戈（戰國晚）：卌～年。◎珍秦齋秦88頁

倗伯盆（西周中）：倗白（伯）啟（肇）乍（作）旅～（盆）。◎考報2018（1）113頁

倗伯盆（西周中）：倗白（伯）啟（肇）乍（作）旅～（盆）。◎考報2018（1）113頁

滎陽上官皿（戰國晚）：少一益（溢）六～益（溢）。◎文物2003（10）79頁

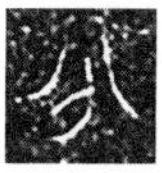

九年承匡令鼎（戰國晚）：脣（羹）四～。◎西安14頁

首垣鼎（戰國晚）：財（載）四～。◎銘圖1493

郘平一升分銀盤甲（戰國晚）：一料～。◎銘續1393

曾

曾□觚（商晚）：～□。◎滕州234頁

曾□爵（商晚）：～□。◎滕州256頁

曾侯諫鼎（西周早）：～侯諫乍（作）寶彝。◎銘圖156

曾侯壺（西周早）：～侯乍（作）田壺。◎銘圖12132

曾侯鼎（西周早）：～侯乍（作）寶鼎。◎銘續83

西宮爵（西周早）：～白（伯）乍（作）西宮寶尊彝。◎江漢2016（3）23頁

曾侯犺簋（西周早）：～侯犺乍（作）寶尊彝。◎銘續362

霸姬盤（西周中）：~（增）乎（厥）誓曰。◎考報2018（2）239頁

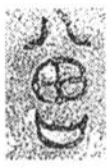

曾侯鼎（西周晚）：~侯。◎穆穆曾侯12頁

曾子壽鼎（春秋早）：~子壽自乍（作）行器。◎銘續147

曾季卿事奐壺（春秋早）：隹（唯）~季卿事奐用其吉金。◎銘續835

曾占尹矯缶（春秋早）：~占尹矯之辻缶。◎銘續902

曾侯子鎛丙（春秋早）：~侯子睪（擇）其吉金。◎銘續1043

曾亘嫚鼎（春秋早）：~亘嫚非彔，爲爾行器。◎棗陽65頁

曾太師㬚與鼎（春秋早）：~大（太）師㬚與。◎曾國7頁

曾太保慶盆（春秋早）：~大（太）保慶。◎古研（24）166頁

曾孟嬴削簠（春秋早）：~孟嬴削自乍（作）行医（簠）。◎棗陽93頁

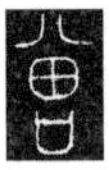

曾侯宏鼎（春秋中）：~侯宏睪（擇）其吉金。◎銘圖2219

黃仲酉匜（春秋晚）：~少宰黃中（仲）酉之行盎（匜）。◎曾國351頁

曾孟㛅邾姬簠（春秋晚）：穆穆~猛（孟）㛅朱（邾）姬乍（作）時（持）。◎淅川183頁

曾公子棄疾缶（春秋晚）：~公子去（棄）疾之行缶。◎銘續903

㜸盤（春秋晚）：隹（唯）~八月吉日隹（唯）亥。◎銘續948

曾侯與鐘（春秋晚）：~侯𦗟曰。◎銘續1029

〔八〕尚

曾侯邸簠（春秋晚）：~侯邸乍（作）時（持）。

◎古研（24）167頁

曾侯乙走戈（戰國早）：~侯乙之走戈。

◎隨州139

曾子季弁臣簠（戰國早）：~子季弁臣之飤𠤳（簠）。◎曾國394頁

曾季弁臣盤（戰國早）：~季弁臣鑄其盥盤。

◎曾國396頁

曾姬無卹鼎（戰國中）：聖（聲）趄（桓）之夫人~姬無卹之甬（用）貞（鼎）。◎銘續150

曾姬盤（春秋晚）：倁（？）夫人~姬之盤。

◎曾國408頁

曾侯昃戈（戰國早）：~侯昃之用戈。

◎銘續1177

【案】「曾」字所從「八」或訛似「卯」形。

叔夨方鼎（西周早）：吕（以）~（裳）衣……

◎文物2001（8）9頁

[illegible]卣（西周中）：敢再（稱）令~（賞）女（汝）。

◎銘續882

韓伯豐鼎（西周早）：先王令（命）~（當）付。

◎銘圖2426

虎簋蓋乙（西周中）：付氒（厥）~（常）官。

◎新收1874

霸伯盂（西周中）：~捧（拜）䭫（稽）首。

◎銘圖6229

尚爵（西周中）：~乍（作）𩫏（郭）公寶尊彝。

◎陝金集成117

曾伯霥壺（春秋早）：先民之~。
◎江漢 2017（6）9 頁

鼄君季鶼鑑（春秋中）：子子孫孫永寶是~。
◎銘續 535

爲甫人鼎（春秋早）：邁（萬）歲用~。
◎皕明樓 23

伯遊父卮（春秋中）：永寶是~。
◎上博（10）124 頁

【案】叔矢方鼎「⿱丷冂」，饒宗頤（2002）釋「冂」，讀「絅」。但「冂（同）」字作「」，二豎畫上出，與此有別。據文例，「⿱丷冂」當爲大盂鼎、麥方尊等「」字加飾筆而成。唐蘭曾釋「」爲「堂」之初文，李伯謙（2001）、王輝（2006）、陳劍（2008a）等推衍其說，釋此文爲「尚」，讀作「裳」；吳振武（2002）、黃錫全（2002a）則連其下之「衣」合爲一體釋「裳」。當以李、王、陳之說爲確。䣎卣「⿱丷冂（尚）」，董珊（2014b）讀「賞」，可從；但謂是「裳」之表意字，未詳所據。

詹

夆子詹簠（春秋早）：夆子~鑄弔（叔）嬴⿸疒吉（將）匿（簠）。◎銘續 485

夆子詹壺（春秋早）：夆子~鑄弔（叔）嬴⿸疒吉（將）壺。◎銘續 817

【案】夆子詹器「詹」字與國差鐈「鐈」字（）所從相同，可分析作從「言」從「八」、「厂」聲。「厂」後訛爲「产」。《銘續》釋「訇」，非是。

介

介令艈諻戈（戰國晚）：~命（令）艈諻。
◎銘續 1257

公

𧢀公簋（西周早）：𧢀~乍（作）𡚸姚𣪘（簋）。
◎考古 2007（3）圖版 3.5

𩰪簋（西周早）：~𨹳死（館）才（在）辟。
◎首陽 83 頁

何簋（西周早）：用絲（茲）𣪘（簋）褺（設）～休。◎文物2009（2）55頁

公豊父簋（西周早）：～豊父乍（作）㝩妃好寶𣪘（簋）。◎銘圖5014

豊觥（西周早）：豊啟（肇）乍（作）氒（厥）且（祖）甲齊～寶尊彝。◎銘圖13658

芮伯簋（西周中）：乍（作）旂（祈）～日寶𣪘（簋）。◎首陽102頁

豳公盨（西周中）：豳～曰。◎歷文2002（6）4頁

霸姬盉（西周中）：余某弗爯（稱）～命。◎銘圖14795

柞伯鼎（西周晚）：乃聖且（祖）周～。◎文物2006（5）68頁

仲𧮯父簋（西周晚）：用從德～。◎銘圖4845

何簋蓋（西周早）：隹（唯）八月～陝殷年。◎銘圖5137

□公簋（西周早）：□～乍（作）寶彝。◎銘續324

公仲㣈簋（西周中）：公中（仲）㣈乍（作）～姊寶𣪘（簋）。◎保利續120頁

一式獄簋蓋（西周中）：獄肇乍（作）朕文考甲～寶鬻（將）彝。◎考文2006（6）59頁

伐簋蓋（西周中）：敢對揚朕～子、魯侯不（丕）顯休。◎銘圖5321

霸姬盤（西周中）：余爯（稱）～命。◎考報2018（2）239頁

應公鼎（西周晚）：雁（應）～乍（作）尊簟鼎。◎華夏2007（1）27頁

琱生尊（西周晚）：用乍（作）召～尊盧。◎考文2007（3）8頁

琱生尊（西周晚）：其𠑹（兄）～。◎文物2007（8）20頁

蘇公盤（西周晚）：穌（蘇）～乍（作）晉改鈙。◎收藏2007（4）100頁

逑盉（西周晚）：朕皇高且（祖）單～。◎文物2003（6）38頁

師酉盤（西周晚）：～族鳿鼇入右師酉。◎銘續951

仲姜簋（春秋早）：中（仲）姜乍（作）爲逗（桓）～尊𣪕（簋）。◎銘圖4535

鄧公孫無忌鼎（春秋早）：登（鄧）～孫無㠱（忌）屡（選）吉金。◎王坡34頁

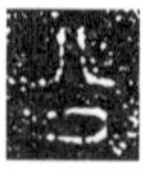

子耳鼎（春秋早）：奠（鄭）白（伯）～子子耳乍（作）盂鼎。◎文物2006（4）7頁

圃公鼎（春秋早）：圃～。◎夏商周442

仲姜鼎（春秋早）：中（仲）姜乍（作）爲趄（桓）～尊鼎。◎芮國81

芮公鬲（春秋早）：內（芮）～乍（作）鑄鬲。◎考文2007（2）8頁

秦公壺（春秋早）：秦～乍（作）鑄尊壺。◎文博2008（2）封二

邾公子害簠（春秋早）：鼄（邾）～子害自乍（作）匿（簠）。◎銘圖5907

茍公戈（春秋早）：茍～戈。◎銘續1089

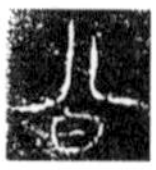

季子康鎛（春秋中）：童（鍾）麗（離）～柏之季子康。◎考文2009（3）106頁

文公之母弟鐘（春秋晚）：余文～之母弟。◎夏商周540

許公買簠（春秋晚）：𥁰（許）～買睪（擇）乒（厥）吉金。◎中原2004（1）55頁

必

曾公子棄疾簠（春秋晚）：曾～子厺（棄）疾之葬𠥃（簠）。◎銘續486

卹余敦（春秋）：卲翏～之孫。◎保利續184頁

許公戈（春秋晚）：䣄（許）～之戈。◎淅川彩版五〇

蔡公子吳之用戈（春秋）：蔡～子吳之用。◎江漢2018（4）封三

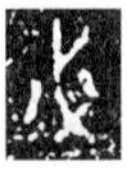
吕簋（西周中）：戈琱㦸㪤～（柲）彤（彤）沙（緌）。◎論稿167頁

彭子射兒鼎（春秋晚）：[鬲東田]（申）～之孫彭子射兒𢍰（擇）其吉金。◎銘圖2264

廿八年公乘戈（戰國晚）：～乘嗇夫印。◎銘續1234

蔡公子頒戈（春秋晚）：蔡～子頒之用。◎銘續1175

宗人簋（西周中）：戈琱㦸㪤～（柲）彤屡（緌）。◎銘續461

[必必]*

[鬲田]鼎（西周中）：易（賜）女（汝）玄衣𧘝屯（純）、戈彤～（柲）琱㦸。◎銘續230

余

宰獸簋（西周中）：今～唯或（又）紳（申）𦎫（就）乃命。◎陝博（7）99頁

□簋（西周中）：～乍（作）朕文考日辛寶㲃（簋）。◎銘續409

趞伯簋（西周中）：其競～一子。◎史學2006（2）封二

覇姬盤（西周中）：不～气（乞）。◎考報2018（2）239頁

卌二年逑鼎乙（西周晚）：～令（命）女（汝）奠長父休。◎考文2003(3)9頁

卌三年逑鼎甲（西周晚）：降～康夓。◎華章55頁

卌三年逑鼎乙（西周晚）：用乍（作）～我一人夗（怨），不小（肖）隹（唯）死。◎華章63頁

卌三年逑鼎丁（西周晚）：肄～弗謹（忘）聖人孫子。◎華章79頁

琱生尊（西周晚）：～宕其參（叁）。◎考文2007(3)8頁

應侯視工簋（西周晚）：～弗敢且（沮）。◎首陽114頁

射壺蓋（西周晚）：易（賜）～金。◎銘圖12444

楚太師登鐘乙（春秋早）：～保辪楚王。◎上博(11)150頁

文公之母弟鐘（春秋晚）：～不敢困暌。◎夏商周540

季子康鎛（春秋中）：～菽孯（厥）于之孫。◎考文2009(3)103頁

晉公盤（春秋中）：～咸畜胤士。◎銘續952

洍公宜脂鼎（春秋晚）：洍公宜脂～（擇）其□金。◎銘續191

與兵壺（春秋晚）：羼（擇）～吉金。◎古研(24)234—235頁

卹余敦（春秋）：卲翏公之孫卹～。◎保利續184頁

元年安平相邦戈（戰國晚）：治～報齋（劑）。◎銘圖17349

〔舍〕

釆

鄭莊公之孫盧鼎（春秋晚）：～奠（鄭）臧（莊）公之孫。◎湖北 56

之乘辰鐘（戰國早）：～郐（徐）王旨後之孫。◎文物 2004（2）72 頁

曾侯與鐘（春秋晚）：其肫（純）譓（德）降～。◎銘續 1029

番

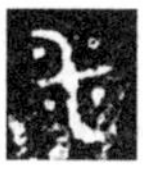

番伯鬲（西周中）：～（番）白（伯）乍（作）畢姬寶尊鬲。◎銘續 246

魯侯匜（西周晚）：魯侯乍（作）杞姬～朕（媵）它（匜）。◎銘圖 14923

伽番生簋（西周晚）：伽～生乍（作）□媿朕（媵）𣪕（簋）。◎銘續 370

伯雝盤（春秋早）：～弔（叔）之孫白（伯）雝用朕（媵）季夢妃。◎銘圖 14467

二十八年雝丘令戈（戰國中）：冶～黑。◎江漢 2016（2）89 頁

半

咸阳方壺（戰國晚）：四斗少～升。◎故博 2006（2）87 頁

私府鼎（戰國晚）：一斗～。◎銘圖 2100

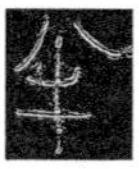

龐孺子鍾（戰國晚）：七斗四升少～升。◎銘續 825

牛

牛父戊爵（西周早）：～父戊。◎銘圖 8160

師衛簋（西周早）：䜌（召）公贅（賁）衛貝廿朋、臣廿、氒（厥）～廿、禾卅車。◎銘圖 5142

牡

亢鼎（西周早）：㠯（以）鬱拲、鬯甏、~一。

◎上博（8）121頁

季姬尊（西周中）：~六十又九叙。

◎文物2003（9）89頁

荊子鼎（西周早）：敞白~一。

◎銘圖2385

犅

犅伯誃卣（商晚或西周早）：~白（伯）誃乍（作）又丰寶彝。

◎保利續131頁

犫

廿一年晉國下庫戟（戰國晚）：襄~。

◎珍秦齋秦137頁

【案】董珊（2006）以爲「襄犫」即見於《左傳》僖公二十八年、襄公十年之衛國地名「襄牛」。

牲

滎仲方鼎（西周早）：子加熒（滎）中（仲）玬章（璋）一、~大牢。

◎文物2005（9）64頁

伯斿簋（西周中前）：王易（賜）白（伯）斿~五。

◎銘續436

任鼎（西周中）：易（賜）脡、~大牢。

◎歷文2004（2）21頁

牢

任鼎（西周中）：易（賜）脡、牲大~。

◎歷文2004（2）21頁

牧*

八年陽城令事壯戈（戰國晚）：司寇~疕。

◎古研（26）217頁

⿰牛昜*

唐子仲瀕兒匜（春秋晚）：～（唐）子中（仲）瀕兒弄（擇）吉金。◎江漢2003（1）3頁

唐子斨戈（春秋晚）：～（唐）子斨之用。◎考古2008（4）43頁

下都唐公妝匜（戰國早）：下都～（唐）公妝之盥盤。◎銘續984

告

亞告爵（商晚）：亞～。◎近出828

己告觚（商晚）：己～。◎文博2008（2）封一

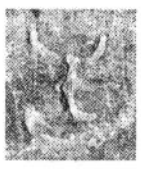

告田父乙尊（西周早）：～田父乙。◎九如園14

倗伯爯簋（西周中）：右～，令金車、旂。◎文物2006（8）8頁

衛簋甲蓋（西周中）：朕光尹中（仲）侃父右～衛于王。◎南開2008（6）封三

二式獄簋（西周中）：朕光尹周師右～獄于王。◎考文2006（6）60頁

柞伯鼎（西周晚）：令蔡侯～遚虢中（仲）。◎文物2006（5）68頁

工吴王叡矣工吴劍（春秋晚）：不可～人。◎銘圖17948

口

長子口尊（西周早）：長子～乍（作）旅宗彝。◎長子口99頁

長子口方尊（西周早）：長子～。◎長子口102頁

長子口卣（西周早）：長子～。◎長子口107頁

子口爵（西周早）：子～。◎近出845

吞

吞發父丁甗（西周早）：~發父丁。
◎銘圖 3210

者兒戈（春秋晚）：~弔（叔）之子。
◎銘續 1255

吹

吹爵（西周中）：~乍（作）寶。
◎考報 2018（1）118 頁

【案】《說文》「吹」字重見於卷八「欠」部。

名

咸阳方壺（戰國晚）：~唐。
◎故博 2006（2）87 頁

一斗半升敦（戰國晚）：~日。
◎銘續 521

十年宅陽令隅登戟（戰國晚）：~𠬝□旃（戟）。
◎古研（27）326 頁

吾

父庚方鼎（商晚）：父庚㝉~。
◎保利續 23 頁

吳王光帶鈎（春秋晚）：工~王光初得其𠷎（壽）金。◎銘續 1390

君

叔尊（西周中）：叔對揚辟~休。
◎銘圖 11818

䐭簋（西周中）：䐭敢對揚皇~顆令（命）。
◎銘續 437

琱生尊（西周晚）：吕（以）~氏命曰。
◎考文 2007（3）8 頁

琱生尊（西周晚）：琱生對揚朕宗~休。
◎考文 2007（3）8 頁

叔休盤（西周晚）：𠑇者~嗣（司）鹵弔（叔）休乍（作）寶般（盤）。◎銘圖 14482

僉父瓶（春秋早）：𩅦父~僉父。
◎小邾 33 頁

伯克父盨（春秋早）：其用及百~子宴卿（饗）。◎銘續474

鍾離君柏簠（春秋中）：童（鍾）麗（離）~柏𢍰（擇）其吉金。◎銘圖5898

君篕甲（春秋晚）：~。◎文物2008（1）80頁

宋君夫人鼎蓋（春秋晚）：宋~夫人自乍（作）餗（饋）貞（鼎）。◎第四屆116頁

壽夢之子劍（春秋晚）：攴七邦~。◎文物2005（2）68頁

曾侯與鐘（春秋晚）：~坒淮尸（夷）。◎銘續1029

修武使君甗（戰國晚）：攸武使~。◎夏商周603

信安鼎（戰國晚）：安~。◎文物2009（11）71頁

圁君婦媿霝壺（春秋早）：圁~婦媿霝乍（作）旅壺。◎小邾65頁

伯遊父壺（春秋中）：馬頸~白（伯）遊父乍（作）其旅壺。◎上博（10）118頁

南君⿰方昜鄒戈（春秋晚）：南~⿰方昜鄒之車戈。◎歷文2007（5）17頁

鮑子鼎（春秋晚）：其壽~母（毋）死。◎歷文2009（2）51頁

嬟盤（春秋晚）：余邾~之元女。◎銘續948

平夜君成戟（戰國中）：平夜~成之用𢦏（戟）。◎文物2002（8）7頁

三年武陰令鈹（戰國晚）：䑣（信）~左庫。◎考古2005（2）圖版4.10

高陵君弩機（戰國晚）：十九年，高陵~，工起、金。◎歷文2009（1）49頁

命

君用戈（春秋早）：□～用。◎新收1877

平夜君成戈（戰國中）：坪（平）夜～成之用戈。◎文物2002（8）7頁

宰獸簋（西周中）：今余唯或（又）𤔲（申）𦎫（就）乃～。◎陝博（7）99頁圖2

吕簋蓋（西周中）：王各（格）大（太）室，册～吕。◎論稿167頁

采隻簋蓋（西周中）：～女（汝）乍（作）𤔲（司）土。◎銘圖5154

伐簋蓋（西周中）：王～伐遺魯侯。◎銘圖5321

霸姬盤（西周中）：余既曰爯（稱）公～。◎考報2018（2）239頁

射壺蓋（西周晚）：尹弔（叔）～射𤔲（司）賈。◎銘圖12443

師酉盤（西周晚）：敬夙夜勿灋（廢）朕～。◎銘續951

琱生尊（西周晚）：吕（以）君氏～曰。◎考文2007（3）8頁

琱生尊（西周晚）：其又（有）敢亂丝（兹）～。◎考文2007（3）8頁

文盨（西周晚）：王～士曶父殷南邦、啟者（諸）侯。◎字與史（1）221頁

應侯視工簋（西周晚）：王～雁（應）侯征伐淮南尸（夷）屰。◎首陽114頁

應侯視工簋（西周晚）：姑氏用易（賜）眉壽永～。◎首陽114頁

追夷簋（西周晚）：追尸（夷）用旂（祈）易（賜）沬（眉）壽永～。◎華夏2000（3）20頁

秦子簋蓋（春秋早）：受～屯（純）魯。◎故博2005（6）22頁

競之定鬲甲（春秋晚）：王～競（景）之定救秦戎。◎文物2008(1)81頁

競之定豆甲（春秋晚）：王～競（景）之定救秦戎。◎文物2008(1)82頁

許公買簠（春秋晚）：永～無彊（疆）。◎中原2004(1)55頁

曾侯與鐘（春秋晚）：而天～晒（將）誤（虞）。◎銘續1029

司馬義鎛（戰國早）：嚴龏（恭）天～。◎山東104—108頁

司馬義鎛（戰國早）：哀～（矜）鰥寡。◎山東104—108頁

廿七年頓丘令廱西戟（戰國中）：邨（頓）丘～（令）廱西。◎珍秦齋吳109頁

卅一年鄭令戈（戰國晚）：奠（鄭）～（令）楻涵。◎珍秦齋吳259頁

九年承匡令鼎（戰國晚）：承匡～（令）大。◎西安14頁

五年邢令殷思戟（戰國晚）：陞（邢）～（令）殷思。◎珍秦齋吳163頁

⿱厸命*

燕王職壺（戰國晚）：～日任（壬）午。◎上博(8)146頁

【案】《古璽彙編》0481有「」字，何琳儀（1998：1148）釋爲「命」字繁體，謂增「厸」（「鄰」字古文）爲聲。諸家援以釋燕王職壺「⿱厸命」，甚是。周亞（2000）謂「命」有計算、籌劃之意，黃錫全（2002d）讀作「遴」，雖各有理據，然似不若董珊、陳劍（2002）之讀「令」訓善也。「令日」猶言「吉日」。

召

師酉鼎（西周中）：吏（使）師俗～師酉。◎歷文2004(1)封二

太師虘簋蓋（西周中）：王乎（呼）師曟～大（太）師虘入門。◎銘圖5283

唯

太師虘簋蓋（西周中）：王乎（呼）師曟〜大（太）師虘入門。◎銘圖5674

縮方甗（春秋早）：〜公之孫是爲惠公。◎九如園24

辛嚻相簋（西周早）：〜王十又一月。◎文物2004（8）80頁

鬻觶（西周早）：〜白（伯）初夗（館）于宗周。◎首陽74頁

覞公簋（西周早）：〜王廿又八祀。◎考古2007（3）圖版3.5

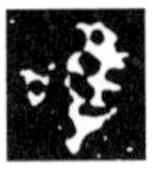

引簋（西周中）：余〜醽（申）命女（汝）。◎銘圖5299

娞鼎（西周中）：〜女（汝）聿井（刑）𤔲（司）宗臣妾。◎銘續214

趺應姬鼎（西周中）：〜𥃝（昭）王伐楚荊。◎銘續221

格仲簋（西周中）：〜正月甲午。◎考報2018（2）234頁

霸姬盤（西周中）：〜八月戊申。◎考報2018（2）239頁

曶簋（西周中）：〜三（四）月初吉丙午。◎文物2000（6）87頁

宰獸簋蓋（西周中）：〜六年二月初吉甲戌。◎陝博（7）99頁

豳公盨（西周中）：氒（厥）顯〜德。◎歷文2002（6）4頁

豳公盨（西周中）：亦〜劦（協）天。◎歷文2002（6）4頁

豳公盨（西周中）：民〜克用玆（兹）德。◎歷文2002（6）4頁

二式獄簋蓋（西周中）：〜十又一月既望丁亥。◎考文2006（6）60頁

和

獄盤（西周中）：~三（四）月初吉丁亥。◎考文 2006（6）61 頁

應侯視工簋甲蓋（西周晚）：~正月初吉丁亥。◎保利續 126 頁

應姚簋（西周晚）：~十月丁亥。◎考古 2003（3）93 頁

追夷簋（西周晚）：~正月初吉丁亥。◎華夏 2000（3）20 頁

應侯視工簋（西周晚）：~正月初吉丁亥。◎首陽 114 頁

文盨（西周晚）：~王廿又三年八月。◎字與史（1）221 頁

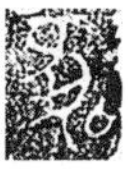

曾伯宫父鬲（春秋早）：~曾白（伯）宫父穆用吉金。◎江漢 2015（4）127 頁

楚王鼎（春秋中）：~王正月初吉丁亥。◎銘圖 2318

仰夫人嬺鼎（春秋晚）：吕（以）~御湯。◎中原 2009（3）11 頁

郳公韍父鎛（春秋晚）：正~朕身。◎銘圖 15818

郳公韍父鎛（春秋晚）：刑（型）鑄~（龢）鍾（鐘）。◎銘圖 15818

哉

鄭莊公之孫盧鼎（春秋晚）：烏（嗚）虖（呼）哀~。◎湖北 56

諻旟缶（春秋晚）：隹（唯）正八月晨（辰）~（在）乙丑。◎銘續 910

競孫旟鬲（春秋晚）：酓（飲）~不服，羕（永）保之用亯（享）。◎銘圖 3036

【案】競孫旟鬲「戠」字，左上似作「中」形，故月下聽泉（2012）、董珊（2012d）等釋「戠」，讀作「翦」或「捷」。然則同出之競孫不服壺「競孫不服」一句不可解。仍當以釋「戠」爲是。其左上「中」形或爲「才」之省訛，或其短橫未拓出。

台

遷邟鐘（春秋早）：~（以）亯（享）于我先祖。

◎銘續 1027

遷邟鐘（春秋早）：我~（以）樂我心。

◎銘續 1027

晉公盤（春秋中）：~（以）厰（嚴）虩若否。

◎銘續 952

季子康鎛（春秋中）：~（以）樂我甫（父）兓（兄）。◎考文 2009（3）106 頁

工吳王歔矣工吳劍（春秋晚）：~（以）爲元用。

◎銘圖 17948

吳王劍（春秋晚）：~（以）北南西行。

◎中原 2019（4）31 頁

郘公𩋨父鎛（春秋晚）：~（以）共（供）朝于王所。◎銘圖 15818

曾侯鐘（春秋晚）：~（以）憂此鰥寡。

◎銘續 1025

台寺缶（春秋）：~寺。

◎新收 1693

虘台丘子俅戈（戰國晚）：虘~丘子俅之造。

◎山東 853 頁

咸

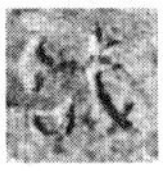

聽簋（商晚）：~敹（播）。

◎銘續 420

咸母乙爵（商晚）：~母乙。

◎銘續 653

叔夨方鼎（西周早）：~奉。

◎文物 2001（8）9 頁

晉公盤（春秋中）：余~畜胤士。

◎銘續 952

右

咸少燈（戰國中）：～少。◎國博2011（5）16頁

四年戈（戰國晚）：～。◎銘續1258

咸京權（戰國晚）：～京。◎銘續1368

宜陽鼎（戰國晚）：～。◎文博2007（3）16頁

咸阳方壺（戰國晚）：～。◎故博2006（2）87頁

七年丞相奐殳戈（戰國晚）：～陽（？）工帀（師）□。◎歷文2009（2）57頁

羚簋（西周中）：淁弔（叔）～羚即立中廷。◎字與史（1）211頁

獄盉（西周中）：朕光尹周師～告獄于王。◎考文2006（6）63頁

衛簋甲蓋（西周中）：朕光尹中（仲）侃父～告衛于王。◎南開2008（6）封三

凷盨蓋（西周中）：熒（榮）白（伯）入～凷。◎銘圖5673

應侯視工鐘（西周晚）：熒（榮）白（伯）內（入）～雁（應）侯視工。◎保利續158

卌三年逑鼎丁（西周晚）：嗣（司）馬壽～吳逑入門立中廷。◎華章79頁

卌三年逑鼎乙（西周晚）：匍（敷）～（佑）三（四）方。◎華章63頁

卌三年逑鼎丙（西周晚）：降余康受屯（純）～（祐）通彔（祿）永令（命）。◎華章71頁

卌二年逑鼎甲（西周晚）：降余康㝅屯（純）～（祐）。◎華章39頁

頌盤（西周晚）：宰引～頌入門。◎文物2009（9）52頁

師酉盤（西周晚）：公族鳿釐入～師酉。

◎銘續 951

秦子戈（春秋早）：左～市鮭用逸宜。

◎考文 2003（2）81 頁

晉公盤（春秋中）：乍（作）尨左～。

◎銘續 952

右府戈（春秋晚）：～腐（府）之用鈢（戟）。

◎銘續 1130

淳于右戈（春秋晚）：辜（淳）于～造。

◎文物 2005（9）93 頁

右庭戈（戰國早）：～庭之戈。

◎歷文 2007（5）16 頁

廿七年頓丘令龐酉戟（戰國中）：～庫工帀（師）桃繯。◎珍秦齋吳 109 頁

平阿右僕戈（戰國中）：平堊（阿）～僕造戈。

◎銘續 1191

右中庖鼎（戰國晚）：冶小所爲，賜～中戴（庖）。◎銘圖 1950

申右庫矛（戰國晚）：郙（申）～庫。

◎銘續 1279

南行唐令鈹（戰國晚）：～庫工帀（師）司馬宛。

◎夏商周 591

右孺子鼎（戰國晚）：～乳（孺）子。

◎文物 2004（9）83 頁

昌文鼎（戰國）：～般。

◎陝金集成 1820

曾侯與鐘（春秋晚）：差（左）～文武。

◎銘續 1029

【案】曾侯與鐘「右」字受其前「差」字類化，上加「」符。

啻

師衛鼎（西周早）：豐公史（使）衛陟于氒（厥）～（敵）。◎銘圖2378

鈇應姬鼎（西周中）：用乍（作）氒（厥）～（嫡）君公弔（叔）乙尊貞（鼎）。◎銘續221

臤鼎（西周中）：臤克氒（厥）～（敵）。◎銘續228

伯斿簋（西周中）：王易（賜）白（伯）斿牲五，～唯用奠。◎銘續436

晉伯卣蓋（西周中）：晉白（伯）乍（作）氒（厥）～（嫡）宗寶彝。◎首陽92頁

晉伯卣（西周中）：晉白（伯）乍（作）氒（厥）～（嫡）宗寶彝。◎首陽92頁

師酉盤（西周晚）：嗣（嗣）乃且（祖）～（嫡）官邑人。◎銘續951

吉

榮仲方鼎（西周早）：才（在）十月又二月生霸～庚寅。◎文物2005(9)64頁

㫚簋（西周中）：隹（唯）亖（四）月初～丙午。◎文物2000(6)87頁

老簋（西周中）：隹（唯）五月初～。◎考文2005增刊65頁

獄盉（西周中）：唯亖（四）月初～丁亥。◎考文2006(6)63頁

獄盤（西周中）：唯亖（四）月初～丁亥。◎考文2006(6)61頁

倗伯鼎（西周中）：隹（唯）五月初～。◎文物2006(8)17頁

仲枏父鬲（西周中）：隹（唯）六月初～。◎首陽96頁

肣簋蓋（西周中）：隹（唯）正月初～丁丑。◎字與史(1)210頁

進鼎（西周中）：公族寶～進捧（拜）䭬（稽）首。◎銘續196

楷大司工尚僕壺（西周晚）：子子孫孫永寶用～亯（享）。◎銘續833

尹氏士吉射簋甲蓋（西周中）：尹氏士～射乍（作）磿妵（姑）朕（媵）𣪘（簋）。◎銘圖4809

伯𢦏父簋（西周晚）：隹（唯）王九月初～庚午。◎首陽107頁

紊氏劆簋蓋（西周晚）：隹（唯）八月初～丁亥。◎中原2008（5）63頁

琱生尊（西周晚）：隹（唯）五年九月初～。◎文物2007（8）20頁

叔𣪕父鼎（春秋早）：隹（唯）王正月～日丁丑。◎銘續215

楚太師登鐘己（春秋早）：用其～金。◎上博（11）152頁

伯晉生鼎（西周晚）：隹（唯）正月初～。◎銘續181

應侯視工鐘（西周晚）：隹（唯）正二月初～。◎保利續158頁

聞尊（西周中）：隹（唯）十月初～。◎論稿10頁

應侯視工簋（西周晚）：唯正月初～丁亥。◎首陽114頁

晉侯對盨（西周晚）：隹（唯）正月初～庚寅。◎首陽117

善夫吉父鬲（西周晚）：善（膳）夫～父乍（作）京姬尊鬲。◎銘圖2970

曾太保簠（春秋早）：隹（唯）曾大（太）保登用其～金。◎江漢2016（5）43頁

曾侯宝鼎（春秋中）：隹（唯）王五月～日庚申。◎銘圖2219

〔士〕

鍾離君柏簠（春秋中）：童（鍾）麗（離）君柏睪（擇）其～金。◎銘圖5898

許公買簠蓋（春秋晚）：隹（唯）王正月初～丁亥。◎中原2004（1）55頁

與兵壺（春秋晚）：隹（唯）正五月初～壬申。◎古研（24）234—235頁

吉用車軎甲（春秋晚）：～用。◎首陽157頁

浅公宜脂鼎（春秋晚）：隹（唯）正月初～日丁亥。◎銘續191

陳子俁盞（春秋晚）：隹（唯）正月初～日丁亥。◎銘續526

昭王之即鼎蓋（戰國早）：隹（唯）正孟春～日隹（唯）庚。◎銘續224

司馬義鎛（戰國早）：用旂～休□楙（懋）。◎山東104—108頁

之乘辰鐘（戰國早）：～日丁巳。◎文物2004（2）72頁

之乘辰鐘（戰國早）：睪（擇）氒（厥）～金。◎文物2004（2）72頁

尹氏士吉射簠甲（西周中）：尹氏士～射乍（作）磨妊（姞）朕（媵）毁（簠）。◎銘圖4809

【案】「吉」上端多一横，爲目前所僅見。同銘「士」字上端亦衍一横，可合證。

郘夫人嬭鼎（春秋晚）：郘（鄖）夫人嬭㲉（擇）丌（其）～金。◎中原2009（3）11頁

【案】「吉」字下横與「口」共用，致與「古」字混同。

曾侯宥簋（春秋中）：隹（唯）王五月～（吉）日庚申。◎銘圖4976

曾仲𡎴簋（春秋晚）：隹（唯）王正月～（吉）日庚申。◎銘圖5029

周

【案】「吉」字或省「口」。

叔矢方鼎（西周早）：王𨠖大栅奉才（在）成～。
◎文物2001(8)9頁

鬻觶（西周早）：唯白（伯）初宛（館）于宗～。
◎首陽74頁

肣簋蓋（西周中）：王才（在）宗～。
◎字與史（1）210頁

成周鼎（西周早）：成～。
◎曲村361頁

鬻觶蓋（西周早）：唯白（伯）初宛（館）于宗～。
◎首陽74頁

覩簋（西周中）：王才（在）～。
◎歷文2006(3)封二

獄盨（西周中）：朕光尹～師右告獄于王。
◎銘圖5275

夾簋蓋（西周中）：王才（在）～康宫，卿（饗）醴。◎新收1959

肣簋（西周中）：王才（在）宗～。
◎字與史（1）211頁

太師虘簋蓋（西周中）：王在～師量宫。
◎銘圖5282

卌三年逑鼎甲（西周晚）：奠～邦。
◎華章55頁

卌三年逑鼎乙（西周晚）：王各（格）～廟即立（位）。◎華章63頁

頌盤（西周晚）：王在～康卲（昭）宫。
◎文物2009(9)52頁

唐

〔昌〕啺

卌三年逑鼎戊（西周晚）：又（有）爵于～邦。◎華章87頁

應侯視工鐘（西周晚）：雁（應）侯視工遺王于～。◎保利續159頁

伯𢦏父簋（西周晚）：王出自成～。◎首陽107頁

曾侯與鐘（春秋晚）：～室之既庳（卑）。◎銘續1029

公族申戈（戰國中）：大紿（治）～密。◎銘續1266

小臣唐簋（西周早）：王吏（使）小臣～射。◎銘續385

宋公固鋪（春秋晚）：有殷天乙～（湯）孫宋公豳（固）。◎銘續532

霸伯簋（西周中）：事（使）伐用～（幬）二百，丹二糧，虎皮一。◎考報2018（1）103頁

作册封鬲甲（西周晚）：虔夙夕卹～邦。◎歷文2002（2）4頁

柞伯鼎（西周晚）：才（在）乃聖且（祖）周公繇又（有）共于～邦。◎文物2006（5）68頁

齊伯里父匜（春秋早）：齊白（伯）里父乍（作）～姜賸（媵）鉇（匜）。◎銘圖14966

嫼盤（春秋晚）：余～室□備。◎銘續948

【案】嫼盤「周」，《銘續》誤釋爲「賈」。袁金平、王麗（2015）釋「周」，是。

宋公固鼎蓋（春秋晚）：有殷天乙～（湯）孫宋公豳（固）。◎銘續209

咸陽方壺（戰國晚）：咸，四斗少半升，名～。◎故博2006（2）87頁

伯敔父匜（春秋早）：用易（賜）～（壽）無彊（疆）。◎銘續995

啇

楚子壽戈（春秋晚）：楚子～（壽）爲其……
◎銘續1156

攻吳王光鐸（春秋晚）：攻敔（吳）王光初得其～（壽）金。◎銘續1047

【案】攻吳王光鐸「啇」，《銘續》讀「鑄」，不若讀「壽」，取經久不敗之意也。「壽金」與習見之「吉金」相類。

㕣

⿱君系㕣簋（西周中）：⿱君系～乍（作）父癸寶𣪕（簋）。
◎流散歐美102

之乘辰鐘（戰國早）：而乍繇夫～之貴姓（甥）。
◎文物2004（2）72頁

吝

司馬義鎛（戰國早）：用亯（享）于皇祖～（文）考。◎山東104—108頁

【案】鎛銘「吝」實爲「文」之繁構，與吝惜字同形。卷九「文」字重見。

各

師酉鼎（西周中）：王～（格）于大（太）室。
◎歷文2004（1）封二

虎簋蓋乙（西周中）：～（格）于大（太）室。
◎新收1874

親簋（西周中）：～（格）大（太）室。
◎歷文2006（3）封二

宰獸簋（西周中）：王～（格）大（太）室。
◎陝博（7）99頁

羚簋（西周中）：～（格）大（太）室。
◎字與史（1）211頁

衛簋甲蓋（西周中）：王～（格）于康大（太）室。
◎南開2008（6）封三

〔夊〕

虎簋（西周中）：～（格）大（太）室。
◎銘圖 5295

引簋（西周中）：王～（格）于龏（恭）大（太）室。
◎銘圖 5299

獄簋乙（西周中）：王～（格）于康大（太）室。
◎銘續 458

獄盉（西周中）：王～（格）于師再父宮。
◎考文 2006（6）63 頁

獄盨蓋（西周中）：王～（格）于康大（太）室。
◎銘圖 5275

師酉盤（西周晚）：～（格）吳大（太）室。
◎銘續 951

逑鐘（西周晚）：追孝卲～（格）喜侃前文人。
◎首陽 121

卌三年逑鼎壬（西周晚）：王～（格）周廟即立（位）。◎華章 119 頁

歸各戈（春秋早）：歸～爲士紋鑄用戈。
◎銘續 1207

二式獄簋（西周中）：王～（格）于康大（太）室。
◎考文 2006（6）60 頁

任鼎（西周中）：用～（格）大神。
◎歷文 2004（2）21 頁

叔尊（西周中）：不（丕）顯朕文考魯公，～（格）文遺工（功）。◎銘圖 11818

叔卣（西周中）：不（丕）顯朕文考魯公，～（格）文遺工（功）。◎銘圖 13347

卌二年逑鼎乙（西周晚）：王～（格）大（太）室。
◎考文 2003（3）9 頁

【案】「各」字或省「口」，但作倒止之形，同「夊」。戰國楚簡「洛」字或作「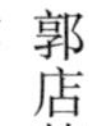」（郭店楚簡《性自命出》60）、「」（上博楚簡《季庚子問於孔子》15），「恪」字作「」（清華簡《五紀》11），所從「各」亦省作「夊」。朱鳳瀚（2011）以爲《說文》訓「从後至」之「夊」，讀爲「致」，義爲送到、送達。侯乃峰（2016）讀爲「黹」，謂有修美、美飾之義。董珊（2012b）以爲《說文》訓「行遲曳夊夊」之「夊」，讀任鼎「夊」爲「綏」，訓爲安，讀叔尊、叔卣「夊」爲「垂」，義雖自通，但不若以爲「各」字省體之合乎文例也。叔器之「夊（各）」亦宜讀「格」，訓降訓來。

哀

伯僭簋（西周早）：白（伯）僭乍（作）～白（伯）毁（簋）。◎銘續 395

鄭莊公之孫盧鼎（春秋晚）：烏（嗚）虖（呼）～哉。◎湖北 56

司馬義鎛（戰國早）：～命（矜）鰥寡。◎山東 104—108 頁

昏〔⿱氏甘〕

加芈編鐘（春秋中）：白（伯）～（括）受命。◎江漢 2019（3）16 頁

【案】《說文》「昏」字古文從「甘」作「」，與鐘銘同。

吂*

廿四年吂令戈（戰國晚）：廿亖（四）年～命（令）州綬。◎左冢 66 頁

吂左庫殳鐓（戰國晚）：～左庫。◎銘圖 18541

㫚*

元卣（西周早）：元乍（作）高～日乙□尊。◎銘圖 13270

邾季簠（春秋）：鼄（邾）季～[illegible]用乍（作）中（仲）媆。◎回家（2018）33 頁

時*

曾孟嬭邾姬簠（春秋晚）：穆穆曾𡛤（孟）嬭朱（邾）姬乍（作）～（持）。◎淅川 183 頁

曾侯邸簠（春秋晚）：曾侯邸乍（作）～（持）。◎古研（24）167 頁

咭*

曾侯乙鼎（戰國早）：曾侯乙詐（作）～（持）甬（用）終。◎銘續 119

咭相伯甗（西周晚）：～相白（伯）乍（作）寶獻（甗）。◎天地 2008（10）87 頁

𡔷*

王太后鼎（戰國晚）：一～（㱿）。◎文物 2006（11）65 頁

【案】「𡔷」或即「殸」之簡體。

啐*

加芈編鐘（春秋中）：行相曾邦，台（以）長～（台）夏。◎江漢 2019（3）16 頁

加芈編鐘（春秋中）：乍（作）～（台）邦豕（家）。◎江漢 2019（3）16 頁

加芈編鐘（春秋中）：余睪（擇）～（台）吉金玄鏐黃鏄，用自乍（作）宗彝龢鐘。◎江漢 2019（3）16 頁

【案】郭長江等（2019）讀「辝」，以爲第一人稱代詞，是。金文用「辝」爲第一人稱代詞多見，傳世文獻作「台」。「啐」字形來源與《說文》「啇」似有糾葛，而音義不同，故另立字頭。「啐」或可視爲「辝」之省體，或可逕分析爲從「口」、「辛」聲。「辛」聲古與之部字相通，《論語·子路》「切切偲偲」之「偲」，定州漢簡本作「辞」，可證。另參卷十「悴」字條。

𣡦*

西𣡦䠥戈（戰國早）：宋西～䠥之族戈。◎銘續 1203

㳄*

霸伯盂（西周中）：歸柔鬱、旁（芳）鬯、～。◎銘圖 6229

㳄氏鼎（春秋早）：～氏乍（作）□母賸（媵）貞（鼎）。◎銘續 180

⿱東口* ⿰口専*

加芈編鐘（春秋中）：密（毖）~（壯）我猷（猷），大命毋改。◎江漢2019（3）16頁

莊之無咎戈（春秋晚）：~（莊）之無咎。◎楚彙658頁

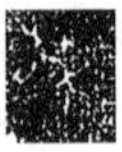

鄭莊公之孫盧鼎（春秋晚）：余奠（鄭）~（莊）公之孫。◎湖北56

葉公臧鼎（戰國早）：鄴（葉）公~之均邦之盅（鼎）。◎墨影125

【案】加芈編鐘「⿰爿咸」，郭長江等（2019）釋爲「臧」，訓成功，不若夏立秋（2019）讀「壯」爲妥。《詩·小雅·采芑》：「方叔元老，克壯其猷。」

應侯視工簋蓋（西周晚）：𢦏（蠢）淮南尸（夷）毋敢~氒（厥）眾䝨（旅）。◎首陽114頁

【案】字讀「敷」，陳也。詳陳斯鵬（2012）。

二式㺇簋（西周中）：其日夙夕用氒（厥）~（馨）香辜祀于氒（厥）百神。◎考文2006（6）60頁

二式㺇簋蓋（西周中）：其日夙夕用氒（厥）~（馨）香辜祀于氒（厥）百神。◎考文2006（6）60頁

㺇盨（西周中）：其日夙夕用氒（厥）~（馨）香辜祀于氒（厥）百神。◎銘圖5275

㺇盨蓋（西周中）：其日夙夕用氒（厥）~（馨）香辜祀于氒（厥）百神。◎銘圖5275

㺇簋乙（西周中）：其日夙夕用氒（厥）~（馨）香辜祀于氒（厥）百神。◎銘續458

【案】吳振武（2006b、2008a）認爲字上所從以二「〇」指示植物之莖部，爲「莖」之初文，故字可分析爲從「口」、「莖」聲，釋爲「馨」之異構。吳鎮烽（2006a）謂字上爲束茅之形，下象盛酒器皿，當是「莤」字古體。李學勤（2007a）謂字上所從爲「本」之早期寫法，字從「本」聲，讀爲「芬」。衡諸字形、文例，當以吳振武說爲是。

⿰口⿱延月*

楚君酓⿰口⿱延月尊（戰國晚）：楚君酓（熊）～（元）睪（擇）其吉金。◎銘圖 11790

【案】楚考烈王熊元之名，金文作「」，舊多釋「前」，小蟲（2006）結合上博簡《弟子問》「延陵季子」「延」之作「」，改釋爲從「月」、「延」聲之「脠」，其說可從。蘇建洲（2015）指出本銘「⿰口⿱延月」字「月」旁訛作「舟」形，是；又謂「口」旁爲飾筆，則恐未必。予疑字從「口」、「⿱延月」聲，即「唌」之繁體。

嚴

卌三年逑鼎丙（西周晚）：皇考其～才（在）上。◎華章 71 頁

與兵壺（春秋晚）：余～敬丝（兹）禋⿱明示（盟）。◎古研（24）234—235 頁

司馬義鎛（戰國早）：～龏（恭）天命。◎山東 104—108 頁

咢〔噩〕

鄂侯鼎（西周早）：～（鄂）侯乍（作）寶尊彝。◎銘圖 1566

鄂侯卣（西周早）：～（鄂）侯乍（作）旅彝。◎隨州 33

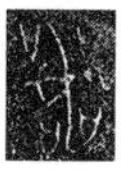

鄂侯罍（西周早）：～（鄂）侯乍（作）氒（厥）寶尊彝。◎隨州 35

鄂監簋（西周早）：～（鄂）監乍（作）父辛寶彝。◎銘圖 4441

疑尊（西周早）：隹（唯）中（仲）義父于入（納）～（鄂）侯于盩⿰鹵成（城）。◎銘續 792

鄂姜簠（西周晚）：～（鄂）姜乍（作）旅匠（簠）。◎銘續 479

鄂侯鼎（春秋早）：～（鄂）侯乍（作）夫人行鼎。◎江漢 2019（4）38 頁

鄂侯簋（春秋早）：～（鄂）侯乍（作）夫人行𣪘（簋）。◎江漢 2019（4）40 頁

單

南單母癸甗（西周早）：南～母癸。

◎夏商周 222

單爵（西周早）：～。

◎文物 2004（7）8 頁

南單父己尊（西周早）：南～父己。

◎銘續 766

戚簋蓋（西周中）：～白（伯）內（入）右戚。

◎銘續 450

單五父方壺甲（西周晚）：～五父乍（作）朕皇考尊壺。◎華章 169 頁

單五父方壺甲蓋（西周晚）：～五父乍（作）朕皇考尊壺。◎華章 169 頁

單叔鬲庚（西周晚）：～弔（叔）乍（作）孟媾（祁）尊彖。◎華章 152 頁

應侯視工簋（西周晚）：余用乍（作）朕王姑～姬尊𣪕（簋）。◎首陽 114 頁

單子戟（春秋晚）：～子乍（作）戟。

◎陝金集成 1797

單父司寇鈹（戰國中）：～父司寇（寇）隉。

◎銘續 1347

〔嚚〕

嚚簋（西周中）：～其邁（萬）年永寶用。

◎銘續 437

嚚叔奐父盨（西周晚）：～弔（叔）奐父乍（作）孟姞旅須（盨）。◎文物 2004（4）90 頁

【案】「單」繁體作「嚚」，《說文》别爲一字，卷十四重見。

喪

周晉盉（西周中）：棗（早）～氒（厥）𤔲考。

◎銘圖 14793

格仲簋（西周中）：戎截（斬）于～遵（原）。

◎考報 2018（2）234 頁

走

格仲簋（西周中）：戎戠（斬）于～邍（原）。◎考報 2018（2）235 頁

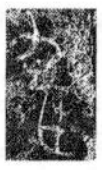

秦政伯喪戈（春秋早）：秦政白（伯）～戮政西旁。◎珍秦齋秦 43 頁

有司伯喪矛（春秋早）：又（有）嗣（司）白（伯）～之車矛。◎珍秦齋秦 47 頁

曾季弁臣盤（戰國早）：永用之勿～。◎曾國 396 頁

虎簋蓋乙（西周中）：五邑～（走）馬馭人。◎新收 1874

曾侯乙走戈（戰國早）：曾侯乙之～戈。◎隨州 139

〔徙〕

䣄簋（西周中）：嗣（司）朕～馬馭。◎銘續 437

魯司走馬皇父簋（西周晚）：魯嗣（司）～馬皇父乍（作）姬此母賸（媵）㲃（簋）。◎銘續 419

赴

芮公簋（西周中）：內（芮）公乍（作）鑄子～寶㲃（簋）。◎銘圖 4825

芮公簋（西周中）：內（芮）公乍（作）鑄子～寶㲃（簋）。◎銘圖 4826

起

高陵君弩機（戰國晚）：工～。◎歷文 2009（1）49 頁

趩

卌二年逑鼎甲（西周晚）：～（翼）才（在）下。◎華章 39 頁

卌二年逑鼎乙（西周晚）：～（翼）才（在）下。◎考文 2003（3）9 頁

加芈編鐘（春秋中）：大夫庶士，齋齋～～（翼翼）。◎江漢 2019（3）18 頁

趙

趙氏余戈一（春秋中）：～氏余穀鼛臺（夷）用元鎬乍（作）鑄戈三百。◎銘續1259

䞒

逑盤（西周晚）：～～（桓桓）克明悊（慎）氒（厥）德。◎盛世34頁

仲姜鼎（春秋早）：中（仲）姜乍（作）爲～（桓）公尊鼎。◎芮國81

仲姜壺（春秋早）：中（仲）姜乍（作）爲～（桓）公尊壺。◎芮國87

仲姜甗（春秋早）：中（仲）姜乍（作）爲～（桓）公尊鬳（甗）。◎芮國84

仲姜鼎（春秋早）：中（仲）姜乍（作）爲～（桓）公尊鼎。◎陝金集成1699

王子桓匕鼎（春秋晚）：王子～（桓）匕弁（差）其吉金。◎銘續208

光䞒戈（春秋晚）：光～自乍（作）用之。◎銘圖16821

𧻓

姑發者反之子通劍（春秋晚）：～自乍（作）元用。◎歷文2004(5)圖版6

趒

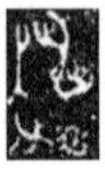

雌盤（春秋晚）：子～之子雌自乍（作）盥盤。◎墨影96

【案】《墨影》闕釋，《銘三》1210釋「趒」，是。

𧽊*

𧽊伯𣪘（西周中）：朕文考其巠（經）～姬、𧽊白（伯）之德音。◎銘圖5666

𧽊伯簋（西周中）：朕文考其巠（經）𧽊姬、～白（伯）之德音。◎史學2006(2)封二

⿺走匝*　趛*　⿺走無*　⿺走叡*　止

昔須甗（西周中）：昔須眔〜東征。
◎銘圖 3349

衍簋（西周中）：〜姞眔乍（作）。
◎銘續 455

趞盄父鋪（西周晚）：〜盄父乍（作）寶鋪。
◎銘續 528

叔駒父簋（西周晚）：弔（叔）駒父乍（作）〜姬𩰫𣪕（簋）。◎文博 2008（2）8 頁

柞伯鼎（西周晚）：〜氏曰。
◎文物 2006（5）68 頁

與兵壺（春秋晚）：穆穆〜〜（熙熙），至于子子孫孫。◎古研（24）234—235 頁

伯趛父簋蓋（西周晚）：白（伯）〜父乍（作）還寶𣪕（簋）。◎古研（27）198 頁

加芈編鐘（春秋中）：𠷎獻䚄（歌）〜（舞），匽（宴）喜歙（飲）飤。◎江漢 2019（3）18 頁

趨簋甲（西周中）：〜乍（作）甫（父）庚寶尊𣪕（簋）。◎銘圖 4419

趨簋乙（西周中）：〜乍（作）甫（父）庚寶尊𣪕（簋）。◎銘圖 4420

父辛簋（商晚）：用旅𢦏〜。
◎陝金集成 1833

昭宮鼎（戰國晚）：一斗九升〜。
◎銘圖 2099

前

前爵（西周早）：弔（叔）易（賜）～金。◎銘圖 8575

伯或父鼎（西周中）：肇學～文人。◎銘續 231

卌二年逑鼎甲（西周晚）：用亯（享）孝于～文人。◎華章 39 頁

卌二年逑鼎乙（西周晚）：用亯（享）孝于～文［人］。◎考文 2003（3）9 頁

郘子前彝戈（春秋早）：郘子～彝用戈。◎銘續 1140

歷

歷爵（西周早）：～乍（作）父丁寶□□。◎銘續 667

卌三年逑鼎甲（西周晚）：令（命）女（汝）官嗣（司）～人。◎華章 55 頁

卌三年逑鼎乙（西周晚）：令（命）女（汝）官嗣（司）～人。◎華章 63 頁

曾伯陭鉞（春秋早）：非～殹井（型），用爲民政。◎棗陽 27 頁

歸

亢鼎（西周早）：公令（命）亢～美亞貝五十朋。◎上博（8）121 頁

霸伯盂（西周中）：～柔鬱、旁（芳）鬯、臧。◎銘圖 6229

應侯視工鐘（西周晚）：王～自成周。◎保利續 158 頁

歸各戈（春秋早）：～各爲士紋鑄用戈。◎銘續 1207

雷子歸產鼎（春秋晚）：雷子～產之鼐。◎回家（2019 一）108 頁

歸父盤（春秋晚）：齊大（太）宰～父兊。◎銘續 932

【案】歸各戈「歸」字，《銘續》誤釋爲「逋」。

⿱冖止*

父庚方鼎（商晚）：父庚～吾。

◎保利續23頁

⿱土止*

大市量（戰國中）：攻差（佐）競（景）之～（上）吕（以）爲大市鑄政（征）顏（鴈）首。◎古研(22)129頁

⿰亻止*

⿰亻止簋（西周中）：～肇乍（作）寶毁（簋）。

◎銘續400

⿱大止*

獄鼎（西周中）：孫孫子子其～（永）寶用。

◎考文2006(6)58頁

豐姬盉（西周中）：孫孫子子其～寶。

◎銘續976

圓君婦媿靁壺（春秋早）：其年邁（萬）子子孫孫～（永）用。◎小邾65頁

杞伯每亡壺蓋（春秋早）：子子孫孫～寶用。

◎銘續836

⿰止奇*

⿰止奇鼎（春秋晚）：～之阩（升）貞（鼎）。

◎銘續79

⿰止奇壺（春秋晚）：～之尊壺。

◎銘續806

⿱朔止*

楚王領甗（春秋早）：楚王領賸（媵）郐（徐）季嬭（芈）～母賸（媵）鬳（甗）。◎銘圖3358

⿰爿⿱酉止*

景之盥鼎(春秋晚):競(景)之盥自乍(作)~(將)彝𩱮盞。◎銘續178

【案】《銘續》釋「⿰爿畀」而讀「將」。謝明文(2016b)釋「⿰爿⿱酉止」而讀「鬺」,訓作「煮」。新版《通鑒》改從謝說。釋「⿰爿⿱酉止」是,結合曾仲姬壺「⿰爿酉壺」之「⿰爿酉」考慮,應統一讀「將」爲妥。《詩·周頌·我將》「我將我享」鄭玄箋:「將,猶奉也。」孔穎達疏:「以將與享相類,當謂致之於神。」

⿱癶具*

與兵壺蓋(春秋晚):余鄭大(太)子之孫~(舉)兵。◎古研(24)236頁

登

唐鼓爵(商晚):王奏~□□鼓□□尊□乍(作)乙□。◎銘圖8583

具鼎(西周早):具尊𠂤(厥)京□~。◎銘續229

中臣鼎(西周早):中臣~鼎。◎銘續93

一式獄簋蓋(西周中):䖒(馨)香則~于上下。◎考文2006(6)59頁

鄭登叔盨蓋(西周中):奠(鄭)~弔(叔)乍(作)旅盨。◎銘圖5581

旽簋(西周中):~裹𠂤(厥)典。◎銘圖5386

鄭登伯盨(西周晚):奠(鄭)~白(伯)乍(作)寶須(盨)。◎文物2009(1)46頁

楚太師登鐘甲(春秋早):楚大(太)師~。◎上博(11)150頁

楚太師登鐘辛(春秋早):楚大(太)師~辥慎。◎上博(11)153頁

鄧子孫白鼎(春秋早):~(鄧)子孫白用。◎銘續92

寶登鼎（春秋早）：奠（鄭）桑弔（叔）之子寶～乍（作）鼎。◎文物2006(4)7頁

宅陽令隅登矛（戰國晚）：七年宅昜（陽）命（令）隅～。◎銘續1286

癸

曾太保簠（春秋早）：隹（唯）曾大（太）保～用其吉金。◎江漢2016(5)43頁

姑發者反之子通劍（春秋晚）：攻敔（吳）王姑～（發）者反之子趞（通）。◎歷文2004(5)圖版6

歲

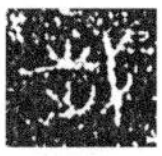

爲甫人鼎（春秋早）：邁（萬）～用尚（常）。◎皕明樓23

與兵壺蓋（春秋晚）：不斁（懈）春秋～崇（常）。◎古研(24)236頁

司馬義鎛（戰國早）：隹（唯）正孟～十月庚午。◎山東104—108頁

侯古堆鎛（春秋晚）：百～外。◎侯古堆57頁

皇毂鼎（春秋晚）：千～之外，我是吕（以）遣（侃）。◎銘續192

郘夫人嬭鼎（春秋晚）：～才（在）㪟（涒）鸛（灘）。◎中原2009(3)11頁

大市量（戰國中）：郑公卲者果迈秦之～。◎古研(22)129頁

此

此父丁簋（商晚）：～父丁。◎銘續296

史此爵（西周早）：史～乍（作）寶尊彝。◎銘圖8485

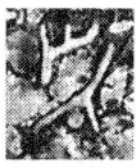

史此觥（西周早）：～用乍（作）父乙寶尊彝。◎銘續892

魯司徒馬皇父簋（西周晚）：魯嗣（司）徒馬皇父乍（作）姬～母賸（媵）毁（簋）。◎銘續419

正

曾伯霥壺（春秋早）：隹（唯）～壺章。◎江漢2017(6)9頁

加芈編鐘（春秋中）：帥禹之琽（緒），有～南洍。◎江漢2019(3)16頁

此余王鼎（春秋晚）：～余王□□乍（作）□其小鼎。◎銘續220

曾侯鐘（春秋晚）：台（以）憂～鰥寡。◎銘續1025

攻吳王姑讎於䧹劍（春秋晚）：戲戗～鄱（郐）命初伐郙。◎銘續1352

攻吳王戲戗此郐劍（春秋晚）：攻虞（吳）王戲戗～鄱（郐）。◎考古2000(4)95頁

攻吳王虘戗此郐劍（春秋晚）：攻敔（吳）王虘戗～郐。◎銘圖17947

公豐父簋（西周早）：隹（唯）～月初吉庚寅。◎銘圖5014

羚簋（西周中）：隹（唯）～月初吉丁丑。◎字與史(1)211頁

伯𩰲簋蓋（西周中）：其用飤～、御旋（史）、倗友、尹人。◎銘圖5100

格仲簋（西周中）：唯～月甲午。◎考報2018(2)234頁

玉苟盉（西周中）：隹（唯）～月初吉丁卯。◎出土文獻(11)65頁

甶盨蓋（西周中）：隹（唯）～[月]初吉庚寅。◎銘圖5673

應侯視工鐘（西周晚）：隹（唯）～二月初吉。◎保利續158頁

應侯視工簋（西周晚）：唯～月初吉丁亥。◎首陽114頁

晉侯對盨（西周晚）：隹（唯）～月初吉庚寅。◎首陽117

有兒簋（春秋早）：隹（唯）～十月初吉丁亥。◎銘圖5166

季子康鎛（春秋中）：隹（唯）王～月初吉丁亥。◎考文2009(3)104頁

鍾離君柏簠（春秋中）：隹（唯）～月初吉丁亥。◎銘續495

侯古堆鎛（春秋晚）：隹（唯）～月初吉丁亥。◎侯古堆圖版24

郳夫人嫘鼎（春秋晚）：隹（唯）～月初吉。◎中原2009(3)11頁

諻𣄰缶（春秋晚）：隹（唯）～八月䢅（辰）哉（在）乙丑。◎銘續910

昭王之即鼎蓋（戰國早）：隹（唯）～孟春吉日隹（唯）庚。◎銘續224

鄧公孫無忌鼎（春秋早）：余用～（征）用行。◎王坡34頁

曾侯子鎛乙（春秋早）：隹（唯）王～月初吉丁亥。◎銘圖15764

楚王鼎（春秋中）：唯王～月初吉丁亥。◎銘圖2318

與兵壺蓋（春秋晚）：隹（唯）～五月初吉壬申。◎古研(24)236頁

唐子仲瀕兒匜（春秋晚）：隹（唯）～月甙己未。◎江漢2003(1)3頁

彭子疾鼎（春秋晚）：隹（唯）～月初吉丁亥。◎銘續205

曾侯與鐘（春秋晚）：隹（唯）王正月，吉日甲午。◎銘續1029

之乘辰鐘（戰國早）：隹（唯）～十月。◎文物2004(2)72頁

是

司馬義鎛（戰國早）：祧（先）公～悳（德）。◎山東104—108頁

競孫不服壺（春秋晚）：～月逮（盡）期。◎銘圖12381

復封壺（春秋早）：公～用大畜之鹵嗣（司）者（諸）剢。◎銘圖12447

曾伯霥壺（春秋早）：余～楙是則。◎江漢2017（6）9頁

季子康鎛（春秋中）：柏之季康～良。◎考文2009（3）104頁

伯遊父卮（春秋中）：永寶～尚。◎上博（10）124頁

賈孫叔子屖盤（春秋晚）：室家～保。◎山東675頁

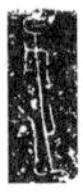
曾侯與鐘（春秋晚）：萬殜（世）～惝（尚）。◎銘續1029

曾季弁臣盤（戰國早）：隹（唯）～月初吉丁亥。◎曾國396頁

魯伯鼎（春秋早）：魯白（伯）侎～卿□乍（作）餗（饙）鼑（鼎）。◎銘續182

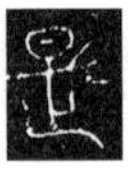
季子康鎛（春秋中）：子子孫孫永保～㝴（尚）。◎考文2009（3）103頁

季子康鎛（春秋中）：子子孫孫永保～尚。◎考文2009（3）104頁

纛君季黷鑑（春秋中）：子子孫孫永寶～尚。◎銘續535

皇鼎（春秋晚）：千歲之外，我～㠯（以）遣（侃）。◎銘續192

叔子孶盌蓋（戰國早）：㠯（以）貿（匃）羕（永）令～保。◎銘圖19237

達

悍距末乙（戰國晚）：四方～備（服）。◎古研（24）269 頁

鄒得鼎（戰國晚）：卸（御）史瘂（臧）～。◎銘圖 2387

文盨（西周晚）：～道于小南。◎字與史（1）221 頁

新造殳冒（戰國晚）：新告（造）自之～栓。◎銘續 1363

邁

【案】《說文》行部另有「衠」字，實一字之異體。重見。

一式獄簋蓋（西周中）：～（萬）年俗（裕）丝（茲）百生（姓）。◎考文 2006（6）59 頁

一式獄簋蓋（西周中）：孫孫子其～（萬）年丞（永）寶用丝（茲）彝。◎考文 2006（6）59 頁

梁伯敔簋（西周中）：其～（萬）年永寶用。◎周原 2130 頁

二式獄簋（西周中）：孫孫子子其～（萬）年永寶。◎考文 2006（6）60 頁

獄盉（西周中）：孫孫子子其～（萬）年永寶用丝（茲）王休。◎考文 2006（6）63 頁

晉伯卣（西周中）：其～（萬）年永用。◎首陽 92 頁

旂伯簋（西周中）：子子孫其～（萬）年寶。◎銘圖 5148

采隻簋蓋（西周中）：其～（萬）人（年）永寶用。◎銘圖 5154

應侯視工簋（西周晚）：其～（萬）年永寶用。◎首陽 114 頁

伯太師釐盨蓋（西周晚）：其～（萬）年永寶用。◎夏商周 402.1

⿰夫古仲衍鐘（西周晚）：⿰夫古中（仲）其～（萬）年。◎考文2007(3)7頁

伯太師釐盨蓋（西周晚）：其～（萬）年永寶用。◎夏商周402.1

夾簋（西周中）：天子其～（萬）年。◎新收1958

召叔簋蓋（西周中）：其～（萬）年壽考。◎銘圖426

老簋（西周中）：其～（萬）年用夙夜于宗。◎考文2005增刊65頁

南姞甗（西周中）：其～（萬）年孫子永寶用。◎考文2006(6)64頁

叔屖父盨（西周晚）：～（萬）人（年）用。◎文博2008(2)9頁

伯⿱巛戈父簋（西周晚）：其～（萬）年子子孫孫永寶用亯（享）。◎首陽107頁

晉侯對盨（西周晚）：其～（萬）年永寶用。◎首陽117

爲甫人鼎（春秋早）：～（萬）歲用尚（常）。◎皕明樓23

夾簋（西周中）：天子其～（萬）年。◎新收1959

仲妊甗（西周中）：其～（萬）年永用。◎銘圖3317

州簋（西周中）：其～（萬）年永寶用。◎夏商周335

馬方彝（西周中）：其～（萬）年年子子孫孫永寶用。◎新收1845

芮太子白鬲（春秋早）：內（芮）大（太）子白乍（作）爲～（萬）寶鬲。◎芮國82

伯呂盨（西周晚）：其子子孫孫～（萬）年永寶用。◎夏商周395

徒

仲殷盨蓋（西周晚）：其～（萬）年子子孫孫永寶用。◎文物2004（3）95頁

獄盨（西周中）：孫孫子子其～（萬）年永寶。◎銘圖5275

與兵壺（春秋晚）：卑（俾）～（萬）枼（世）無諆（期）。◎古研（24）234—235頁

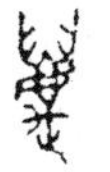

㤥鼎（戰國早）：～（萬）年無疆。◎文博2008（2）8頁

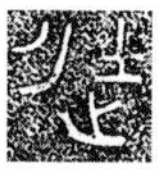

楷大司徒仲車父簋（西周中）：椿（楷）大𤔲（司）～中（仲）車父乍（作）寶𣪕（簋）。◎銘圖4683

復封壺（春秋早）：齊大（太）王孫逡（復）封象𤔲（司）右大～。◎銘圖12447

魏叔子戟（春秋早）：⿱毋由（魏）弔（叔）子之左轥𨌲輅～戟五百。◎銘續1229

新城徒萃戈（戰國晚）：敬繡新城～𧙧（萃）。◎文物2004（10）85頁

應姚盤（西周晚）：其～（萬）年子子孫孫永寶用亯（享）。◎考古2003（3）92頁

華孟子鼎（春秋中）：其𩓓（眉）耆（壽）～（萬）秊（年）無彊（疆）。◎銘續207

與兵壺蓋（春秋晚）：卑（俾）～（萬）枼（世）無諆（期）。◎古研（24）236頁

【案】「邁」字或從「彳」或從「止」爲簡體，所從「萬」上部或訛同「婁」字頭或「鹿」字頭。

旽簋（西周中）：今余隹（唯）𤕌（申）先王命女（汝）𦗂（總）𤔲（司）西朕𤔲（司）～，訊訟。◎銘圖5386

復封壺（春秋早）：逡（復）封率～伐者（諸）剢。◎銘圖12447

陳平徒戈（戰國早）：墜（陳）平～戈。◎考古2011（10）28頁

〔征〕𨑓

琱生尊（西周晚）：我僕𩫏（庸）～（土）田多柔（擾）。◎文物2007（8）20頁

許公戈（春秋晚）：鄦（許）公之造～戈。◎文物2007（9）23頁

𨞾公盨（西周中）：廼□方埶（設）～。◎歷文2002（6）4頁

𩚹卣（西周中）：𩚹有（佑）王于東～。◎銘續882

伯𢦏父簋（西周晚）：南～伐𠬝孿（蠻）。◎古研（27）198頁

爲甫人鼎（春秋早）：用～用行。◎皕明樓23

虢宮父匜（春秋早）：虢宮父乍（作）它（匜），用從永～。◎文物2009（2）24頁

射壺蓋（西周晚）：乃事（使）～遣念于蔡君子興。◎銘圖12443

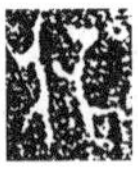

昔須甗（西周中）：昔須眔遣（遣）東～。◎銘圖3349

伯𢦏父簋（西周晚）：南～伐𠬝孿（蠻）。◎首陽107頁

應侯視工簋（西周晚）：王命雁（應）侯～伐淮南尸（夷）𢆶。◎首陽114頁

伯克父盨蓋（春秋早）：用之～行。◎銘續474

曾季𢍰臣盤（戰國早）：㠯（以）～㠯（以）行。◎曾國396頁

射壺（西周晚）：乃事（使）～遣念于蔡君子興。◎銘圖12443

述

過　進　造

射壺蓋（西周晚）：乃事（使）～遣念于蔡君子興。◎銘圖 12444

子述鬲（春秋早）：子～乍（作）鑄盄（鬲）。◎九如園 23

侯古堆鎛（春秋晚）：百歲外，～（遂）㠯（以）之䜌（侃）。◎侯古堆圖版 26

侯古堆鎛（春秋晚）：百歲外，～（遂）㠯（以）之䜌（侃）。◎侯古堆 57 頁

魚顛匕（戰國）：～（遂）玉魚顛。◎銘圖 6320

過文簋（商晚）：～文。◎新收 1839

進盤（西周早）：～乍（作）金婦尊彝。◎銘續 930

進鼎（西周中）：公族寶吉～捧（拜）䭬（稽）首。◎銘續 196

爾孫造鼎（春秋早）：爾孫～爲夫人弔（叔）氏曹鼎。◎銘續 158

平阿右僕戈（戰國中）：平坙（阿）右僕～戈。◎銘續 1191

商鞅鈹（戰國中）：大良～庶長鞅之造。◎首陽 183 頁

上郡守遣戈（戰國晚）：十九年上郡守遣～。◎考文 2009(3)32 頁

頌盤（西周晚）：監嗣（司）新～賈。◎文物 2009(9)52 頁

秦政伯喪戈（春秋早）：乍（作）～左辟元戈。◎珍秦齋秦 42 頁

〔佸〕

戠之王戈（春秋）：戠之王~。◎南方2004（4）43頁

昭王之即鼎蓋（戰國早）：乍（作）鑄~貞（鼎）。◎銘續224

昭王之即鼎蓋（戰國早）：~貞（鼎）共行。◎銘續224

新造自司矛（戰國晚）：新~自司乍瘢。◎歷文2004（5）35頁

〔敌〕

庢戈（春秋）：庢（庫）之~。◎銘圖17065

十七年相邦痟戈（戰國晚）：右冶克~。◎珍秦齋吳139頁

〔𣪕〕

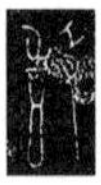

許戈（戰國早）：無（許）之~〔戈〕。◎銘圖17126

〔部〕

鄆公戈（春秋晚）：鄆公之~錢（戈）。◎銘續1127

〔賠〕

宋公差戈（春秋晚）：宋公差之所~茆族戈。◎銘續1216

郊公戈（春秋晚）：郊公卲倮爲郊~王□。◎南方2004（4）43頁

隅公戈（春秋晚）：隅公之~。◎銘續1107

郫譟戈（春秋晚）：郫譟之~。◎銘續1112

〔敱〕

二年梁令張飲戟（戰國晚）：冶鈞~嬰旌（戟）束。◎古研（27）327頁

〔寶〕

焦犲戈（春秋中）：趙氏孫焦犲乍（作）～戈三百。◎銘續1218

〔醫〕

滕侯昃戟（春秋晚）：𦙶（滕）侯昃之～㦸（戟）。◎銘續1188

〔艁〕

淳于右戈（春秋晚）：𦎫（淳）于右～。◎文物2005（9）93頁

滕司徒毋卑戈（春秋晚）：𦙶（滕）司徒毋卑之～。◎銘續1201

虖台丘子俅戈（戰國晚）：虖台丘子俅之～。◎山東853頁

〔告〕

許公戈（春秋晚）：鄦（許）公之～徒戈。◎文物2007（9）23頁

造戈（春秋晚）：□□～戈。◎銘圖16602

期思公戟（春秋晚）：恆（期）思公智上爲恆（期）思左王～戟（戟）。安金彙編166

淺公粲戈（春秋晚）：淺公粲之～戈。◎銘續1149

〔散〕

十八年冢子韓矰戈（戰國晚）：冶□～。◎字與史（1）332頁

冢子韓政戟刺（戰國晚）：冶肙（尹）𪐦～端旆（戟）朿（刺）。◎銘續1289

蒲子戈（戰國晚）：莆（蒲）子左庫～。◎中國文字學報（5）142頁

〔⿰貝⿱宀曹〕

黄之公庫戈（春秋早）：鄭（黄）之公庫之～戈。

◎銘續 1197

【案】用爲「造」諸字所從之「告」原非告訴之「告」，後與「告」混同，參陳劍（2006c）。但爲照顧習慣，本書仍將該部件隸定作「告」。黄之公庫一文，《銘續》隸定作「⿱宀⿱告貝」，以爲從「告」，不似，疑應從「曺（曹）」之省。

迨

迨甗（西周早）：～乍（作）畢公尊彝。

◎銘續 275

遣

上郡守遣戈（戰國晚）：十九年上郡守～造。

◎考文 2009（3）32 頁

速

榮仲方鼎（西周早）：焚（榮）中（仲）～內（芮）白（伯）。◎文物 2005（9）64 頁

逆

逆簋（西周早）：～乍（作）父丁寶尊彝。

◎玫茵堂 100

疑尊（西周早）：公姛（姒）乎（呼）遻（疑）～中（仲）氏于侃。◎銘續 792

芮伯盤（西周中）：用卿（饗）王～舟。

◎銘續 939

伯逆車簋蓋（西周晚）：白（伯）～車乍（作）辛始（姒）賸（媵）𣪕（簋）。◎銘續 382

卌二年逑鼎甲（西周晚）：弗～朕新令。

◎華章 39 頁

壽夢之子劍（春秋晚）：余寴（親）～攻之。

◎文物 2005（2）68 頁

遘

寎學商方鼎(商晚)：～且(祖)甲劦日。◎曲村348頁

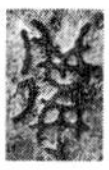

覨公簋(西周早)：～于王令昜(唐)白(伯)侯于晉。◎考古2007(3)圖版3.5

𨜴公盨(西周中)：好德聞(婚)～(媾)。◎歷文2002(6)4頁

伯武父鼎(西周中)：其朝夕用卿(饗)倗(朋)友聞(婚)～(媾)于宗室。◎銘續174

通

卌三年逑鼎乙(西周晚)：降余康夃屯(純)右(祐)～彔(祿)永令(命)。◎華章63頁

卌三年逑鼎己(西周晚)：～彔(祿)永令(命)。◎華章95頁

頌盤(西周晚)：～彔(祿)永令(命)。◎文物2009(9)52頁

〔岦〕

琱生尊(西周晚)：用旚(祈)～彔(祿)𣌭屯(純)霝(靈)終。◎考文2007(3)8頁

琱生尊(西周晚)：用旚(祈)～彔(祿)𣌭屯(純)霝(靈)終。◎文物2007(8)20頁

【案】琱生尊此二文，林澐(2008a)引何景成說釋爲「岦」，讀爲「戩」，訓爲福。此外諸家多釋讀爲「通」，唯於字形之分析，頗見歧異。陳英傑(2007)謂其寫法與㾓鐘「通」作「」「」相似，故定爲「通」字；李學勤(2007b)謂字從「同」省聲，讀爲「通」；陳劍(2008a)則認爲是由甲骨文「」字變來，本以兩止處高堂上下會意，爲「踊」之初文，讀爲「通」。予謂陳英傑說是。「」與「」整體上看主要是從「止」與從「辵」簡繁之別。「通」字本從「甬」聲，金文「通」字「甬」旁上端每有訛變，或訛作「日」形，或訛作「止」形，訛作「止」者蓋受下「止」類化所致，與「疐」字由「」變作「」相類。至於「」中部由「用」形變作「冂」形(「同」之簡體)，則屬變形聲化。要之，「」應視作「通」之變體。

徙

徙觚(商晚)：～。◎近出693

〔屖〕

師道簋（西周中）：戈畫戚厥宓（柲）彤～（緌）。◎新收1394

宗人簋（西周中）：戈琱戚厥必（柲）彤～（緌）。◎銘續461

鄧公孫無忌鼎（春秋早）：登（鄧）公孫無嬰（忌）～（選）吉金。◎王坡34頁

逑盤（西周晚）：逑肇～（纂）朕皇且（祖）考服。◎盛世34頁

【案】逑盤「屖」，裘錫圭（2003）讀「纂」，董珊（2003）讀「纘」，其義一也。

〔遲〕

返

鄭莊公之孫盧鼎蓋（春秋晚）：其～于下都。◎湖北56

甗方鼎（商晚）：王～入闌。◎文物2005(9)61頁

復封壺（春秋早）：～其舊人。◎銘圖12447

還

非盂（西周早）：廼□興～異好自兹。◎銘續536

文盨（西周晚）：～至于成周。◎字與史(1)221頁

伯趠父簋（西周晚）：白（伯）趠父乍（作）～寶毁（簋）。◎古研(27)198頁

〔𢕍〕

司馬義鎛（戰國早）：～～（熒熒）義非敢□□。◎山東104—108頁

【案】司馬義鎛「𢕍＝」，董珊（2014a）讀「熒熒」，可從。

選

夆子選簠（春秋早）：夆子～自乍（作）飤匿（簠）。◎銘圖5890

夆子選簠（春秋早）：夆子～自乍（作）飤匿（簠）。◎銘圖5891

曾子伯選壺（春秋早）：曾子白（伯）～行器。◎銘續824

遣

霸伯盂（西周中）：～賓。◎銘圖6229

射壺（西周晚）：乃事述～念于蔡君子興。◎銘圖12443

射壺蓋（西周晚）：乃事述～念于蔡君子興。◎銘圖12444

皇㝅鼎（春秋晚）：千歲之外，我是㠯（以）～（侃）。◎銘續192

遲〔遟〕

楚太師登鐘甲（春秋早）：倞倞叚～。◎上博（11）150頁

達

叔尊（西周中）：自今𡳾（往）弜其又（有）～（迭）女（汝）于乃丂（巧）。◎銘圖11818

逑盤（西周晚）：夾𧷢（紹）文王武王～（迭）殷。◎盛世34頁

曾侯與鐘（春秋晚）：～（迭）壂（殷）之命，𦋐（撫）數（定）天下。◎銘續1029

【案】金文「達殷」「達殷之命」一類文例多見，亦見於《書·顧命》「用克達殷集大命」。舊注訓「達」爲通。清人朱駿聲讀「撻」，近代以來從之者衆。然均有難通處。董珊（2014c）認爲「達」應訓代，乃由其至義引申而來。李學勤（2017a）

則讀「徹」，當廢除講。文意把握當以董說爲近是，但謂至義引申出代義，則嫌曲折。實則不如讀爲「迭」，意爲迭代。叔尊之「達」，裘錫圭（2018a）讀「汰」，訓過。予意讀「迭」亦甚通。

連

連迂鼎（春秋中）：～迂之行升。◎曾國187頁

述

述父戊卣（商晚）：～父戊。◎涓細成流2頁

述父戊卣蓋（商晚）：～父戊。◎涓細成流2頁

伯述簋（西周中）：白（伯）～乍（作）⿱㫃車（旅）。◎銘續319

伯述觶蓋（西周中）：白（伯）～乍（作）宮公尊彝。◎銘續735

□述尊（西周中）：□～乍（作）妊庚尊彝。◎銘續789

卌三年述鼎丁（西周晚）：王乎（呼）尹氏册令（命）～。◎華章79頁

卌二年述鼎甲（西周晚）：𤔲（司）工㪔右吳～入門立中廷。◎華章39頁

卌二年述鼎甲（西周晚）：王乎（呼）史淢册贅～。◎華章39頁

述盤（西周晚）：克～匹成王。◎盛世34頁

加芈編鐘（春秋中）：楚既爲代（代），⿸虍魚（吾）～匹之。◎江漢2019（3）16頁

【案】此字金文多見，有匹配、副佐之義。舊說頗多，其中釋「逨」（從「𠦪」聲）讀「弼」一說影響最大。陳劍（2001a）據楚簡「逑」「仇」作「」而改釋爲「逑」字，可從。然仍以其聲旁與「𠦪」爲一字之分化則可商。二者形體總體上有較嚴格之區別，將之繫聯起來的證據並不充分。西周早期史逑諸器「逑」字或作「」（《集成》2164），或作「」（《集成》9063）。又小臣謎簋「謎」字蓋作「」，而器作「」。可知其聲符之原始寫法應是「」。逑父戊卣「逑」（《涓細成流》誤釋「速」）所從作「」「」，可相印證。此形商及周初文字多見，結合形、音綫索，本書初版曾提出二種值得考慮之可能，一是象毬體之平視形（六點連接即成圓廓），爲「毬」之初文；二是象輻輳之形，爲「輳」之初文。甲骨文中從「隹」從「」之字，則疑可釋「鳩」。張宇衛（2017）取其後一思路，謂「」刻劃輻條聚集，可釋「勼」。

遺

叔尊（西周中）：各（格）文～工（功）。◎銘圖 11818

叔卣（西周中）：各（格）文～工（功）。◎銘圖 13347

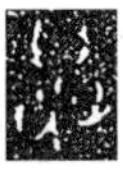

追夷簋（西周晚）：對揚氒（厥）覭且（祖）之～寶。◎華夏 2000（3）20 頁

遺仲白虘鼎（春秋早）：～中（仲）白虘自乍（作）鑄其鯀（繁）貞（鼎）。◎銘續 202

伐簋蓋（西周中）：王命伐～魯侯。◎銘圖 5321

霸伯盂（西周中）：白（伯）～賓于蒿（郊）。◎銘圖 6229

應侯視工鐘（西周晚）：雁（應）侯視工～王于周。◎保利續 159 頁

【案】黃錦前（2012a）謂霸伯盂「遺賓」即「送賓」，並引《商君書・畫策》「強國之民，父遺其子，兄遺其弟，妻遺其夫，皆曰：『不得，無返！』」爲證。何景成（2017b）亦認爲霸伯盂、應侯視工鐘之「遺」均爲送行義。應金琦（2023：62—77）據後世習慣改釋金文從「貝」之「遺」爲「送」。沈培（2023）則主張「遺」「送」原本同形，「遺」字形本有「遺」「送」

二讀。予意「遺」本兼有「贈送」與「送行」二義（從「貝」之「遺」用「贈送」義者見曶鼎等），正猶「送」之兼有此二義也。唯後世送行義漸爲「送」所專耳。古文字中用「送行」義之「遺」固不必改讀作「送」。霸伯盂「遺」字奪「臼」形，爲省訛之體。

遂

鄀公遂戈（春秋早）：鄀公~爲宮徒□□戈。

◎銘續 1214

逃〔𢓜〕

公仲𢓜簋（西周中）：公中（仲）~乍（作）公姊寶𣪘（簋）。◎保利續 120 頁

追

洀簋（西周中）：洀~孝于宮弔（叔）。

◎銘續 406

格仲簋（西周中）：格中（仲）率~。

◎考報 2018（2）234 頁

南方追孝鼎（西周中）：南方~孝乍（作）公中（仲）寶尊䵼彝。◎銘圖 2073

柞伯鼎（西周晚）：諆（其）用~亯（享）孝。

◎文物 2006（5）68 頁

卌二年逑鼎甲（西周晚）：女（汝）□長父㠯（以）~博戎。◎華章 39 頁

逑鐘（西周晚）：~孝卲各（格）喜侃前文人。

◎首陽 121

追夷簋（西周晚）：~尸（夷）用旂（祈）易（賜）沫（眉）壽永命。◎華夏 2000（3）20 頁

頌盤（西周晚）：用~孝。

◎文物 2009（9）52 頁

迁 逞 遠 逮 邍

伯克父鼎(春秋早):用~孝于我大不(丕)顯。◎銘續223

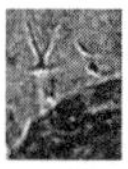

連迁鼎(春秋中):連~之行升。◎曾國187頁

吳季子之子逞劍(春秋晚):吳季子之子~之元用鐱(劍)。◎銘續1344

逑盤(西周晚):𨘷(柔)~能𤓰(邇)。◎盛世34頁

文公之母弟鐘(春秋晚):朕配~𤓰(邇)。◎夏商周540

競孫旟鬲(春秋晚):正月~(盡)期。◎銘圖3036

霸伯盂(西周中):白(伯)或(又)~(原)毀。◎銘圖6229

格仲簋蓋(西周中):戎𢦏(斬)于喪~(原)。◎考報2018(2)234頁

格仲簋(西周中):戎𢦏(斬)于喪~(原)。◎考報2018(2)235頁

應侯視工簋蓋(西周晚):雁(應)侯乍(作)姬~(原)母尊𣪘(簋)。◎首陽114頁

晉侯對𥁰(西周晚):甚樂于~(原)𨻰(隰)。◎首陽117

鄂伯邍鼎(春秋早):噩(鄂)白(伯)~乍(作)𩰫(將)鼎。◎江漢2019(4)32頁

道

師道簋（西周中）：王乎（呼）尹册命師～。◎新收 1394

文盨（西周晚）：逹～于小南。◎字與史（1）221 頁

伯碩父鼎（西周晚）：用～用行。◎銘圖 2438

〔附〕

者仲道尊（西周早）：者中（仲）～乍（作）寶旅彝。◎銘續 778

具鼎（西周中）：具㨃（拜）手䭬（稽）～（首）。◎銘續 229

迒

郘夫人嫦鼎（春秋晚）：孟甲才（在）奎之～。◎中原 2009（3）11 頁

【案】郘夫人嫦鼎「迒」字之釋，參王磊（2020）。

𨑒*

曾占尹矯缶（春秋早）：曾占尹矯之～缶。◎銘續 902

曾公子棄疾斗（春秋晚）：曾公子㐬（棄）疾之～斗。◎銘續 913

曾侯丙缶蓋（戰國中）：曾侯昺（丙）之～缶。◎銘續 904

曾侯丙缶（戰國中）：曾侯～缶。◎銘續 904

【案】「𨑒」即「赴」字異體，楚系文字多見。用以修飾器物名者，或主張讀「沐」，參廣瀨薰雄（2010）。實則當如字，訓行，參施謝捷（1989）。

迖*

作册般黿（商晚）：王～于洹，隻（獲）。◎歷文 2005（1）封二

迲*

廿八年晉陽令趙去疾戈（戰國晚）：晉陽倫（令）肖（趙）~（去）疾。◎珍秦齋吳199頁

⿺辶石*

大市量（戰國中）：郑公卲者果~秦之歲。◎古研（22）129頁

⿺辶亘*

仲姜簋（春秋早）：中（仲）姜乍（作）爲~（桓）公尊毁（簋）。◎天地2006（10）85頁

⿺辶聿*

伯⿱刅夕簋甲（西周中）：白（伯）⿱刅夕~（肇）乍（作）寶。◎美好82頁

伯⿱刅夕簋乙（西周中）：白（伯）⿱刅夕~（肇）乍（作）寶。◎全集（3）202頁

【案】《美好》《全集》逕釋讀爲「肇」；謝明文（2019）隸定作「⿺辶聿」，以爲「律」字異體，作人名解，《銘三》455從之。讀「肇」較合金文文例。小徐本《說文》以「肁」從「聿」聲，恐非無據。

⿺辶臽*

⿺辶臽簋（西周中）：~乍（作）寶毁（簋）。◎銘續317

⿺辶⿰𢆶卩*

大万尊（商晚）：□十終三朕，~𡭴。◎銘續790

晉侯對盨（西周晚）：甚（湛）樂于邍（原）~（隰）。◎首陽117

逯*

季子康鎛丁（春秋中）：謬謬（穆穆）~~。◎考文2009（3）104頁

【案】劉信芳、闞緒杭、周群(2009)釋「逌」，《通鑒》《銘圖》釋「逌」，均讀爲「和」，於形未確，於韻亦不合。諦審之，字實從「桑」，甲骨文「桑」字或作「」(《合集》18120)，此省從一「口」。「逘」與史牆盤等之「」當爲一字之異體。鎛銘「逘逘」應讀「爽爽」，形容鐘聲之清亮。該銘全篇押陽部韻，「逘」字正在韻腳。

遪*

柞伯鼎(西周晚)：既圍鹹(城)，令蔡侯告～號中(仲)。◎文物2006(5)68頁

士山盤(西周晚)：延(誕)～蘁、荊方服。◎歷文2002(1)4頁

射壺蓋(西周晚)：乃事(使)東～其工(功)。◎銘圖12443

射壺(西周晚)：乃事(使)東～其工(功)。◎銘圖12443

射壺(西周晚)：乃事(使)東～其工(功)。◎銘圖12444

【案】此字諸家多隸釋作「𨗈」，以爲「徵」之異體，實於形未合。李學勤(2007c)釋「遪」，謂從「髟」聲，讀柞伯鼎「遪」爲「報」。釋形是，字所從「髟」象人披長髮之形，史牆盤「髟(剽)伐」之「髟」作「」，郭店楚簡《成之聞之》22引《書·君奭》「惟髟(冒)丕單稱德」之「髟」作「」，可相印證，參陳斯鵬(2013)。但讀「報」則不能貫通金文文例。予疑「遪」可讀爲古書中的「懋」(或記作「冒」)。士山盤「遪(懋)蘁、荊方服」，意即對蘁方、荊方之職事加以懋賞勸勉。射壺「乃事(使)東遪(懋)其工(功)」，意即使東(人名)懋賞勸勉射之事功。「懋」古又有美、盛、悅諸訓，柞伯鼎「告遪(懋)號中(仲)」，意謂向號仲告盛功、報喜訊。

遊*

𨘢遊戈(西周晚)：𨘢(夢)～(旅)之戟(戈)。◎銘續1099

逹*

昔雞簋(西周中)：王姤(后)乎昔奚(雞)～艿姞于韓。◎陝金集成28

【案】字從「害」聲。《陝金集成》讀「會」，吳雪飛（2017）讀「晤」，沈培（2017）讀「迓」，吳鎮烽（2017）讀「介」，何景成（2018）讀「御」，黄益飛（2018）讀「遏」。音均能通，而義尚難定於一是。而陳劍（2022）謂字從「鏃」之初文爲聲而讀「送」，趙平安（2023）釋「達」，於形似均不確。

⿺辶畗*

八年武城令弩機（戰國晚）：工帀（師）⿸㫃卓（韓）~。◎中國文字學報（4）140頁

⿺辶夢*

⿺辶夢遊戈（西周晚）：~（夢）遊（旅）之鈛（戈）。◎銘續1099

⿺辶⿱艹圭*

⿺辶⿱艹圭邟鐘（春秋早）：尋楚⿰甚夫之子~邟。◎銘續1027

⿺辶會*

唐子仲瀕兒匜（春秋晚）：鑄其御~𢍰（匜）。◎江漢2003（1）3頁

⿺辶襄*

襄叔鼎（西周晚）：~弔（叔）乍（作）寶鼎。◎銘續163

德

豳公盨（西周中）：降民監~。◎歷文2002（6）4頁

豳公盨（西周中）：民好明~。◎歷文2002（6）4頁

⿺走𠳋伯簋（西周中）：其巠（經）⿺走𠳋姬、⿺走𠳋白（伯）之~音。◎史學2006（2）封二

⿺走𠳋伯簋蓋（西周中）：朕文考其巠（經）⿺走𠳋姬、⿺走𠳋白（伯）之~音。◎銘續443

復

卌三年逑鼎乙（西周晚）：穆穆秉明～。◎華章 63 頁

卌三年逑鼎甲（西周晚）：穆穆秉明～。◎華章 55 頁

卌三年逑鼎丙（西周晚）：穆穆秉明～。◎華章 71 頁

卌三年逑鼎丁（西周晚）：穆穆秉明～。◎華章 79 頁

作册封鬲乙（西周晚）：乍（作）册封異井秉明～。◎歷文 2002(2)4 頁

仲譔父簋（西周晚）：用從～公。◎銘圖 4845

作册封鬲甲（西周晚）：乍（作）册封異井秉明～。◎歷文 2002(2)4 頁

加芈編鐘（春秋中）：余典册氒（厥）～。◎江漢 2019(3)16 頁

具鼎（西周中）：公～具□。◎銘續 229

豳公盨（西周中）：～用髮彔（祿）。◎歷文 2002(6)4 頁

復封壺（春秋早）：公命～丰（封）珝（聘）于魯。◎銘圖 12447

曾侯與鐘（春秋晚）：～𣪊（定）楚王。◎銘續 1029

徫

非盂（西周早）：事（使）乍（作）器，無～多爲它。◎銘續 536

【案】非盂「徫」，諸家多視爲「逢」字異體，以逢遇義爲説。李愛民（2019：41）認爲用《説文》「使也」之訓，於文意更爲允洽。其説可從。

〔退〕復

嫚鼎（西周中）：～事于內宮。◎銘續214

之乘辰鐘（戰國早）：余郤（徐）王旨～之孫。◎文物2004(2)72頁

之乘辰鐘（戰國早）：枼（世）鼓勿～。◎文物2004(2)72頁

【案】之乘辰鐘「退」字爲李春桃（2014）釋。

〔遂〕後

與兵壺（春秋晚）：于～民永寶孶（效）之。◎古研(24)234—235頁

後生戈（春秋）：～生戈。◎山東871頁

郘夫人嬭鼎（春秋晚）：～民勿惶（忘）。◎中原2009(3)11頁

得

得父癸鼎（商晚）：～父癸。◎近出240

得觚（商晚）：～。◎文物2013(11)75頁

孟得簋（西周早）：孟～乍（作）寶㲃（簋）。◎曲村555頁

伯𢦔父簋（西周晚）：～孚（俘）金五十勻（鈞）。◎首陽107頁

伯𢦔父簋（西周晚）：～孚（俘）金五十勻（鈞）。◎古研(27)198頁

召皇父盨蓋（西周晚）：鼦（召）皇父王事觑（徂）成周，～賓金。◎《銘續》472

攻吳王光鐸（春秋晚）：攻敔王光初～其啚（壽）金。◎銘續1047

越王差徐戈（戰國早）：司（始）～居乍金。◎故博2008(4)26頁

御

南行唐令鈹（戰國晚）：冶～報齋（劑）。◎夏商周591

廿八年晉陽令趙去疾戈（戰國晚）：上庫工帀（師）新城～。◎珍秦齋吴199頁

【案】召皇父盨「得」，《銘續》誤釋「遺」。

卌三年逑鼎壬（西周晚）：用宮～。◎華章119頁

卌三年逑鼎丙（西周晚）：用宮～。◎華章71頁

唐子仲瀕兒匜（春秋晚）：鑄其～澮𢍁（匜）。◎江漢2003（1）3頁

唐子仲瀕兒瓶（春秋晚）：鑄其～鈚（瓶）。◎江漢2003（1）3頁

㑛夫人嫼鼎（春秋晚）：㠯（以）和～湯。◎中原2009（3）11頁

彭子射缶（春秋晚）：彭子射之～缶。◎銘圖14058

吴王夫差鑑（春秋晚）：自乍（作）～監（鑑）。◎銘續1000

曾侯與鐘（春秋晚）：律（進）士備～。◎銘續1034

攻吴王姑讎於雗劍（春秋晚）：命～㽞（荊）。◎銘續1352

夾簋蓋（西周中）：夾～。◎新收1958

虎簋蓋乙（西周中）：疋（胥）師戲嗣（司）走馬～人。◎新收1874

虎簋蓋乙（西周中）：五邑走馬～人。◎新收1874

䈞簋（西周中）：～戎大出于棈（楷）。◎新收1891

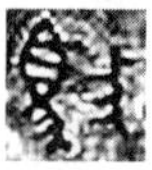

馭簋（西周晚）：王乎（呼）內史册命～。◎銘圖5243

馭麤麈甗（西周早）：～麤（麤）麈（麈）乍（作）旅獻（甗）。◎銘續273

霸姬盤（西周中）：用毁（求）朕𠈇（僕）～（馭）、臣妾自气。◎考報2018（2）239頁

【案】霸姬盤「馭」字從「丙」，前已見於馭作旅彝卣（《集成》5118），裘錫圭（2018b）據霸姬盤文例，確認爲「馭」之異體，所從「丙」當爲「叓」之省。說是。馭麤麈甗「馭」字從「叓」，亦當爲從「叓」之省。唯此一系列「馭」字的構形理據尚待研究。

㣑

逑盤（西周晚）：匍保氒（厥）辟考（孝）王、～（夷）王。◎盛世34頁

成鐘（西周晚）：王才（在）周康～（夷）宫。◎上博（8）131頁

代*

加芈編鐘（春秋中）：楚既爲～（代），𪈫（吾）逑匹之。◎江漢2019（3）16頁

【案】郭長江（2019）讀「忒」，訓差錯；夏立秋（2019）讀「式」；陳民鎮（2019a）引賈連翔先生說讀「代」，謂「代」有承繼之義，「楚既爲代」指曾國成爲楚國附庸之事。讀「代」是，但應是代興之意。「楚既爲代」言周室既卑，楚爲南方代興之大國。說詳陳斯鵬（2022）。胡其偉（2022）釋「㲻」讀「忠」，誤。

⿰彳用*

工吳王䲣矣工吳劍（春秋晚）：又（有）~無⿰彳用，不可告人。◎銘圖17948

⿰彳幷*

⿰彳幷監簋（西周早）：~監乍（作）尊設（簋）。◎江漢2016(3)15頁

【案】湖北省文物考古研究所等（2016a）釋「僤」，非是。《銘三》415釋「徰」讀「鄧」。王子楊（2022）釋「徰」讀「鄧」，分析其右旁爲從「収」從「皿」（或「血」）從「示」，爲「登」之異體。予意此字右旁從「収」奉「升」會登獻之意，「升」亦聲。其「升」旁與通常寫法（如友簋之「」）相比，只不過開口朝向一正一側而已。從「収」從「升」之構形甲骨文即已多見之。字讀「鄧」可從。

⿰彳攵*

⿰彳攵尊（商晚）：~。◎銘圖11146

⿰彳羌*

⿰彳羌觚（商晚）：~。◎銘續679

⿰彳帶*

⿰彳帶觚（西周早）：~乍（作）尊彝。◎銘圖9820

傳*

婦傳尊（西周早）：婦~乍（作）辟日己䵼尊彝。◎銘續785

⿰彳萬*

莽父簋（西周中）：卣易（賜）莽父馬乘、車、虎冟、蔡~、䜌（鑾）、䡴軨。◎全集(10)251頁

⿺辵豋*

⿺走豋簋（西周中）：內（入）光～宮。◎銘續438

⿺走豋簋（西周中）：～敢對揚天子光。◎銘續439

廷

羚簋蓋（西周中）：□弔（叔）右羚即立中～。◎字與史（1）211頁

卌二年逑鼎甲（西周晚）：𤔲（司）工⿰木敊右吳逑入門立中～。◎華章39頁

師酉盤（西周晚）：公族瑦鼇入右師酉立中～。◎銘續951

親簋（西周中）：𤔲（司）工⿺辶亟入右親立中～。◎歷文2006（3）封二

太師虘簋（西周中）：立中～。◎銘圖5282

太師虘簋蓋（西周中）：立中～。◎銘圖5282

卌三年逑鼎乙（西周晚）：𤔲（司）馬壽右吳逑入門立中～。◎華章63頁

建

卌二年逑鼎甲（西周晚）：余肇～長父。◎華章39頁

晉公盤（春秋中）：～宅京𠂤（師）。◎銘續952

建陰氏孝子鼎（戰國中）：～険（陰）氏孝子。◎銘圖1763

六年相邦建信君劍（戰國晚）：相邦～䚗（信）君。◎文物2005（2）68頁

〔延〕㢟

霸伯盂（西周中）：～賓。◎銘圖6229

霸伯盂（西周中）：㠯（以）胆（俎）或（又）～。◎銘圖6229

〔⿰彳告〕

行

卅二年相邦冉戈（戰國晚）：延行~阿。
◎故博2006（2）73頁

伯⿰彳告觶（西周早）：伯~（誕）乍（作）旅彝。
◎銘續734

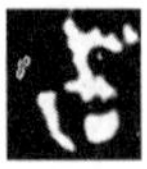

士山盤（西周晚）：~（誕）⿺辶彭蠚、荊方服。
◎歷文2002（1）4頁

鄧公孫無忌鼎（春秋早）：余用正（征）用~。
◎王坡34頁

爲甫人鼎（春秋早）：用征用~。
◎皕明樓23

曾侯子鐘庚（春秋早）：曾侯子之~鐘。
◎銘圖15147

連迂鼎（春秋中）：連迂之~升。
◎曾國187頁

黄仲酉鼎（春秋晚）：曾少宰黄中（仲）酉之~貞（鼎）。
◎文物2008（2）9頁

遴卣（西周早）：~（誕）兄（貺）臣于宋白（伯）。
◎銘續881

魚顛匕（戰國）：~（誕）肘（鑄）蚳匕。
◎銘圖6320

曾亘嫚鼎（春秋早）：曾亘嫚非彔爲爾~器。
◎棗陽63頁

虢宮父鬲（春秋早）：虢宮父乍（作）~鬲。
◎文物2009（2）24頁

伯克父盨蓋（春秋早）：用之征~。
◎銘續475

季子康鎛（春秋中）：台（以）從我師~。
◎考文2009（3）103頁

曾孫喬壺（春秋晚）：曾孫喬之~壺。
◎銘續814

衒

曾孫卲壺（春秋晚）：曾孫卲之大～之壺。◎銘續 820

曾侯與鐘（春秋晚）：吳恃有衆庶～亂。◎銘續 1029

昭王之即簠（戰國早）：佸（造）貞（鼎）共～。◎銘續 515

曾季弁臣盤（戰國早）：㠯（以）征㠯（以）～。◎曾國 396 頁

格仲簋蓋（西周中）：格中（仲）～追。◎考報 2018（2）234 頁

格仲簋（西周中）：格中（仲）～追。◎考報 2018（2）234 頁

衛

衛鼎（西周晚）：東宮又（右）～入門立中廷。◎銘續 222

師衛鼎（西周早）：𨟭（召）公賚（賚）～貝廿朋、臣廿、氒（厥）牛廿、禾卅車。◎銘圖 2378

師衛簋（西周早）：豐公史（使）～陟于氒（厥）啻。◎銘圖 5142

衛簋甲蓋（西周中）：王易（賜）～仲（佩）。◎南開 2008（6）封三

衛簋甲蓋（西周中）：朕光（皇）尹中（仲）侃父右告～于王。◎南開 2008（6）封三

衛伯須鼎（春秋早）：～白（伯）須用吉金乍（作）寶鼎。◎棗陽 187 頁

衞*

衛斧（西周中）：～。◎銘續 1365

齒

卅二年相邦冉戈（戰國晚）：雝工市（師）～。◎故博2006（2）73頁

足

春成侯盉（戰國早）：鉼金綿（帶），鉼金～。◎上博（8）152頁

距

悍距末甲（戰國晚）：悍乍（作）～末。◎古研（24）269頁

路

匡上官鼎（戰國晚）：～里斤。◎銘圖1889

踣*

西替踣戈（戰國早）：宋西替～之族戈。◎銘續1203

【案】字右從「立」從「口」，隸定與僵踣字同形。

疋

虎簋蓋乙（西周中）：～（胥）師戲嗣（司）走馬馭人。◎新收1874

虒簋（西周中）：用～（胥）師穀嗣（司）田（甸）人。◎銘圖5295

叚簋（西周中）：更乃且（祖）考～（胥）乃官。◎銘續456

卌三年逑鼎甲（西周晚）：昔余既令（命）女（汝）～（胥）熒（榮）兌。◎華章55頁

攻吳王疋矣吳劍（春秋晚）：攻敔（吳）王～矣吳自乍（作）甬（用）僉（劍）。◎銘續1343

朱絉劍（春秋晚）：旨㡼君～壯吳之孫朱絉羿（擇）氒（厥）吉金。◎銘圖18024

之乘辰鐘（戰國早）：~剌次留之元子。◎文物2004(2)72頁

二年邦司寇趙春鈹（戰國晚）：下庫工帀（師）孫~。◎珍秦齋吳211頁

品

伯□鼎（西周早）：公易（賜）白（伯）□寶玉五~。◎銘續213

龠

龠父□觶（西周早）：~父□。◎銘續727

龢

逑盤（西周晚）：盭~于政。◎盛世34頁

逑盤（西周晚）：~訇于政。◎盛世34頁

秦子鎛（春秋早）：秦子乍（作）寶~鐘。◎歷文2008(4)圖版二

楚太師登鐘壬（春秋早）：~鳴叡（且）敱。◎上博(11)154頁

遷邟鐘（春秋早）：乍（作）鑄~鍾（鐘）。◎銘續1027

加嬭編鐘（春秋中）：孱其~龢，休恖（淑）孔皇（鍠）。◎江漢2019(3)18頁

鄱子成周鐘（春秋晚）：自乍（作）~鐘。◎侯古堆彩版26

褱兒鎛（春秋）：自乍（作）~鐘。◎銘圖15805

冊

作冊般黿（商晚）：乍（作）~般。◎歷文2005(1)封二

親簋（西周中）：王乎（呼）乍（作）冊尹~讎（申）令（命）親。◎歷文2006(3)封二

甴盨蓋（西周中）：王乎（呼）入（內）史尹～令（命）甴。◎銘圖5673

虎簋（西周中）：王令（命）乍（作）～害（憲）尹易（賜）虎䜌（鑾）旸。◎銘圖5295

𣅀簋（西周中）：王乎（呼）乍（作）册尹～命𣅀（畯）。◎銘圖5386

作册封鬲甲（西周晚）：乍（作）～封異井秉明德。◎歷文2002（2）4頁

頌盤（西周晚）：受令（命）～，佩吕（以）出。◎文物2009（9）52頁

卌三年逑鼎己（西周晚）：受～，佩吕（以）出。◎華章95頁

卌三年逑鼎甲（西周晚）：王乎（呼）尹氏～令（命）逑。◎華章55頁

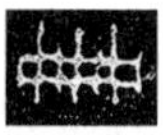

卌三年逑鼎乙（西周晚）：王乎（呼）尹氏～令（命）逑。◎華章63頁

加芈編鐘（春秋中）：余典～氒（厥）德。◎江漢2019（3）16頁

卷三

囂

辛囂相簋（西周早）：辛～相。◎文物2004（8）80頁

辛囂相簋（西周早）：辛～相。◎文物2004（8）80頁

器

徐莫敖昭嗇戈（戰國晚）：郐（徐）莫～（敖）卲（昭）嗇。◎銘圖17310

仲盉父簋（西周早）：中（仲）盉父乍（作）氒（厥）弔（叔）子寶～。◎銘續403

非盉（西周早）：異□小子其肈乍（作）～。◎銘續536

伯或父鼎（西周中）：用爲女（汝）帝穷（賓）～。◎銘續231

卌二年逑鼎甲（西周晚）：孚（俘）～車馬。◎華章39頁

曾亘嫚鼎（春秋早）：曾亘嫚非彔（祿），爲爾行～。◎棗陽63頁

姚季鼎（春秋早）：姚季賸（媵）孟姬囟母飤～。◎銘續135

姚季壺（春秋早）：姚季賸（媵）孟姬囟母飤～。◎銘續823

曾子壽鼎（春秋早）：曾子壽自乍（作）行～。◎江漢2016（5）30頁

磬*

⿱艹邪仲𥂕缶（戰國早）：⿱艹邪中（仲）𥂕乍（作）其宗～尊⿰金⿱無皿（甒）。◎銘圖 14087

信安鼎（戰國）：訫（信）安下官～府。◎文物 2009（11）71 頁

□伯鼎（春秋早）：□白（伯）自乍（作）飤～沱。◎銘續 184

【案】《銘續》釋「䃉」，不確。石小力（2017）隸定作「磬」，是。「磬沱」爲鼎之一種自名，上下字各有多種寫法，上字或作「石」「沰」「宕」「橐」「䃉」等，參黃錦前（2016）。作「磬」者屬首見，字當從「器」、「石」聲，故附「器」字後。

舌

舌鼎（商晚）：～。◎近出 176

舌鼎（商晚）：～。◎玫茵堂 73

□舌母鼎（商晚）：□～母。◎銘續 62

舌爵（商晚）：～。◎銘圖 6480

干

亞干示觚（商晚）：亞～示。◎近出 750

干戈（西周早）：～。◎銘圖 16240

富孿商方鼎（商晚）：～⿰亻冉。◎曲村 348 頁

宗人簋（西周中）：乃易（賜）宗人～、戈。◎銘續 461

【案】「」「」甲金文多見，舊有「毌」「干」「盾」等釋法，以釋「盾」影響最大。蘇建洲（2017）結合宗人簋文例，肯定釋「干」之說，可從。

⿰干上*

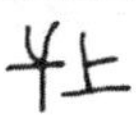

朱緐劍（春秋晚）：旨𡑞君疋～吳之孫朱緐睪（擇）氒（厥）吉金自乍（作）元用之會（劍）。◎銘圖 18024

〔⿰甹兒〕⿰甹只

作册吳盤（西周中）：執駒于～南林。◎銘圖 14525

作册吳盉（西周中）：王才（在）～。◎銘圖 14797

【案】《說文》：「⿰甹只，聲也。从只、甹聲。讀若聲。」（小徐本作「讀若馨」）從古文字看，本從「兄」，篆文從「只」當是形近而訛。「⿰甹兒」疑爲兩聲字。

⿰只兄*

郳公𣪕父𩨋（春秋晚）：郳（郳）公𣪕父自鈙（作）商宴～（𩨋）。◎銘續 891

【案】董珊（2012c）釋「兄」讀「𩨋」。《銘續》同之。讀「𩨋」是，唯字下部之「」恐難視爲飾符，疑是「只」（「只」疑即「卮」之初文），字可釋爲「⿰只兄」，從「只」、「兄」聲。

商

寑孿商方鼎（商晚）：王易（賜）寑（寢）孿～。◎曲村 348 頁

𩰫方鼎（商晚）：王～（賞）貝。◎文物 2005（9）61 頁

商斝（商晚）：～。◎銘續 740

穷尊（商晚）：子～（賞）穷（賓）貝二朋。◎銘圖 11761

小臣㚔簋（西周早）：王～（賞）小臣㚔。◎曲村 505 頁

商丘叔簠（春秋早）：～丘弔（叔）。◎文物 2004（12）9 頁

句

悍距末甲（戰國晚）：用差（佐）～國。◎古研（24）269頁

郘公皷父觥（春秋晚）：郘（郘）公皷父自鈘（作）～宴觥（觥）。◎銘續891

伯句簋（西周中）：白（伯）～乍（作）寶𣪘（簋）。◎銘續410

鑄客爲王后鼎（戰國晚）：鑄客爲王～（后）七庎（府）爲之。◎銘續136

鑄客爲王后鼎（戰國晚）：鑄客爲王～（后）六室爲之。◎銘續137

鑄客簠（戰國晚）：鑄客爲王～（后）六室爲之。◎南大32

ㄐ

吳王光帶鈎（春秋晚）：乍（作）用～（句）。◎銘續1388

古

爾孫造鼎（春秋早）：永～（祜）富（福）。◎銘續158

越王丌北古劍（戰國早）：戉（越）王丌北～。◎銘圖18027

越王丌北古劍（戰國早）：戉（越）王丌北～。◎銘圖18027

[古+害]*

仲盂父簋（西周早）：氒（厥）子～其永用事氒（厥）宗。◎銘續403

十

大万尊（商晚）：□～終三朕。◎銘續790

叔矢方鼎（西周早）：隹（唯）～又三（四）月。◎文物2001（8）9頁

獄盨（西周中）：隹（唯）～又一月既望丁亥。◎銘圖5275

霸伯簋蓋（西周中）：隹（唯）～又一月。◎考報2018（1）105頁

太師虘簋（西周中）：隹（唯）～又二年。◎銘圖5283

太師虘簋蓋（西周中）：隹（唯）～又二年。◎銘圖5282

柞伯鼎（西周晚）：隻（獲）馘（聝）～人。◎文物2006（5）68頁

伯□父簋（西周晚）：得孚（俘）金五～勻（鈞）。◎首陽107頁

應姚簋（西周晚）：唯～月丁亥。◎考古2003（3）93頁

鄬子受鎛（春秋中）：隹（唯）～丑（又）四年參（三）月。◎淅川85頁

唐子仲瀕兒瓶（春秋晚）：隹（唯）正～月初吉丁亥。◎江漢2003（1）3頁

司馬義鎛（戰國早）：隹（唯）正孟歲～月庚午。◎山東104—108頁

之乘辰鐘（戰國早）：隹（唯）正～月。◎文物2004（2）72頁

介令觪詿戈（戰國晚）：～二年。◎銘續1257

千

樊伯千鼎（春秋早）：唯樊白（伯）～鑄貞（鼎）。◎銘續200

皇穀鼎（春秋晚）：～歲之外，我是㠯（以）遺（侃）。◎銘續192

博

卌二年逑鼎甲（西周晚）：女（汝）□長父吕（以）追～（搏）戎。◎華章39頁

蔷簋（西周中）：蔷～（搏）戎。◎新收1891

上郡守匽氏戈（戰國晚）：～朢（望）。◎銘圖17290

廿

亯斆商方鼎（商晚）：隹（唯）王～祀。◎曲村348頁

甗方鼎（商晚）：隹（唯）王～祀又二。◎文物2005(9)61頁

師衛簋（西周早）：𩰫（召）公賛（賚）衛貝廿朋、臣～、氒（厥）牛廿、禾卅車。◎銘圖5142

親簋（西周中）：隹（唯）～又三（四）年九月。◎歷文2006(3)封二

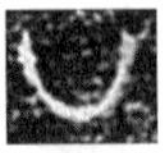

伯𢦏父簋（西周晚）：蔑（聀）～。◎古研(27)198頁

卌二年逑鼎甲（西周晚）：于降～田。◎華章39頁

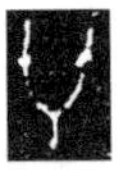

頌盤（西周晚）：令（命）女（汝）官𤔲（司）成周賈～家。◎文物2009(9)52頁

文盨（西周晚）：唯王～又三年八月。◎字與史(1)221頁

廿九年叚陽庫戈（戰國中）：～九年。◎歷文2007(5)6頁

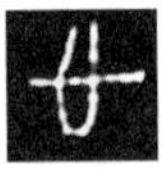

廿七年頓丘令𢈪酉戟（戰國中）：～七年。◎珍秦齋吳109頁

郚戈（戰國中）：～年。◎中國文字學報(5)142頁

廿八年公乘戈（戰國晚）：～八年。◎銘續1234

卅

師衛鼎（西周早）：鼉（召）公賚（賚）衛貝廿朋、臣廿、氒（厥）牛廿、禾～車。◎銘圖 2378

虎簋蓋乙（西周中）：隹（唯）～年三月。◎新收 1874

趞伯簋（西周中）：罘逆小子𢑚倗㠯（以）友～人。◎銘圖 5214

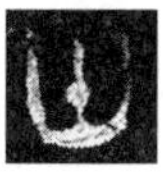

卌二年逑鼎乙（西周晚）：田于鄭～田。◎考文 2003（3）9 頁

目工戈柲冒（戰國晚）：～八。◎故博 2006（2）73 頁

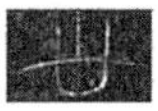

卅年詔事戈（戰國晚）：～年。◎故博 2006（2）70 頁

卅年銅人（戰國晚）：～年十八釿𠦃（半）釿冢（重）。◎銘圖 19342

世

羚簋（西周中）：～孫子其永寶用。◎字與史（1）211 頁

羚簋蓋（西周中）：～孫子其永寶用。◎字與史（1）210 頁

琱生尊（西周晚）：子孫永寶用～亯（享）。◎考文 2007（3）8 頁

琱生尊（西周晚）：子孫永寶用～亯（享）。◎文物 2007（8）20 頁

酟*

諸君盤（西周中）：～孫子其永寶。◎銘續 946

卌

卌三年逑鼎甲（西周晚）：隹（唯）～又三年六月。◎華章 55 頁

卌三年逑鼎丙（西周晚）：隹（唯）～又三年六月。◎華章 71 頁

言

卌三年逑鼎壬（西周晚）：隹（唯）～又三年六月。◎華章119頁

卌三年逑鼎乙（西周晚）：隹（唯）～又三年六月。◎華章63頁

上郡假守鼂戈（戰國晚）：～八年。◎珍秦齋秦88—89頁

𣪘尊（西周早）：孫子用～（侃）出入。◎近出677

厬京父簋（西周早）：用～（侃）王出入。◎銘續379

【案】𣪘尊、厬京父簋之「言」，當讀爲金文常見之「侃」，喜樂之意。類似文例亦見於伯矩鼎（《集成》2456），或讀爲「歆」，未合。

談

犺談公之不子戈（戰國中）：犺～公之不子乍（作）其元用。◎銘續1220

謂

趙氏余戈二（春秋中）：是～御馨㚔（夷）趙氏余之兵。◎銘續1260

許

琱生尊（西周晚）：弋（式）～勿史（使）㪔（散）亡。◎考文2007（3）8頁

琱生尊（西周晚）：弋（式）～勿史（使）㪔（散）亡。◎文物2007（8）20頁

讎

讎仲盤（春秋早）：～中（仲）乍（作）般（盤）。◎銘圖14441

攻吳王姑讎於雒劍（春秋晚）：攻𪊨（吳）王姑～於雒。◎銘續1352

啻

晉侯斷壺(西周中)：其萬～(億)永寶用。◎晉國97頁

叔尊(西周中)：用自今生(往)至于～(億)萬年。◎銘圖11818

晉侯斷簋(西周中)：其萬～(億)永寶用。◎銘續423

訓〔⿰川竞〕

虎簋蓋乙(西周中)：易(賜)女(汝)載(緇)市、幽黃(衡)、玄衣、～(糾)屯(純)。◎新收1874

召簋(西周中)：易(賜)女(汝)玄衣、～(糾)屯(純)、載(緇)市、幽黃(衡)、金雁(膺)。◎銘圖5230

晉公盤(春秋中)：卲倉皇卿，柚(懷)～(順)百帶(秩)。◎銘續952

【案】虎簋蓋乙「⿰川竞」，張光裕(2002)隸作「⿰忄竞」，非是。虎簋蓋甲作「」，從「竞」甚明。此稍泐損耳。字亦見敔卣，舊多以爲「滰」字異體。白於藍(2000)推衍林澐、陳漢平説，改釋爲「訓」字異體，可從，於「⿰川竞屯(純)」文例讀「糾」，亦甚通。晉公盤「⿰川竞」當讀「順」。

誨

𠭯公盨(西周中)：民唯克用丝(兹)德，亡(無)～(悔)。◎歷文2002(6)4頁

議

公乘斯戈(戰國中)：上庫工帀(師)□～。◎銘續1249

訊

親簋(西周中)：女(汝)廼諫～有粦(譖)。◎歷文2006(3)封二

𦒻簋(西周中)：令邑于奠(鄭)，～訟。◎字與史(1)211頁

信　謹

霸伯盤（西周中）：隻（獲）～一。
◎考報2018(1)125頁

格仲簋（西周中）：隻（獲）～二夫，馘二。
◎考報2018(2)235頁

格仲簋蓋（西周中）：隻（獲）～二夫，馘二。
◎考報2018(2)234頁

選鐘乙（西周晚）：選乃～獄。
◎銘圖15249

柞伯鼎（西周晚）：柞白（伯）執～二夫。
◎文物2006(5)68頁

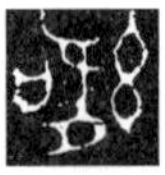
卌三年逑鼎丙（西周晚）：雩乃～庶又（有）粦（譖）。◎華章71頁

卌三年逑鼎乙（西周晚）：雩乃～庶又（有）粦（譖）。◎華章63頁

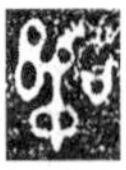
伯𢦏父簋（西周晚）：窺（親）執～十夫。
◎首陽107頁

伯𢦏父簋（西周晚）：窺（親）執～十夫。
◎古研(27)198頁

之乘辰鐘（戰國早）：而乍～夫叴之貴姓（甥）。
◎文物2004(2)72頁

【案】戰國文字「訊」作「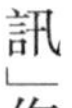」等形，說見郭永秉(2008)。

司馬義鎛（戰國早）：用克庫（肇）～祧（先）王明祀。◎山東104—108頁

信宮罍（戰國晚）：～宮左般。
◎珍秦齋秦130頁

信右侒宮鼎（戰國晚）：～右侒宮鼎。
◎銘續142

記

武平車府鈁（戰國晚）：～。◎銘續 821

曾侯與鐘（春秋晚）：㦗（壯）武愄（畏）～（忌）。◎銘續 1029

誥〔⿱言廾〕

應姚鬲（西周晚）：雁（應）姚乍（作）弔（叔）～父尊鬲。◎考古 2003（3）93 頁

應姚簋（西周晚）：弔（叔）～父。◎考古 2003（3）93 頁

詔

卅年詔事戈（戰國晚）：～事。◎故博 2006（2）70 頁

詔矛（戰國晚）：～。◎銘續 1276

誓

霸姬盤（西周中）：報氒（厥）～曰。◎考報 2018（2）239 頁

霸姬盤（西周中）：乞則～。◎考報 2018（2）239 頁

霸姬盉（西周中）：乞～曰。◎銘圖 14795

霸姬盉（西周中）：報氒（厥）～。◎銘圖 14795

諫

曾侯諫簋（西周早）：曾侯～乍（作）寶彝。◎銘圖 4351

曾侯諫尊（西周早）：曾侯～乍（作）媿寶尊彝。◎銘續 781

親簋（西周中）：女（汝）廼～訊有粦（讉）。◎歷文 2006（3）封二

⿱⿴行言言鼎（西周晚）：～辥三（四）方。◎文博 2007（2）17 頁

〔⿱敕言〕

作冊封鬲甲（西周晚）：～辭四或（國）。

◎歷文 2002(2)4 頁

逑盤（西周晚）：敕［敕］～～。

◎盛世 34 頁

逑盤（西周晚）：～辭三（四）方。

◎盛世 34 頁

晉公盤（春秋中）：～臂（乂）爾家。

◎銘續 952

【案】晉公盤「⿱敕言」，吳鎮烽（2014）隸定作「⿱敕言」，以爲「敕」字異體，訓爲理。黄傑（2014）分析爲從「諫」從「攴」。黄説有理。從照片看，「柬」形右邊之點尚可辨認，且以文例言，亦當與金文常見之「諫」同字，故應隸定作「⿱敕言」，蓋「諫」增「攴」之繁構也。「諫辥」之「諫」，諸家頗多以爲「敕」者，詳張富海（2019）。此説實於形有礙。相同辭例見於清華簡《封許之命》簡5，字作「柬」，亦可證不宜讀「敕」。李學勤（2003a）讀「簡」，訓大，詞性未合。王輝（2003）訓正，似較勝。親簋之「諫」疑可讀「簡」，《書・吕刑》：「五辭簡孚，正于五刑。」蔡沈《集傳》：「簡，核其實也。」

計

陰晉右庫戈（戰國中）：陰晉右庫～。

◎銘續 1136

記

楚太師登鐘丁（春秋早）：既䀁（溫）既～（忌）。

◎上博(11)152 頁

楚太師登鐘乙（春秋早）：既䀁（溫）既～（忌）。

◎上博(11)150 頁

曾伯霥壺（春秋早）：余䀁（溫）龏（恭）䰾（且）～（忌）。◎江漢 2017(6)9 頁

曾侯鐘（春秋晚）：愄（畏）～（忌）慍（溫）龏（恭）。◎銘續 1025

〔咏〕詠

免簋(西周中)：王乎(呼)乍(作)册王令(命)尹～曰。◎回家(2019 二)71 頁

【案】《回家(2019 二)》釋「咏」，《銘三》516 闕釋。金文「永」字或從「人」從三點，如散伯簋作「」，𩛥公盨作「」，三點分佈本不拘，可證此字確從「永」，唯因與「口」旁避讓，三點全在「人」形之一側而已，釋「咏」可無疑。「咏」者長言也，於此當是高聲朗讀周王册命內容之意。

䜌

東盉蓋(西周中)：東易(賜)市、～(鑾)旗。◎銘圖 14790

吕簋蓋(西周中)：旂～(鑾)。◎論稿 167 頁

虎簋蓋乙(西周中)：～(鑾)旂五日。◎新收 1874

舲簋(西周中)：易(賜)～(鑾)。◎字與史(1)211 頁

采隻簋(西周中)：易(賜)女(汝)戠(織)衣、赤予市、～(鑾)旅〈旂〉。◎銘圖 5154

頌盤(西周晚)：～(鑾)旂。◎文物 2009(9)52 頁

伯國父鼎(春秋早)：無(許)大戠白(伯)國父乍(作)弔(叔)嫣～貞(鼎)。◎銘續 194

晉公盤(春秋中)：殼(教)戢(威)百～(蠻)。◎銘續 952

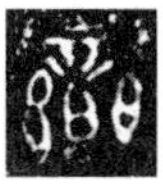

諻旐缶(春秋晚)：～(蠻)士是保。◎銘續 910

誤

曾侯與鐘(春秋晚)：而天命𨟻(將)～(虞)。◎銘續 1029

【案】徐少華(2014)如字，董珊(2014d)讀「虞」，王恩田(2015)讀「忤」，以董說爲優。

詍

〔[illegible]〕

衛簋甲蓋（西周中）：～（世）母（毋）朢（忘）。◎南開2008(6)封三

一式獄簋蓋（西周中）：其～（世）母（毋）朢（忘）。◎考文2006(6)59頁

伯獄簋蓋（西周中）：其～（世）母（毋）朢（忘）。◎銘續460

訇

卌二年逑鼎甲（西周晚）：肄余乍（作）女（汝）□～。◎華章39頁

逑盤（西周晚）：龢～于政。◎盛世34頁

【案】「龢訇」之「訇」，周曉陸（2003）、彭曦（2003）、王輝（2003）等讀「詢」，訓謀；劉懷君、辛怡華、劉棟（2003）讀「訊」；李學勤（2003a）讀「順」；李零（2003）、何琳儀（2003）、董珊（2003）等讀「均」。當以讀「均」爲優。

諆

〔[illegible]〕

柞伯鼎（西周晚）：～（其）弗敢𢘅（昧）朕皇且（祖）。◎文物2006(5)68頁

柞伯鼎（西周晚）：～（其）用追亯（享）孝。◎文物2006(5)68頁

復封壺（春秋早）：戠龏（恭）威（畏）～（忌）。◎銘圖12447

侯古堆鎛（春秋晚）：萬年無～（期）。◎侯古堆圖版24

與兵壺蓋（春秋晚）：卑（俾）邁（萬）枼（世）無～（期）。◎古研(24)236頁

申公壽簠（春秋晚）：其沬（眉）壽無～（期）。◎銘續498

䛽

犅伯䛽卣(商晚)：犅白(伯)~乍(作)又丰寶彝。◎保利續131頁

犅伯䛽卣蓋(商晚)：犅白(伯)~乍(作)又丰寶彝。◎保利續131頁

讋

相邦吕不韋戈(戰國晚)：寺工~。◎銘續1247

訟

羚簋(西周中)：令邑于奠(鄭)，訊~。◎字與史(1)211頁

□簋(西周中)：今余隹(唯)𤕌(申)先王命女(汝)[illegible](總)𤔲(司)西𦝼𤔲(司)徒，訊~。◎銘圖5386

霸姬盤(西周中)：霸姬㠯(以)气~于穆公。◎考報2018(2)239頁

訶

鄬子受鐘(春秋中)：佋(鄬)子受乍(作)䵼(將)[illegible](彝)~(歌)鐘。◎淅川60頁

朝歌戈(春秋晚)：朝~(歌)。◎銘圖16402

【案】「訶」實同「謌」，即「歌」之或體，與訶責字同形，依形隸此。「歌」字重見。

譴 〔[illegible]〕

曾侯與鐘(春秋晚)：王~(遣)命南公。◎銘續1029

【案】凡國棟(2014)讀「遣」，可從。或讀「逝」，非是。

[illegible]

卌二年逑鼎甲(西周晚)：余弗段~(忘)聖人孫子。◎華章39頁

卌三年逑鼎壬(西周晚)：肄余弗~(忘)聖人孫子。◎華章119頁

⿰爿言*

卌三年逑鼎丙（西周晚）：⿰糹聿余弗~（忘）聖人孫子。◎華章71頁

作册封鬲甲（西周晚）：王弗叚~（忘）。◎歷文2002（2）4頁

蔡㛹盤（春秋早）：子子孫孫勿~（忘）。◎全集（10）390頁

夆子詹簠（春秋早）：夆子詹鑄弔（叔）嬴~（將）⿷匚古（簠）。◎銘續485

夆子詹壺（春秋早）：夆子詹鑄弔（叔）嬴~（將）壺。◎銘續817

【案】「⿰爿言」疑讀爲將享之「將」。

訢*

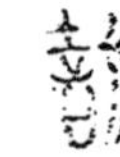

慎⿸疒尭簋（戰國中）：~（慎）⿸疒尭自乍（作）廌（薦）饁（簋）。◎江漢2018（6）11頁

⿰言⿱爫系*

蔡公子慎戈（戰國中）：蔡公子~（慎）之用。◎銘續1176

【案】曹錦炎（2014）釋「縝」。字亦見上博簡《武王踐阼》7，用爲「慎」，從戰國文字「慎」用字之系統性看，仍當作「慎」之異體爲好。

⿰言𡈼*

介令⿰角定⿰言𡈼戈（戰國晚）：介命（令）⿰角定~。◎銘續1257

廿年冡子戈（戰國晚）：冡子⿰角定~。◎古研（27）322頁

⿰言身*

信安鼎（戰國晚）：～（信）安下官。◎文物2009（11）71頁

宜信冢子鼎蓋（戰國晚）：宜～（信）冢子。◎銘續120

長信侯鍾（戰國晚）：𨱏（長）～（信）侯厶（私）官況。◎銘續828

信陰君漆卮底（戰國晚）：～（信）险（陰）君少府。◎銘續1381

⿰言亟*

仲譔父簋（西周晚）：其或貿易，則盟（明）～之。◎銘圖4845

【案】董珊（2008a）、《通鑒》《銘圖》讀「殛」，是。字從「言」作，蓋取譴謫之意。

⿰言命*

曾侯鐘（春秋晚）：愄（畏）記（忌）慍（溫）龏（恭），□□□□～（命）。◎銘續1025

諻*

諻旟缶（春秋晚）：鄀君郚子～旟睪（擇）㠯（以）吉金。◎銘續910

昭王之諻戈（戰國中）：卲（昭）王之～睪（擇）亓（其）吉金。◎江漢2016（2）88頁

⿰言哀*

晉公盤（春秋中）：～（哀）［⿰言哀（哀）］莫不日頼覺。◎銘續952

⿰言前*

卅三年戈（戰國晚）：奠（鄭）工币（師）□～。◎銘續1227

謅*

遣盉父盨蓋（西周晚）：趞盉父乍（作）鑃（召）姬旅～（盨）。◎銘續466

遣盉父盨（西周晚）：趞盉父乍（作）鑃（召）姬旅～（盨）。◎銘續466

【案】《銘續》隸作「菩」。紫竹道人（2016）釋「謭」讀「盄」，可從。

譓*

曾侯與鐘（春秋晚）：其肫（純）～（德）降舍（余），萬殜（世）是恦（尚）。◎銘續 1029

競敳矛（戰國早）：用旟（揚）吝（文）～（德）武剌（烈）。◎銘圖 17695

⿰言聖*

曾侯與鐘（春秋晚）：業業氒（厥）～（聖）。◎銘續 1029

王孫叔⿰言聖甗（春秋）：王孫弔（叔）～睪（擇）曰（厥）吉金。◎銘圖 3362

⿰言琴*

⿰言琴余鼎（春秋早）：□子～余睪（擇）其吉金。◎銘續 219

【案】襄陽市文物考古研究所（2013）、《銘續》釋「諆」，不確。苦行僧（2013）、馬超（2017：485）改釋「⿰言琴」，是。

⿱⿲彳戔亍言*

⿱⿲彳戔亍言鼎（西周晚）：～夙……◎文博 2007（2）17 頁

【案】吳鎮烽（2007a）謂所從「⿲彳戔亍」（「踐」字異體）是聲符兼義符，「⿱⿲彳戔亍言」爲踐言的專用字。予疑「⿱⿲彳戔亍言」即「諓」之繁構。《說文》：「諓，善言也。从言、戔聲。一曰：謔也。」銘文用爲人名。

讙*

仲讙父簋（西周晚）：中（仲）～父乍（作）尊毁（簋）。◎銘圖 4845

⿰言𩫖*

曾侯與鐘（春秋晚）：獻（吾）用爕～（就）楚。◎銘續 1029

【案】凡國棟（2014）、徐少華（2014）、王恩田（2015）、黄益飛（2015）等釋「鎬」，或讀「驕」，或讀「交」，或讀「寮」；何景成（2015a）以其右旁爲「堂」，讀爲比黨之「黨」。於形均不確。李天虹（2014）、清華大學出土文獻讀書會（2014）、李零（2015）、章水根（2015）等以其右旁爲「亯（就）」之變體，是。讀書會讀「戚」，李零讀「蹙」，不若李天虹、章水根讀「就」爲允。

⿰⿱玉言龍*

射壺蓋（西周晚）：用天尹之～（寵）。◎銘圖 12444

射壺（西周晚）：用天尹之～（寵）。◎銘圖 12443

【案】朱鳳瀚（2010）隸定作「⿰⿱玉言龍」，以爲從「訏」、「龍」聲，讀作「寵」。讀「寵」可從，但字形則左上不似「于」，而應是「玉」。玉所以示信，故「⿰⿱玉言龍」或即「寵」之異體。

⿱𦥯⿰言兒*

晉公盤（春秋中）：諒（哀）［諒（哀）］莫不日頼～。◎銘續 952

【案】由師衛諸器有「覍」字（見卷八「兒」部）觀之，「⿱𦥯⿰言兒」似當分析爲從「言」、「覍」聲爲妥。諸家或讀「恭」或讀「況」，待考。

〔善〕譱

虎簋蓋乙（西周中）：女（汝）毋敢不～于乃政。◎新收 1874

善夫吉父鬲（西周晚）：～（膳）夫吉父乍（作）京姬尊鬲。◎銘圖 2970

姒簋甲（西周晚）：□始（姒）乍（作）～尊毁（簋）。◎徵集 5

善夫吉父鑑（西周晚）：～（膳）夫吉父乍（作）旅鑑。◎銘圖 13995

畢仲弁簠（春秋早）：畢中（仲）弁乍（作）爲其～匠（簠）。◎小邾 48 頁

競

十四年下邑令瘍鈹（戰國晚）：左庫工帀（師）沖所善者。◎銘圖 18002

【案】畢仲弁簠「善」字上加「北」形，未詳何意。或釋「北善」二字，亦不可解。

競簋（商晚）：～。◎銘續 288

趞伯簋（西周中）：其～余一子。◎史學 2006（2）封二

趞伯簋蓋（西周中）：其～余一子。◎銘續 444

趞伯簋（西周中）：其～余一子。◎銘續 443

䣄卣（西周中）：今𠂤（厥）僕我興：邑、～、諫、鈲、芆、䅵。◎銘續 882

競之定豆甲（春秋晚）：王命～之定救秦戎。◎文物 2008（1）82 頁

競孫旟鬲（春秋晚）：～孫旟也乍（作）鑄𩰪鬲。◎銘圖 3036

競孫不服壺（春秋晚）：～孫不服。◎銘圖 12381

競之𥂴鼎（春秋晚）：～之𥂴自乍（作）𩰫（將）彝𩰪盂。◎銘續 178

競畏矛（戰國早）：～毀（畏）自乍（作）韓（萃）矛。◎銘圖 17695

大市量（戰國中）：攻差（佐）～之𨑊（上）㠯（以）爲大市鑄政（征）頞首（䯧首）。◎古研（22）129 頁

【案】趞伯簋「競」字，吳振武（2006a）謂從「誩」從二「大」夾二「○」。二「大」夾二「○」者，象二人爭球形；「誩」亦兼有聲符的作用。並指出此種寫法之「競」已見於戜簋。其說可從。趞伯器所從「○」或訛作「口」。

音

趞伯簋（西周中）：朕文考其巠（經）趞白（伯）、趞姬之德～。◎銘圖5214

趞伯簋蓋（西周中）：朕文考其巠（經）趞姬、趞白（伯）之德～。◎銘續444

秦子鎛（春秋早）：氒（厥）～鉌鉌雝雝。◎歷文2008（4）圖版二

章

霸伯盂（西周中）：用～（璋），遣賓，瓚（贊），用魚皮兩側毀。◎銘圖6229

頌盤（西周晚）：反（返）入（納）堇（瑾）～（璋）。◎文物2009（9）52頁

琱生尊（西周晚）：余□大～（璋）。◎文物2007（8）20頁

霸伯盂（西周中）：賓用虎皮爯（稱），毀，用～（璋）。◎銘圖6229

曾伯霥壺（春秋早）：隹（唯）此壺～。◎江漢2017（6）9頁

令尹新章劍（戰國早）：令尹亲（新）～自乍（作）用僉（劍）。◎銘續1305

⿰音穆*

季子康鎛（春秋中）：～～（穆穆）逯逯（爽爽）。◎考文2009（3）104頁

【案】字從「音」從「穆」省聲，參曾侯乙鐘銘之作「」。

童

弱簋（西周中）：其子子孫萬年永寶～宮毀（簋）。◎銘圖4953

鍾離君柏簠（春秋中）：～（鍾）麗（離）君柏𢍰（擇）其吉金。◎銘圖5898

季子康鎛（春秋中）：～（鍾）麗（離）公柏之季子康。◎考文2009（3）106頁

季子康鎛（春秋中）：～（鍾）麗（離）公柏之季子康。◎考文2009（3）106頁

鍾離公柏戟（春秋中）：～（鍾）麗（離）公柏之用𢦔（戟）。◎考古2009（7）43頁

羅子童鼎（春秋晚）：罷（羅）子～之飤鐈。◎銘續111

武王之童焅戈（戰國晚）：武王之～焅。◎銘續1137

妾

宰獸簋（西周中）：𦔻（總）嗣（司）康宮王家臣～。◎陝博（7）99頁

夾簋蓋（西周中）：夾其永老～。◎新收1959

娞鼎（西周中）：唯女（汝）聿井（刑）嗣（司）宗臣～。◎銘續214

霸姬盤（西周中）：用毀（求）朕僕（僕）騳（馭）、臣～自气。◎考報2018（2）239頁

讆鼎（西周晚）：□～甸人。◎文博2007（2）17頁

業

曾侯與鐘（春秋晚）：～～氒（厥）諲（聖）。◎銘續1029

〔對〕對

霸伯簋（西周中）：～昜（揚）井弔（叔）休。◎考報2018（1）105頁

格仲簋（西周中）：～揚且（祖）孝（考）畐（福）。◎考報2018（2）234頁

叔矢方鼎（西周早）：敢～王休。◎文物2001（8）9頁

對卣蓋（西周早）：～乍（作）父癸尊彝。◎銘圖13227

曶簋（西周中）：用～揚王休。◎文物2000（6）87頁

親簋（西周中）：敢～揚天子休。◎歷文2006（3）封二

獄盤（西周中）：～揚王休。◎考文2006（6）61頁

伐簋蓋（西周中）：敢～揚朕公子、魯侯不（丕）顯休。◎銘圖5321

霸伯簋蓋（西周中）：～昜（揚）井弔（叔）休。◎考報2018（1）105頁

格仲簋蓋（西周中）：～揚且（祖）孝（考）畐（福）。◎考報2018（2）234頁

䨻簋（西周早）：䨻敢～公休。◎首陽83頁

虎簋蓋乙（西周中）：～揚天子不（丕）环魯休。◎新收1874

夾簋蓋（西周中）：夾敢～揚王休。◎新收1959

𠙵𤔲蓋（西周中）：𠙵敢～揚天子不（丕）㬎（顯）休。◎銘圖5673

太師虘簋蓋（西周中）：敢～揚天子不（丕）顯休。◎銘圖5282

召簋（西周中）：～揚王休。◎銘圖5230

肸簋蓋（西周中）：肸～揚王休。◎銘續448

獄盨蓋（西周中）：～揚王休。◎銘圖5676

霸伯簋蓋（西周中）：～楊（揚）丼弔（叔）休。◎考報2018（1）102頁

卲簋（西周中）：～揚天子不（丕）□（顯）休嫠（釐）令（命）。◎回家（2019一）79頁

頌盤（西周晚）：頌敢～揚天子不（丕）顯魯休。◎文物2009（9）52頁

宗人簋（西周中）：敢～揚王父之休。◎銘續461

晉侯對盨蓋（西周晚）：晉侯～乍（作）寶尊彶（及）須（盨）。◎晉國84頁

琱生尊（西周晚）：琱生～揚朕宗君休。◎文物2007（8）20頁

孝簋（西周中）：敢～昜（揚）王君休。◎銘續441

霸姬盉（西周中）：～公命。◎銘圖14795

霸姬盤（西周中）：～公命。◎考報2018（2）239頁

采隻簋蓋（西周中）：采隻～天子休。◎銘圖5154

伯戋父簋（西周晚）：～揚。◎古研（27）198頁

僕

文盨（西周晚）：用～王休。◎字與史（1）221頁

【案】霸伯簋「對」從「口」，與《説文》正篆相合，爲金文首見。格仲簋則「對」益以「貝」旁，亦屬首見（「對」益「貝」旁前已見於彔伯㦰簋等）。霸姬器「對」從「田」，亦首見，白軍鵬（2011）指出乃「田」「土」之通用，是。李學勤（2011）讀「踐」，訓履行，不確。

師衛尊（西周早）：宮公眚（省）～器于北麦。◎銘圖11786

聞尊（西周中）：臣～。◎論稿10頁

宗人簋（西周中）：～五家。◎銘續461

㫃卣（西周中）：白（伯）氏易（賜）㫃～六家。◎銘續882

㫃卣（西周中）：今㞢（厥）～我興。◎銘續882

琱生尊（西周晚）：我～亯（庸）徒（土）田多柔（擾）。◎考文2007（3）8頁

者僕故匜（西周晚）：者～故乍（作）它（匜）。◎山東696頁

文公之母弟鐘（春秋晚）：龏好朋友，氏尸（夷）～。◎夏商周540

平阿右僕戈（戰國中）：平垔（阿）右～造戈。◎銘續1191

〔⿱宀僕〕

霸姬盤（西周中）：用毁（求）朕～馭、臣妾自气。◎考報2018（2）239頁

〔僉〕

鄧子僕戈（春秋晚）：鄧子～之用戈。◎銘續 1152

丞

廿四年上郡守疾戈（戰國晚）：高奴工師竈、～申。◎文物研究（12）261頁

相邦呂不韋戈（戰國晚）：～義，工豫。◎故博 2006（2）83頁

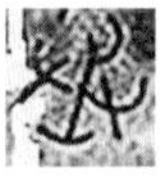

上郡守造戈（戰國晚）：～豬，工隸臣渠。◎考文 2009（3）32頁

七年丞相奐殳戈（戰國晚）：～相奐、殳造。◎歷文 2009（2）57頁

奐

䍐叔奐父盨（西周晚）：䍐弔（叔）～父乍（作）孟姞旅須（盨）。◎文物 2004（4）90頁

曾季卿事奐壺（西周晚）：隹（唯）曾季卿事～用其吉金。◎銘續 835

師奐父鎣（西周晚）：師～父乍（作）滎（鎣）。◎銘圖 14704

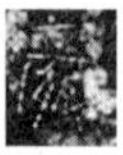

七年丞相奐殳戈（戰國晚）：丞相～、殳造。◎歷文 2009（2）57頁

睪

瘻鼎（西周早）：弟不敢不～（擇）衣。◎銘續 195

諆余鼎（春秋早）：□子諆余～（擇）其吉金。◎銘續 219

曾侯寚鼎（春秋中）：曾侯寚～（擇）其吉金。◎銘續 186

[illegible]卣（西周中）：自～（擇）于庶人。◎銘續 882

夔膚簠（春秋中）：夔膚～（擇）其吉金。◎銘續 500

曾侯寚鼎（春秋中）：曾侯寚～（擇）其吉金。◎銘圖 2219

兵

曾仲斿簋（春秋晚）：曾中（仲）斿～（擇）其吉金。◎銘圖 5029

與兵壺（春秋晚）：～（擇）余吉金。◎古研（24）234—235 頁

許公買簠（春秋晚）：鄦（許）公買～（擇）氒（厥）吉金。◎中原 2004（1）55 頁

唐子仲瀕兒匜（春秋晚）：鴋（唐）子中（仲）瀕兒～（擇）吉金。◎江漢 2003（1）3 頁

工吳王叡矣工吳劍（春秋晚）：工吳王叡矣工吳～（擇）其吉金。◎銘圖 17948

宿兒缶（春秋晚）：蘇公之孫寣（宿）兒乍（作）～（擇）其吉金。◎銘圖 14091

㝅兒鼎（春秋晚）：㝅兒～（擇）其吉金。◎銘續 524

黃子婁缶（春秋晚）：黃子婁～（擇）其吉金。◎銘續 907

嫼盤（春秋晚）：嫼～（擇）其吉金。◎銘續 948

昭王之即簠（戰國早）：卲（昭）王之即～（擇）氒（厥）吉金。◎銘續 515

引簋（西周中）：孚（俘）吕～。◎銘圖 5299

輔伯戈（西周晚）：輔白（伯）乍（作）～戈。◎中原 2007（5）10 頁

備兵鼎（春秋早）：備～乍（作）寶鼎。◎墨影 7

與兵壺（春秋晚）：余鄭大（太）子之孫與～。◎古研（24）234–235 頁

龏

龏子卣（商晚）：～子。◎新收 1838

旣簋（西周中）：今朕不（丕）顯考～（恭）王既命女（汝）更乃且（祖）考事。◎銘圖 5386

〔龏〕

頌盤（西周晚）：皇母～（龔）始（姒）。◎文物2009（9）52頁

逑盤（西周晚）：用辟～（恭）王、懿王。◎盛世34頁

卌三年逑鼎己（西周晚）：用乍（作）朕皇考～（恭）弔（叔）䵼（將）彝。◎華章95頁

卌三年逑鼎丁（西周晚）：用乍（作）朕皇考～（恭）弔（叔）䵼（將）彝。◎華章79頁

復封壺（春秋早）：戠～（恭）威（畏）諆（忌）。◎銘圖12448

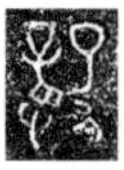
叔䜴父鼎（春秋早）：陽小弔（叔）䜴父乍（作）～（恭）弔（叔）姬寶鼎。◎銘續215

恭王之卯戈（春秋晚）：～（恭）王之卯之造戈。◎南方2004（4）43頁

競孫旟鬲（春秋晚）：～（恭）寺（持）明悳（德）。◎銘圖3036

昭王之即簠（戰國早）：萅（春）秋～（恭）祟（常）。◎銘續515

卌三年逑鼎乙（西周晚）：母（毋）～～（龏龏）橐橐，隹（唯）又（有）宥從（縱）。◎華章63頁

卌三年逑鼎庚（西周晚）：母（毋）～～（龏龏）橐橐，隹（唯）又（有）宥從（縱）。◎華章103頁

晉公盤（春秋中）：虔～（恭）盟祀。◎銘續952

加𦍒編鐘（春秋中）：烏（嗚）虖（呼），～（恭）公棗（早）陟。◎江漢2019（3）16頁

加𦍒編鐘（春秋中）：余滅頸（沒）下屖，～（恭）敃（畏）儔公，及我大夫。◎江漢2019（3）17頁

具

【案】「龏」字或增「兄」符，爲疊加聲旁。逑鼎「龏=𩏂=」亦見於毛公鼎等，或讀「龏𩏂，龏𩏂」，或讀「龏龏𩏂𩏂」。石小力（2018）據清華簡《攝命》省作「𩏂=」，確定後一種讀法爲是。今疑「龏龏」可讀作「寵寵」，上「寵」爲動詞，下「寵」指所寵之人。

龏簋（西周早）：隹（唯）九月者（諸）子~（俱）服。◎首陽83頁

叔尊（西周中）：有姝~（俱）成。◎銘圖11818

具鼎（西周中）：易（賜）~馬。◎銘續229

□鼎（西周中）：王令寢易（賜）□大~。◎上博（8）期128頁

⿱𠂇廾*

王子桓匕鼎（春秋晚）：王子亘（桓）匕~（差）其吉金。◎銘續208

【案】《銘續》誤釋「㚇」，石小力（2017）以爲從「収」、「左（𠂇）」聲，並引蔡一峰說，讀爲差擇之「差」，是。

⿱才廾*

任鼎（西周中）：易（賜）脡牲大牢，又𩁹束、大~、鬱莑。◎歷文2004（2）21頁

【案】王冠英（2004）謂「⿱才廾」從「収」、「才」聲，疑讀「豺」，並引《說文》：「豺，餅籟也。」董珊（2005）謂即《周禮・天官》「以式法授酒材」之「酒材」，「⿱才廾」「豺」「材」同聲符可通用。

⿱父廾*

⿱父廾令齊戈（戰國晚）：~𨏥（令）鄭。◎銘續1235

【案】《銘續》誤釋「共」，石小力（2017）改釋「⿱父廾」，是。《說文》無「⿱父廾」，而有從「⿱父廾」之字，或以爲從「𠈌」省，非是。

弁*

曾子季弁臣簠（戰國早）：曾子季~臣之飤𠤳（簠）。◎曾國394頁

曾子季弁臣簠（戰國早）：曾子季~［臣］之飤𠤳（簠）。◎曾國394頁

曾季弇臣盤（戰國早）：曾季～臣鑄其盥盤。◎曾國 396 頁

【案】《曾國》《通鑒》《銘圖》隸定作「关」，蓋即以爲「夲」字，然字從「」，與「夲」之從「十」異。郭店、上博楚簡《緇衣》有字作「」「」（相應之字今本《緇衣》作「梏」，《詩經》作「覺」），「」疑即「」加飾筆之繁構。楚簡「」字，異說頗多，似以釋「梏」爲優。參林志強（2002）。

𢍏*

唐子仲瀕兒匜（春秋晚）：鑄其御遮～（匜）。◎江漢 2003（1）3 頁

壽匜（春秋晚）：壽之會～（匜）。◎銘續 982

【案】何琳儀、高玉平（2007）謂字從「臾」聲，讀爲「匜」。其説可從。

茾*

昛簋（西周中）：戋畄乃且（祖）考繇又（有）～于先王。◎銘圖 5386

【案】周寶宏（2014）、李學勤（2016）均主張分析爲從「巾」、「共」聲（周氏謂亦可能從「芇」、「収」聲），周讀「恭」或「功」，李讀「功」。予疑可分析爲從「収」從「芇」，「芇」亦聲。「芇」見於乖伯簋「又（有）芇于大命」，張富海（2008）認爲應與「舜」字同讀「庸」（參「舜」字條）。其説可從。然則「茾」亦應讀「庸」。

𢍋*

鄭井伯𢍋父甗（西周晚）：奠（鄭）井白（伯）～父乍（作）寶獻（甗）。◎銘圖 3333

𢍜*

魏叔子戟（春秋早）：𡬛（魏）弔（叔）子之左戟（車）～輅徒戟五百。◎銘續 1229

奔*

奔爵（商晚）：～。
◎流散歐美 244

𢍰*

叔𢍰簋甲（西周中）：弔（叔）～乍（作）寶𣪘（簋）。
◎銘圖 4664

𤼷*

叔𤼷父簋蓋（西周晚）：弔（叔）～父乍（作）尊𣪘（簋）。◎銘續 394

叔𤼷父簋（西周晚）：弔（叔）～父乍（作）尊𣪘（簋）。◎銘續 394

𢍏*

琱生尊（西周晚）：有嗣（司）眔～兩庠。
◎考文 2007（3）8 頁

【案】辛怡華、劉棟（2007）釋「登」，不似。徐義華（2007）、王占奎（2007）、王輝（2008）、劉桓（2008）等均釋「盥」，或解爲盥器，或解爲盥祭。然「盥」字從「臼」，居上會澡手之意，與此從「収」居下奉皿者異，未可等同。何景成（2012）釋「注」，讀「鑄」，亦可疑。李學勤（2007b）、王進鋒（2008）釋「𢍏」，於形爲當。李謂「𢍏」即「錫」，王讀「益」，訓加。二説均通。

𢍹*

𢍹簋（西周中）：～用乍（作）氒（厥）文考寶𣪘（簋）。◎銘續 422

𢍹簋蓋（西周中）：～用乍（作）氒（厥）文考寶𣪘（簋）。◎銘續 422

晉公盤（春秋中）：𠛬～靈𡲬，台（以）厰（嚴）虩（赫）若否。◎銘續 952

【案】𢍹簋文《銘續》隸定作「畬」，晉公盤文《銘續》隸定作「𠔃」。管文韜（2019）謂二者與𤸫鐘之「」爲同一字，應隸定作「𢍹」，是。𢍹簋文所從「収」訛作「丮」，晉公盤文所從「余」省一横。字從「余」聲，𤸫鐘「疋（胥）尹𢍹氒（厥）威義（儀）」，裘錫圭讀「敘」可從。管氏讀晉公盤文爲「除」，似不若仍讀「敘」。

彝*

卌三年逑鼎乙（西周晚）：今余隹（唯）巠（經）乃先且（祖）考又（有）～于周邦。◎華章63頁

卌三年逑鼎壬（西周晚）：～堇大令（命），奠周邦。◎華章119頁

逑盤（西周晚）：～堇大令（命）。◎盛世34頁

【案】字從「収」奉「爵」會意。裘錫圭（1980）謂是訓功訓勞的「庸」之本字，字或從「𠀠」（讀如「同」），爲聲符。張富海（2008）引申其說，謂金文「彝（庸）」既表勳勞，亦表勤勞，「彝（庸）堇（勤）大令（命）」猶《書·堯典》「汝能庸命」之「庸命」。其說可從。

樊

樊伯千鼎（春秋早）：唯～白（伯）千鑄貞（鼎）。◎銘續200

共

共父丁爵（西周早）：～父丁。◎銘續639

柞伯鼎（西周晚）：才（在）乃聖且（祖）周公繇又（有）～于周邦。◎文物2006(5)68頁

郘公鞁父鎛（春秋晚）：台（以）～（供）朝于王所。◎銘圖15818

競之鱧鼎（戰國早）：用～（供）盟祀。◎銘續178

昭王之即鼎（戰國早）：勿敓貞（鼎）～。◎銘續226

昭王之即簠（戰國早）：佫（造）貞（鼎）～行。◎銘續515

異

非盉（西周早）：非曰：～好我。◎銘續536

仲太師鼎（西周晚）：宜孷（釐）允～。◎銘圖2196

與

作册封鬲甲（西周晚）：乍（作）册封～（翼）井（型）秉明德。◎歷文2002（2）4頁

曾伯霥壺（春秋早）：允顯允～。◎江漢2017（6）9頁

強丘令戈（戰國晚）：弜（強）丘命（令）□～。◎銘續1236

左使車鏟（戰國晚）：二～。◎靈壽城82頁

【案】左使車鏟這種寫法之「異」，前多見中山王器，朱德熙（1987）釋爲「異」字簡體，讀爲「祀」，可從。

伯碩父鼎（西周晚）：我用～司□□□方。◎銘圖2438

皇與匜（春秋早）：皇～乍（作）它（匜）。◎銘圖14933

曾太師奠與鼎（春秋早）：曾大（太）師奠～乍（作）鼎。◎曾國7頁

與兵壺（春秋晚）：余鄭大（太）子之孫～兵。◎古研（24）234—235頁

興

興鼎（商晚）：～。◎銘續4

非盂（西周早）：廼□～還異好自丝（兹）。◎銘續536

鬻簋（西周早）：凡朕臣～晦。◎首陽83頁

𠀠卣（西周中）：今氒（厥）僕我～。◎銘續882

應侯視工簋（西周晚）：敢加～乍（作）。◎首陽114頁

射壺蓋（西周晚）：乃事述遣念于蔡君子～。◎銘圖12444

〔𦥯〕晨

太師虘簋蓋（西周中）：王乎（呼）師～召大（太）師虘入門。◎銘圖 5282

勒

宰獸簋（西周中）：易（賜）女（汝）赤市、幽亢（衡）、攸～。◎陝博（7）99 頁

親簋（西周中）：金車、金～。◎歷文 2006（3）封二

戚簋蓋（西周中）：易（賜）女（汝）赤市、朱亢（衡）、攸（鋚）～。◎銘續 450

卌三年逑鼎丙（西周晚）：馬三（四）匹、攸（鋚）～。◎華章 71 頁

卌三年逑鼎丁（西周晚）：馬三（四）匹、攸（鋚）～。◎華章 79 頁

師酉盤（西周晚）：新易（賜）女（汝）赤市、攸（鋚）～。◎銘續 951

復封壺（春秋早）：易（賜）之玄衣、攸（鋚）～。◎銘圖 12447

槐簋（西周中）：易（賜）女（汝）幽黃（衡）、鋚～。◎銘續 453

槐簋（西周中）：易（賜）女（汝）幽黃（衡）、鋚～。◎銘續 454

〔⿰金革〕

衍簋（西周中）：易（賜）女（汝）同（絅）衣、赤舄、幽黃（衡）、鋚～。◎銘續 455

〔⿱亼支〕鞭

霸姬盉（西周中）：則～身。◎銘圖 14795

霸姬盤（西周中）：～五百。◎考報 2018（2）239 頁

鞅

霸姬盤（西周中）：則～身。◎考報2018(2)239頁

商鞅鈹（戰國中）：十六年，大良造庶長～之造，畢侯鑄。◎首陽183頁

大良造庶長鞅殳鐓（戰國晚）：大良造庶長～之造殳。◎銘圖18549

鞅繭形壺（戰國晚）：～。◎文物2008(9)12頁

⿱陶革*

鮑子鼎（春秋晚）：～（鮑）子鈙（作）朕（媵）中（仲）匋始（姒）。◎歷文2009(2)51頁

鬲

爯鬲（西周早）：爯乍（作）～。◎曲村526頁

相姬鬲乙（西周中）：相姬乍（作）⿱齊皿～。◎銘續242

仲枏父鬲（西周中）：師湯父有嗣（司）中（仲）枏父乍（作）寶～。◎首陽96頁

應姚鬲（西周晚）：雁（應）姚乍（作）弔（叔）⿱亯廾（誥）父尊～。◎考古2003(3)93頁

善夫吉父鬲（西周晚）：譱（膳）夫吉父乍（作）京姬尊～。◎銘續259

晉侯鬲乙（西周晚）：晉侯乍（作）鑄尊～。◎故周金83

邾友父鬲（春秋早）：鼄（邾）友父朕（媵）其子胃嫊（曹）寶～。◎銘圖2941

⿱孰木姬鬲（春秋早）：⿱孰木姬乍（作）孟妊姑丝（兹）羞～。◎文物2004(12)9頁

鬹

芮太子鬲（春秋早）：內（芮）大（太）子乍（作）鑄～。◎考文2007(2)8頁

子述鬲（春秋早）：子述乍（作）鑄～。◎九如園23

虢宮父鬲（春秋早）：虢宮父乍（作）～，用從永征。◎文物2009(2)24頁

曾卿事㝨鬲乙（春秋早）：隹（唯）曾卿事㝨自乍（作）薦～。◎銘續251

荀侯鬲（西周中）：筍（荀）侯爲娈（齍）～。◎銘續238

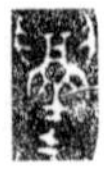
芮太子白鬲（春秋早）：乍（作）爲邁（萬）寶～。◎文物2008(1)16頁

芮太子白鬲（春秋早）：內（芮）大（太）子白乍（作）爲𫏌（萬）寶～。◎銘圖2898

芮太子白鬲（春秋早）：內（芮）大（太）子白乍（作）爲𢦚父寶～。◎銘圖2899

曾侯與鬲（春秋晚）：曾侯與之行～。◎銘續240

【案】「鬲」或加「皿」「鼎」「収」「臼」「火」等爲繁構。或變形聲化從「圭」，說參施謝捷(2010)、郭永秉(2011)。

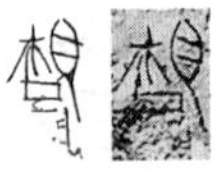
上郡守㕓氏戈（戰國晚）：十四年上郡守㕓氏造，工～。◎銘圖17290

【案】《銘圖》釋「梍」讀「甈」，非。吳良寶（2012）釋「鬹」，是。

鬳

鄧子旁鄭鬳（春秋中）：鄧子旁鄭鑄其礪～（甗）。◎銘續 281

曾孫伯國鬳（春秋晚）：曾孫白（伯）國之行～（甗）。◎銘續 277

融

郘公𣪕父鎛（春秋晚）：余有～之子孫。◎銘圖 15815

郘公𣪕父鎛（春秋晚）：余有～之子孫。◎銘圖 15818

【案】金文及楚簡中確定之「融」字從「𩫖」不從「鬲」。

⿰鬲耑*

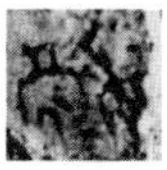

作尊鬲（西周中）：□乍（作）尊～。◎銘圖 2817

【案】字當從「鬲」、「耑」聲，與單叔鬲自名「彖」同屬舌音元部字，當記錄同一詞，疑與塱鬲（《集成》633）「⿱辰鬲」、琱生鬲（《集成》744）「⿰鬲辰」亦通。「⿱辰鬲」「⿰鬲辰」從「辰」聲，屬舌音文部字，元、文韻近。《玉篇》訓「⿱辰鬲」爲大鼎。鼎、鬲同類，金文或互稱。

⿱辰鬲*

⿱辰鬲觶蓋（西周早）：史～易（賜）馬匹。◎首陽 74 頁

⿱辰鬲簋（西周早）：～敢對公休。◎首陽 83 頁

史⿱辰鬲尊（西周早）：史～乍（作）父癸寶尊彝。◎銘圖 11662

史⿱辰鬲卣（西周早）：史～乍（作）父癸寶尊彝。◎銘圖 13199

⿱辰鬲觚（西周早）：～乍（作）父癸尊彝。◎首陽 74 頁

史⿱辰鬲爵（西周早）：史～乍（作）父癸寶尊彝。◎銘圖 8550

〔鬻〕羹

外伯鬲（西周晚）：旨～壽人。◎銘續248

【案】「羹」字之釋，參陳劍（2007c）。

鬻*

彭子射鼎（春秋晚）：彭子射之～（湯）𥁰（鼎）。◎銘圖1667

【案】《銘圖》隸定作「鬻」，不確。李愛民君隸定作「鬻」，是。

爪

伯爪（西周中）：白（伯）～乍（作）寶盆。◎銘續538

孚

昔須甗（西周中）：多鈞工（功），～（俘）戈。◎銘圖3349

引簋（西周中）：～（俘）吕兵。◎銘圖5299

卌二年逑鼎甲（西周晚）：～（俘）器車馬。◎華章39頁

伯𢦏父簋（西周晚）：得～（俘）金五十匀（鈞）。◎首陽107頁

應侯視工簋（西周晚）：～（俘）戈。◎首陽114頁

爲

何簋蓋（西周早）：～何室。◎銘圖5137

疑鼎（西周早）：遻（疑）～尊彝。◎銘圖1799

芮公簋（西周早）：内（芮）公～旛（祈）宮寶段（簋）。◎銘圖4432

任鼎（西周中）：事（使）獻～（貨）于王。◎歷文2004（2）21頁

叔尊（西周中）：～余寃。◎銘圖 11818

伯或父鼎（西周中）：用～女（汝）帝宁（賓）器。◎銘續 231

荀侯鬲（西周中）：筍（荀）侯～嫛（齍）鬲。◎銘續 238

隥簋（西周晚）：隥乍（作）～寶。◎銘圖 5138

叔孱父盨（西周晚）：弔（叔）孱父～白（伯）寶父乍（作）寶盨。◎文博 2008（2）9 頁

曾亘嫚鼎（春秋早）：曾亘嫚非彔～爾行器。◎棗陽 63 頁

曾伯陭鉞（春秋早）：用～民政。◎棗陽 27 頁

爲用戈（春秋早）：乍（作）～用戈。◎銘圖 17096

仲姜簋（春秋早）：中（仲）姜乍（作）～⿺辶亘（桓）公尊毁（簋）。◎文物 2006（10）85 頁

仲姜壺（春秋早）：中（仲）姜乍（作）～⿺辶亘（桓）公尊壺。◎芮國 87

芮太子白鬲（春秋早）：乍（作）～邁（萬）寶鬲。◎文物 2008（1）16 頁

芮太子白鬲（春秋早）：內（芮）大（太）子白乍（作）～邁（萬）寶鬲。◎芮國 82

仲姜鼎（春秋早）：中（仲）姜乍（作）～⿺辶亘（桓）公尊鼎。◎芮國 81

芮公簋（春秋早）：內（芮）公乍（作）～旅毁（簋）。◎考文 2007（6）7 頁

芮公簋蓋（春秋早）：內（芮）公乍（作）～旅毁（簋）。◎銘續 350

仲姜甗（春秋早）：中（仲）姜乍（作）～⿺辶亘（桓）公尊鬳（甗）。◎芮國 84

卒*

鄭莊公之孫盧鼎（春秋晚）：㠯（以）～父母。◎湖北56

宋君夫人鼎蓋（春秋晚）：其萬（萬）年沬（眉）壽，～民父母。◎第四屆116頁

楚子壽戈（春秋晚）：楚子𠷎（壽）～其……◎銘續1156

卹余敦（春秋）：卲𦃇公之孫卹余及陳弔（叔）嬀～其膳𦎫（敦）。◎保利續184頁

越王差徐戈（戰國早）：就差郐（徐）之～王。◎故博2008（4）26頁

郯公戈（春秋晚）：郯公卲㑎～郯賠王□。◎南方2004（4）43頁

曾侯丙缶（戰國中）：瘥㠯（以）～長事。◎銘續904

二年邦司寇趙春鈹（戰國晚）：冶肙（尹）須（？）～。◎珍秦齋吳211頁

三年大將李牧弩機（戰國晚）：𧰼（掾）長（張）承所～。◎文物（2006）4封三

冶尃秦匕（戰國晚）：冶尃秦、苛䐢～之。◎銘續542

右中庖鼎蓋（戰國晚）：冶小所爲，賜右中𢦏（庖）。◎銘圖1950

【案】右中庖鼎蓋「爲」字爲劉洪濤、李桂森（2017）所釋。

滎陽上官皿（戰國晚）：史～敀（校）之。◎文物2003（10）79頁

【案】「卒」爲「卒」之繁體，卷八「卒」字條重見。

畱*

仲畱父壺（西周早）：中（仲）～父令色㠯（以）旁壺□□。◎曲村440頁

仲畱父壺蓋（西周早）：中（仲）～父令色㠯（以）旁壺□□。◎曲村440頁

丮

山丁丮冊鼎（商晚）：山丁～冊。◎銘續70

山丁丮冊簋（商晚）：山丁～冊。◎銘續312

父辛簋（商晚）：用旅～止。◎陝金集成1833

埶

𨚵公盨（西周中）：廼□方～（設）征（正）。◎歷文2002(6)4頁

昿簋（西周中）：～于服。◎銘圖5386

曾仲器座（春秋中）：曾中（仲）郘（鄦）君□之且～。◎淅川109頁

尸鼎（西周中）：尸易（賜）𠭯（厥）～辛𡚬（姒）。◎文博2006(3)6頁

⿰食丮

虎簋蓋乙（西周中）：～乃且（祖）考史（事）先王。◎新收1874

⿰戈丮

榮仲方鼎（西周早）：子加熒（榮）中（仲）～章（璋）一。◎文物2005(9)64頁

方⿰戈丮各鼎（西周晚）：方～各自乍（作）變从鼎。◎雪齋209頁

⿰囦丮*

⿰囦丮卣（西周中）：～有（佑）王于東征。

◎銘續 882

⿰囦丮卣（西周中）：付～于成周。

◎銘續 882

鬥

亞宀鬥方彝（商晚）：亞宀～。

◎新收 262

亞鬥方盤（商晚）：亞～。

◎新收 263

又

亞虹右鐃（商晚）：～。

◎銘圖 15913

寢孿商方鼎（商晚）：才（在）十月～二。

◎曲村 348 頁

犅伯⿰言差卣蓋（商晚）：犅白（伯）⿰言差乍（作）～丰寶彝。

◎保利續 131 頁

叔矢方鼎（西周早）：隹（唯）十～三（四）月。

◎文物 2001（8）9 頁

京師畯尊（西周早）：王～（有）□工（功）。

◎銘圖 11784

任鼎（西周中）：易（賜）脡牲大牢，～䆳東、大⿱大廾。

◎歷文 2004（2）21 頁

仲枏父鬲（西周中）：師湯父～（有）嗣（司）中（仲）枏父乍（作）寶鬲。

◎首陽 96 頁

親簋（西周中）：隹（唯）廿～三（四）年九月。

◎歷文 2006（3）封二

夾簋（西周中）：易（賜）玉十～二瑴。

◎新收 1958

二式獄簋蓋（西周中）：唯十～一月既望丁亥。

◎考文 2006（6）60 頁

太師虘簋蓋（西周中）：隹（唯）十～二年。

◎銘圖 5283

季姬尊（西周中）：羊三百又八十～五叙。

◎文物 2003（9）89 頁

父　厷

叔尊（西周中）：自今生（往）弜其～（有）達女（汝）于乃丂（巧）。◎銘圖 11818

霸伯簋蓋（西周中）：隹（唯）十～一月。◎考報 2018（1）105 頁

卌二年逑鼎乙（西周晚）：～（有）爵于周邦。◎考文 2003（3）9 頁

卌三年逑鼎甲（西周晚）：雩乃訊庶～（有）粦（譖）。◎華章 55 頁

卌三年逑鼎丙（西周晚）：龏橐隹（唯）～（有）宥從（縱）。◎華章 71 頁

卌三年逑鼎丁（西周晚）：隹（唯）卌～三年六月。◎華章 79 頁

伯吕盨（西周晚）：白（伯）吕～乍（作）旅盨。◎夏商周 395

琱生尊（西周晚）：其～（有）敢亂丝（茲）命。◎考文 2007（3）8 頁

衛鼎（西周晚）：東宫～（右）衛入門立中廷。◎銘續 222

復封壺（春秋早）：武～（有）工（功）。◎銘圖 12447

秦子簋蓋（春秋早）：～（有）夒（柔）孔嘉。◎故博 2005（6）22 頁

文公之母弟鐘（春秋晚）：不義（宜）～（有）匽。◎夏商周 540

鄝子書厷鼎（春秋晚）：鄝子書～睪（擇）其吉金自乍（作）飤𩰫。◎銘圖 2349

武父乙盉（商中）：武～乙。◎考古 2001（5）25 頁

父辛爵（商中）：～辛。◎銘圖 7227

父乙鼎（商晚）：～乙。
◎南大 11

子父戊鼎（商晚）：子～戊。
◎近出 265

父舌觚（商晚）：～舌。
◎新收 1849

父丁爵（商晚）：～丁。
◎滕州 254 頁

父戊爵（商晚）：～戊。
◎流散歐美 268

萃盉（商晚）：用乍（作）～乙尊彝。
◎滕州 303 頁

冊玄父癸簋（商晚）：冊幺（玄）～癸。
◎近出 411

父辛觚（商晚）：～辛。
◎銘續 698

保父辛觶（商晚）：保～辛。
◎銘續 718

父甲觚（商晚）：甲～。
◎殷墟全形 57

父庚觚（商晚）：□～庚。
◎近出 753

伐父丁爵（西周早）：伐～丁。
◎近出 878

戈父己鼎（西周早）：戈～己。
◎文物 2004（7）8 頁

同簋（西周早）：同乍（作）～壬尊彝。
◎曲村 480 頁

山父丁鼎（西周早）：山～丁。
◎首陽 80 頁

大丏簋（西周早）：乍（作）～丁尊彝。
◎文博 2008（2）8 頁

同簋（西周早）：同乍（作）～壬尊彝。◎曲村480頁

父戊觶（西周早）：～戊。◎文物2006(3)19頁

史父乙尊（西周早）：史～乙。◎滕州273頁

山父丁盤（西周早）：山～丁。◎首陽83頁

疑父簋（西周早）：矣（疑）～乍（作）寶尊彝。◎銘圖4337

伐簋蓋（西周中）：白（伯）頪穠（勉）氒（厥）老～伐曆（勞）。◎銘圖5321

豳公盨（西周中）：成～女（母）。◎歷文2002(6)4頁

楷大司徒仲車父簋（西周中）：梢（楷）大嗣（司）徒中（仲）車～乍（作）寶毁（簋）。◎銘圖4683

牧父乙爵（西周早）：牧～乙。◎周原1905頁

父乙尊（西周早）：～乙。◎流散歐美152

□父丁鼎（西周早）：□～丁。◎玫茵堂93

公豐父簋（西周早）：公豐～乍（作）琮□好寶毁（簋）。◎銘圖5014

廥京父簋（西周早）：廥京～乍（作）寶彝。◎銘續379

殺簋（西周中）：殺乍（作）己白（伯）～丁寶尊彝。◎銘續374

曶簋（西周中）：弔（叔）朕～加（嘉）曶曆（勞）。◎文物2000(6)87頁

卌二年逑鼎乙（西周晚）：女（汝）□長～吕（以）追博戎。◎考文2003(3)9頁

燮

單五父方壺甲（西周晚）：單五～乍（作）朕皇考尊壺。◎華章169頁

叔釗父甗（西周晚）：弔（叔）釗～乍（作）柏姞寶獻（甗）。◎晉國149頁

魯司徒馬皇父簋（西周晚）：魯嗣（司）徒馬皇～乍（作）姬此母賸（媵）𣪘（簋）。◎銘續419

叔屖父盨蓋（西周晚）：弔（叔）屖父爲白（伯）寶父乍（作）寶盨。◎文博2008（2）9頁

邾友父鬲（春秋早）：鼄（邾）友～。◎歷文2003（5）65頁

僉父瓶蓋（春秋早）：霝父君僉～乍（作）其金𤭛（瓶）。◎小邾33頁

僉父瓶蓋（春秋早）：霝～君僉父乍（作）其金𤭛（瓶）。◎小邾33頁

楚太師登鐘乙（春秋早）：用樂庶（諸）侯及我～兄。◎上博（11）150頁

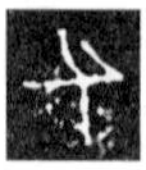

曾伯霥壺（春秋早）：余爲民～母。◎江漢2017（6）9頁

曾伯霥壺（春秋早）：用耆（孝）用亯（享）于我皇且（祖）及我～考。◎江漢2017（6）9頁

伯遊父盤（春秋中）：馬頸君白（伯）遊～乍（作）其沬盤。◎上博（10）123頁

宋君夫人鼎蓋（春秋晚）：其萬（萬）年～沬（眉）壽，爲民～母。◎第四屆116頁

晉公盤（春秋中）：𠙵（懷）～萬邦。◎銘續952

曾侯與鐘（春秋晚）：䖒（吾）用～𧬊（就）楚。◎銘續1029

〔受〕曼

曼祖丁爵（西周早）：～且（祖）丁。◎銘續624

尹□人簋（商晚）：～□人。◎近出369

羚簋（西周中）：乍（作）册～册命羚。◎字與史（1）211頁

𠙵盨蓋（西周中）：王乎（呼）入（內）史～册令（命）𠙵。◎銘圖5673

伯句簋（西周中）：其用亯（享）于～人眔倗（朋）友。◎銘續410

卌三年逑鼎甲（西周晚）：王乎（呼）～氏册令（命）逑。◎華章55頁

曾占尹鐈缶（春秋早）：曾占～鐈之辻缶。◎銘續902

郳夫人嬺鼎（春秋晚）：郳（郳）大～兒乍（作）之。◎中原2009（3）11頁

韓伯豐鼎（西周早）：～。◎銘圖2426

尹臾方彝蓋（西周早）：～臾。◎銘續886

宰獸簋（西周中）：王乎（呼）內史～中（仲）册命宰獸。◎陝博（7）99頁

獄盤（西周中）：朕光～周師右告獄于王。◎考文2006（6）61頁

䜌鼎（西周晚）：不（丕）顯天～。◎文博2007（2）17頁

射壺蓋（西周晚）：～弔（叔）命射𤔲（司）賈。◎銘圖12443

工尹坡盞（春秋晚）：工～坡之𣅀（饙）𨬶。◎論稿20頁

蔡襄尹啟之用戈（戰國早）：蔡𦥰（襄）～啟之用。◎文物2018（4）55頁

伯□鼎（西周早）：～（徂）南或（國）。◎銘續213

及

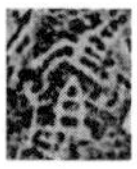
曾伯霥壺（春秋早）：余盄（溫）龏（恭）～（且）記（忌）。◎江漢2017(6)9頁

吳王闔廬劍（春秋晚）：攻敔（吳）王者彶～虘自乍（作）元用鐱（劍）。◎江漢2009(3)彩版二

工吳王叡矣工吳劍（春秋晚）：工吳王～矣工吳睪（擇）其吉金。◎銘圖17948

褱兒鎛（春秋）：中旃（翰）～（且）鍚（揚）。◎銘圖15805

伯克父盨蓋（春秋早）：其用～百君子宴卿（饗）。◎銘續474

加芈編鐘（春秋中）：龏（恭）敃（畏）儔公，～我大夫。◎江漢2019(3)17頁

褱兒鎛（春秋）：～我庶士。◎銘圖15805

晉侯對盨蓋（西周晚）：晉侯對乍（作）寶尊～須（盨）。◎晉國84頁

楚太師登鐘己（春秋早）：龢鳴～（且）敳。◎上博(11)152頁

攻吳王叡𢦏此郤劍（春秋晚）：攻盧（吳）王～𢦏此䣄（郤）。◎考古2000(4)95頁

攻吳王姑讎於雒劍（春秋晚）：～𢦏此䣄（郤）命初伐郲（麻）。◎銘續1352

曾伯霥壺（春秋早）：用耆（孝）用亯（享）于我皇且（祖）～我父考。◎江漢2017(6)9頁

曾侯與鐘（春秋晚）：獻（吾）㠯（以）～大夫。◎銘續1035

卹余敦（春秋）：邵翏公之孫卹余～陳弔（叔）嬀爲其膳辜（敦）。◎保利續184

晉侯對盨（西周晚）：晉侯對乍（作）寶尊～須（盨）。◎首陽117

〔彶〕

吳王闔廬劍（春秋晚）：攻敔（吳）王者~叡虞自乍（作）元用鐱（劍）。◎江漢2009（3）彩版二

〔返〕

伯庸父盉（西周中）：其~其夫邁（萬）壽。◎銘圖14783

鮑子鼎（春秋晚）：中（仲）匋始（姒）~子思。◎歷文2009（2）51頁

吳王闔廬劍（春秋晚）：攻敔（吳）王者~虞自乍（作）用鐱（劍）。◎銘續1342

秉

秉干簋（西周早）：~干。◎近出390

伯或父鼎（西周中）：~德其井（型）。◎銘續231

卌三年逑鼎乙（西周晚）：穆穆~明德。◎華章63頁

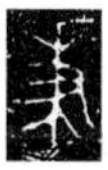

卌三年逑鼎丙（西周晚）：穆穆~明德。◎華章71頁

作册封鬲甲（西周晚）：乍（作）册封異井~明德。◎歷文2002（2）4頁

秦子簋蓋（春秋早）：盄（溫）龏（恭）穆~德。◎故博2005（6）22頁

晉公盤（春秋中）：~德韶［韶］。◎銘續952

反

師衛鼎（西周早）：豐公戠（捷）~尸（夷）。◎銘圖2185

宋叔鼎（西周中）：赤金二~（鈑）。◎銘續218

𠬝

卌三年逑鼎丙（西周晚）：～入（納）堇（瑾）圭。

◎華章71頁

頌盤（西周晚）：～入（納）堇（瑾）章（璋）。

◎文物2009（9）52頁

姑發者反之子通劍（春秋晚）：攻敔（吳）王姑發（發）者～。◎歷文2004（5）圖版6

𠬝父戊卣（商晚）：～父戊。

◎回家（2019　一）40頁

𠬝簋（西周中）：穆王窺（親）命～曰。

◎銘續456

伯戠父簋（西周晚）：南征伐～子。

◎首陽107頁

【案】伯戠父簋「𠬝」，張光裕（2008a）釋「屖」，非是。㝬鐘作「」，從「又」甚明，此稍訛耳。

叔

叔尊（西周中）：～，若（喏）！若（喏）！

◎銘圖11818

叔卣（西周中）：～對揚辟君休。

◎銘圖13347

【案】叔器「叔」字爲董珊（2012b）所釋。其下二短横，董氏以爲贅筆，謝明文（2013）、裘錫圭（2018）則分别援引殷墟甲骨文「」「」和「」等字形，以説明其來源。裘氏並據「尗」旁寫法古老，異於一般金文而合於殷墟甲骨文，推測器主爲殷遺。

取

羚簋（西周中）：～徵五寽（鋝）。

◎字與史（1）211頁

親簋（西周中）：～徵十寽（鋝）。

◎歷文2006（3）封二

叚

卌二年逑鼎乙（西周晚）：余弗～謣（忘）聖人孫子。◎考文2003（3）9頁

卌二年逑鼎甲（西周晚）：余弗～謣（忘）聖人孫子。◎華章39頁

友

作册封鬲乙（西周晚）：王弗～諲（忘）。◎歷文2002（2）4頁

楚太師登鐘乙（春秋早）：偯偯～遲（遲）。◎上博（11）150頁

上郡假守鼂戈（戰國晚）：上郡～（假）守鼂造。◎珍秦齋秦88—89頁

元年安平相邦戈（戰國晚）：左庫～（假）工帀（師）肖（趙）悍（慍）。◎銘圖17349

季姬尊（西周中）：㠯（以）氒（厥）～廿又五家。◎文物2003（9）89頁

伐簋蓋（西周中）：自（師）曰引㠯（以）～五十夫。◎銘圖5321

伯友父鼎（西周晚）：白（伯）～父乍（作）寶鼎，其萬年永寶用。◎文博2008（2）6頁

豳公盨（西周中）：考（孝）～恄（訏）明。◎歷文2002（6）4頁

作册封鬲甲（西周晚）：王弗～諲（忘）。◎歷文2002（2）4頁

華孟子鼎（春秋中）：華孟子乍（作）中（仲）～氏婦中（仲）子賸（媵）寶貞（鼎）。◎銘續207

三年武陰令鈹（戰國晚）：船（信）君左庫～（假）工師喜□。◎文物2005（2）68頁

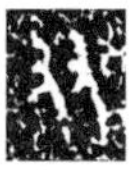

伯句簋蓋（西周中）：其用亯（享）于尹人眔倗～。◎銘圖4989

伯武父鼎（西周中）：其朝夕用卿（饗）倗～。◎銘續174

文公之母弟鐘（春秋晚）：龏好朋～。◎夏商周540

叔友簋（西周中）：弔（叔）～追考（孝）于剌（烈）考鳌白（伯）鳌姬。◎銘續435

度

應侯視工簋甲蓋（西周晚）：雁（應）侯見工~（侑）。◎保利續126頁

鄀友父鬲（春秋早）：鼄（邾）~父朕（媵）其子胃嫊（曹）寶鬲。◎銘圖2941

⿰立吉度鼎（戰國晚）：⿰立吉~。◎銘圖712

⿰夫又*

曾伯克父簠（春秋早）：廼用吉父雝~攸（鋚）金。◎銘續518

⿱𠧧又*

昶□仲⿱𠧧又鼎（春秋早）：昶□中（仲）~乍（作）尊鼎。◎銘續172

夋*

滕司城夋戈（春秋早）：䑶（滕）嗣（司）䰞（城）~之仕用戈。◎銘續1206

【案】字見於甲骨文，裘錫圭（1985）以爲表穿衣之意，是「擐」之初文。可從。此用爲人名。《銘續》以爲「裘」字，非是。金文「裘」或從「又」聲，「又」在「衣」內，與此有別。

敊*

季姬尊（西周中）：牛六十又九~。◎文物2003（9）89頁

季姬尊（西周中）：羊三百又八十又五~。◎文物2003（9）89頁

⿰柰又*

霸伯簋（西周中）：丼弔（叔）來~鹽。◎考報2018（1）102頁

霸伯簋蓋（西周中）：丼弔（叔）來~鹽。◎考報2018（1）105頁

【案】字從「又」從「㚔」、「㚔」亦聲，疑即「拔」字之異體，簡選拔取之意。《論衡・累害》：「夫采玉者破石拔玉。」

⿰脊又*

引簋（西周中）：母（毋）敗（敗）～。

◎銘圖 5299

【案】諸家多讀「績」，是；但字形分析頗有分歧。李零（2011）釋「𣪕」，李學勤（2011c）釋「𣪘」，《銘圖》釋「𣪊」，周寶宏（2013）釋「㪖」，均分析爲上下結構，以其下部爲「脊」，而上部則有「丮」「支」「殳」「及」等不同判斷。予意「脊」字形上下連貫不可切分，上端側「口」形爲「脊」字之組成部分，中間以「又」執持脊柱部位，字當分析爲從「又」從「脊」，「脊」亦聲。

变*

宋姜鬲（西周中）：宋姜乍（作）～。

◎銘圖 2693

方⿰女卂各鼎（西周晚）：方⿰女卂各自乍（作）～从鼎。

◎雪齋 209 頁

相姬鬲甲（西周中）：相姬乍（作）～鬲。

◎銘續 241

魰*

魰卣（西周早）：～乍（作）父丁寶尊彝。

◎曲村 505 頁

⿰藿又*

□孫藋匜（春秋晚）：□孫～（藋）自乍（作）會匜。

◎銘續 996

𠂇

王鼎（商晚）：～（左）守。

◎保利續 99 頁

左戈（商晚）：～（左）。

◎銘續 1088

卑

⿰臣攴鼎（西周中）：～（左）即東八自（師）。◎銘續228

柞伯鼎（西周晚）：今女（汝）𣪕（其）率蔡侯～（左）至于昏邑。◎文物2006（5）68頁

⿰函卂卣（西周中）：～（俾）𤰔弔（叔）、冄父、𢻱父复（復）付⿰函卂。◎銘續882

滕司徒毋卑戈（春秋晚）：⿰舟灷（滕）司徒毋～之造。◎銘續1201

與兵壺蓋（春秋晚）：～（俾）邁（萬）枼（世）無諆（期）。◎古研（24）236頁

司馬義鎛（戰國早）：～（俾）乍（作）司馬于⿰舟灷（滕）。◎山東104—108頁

史

史方鼎（商晚）：～。◎滕州210頁

史鼎（商晚）：～。◎滕州218頁

史爵（商晚）：～。◎滕州257頁

史子壺（商晚）：□～子。◎陝博（10）185頁

史尊（商晚）：～。◎保利續83頁

史鬲（西周早）：～。◎新收1834

史卣（西周早）：～。◎滕州287頁

鬳觶蓋（西周早）：～鬳易（賜）馬匹。◎首陽74頁

史父乙盉（西周早）：～父乙。◎文物2007（8）36頁

師衛簋（西周早）：豐公～（使）衛陟于氒（厥）啇。◎銘圖5142

事

紷史簋蓋（西周中）：紷～乍（作）且（祖）丁寶尊彝。◎銘續369

戚簋蓋（西周中）：散（微）～冊命戚。◎銘續450

虎簋蓋乙（西周中）：用～（事）。◎新收1874

虎簋蓋乙（西周中）：乃且（祖）考～（事）先王。◎新收1874

宰獸簋（西周中）：王乎（呼）內～尹中（仲）册命宰獸。◎陝博（7）99頁

𠧒史簋（西周晚）：𠧒～乍（作）𣪕（唐）㚸（姒）䑿（媵）𣪘（簋）。◎銘續430

史奐簠（西周晚）：～奐乍（作）旅匿（簠）。◎山東377頁

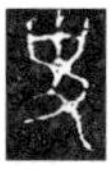
卌三年逑鼎戊（西周晚）：～減受（授）王令（命）書。◎華章87頁

卌三年逑鼎壬（西周晚）：～減受（授）王令（命）書。◎華章119頁

琱生尊（西周晚）：弋（式）許勿～（使）㪚（散）亡。◎考文2007（3）8頁

琱生尊（西周晚）：弋（式）許勿～（使）㪚（散）亡。◎文物2007（8）20頁

滎陽上官皿蓋（戰國晚）：～孚觙（校）之。◎文物2003（10）79頁

郾得鼎（戰國晚）：卸（御）～䐑是。◎銘圖2387

二年邦司寇趙春鈹（戰國晚）：綏～報齋（劑）。◎珍秦齋吳211頁

韓伯豐鼎（西周早）：白（伯）氏宕卿～𤔲（辭）曰。◎銘圖2426

伯𩰫簋蓋（西周中）：其用飤正、御～、倗友、尹人。◎銘圖5100

矩方鼎（西周早）：穆穆～賓。◎新收1664

瘻鼎（西周早）：宔氒（厥）～。◎銘續195

仲盉父簋（西周早）：氒（厥）子喆（胡）其永用～氒（厥）宗。◎銘續403

采隻簋蓋（西周中）：用～。◎銘圖5154

任鼎（西周中）：～（使）獻（獻）爲（貨）于王。◎歷文2004(2)21頁

宰獸簋（西周中）：用～。◎陝博(7)99頁

聞尊（西周中）：余學（效）～。◎論稿10頁

槐簋（西周中）：卿～內（入）右槐。◎銘續454

罿壺（西周早）：罿肇～丁。◎近出600

小臣唐簋（西周早）：王～（使）小臣唐射。◎銘續385

非盉（西周早）：～（使）乍（作）器。◎銘續536

師酉鼎（西周中）：王各（格）于大（太）室，～（使）師俗召師酉。◎歷文2004(1)封二

宰獸簋（西周中）：更乃且（祖）考～。◎陝博(7)99頁

獄盉（西周中）：用殀（夙）夕～。◎考文2006(6)63頁

嫂鼎（西周中）：退～于內宮。◎銘續214

霸伯簋（西周中）：～（使）伐用嘼（幬）二百，丹二糧（量），虎皮一。◎考報2018(1)103頁

叓*

卲簋（西周中）：王令（命）卲𩌏朱黄（衡），用～。◎回家（2019 一）79 頁

卌三年逑鼎丁（西周晚）：雩乃專政～。◎華章 79 頁

琱生尊（西周晚）：女～𪇰（召）人。◎文物 2007（8）20 頁

射壺（西周晚）：乃～東遝（懋）其工。◎銘圖 12443

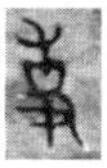

召皇父𦉜蓋（西周晚）：𪇰（召）皇父王～叡（徂）成周。◎銘續 472

曾季卿事奐壺（西周晚）：隹（唯）曾季卿～奐用其吉金。◎銘續 835

復封壺（春秋早）：從其政～。◎銘圖 12447

曾卿事洜簋（春秋早）：隹（唯）曾卿～洜用吉金自乍（作）寶𣪘（簋）。◎銘續 427

競孫旟鬲（春秋晚）：卲（昭）～辟王。◎銘圖 3036

𠙵𦉜蓋（西周中）：王乎（呼）入（内）～（史）尹冊令（命）𠙵。◎銘圖 5673

尸鼎（西周中）：～（史）尸乍（作）父癸尊鼎。◎文博 2006（3）6 頁

【案】「事」所從「又」或訛作「人」。

史叓簠蓋（西周晚）：史～乍（作）旅匿（簠）。◎山東 377 頁

史叓簠（西周晚）：史～乍（作）旅匿（簠）。◎山東 377 頁

聿

雋伯鼎（春秋早）：～白（伯）乍（作）楚弔（叔）妊樂姬賸（媵）盂鼎。◎銘圖2357

㛗鼎（西周中）：唯女（汝）～井（刑）嗣（司）宗臣妾。◎銘續214

咸少燈（戰國中）：～。◎國博2011(5)17頁

肄

虎簋蓋乙（西周中）：～天子弗望（忘）氒（厥）孫子。◎新收1874

卌二年逑鼎乙（西周晚）：～余乍（作）［女（汝）］□訇。◎考文2003(3)9頁

卌三年逑鼎壬（西周晚）：～余弗⿰言望（忘）聖人孫子。◎華章119頁

肅

侯古堆鎛（春秋晚）：自乍（作）龢鐘，～～倉倉。◎侯古堆57頁

【案】謝明文(2011a)認爲是「肅」字下部換作聲符「戚」而成的異體。可從。據謝文，董珊亦讀「肅」。

書

卌三年逑鼎甲（西周晚）：史減受（授）王令（命）～。◎華章55頁

卌三年逑鼎丁（西周晚）：史減受（授）王令（命）～。◎華章79頁

鄴子書厷鼎（春秋晚）：鄴子～厷羿（擇）其吉金自乍（作）飤䭆。◎銘圖2349

廿八年公乘戈（戰國晚）：工帀（師）～。◎銘續1234

⿱⺻乂*

子⿱⺻乂尊（商晚）：子～。◎近出656

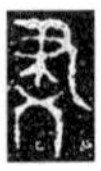
卌三年逑鼎丙（西周晚）：母（毋）敢不～不井（型）。◎華章71頁

畵*

選鐘乙（西周晚）：母（毋）敢不～不中。◎銘圖 15249

任鼎（西周中）：事（使）獻爲（貨）于王，則～買。◎歷文 2004（2）21 頁

【案】字即見於多友鼎等之「畫」字所從。王冠英（2004）釋「畫」，以傷敗義解之，難通。董珊（2005）謂字從「皕」聲，可讀作「畢」。義固可通，然金文「畵」「畫」實從二「百」（即「首」，或省訛爲「自」），而非從二「百」，則《說文》從「皕」聲之說未必可靠，待考。

畫

師道簋（西周中）：戈～戚歅宓（柲）彤厚（緌）。◎新收 1394

卌三年逑鼎丁（西周晚）：～轉畫輯。◎華章 79 頁

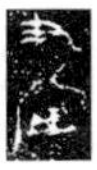

卌三年逑鼎甲（西周晚）：畫轉～輯。◎華章 55 頁

隸

八年武城令弩機（戰國晚）：冶～ ◎中國文字學報（4）140 頁

上郡守遣戈（戰國晚）：工～臣渠。◎考文 2009（3）32 頁

臤

臤鼎（商晚）：～。◎銘圖 76

臤父戊簋（商晚）：～父戊。◎銘續 299

伯克父鼎（春秋早）：唯白（伯）克父甘婁廼自遣吉～休吉金。◎銘續 223

臣

臣戈（商晚）：～。◎山東760頁

小臣𦤎簋（西周早）：王商（賞）小～𦤎。◎曲村505頁

𩁹簋（西周早）：凡朕～興晦。◎首陽83頁

𠀠臣鼎（西周早）：𠀠～登鼎。◎銘續93

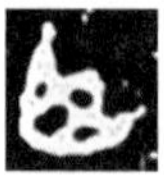
虎簋蓋乙（西周中）：𤔲（司）虎～。◎新收1874

宰獸簋（西周中）：□𤔲（司）康宮王家～妾。◎陝博（7）99頁

季姬尊（西周中）：君命宰茀易（賜）𠦬季姬畋～于空桑。◎文物2003（9）89頁

𨛜公盨（西周中）：生我王、乍（作）～。◎歷文2002（6）4頁

霸姬盤（西周中）：用戕（討）朕𠈼（僕）騳（馭）、～妾自气。◎考報2018（2）239頁

聞尊（西周中）：～僕。◎論稿10頁

卌三年逑鼎乙（西周晚）：畯～天子。◎華章63頁

小臣夾𧇡簠蓋（西周晚）：奠（鄭）白（伯）大小～夾𧇡乍（作）𠥱（簠）。◎銘圖5896

師酉盤（西周晚）：𤔲（嗣）乃且（祖）啻（嫡）官邑人、虎～。◎銘續951

頌盤（西周晚）：畯～天子。◎文物2009（9）52頁

曾𠷎公臣鼎（春秋晚）：曾𠷎公～之顧（廚）貞（鼎）。◎銘續117

曾工差臣簠（春秋晚）：曾工差（佐）～之行𠥱（簠）。◎銘續484

〔⿰爿臣〕臧

曾季𢍰臣盤（戰國早）：曾季𢍰～鑄其盥盤。

◎曾國 396 頁

曾子季𢍰臣簠（戰國早）：曾子季𢍰～之飤匿（簠）。◎曾國 394 頁

上郡守遣戈（戰國晚）：工隸～渠。

◎考文 2009（3）32 頁

王子臣俎（春秋晚）：王子～乍（作）䵼（將）彝。

◎銘圖 6321

右孺子鼎（戰國晚）：工～。

◎文物 2004（9）83 頁

〔⿰爿⿷匚正〕

鄬得鼎（戰國晚）：御（御）史～是。

◎銘圖 2387

殳

柞伯鼎（西周晚）：用昏無～。

◎文物 2006（5）68 頁

七年丞相奂殳戈（戰國晚）：丞相奂、～造。

◎歷文 2009（2）57 頁

毄

與兵壺（春秋晚）：不～（懈）春秋歲嘗（常）。

◎古研（24）234—235 頁

【案】李學勤（2001）以爲從「敕」從「示」，仍讀「敕」，謂「不（丕）敕」即「大備」之意。王人聰（2002）隸作「敷」，以爲「陳」字，謂「不（丕）陳」爲陳久之義。張新俊（2005）釋「墼」，讀「不墼」爲「不啻」。魏宜輝（2009）亦釋「墼」，讀「不墼」爲「不懈」。趙平安（2011）釋「毄」，謂「不（丕）毄」意即十分用力。張、魏、趙諸氏均舉楚簡用爲「毄」之「」「」

等形爲證，是。字形當以釋「殼（𣪊）」爲最確，不必析出從「土」，音義則以讀「懈」爲優。從古文字看，《說文》以「殼」從「㞐」之說恐不可信。

殿

芮子仲殿鼎（春秋早）：內（芮）子中（仲）～肈乍（作）弔（叔）媿尊鼎。◎銘圖2125

殹

曾伯陭鉞（春秋早）：非歷～井（型），用爲民政。◎棗陽27頁

加芈編鐘（春秋中）：余典册氒（厥）德，～（緊）民之華（蘀）巨（矩）。◎江漢2019（3）17頁

殽

晉公盤（春秋中）：～（教）戲（威）百䜌（蠻）。◎銘續952

【案】吳鎮烽（2014）釋「殽」讀「教」，似可從。其「肴」旁所從似可視爲「肉」衍一弧筆，或是「肉」替換爲「宜」。

𣪘

公豊父簋（西周早）：公豊父乍（作）琼妃好寶～（簋）。◎銘圖5014

王妻簋（西周早）：王妻乍（作）寶～（簋）。◎曲村494頁

公仲𢓜簋（西周中）：公中（仲）𢓜乍（作）公姊寶～（簋）。◎保利續120頁

邦簋（西周中）：邦乍（作）寶～（簋）。◎新收1668

州簋（西周中）：州乍（作）寶旅～（簋）。◎夏商周335

畱簋（西周中）：乍（作）寶～（簋）。◎文物2000（6）87頁

芮伯簋（西周中）：內（芮）白（伯）乍（作）旂（祈）公日寶～（簋）。◎首陽102頁

羚簋（西周中）：用乍（作）朕文且（祖）豐中（仲）寶～（簋）。◎字與史（1）211頁

〔𣪘〕

倗伯簋（西周中）：倗白（伯）乍（作）畢姬寶旅～（簋）。◎文物2006(8)17頁

梁伯敔簋（西周中）：沙（梁）白（伯）敔（敔）乍（作）～（簋）。◎周原2130頁

伯簋（西周中）：白（伯）乍（作）寶～（簋）。◎銘圖4123

霸伯簋（西周中）：用乍（作）寶～（簋）。◎考報2018(1)103頁

霸姬盤（西周中）：用～（求）朕僕（僕）馭、臣妾自气。◎考報2018(2)239頁

楷大司徒仲車父簋（西周中）：楷（楷）大嗣（司）徒中（仲）車父乍（作）寶～（簋）。◎銘圖4683

應侯視工簋（西周晚）：雁（應）侯乍（作）姬邍（原）母尊～（簋）。◎首陽114頁

仲譕父簋（西周晚）：中（仲）譕父乍（作）尊～（簋）。◎銘圖4845

伯𢦏父簋（西周晚）：用乍（作）寶～（簋）。◎古研(27)198頁

仲姜簋（春秋早）：中（仲）姜乍（作）爲亘（桓）公尊～（簋）。◎文物2006(10)85頁

秦公簋（春秋早）：秦公乍（作）鑄用～（簋）。◎文物2000(5)77頁

山仲簋（西周早）：山中（仲）乍（作）寶～（簋）。◎新收1943

何簋蓋（西周早）：用丝（兹）～（簋）褱（設）公休。◎文物2009(2)55頁

霸簋（西周中）：用鑄～（簋）。◎銘圖4609

豋簋（西周中）：豋乍（作）寶～（簋）。◎銘續373

秦公簋(春秋早):秦公乍(作)寶~(簋)。◎銘續334

家伯束邘簋(春秋早):家白(伯)束邘乍(作)其公辟、弔(叔)姜寶~(簋)。◎銘續452

【案】字本從「皀」(或「食」)從「殳」(「皀」象簋形),即「簋」之初文。小篆所從「皀」即由「」一類寫法之「皀」變來,《説文》釋形釋義均不確。霸姬盤「𣪘」,山西省考古研究所等(2018)所釋是。「皀」上「白」形省横畫,作「」形者,金文實不鮮見。王寧(2018)謂字從「幺」從「攴」,「幺」爲綴加聲符,讀爲「挑」;裘錫圭(2018b)則分析爲從「幺」(「糸」之省形)、「攴」聲,爲「紹」字異體,讀作「討」;均不可信。盤銘「𣪘」字疑應讀作「求」。

⿰朱殳*

二式獄簋(西周中):戈(緇)市、~(朱)亢(衡)。◎考文2006(6)60頁

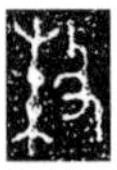
衛簋甲蓋(西周中):戈(緇)市、~(朱)亢(衡)。◎南開2008(6)封三

⿰弟殳*

伯⿰弟殳父匜(春秋早):白(伯)~父乍(作)寶它(匜)。◎銘續995

【案】《銘續》釋「⿰弔殳」,非是。字從「弟」不從「弔」,當釋「殺」。

⿰命殳*

新造戈(戰國):新告(造)自~弗戈。◎銘圖16820

⿰垔殳*

⿰垔殳仲姜盆(西周晚):~中(仲)姜乍(作)好盤。◎銘續537

⿰冎殳*

陶觥蓋(西周早):乍(作)册~友小夫麗。◎銘續893

戮*

⿰亻郘夫人嬭鼎（春秋晚）：⿰亻郘（鄬）夫人嬭～（擇）丌（其）吉金。◎中原 2009（3）11 頁

殺*

殺簋（西周中）：～乍（作）己白（伯）父丁寶尊彝。◎銘續 374

昷

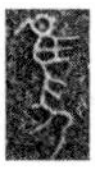

姬昷母鼎（西周早）：姬～母乍（作）鮨貞（鼎）。◎銘續 153

魯伯鼎（春秋早）：魯白（伯）～是卿□乍（作）鰊貞（鼎）。◎銘續 182

寺

衛鼎（西周晚）：用嗣（司）～卓陽人。◎銘續 222

楚王熊恷盤（春秋晚）：楚王酓（熊）恷乍（作）～（持）盥盤（盤）。◎文物 2008（1）79 頁

競孫旟鬲（春秋晚）：龏（恭）～（持）明悳（德）。◎銘圖 3036

楚王熊恷匜（春秋晚）：楚王酓（熊）恷乍（作）～（持）。◎文物 2008（1）81 頁

台寺缶（春秋）：台～。◎新收 1693

魯陽公戟（戰國早）：魯昜（陽）公乍（作）～（持）。◎銘續 1134

昭王之諻戈（戰國中）：乍（作）～（持）𨌲（萃）戈。◎江漢 2016（2）88 頁

十年寺工戈（戰國晚）：～工。◎文物 2006（3）69 頁

尋

子口尋鼎（西周早）：子口～乍（作）文女（母）乙彝。◎長子口 61 頁

遷邟鐘（春秋早）：～楚⿰言夫之子遷邟。◎銘續 1027

⿰尋巾*

琱生尊（西周晚）：召姜弖（以）琱生戜五～。◎考文2007(3)8頁

琱生尊（西周晚）：召姜弖（以）琱生戜五～。◎文物2007(8)20頁

【案】「⿰尋巾」從「尋」從「巾」，爲絲織物長度單位「尋」之專造字。

専

太保都鼎（西周早）：大（太）琛（保）都乍（作）～姬寶尊彝。◎回家(2019二)14頁

豳公盨（西周中）：天令（命）禹～（敷）土。◎歷文2002(6)4頁

柞伯鼎（西周晚）：～（搏）戎。◎文物2006(5)68頁

卌三年逑鼎丁（西周晚）：雩乃～（敷）政事。◎華章79頁

子辛戈（春秋晚）：子辛臭（擇）氒（厥）吉金～皇。◎淅川165頁

者兒戈（春秋晚）：～□。◎銘續1255

冶専秦匕（戰國晚）：冶～秦、苛膪爲之。◎銘續542

皮

霸伯簋（西周中）：事（使）伐用啚（幬）二百，丹二穜（量），虎～一。◎考報2018(1)105頁

霸伯盂（西周中）：用魚～兩側毀。◎銘圖6229

霸伯簋蓋（西周中）：事（使）伐用啚（幬）二百，丹二糧（量），虎～一。◎考報2018(1)103頁

楚伯氏孫皮簠（春秋晚）：楚白（伯）氏孫~䂞（擇）其吉金。◎銘續 512

曾侯鐘（春秋晚）：妥（綏）遺（?）~（彼）無□。◎銘續 1025

卅一年鄭令戈（戰國晚）：坓庫工帀（師）~耴。◎珍秦齋吳 259 頁

攴

攴盖甗（西周中）：~盖□乍（作）母己尊。◎銘續 279

壽夢之子劍（春秋晚）：~七邦君。◎文物 2005(2)68 頁

啟

亞啟觚（商晚）：亞~。◎銘圖 9387

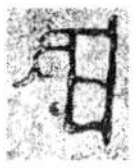

啟婦姒鼎（商晚）：~帚（婦）㚸（姒）。◎銘續 46

啟爵（商晚）：~。◎文物 2017(6)28 頁

文盨（西周晚）：王命士曶父殷南邦，~者（諸）侯。◎字與史(1)221 頁

韓少夫戟（戰國晚）：工帀（師）~我。◎珍秦齋吳 229 頁

蔡襄尹啟之用戈（戰國早）：蔡嚻（襄）肙（尹）~之用。◎文物 2018(4)55 頁

【案】文盨「啟」字，張光裕(2007)釋「君」。此從黃錫全(2008)說。

肇

豐簋（西周早）：豐~乍（作）氒（厥）且（祖）甲寶尊彝。◎銘圖 4541

倗伯盆（西周中）：倗白（伯）~乍（作）旅分（盆）。◎考報 2018(1)113 頁

敏

倗伯盆（西周中）：倗白（伯）～乍（作）旅分（盆）。◎考報2018(1)113頁

芮子仲殿鼎（春秋早）：內（芮）子中（仲）殿～乍（作）弔（叔）媿尊鼎。◎銘圖2125

豐卣（西周早）：豐～乍（作）文且（祖）甲齊公尊彝。◎銘圖13253

豐觥（西周早）：豐～乍（作）氒（厥）且（祖）甲齊公寶尊彝。◎銘圖13658

叔疑鼎（西周早）：弔（叔）遚（疑）～乍（作）寶尊彝。◎銘續114

叔疑尊（西周早）：弔（叔）遚（疑）～乍（作）寶尊彝。◎銘續777

叔壴簋蓋（西周早）：弔（叔）壴～乍（作）宗寶尊彝。◎銘續368

一式獄簋（西周中）：獄～乍（作）朕文考甲公寶䵼（將）彝。◎考文2006(6)59頁

伯獄簋蓋（西周中）：獄～乍（作）朕文考甲公寶䵼（將）彝。◎銘續460

睘壺（西周早）：睘～事丁。◎近出600

伯荊簋（西周中）：白（伯）荊～乍（作）䵼（將）彝。◎考報2018(1)108頁

【案】「啟」「肇」之辨，及「肇」諸異體，參張世超、孫凌安、金國泰、馬如森（1996：711）、張桂光（1998）、方稚松（2008）、謝明文（2015）。「肇」與「肈」爲一字之異體，參卷十二「肈」字條。

霸伯盂（西周中）：天子蔑其亡（無）曆（勞），敢～。◎銘圖6229

叔尊（西周中）：不朁氒（厥）～（誨）。◎銘圖11818

叔卣（西周中）：女（汝）好友朕~（誨）。

◎銘圖13327

卌二年逑鼎乙（西周晚）：女（汝）~于戎工。

◎考文2003（3）9頁

卌二年逑鼎甲（西周晚）：女（汝）~于戎工。

◎華章39頁

敃

衟鼎（西周晚）：𣌭屯（純）亡~。

◎文博2007（2）17頁

敄

卌三年逑鼎甲（西周晚）：廼~（侮）鰥寡。

◎華章55頁

卌三年逑鼎丁（西周晚）：廼~（侮）鰥寡。

◎華章79頁

卌三年逑鼎乙（西周晚）：廼~（侮）鰥寡。

◎華章63頁

故

者僕故匜（西周晚）：者僕~乍（作）它（匜）。

◎山東696頁

政

虎簋蓋乙（西周中）：女（汝）毋敢不善于乃~。

◎新收1874

應侯視工鼎（西周晚）：~（征）伐屰。

◎上博刊（10）105頁

卌三年逑鼎丙（西周晚）：雩乃専（敷）~事。

◎華章71頁

逑盤（西周晚）：盭龢于~。

◎盛世34頁

〔攺〕敀

逑盤（西周晚）：盜（討）～（征）三（四）方。◎盛世34頁

逑盤（西周晚）：龢訇于～。◎盛世34頁

秦政伯喪戈（春秋早）：秦～白（伯）喪戮政西旁。◎珍秦齋秦42頁

曾伯陭鉞（春秋早）：用爲民～。◎棗陽27頁

加芈編鐘（春秋中）：龖龖豫（舍）～，乍（作）咛（台）邦豖（家）。◎江漢2019(3)17頁

復封壺（春秋早）：從其～事。◎銘圖12447

曾侯與鐘（春秋晚）：西～（征）南伐。◎銘續1029

向令攺戈（戰國中）：向命（令）～。◎銘續1231

敞

荊子鼎（西周早）：荊子蔑曆（勞），～白牡一。◎銘圖2385

伯敞甗（西周中）：白（伯）～乍（作）寶尊彝。◎考報2018(1)110頁

【案】荊子鼎「敞」，于薇(2012)以爲「尚父」合文，於形不確。王占奎(2011)讀「賞」，李學勤(2012)、凡國棟(2013)讀「當」，馮時(2014)讀「上」，均不若李天虹(2011)推測爲處置牡牛之方法爲合適。疑「敞」由開義引申可用指剖開牲體。伯敞甗「敞」，從「尚」之古體。

〔攺〕改

霸姬盤（西周中）：襄（倘）余亦～朕辭。◎考報 2018（2）239 頁

楚太師登鐘乙（春秋早）：萬年母（毋）～。◎上博（11）150 頁

封子楚簠（春秋晚）：萬枼（世）倗（不）～。◎銘續 517

曾侯與鐘（春秋晚）：～逘（復）曾疆。◎銘續 1029

霸姬盤（西周中）：襄（倘）余～朕辭。◎考報 2018（2）239 頁

加芈編鐘（春秋中）：密（毖）臧（壯）我憖（猷），大命毋～。◎江漢 2019（3）16 頁

更

虎簋蓋乙（西周中）：～且（祖）考。◎新收 1874

吕簋蓋（西周中）：～乃考䵼（總）嗣（司）奠（甸）師氏。◎論稿 167 頁

宰獸簋（西周中）：～乃且（祖）考事。◎陝博（7）99 頁

親簋（西周中）：～乃且（祖）服乍（作）冢嗣（司）馬。◎歷文 2006（3）封二

晄簋（西周中）：今朕不（丕）顯考龏（恭）王既命女（汝）～乃且（祖）考事。◎銘圖 5386

嗽

陳侯盉（西周晚）：～（陳）侯乍（作）姬戈寶盉。◎銘續 975

有兒簋（春秋早）：～（陳）洹公之孫有兒自乍（作）爲其䵼殷（簋）。◎銘圖 5166

敵〔敿〕

宋兒鼎（春秋晚）：～（陳）侯之孫宋兒自乍（作）飤鰇。◎銘續162

伯或父鼎（西周中）：宗人其用朝夕亯（享）事于～（嫡）宗室。◎銘續231

伯或父鼎（西周中）：用爲女（汝）～（嫡）宎（賓）器。◎銘續231

叔安父簋（西周中）：宗人其朝夕用亯（享）考（孝）于～（嫡）宗室。◎銘續440

救

競之定鬲甲（春秋晚）：王命競（景）之定～秦戎。◎文物2008(1)81頁

競之定豆甲（春秋晚）：王命競（景）之定～秦戎。◎文物2008(1)82頁

競之定豆乙（春秋晚）：王命競（景）之定～秦戎。◎文物2008(1)82頁

敓

昭王之即鼎蓋（戰國早）：子子孫勿～。◎銘續224

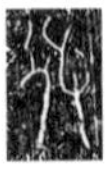

昭王之即簠（戰國早）：子子孫勿～。◎銘續515

攸

昖簋（西周中）：易（賜）女（汝）鬯卣、赤市、幽黃（衡）、～（鋚）勒。◎銘圖5386

卌三年逑鼎乙（西周晚）：～（鋚）勒。◎華章63頁

卌三年逑鼎丁（西周晚）：～（鋚）勒。◎華章79頁

逑盤（西周晚）：～（鋚）勒。◎盛世34頁

頌盤（西周晚）：～（鋚）勒。◎文物2009(9)52頁

卌三年逑鼎癸（西周晚）：～（鋚）勒。◎華章127頁

曾伯克父簠蓋（春秋早）：廼用吉父雊叔～（鋚）金。◎銘續518

加芈編鐘（春秋中）：～～騵騵，余[爲婦]爲夫。◎江漢2019(3)17頁

越王差徐戈（戰國早）：㠯（以）～（修）□鄒（邊）土。◎故博2008(4)26頁

修武使君甗（戰國晚）：～武使君。◎夏商周603

戟

戟甗（西周早）：王[朝令]～事（使）于緐。◎文物2007(1)65頁

敦〔𢾾〕

裔窅敦年戟（春秋晚）：裔窅～年戜（戟）。◎銘續1131

敗

引簋（西周中）：敬乃御，母（毋）～叡（績）。◎銘圖5299

攻吳王姑讎於雒劍（春秋晚）：䖒戗此鄀（郤）命初伐𨟻（麻），～𨟻（麻）。◎銘續1352

攻吳王姑讎於雒劍（春秋晚）：未～虘（吳）邦。◎銘續1352

壽夢之子劍（春秋晚）：～三軍。◎文物2005(2)68頁

寇

四年成陰嗇夫戟（戰國晚）：成险（陰）嗇夫司～或。◎珍秦齋吳151頁

二年邦司寇趙春鈹（戰國晚）：邦司～肖（趙）春。◎珍秦齋吳211頁

鼓

侯古堆鎛（春秋晚）：諆（其）永～之。◎侯古堆 57 頁

【案】《説文》别「鼓」「鼓」爲二字，古文字則無别。卷五「鼓」字重見。

攻

攻吴王馭戗此郐劍（春秋晚）：～盧（吴）王馭戗此鄱（郐）。◎考古 2000（4）95 頁

攻吴王夫差劍（春秋晚）：～敔（吴）王夫差。◎黄盛璋 307 頁

吴王闔廬劍（春秋晚）：～敔（吴）王者彶馭虘自乍（作）元用鐱（劍）。◎江漢 2009（3）彩版二

工尹坡盞（春秋晚）：～尹坡之乘（饙）鈚。◎論稿 20 頁

攻吴王光劍（春秋晚）：～敔（吴）王［光］自乍（作）用［鐱（劍）］。◎銘圖 17916

曾侯與鐘（春秋晚）：親博（搏）武～（功）。◎銘續 1029

攻吴王光鐸（春秋晚）：～敔（吴）王光初得其暠（壽）金。◎銘續 1047

攻吴王夫差劍（春秋晚）：～敔（吴）王夫差。◎銘續 1339

武王攻□戈（春秋晚）：武王～□乍（作）爲用戈。◎安金彙編 163

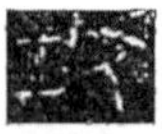

大市量（戰國中）：～（工）差（佐）竞之走（上）。◎古研（22）129 頁

相邦痟戈（戰國晚）：～（工）室痠。◎銘續 1250

相邦痟戈（戰國晚）：左乍（作）～（工）暲。◎銘續 1250

十七年相邦痟戈（戰國晚）：，～（工）室復。◎珍秦齋吴 139 頁

敳

逑盤（西周晚）：~［~］諫諫，匍保氒（厥）辟考（孝）王、𡰥（夷）王。◎盛世34頁

𢽠

鼇鼎（商晚）：~（鼇）乍（作）父辛寶尊彝。◎銘續129

䔲簋（西周中）：楷（楷）侯~（鼇）䔲馬三（四）匹。◎新收1891

敔

梁伯敔簋（西周中）：沙（梁）白（伯）~乍（作）𣪕（簋）。◎周原2130頁

公鼎（西周中）：~用易（賜）沬（眉）壽永命。◎銘圖2302

攻吳王夫差劍（春秋晚）：攻~（吳）王夫差。◎黃盛璋307頁

攻吳王夫差劍（春秋晚）：攻~（吳）王夫差。◎銘續1341

姑發者反之子通劍（春秋晚）：攻~（吳）王姑發（發）者反之子趙（通）。◎歷文2004（5）圖版6

吳王闔廬劍（春秋晚）：攻~（吳）王者彶叡虘自乍（作）元用鐱（劍）。◎江漢2009（3）彩版二

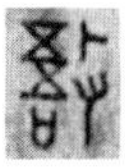

攻吳王𤾊矣吳劍（春秋晚）：攻~（吳）王𤾊矣吳自乍（作）甬（用）僉（劍）。◎銘續1343

攻吳王光鐸（春秋晚）：攻~（吳）王光初得其曡（壽）金。◎銘續1047

畋

季姬尊（西周中）：君命宰茀易（賜）𠂤季姬~臣于空桑。◎文物2003（9）89頁

敘

廿八年陽邑戈（戰國晚）：肖（趙）~爲陽邑戈。◎珍秦齋吳207頁

牧

郇尊（西周早）：亞~。
◎周原1888頁

郇卣（西周早）：亞~。
◎周原1893頁

牧父乙爵（西周早）：~父乙。
◎周原1905頁

亞牧父乙爵（西周早）：亞~父乙。
◎銘續660

牧鼎（西周早）：~乍（作）鼎。
◎銘圖1063

⿰钅攴*

燕王喜戈（戰國晚）：郾（燕）王喜怎（作）~鋸。
◎銘續1194

⿰巿攴*

酷⿰巿攴想簠（春秋晚）：酷~想之飤匠（簠）。
◎淅川259頁

酷⿰巿攴想簠（春秋晚）：酷~想之飤匠（簠）。
◎淅川259頁

【案】諸家釋「祓」，非是。字從「巿」從「攴」，疑「巿」之繁體，似應讀爲「師」。

⿰钅支*

⿰西凡卣（西周中）：卑（俾）臱弔（叔）、爯父、~父复（復）付⿰西凡。◎銘續882

鄬子受鎛（春秋中）：亡~味喿（爽）。
◎淅川94頁

𣴎*

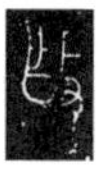

鄦子受鎛（春秋中）：亡~昧喪（爽）。

◎淅川100頁

鮑子鼎（春秋晚）：𦏪（鞄）子~（作）朕（媵）中（仲）匋始（姒）。◎歷文2009(2)51頁

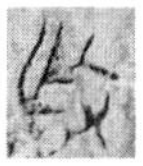

郙王𦵺劍（春秋晚）：郙王𦵺自~（作）甬（用）鐱（劍）。◎銘續1302

郳公鞁父觥（春秋晚）：郳公鞁父自~（作）商宴兕（觥）。◎銘續891

宰獸簋（西周中）：易（賜）女（汝）赤巿、幽亢（衡）、~勒，用事。◎陝博(7)99頁

宰獸簋蓋（西周中）：易（賜）女（汝）赤巿、幽亢（衡）、~勒，用事。◎陝博(7)99頁

【案】此字《新收》《近出二編》釋「攸」，《通鑒》《銘圖》釋「𣴎」而讀「攸」。然字已見於瘨盨，作「」，云：「王乎（呼）史寿（敖）册易（賜）~裘、虢韨、攸（鋚）勒。」又見於元年師旋簋，作「」，云：「易（賜）女（汝）赤巿、冋黄、麗~。」由瘨盨文例可知不得釋「攸」。舊或釋「般」，或釋「鼓」，似均未確。今疑其左旁乃「潮」之初文，詳參陳斯鵬（2006）。字在銘文中之音義待考。

敁*

戲鈹（春秋晚）：戲乍（作）執~（鈹）。◎銘續1335

敋*

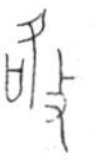

楚子□敋鼎（戰國）：楚子□~自乍（作）石宕。◎銘圖2242

⿰并支*

⿰⿱僉父瓶蓋（春秋早）：霝父君⿱僉父乍（作）其金~（瓶）。◎小邾 33 頁

⿰弜支*

⿰弜支氏仲履戈（春秋晚）：~氏中（仲）履。◎銘續 1108

⿰里支*

叔⿰里支父鼎（春秋早）：陽小弔（叔）~父乍（作）龏（恭）弔（叔）姬寶鼎。◎銘續 215

⿰角支*

垣上官鼎（戰國晚）：三年夕~（校），大十六曳。◎文物 2005（8）91 頁

滎陽上官皿（戰國晚）：史卒~（校）之。◎文物 2003（10）79 頁

⿰谷支*

奤令均戈（戰國中）：工帀（師）~。◎銘續 1219

八年陽城令事壯戈（戰國晚）：冶~、鼓。◎古研（26）217 頁

⿰幸支*

⿰幸支□罍（商晚）：~□。◎銘圖 13764

⿰啇支*

⿰啇支觚（商晚）：~。◎流散歐美 199

⿰⿱白土支*

楚太師登鐘丙（春秋早）：鉌鳴⿰⿱虍且又（且）~（鍠）。◎上博（11）151 頁

楚太師登鐘丁（春秋早）：鉌鳴⿰⿱虍且又（且）~（鍠）。◎上博（11）152 頁

歐*

歐侯尊（商晚）：～侯母壬。
◎保利續79頁

𢿏*

八年陽城令事壯戈（戰國晚）：冶敔、～。
◎古研（26）217頁

𣪘*

𣪘觶（西周中）：～乍（作）旅彝。
◎流散歐美190

𢿢*

𢿢鈹（春秋晚）：～乍（作）執敀（鈹）。
◎銘續1335

𢽳*

𢽳簋蓋（西周中）：易（賜）～鹵百車。
◎銘續422

𢽳簋（西周中）：易（賜）～鹵百車。
◎銘續422

敼*

曾侯與鐘（春秋晚）：羆（撫）～天下。
◎銘續1029

曾侯與鐘（春秋晚）：復（復）～楚王。
◎銘續1029

𢻮*

𢻮卣蓋（西周早）：～乍（作）氒（厥）父寶尊彝。
◎曲村375頁

𢻮卣（西周早）：～乍（作）寶尊彝。
◎曲村375頁

𢻮鼎（西周中）：～乍（作）文且（祖）寶尊彝。
◎銘圖1738

⿰鬳攵*

攻吳王戟（春秋早）：䣄（攻）～（吳）王之新族旟（戟）。◎銘圖 16977

曾侯與鐘（春秋晚）：～（吾）用燮謞（就）楚。◎銘續 1029

⿰豊攵*

卌三年逑鼎甲（西周晚）：～～臮臮。◎華章 55 頁

卌三年逑鼎乙（西周晚）：～～臮臮。◎華章 63 頁

卌三年逑鼎丙（西周晚）：～～臮臮。◎華章 71 頁

逑鐘（西周晚）：～～臮臮。◎首陽 121

教

與兵壺蓋（春秋晚）：亟（極）于後民，永寶～之。◎古研（24）236 頁

【案】「教」字器作「季」。王人聰（2002）讀爲「學」，竊疑讀「效」亦通。

斆

〔學〕

聞尊（西周中）：余～（效）事。◎論稿 10 頁

伯或父鼎（西周中）：肈～歬（前）文人。◎銘續 231

宗人簋（西周中）：氒（厥）師曰～。◎銘續 461

〔學〕

司季簋甲蓋（西周中）：司季～馹家宔旅𣪘（簋）。◎銘圖 4463

司季簋乙（西周中）：司（邴）季～馹家宔旅𣪘（簋）。◎銘圖 4464

【案】《銘圖》釋司季簋「學」爲「學」，當是。重「爻」而省「臼」，爲「學」之異體。

〔鼎〕貞

伯雝倗鼎（西周早）：白（伯）雝倗宿小妻～（鼎）。◎曲村361頁圖530.1

姬㒯母鼎（西周早）：姬㒯母乍（作）鮨～（鼎）。◎銘續153

㝬應姬鼎（西周中）：用乍（作）氒（厥）啻（嫡）君公弔（叔）乙尊～（鼎）。◎銘續221

鼎卦戈（西周晚）：曰：～（鼎）止（趾）。◎銘續1265

鼎卦戈（西周晚）：～（鼎）黄耳。◎銘續1265

曾侯宖鼎（春秋中）：自乍（作）阩（升）～（鼎）。◎銘續187

以鄧鼎（春秋中）：鑄其貞～（鼎）。◎銘續201

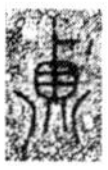

龍子囟鼎（春秋晚）：龍子囟之豆（廚）～（鼎）。◎銘續110

宋左太師睪左鼎（春秋晚）：宋左大（太）帀（師）睪左胸（庖）之饙（饋）～（鼎）。◎臨淄88頁

鄢子孟升嬭鼎（春秋晚）：郚（鄢）子孟升嬭（羋）之飤～（鼎）。◎淅川130頁

郘夫人嬺鼎（春秋晚）：乍（作）鑄𠃉～（鼎）。◎中原2009（3）11頁

宋君夫人鼎蓋（春秋晚）：宋君夫人自乍（作）饙（饋）～（鼎）。◎第四屆116頁

昭王之即鼎（戰國早）：乍（作）鑄佸～（鼎）。◎銘續224

公賜鼎（戰國中）：公賜～（鼎）。◎文物2001（12）49頁

遺仲白虜鼎（春秋早）：遺中（仲）白虜自乍（作）鑄其貞～（鼎）。◎銘續202

曾叔旂鼎（春秋晚）：曾弔（叔）旂之行～（鼎）。◎銘續109

占

曾侯邚鼎（春秋晚）：曾侯邚之飤～（鼎）。

◎文物 2008（2）8頁

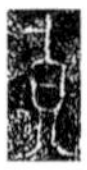

黃仲酉鼎（春秋晚）：曾少宰黃中（仲）酉之行～（鼎）。◎文物 2008（2）9頁

右孺子鼎（戰國晚）：庴（羹）四分～（鼎）。

◎文物 2004（9）83頁

右孺子鼎蓋（戰國晚）：庴（羹）四分～（鼎）。

◎文物 2004（9）83頁

新城令徒瘔矛（戰國晚）：～痵（莊）王廿＝（二十）三年。◎銘續 1288

曾占尹𨱔缶（春秋早）：曾～尹𨱔之辻缶。

◎銘續 902

【案】《銘續》釋「旨」，馬超（2017：316—317）釋「仙（信）」，讀「令」。實應釋「占」，所從「卜」寫作近似「人」形，同銘「辻」所從「卜」作「」可合證。「占尹」爲主占卜之官，見《漢書·古今人表》，《楚辭·卜居》作「詹尹」（「占」「詹」音近，包山楚簡 174「斛人」即「占人」；「占人」見《周禮·春官》），應相當於「卜尹」（見《左傳》昭公十三年等）。劉新全（2023）説同而論證較詳，讀者參之。

⿰卜丂*

⿰卜丂史簋（西周晚）：～史乍（作）寡（唐）⿰女司（姒）⿰舟关（媵）毁（簋）。◎銘續 430

用

⿱宀帚孿商方鼎（商晚）：～乍（作）父辛尊彝。

◎曲村 348頁

□卣（商晚）：～乍（作）宗尊彝。

◎銘圖 13276

荊子鼎（西周早）：~乍（作）文母乙尊彝。

◎銘圖 2385

叔夨方鼎（西周早）：~乍（作）寶尊彝。

◎文物 2001（8）9 頁

何簋（西周早）：~丝（兹）𣪘（簋）褩（設）公休。

◎文物 2009（2）55 頁

曾侯甗（西周早）：曾侯~彝。

◎銘續 270

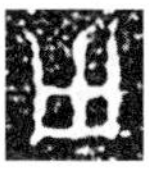

仲枏父鬲（西周中）：其萬年子子孫孫其永寶~。◎首陽 96 頁

老簋（西周中）：其萬年~夙夜于宗。

◎考文 2005 增刊 65 頁

一式獄簋蓋（西周中）：~匄百福。

◎考文 2006（6）59 頁

豳公盨（西周中）：民唯克~丝（兹）德。

◎歷文 2002（6）4 頁

矩方鼎（西周早）：其~卿（饗）王出內（入）。

◎新收 1664

榮仲方鼎（西周早）：~乍（作）父丁𤔲（將）彝。

◎文物 2005（9）64 頁

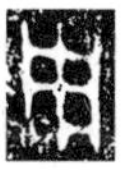

侯盉（西周早）：侯~彝。

◎銘圖 14666

叔卣（西周中）：易（賜）女（汝）貝，~。

◎銘圖 13327

公仲𢓊簋（西周中）：其萬年~。

◎保利續 120 頁

州簋（西周中）：其萬年永寶~。

◎夏商周 335

豳公盨（西周中）：敏~考（孝）申（神）。

◎歷文 2002（6）4 頁

獄盨蓋（西周中）：~丝（兹）王休。

◎銘圖 5275

晉侯婡馬壺（西周中）：～永寶用。◎晉國69頁

晉伯卣蓋（西周中）：其邁（萬）年永～。◎首陽92頁

伯太師鼎（西周中）：我～田（畋）用獸（狩）。◎銘圖2027

昔須甗（西周中）：～乍（作）父乙寶尊彝。◎銘圖3349

旨盉（西周中）：旨乍（作）～盉。◎銘圖14697

晉叔家父方壺（西周中）：其萬年子子孫永寶～。◎晉國197

卌三年逑鼎甲（西周晚）：～宮御。◎華章55頁

應姚簋（西周晚）：弔（叔）弄（誥）父其～易（賜）眉壽萬年。◎考古2003（3）93頁

伯𢦏父簋（西周晚）：～亯（享）于文且（祖）考。◎首陽107頁

應侯視工簋蓋（西周晚）：其邁（萬）年永寶～。◎首陽114頁

晉侯對盨蓋（西周晚）：其～田獸（狩）。◎晉國84頁

虢仲簠（西周晚）：子子孫孫永寶～。◎文物2000（12）28頁

單五父方壺甲（西周晚）：其萬年子子孫孫永寶～。◎華章169頁

柞伯鼎（西周晚）：～昏無殳。◎文物2006（5）68頁

季陖父匜（西周晚）：子子孫永寶～。◎文物2000（12）28頁

曾季卿事奐壺（西周晚）：隹（唯）曾季卿事奐～其吉金。◎銘續835

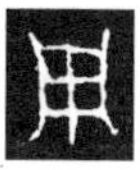
蓼伯簋（春秋早）：其萬年子子孫孫永寶～亯（享）。◎銘圖4713

芮公鬲（春秋早）：子子孫孫永寶～亯（享）。◎考文2007（2）8頁

秦公簋乙（春秋早）：秦公乍（作）鑄～㲃（簋）。◎首陽138頁

鄧子仲無忌戈（春秋早）：登（鄧）子中（仲）無㠱（忌）之～戈。◎王坡48頁

杞伯每亡壺蓋（春秋早）：子子孫孫羕（永）寶～。◎銘續836

唐子斨戈（春秋晚）：昜（唐）子斨之～。◎考古2008（4）43頁

鄭莊公之孫盧鼎（春秋晚）：萬世～之。◎湖北56

許公買簠（春秋晚）：永寶～之。◎中原2004（1）55頁

芮太子鬲（春秋早）：子子孫孫永寶～亯（享）。◎考文2007（2）8頁

郳友父鬲（春秋早）：其沬（眉）壽永寶～。◎銘圖2942

仲姜壺（春秋早）：～。◎芮國87

曾伯陭鉞（春秋早）：～爲民政。◎棗陽27頁

伯遊父盤（春秋中）：子子孫孫永寶～之。◎上博（10）123頁

□子□戈（春秋晚）：□子□～之戟（戟）。◎考古2008（4）43頁

吉用車軎甲（春秋晚）：吉～。◎首陽157頁

與兵壺（春秋晚）：其～亯（享）用孝于我皇俎（祖）文考。◎古研（24）234—235頁

壬午吉日戈（春秋晚）：壬午吉日乍（作）元～玄鏐戈。◎故博2008（6）79頁

景之蠱鼎（春秋晚）：～共（供）盟祀。◎銘續178

越王劍（春秋晚）：［自乍（作）］～鐱（劍）。◎山東898頁

曾季弁臣盤（戰國早）：永～之。◎曾國396頁

平夜君成戟（戰國中）：平夜君成之～戜（戟）。◎文物2002（8）7頁

玄鏐戈（春秋晚）：玄鏐之～。◎文報2008.8.29

玄鏐鏞鋁戈（春秋晚）：玄翏（鏐）夫（鏞）呂（鋁）之～。◎珍秦齋吳75頁

玄鏐戟（春秋晚）：玄鏐之～戜（戟）。◎淅川彩版七四

吳季子之子逞劍（春秋晚）：吳季子之子逞之兀（元）～鐱（劍）。◎銘續1344

蔡公子頒戈（春秋晚）：蔡公子頒之～。◎銘續1175

雩婁公佗戈（春秋晚）：虎（雩）鄭（婁）公佗之～。◎銘續1150

越王丌北古劍（戰國早）：自乍（作）永～之。◎銘圖18027

越王州句劍（戰國早）：自乍（作）～僉（劍）。◎黃盛璋308頁

平夜君成戈（戰國中）：平夜君成之～戈。◎葛陵55頁

甫

【案】景之⿱魚止鼎「用」字奇特，謝明文（2016b）認爲是「用」字部分反書造成的訛體，可從。或釋「服」，《銘續》釋「般（盤）」，均不確。

甫父簋（西周早）：~父乍（作）寶尊彝。

◎銘圖 4336

趞簋乙（西周中）：趞乍（作）~（父）庚寶尊𣪘（簋）。◎銘圖 4420

姜休母鋪（西周晚）：姜休母乍（作）羞~（鋪）。

◎銘圖 6119

虢季鋪（春秋早）：虢季乍（作）~（鋪）。

◎新收 37

季子康鎛（春秋中）：台（以）樂我~（父）䩔（兄）。◎考文 2009（3）106 頁

曾甫人匜（春秋晚）：曾~（夫）人乍（作）中（仲）姬、辛姬盥池（匜）。◎銘圖 14964

庸

作册般黿（商晚）：奏于~。

◎歷文 2005（1）封二

大万尊（商晚）：王卿（饗）酉（酒），奏~。

◎銘續 790

葡

箙榮鼎（商晚）：~（箙）熒（榮）。

◎首陽 56 頁

箙鼎（商晚）：~（箙）。

◎銘續 11

【案】「箙」之初文，卷五「箙」字條重見。

爻

爻斝（商晚）：~。

◎銘圖 10913

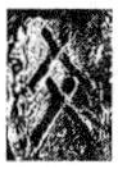

爻爵（商晚）：~。

◎銘續 559

爾

曾亘嫚鼎（春秋早）：曾亘嫚非彔，爲~行器。
◎棗陽63頁

曾亘嫚鼎（春秋早）：~永祜福。
◎棗陽63頁

晉公盤（春秋中）：⿱敕言（諫）⿱辥月（乂）~家。
◎銘續952

爽

大良造庶長鞅殳鐓（戰國晚）：雝~。
◎銘圖18549

卷四

目

目爵（商早）：～。◎夏商周 11

目爵（西周早）：～。◎流散歐美 247

魚顛匕（戰國）：參（三）～取之蚩蚘（尤）命。◎銘圖 6320

背

蜀守顯戈（戰國晚）：丞～。◎銘續 1253

窅

裔窅敦年戟（春秋晚）：裔～敦年戟（戟）。◎銘續 1131

睘

睘壺（西周早）：～肈事丁。◎近出 600

睘鼎（西周中）：～穰（勉）曆（勞）。◎銘續 199

春成侯盉（戰國早）：盍（蓋）、柯、䡅（連）～（環）備。◎上博（8）152 頁

罘

【案】與罠壺同銘之尊已見著錄（《三代》11.31.4、《集成》5957）。《金文編》隸定作「罭」，實即《說文》之「睘」字。所從聲符「袁」字從「攴」，與從「又」者同意。「袁」從「又」或「攴」持「衣」，爲「擐」之初文。說詳裘錫圭（1985）。

公豐父簋（西周早）：豐父～琮好其永寶。◎銘圖 5014

虎簋蓋乙（西周中）：疋（胥）師戲嗣（司）走馬馭人～五邑走馬馭人。◎新收 1874

士山盤（西周中）：延（誕）𨒅蠚、荊方服～大虘服。◎歷文 2002（1）4 頁

昔須甗（西周中）：昔須～趞（遣）東征。◎銘圖 3349

伯句簋（西周中）：其用亯（享）于尹人～倗（朋）友。◎銘續 410

召叔簋（西周中）：用～氒（厥）倗（朋）友旨鄉（饗）。◎銘續 426

衍簋（西周中）：趞（遣）姞～乍（作）。◎銘續 455

芮伯盤（西周中）：其～倗白（伯）邁（萬）年。◎銘續 939

琱生尊（西周晚）：有嗣（司）～弇（賜）兩屖。◎考文 2007（3）8 頁

【案】「罘」爲「泣」之表意初文，用爲連接詞爲假借用法。說詳陳斯鵬（2004）。

〔眴〕旬

仲旬人盨（西周中）：中（仲）～人肇乍（作）⿰宜刂姬寶盨。◎銘續 981

榮仲方鼎（西周早）：子易（賜）白金～（鈞）。◎文物 2005（9）64 頁

相

【案】滎仲方鼎此字讀「鈞」，諸家無異議。字形隸釋上，李學勤（2005a）作「昜」，馮時（2006）作「眴」，實即《說文》之「旬」。《說文》：「旬，目搖也。从目，勻省聲。眴，旬或从旬。」鼎銘「旬」字從「勻」。仲旬人盉「旬」從「勹」，與《說文》同。「勹」古文字中獨立成字，不必視爲「勻」省。甲骨文有「[illegible]」，與此同字，林澐（2002）已釋「眴」。甲骨文與滎仲方鼎所從「勹」上端與「目」黏連而略有省併。

辛嚚相簋（西周早）：辛嚚～。
◎文物 2004（8）80 頁

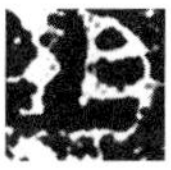

辛嚚相簋（西周早）：辛嚚～。
◎文物 2004（8）80 頁

相姬鬲乙（西周中）：～姬乍（作）𩰫鬲。
◎銘續 242

咭相伯甗（西周晚）：咭～白（伯）乍（作）寶獻（甗），其永用。◎天地 2008（10）87 頁

加芈編鐘（春秋中）：行～曾邦，台（以）長𥁕（台）夏。◎江漢 2019（3）16 頁

七年丞相奐殳戈（戰國晚）：丞～奐、殳造。
◎歷文 2009（2）57 頁

相邦痯戈（戰國晚）：～邦痯。
◎銘續 1250

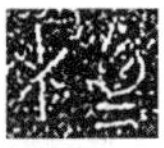

相室趙孾鼎（戰國中）：～室肖（趙）孾。
◎考文 2008（5）40 頁

元年安平相邦戈（戰國晚）：元年安平～邦司徒田子。◎銘圖 17349

鄗得鼎（戰國晚）：春平～邦。
◎銘圖 2387

【案】加芈編鐘「相」字作「」與一般寫法不同，予曾改釋「柏」，讀爲「伯」，説詳陳斯鵬（2020）。今據新公佈同出他組照片，確是「相」字，此爲訛體。

賜

獄盤（西周中）：王～（賜）獄仲（佩）。
◎考文2006（6）61頁

獄簋甲（西周中）：王或～（賜）獄仲（佩）。
◎銘續457

越王諸稽於賜劍（戰國早）：戉（越）王戉（越）王者（諸）旨（稽）於～。◎夏商周587.2

越王諸稽於賜矛（戰國早）：戉（越）王者（諸）旨（稽）於～。◎銘續1280

眚

臣中尊（西周早）：中～（省）井田。
◎銘圖11752

師衛壺蓋（西周早）：宫公～（省）僕、器于北霋。◎銘圖12402

伯□鼎（西周早）：隹（唯）公～（省）。
◎銘續213

叔尊（西周中）：余既～（省）。
◎銘圖11818

伯吕盨（西周晚）：隹（唯）王元年六月既～（生）霸庚戌。◎夏商周395

⿰目文*

趞簋（西周中）：休無～（愍）。
◎銘續438

【案】金文「⿰目文（愍）」之釋讀，見陳劍（2004）。趞簋「⿰目文」字下部訛變較甚，但依文例可定。

⿱幽目*

廿四年芒令戈（戰國晚）：冶～。
◎左冢66頁

⿱罒魯*

應侯視工簋蓋（西周晚）：戋（蠢）淮南尸（夷）屮敢晧（敷）𤔲（厥）眾～，敢加興乍（作）戎。◎首陽114頁

【案】李學勤（2009a）讀「胥」訓皆，李零（2010）以爲人名，均連下讀。竊謂「⿱罒魯」應屬上讀，字從「目」、「魯」聲，疑讀「旅」。師寰簋作「師𠬝」，疑亦可讀「師旅」。參陳斯鵬（2012）。

眀

眀觚（商晚）：～。◎新收1115

南行唐令鈹（戰國晚）：南行昜（唐）倫（令）～卯。◎夏商周591

眉

眉戈（商晚）：～。◎流散歐美345

省

師衛壺蓋（西周早）：宫公～僕、器于北麦。◎銘圖12402

【案】「省」字晚出，乃由「眚」字分化而成，早期均作「眚」。《說文》以爲「从眉省、从屮」，不確。參「眚」字條。

自

𪙴方鼎（商晚）：～闌㑇。◎文物2005（9）61頁

非盂（西周早）：迺□興還異好～丝（兹）。◎銘續536

叔尊（西周中）：余令（命）女（汝）～寡虢來敏（誨）魯人。◎銘圖11818

叔尊（西周中）：用～今生（往）至于啻（億）萬年。◎銘圖11818

霸姬盉（西周中）：余～無。◎銘圖14795

𠭯卣（西周中）：～弃（擇）于庶人。◎銘續882

霸姬盤（西周中）：用𣪕（求）朕𡪞（僕）騶（馭）、臣妾～气。◎考報2018（2）239頁

南宮倗姬簋（西周中）：南宮倗姬～乍（作）寶尊旅𣪕（簋）。◎銘圖4603

伯𢦏父簋（西周晚）：王出～成周。◎首陽107頁

伯歸臺盤（春秋早）：～乍（作）盥盤。◎曾國288頁

許公買簠蓋（春秋晚）：～乍（作）飤匿（簠）。◎中原2004（1）55頁

中文王之孫州奉簠（春秋晚）：～乍（作）飤匿（簠）。◎古研（25）193頁

吳王夫差鑑（春秋晚）：～乍（作）御監（鑑）。◎銘續1000

彭子射兒鼎（春秋晚）：～乍（作）飤盂。◎銘圖2264

𪓐公盨（西周中）：廼～乍（作）配。◎歷文2002（6）4頁

應侯視工鐘（西周晚）：王歸～成周。◎保利續158頁

曾孟嬴削簠（春秋早）：曾孟嬴削～乍（作）行匿（簠）。◎棗陽93頁

楚太師登鐘乙（春秋早）：～乍（作）鈴鐘。◎上博（11）150頁

與兵壺蓋（春秋晚）：～乍（作）宗𨘻（彝）。◎古研（24）234—236頁

楚伯氏孫皮簠（春秋晚）：～乍（作）匿匿（簠）。◎銘續512

攻吳王光鐸（春秋晚）：～乍（作）甬。◎銘續1047

彭子射兒簠（春秋晚）：彭子射兒～乍（作）飤盬（簠）。◎銘圖5884

魯

越王諸稽矛（戰國早）：戉（越）王者（諸）旨（稽）~乍（作）用矛。◎銘續1281

之乘辰鐘（戰國早）：~乍（作）其鐲。◎文物2004（2）72頁

越王伯侯劍（戰國早）：~乍（作）用僉（劍）。◎銘圖17872

越王丌北古劍（戰國早）：~乍（作）永用之。◎銘圖18027

魯侯鼎甲蓋（西周早）：~侯乍（作）寶尊彝。◎銘圖1573

□其卣蓋（西周早）：者~戊公。◎銘續878

魯侯鼎（西周中）：~侯乍（作）寶尊彝。◎考古2019（1）35頁

伐簋蓋（西周中）：王命伐遺~侯。◎銘圖5321

叔尊（西周中）：余令（命）女（汝）自寡虢來敏（誨）~人。◎銘圖11818

宰獸簋（西周中）：敢對揚天子不（丕）顯~休命。◎陝博（7）99頁

一式獄簋（西周中）：亡（無）不鬱臨[爿夅]~。◎考文2006（6）59頁

虎簋蓋乙（西周中）：對揚天子不（丕）杯~休。◎新收1874

卌三年逑鼎丙（西周晚）：逑敢對天子不（丕）顯~休揚。◎華章71頁

卌三年逑鼎乙（西周晚）：逑敢對天子不（丕）顯~休揚。◎華章63頁

頌盤（西周晚）：頌敢對揚天子不（丕）顯~休。◎文物2009（9）52頁

魯司徒馬皇父簋（西周晚）：~䛨（司）徒馬皇父乍（作）姬此母賸（媵）𣪘（簋）。◎銘續418

者

正叔之士𦉪俞簠（春秋早）：～酉子安母肇乍（作）匡（簠）。◎小邾44頁

魯侯壺（春秋早）：～侯乍（作）壺。◎文物2009（9）34頁

復封壺（春秋早）：公命逿（復）封甹（聘）于～。◎銘圖12447

晉公盤（春秋中）：彊武～宿。◎銘續952

魯陽公戟（戰國早）：～昜（陽）公乍（作）寺（持）。◎銘續1134

者方鼎（西周早）：◇～。◎銘圖1074

□其卣（西周早）：～魯戊公。◎銘續878

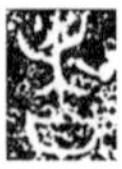

𩰫簋（西周早）：隹（唯）九月～（諸）子具服。◎首陽83頁

臣中尊（西周早）：公商（賞）～（諸）臣。◎銘圖11752

者僕故匜（西周晚）：～僕故乍（作）它（匜）。◎山東696頁

叔休盨（西周晚）：𤇾～君𤔲（司）鹵弔（叔）休乍（作）寶𩏂（盨）。◎銘圖5618

叔休盤（西周晚）：𤇾～君𤔲（司）鹵弔（叔）休乍（作）寶般（盤）。◎銘圖14482

復封壺（春秋早）：鹵𤔲（司）～（諸）剢。◎銘圖12447

文公之母弟鐘（春秋晚）：用匽（宴）樂～（諸）父兄弟。◎夏商周540

姑發者反之子通劍（春秋晚）：攻敔（吳）王姑癹（發）～反。◎歷文2004（5）圖版6

智

吳王闔廬劍（春秋晚）：攻敔（吳）王～彶叡虘自乍（作）元用鐱（劍）。◎江漢2009（3）彩版二

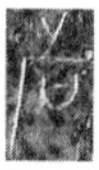

十四年下邑令瘍鈹（戰國晚）：所□～。◎銘圖18002

越王諸稽於睗劍（戰國早）：戉（越）王～（諸）旨（稽）於睗。◎夏商周587.2

越王諸稽矛（戰國早）：戉（越）王～（諸）旨（稽）自乍（作）用矛。◎銘續1281

宰獸簋（西周中）：母（毋）敢無聞～（知）。◎陝博（7）99頁

宰獸簋蓋（西周中）：母（毋）敢無聞～（知）。◎陝博（7）99頁

工吳王叡矣工吳劍（春秋晚）：人其～（知）之。◎銘圖17948

期思公戟（春秋晚）：恒（期）思公～上爲恒（期）思左王告（造）戕（戟）。◎安金彙編166

魚鼎匕（戰國）：下民無～（知）。◎銘圖6320

百

南姞甗（西周中）：用匄～福。◎考文2006（6）64頁

老簋（西周中）：易（賜）魚～。◎考文2005增刊65頁

獄盨（西周中）：辜示于氒（厥）～神。◎銘圖5275

衛簋甲蓋（西周中）：用匄～福。◎南開2008（6）封三

一式獄簋（西周中）：邁（萬）年俗（裕）丝（茲）～生（姓）。◎考文2006（6）59頁

仲旬人盨（西周中）：用匄～福。◎銘續981

鼻　⿱亼百*　⿱無百*

應侯視工鐘（西周晚）：易（賜）彤弓一、彤矢～。◎保利續158頁

伯克父盨蓋（春秋早）：其用及～君子宴卿（饗）。◎銘續474

晉公盤（春秋中）：殺（教）戰（威）～䜌（蠻）。◎銘續952

侯古堆鎛（春秋晚）：～歲外。◎侯古堆57頁

百工戈柲冒（戰國晚）：～工冶𨨏。◎珍秦齋秦84頁

焦犳戈（春秋中）：趙氏孫雙（焦）犳乍（作）造戈三～。◎銘續1218

九年左使車壺（戰國中）：冢（重）二～三十七刀之冢（重）。◎古研（27）296頁

【案】關於東周文字中作「全」形之「百」的形體來源，參湯餘惠（1989）。

許公戈（春秋晚）：～（許）公之戈。◎淅川彩版五〇

晉公盤（春秋中）：卲～皇卿。◎銘續952

【案】「⿱亼百」爲「合」之繁體，此可讀「會」。《書·文侯之命》：「用會紹乃辟。」參「卲」字條。

⿰函丮卣（西周中）：乃兄殀（僭）～（畀）女（汝）。◎銘續882

羽

母丁觶（商晚）：～鳥。◎滕州297頁

翏

卹余敦（春秋）：邵～公之孫卹余。◎保利續184頁

玄鏐鏞鋁戈（春秋晚）：玄～（鏐）夫（鏞）吕（鋁）之用。◎珍秦齋吳75頁

玄鏐鏞鋁戈（春秋晚）：玄～（鏐）夫（鏞）吕（鋁）之用。◎銘續1180

⿱羽女

相室趙⿱羽女鼎（戰國中）：六年相室肖（趙）～。◎考文2008（5）40頁

隹

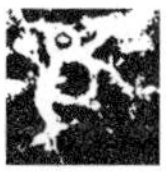

帚彎商方鼎（商晚）：～（唯）王廿祀。◎曲村348頁

𤔲方鼎（商晚）：～（唯）王廿祀又二。◎文物2005（9）61頁

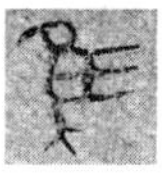

聽簋（商晚）：～（唯）王八祀。◎銘續420

叔矢方鼎（西周早）：～（唯）十又三（四）月。◎文物2001（8）9頁

𢾊甗（西周早）：～（唯）十又一月。◎文物2007（1）65頁

𩁹簋（西周早）：～（唯）九月者（諸）子具服。◎首陽83頁

𩁹觶蓋（西周早）：～（唯）白（伯）初宛（館）于宗周。◎首陽74頁

隹壺卣蓋（西周早）：～壺。◎近出563

何簋（西周早）：~（唯）八月公陕殷年。◎文物2009（2）55頁

公豐父簋（西周早）：~（唯）正月初吉庚寅。◎銘圖5014

棘𤞷鼎蓋（西周早）：~（唯）王初𡗀于成周。◎銘續217

霸伯簋（西周中）：~（唯）十又一月。◎考報2018（1）103頁

任鼎（西周中）：~（唯）王正月。◎歷文2004（2）21頁

仲枏父鬲（西周中）：~（唯）六月初吉。◎首陽96頁

老簋（西周中）：~（唯）五月初吉。◎考文2005增刊65頁

晉侯𣃔簋（西周中）：~（唯）九月初吉庚午。◎晉國99頁

親簋（西周中）：~（唯）廿又三（四）年九月既朢庚寅。◎歷文2006（3）封二

夾簋（西周中）：~（唯）十又一月既生霸戊申。◎新收1958

羚簋（西周中）：~（唯）正月初吉丁丑。◎字與史（1）211頁

太師虘簋（西周中）：~（唯）十又二年。◎銘圖5283

甶盨蓋（西周中）：~（唯）正［月］初吉庚寅。◎銘圖5673

獄盨蓋（西周中）：~（唯）十又一月既朢丁亥。◎銘圖5275

應侯視工鐘（西周晚）：~（唯）正二月初吉。◎保利續158頁

卌二年逑鼎甲（西周晚）：女（汝）~（唯）克井（型）乃先且（祖）考。◎華章39頁

卌二年逨鼎乙（西周晚）：余～（唯）閉乃先且（祖）考。◎考文2003（3）9頁

卌三年逨鼎丙（西周晚）：則繇～（唯）乃先聖且（祖）考。◎華章71頁

逨盤（西周晚）：今余～（唯）巠（經）乃先聖且（祖）考。◎盛世34頁

伯戋父簋（西周晚）：～（唯）王九月初吉庚午。◎首陽107頁

曾侯宏簋（春秋中）：～（唯）王五月士（吉）日庚申。◎銘圖4976

伯遊父盤（春秋中）：～（唯）六月初吉丁亥。◎上博（10）123頁

鄬子受鐘（春秋中）：～（唯）十又四年參（三）月。◎淅川55頁

競之定豆甲（春秋晚）：～（唯）弍。◎文物2008（1）82頁

卌三年逨鼎丁（西周晚）：用乍（作）余我一人夗（怨），不小（肖）～（唯）死。◎華章79頁

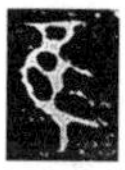
卌三年逨鼎丙（西周晚）：～（唯）又（有）宥從（縱）。◎華章71頁

晉侯對盨（西周晚）：～（唯）正月初吉庚寅。◎首陽117

楚太師登鐘辛（春秋早）：～（唯）王正月初吉庚午。◎上博（11）153頁

鍾離君柏簠（春秋中）：～（唯）正月初吉丁亥。◎銘圖5898

季子康鎛（春秋中）：～（唯）王正月初吉丁亥。◎考文2009（3）104頁

鄬子受鐘（春秋中）：月～（唯）戊申。◎淅川65頁

與兵壺（春秋晚）：～（唯）正五月初吉壬申。◎古研（24）234—235頁

隻

侯古堆鎛（春秋晚）：～（唯）正月初吉丁亥。◎侯古堆圖版24

嫼盤（春秋晚）：隹（唯）曾八月吉日～（唯）亥。◎銘續948

昭王之即鼎蓋（戰國早）：～（唯）正孟春吉日隹（唯）庚。◎銘續224

之乘辰鐘（戰國早）：～（唯）正十月。◎文物2004（2）72頁

亞隻觚（商晚）：亞～（獲）。◎近出729

䔛簋（西周中）：䔛博（搏）戎，執訊～（獲）馘（聝）。◎新收1891

霸伯盤（西周中）：～（獲）訊一。◎考報2018（1）125頁

格仲簋蓋（西周中）：～（獲）訊二夫，馘二。◎考報2018（2）234頁

彭子疾鼎（春秋晚）：～（唯）正月初吉丁亥。◎銘續205

曾侯與鐘（春秋晚）：～（唯）王正月吉日甲午。◎銘續1029

曾季弁臣盤（戰國早）：～（唯）正月初吉丁亥。◎曾國396頁

作册般黿（商晚）：王迖于洹，～（獲）。◎歷文2005（1）封二

采隻簋（西周中）：采～對天子休。◎銘圖5155

格仲鼎（西周中）：～（獲）訊二夫，馘二。◎考報2018（2）230頁

格仲簋（西周中）：～（獲）訊二夫，馘二。◎考報2018（2）234頁

〔隻〕

雟

柞伯鼎（西周晚）：～（獲）䤬（聝）十人。◎文物2006(5)68頁

卌二年逑鼎甲（西周晚）：女（汝）執訊～（獲）䤬（聝）。◎華章39頁

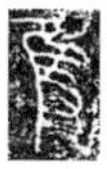
鮑子鼎（春秋晚）：其～（獲）之男子。◎歷文2009(2)51頁

攻吳王姑讎亓䧟劍（春秋晚）：～（獲）眾多。◎銘續1352

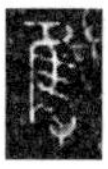
吳王劍（春秋晚）：巳用龍～（獲）。◎中原2019(4)31頁

徐子伯𠬝此戈（春秋中）：童（鍾）麗（離）公柏～（獲）郐（徐）人。◎銘續1248

車雟鼎（商晚）：車～乍（作）父丁彝。◎保利續30頁

作册吳盤（西周中）：衣（卒）乎（呼）～勾召乍（作）册吳。◎銘圖14525

雗

晉公盤（春秋中）：晉邦隹（唯）～（翰）。◎銘續952

登鐸（春秋早）：中（終）～（翰）叡（且）陽。◎文物2013(7)15頁

雞

昔雞卣蓋（西周中）：𢍰白（伯）易（賜）昔～貝。◎陝金集成31

昔雞爵（西周中）：昔～乍（作）父丁尊彝。◎陝金集成33

雔

上郡武庫弩機（戰國晚）：～陰。◎銘圖18577

〔雁〕䧹

召簋（西周中）：載（緇）市、幽黄（衡）、金～（膺）。◎銘圖5230

應侯視工簋（西周晚）：～（應）侯視工伐淮南尸（夷）丮。◎首陽114頁

應侯盨（西周晚）：～（應）侯乍（作）寶□設（簋）。◎夏商周398

應監甗（西周晚）：～（應）監乍（作）寶尊彝。◎銘圖3329

卌三年逑鼎甲（西周晚）：～（膺）受大令（命）。◎華章55頁

晉公盤（春秋中）：我皇且（祖）䣄（唐）公～（膺）受大命。◎銘續952

應侯盉（西周中）：～（應）侯乍（作）寶般（盤）盉。◎銘續967

應姚鬲（西周晚）：～（應）姚乍（作）弔（叔）𦎫（誥）父尊鬲。◎考古2003（3）93頁

應侯壺甲（西周晚）：～（應）侯乍（作）旅壺。◎保利續155頁

應公鼎（西周晚）：～（應）公乍（作）尊簞鼎。◎華夏2007（1）27頁

卌三年逑鼎壬（西周晚）：～（膺）受大令（命）。◎華章119頁

雝

伯雝倗鼎（西周早）：白（伯）～倗宿小妻貞（鼎）。◎曲村361頁

雝鼎（西周中）：王令（命）～。◎銘圖2367

雝姒簋（西周早）：～嬰（姒）乍（作）寶尊彝。◎皕明樓97

卌三年逑鼎甲（西周晚）：虔夙夕（助）～我邦小大猷。◎華章55頁

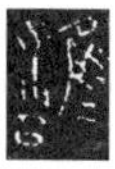

秦子鎛（春秋早）：氒（厥）音鉥鉥~~。
◎歷文2008（4）圖版2

曾伯克父簋蓋（春秋早）：~人孔臭（懌）。
◎銘續518

廿一年相邦冉戈（戰國中）：~工市（師）葉。
◎故博2006（2）68頁

二十八年雝丘令戈（戰國中）：~丘命（令）炕。
◎江漢2016（2）89頁

雝氏戈（戰國晚）：~氏。
◎古研（27）326頁

⿰享隹

獄鼎（西周中）：其日朝夕用~（敦）祀于氒（厥）百申（神）。◎考文2006（6）58頁

⿰止隹

⿰止隹盤（春秋晚）：子越之子~自乍（作）盥盤。
◎墨影96

⿰天隹*

弦伯隹壺（春秋早）：弦白（伯）隹乍（作）~寶壺。◎棗陽94頁

⿰朩隹*

逑鐘一（西周晚）：~~（肅肅）鎗鎗（雝雝）。
◎銘續1028

⿰召隹*

曾伯克父簋蓋（春秋早）：廼用吉父~叔攸（鋚）金。◎銘續518

曾太保盨（春秋早）：唯曾侯易（賜）其大（太）保弁~攸（鋚）金。◎追回65頁

【案】謝明文（2017b）以爲「雔」字異體。《追回》釋「鶅」。

⿰芇隹*

壽夢之子劍（春秋晚）：攻敔（吳）王姑讎～。◎文物 2005（2）68 頁

攻吳王姑讎焉⿰芇隹劍（春秋晚）：攻盧（吳）王姑讎焉～。◎銘續 1352

十三年詔事鐘（戰國晚）：詔事□少賢□□～。◎銘續 1013

【案】從二吳王劍銘人物關係可以確定，「姑讎⿰芇隹」「姑讎焉⿰芇隹」即文獻中壽夢第三子「餘眛」（或作「餘昧」「夷末」）。「⿰芇隹」，李家浩（2007）釋「⿰芇隹」，謂字從「芇」聲（《說文》「讀若宀」），與「眛」「昧」「末」等字對應；董珊（2015a）釋「雖」讀「眛」；曹錦炎（2015a）釋「難」。於形似均未確。石小力謂字從東周文字「巷」之聲符「芇」，是。「姑讎⿰芇隹」「姑讎焉⿰芇隹」語音上似難與「餘眛」等直接對應，疑爲餘眛之另一名稱。

雝*

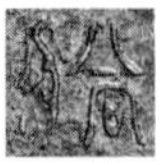

伯雝盤（春秋早）：番弔（叔）之孫白（伯）～用朕（媵）季夢妃。◎銘圖 14467

奮

〔奞〕

共令齊戈（戰國晚）：冶～矢。◎銘續 1235

【案】《銘續》釋「眛」，此從石小力（2017）改釋。

藋

作寶瓚鑵蓋（西周早）：乍（作）寶瓚、～（鑵）。◎銘圖 10574

舊

復封壺（春秋早）：返其～人。
◎銘圖12447

舊庫馬銜（戰國中）：～庂（庫）。
◎江漢2017（4）15頁

蔑

任鼎（西周中）：任～（勉）曆（勞）。
◎歷文2004（2）21頁

聞尊（西周中）：聞～（勉）曆（勞）。
◎論稿10頁

霸伯盂（西周中）：王吏（使）白（伯）考～（勉）尚曆（勞）。◎銘圖6229

霸伯盂（西周中）：天子～（勉）其亡（無）曆（勞）。◎銘圖6229

霸伯簋蓋（西周中）：～（勉）霸白（伯）曆（勞）。
◎考報2018（1）105頁

【案】金文「蔑曆」聚訟千年，實應讀爲「勉勞」，説詳陳斯鵬（2021a）。

羊

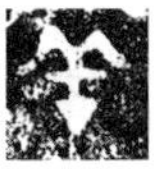
木羊簋甲（西周早）：木～。
◎保利續116頁

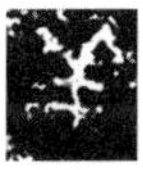
季姬尊（西周中）：～三百又八十又五叙。
◎文物2003（9）89頁

芈

廿一年安邑戈（戰國中）：冶～。
◎珍秦齋吳96、97頁

美

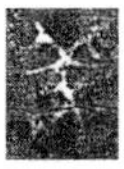
鄭登叔盨（西周中）：奠（鄭）義～父白（伯）乍（作）旅盨。◎銘圖5581

羍*

嫑膚簠（春秋中）：爲～兒鑄賸（媵）㿿（簠）。
◎銘續500

華*

華觚(商晚)：~。◎流散歐美209

羼

加羋編鐘(春秋中)：~其平龢，休𢖿(淑)孔韹(鍠)。◎江漢2019(3)18頁

靃

戚簋蓋(西周中)：用官嗣(司)~駛。◎銘續450

雥

賈雥尊(西周早)：賈~乍(作)父丁寶尊彝。◎銘續782

鳥

鳥觶(商晚)：~。◎玫茵堂17

母丁觶(商晚)：羽~。◎滕州297頁

鳥鼎(商晚)：~。◎銘續12

鳥父甲鼎(商晚)：~父甲。◎銘續47

豫卣蓋(西周早)：~。◎銘續877

鳳

玉荀盉(西周中)：玉荀獻~圭于穆王。◎出土文獻(11)65頁

鷬〔難〕

復封壺（春秋早）：韭（久）歲～老。◎銘圖 12448

曾侯與鐘（春秋晚）：～老黃枸（耇）。◎銘續 1037

鴻〔鳿〕

師酉盤（西周晚）：公族～釐入右師酉。◎銘續 951

鳴

楚太師登鐘壬（春秋早）：元～⿰虘又（且）敳（鍠）。◎上博（11）152 頁

逵⿰六阝鐘（春秋早）：中（終）～婗（且）好。◎銘續 1027

曾侯與鐘（春秋晚）：龢鐘～鴵（鍠）。◎銘續 1030

鶩

丞相冉戈（戰國）：隸臣～。◎銘續 1224

⿰爿鳥*

⿰爿鳥鼎（商晚）：～。◎銘續 13

【案】《銘續》釋「⿰爿鳥」。字實從「鳥」從「潮」之初文，參陳斯鵬（2006）。

烏〔於〕

鄭莊公之孫⿸虍鳥鼎（春秋晚）：～（嗚）虖（呼），哀哉。◎湖北 56

晉公盤（春秋中）：～㕞（兆）萬年。◎銘續 952

加芈編鐘（春秋中）：～（嗚）虖（呼），龏（恭）公⿱鳥木（早）陟。◎江漢 2019（3）16 頁

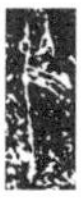

曾侯與鐘（春秋晚）：乃加～楚。◎銘續 1029

舄

越王諸稽於賜劍（戰國早）：者（諸）旨（稽）～賜。◎夏商周587.2

衍簋（西周中後）：赤～。◎銘續455

卌三年逑鼎丙（西周晚）：赤～。◎華章71頁

卌三年逑鼎丁（西周晚）：赤～。◎華章79頁

焉

攻吳王姑讎焉雒劍（春秋晚）：攻敔（吳）王姑讎～雒。◎銘續1352

【案】「焉」字從董珊（2015a）釋。

畢

迨甗（西周早）：迨（會）乍（作）～公寶尊彝。◎銘續275

畢伯克鼎（西周晚）：～白（伯）克肇乍（作）朕不（丕）顯皇且（祖）受命畢公鼐（將）彝。◎銘圖2273

商鞅鈹（戰國中）：～湍侯之鑄。◎首陽183頁

七年師兌簋蓋（西周晚）：～弔（叔）右師兌入門立中庭。◎銘圖5302

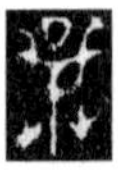

畢仲弁簠（春秋）：～中（仲）弁乍（作）爲其善匠（簠）。◎小邾48頁

〔异〕

棄

霸姬盉（西周中）：襄余亦改朕辭，出～。◎銘圖14795

菁

曾公子棄疾壺（春秋晚）：曾公子～疾之行壺。◎銘續 819

曾公子棄疾斗（春秋晚）：曾公子～疾之辻斗。◎銘續 913

曾公子棄疾缶蓋（春秋晚）：曾公子～疾之行缶。◎銘續 903

曾公子棄疾鼎蓋（春秋晚）：曾公子～疾之行貞（鼎）。◎銘續 126

伯𢦚父簋（西周晚）：南征伐艮孿（蠻）、～、桐、潏。◎首陽 107 頁

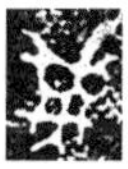

伯𢦚父簋（西周晚）：南征伐艮孿（蠻）、～、桐、潏。◎古研（27）198 頁

【案】伯𢦚父簋此字，李學勤（2008）釋「廮」，謂字從「央」聲，即史籍之「英」「英氏」，漢石經《公羊傳》作「央」，係偃姓古國；朱鳳瀚（2008）疑是「蔑」字異體。李家浩（2010）釋「菁」，謂與翏生盨、鄂侯馭方鼎「角」爲同一地名之不同寫法。本書初版釋爲「子」字籀文。從文例對照看，李說有理，且其字形與同銘「孿」字所從「子」仍有異，故今改從李說。蓋「菁」字之形稍寫訛也。

爯

爯鬲（西周早）：～乍（作）鬲。◎曲村 526 頁

趞伯簋（西周中）：趞白（伯）趞姬易（賜）～宗彝。◎銘圖 5214

趞伯簋（西周中）：念～戈（哉）！◎史學 2006（2）封二

趞伯盨（西周中）：趞白（伯）乍（作）～宗彝。◎銘圖 5666

獄盉（西周中）：王各（格）于師～父宮。◎考文 2006（6）63 頁

霸伯盂（西周中）：賓用虎皮～。◎銘圖 6229

䣄卣（西周中）：敢～（稱）令尚（賞）女（汝）。◎銘續 882

叔爯父盨蓋（西周晚）：弔（叔）～父乍（作）寶鍐（盨）。◎銘續 468

幺　丝　幽

霸姬盉（西周中）：余某弗～（稱）公命。◎銘圖14795

霸姬盤（西周中）：余～（稱）公命。◎考報2018（2）239頁

郘公鞁父鎛（春秋晚）：～歟（祼）瓚。◎銘圖15818

虎簋蓋乙（西周中）：～衣。◎新收1874

【案】金文以爲「玄」，「玄」字重見。

何簋蓋（西周早）：用～𣪕（簋）𩐱（設）公休。◎文物2009（2）55頁

【案】金文以爲「茲」，「茲」字重見。

宰獸簋（西周中）：易（賜）女（汝）赤巿～、亢（衡）。◎陝博（7）99頁

宰獸簋（西周中）：朕剌（烈）且（祖）～中（仲）。◎陝博（7）99頁

虎簋蓋乙（西周中）：易（賜）女（汝）載（緇）巿、～黄（衡）。◎新收1874

親簋（西周中）：易（賜）女（汝）赤巿、～黄（衡）。◎歷文2006（3）封二

召簋（西周中）：易（賜）女（汝）玄衣、⿰巾堯（紃）屯（純）、載（緇）巿、～黄（衡）、金雁（膺）。◎銘圖5230

槐簋（西周中）：易（賜）女（汝）～黄（衡）、鋚⿰金革（勒）。◎銘續454

柞伯鼎（西周晚）：朕剌（烈）且（祖）～弔（叔）。◎文物2006（5）68頁

逑盤（西周晚）：克～明氒（厥）心。◎盛世34頁

幾

幽氏中官冢子戈（戰國晚）：~氏中官冢子。◎銘續 1195

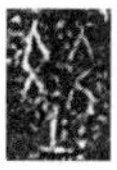

幽氏中官冢子戈（戰國晚）：~氏中官冢子。◎銘續 1196

【案】幽氏中官冢子戈「幽」，或釋「坐」讀「茲」，非是。

叔友簋（西周中）：乍（作）旂姜~母寶賸（媵）設（簋）。◎銘續 434

燕王職壺（戰國晚）：宅~卅（三十）。◎上博（8）146 頁

惠

逑盤（西周晚）：雩朕皇高且（祖）~中（仲）盠父。◎盛世 34 頁

縚方甗（春秋早）：召公之孫是爲~公。◎九如園 24

邸公敱父鎛（春秋晚）：乍（作）朕皇祖龔（恭）公、皇考~公彝。◎銘圖 15815

叀

叀簋（西周早）：~乍（作）寶彝。◎銘圖 4062

玄

嫚鼎（西周中）：嫁易（賜）嫚~衣。◎銘續 214

頌盤（西周晚）：易（賜）女（汝）~衣黹屯（純）。◎文物 2009（9）52 頁

茲

卌三年逑鼎甲（西周晚）：～袞衣。◎華章55頁

復封壺（春秋早）：昜（賜）之～衣。◎銘圖12447

曾伯霥壺（春秋早）：隹（唯）～其良。◎江漢2017（6）9頁

孟芈玄簠（春秋晚）：⿰女孟（孟）嬭（芈）～之行⿷匸古（簠）。◎銘續481

壬午吉日戈（春秋晚）：壬午吉日乍（作）元用～鏐戈。◎故博2008（6）79頁

玄鏐戟（春秋晚）：～鏐之用戜（戟）。◎淅川彩版七四

玄鏐之戈（春秋晚）：～鏐之戈。◎銘續1114

玄鏐鏞鋁戈（春秋晚）：～翏（鏐）夫（鏞）呂（鋁）之用。◎銘續1186

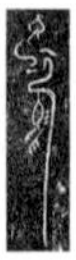

鳥篆戈（春秋）：～膚（鏞）之用。◎回家（2018）165頁

非盂（西周早）：廼□興還異好自～。◎銘續536

虎簋蓋乙（西周中）：天子其萬年𤕌（申）～命。◎新收1874

豳公盨（西周中）：民唯克用～德。◎歷文2002（6）4頁

一式獄簋蓋（西周中）：邁（萬）年俗（裕）～百生（姓）。◎考文2006（6）59頁

二式獄簋（西周中）：用～王休。◎考文2006（6）60頁

衛簋甲蓋（西周中）：其邁（萬）年羕（永）寶用～王休。◎南開2008（6）封三

予

琱生尊（西周晚）：其又（有）敢亂～命。
◎考文2007（3）8頁

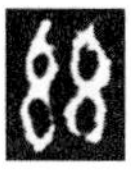

槷姬鬲（春秋早）：槷姬乍（作）孟妊姑～羞鬲。
◎文物2004（12）9頁

薛仲藟簠（春秋早）：乍（作）中（仲）妊～母媵（滕）白（伯）同朕（媵）匠（簠）。◎銘續503

與兵壺（春秋晚）：余嚴敬～禋槼（盟）。
◎古研（24）234—235頁

凷盨蓋（西周中）：易（賜）女（汝）金車、旂、～□、幽黃。◎銘圖5673

采隻簋（西周中）：易（錫）女（汝）戠（織）衣、赤～市。◎銘圖5154

【案】字或作、等形，甲金文常見，舊有「環」「予」「雝」「蛤」「吕」「宫」等釋，參《甲骨文字詁林》2095—2098頁、《金文詁林附録》1974—1999頁。以「雝」「環」二説影響最大。今由新出豫角、豫卣、衛鼎「豫」字之確認（參卷九「豫」字條），可證釋「予」爲是。予疑「予」字本象房舍勾連之形，爲「序」和「舍」之共同初文。「雝」字所從之「予」實爲意符而非聲符。金文「予市」之「予」，李旦丘讀「紓」，紓緩之意。陳夢家則讀「芧」，以爲製市之材料。當以李説爲是。紓緩義文獻亦作「舒」。

爰

曾侯與鐘（春秋晚）：匽（宴）樂～卿（饗）。
◎銘續1034

𤔲

何簋蓋（西周早）：廼令（命）何～（司）三族。
◎文物2009（2）55頁

受

作册吳盉（西周中）：～駒以出。
◎銘圖14797

楚季鐘（西周中）：公其邁（萬）年～氒（厥）福。
◎銘續1015

爭

畢伯克鼎（西周晚）：畢白（伯）克肇乍（作）朕不（丕）顯皇且（祖）～命畢公鑄（將）彝。◎銘圖2273

卅二年逑鼎甲（西周晚）：雁（膺）～大令（命）。◎華章39頁

卅三年逑鼎丙（西周晚）：～册，佩吕（以）出。◎華章71頁

卅三年逑鼎壬（西周晚）：史減～（授）王令（命）書。◎華章119頁

逑盤（西周晚）：～（授）余康㦛。◎盛世34頁

逑盤（西周晚）：成～大令（命）。◎盛世34頁

鄝子受鐘（春秋中）：郘（鄝）子～乍（作）𪒠（將）鏷（彝）。◎淅川68頁

受一升分銀豆甲（戰國晚）：～一粉（升）分。◎銘續1393

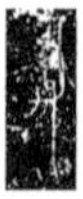

曾侯與鐘（春秋晚）：楚命是～。◎銘續1029

【案】清華簡「爭」字多作此形，可合證。楚文字「又」旁或變作「尤」形，如「友」字所從等。

孚

羚簋（西周中）：取徵五～（鋝）。◎字與史（1）211頁

親簋（西周中）：取徵十～（鋝）。◎歷文2006（3）封二

䀎簋（西周中）：取徵十～（鋝）。◎銘圖5386

霸姬盤（西周中）：罰五百～（鋝）。◎考報2018（2）239頁

叡〔敢〕

叔矢方鼎（西周早）：～對王休。◎文物2001（8）9頁

鬳簋（西周早）：鬳～對公休。◎首陽83頁

內史亳觚（西周早）：弗～虒。◎銘圖9855

瘦鼎（西周早）：弟不～不睪（擇）衣。◎銘續195

任鼎（西周中）：～對揚天子休。◎歷文2004（2）21頁

仲枏父鬲（西周中）：用～卿（饗）考（孝）于皇丂（考）。◎首陽96頁

宰獸簋（西周中）：母（毋）～無聞智（知）。◎陝博（7）99頁

親簋（西周中）：～對揚天子休。◎歷文2006（3）封二

虎簋蓋乙（西周中）：女（汝）毋～不善于乃政。◎新收1874

太師虘簋蓋（西周中）：～對揚天子不（丕）顯休。◎銘圖5283

夾簋蓋（西周中）：夾～對揚王休。◎新收1959

懋尊（西周中）：～對揚天子休。◎銘續791

霸伯盂（西周中）：天子蔑（勉）其亡（無）曆（勞），～敏。◎銘圖6229

應侯視工簋（西周晚）：～尃（敷）氒（厥）眔畧（旅）。◎首陽114頁

柞伯鼎（西周晚）：諆（其）弗～忝（昧）朕皇且（祖）。◎文物2006（5）68頁

卌三年逑鼎乙（西周晚）：母（毋）～妄寧。◎華章63頁

卌三年逑鼎丙（西周晚）：母（毋）～不中不井（型）。◎華章71頁

應侯視工簋（西周晚）：余弗～且（沮）。◎首陽114頁

⿱㓁又*

追夷簋（西周晚）：追尸（夷）不~⿱未心（昧）先人之覭。◎華夏2000（3）20頁

琱生尊（西周晚）：其又（有）~亂茲命。◎考文2007（3）8頁

陳不敢戈（春秋晚）：墬（陳）不~同戈。◎銘圖16798

【案】陳不敢戈「敢」字，黄錫全（2012）釋，是。《銘圖》釋「卸（御）」，新版《通鑒》釋「敀（造）」，非。

卌三年逑鼎乙（西周晚）：降余康~屯（純）右（祐）通彔（祿）永令（命）。◎華章63頁

卌三年逑鼎丙（西周晚）：降余康~屯（純）右（祐）通彔（祿）永令（命）。◎華章71頁

⿱㓁𠬝*

⿱㓁兒尊（商晚）：~易（賜）商（賞）。◎銘續779

頌盤（西周晚）：旛（祈）匃康~屯（純）右（祐）通彔（祿）永令（命）。◎文物2009（9）52頁

卌二年逑鼎甲（西周晚）：降余康~屯（純）右（祐）通彔（祿）永令（命）。◎華章39頁

殃

攻吳王姑讎焉雗劍（春秋晚）：既北既~。◎銘續1352

殜*

曾侯與鐘（春秋晚）：舍（余）萬~（世）是惝（尚）。◎銘續1029

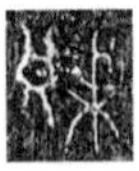

昭王之即簠（戰國早）：~（世）㕚既⿱爫卒（卒）。◎銘續515

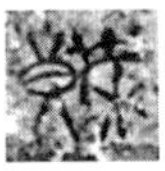

昭王之即鼎（戰國早）：~（世）㕚之既⿱爫卒（卒）。◎銘續225

死

散甗（西周早）：［隹（唯）］正月既～霸庚申。◎文物2007（1）65頁

槐簋（西周中）：用～嗣（司）王家。◎銘續454

衍簋（西周中）：～嗣（司）王家。◎銘續455

霸伯盤（西周中）：隹（唯）正月既～霸丙午。◎考報2018（1）125頁

柞伯鼎（西周晚）：隹（唯）三（四）月既～霸。◎文物2006（5）68頁

卌三年逑鼎丁（西周晚）：不小（肖）隹（唯）～。◎華章79頁

鮑子鼎（春秋晚）：其壽君母（毋）～。◎歷文2009（2）51頁

⿱丂死*

克盤（西周中）：克乍（作）禦于百（伯）～（考）日辛卣（卣）𩰫寶尊彝。◎銘續937

【案】《銘續》釋「歽（朽）」。予意字從「死」、「丂」聲，應爲先考之「考」之專造字。「百⿱丂死」當讀「伯考」。

臚〔膚〕

夓膚簠（春秋中）：夓～睪（擇）其吉金。◎銘續500

鳥篆戈（春秋）：玄～之用。◎回家（2018）165頁

肫

曾侯與鐘（春秋晚）：其～（純）諫（德）降舍（余），萬楪（世）是恂（尚）。◎銘續1029

曾侯與鐘（春秋晚）：其～（純）諫（德）降舍（余），萬楪（世）是恂（尚）。◎銘續1030

脰

曾太師鼎（春秋晚）：曾大（太）帀（師）奠之～（廚）貞（鼎）。◎淅川12頁

【案】「脰」爲「廚」之異體，與《說文》訓項之「脰」爲同形字。依形隸此。

肘

魚顛匕（戰國）：徣（誕）～（鑄）蚳匕。◎銘圖 6320

肖

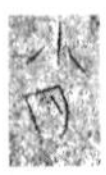

趙城黑戈（戰國早）：～（趙）城黑用。◎銘續 1117

相室趙嬰鼎（戰國中）：六年相室～（趙）嬰。◎考文 2008（5）40 頁

卅一年鄭令戈（戰國晚）：司寇～（趙）它。◎珍秦齋吳 259 頁

廿八年晉陽令趙去疾戈（戰國晚）：晉陽倫（令）～（趙）迲（去）疾。◎珍秦齋吳 199 頁

廿八年陽邑戈（戰國晚）：～（趙）敘爲陽邑戈。◎珍秦齋吳 207 頁

二年邦司寇趙春鈹（戰國晚）：邦司寇～（趙）春。◎珍秦齋吳 211 頁

元年安平相邦戈（戰國晚）：左庫叚（假）工帀（師）～（趙）悍（偃）。◎銘圖 17349

胤

晉公盤（春秋中）：余咸畜～士。◎銘續 952

膌〔瘠〕

邵之瘠夫戈（戰國晚）：邵之～夫之行戈。◎歷文 2007（5）17 頁

【案】韓自強（2007）釋「瘠」，即「瘠」，是。「瘠」爲「膌」字異體。《說文》「膌」古文作「瘩」。

膳

卹余敦（春秋）：邵翏公之孫卹余及陳弔（叔）嬀爲其～辜（敦）。◎保利續 184 頁

脩

脩鋪首（戰國晚）：～。

◎文物2004(1)9頁

腴〔臡〕

郘夫人孂鼎（春秋晚）：歲才（在）斂（涒）～（灘）。◎中原2009(3)11頁

脂

洍公宜脂鼎（春秋晚）：洍公宜～余（擇）其□金。◎銘續191

【案】從謝明文（2014）釋。吳國昇（2017:51）釋「⿱夗口」。

散

陳窒散戈（戰國）：陳窒～戔（戈）。

◎山東833頁

陳窒散戈（戰國）：陳窒～戔（戈）。

◎山東832頁

羸

子羸父癸簋（商晚）：子～父癸。

◎銘圖3998

胆

霸伯盂（西周中）：㠯（以）～（俎）或祉（延）。

◎銘圖6229

肯

仲肯父鼎（西周早）：中（仲）～父乍（作）□寶。

◎銘圖1630

【案】《通鑒》《銘圖》隸作「肍」。今據清華簡《皇門》「肯」作「[illegible]」，定爲「肯」字。

財*

首垣鼎（戰國晚）：～（㦽）四分。

◎銘圖1493

【案】「財」爲「㦽」字異體，舊多讀「載」。郭永秉（2020）謂如字，指器物用以盛㦽，可從。

肴*

二年邦司寇趙春鈹（戰國晚）：冶～（尹）須（？）爲。◎珍秦齋吳211頁

𦙸*

沫廚鼎（戰國晚）：沫～（廚）一斗𣁄（半）。◎上博(9)54頁

胄*

邾友父鬲（春秋早）：鼄（邾）友父朕（媵）其子～嫊（曹）寶鬲。◎歷文2003(5)65頁

邾友父鬲（春秋早）：鼄（邾）友父朕（媵）其子～嫊（曹）寶鬲。◎銘續258

邾友父鬲（春秋早）：鼄（邾）友父朕（媵）其子～嫊（曹）寶鬲。◎銘圖2941

脡*

任鼎（西周中）：易（賜）～、牲大牢，又鬯束。◎歷文2004(2)21頁

【案】王冠英(2004)釋「脡」，是。「廷」字金文多作「」或「」。任鼎「脡」字從「肉」從「廷」省，蓋「肉」旁穿插在「廷」字所從的「人」和「乚」二部件之間，故原本處此位置之「彡」或「土」省去。《說文》無「脡」字，但「朐」字下云：「脯脡也。」經籍或作「挺」。

脊*

陳侯因資（戰國中）：陳侯因～造陵左。◎歷文2007(5)15頁

胸*

宋左師不罷左鼎（春秋晚）：宋左帀（師）不罷左～（庖）之餴（饙）貞（鼎）。◎臨淄88頁

脣*

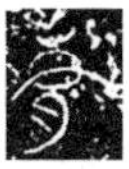

右孺子鼎蓋（戰國晚）：~（羹）四分貞（鼎）。◎文物 2004（9）83 頁

九年承匡令鼎（戰國晚）：~（羹）四分。◎西安 14 頁

匡上官鼎（戰國晚）：匡~（羹）斗（半）齋。◎銘圖 1889

宜信孺子鼎蓋（戰國晚）：~（羹）厽（叁）分。◎銘續 120

宜信孺子鼎（戰國晚）：~（羹）厽（叁）分。◎銘續 120

【案】字舊讀「容」，當從郭永秉（2020）釋爲「羹」字異體，指器物用以盛羹。

𦡎*

曾亘公臣鼎（春秋晚）：曾亘公臣之~（廚）貞（鼎）。◎銘續 117

臌*

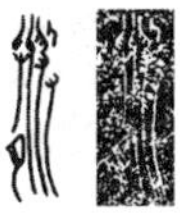

曾侯與鐘（春秋晚）：曾侯~曰。◎銘續 1029

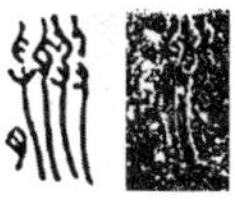

曾侯與鐘（春秋晚）：曾侯~曰。◎銘續 1032

刀

子刀鼎（商晚）：子~。◎銘續 31

九年左使車壺（戰國中）：冢（重）二百三十七~之冢（重）。◎古研（27）296 頁

剴

剴簋（西周中）：~乍（作）寶段（簋）。◎銘續 373

初

鷩觶（西周早）：唯白（伯）~死（館）于宗周。◎首陽 74 頁

公豐父簋（西周早）：隹（唯）正月~吉庚寅。◎銘圖 5014

羚簋蓋（西周中）：隹（唯）正月~吉丁丑。◎字與史（1）210頁

師酉鼎（西周中）：隹（唯）王三（四）祀九月~吉丁亥。◎歷文2004（1）封二

季姬尊（西周中）：隹（唯）八月~吉庚辰。◎文物2003（9）89頁

老簋（西周中）：隹（唯）五月~吉。◎考文2005增刊65頁

獄盉（西周中）：唯三（四）月~吉丁亥。◎考文2006（6）63頁

晉侯斷壺（西周中）：隹（唯）九月~吉庚午。◎晉國97頁

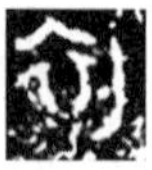
吕簋蓋（西周中）：隹（唯）九月~吉丁亥。◎論稿167頁

瞏簋（西周中）：隹（唯）九月~吉庚午。◎銘續437

伯晉生鼎（西周晚）：隹（唯）正月~吉。◎銘續181

伯𢦚父簋（西周晚）：隹（唯）王九月~吉庚午。◎首陽107頁

晉侯對盨（西周晚）：隹（唯）正月~吉庚寅。◎首陽117

豢氏劊簋乙（西周晚）：隹（唯）八月~吉丁亥。◎銘圖4916

琱生尊（西周晚）：隹（唯）五年九月~吉。◎考文2007（3）8頁

鄧公孫無忌鼎（春秋早）：隹（唯）九月~吉丁亥。◎王坡34頁

許成孝鼎（春秋早）：隹（唯）八月~吉。◎銘續190

遣仲白虜鼎（春秋早）：隹（唯）正九月~吉丁亥。◎銘續202

〔刻〕

則

楚太師登鐘辛（春秋早）：隹（唯）王正月～吉庚午。◎上博（11）153頁

𣲽公宜脂鼎（春秋晚）：隹（唯）正月～吉日丁亥。◎銘續191

攻吳王光鐸（春秋晚）：攻敔（吳）王光～得其嚣（壽）金。◎銘續1047

曾季㚣臣盤（戰國早）：隹（唯）正月～吉丁亥。◎曾國396頁

鍾離君柏鐘丁（春秋中）：隹（唯）王正月～吉丁亥。◎銘續1019

鍾離君柏鐘壬（春秋中）：隹（唯）王正月～吉丁亥。◎銘續1024

一式獄簋（西周中）：䊷（芬）夆（芳）𩡩（馨）香，～登于上下。◎考文2006（6）59頁

衛簋甲蓋（西周中）：亡（無）不～。◎南開2008（6）封三

衛簋甲（西周中）：亡（無）不～。◎南開2008（6）封三

霸姬盤（西周中）：气～誓。◎考報2018（2）239頁

仲譔父簋（西周晚）：～盟（明）誣（殛）。◎銘圖4845

卌二年逑鼎乙（西周晚）：～繇隹（唯）乃先聖且（祖）考。◎考文2003（3）9頁

卌三年逑鼎丁（西周晚）：～繇隹（唯）乃先聖且（祖）考。◎華章79頁

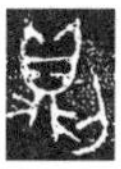

曾孟嬴削簠（春秋早）：～永祜福。◎棗陽93頁

曾伯霥壺（春秋早）：余是楙是～。◎江漢2017（6）9頁

曾子壽鼎（春秋早）：～永祜福。◎江漢2016（5）30頁

旅伯鼎（西周中）：旅白（伯）乍（作）～彝。

◎銘續148

【案】旅伯鼎「則」字從「貞」，金文首見。

削

曾孟嬴削簠（春秋早）：曾孟嬴～自乍（作）行𠤳（簠）。

◎棗陽93頁

制

晉公盤（春秋中）：～⿱龠廾⿱雨戔屡，台（以）厰（嚴）虩（赫）若否。

◎銘續952

【案】吳鎮烽（2014）讀「拂」或「弼」，訓輔佐，可從。

釗

叔釗父甗（西周晚）：弔（叔）～父乍（作）柏姞寶獻（甗）。

◎晉國149頁

罰

霸姬盤（西周中）：～五百寽（鋝）。

◎考報2018(2)239頁

⿰臬刂

之乘辰鐘（戰國早）：疋～次留之元子。

◎文物2004(2)72頁

⿰宜刂*

仲甸人盉（西周中）：中（仲）甸人肈乍（作）～姬寶盉。

◎銘續981

⿰⿱大冋刂*

衾氏劍簋甲蓋（西周晚）：衾氏～乍（作）𣪘（簋）。

◎新收1612

衾氏劍簋乙（西周晚）：衾氏～乍（作）𣪘（簋）。

◎銘圖4916

刻*

伯上父鼎（西周晚）：用～（匄）沬（眉）壽。

◎銘圖 2211

復封壺（春秋早）：遉（復）封率徒伐者（諸）～。

◎銘圖 12447

【案】郭永秉、鄔可晶（2013）釋「刻」爲「割」字表意初文，讀伯上父鼎「刻」爲「匄」。可從。

龖*

加芈編鐘（春秋中）：～～豫（舍）政，乍（作）咹（台）邦豕（家）。

◎江漢 2019（3）17 頁

【案】諸家多或從「龖」聲，而讀「沓」「習」；或以爲從「龍」聲而讀「恭」。石小力（2020）謂二「龍」一正一反，爲「化」之異體，字從「化」、「刀」聲，讀「翹」。石君注意到二「龍」顛倒與「龖」異，甚是。予疑此字以「刀」剖分二「龍」會意，或即「辨」若「判」之異體。「龖」即「辨辨」，古書或作「辯辯」「便便」「平平」，明辨、辯給之貌。或讀「拌拌」亦通。《廣雅·釋訓》：「拌拌，往來也。」

丯

公族申戈（戰國中）：公族申叏（作）陽城賁（造）～（戟）。

◎銘續 1266

未

未父己爵（西周早）：～父己。

◎新收 688

父己鼎（西周早）：～乍（作）父己。

◎文物 2018（2）77 頁

角

辛角鼎（商晚）：辛～。

◎殷墟全形 40

〔隼〕觸

相邦瘠戈（戰國晚）：冶～造。

◎銘續 1250

觴

叔矢方鼎（西周早）：王乎（呼）殷氒（厥）士～（唐）弔（叔）矢（虞）。◎文物2001（8）9頁

【案】叔矢方鼎字象酒觴形，爲「觴」字初文，鼎銘中讀爲「唐」。說詳陳斯鵬（2008）。

〔⿰爵昜〕

晉公盤（春秋中）：王命～（唐）公。◎銘續952

晉公盤（春秋中）：我皇且（祖）～（唐）公雁（膺）受大命。◎銘續952

⿰角只*

伯遊父卮（春秋中）：黄季之白（伯）遊父乍（作）其旅～（卮）。◎上博（10）124頁

【案】「⿰角只（卮）」之釋讀，從李學勤（2003c）。

⿰角足*

介令⿰角足誩戈（戰國晚）：介命（令）～誩。◎銘續1257

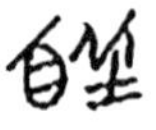

廿年冢子戈（戰國晚）：冢子～誩。◎古研（27）322頁

卷五

竹

耳竹爵（商晚）：耳～。◎近出861

父乙鼎（西周早）：耒册～父乙。◎銘續88

筍〔笱〕

荀侯鬲（西周中）：～（荀）侯爲鐤（齍）鬲。◎銘續238

荀侯戈（西周晚）：～（荀）侯承断工。◎銘圖16749

簡

有司簡簋蓋（西周晚）：有𤔲（司）～乍（作）朕皇考益弔（叔）尊𣪘（簋）。◎文物2004（3）96頁

笵

上郡守疾戈（戰國中）：～禮。◎銘圖17273

簟

應公鼎（西周晚）：雁（應）公乍（作）尊～鼎。◎華夏2007（1）27頁

箙

箙鼎（商晚）：～。◎銘續11

笰*

霸姬盉（西周中）：余自無（誣），則㚇（鞭）身，~傳出。◎銘圖14795

【案】李學勤（2011）讀爲車蔽義之「茀」。

⿱竹㐁*

⿱竹㐁公戈（春秋早）：~公戈。◎銘續1089

【案】「⿱竹㐁」爲「簟」之初文「㐁」益以意符「竹」而成，此疑讀族姓「覃」。

⿱竹卮*

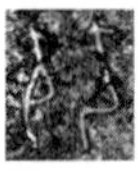

⿱竹卮卣（西周早）：~乍（作）且（祖）乙寶尊彝。◎銘續870

⿱竹甫*

宋公固鋪（春秋晚）：乍（作）濋弔（叔）子餗（饙）~（鋪）。◎銘續532

篣*

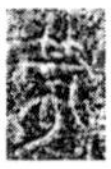

篣府戈（春秋晚）：~府宅戈。◎銘圖16656

【案】黃錫全（2009）讀爲魯地名「防」。

⿱竹适*

曾侯與鐘（春秋晚）：白（伯）~（适）上□。◎銘續1029

【案】諸家指出「白⿱竹适」即《論語・微子》之「伯适」、《尚書・君奭》之「南宮括」，是。《說文》從「氒」聲之「昏」，古文字作「舌」，隸變後與「舌」混同。參「昏」字條。

〔其〕箕

矩方鼎（西周早）：~用卿（饗）王出內（入）。◎新收1664

叔矢方鼎（西周早）：~萬年揚王光氒（厥）士。◎文物2001（8）9頁

家父盤（西周早）：~萬年子子孫永寶。◎新收960

叡卣蓋（西周早）：□~子子孫其永用。◎曲村505頁

獄鼎（西周中）：~日朝夕用雜祀于氒（厥）百申（神）。◎考文2006(6)58頁

親簋（西周中）：親~萬年孫子其永寶用。◎歷文2006(3)封二

獄盨（西周中）：~日引勿替。◎銘圖5275

親簋（西周中）：親其萬年孫子~永寶用。◎歷文2006(3)封二

趞伯盨（西周中）：~競余一子。◎銘圖5666

叔尊（西周中）：女（汝）日~賞勿竝（替）。◎銘圖11818

伯𩰫簋蓋（西周中）：~用飤正、御事、倗友、尹人。◎銘圖5100

趞伯簋蓋（西周中）：朕文考~用乍（作）氒（厥）身。◎銘續444

召生簋蓋（西周晚）：~用ナ（左）君。◎銘圖5064

射壺蓋（西周晚）：乃事（使）東遻（懋）~工（功）。◎銘圖12444

卌二年逑鼎乙（西周晚）：~嚴才（在）上。◎考文2003(3)9頁

單五父方壺甲蓋（西周晚）：~萬年子子孫孫永寶用。◎華章169頁

伯呂盨（西周晚）：~子子孫孫邁（萬）年永寶用。◎夏商周395

僉父瓶蓋（春秋早）：𩁹父君僉父乍（作）~金瓶（瓶）。◎銘圖14036

伯遊父盤（春秋中）：馬頸君白（伯）遊父乍（作）～沬盤。◎上博(10)123頁

尊父鼎（春秋晚）：～萬年子子孫孫永寶用亯（享）。◎文博2008(2)6頁

采隻簋（西周中）：～邁（萬）人（年）永寶用。◎銘圖5154

宋君夫人鼎蓋（春秋晚）：～薑（萬）～沬（眉）壽，爲民父母。◎第四屆116頁

叔㐬甗（西周早）：至于子子孫孫～邁（萬）年永寶用。◎銘圖3340

倗伯鼎（西周中）：～萬年寶用亯（享）。◎文物2006(8)17頁

柞伯鼎（西周晚）：～永寶用。◎文物2006(5)68頁

者僕故匜（西周晚）：～萬年沬（眉）壽永寶用。◎山東696頁

鍾離君柏簠（春秋中）：作～飤𠤳（簠）。◎銘圖5898

魚鼎匕（戰國）：母（毋）處～所。◎銘圖6320

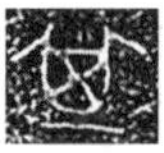
鄭莊公之孫盧鼎（春秋晚）：～遷（徙）于下都。◎湖北56

攻吳王光鐸（春秋晚）：攻敔（吳）王光初得～𠷎（壽）金。◎銘續1047

孝簋（西周中）：～邁（萬）年永寶用。◎銘續441

大父鼎（西周晚）：～邁（萬）年子子孫孫永用。◎銘圖2034

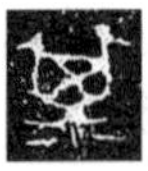
卌三年逑鼎乙（西周晚）：皇考～嚴才（在）上。◎華章63頁

琱生尊（西周晚）：～䛈（兄）公。◎考文2007(3)8頁

篔

〔[illegible]〕

秦子簋蓋（春秋早）：義（宜）~士女。◎故博2005（6）22頁

曾侯宏鼎（春秋中）：曾侯宏睪（擇）~吉金。◎銘續185

鄬子受鐘（春秋中）：~永配氒（厥）休。◎淅川72頁

嫼盤（春秋晚）：嫼睪（擇）~吉金。◎銘續948

鮑子鼎（春秋晚）：~壽君母（毋）死。◎歷文2009（2）51頁

茅仲甗缶（戰國早）：茅中（仲）甗乍（作）~宗器尊鏕（甗）。◎銘圖14087

柞伯鼎（西周晚）：今女（汝）~率蔡侯左至于昏邑。◎文物2006（5）68頁

篔戟（春秋晚）：□~□戜（戟）。◎山東869頁

秦子鎛（春秋早）：吕（以）~三鎛。◎歷文2008（4）圖版2

鄬子受鐘（春秋中）：~永配氒（厥）休。◎淅川63頁

鍾離君柏鐘甲（春秋中）：童（鍾）麗（離）君柏乍（作）~行鐘。◎銘續1016

與兵壺（春秋晚）：~用亯（享）用孝于我皇俎（祖）文考。◎古研（24）234—235頁

中文王之孫州奉簠（春秋晚）：睪（擇）~吉金。◎古研（25）193頁

鄧公孫無忌鼎（春秋早）：鄧公孫無~（忌）屡（選）吉金。◎王坡34頁

丌

郘夫人孎鼎（春秋晚）：郘（鄢）夫人孎斁（擇）~（其）吉金。◎中原2009（3）11頁

昭王之諻戈（戰國中）：卲（昭）王之諻睪（擇）~（其）吉金。◎江漢2016（2）88頁

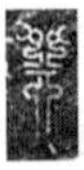

越王丌北古劍（戰國早）：戉（越）王~北古。◎銘圖18027

典

槐簋（西周中）：命乍（作）~尹册命槐。◎銘續454

加𡍮編鐘（春秋中）：余~册氒（厥）德。◎江漢2019（3）16頁

典兔尊（西周早）：□令小臣豐易（賜）~弜。◎保利續145頁

旽簋（西周中）：［先王］亦弗畐（鄙）乃且（祖）考，弃（登）裏氒（厥）~。◎銘圖5386

【案】「典」字本從「册」加奠座（「=」）或加執持之手形（「収」或「又」），以示典重之意，作「」「」「」「」「」諸形。後來從「丌」之寫法即由「」形演變而來。可參《甲骨文字詁林》2970—2972頁所引諸家之説，尤以于省吾説爲詳。謝明文（2011b）不然此説，將上述諸形改釋爲「册」之通用字。予意「典」「册」之義近同，故可用於相同語境，且「典」字本由「册」字衍生，早期文字中甚或可逕讀同「册」，但不能以此否認早期「典」之存在。槐簋之「典」已從「丌」無可疑，但「作典」大概仍應從一般文例讀爲「作册」。

畀

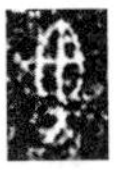

樊伯千鼎（春秋早）：~中（仲）嬴格母。◎銘續200

吕簋蓋（西周中）：更乃考□嗣（司）～（甸）師氏。◎論稿167頁

宰獸簋（西周中）：～亯（庸）外入（内）。◎陜博（7）99頁

羚簋（西周中）：令邑于～（鄭）。◎字與史（1）211頁

魯侯鼎（西周中）：魯侯乍（作）～𪔂（將）。◎銘圖1427

旂伯簋（西周中）：王客（格）～（鄭）宫。◎銘圖5148

羚簋蓋（西周中）：令邑于～（鄭）。◎銘續448

懋尊（西周中）：穆王才（在）～（鄭）。◎銘續791

叔爯父盨（西周晚）：～（鄭）井。◎銘續468

卌二年逑鼎甲（西周晚）：～周邦。◎華章39頁

卌二年逑鼎甲（西周晚）：余令（命）女（汝）～長父休。◎華章39頁

卌二年逑鼎甲（西周晚）：女（汝）克～于氒（厥）自（師）。◎華章39頁

鄭登伯盨（西周晚）：～（鄭）登白（伯）乍（作）寶須（盨）。◎文物2009（1）46頁

鄭丼姜匜（西周晚）：～（鄭）丼姜乍（作）寶寍（匜）。◎銘續986

鼎卦戈（西周晚）：貞（鼎）黄耳，～之。◎銘續1265

子耳鼎（春秋早）：～（鄭）白（伯）公子子耳乍（作）盂鼎。◎文物2006（4）7頁

良夫盤（春秋早）：～（鄭）武公之孫聖白（伯）之子良夫睪（擇）氒（厥）吉金。◎銘圖14521

左

封子楚簠（春秋晚）：坢（封）子楚～（鄭）武公之孫。◎銘續517

秦子戈（春秋早）：～辟元用。◎考文2003（2）81頁

晉公盤（春秋中）：余咸畜胤士，乍（作）龙～右。◎銘續952

左車軎（戰國中）：～。◎天星觀108頁

齊城左戈（戰國晚）：齊城～。◎文物2000（10）74頁

左使車鏟（戰國晚）：～使車。◎靈壽城82頁

京左庫矛（戰國晚）：京～庫。◎文物2013（11）75頁

宋左師不睪鼎（春秋晚）：宋～市（師）不睪。◎臨淄88頁

鄭右庫弩機（戰國晚）：～（鄭）右□庫。◎銘續1364

晉公盤（春秋中）：我皇且（祖）鷐（唐）公雁（膺）受大命，～右武王。◎銘續952

成陽左戈（春秋晚）：成陽（陽）～戈。◎文物2018（8）89頁

廿八年工師愈戟（戰國中）：～庫。◎珍秦齋吳117頁

元年安平相邦戈（戰國晚）：～庫叚（假）工市（師）肖（趙）悍（㥃）。◎銘圖17349

十五年相邦春平侯劍（戰國晚）：邦～伐器。◎文物2005（2）68頁

宋左師不睪鼎（春秋晚）：～胸（庖）之鋒（饋）貞（鼎）。◎臨淄88頁

差

相邦痏戈（戰國晚）：～乍（作）攻（工）暲。◎銘續1250

曾工差臣簠（春秋晚）：曾工～（佐）臣之行匿（簠）。◎銘續484

夫差劍（春秋晚）：攻敔（吳）王夫～。◎黃盛璋307頁

曾侯與鐘（春秋晚）：～（左）辪（右）文武。◎銘續1029

宋公差戈（春秋晚）：宋公～之所賠（造）茆族戈。◎銘續1216

攻吳王夫差劍（春秋晚）：攻敔（吳）王夫～。◎銘續1339

攻吳王夫差劍（春秋晚）：攻敔（吳）王夫～。◎銘續1341

越王差徐戈（戰國早）：戉（越）王～郐（徐）㠯（以）其鐘金鑄其戕戟。◎古研(25)212頁

大市量（戰國中）：攻～（佐）競之走（上）㠯（以）爲大市鑄政（征）顏（鴈）首。◎古研(22)129頁

悍距末甲（戰國晚）：用～（佐）商國。◎古研(24)269頁

工

京師畯尊（西周早）：王又（有）□～（功）。◎銘圖11784

親簋（西周中）：𤔲（司）～□入右親立中廷。◎歷文2006(3)封二

叔尊（西周中）：各（格）文遺～（功）。◎銘圖11818

叔尊（西周中）：女（汝）日其賞勿竝（替），乃～（功）日引。◎銘圖11818

巨

昔須甗（西周中）：多鈞～（功）。◎銘圖 3349

應侯視工鐘（西周晚）：雁（應）侯視～遺王于周。◎保利續 158 頁

卌二年逑鼎甲（西周晚）：女（汝）敏于戎～（功）。◎華章 39 頁

復封壺（春秋早）：逡（復）封率徒伐者（諸）剢，武又（有）～（功）。◎銘圖 12447

工吳王叡矣工吳劍（春秋晚）：～吳王叡矣～吳睪（擇）其吉金。◎銘圖 17948

工俛車轄（戰國晚）：私～一。◎西安 168

十三年杖首（戰國）：十三年得～。◎銘續 1386

加芈編鐘（春秋中）：余典册氒（厥）德，殹（緊）民之華（蒦）～（矩）。◎江漢 2019（3）17 頁

射壺蓋（西周晚）：乃事（使）東遻（懋）其～（功）。◎銘圖 12443

卌二年逑鼎甲（西周晚）：嗣（司）～㰟右吳逑入門立中廷。◎華章 39 頁

楚太師登鐘辛（春秋早）：武于戎～（功）。◎上博（11）153 頁

曾工差臣簠（春秋晚）：曾～差（佐）臣之行匿（簠）。◎銘續 484

右孺子鼎（戰國晚）：～瓶（臧）。◎文物 2004（9）83 頁

上郡守遣戈（戰國晚）：～隸臣渠。◎考文 2009（3）32 頁

甬巨簠（春秋晚）：甬～之行匿（簠）。◎銘續 480

矩方鼎（西周早）：～乍（作）宗室⿱齊女（齋）。◎新收1664

免簋（西周中）：易（賜）女（汝）～（⿱矩鬯）鬯一卣（卣）。◎回家（2019二）71頁

伯義父鼎（西周晚）：白（伯）義父乍（作）～姬鼎。◎銘續154

【案】金文多作「大」或「夫」持「巨」之形，《説文》或體作「榘」，後世文獻作「矩」，所從「矢」乃「大」或「夫」之訛。

⿰王者*

加芈編鐘（春秋中）：白（伯）舌（适）受命，帥禹之～（緒）。◎江漢2019（3）16頁

曾侯與鐘（春秋晚）：共（恭）寅（寅）齋㠱（盟），代武之～（緒）。◎銘續1029

【案】「⿰王者」字見於叔夷鎛，舊多釋「堵」。曾侯與鐘「⿰王者」字或誤釋「表」。陳民鎮（2019b）結合石小力意見，指出字從「工」不從「土」，讀爲《詩·魯頌·閟宫》「纘禹之緒」之「緒」，指功業。甚是。

甘

伯克父鼎（春秋早）：唯白（伯）克父～婁廼自遺吉取休吉金。

伯克父盨蓋（春秋早）：唯白（伯）克父～婁自乍（作）㨗（拜）盨（梧）。◎銘續475

伯克父盨（春秋早）：唯白（伯）克父～婁自乍（作）㨗（拜）盨（梧）。◎銘續474

廿四年芒令戈（戰國晚）：右庫工師～（邯）丹（鄲）臾。◎左冢66頁

曆

麻簋（西周早）：～乍（作）父乙彝。◎保利續110頁

曶簋（西周中）：弔（叔）朕父加（嘉）曶～（勞）。◎文物2000（6）87頁

夾簋（西周中）：王穖（勉）氒（厥）老夾～（勞）。◎新收1958

翻鼎（西周中）：［王蔑（勉）］翻（紳）～（勞）。◎銘續230

射壺（西周晚）：弋（式）穖（勉）射～（勞）。◎銘圖12443

射壺（西周晚）：弋（式）穖（勉）射～（勞）。◎銘圖12444

荊子鼎（西周早）：荊子蔑（勉）～（勞）。◎銘圖2385

懋卣（西周中）：蔑（勉）懋～（勞）。◎銘續880

玉苟盤（西周中）：穖（勉）苟～（勞）。◎出土文獻（11）65頁

伐簋蓋（西周中）：白（伯）頪穖（勉）氒（厥）老父伐～（勞）。◎銘圖5321

任鼎（西周中）：任蔑（勉）～（勞）。◎歷文2004（2）21頁

卌二年逑鼎乙（西周晚）：于～彌。◎華章47頁

卌二年逑鼎甲（西周晚）：于～彌。◎華章39頁

倗伯爯簋（西周中）：益公蔑（勉）倗白（伯）爯～（勞）◎文物2006（8）8頁

霸伯盂（西周中）：王吏（使）白（伯）考蔑（勉）尚～（勞）。◎銘圖6229

霸伯盂（西周中）：天子蔑（勉）其亡（無）～（勞）。◎銘圖6229

玉苟盉（西周中）：穖（勉）苟~（勞）。◎出土文獻（11）65頁

霸伯簋蓋（西周中）：儯（勉）霸白（伯）~（勞）。◎考報2018（1）103頁

霸伯簋（西周中）：儯（勉）霸白（伯）~（勞）。◎考報2018（1）103頁

霸伯簋蓋（西周中）：蔑（勉）霸白（伯）~（勞）。◎考報2018（1）105頁

【案】金文「厤」應讀爲「勞」，説詳陳斯鵬（2021a）。

猒

伐簋（西周中）：用乍（作）呂姜~寶尊毁（簋）。◎回家（2019二）9頁

【案】《回家（2019二）》闕釋。淮伯鼎：「于之叔匓猒肉。」《説文》「匓」字條云：「民祭祝曰厭匓。」

甚

晉侯對盨（西周晚）：~（湛）樂于邍（原）⿺辶㬎（隰）。◎首陽117

⿰甘犬*

棘⿰甘犬鼎蓋（西周早）：易（賜）棘~貝十朋。◎銘續217

曰

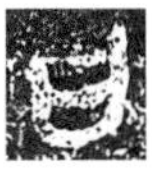

作册般黿（商晚）：~：奏于庸，乍（作）女（汝）寶。◎歷文2005（1）封二

非盂（西周早）：非~：異好我。◎銘續536

非盂（西周早）：隹（唯）~：「若我王⿰山步（頻）宦。」◎銘續536

采隻簋（西周中）：王~。◎銘圖5155

曶

䣯卣（西周中）：~：非令。◎銘續882

宰獸簋（西周中）：王乎（呼）內史尹中（仲）册命宰獸~。◎陜博（7）99頁

獄盨（西周中）：~：用事。◎銘圖5275

季姬尊（西周中）：氒（厥）師夫~丁。◎文物2003（9）89頁

霸姬盤（西周中）：報氒（厥）誓~。◎考報2018（2）239頁

義子曰鼎（春秋晚）：義子~自乍（作）飤𦈡。◎中原2006（5）8頁

魚顛匕（戰國）：~：欽𢦏（哉）。◎銘圖6320

太師虘簋蓋（西周中）：王乎（呼）宰~易（賜）大（太）師虘虎裘。◎銘圖5283

伐簋蓋（西周中）：𠂤（師）~引㠯（以）友五十夫。◎銘圖5321

豳公盨（西周中）：豳公~。◎歷文2002（6）4頁

凷盨蓋（西周中）：王~。◎銘圖5673

卌三年逑鼎乙（西周晚）：王若~。◎華章63頁

鼎卦戈（西周晚）：~：貞（鼎）止（趾）。◎銘續1265

曾侯與鐘（春秋晚）：曾侯䑣（與）~。◎銘續1032

曶簋（西周中）：王令（命）~。◎文物2000（6）87頁

曹

太師虘簋蓋（西周中）：王乎（呼）宰～易（賜）大（太）師虘虎裘。◎銘圖5282

爾孫造鼎（春秋早）：爾孫造爲夫人弔（叔）氏～鼎。◎銘續158

新城令矛（戰國晚）：冶□～（造）。◎銘續1288

乃

呂簋蓋（西周中）：更～考□嗣（司）奠師氏。◎論稿167頁

親簋（西周中）：更～且（祖）服乍（作）冢嗣（司）馬。◎歷文2006（3）封二

虎簋蓋乙（西周中）：～且（祖）考史（事）先王。◎新收1874

叔尊（西周中）：自今䞣（往）弜其又（有）達（迭）女（汝）于～丂（巧）。◎銘圖11818

叔尊（西周中）：～工（功）日引。◎銘圖11818

伯或父鼎（西周中）：凡姬～新□。◎銘續0231

戚簋蓋（西周中）：用楚（胥）～長。◎銘續450

宗人簋（西周中）：～易（賜）宗人干、戈。◎銘續461

㽙卣（西周中）：～兄兓（僭）鼻（畀）女（汝）。◎銘續882

射壺蓋（西周晚）：～事（使）東遻（懋）其工（功）。◎銘圖12443

射壺蓋（西周晚）：～事（使）述遺念于蔡君子興。◎銘圖12443

文盨（西周晚）：～易（賜）馬。◎字與史（1）221頁

迺

柞伯鼎（西周晚）：才（在）～聖且（祖）周公繇又（有）共于周邦。◎文物2006(5)68頁

琱生尊（西周晚）：其弟～。◎考文2007(3)8頁

卌二年逑鼎乙（西周晚）：則繇隹（唯）～先聖且（祖）考。◎考文2003(3)9頁

卌二年逑鼎甲（西周晚）：～即宕伐于弓谷。◎華章39頁

卌三年逑鼎丁（西周晚）：醽（申）豪（就）～令（命）。◎華章79頁

卌三年逑鼎甲（西周晚）：雩（粵）～専政事。◎華章55頁

卌三年逑鼎壬（西周晚）：余隹（唯）巠（經）～先且（祖）考，有爵于周邦。◎華章119頁

卌三年逑鼎辛（西周晚）：雩（粵）～訊庶人又（有）粦（譖）。◎文物2003(6)20—21頁

曾侯與鐘（春秋晚）：～加於楚。◎銘續1029

何簋（西周早）：～令（命）何𤔲（司）三族。◎文物2009(2)55頁

鬳簋（西周早）：公～宛（館）才（在）廦。◎首陽83頁

非盉（西周早）：～□興還異好自丝（茲）。◎銘續536

楚季鐘（西周中）：氒（厥）孫～獻于公。◎銘續1015

親簋（西周中）：女（汝）～諫訊有粦（譖）。◎歷文2006(3)封二

豳公盨（西周中）：～自乍（作）配，卿（鄉）民。◎歷文2002(6)4頁

〔卣〕𠧪

卌三年逑鼎乙（西周晚）：～敄（侮）鰥寡。◎華章63頁

卌三年逑鼎甲（西周晚）：～敄（侮）鰥寡。◎華章55頁

隥簋（西周晚）：身皇刺（烈）侯～閉朕毛父。◎銘圖5138

伯克父鼎（春秋早）：唯白（伯）克父甘婁～自遣吉取休吉金。◎銘續223

荊子鼎（西周早）：賫𩰫～、貝二朋。◎銘圖2385

□簋（西周中）：易（賜）女（汝）鬯～、赤市、幽黃（衡）、攸（鋚）勒。◎銘圖5386

克盤（西周中）：克乍（作）禦于百（伯）𣦼（考）日辛～䰜寶尊彝。◎銘續937

茾父簋（西周中）：～易（賜）茾父馬乘。◎全集(10)251頁

卌二年逑鼎甲（西周晚）：賫女（汝）𩰫鬯一～。◎華章39頁

卌三年逑鼎甲（西周晚）：易（賜）女（汝）𩰫鬯一～。◎華章55頁

丂

倗季尊（西周早）：倗季乍（作）𠭯（祖）～（考）寶尊彝。◎銘圖11687

叔尊（西周中）：自今㞷（往）弜其又（有）達（迭）女（汝）于乃～（巧）。◎銘圖11818

畢伯克鼎（西周晚）：用追亯（享）～（孝）。◎銘圖2273

家伯束邘簋（春秋早）：皇～（考）武公、皇母武姜。◎銘續452

仲枏父鬲（西周中）：用敢卿（饗）考（孝）于皇且（祖）～（考）。◎首陽96頁

【案】仲枏父鬲「丂」字怪異。疑誤範或誤剔。

粵

寶粵簋（西周早）：寶～乍（作）父庚尊彝。◎追回49頁

寧

寧卣蓋（西周早）：～乍（作）父乙尊彝。◎銘圖13130

寧卣（西周早）：～乍（作）父乙寶尊彝。◎銘圖13130

卌三年逑鼎甲（西周晚）：母（毋）敢妄～。◎華章55頁

卌三年逑鼎乙（西周晚）：母（毋）敢妄～。◎華章63頁

可

工吳王叡矣工吳劍（春秋晚）：不～告人。◎銘圖17948

可盤（春秋晚）：～之行般（盤）。◎文物2008（2）8頁

乎

叔夨方鼎（西周早）：王～（呼）殷氒（厥）士觴（唐）弔（叔）夨（虞）。◎文物2001（8）9頁

虎簋蓋乙（西周中）：王～（呼）入（內）史。◎新收1874

太師虘簋蓋（西周中）：王～（呼）師晨召太師虘入門。◎銘圖5283

親簋（西周中）：王～（呼）乍（作）册尹册䌜（申）令（命）親。◎歷文2006（3）封二

免簋（西周中）：王～（呼）乍（作）册王令（命）尹咏曰。◎回家（2019 二）71頁

昔雞簋（西周中）：王姤（后）～（呼）昔奚（雞）遣艿姞于軓（韓）。◎陝金集成28

逑鼎丙（西周晚）：王～（呼）尹氏册令（命）逑。◎華章71頁

頌盤（西周晚）：王～（呼）史虢生册令（命）頌。◎文物2009（9）52頁

于

馭簋（西周晚）：王～（呼）內史册命駭（馭）。◎銘圖5243

許子□父鼎（春秋早）：鄦（許）子□父～□乍（作）□。◎銘續161

【案】王森（2021）推衍吳闓生舊說釋「平」，並以爲「抨」之初文，實不可信。

作册般黿（商晚）：王令（命）寑（寢）馗兄（貺）～乍（作）册般。◎歷文2005（1）封二

作册般黿（商晚）：奏～庸。◎歷文2005（1）封二

辛䨻相簋（西周早）：辛□□□～䑽宮。◎文物2004（8）80頁

太保簋（西周早）：～浛周鑄。◎銘圖4482

比盂（西周中）：比易（賜）金～公。◎銘續533

師衛簋（西周早）：豐（豐）公史（使）衛陟～氒（厥）啻。◎銘圖5142

瘻鼎（西周早）：皇兄考（孝）～公。◎銘續195

叔㐬甗（西周早）：至～子子孫孫其邁（萬）年永寶用。◎銘圖3340

辛䨻相簋（西周早）：王子至～方。◎文物2004（8）80頁

䚄公簋（西周早）：遣～王令（命）昜（唐）白（伯）侯～晉。◎考古2007（3）圖版3.5

任鼎（西周中）：事（使）獻爲（貨）～王。◎歷文2004（2）21頁

獄盉（西周中）：朕光尹周師右告獄～王。◎考文2006（6）63頁

老簋（西周中）：魚（漁）～大滮（沼）。◎考文2005年增刊65頁

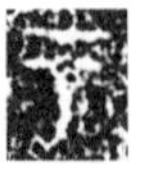

伯句簋蓋（西周中）：其用亯（享）～尹人眔倗友。◎銘圖4989

㝬應姬鼎（西周中）：㝬（胡）雁（應）姬見～王。◎銘續221

楚季鐘（西周中）：氒（厥）孫廼獻～公。◎銘續1015

𧩧鼎（西周晚）：在朕皇高且（祖）師婁……王父師彪，～朕皇考師孝。◎文博2007（2）17頁

卌二年逑鼎甲（西周晚）：用亯（享）孝～前文人。◎華章39頁

卌三年逑鼎壬（西周晚）：又（有）爵～周邦。◎華章119頁

旍簋（西周中）：令邑～奠（鄭）。◎字與史（1）211頁

豳公盨（西周中）：永卬（孚）～寍（寧）。◎歷文2002（6）4頁

伯武父鼎（西周中）：聞（昏）夙遘～宗室。◎銘續174

洴簋（西周中）：洴皇（追）孝～宮弔（叔）。◎銘續406

伯弘父盨（西周中）：用卿（饗）賓～宗室。◎中原2016（4）68頁

柞伯鼎（西周晚）：左至～昏邑。◎文物2006（5）68頁

卌二年逑鼎乙（西周晚）：出戠～井阿。◎考文2003（3）9頁

伯戔父簋（西周晚）：用亯（享）～文且（祖）考。◎首陽107頁

粵

文盨（西周晚）：還至~成周。◎字與史（1）221頁

逨邟鐘（春秋早）：台（以）亯（享）~我先祖。◎銘續1027

競之定鬲甲（春秋晚）：大有社（功）~洛之戎。◎文物2008（1）81頁

與兵壺（春秋晚）：~後民永寶孥（效）之。◎古研（24）234—235頁

封子楚簠（春秋晚）：受命~天。◎銘續517

卌三年逑鼎甲（西周晚）：~乃專政事。◎華章55頁

秦子簋蓋（春秋早）：卲（昭）~聞三（四）方。◎故博2005（6）22頁

季子康鎛（春秋中）：余萩𠂤（厥）~之孫。◎考文2009（3）103頁

鄭莊公之孫盧鼎（春秋晚）：其遷（徙）~下都。◎湖北56

與兵壺（春秋晚）：其用亯（享）用孝~我皇俎（祖）文考。◎古研（24）234—235頁

司馬義鎛（戰國早）：用亯（享）~皇祖吝（文）考。◎山東104—108頁

【案】「粵」與「雩」爲一字之分化。卷十一「雩」字重見。

平

加芈編鐘（春秋中）：孱其~龢，休恧（淑）孔⿰皇隹（鍠）。◎江漢2019（3）18頁

平阿右僕戈（戰國中）：~坙（阿）右僕造戈。◎銘續1191

侯古堆鎛（春秋晚）：嘉~元奏。◎侯古堆57頁

邕平一升分銀盤甲（戰國晚）：邕~。◎銘續1393

旨

鄙得鼎（戰國晚）：旾（春）～相邦鄙得。◎銘圖 2387

元年安平相邦戈（戰國晚）：元年安～相邦司徒田子。◎銘圖 17349

十五年相邦春平侯劍（戰國晚）：相邦春～侯。◎文物 2005（2）68 頁

元年上郡假守暨戈（戰國晚）：～陸。◎珍秦齋秦 93 頁

瘻鼎（西周早）：夙夜用～䚕（將）公。◎銘續 195

旨壺（西周早）：～乍（作）父辛彝。◎銘續 809

燕侯旨卣（西周早）：匽（燕）侯～乍（作）姑妹寶尊彝。◎銘續 874

旨盉蓋（西周中）：～乍（作）用盉。◎銘圖 14697

召叔簋（西周中）：用眔氒（厥）倗（朋）友～卿（饗）。◎銘續 426

仲太師鼎（西周晚）：用匽（燕）～飤。◎銘圖 2196

外伯鬲（西周晚）：～鬻（羹）壽人。◎銘續 248

晉侯對鋪（西周晚）：用～食。◎新收 857

之乘辰鐘（戰國早）：余郐（徐）王～後之孫。◎文物 2004（2）72 頁

越王諸稽於睗劍（戰國早）：者（諸）～（稽）於睗。◎夏商周 587.2

喜

逑鐘（西周晚）：追孝卲各（格）～侃前文人。◎首陽 121

楚太師登鐘乙（春秋早）：用宴用～。◎上博（11）150 頁

壴

叔多父盤（西周晚）：無不～曰。◎銘圖14532

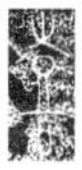

加芈編鐘（春秋中）：疇獻䛐（歌）𢓨（舞），匽（宴）～歙（飲）飤。◎江漢2019(3)18頁

燕王喜戈（戰國晚）：郾（燕）王～怎（作）攻鋸。◎銘續1194

卅年工師韓勹（戰國晚）：工帀（師）韓、工～。◎銘續914

壴師當盧（西周早）：～師。◎文物2002(12)13頁

叔壴簋蓋（西周早）：弔（叔）～䏌（肇）乍（作）宗寶尊彝。◎銘續368

【案】壴師當盧「壴」字，王長啟（2002）釋「豊」，楊澤生（2006）改釋「壴」（「鼓」字初文），謂「鼓師」爲掌教擊鼓之樂官，說是。

彭

魚伯彭尊（西周早）：魚白（伯）～乍（作）寶尊彝。◎銘圖11622

彭射缶（春秋晚）：～射之䣅（尊）。◎銘圖14057

彭子疾鼎（春秋晚）：～子疾睪（擇）其吉金。◎銘續205

彭公之孫無所鼎（春秋晚）：～公之孫無所自乍（作）湯鼎。◎中原2004(2)47頁

彭子射兒鼎（春秋晚）：䨜（申）公之孫～子射兒睪（擇）其吉金。◎銘圖2264

嘉

秦子簋蓋（春秋早）：又（有）夒（柔）孔～。◎故博2005(6)22頁

加芈編鐘（春秋中）：台（以）樂好賓～客。◎江漢2019(3)17頁

封子楚簠（春秋晚）：用會～賓、大夫及我倗友。◎銘續 517

侯古堆鎛（春秋晚）：～平元奏。◎侯古堆 57 頁

曾侯與鐘（春秋晚）：～楨（樹）芋（華）英。◎銘續 1034

褱兒鎛（春秋）：㠯（以）樂～賓。◎銘圖 15805

【案】曾侯與鐘「嘉」，馬曉穩（2016）釋「藉」，非是。

豐*

公豐父簋（西周早）：公～父乍（作）琮妃好寶𣪘（簋）。◎銘圖 5014

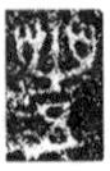

公豐父簋（西周早）：～父罘琮好其永寶。◎銘圖 5014

豐簋（西周早）：～肇乍（作）氒（厥）且（祖）甲寶尊彝。◎銘圖 4541

鼓

唐鼓爵（商晚）：王奏𢍚（登）□□唐～□□尊□乍（作）乙□。◎銘圖 8583

楚太師登鐘己（春秋早）：子子孫永寶～之。◎上博（11）152 頁

侯古堆鎛（春秋晚）：諆（其）永～之。◎侯古堆 57 頁

褱兒鎛（春秋）：永保～之。◎銘圖 15805

之乘辰鐘（戰國早）：世世～之。◎文物 2004（2）72 頁

鼛

趙氏余戈一（春秋中）：趙氏余㲉～壼（夷）用元鎬乍（作）鑄戈三百。◎銘續1259

趙氏余戈二（春秋中）：是謂御～壼（夷）趙氏余之兵。◎銘續1260

豆

車簫鼎（商晚）：車簫乍（作）父丁彝，～（登）。◎保利續30頁

龍子囟鼎蓋（春秋晚）：龍子囟之～（廚）貞（鼎）。◎銘續110

剅*

霸伯簋（西周中）：唯正月王𩞄～于氏。◎考報2018（1）108頁

【案】字從「刀」解「肉」於「豆」上，王子楊（2018）釋「弅（登）」，又疑可讀「肆」。袁金平（2019）則主讀「肆」之説。當以釋「弅（登）」爲優。

豊

內史亳觚（西周早）：成王易（賜）內史亳～（醴）祼。◎銘圖9855

豐

典免尊（西周早）：□令小臣～易（賜）典弜。◎保利續146頁

豐姬鼎（西周早）：～姬乍（作）寶尊彝。◎銘續95

扲簋（西周中）：用乍（作）朕文且（祖）～中（仲）寶𣪕（簋）。◎字與史（1）211頁

豐姬盉（西周中）：～姬乍（作）寶尊彝。◎銘續976

豐伯盄父簠（西周晚）：～白（伯）盄父乍（作）匿（簠）。◎銘圖5845

有司簡簋蓋（西周晚）：～中（仲）次父。◎文物2004（3）96頁

〔豐〕

卌二年逑鼎甲（西周晚）：~~㲋㲋。◎華章 39 頁

師衛鼎（西周早）：~公戠（捷）反尸（夷）。◎銘圖 2185

豐侯母鬲（西周晚）：~侯母乍（作）尊鬲。◎新收 1673

䖒

廿一年安邑戈（戰國中）：冶匀嗇夫~。◎珍秦齋吳 96 頁

虞

叔夨方鼎（西周早）：王乎（呼）殷氒（厥）士觴（唐）弔（叔）~。◎文物 2001（8）9 頁

【案】此字與《說文》卷十讀「阻力切」之「夨」同形，而音讀不同。字在鼎銘中讀「虞」，疑即憂虞義之初文，說參陳斯鵬（2008）。「夨」字重見。

虔

卌三年逑鼎丙（西周晚）：~夙夕（助）雝我邦小大猷。◎華章 71 頁

卌三年逑鼎丁（西周晚）：~夙夕（助）雝我邦小大猷。◎華章 79 頁

晉公盤（春秋中）：~⿱⿰龍兄廾（恭）盟祀。◎銘續 952

【案】逑鼎「虔」或從「大」不從「文」，爲變體。

虘

士山盤（西周中）：延（誕）⿺辶彡蠚、荊方服，眔大~服。◎歷文 2002（1）4 頁

太師虘簋蓋（西周中）：王乎（呼）師晨召大（太）師~入門。◎銘圖 5282

虘

小臣夾虘簠（西周晚）：奠（鄭）白（伯）大小臣夾～乍（作）匠（簠）。◎銘圖5896

攻吳王虘戗此郐劍（春秋晚）：攻敔（吳）王～戗此郐自乍（作）其元用。◎江漢2009（3）彩版二

加芈編鐘（春秋中）：烏（嗚）～（呼），龏（恭）公喿（早）陟。◎江漢2019（3）16頁

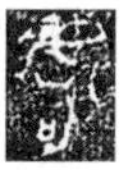

鄭莊公之孫盧鼎（春秋晚）：烏（嗚）～（呼）哀哉。◎湖北56

虘台丘子俅戈（戰國晚）：～台丘子俅之造。◎山東853頁

〔虒〕虐

霸姬盤（西周中）：余不女（汝）命曰「～霸姬」？◎考報2018（2）239頁

霸姬盤（西周中）：用～霸姬。◎考報2018（2）239頁

虐尊（西周中）：～乍（作）父乙寶尊彝。◎銘圖11773

選鐘乙（西周晚）：母（毋）敢爲虣（暴）～于八民。◎銘圖15249

【案】「虐」字本以象兵杖形之「卜」擊「虎」會意，造字方式及取象與「虣」（暴）字相類似，選鐘文例可證。霸姬盤「虐」可讀「效」，義爲送致。説詳陳斯鵬（2022）。虐尊一文《銘圖》釋「虎」，不似；所從「」疑「卜」形之變，當亦是「虐」字。

⿸㫃虎*

⿸㫃虎尊（西周早）：～乍（作）父乙寶尊彝。◎銘圖11621

【案】疑「虐」之繁體。

虎

太師虘簋蓋（西周中）：王乎（呼）宰曶易（賜）大（太）師虘～裘。◎銘圖5282

虎簋蓋乙（西周中）：册令（命）～。◎新收1874

彪

霸伯簋（西周中）：～皮一。◎考報2018（1）102頁

霸伯簋（西周中）：～皮一。◎考報2018（1）103頁

卌三年逑鼎丙（西周晚）：～宣（冪）熏裏。◎華章71頁

師酉盤（西周晚）：嗣（嗣）乃且（祖）啻（嫡）官邑人、～臣。◎銘續951

雩婁公佗戈（春秋晚）：～（雩）鄴（婁）公佗之用。◎銘續1150

𧩙鼎（西周晚）：王父師～。◎文博2007（2）17頁

郳叔彪父簠（春秋早）：鼀（郳）弔（叔）～父乍（作）杞孟辝（姒）𩚵匠（簠）。◎全集（6）273頁

【案】郳叔彪父簠「彪」字，《全集》誤合其下「父」字釋作「虢」，謝明文（2020）改釋，是。

虒

虒簋（西周中）：毛白（伯）入右～立中廷。◎銘圖5295

虒簋（西周中）：～捧（拜）首頴（稽）首。◎銘圖5295

虩

封子楚簠（春秋晚）：～～（赫赫）弔（叔）楚，剌之元子。◎銘續517

晉公盤（春秋中）：台（以）厰（嚴）～（赫）若否。◎銘續952

虢

柞伯鼎（西周晚）：～中（仲）令柞白（伯）。◎文物2006（5）68頁

卌三年逑鼎癸（西周晚）：朱～卣□。◎華章127頁

虒

虢姜鋪（西周晚）：～姜乍（作）甫（鋪）。◎中銅展76頁

虢仲盨（西周晚）：～中（仲）乍（作）虢改寶盨。◎銘圖5578

頌盤（西周晚）：王乎（呼）史～生册令（命）頌。◎文物2009(9)52頁

虢叔簠（西周晚）：～弔（叔）乍（作）旅匡（簠）。◎皕明樓47

虢季鼎（春秋早）：～季乍（作）尊鼎。◎銘圖2153

虢宫父匜（春秋早）：～宫父乍（作）它（匜），用從永征。◎文物2009(2)24頁

内史亳觚（西周早）：弗敢～（弛）。◎銘圖9855

【案】金文「虒」字舊或釋「淲」或釋「虒」，林澐（1990）改釋「虒」，是。張世超（1996）謂字象虎口中出氣，是；但以爲「號」字初文，則不確。張富海（2014）謂「虒」造字本義爲虎嘑，乃「嘑」之初文，可從。内史亳觚「虒」，吴鎮烽（2010）從張世超説而讀爲「饕」，王占奎（2010）釋「虘」，均非。宋華強（2010）釋「虒」讀「惰」，涂白奎（2012）讀「弛」，當以涂説爲優。

虣〔⿰戒虎〕

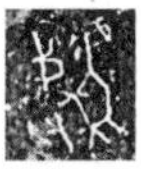

選鐘乙（西周晚）：母（毋）敢爲～（暴）虐于八民。◎銘圖15249

【案】甲金文中「虣」字之釋，詳裘錫圭（1976）。

⿰弔虎*

毛號父簋（西周晚）：毛～父乍（作）朕皇且（祖）文考尊𣪘（簋）。◎銘續424

虤

即盤（西周中）：𤔲（司）琱宫人、～稻。◎天地2018(11)94頁

魯宰虤簠（春秋早）：魯宰～乍（作）旅匡（簠）。◎小邾46頁

皿

皿戟（西周早）：～。◎文物2006(8)31頁

作皿尊簋（西周早）：乍（作）～尊㲃（簋）。◎曲村471頁

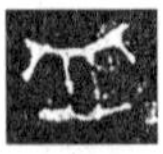

曾太保慶盆（春秋早）：曾大（太）保慶用乍（作）寶～。◎古研(24)166頁

家父盤（西周早）：家父乍（作）寶～。◎新收960

楷侯盔（西周中）：楷侯賸（媵）妹寶～。◎銘續968

訞侯定盞（春秋晚）：訞侯定自乍（作）飤～。◎銘續522

滎陽上官皿（戰國晚）：縈（滎）陽上官～。◎文物2003(10)79頁

〔血〕

【案】金文「皿」或作「血」，「血」字重見。

盂

伯盂（西周中）：白（伯）乍（作）寶～。◎夏商周337

天盂（西周晚）：乍（作）寶～。◎盛世37頁

子耳鼎（春秋早）：奠（鄭）白（伯）公子子耳乍（作）～鼎。◎文物2006(4)7頁

吳叔襄鼎（春秋早）：隹（唯）吳弔（叔）襄自乍（作）寶～。◎銘續171

[illegible]君季[illegible]鑑（春秋中）：自乍（作）濫（鑑）～。◎銘續535

彭子射兒鼎（春秋晚）：自乍（作）飤～。◎銘圖2264

⿱宀盂*

曾太保簠（春秋早）：自乍（作）寶～。◎江漢2016（5）43頁

⿱罒盂*

黃仲酉壺（春秋晚）：曾少宰黃中（仲）酉之行～。◎文物2008（2）8頁

黃子嬰盞（春秋晚）：黃子嬰㠯（以）乍（作）弔（叔）孎（芈）～。◎銘續523

【案】此字已見於王子申盞、楚王酓審盞、齊良壺等。其上所從則見於子碁盆、蘇公盂簋等。二者舊均釋「盂」，參張光裕（1982）。趙平安（1998）分別釋爲「甹」「盘」，作器名時讀作「𥂝」。董珊（2010）謂字從「廾」聲，讀爲「盌」。李家浩（2012）字形從趙說，主張在壺銘中讀「鈃」，其他器類中則贊同讀「𥂝」。

盌

叔子孳盌蓋（戰國早）：弔（叔）子孳乍（作）孟姜祖大宗～。◎銘圖19237

叔子孳盌（戰國早）：弔（叔）子孳乍（作）孟姜祖大宗～。◎銘圖19237

【案】一般以字左上爲「夗」而釋「盌」。何景成（2021）則以左上爲「卮」而改釋讀爲「卮」。此仍從舊釋。

盛

伯句簋蓋（西周中）：其朝夕用～旞（稻）、京（粱）、焦（穛）。◎銘圖4989

伯𪓰簋蓋（西周中）：其朝夕用～沵（粱）𥢶（稻）糕（穛）。◎銘圖5100

盛氏官鼎（戰國晚）：～氏官。◎王坡158頁

齍

相姬鬲乙（西周中）：相姬乍（作）～鬲。◎銘續242

〔齍〕

又季鬲（西周早）：又季乍（作）寶～。◎銘圖 2711

伯鼎（西周中）：白（伯）□乍（作）寶～。◎考報 2018（1）92 頁

曾伯克父簠甲蓋（春秋早）：用～用□。◎銘續 518

蒲阪鼎（戰國晚）：莆（蒲）坂（阪）行□□□小斗（半）～。◎銘圖 1985

春成孺子鼎（戰國早）：半～。◎銘圖 2255

匡上官鼎（戰國晚）：匡膚（䜌）斗（半）～。◎銘圖 1889

王垣令豕戟（戰國晚）：冶～。◎珍秦齋吳 169 頁

沬廚鼎（戰國晚）：庴（容）少斗（半）～。◎上博（9）54 頁

盬

彭子射兒簠（春秋晚）：彭子射兒自乍（作）飤～（簠）。◎銘圖 5884

〔⿱古皿〕

夓膚簠（春秋中）：爲羊（騂）兒鑄朕（媵）～（簠）。◎銘續 500

【案】關於「盬」等讀「簠」的問題，參李學勤（2005d）、石小力（2015）。

盄

豐伯盄父簠（西周晚）：豐白（伯）～（淑）父乍（作）匠（簠）。◎銘圖 5845

追盄父盨（西周晚）：追～（淑）父乍（作）旅盨。◎銘圖 5564

遣盄父盨蓋（西周晚）：遣（遣）～（淑）父乍（作）𨷲（召）姬旅譌（盨）。◎銘續 466

遣盄父盨（西周晚）：遣（遣）～（淑）父乍（作）𨷲（召）姬旅譌（盨）。◎銘續 466

盆

仲豈父盆甲蓋（西周中）：中（仲）豈父乍（作）旅～。◎銘圖 6258

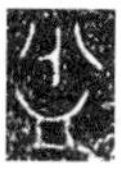

仲豈父盆甲（西周中）：中（仲）豈父乍（作）旅～，其永寶用。◎銘圖 6258

行氏伯爲盆（春秋早）：行氏白（伯）爲安（？）天姬子姑賸（媵）～。◎銘續 539

盨

鄭登叔盨蓋（西周中）：奠（鄭）登弔（叔）乍（作）旅～。◎銘圖 5581

仲殷盨蓋（西周晚）：中（仲）殷乍（作）～。◎文物 2004（3）95 頁

叔屖父盨（西周晚）：白（伯）寶父乍（作）寶～。◎文博 2008（2）9 頁

伯呂盨（西周晚）：白（伯）呂又乍（作）旅～。◎夏商周 395

應侯盨（西周晚）：雁（應）侯乍（作）旅～。◎銘圖 5539

鑄子叔黑臣盨（春秋早）：鑄子弔（叔）黑臣肇乍（作）寶～。◎銘圖 5608

盉

晉仲韋父盉（西周早）：晉中（仲）韋父乍（作）旅～。◎曲村 505 頁

士山盤（西周中）：用乍（作）文考釐中（仲）寶尊般（盤）～。◎歷文 2002（1）4 頁

伯盉（西周中）：白（伯）乍（作）□～。◎銘圖 14698

作册吳盤（西周中）：用乍（作）弔（叔）姬般（盤）～。◎銘圖 14525

師道簋（西周中）：用匃皋屯（純）～亙（恆）命霝（靈）終。◎新收 1394

獄盤（西周中）：用乍（作）朕文旻（祖）戊公般（盤）～。◎考文 2006（6）61 頁

益

史昔袁盉蓋（西周中）：史昔袁肇乍（作）文考日戊寶尊～。◎銘圖14772

伯庸父盉（西周中）：白（伯）亯（庸）父乍（作）季姞寶賸（媵）～。◎銘圖14783

朿盉（西周中）：朿乍（作）朕且（祖）考寶～。◎銘圖14790

霸姬盉（西周中）：用乍（作）寶般（盤）～。◎銘圖14795

應侯盉（西周中）：雁（應）侯乍（作）寶般（盤）～。◎銘續967

霸伯盉（西周中）：霸白（伯）乍（作）寶～。◎考報2018（1）125頁

仲旬人盉（西周中）：中（仲）旬人肇乍（作）訚姬寶～。◎銘續981

逑盉（西周晚）：逑乍（作）朕皇高且（祖）單公聖考尊～。◎文物2003（6）38頁

陳侯盉（西周晚）：敶（陳）侯乍（作）姬𢦏寶～。◎銘續975

諸君盤（西周中）：者君乍（作）氒（厥）文考般（盤）～日癸。◎銘續946

宰獸簋（西周中）：用乍（作）朕剌（烈）且（祖）幽中（仲）～姜寶匳毁（簋）。◎陝博（7）99頁

豳公盨（西周中）：～□懿德。◎歷文2002（6）4頁

有司簡簋蓋（西周晚）：乍（作）朕皇考～弔（叔）尊毁（簋）。◎文物2004（3）96頁

春成侯盉（戰國早）：塚（重）十二～（鎰）九釿。◎上博（8）152頁

滎陽上官皿蓋（戰國晚）：少一～（溢）六分益（溢）。◎文物2003(10)79頁

鄗得鼎（戰國晚）：容一斗四～（溢）。◎銘圖2387

鄗得鼎（戰國晚）：冢（重）十二～（鎰）三兩。◎銘圖2387

【案】金文「益」不從「水」，字象血滴溢出皿外之形，「血」兼表聲。

𥁕

秦子簋蓋（春秋早）：～（溫）龏（恭）穆秉德。◎故博2005(6)22頁

楚太師登鐘己（春秋早）：⿱⿰糹斤心（慎）裻（淑）～（溫）龏（恭）。◎上博(11)152頁

楚太師登鐘庚（春秋早）：⿱⿰糹斤心（慎）裻（淑）～（溫）龏（恭）。◎上博(11)153頁

楚太師登鐘甲（春秋早）：既～（溫）既記。◎上博(11)150頁

【案】楚太師登鐘「𥁕」下從一畫不從「皿」，爲簡體。或釋「凾」，非是。

⿱⿰舟彐皿

伯歸臺盤（春秋早）：自乍（作）～盤。◎曾國288頁

國子山壺（春秋早）：齊大嗣（司）徒國子山爲其～壺。◎銘圖12270

曾甫人匜（春秋晚）：曾甫（夫）人乍（作）中（仲）姬、辛姬～沱（匜）。◎銘圖14964

邛子絾盤（春秋晚）：邛子絾睪（擇）其吉金鑄其～盤。◎歷文2004(5)34頁

楚王熊悠盤（春秋晚）：楚王酓（熊）悠乍（作）寺（持）～盤。◎文物2008(1)79頁

曾季弁臣盤（戰國早）：曾季弁臣鑄其～盤。◎曾國396頁

盪

良夫匜（春秋早）：自乍（作）～鉈（匜）。◎銘圖 15000

彭公之孫無所鼎（春秋晚）：彭公之孫無所自乍（作）～（湯）鼎。◎中原 2004（2）47 頁

【案】鼎銘「盪」爲「湯」字增意符「皿」而成，與盪滌之「盪」實屬同形關係，姑依形隸此。

盆*

仲阪父盆蓋（西周晚）：中（仲）阪父乍（作）玟白（伯）寶～。◎文物 2018（10）封三

仲阪父盆（西周晚）：中（仲）阪父乍（作）玟白（伯）寶～。◎文物 2018（10）封三

【案】周博（2018）釋「益」，王臣簋「盆公」、牧簋「盆白（伯）」之「盆」，舊或釋「益」，非是。李春桃（2022）以爲從「关」聲，讀爲「登」，於形亦不確。「盆」從「公」聲，疑即「瓮」字異體。

宦*

鄭井姜匜（西周晚）：奠（鄭）井姜乍（作）寶～（匜）。◎銘續 986

晉姑盤（春秋早）：晉姑乍（作）鑄旅般（盤）～（匜）。◎銘圖 14461

鄭仲匜（春秋早）：鄭中（仲）乍（作）其孫弔（叔）嬴𩋭朕（媵）～（匜）。◎銘續 994

楚子□敔鼎（戰國晚）楚子子□敔自乍（作）石～。◎銘圖 2242

蛊*

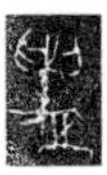

黃仲酉匜（春秋晚）：曾少宰黃中（仲）酉之行～。曾銅 351 頁

【案】趙平安（1998）等釋「蛊」。實當從何琳儀、高玉平（2007）釋「蛊」，爲「匜」異體。

蠱*

蔡大司馬燮匜（春秋晚）：蔡大司馬燮乍（作）媵孟姬赤盥～（匜）。◎銘續 997

【案】《銘續》釋「盥」，誤。石小力（2017）釋「蛊」，是。「蠱」即「蛊」之繁體。

⿱貞皿*

葉公臧鼎（戰國早）：⿰枼阝（葉）公臧之均邦之～（鼎）。◎墨影 125

⿰金⿱貞皿*

鄝子昃鼎（春秋晚）：⿲亻卩阝（鄝）子昃之飤～（鼎）。◎淅川 255 頁

【案】金文常以「貞」爲「鼎」，復加「皿」或「金」以足義，「皿」「金」並加者屬首見。

⿱甫皿*

虢仲鋪（春秋早）：虢中（仲）乍（作）旅～（鋪）。◎銘續 527

⿱西皿*

吕⿱西皿簋（西周早）：吕～乍（作）父寶彝。◎銘圖 4335

盞*

仲姬裔敦蓋（春秋晚）：中（仲）姬裔之～。◎淅川 38 頁

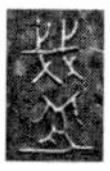

瞉兒鼎（春秋晚）：自乍（作）飤～。◎銘續 524

許子敦（春秋晚）：鄦（許）子□之～盂。◎中原 2006（5）8 頁。

⿱弇皿*

滕大司馬友壺（戰國晚）：滕（滕）大司馬友之～壺。◎銘續 822

【案】《銘續》釋「⿱冥皿」，以爲「冥」字別構，於形不確。石小力（2017）謂字從「弇」從「皿」，即「弇」之異體，以言此壺弇口之特徵，可從。

⿱彖皿*

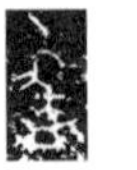

聞尊（西周中）：易（賜）馬乘、~冟二。◎論稿 10 頁

逑盤（西周晚）：雩（粵）朕皇高且（祖）惠中（仲）~父。◎盛世 34 頁

⿱⿰弓名皿*

克黃鼎（春秋中）：克黃之~。◎淅川 9 頁

【案】此乃某類鼎之自名，金文多作「⿰鼎升」，作「⿱⿰弓名皿」爲異體。

⿱⿲弓火弓皿*

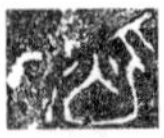

~戎盨（西周晚）：~戎鑄須（盨）。◎文博 2008（2）6 頁

匲*

□孫藋匜（春秋晚）：□孫蘺（藋）自乍（作）會~。◎銘續 996

⿱既皿*

⿱艹邦仲~缶（戰國早）：⿱艹邦中（仲）~乍（作）其宗器尊鑪（甒）。◎銘圖 14087

⿱寅皿*

曾侯與鐘（春秋晚）：共（恭）~（寅）齋盟（盟）。◎銘續 1029

⿱無皿*

許季鼎（西周中）：~（許）季乍（作）寶彝。◎銘圖 1433

許成孝鼎（春秋早）：~（許）成孝睪（擇）其吉金乍（作）鼎。◎銘續 190

許公買簠（春秋晚）：~（許）公買睪（擇）氒（厥）吉金。◎中原 2004（1）55 頁

許公簠蓋（春秋中）：～（許）公乍（作）弔（叔）姜賸（媵）匠（簠）。◎銘續 511

⿱朕皿*

毀仲姜盆（西周晚）：毀中（仲）姜乍（作）好～。◎銘續 537

⿱⿴鹵又皿*

伯克父盨（春秋早）：用～黍稷旂（稻）椋（粱）。◎銘續 474

伯克父盨（春秋早）：用～黍稷旂（稻）椋（粱）。◎銘續 475

【案】《銘續》讀「盛」，田率（2017）讀「受」。實當從李春桃（2018）分析爲從「皿」從「鹵」、「又」聲，爲「醢」字異體。

⿱⿰飠有皿*

曽叔奐父盨（西周晚）：用～稻糕需（糯）粱。◎文物 2004（4）90 頁

【案】劉社剛（2003）讀「盛」，程燕（2004）讀「饎」，張再興（2011）讀「受」。實當從李春桃（2018）分析爲從「皿」從「食」、「有」聲，爲「醢」字異體。

⿱登皿*

鄬子受鼎（春秋中）：倗（鄬）子受之䵼～。◎淅川 177 頁

鄬子受鼎（春秋中）：倗（鄬）子受之䵼～。◎淅川 177 頁

⿱霝皿*

景之䵼鼎（春秋晚）：競（景）之䵼（朝）自乍（作）䵼（將）彝䵼～。◎銘續 178

【案】謝明文（2016b）釋「盎」，於形不確。石小力（2017）釋「盂」，謂與包山簡265之「鑐」爲一字異體，是鼎之別名，說是。李家浩（2018）讀爲《玉篇》訓「大鼎」之「鬻」，程鵬萬（2018）讀爲「臑」。

⿱粥皿*

王孫叔諲甗（春秋）：㠯（以）～稻粱（粱）。

◎銘圖3362

⿱⿰高舟皿*

楚君酓嗜尊（戰國晚）：自乍（作）尊～。

◎銘圖11790

⿰彳盧*

琱生尊（西周晚）：用乍（作）䵼（召）公尊～。

◎考文2007（3）8頁

琱生尊（西周晚）：用乍（作）䵼（召）公尊～。

◎考文2007（3）8頁

【案】字用爲器物自名。李學勤（2007b）、林澐（2008a）認爲與《說文》訓「古陶器」之「虛」有語源關係。

⿱⿰金余皿*

慎瘂簋（戰國中）：斱（慎）瘂自乍（作）廌（薦）～（簋）。◎江漢2018（6）11頁

去

卅四年少府戈（戰國晚）：～。

◎王坡165頁

血

楷侯盉（西周中）：楷侯觲（媵）妹寶～（皿）。

◎銘續968

【案】金文「血」或用爲「皿」，參「皿」字。

卹

作册封鬲乙（西周晚）：虔夙夕～周邦。◎歷文2002(2)4頁

曾姬無卹鼎（戰國中）：聖趄（桓）之夫人曾姬無～之甬（用）貞（鼎）。◎銘續150

盍

衍簋（西周中）：昜（賜）女（汝）田于～、于小水。◎銘續455

丹

霸伯簋（西周中）：事（使）伐用嘼（幬）二百，～二糧，虎皮一。◎考報2018(1)102頁

霸伯簋蓋（西周中）：事（使）伐用嘼（幬）二百，～二粻（糧），虎皮一。◎考報2018(1)105頁

霸伯簋蓋（西周中）：事（使）伐用嘼（幬）二百，～二糧，虎皮一。◎考報2018(1)102頁

廿四年芒令戈（戰國晚）：右庫工師甘（邯）～（鄲）臾。◎左冢66頁

彤

師道簋（西周中）：戈畫戚歐宓（柲）～⿸厂委（綏）。◎新收1394

宗人簋（西周中）：戈琱戚歐必（柲）～⿸厂委（綏）。◎銘續461

〔彡〕

吕簋蓋（西周中）：戈琱戚歐必（柲）～沙（綏）。◎論稿167頁

【案】金文「彡」本爲「彤弓」合文，吕簋當「彤」字用屬僅見。

青

鄬子孟芈青簠蓋（春秋晚）：倗（鄬）子孟孈（芈）～之飤⿷匚古（簠）。◎文物2004(3)26頁

靜

靜生方彝（商晚）：～生。◎玟茵堂65

⿰酉丮卣（西周中）：昔大宮～（請）王，卑（俾）𩫖弔（叔）、爯父、钕父复（復）付⿰酉丮。◎銘續882

丼

〔井〕

【案】甗卣「靜」字讀「請」，從董珊（2014b）說。

霸伯簋蓋（西周中）：對楊（揚）～弔（叔）休。◎考報2018（1）102頁

鄭丼叔槐鼎（西周中）：奠（鄭）～弔（叔）槐肇乍（作）朕皇且（祖）文考寶鼎。◎銘續175

嫚鼎（西周中）：唯女（汝）聿～（刑）𤔲（司）宗臣妾。◎銘續214

鄭丼伯弃父甗（西周晚）：奠（鄭）～白（伯）弃父乍（作）寶獻（甗）。◎銘圖3333

丼公簋（西周晚）：～公乍（作）中（仲）姉婁姬寶尊毁（簋）。◎文物2017（3）83頁

中尊（西周早）：中眚（省）～田。◎銘圖11752

召簋（西周中）：～白（伯）入右𨟭（召）。◎銘圖5230

叔卣（西周中）：女（汝）之𢇍（繼）自今弜又（有）不女（汝）～（型）。◎銘圖13327

伯或父鼎（西周中）：秉德其～（型）。◎銘續231

卌二年逑鼎甲（西周晚）：厰（玁）䡅（狁）出戠（斬）于～阿。◎華章39頁

卌二年逑鼎乙（西周晚）：女（汝）隹（唯）克～（型）乃先且（祖）考。◎考文2003（3）9頁

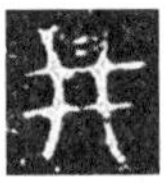

卌三年逑鼎丙（西周晚）：母（毋）敢不叏不～（型）。◎華章71頁

卌三年逑鼎庚（西周晚）：母（毋）敢不中不～（型）。◎華章103頁

〔刑〕

刑

作册封鬲甲（西周晚）：乍（作）册封異（翼）～（型）秉明德。◎歷文2002(2)4頁

曾伯陭鉞（春秋早）：非歷殹～（型），用爲民政。◎棗陽墓27頁

晉公盤（春秋中）：敢帥～（型）先王。◎銘續952

【案】張富海(2022)別「丼」「井」爲二字。予意「丼」「井」二形雖有較明顯分用傾向，但於形則僅一點之差，於用則糾纏不清之例亦復不少(包括作構件時)，於音則舌齒與喉牙聲母亦未必無通轉之可能，似仍看作一字之異體較妥。異體而用法分流，略與「中」「𠁩」相類似。媛鼎「丼」與「司」近義連文，似應讀作「刑」。《廣雅・釋詁三》：「刑，治也。」

晉刑氏妃鼎（春秋早）：晉～氏改乍（作）寶鼎。◎回家(2019二)122頁

司馬義鎛（戰國早）：亦帥～（型）灋則祩（先）公正悳（德）。◎山東104—108頁

即

韓伯豐鼎（西周早）：今我既～令（命）曰。◎銘圖2426

召簋（西周中）：～立（位）。◎銘圖5230

𠧪盨蓋（西周中）：熒（榮）白（伯）入右𠧪，～立（位）。◎銘圖5673

太師虘簋蓋（西周中）：旦，王各（格）大（太）室，～立（位）。◎銘圖5282

太師虘簋（西周中）：旦，王各（格）大（太）室，～立（位）。◎銘圖5282

虎簋蓋乙（西周中）：密弔（叔）內（入）右虎，～立（位）。◎新收1874

親簋（西周中）：各（格）大（太）室，～立（位）。◎歷文2006(3)封二

羚簋（西周中）：□弔（叔）右羚～立中廷。◎字與史(1)211頁

既

士山盤（西周中）：隹（唯）王十又六年九月～（既）生霸甲申。◎歷文 2002（1）4 頁

具鼎（西周中）：敢～祀于公。◎銘續 0229

卌三年逑鼎壬（西周晚）：王各（格）周廟～立（位）。◎華章 119 頁

昭之王孫即盞（戰國早）：卲（昭）之王孫～自乍（作）盥（鑄）其飤戔（盞）。◎銘續 525

韓伯豐鼎（西周早）：今我～即令（命）曰。◎銘圖 2426

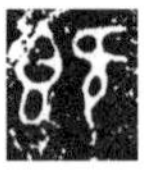
太師虘簋蓋（西周中）：正月～望甲午。◎銘圖 5282

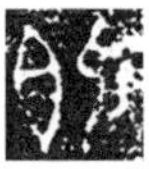
衛簋甲蓋（西周中）：唯八月～生霸庚寅。◎南開 2008（6）封三

親簋（西周中）：隹（唯）廿又三（四）年九月～望庚寅。◎歷文 2006（3）封二

叡鼎（西周中）：王眔右～西六𠂤（師）。◎銘續 0228

卌二年逑鼎甲（西周晚）：乃～宕伐于弓谷。◎華章 39 頁

昭王之即鼎（戰國早）：卲（昭）王之～睪（擇）氒（厥）吉金。◎銘續 0224

榆次令鄴䅜戈（戰國晚）：榆～（次）命（令）鄴䅜。◎銘續 1254

䡅甗（西周早）：[唯]正月～死霸庚申。◎文物 2007（1）65 頁

獄盨（西周中）：隹（唯）十又一月～望丁亥。◎銘圖 5275

宰獸簋（西周中）：昔先王～命女（汝）。◎陝博（7）99 頁

虒簋（西周中）：隹（唯）廿又八年正月～生霸丁卯。◎銘圖 5295

冟

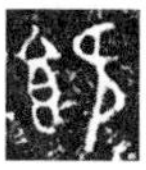

霸伯盂（西周中）：～䭫（稽）首。◎銘圖 6229

霸姬盉（西周中）：余～曰。◎銘圖 14795

柞伯鼎（西周晚）：～圍 （城）。◎文物 2006（5）68 頁

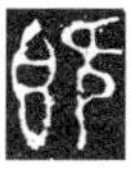

卌三年逑鼎甲（西周晚）：隹（唯）卌又三年六月～生霸丁亥。◎華章 55 頁

頌盤（西周晚）：隹（唯）三年五月～死霸甲戌。◎文物 2009（9）52 頁

楚太師登鐘乙（春秋早）：～㿌（溫）既記。◎上博（11）150 頁

攻吴王姑讎亓䧢劍（春秋晚）：～北既殃。◎銘續 1352

聞尊（西周中）：易（賜）馬乘、盠～二。◎論稿 10 頁

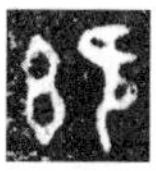

𤔲盤（西周中）：正月～死霸辛丑。◎銘圖 14516

夾簋（西周中）：隹（唯）十又一月～生霸戊申。◎新收 1959

卌二年逑鼎甲（西周晚）：隹（唯）卌又二年五月～生霸乙卯。◎華章 39 頁

卌三年逑鼎丁（西周晚）：昔余～令（命）女（汝）。◎華章 79 頁

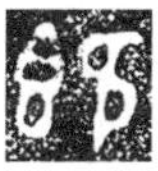

伯吕盨（西周晚）：隹（唯）王元年六月～眚（生）霸庚戌。◎夏商周 395

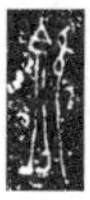

曾侯與鐘（春秋晚）：周室之～庳（卑）。◎銘續 1029

昭王之即簠（戰國早）：霝（靈）䆋（福）之～亟。◎銘續 515

卌三年逑鼎丁（西周晚）：虎～熏裏。◎華章 79 頁

鬯

亢鼎（西周早）：吕（以）鬱拲、～甗、牛一。◎上博（8）121頁

吮簋（西周中）：易（賜）女（汝）～卣（卣）、赤市、幽黃（衡）、攸（鋚）勒。◎銘圖5386

霸伯盂（西周中）：歸柔鬱、旁（芳）～、臧。◎銘圖6229

玉苟盤（西周中）：易（賜）鬱～。◎出土文獻（11）65頁

卌三年逑鼎乙（西周晚）：贅女（汝）⿱矩鬯～一卣（卣）。◎華章63頁

卌二年逑鼎甲（西周晚）：贅女（汝）⿱矩鬯～一卣（卣）。◎華章39頁

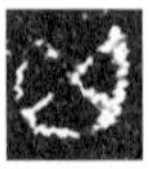

卌三年逑鼎庚（西周晚）：贅女（汝）⿱矩鬯～一卣（卣）。◎華章103頁

爵

爵父癸壺（西周早）：～父癸。◎近出950

爵父乙簋（西周早）：～父乙。◎銘續295

宗人簋（西周中）：淒白（伯）乃易（賜）宗人～。◎銘續461

【案】宗人簋「爵」字之釋，參曹錦炎（2016）。

⿱矩鬯

卌二年逑鼎甲（西周晚）：贅女（汝）～鬯一卣（卣）。◎華章39頁

卌三年逑鼎丙（西周晚）：贅女（汝）～鬯一卣（卣）。◎華章71頁

⿱夭鬯*

荊子鼎（西周早）：賫～卣（卣）、貝二朋。◎銘圖2385

【案】黃錦前（2013）釋「鬯」，凡國棟（2013）釋爲「矩鬯」合文，馮時（2014）釋爲「天鬯」合文，均未確。此從李天虹（2011）、李學勤（2012）隸作「⿱宀鬯」，當爲鬯酒之一種。

⿱宀鬯*

任鼎（西周中）：易（賜）脡、牲大牢，又～束。

◎歷文 2004（2）21 頁

【案】字當從鬯、克聲，王冠英（2004）讀「⿱宀巨（秬）」，董珊（2005）指出其音不近。董氏謂「⿱宀鬯」應與秬相類，是某種用以釀酒之穀物。今疑「⿱宀鬯」亦可能是用以調鬯之一種香草，與鬱相類。

⿰鬯⿱耳王*

一式獄簋（西周中）：用乍（厥）～（馨）香章示于乍（厥）百神。◎考文 2006（6）59 頁

衛簋（西周中）：用乍（厥）～（馨）香章祀于乍（厥）百神。◎南開 2008（6）封三

一式獄簋（西周中）：𦎧（芬）夅（芳）～（馨）香，則登于上下。◎考文 2006（6）59 頁

伯獄簋（西周中）：𦎧（芬）夅（芳）～（馨）香，則登于上下。◎銘續 460

【案】吳振武（2006b）、吳鎮烽（2006a）、李學勤（2007a）等分析爲從「鬯」、「𦣠」聲，釋爲「馨」字異體，是。周寶宏（2008）謂字從「鬯」、「望」省聲，爲「鬯」字異體，不確。

⿰亯鬯*

亢鼎（西周早）：㠯（以）鬱𦶈、鬯～、牛一。

◎上博（8）121 頁

【案】董珊（2005）謂字以「亶」爲基本聲符，讀爲「觶」。《通鑒》《銘圖》讀「罈」。

食

晉侯對鋪（西周晚）：用旨～大饎。

◎新收 857

〔饋〕⿰飠桒

癸鼎（西周早）：癸乍（作）氒（厥）考凡公寶～（饋）彝。◎銘續133

晉侯簋（西周中）：晉侯乍（作）田⿱叜女（妻）～（饋）殷（簋）。◎銘續361

晉侯簋（西周中）：晉侯乍（作）田⿱叜女（妻）～（饋）殷（簋）。◎銘續361

仲太師鼎（西周晚）：中（仲）大（太）師乍（作）孟姬～（饋）鼎。◎銘圖2196

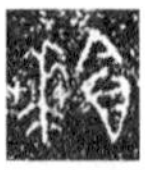
爲甫人鼎（春秋早）：□□爲甫（夫）人～（饋）鼎。◎皕明樓23

子皇母簠（春秋早）：子皇母乍（作）～（饋）匿（簠）。◎小邾50頁

宋左師不罣左鼎（春秋晚）：宋左帀（師）不罣左朐（庖）之～（饋）貞（鼎）。◎臨淄88頁

宋君夫人鼎蓋（春秋晚）：宋君夫人自乍（作）～（饋）貞（鼎）。◎第四屆116頁

宋公固鋪（春秋晚）：乍（作）浅弔（叔）子～（饋）箭（鋪）。◎銘續532

【案】「⿰飠桒（饋）」《說文》訓「滫飯也」，而金文多用爲食器修飾語，又用爲動詞，言「用⿰飠桒」（可加「皇父」之類的對象），字又可作「桒」或「捧」。考其語源，疑即祭拜之「拜」。蓋祭拜每具飯食，故引申爲具飯食以祭拜之特定意義，遂多從「食」旁而孳乳出「⿰飠桒」字。參卷十「桒」、卷十二「捧」字條。

〔⿰羊攵〕養

⿰羊攵簋（商晚）：～。◎銘圖3469

亞⿰羊攵父丁尊（商晚）：亞～父丁。◎銘續764

飤

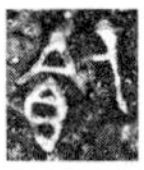
伯⿰鬲東簋蓋（西周中）：其用～正、御事、倗友、尹人。◎銘圖5100

作父乙鼎（西周中）：乍（作）父乙寶鼎～。◎銘續105

仲太師壺（春秋早）：用匽（宴）旨～。◎銘圖12370

吳季大盉（春秋早）：吳季大乍（作）其～盉。◎銘續534

楚王鼎（春秋中）：楚王賸（媵）隓（隨）中（仲）嬭（羋）加～□。◎銘圖2318

鍾離君柏簠蓋（春秋中）：乍（作）其～𠤳（簠）。◎銘續494

加羋編鐘（春秋中）：醻獻謌（歌）𧽑（舞），匽（宴）喜歙（飲）～。◎江漢2019（3）18頁

彭子射兒鼎（春秋晚）：自乍（作）～盂。◎銘圖2264

彭子射兒簠（春秋晚）：彭子射兒自乍（作）～盙（簠）。◎銘圖5884

公子侯簠（春秋晚）：二人㞷（往）～。◎銘續514

鄬子昃鼎（春秋晚）：𨛬（鄬）子昃之～鐳（鼎）。◎淅川256頁

義子曰鼎（春秋晚）：義子曰自乍（作）～䰛。◎中原2006（5）8頁

許公買簠蓋（春秋晚）：自乍（作）～𠤳（簠）。◎中原2004（1）55頁

鄬子孟升嬭鼎蓋（春秋晚）：𨛬（鄬）子孟升嬭之～貞（鼎）。◎淅川130頁

醘敔想簠（春秋晚）：醘敔想之～𠤳（簠）。◎淅川259頁

曾侯邚鼎（春秋晚）：曾侯邚之～貞（鼎）。◎文物2008（2）8頁

𣪘兒鼎（春秋晚）：自乍（作）～盞。◎銘續524

昭之王孫即盞（戰國早）：卲（昭）之王孫即自乍（作）鑄其～戔（盞）。◎銘續525

⿰飠尸*

曾子季𢍰臣簠（戰國早）：曾子季𢍰臣之～匿（簠）。◎曾國394頁

晉侯豬尊（西周晚）：晉侯乍（作）旅～。◎文物2001（8）17頁

【案】字或釋「飤」，但義不可解。陳劍（2006a）認爲字從「尸」聲，讀爲「彝」。可從。

⿱頁食*

𤔲公盨（西周中）：～才（在）天下。◎歷文2002（6）4頁

【案】字從「食」從「頁」，已見於仲𫊣父盤（《金文總集》6753），又伯喬父簋（《集成》3762，從「飤」）。李學勤（2002）隸作「⿱頁皀」，朱鳳瀚（2002b）釋「⿸厂食」，周鳳五（2003）隸「⿱頁曰」，均於形未審。孫詒讓曾謂仲𫊣父盤「⿱頁食」字乃從「𢝊（憂）」省聲，沿此思路，周鳳五讀盨銘此字爲「憂」，李零（2002）讀「擾」（訓順），馮時（2003）釋「優」（訓寬和），陳英傑（2008）亦讀「優」（訓和順、協調）。裘錫圭（2002a）據朱駿聲說指出字實從「頁（首）」聲，初以爲「飪」字異體，於盨銘文讀「任」；後又改釋爲羞食之「羞」的專字（後世或作「饈」），於盨銘訓進用。薛培武（2019）同意釋「羞」，而讀爲「柔」（訓和順）。當以裘氏後說最爲通達。孟蓬生（2008）釋仲𫊣父盤等處「⿱頁食」字爲「頤」，而不及𤔲公盨，蓋未將二者認同也。

⿰飠楚*

晉侯對鋪（西周晚）：用旨食大～。◎新收857

僉

曾侯子昃劍（戰國早）：自乍（作）甬（用）～（劍）。◎銘續1350

僉父瓶蓋（春秋早）：霝父君～父乍（作）其金𦉢（瓶）。◎小邾32頁

僉父瓶（春秋早）：霝父君～父。◎小邾33頁

侖

攻吳王𫊸矣吳劍（春秋晚）：攻敔（吳）王𫊸矣吳自乍（作）甬（用）～（劍）。◎銘續1343

令尹辛章劍（戰國早）：令尹辛章自乍（作）用～（劍）。◎銘續1305

越王州句劍（戰國早）：自乍（作）用～（劍）。◎黄盛璋308頁

韓伯豐鼎（西周早）：白（伯）氏宕卿事𤔲（辭）曰：～（論）。◎銘圖2426

今

韓伯豐鼎（西周早）：～我既即令（命）曰。◎銘圖2426

□簋（西周中）：～朕不（丕）顯考龏（恭）王既命女（汝）更乃且（祖）考事。◎銘圖5386

叔尊（西周中）：用自～𡉚（往）至于啻（億）萬年。◎銘圖11818

宰獸簋（西周中）：～余唯或（又）䌛（申）𩫏（就）乃命。◎陝博（7）99頁

虎簋蓋乙（西周中）：～命女（汝）曰。◎新收1874

柞伯鼎（西周晚）：～女（汝）𠭯（其）率蔡侯左至于昏邑。◎文物2006（5）68頁

卌三年逑鼎甲（西周晚）：～余佳（唯）巠（經）乃先且（祖）考。◎華章55頁

卌三年逑鼎丁（西周晚）：～余佳（唯）巠（經）乃先且（祖）考。◎華章79頁

逑盤（西周晚）：～余佳（唯）巠（經）乃先聖且（祖）考。◎盛世34頁

信宮罍（戰國晚）：～左般。◎珍秦齋秦129頁

舍

霸簋蓋（西周中）：內（芮）公～霸馬兩、玉、金。◎銘圖4609

霸簋（西周中）：內（芮）公～霸馬兩、玉、金。◎銘圖4609

霸伯盂（西周中）：或～賓馬。◎銘圖6229

許戈（春秋早）：鄦（許）□□～昏□金，用爲長戈。◎銘續1221

遷邟鐘（春秋早）：～王之孫。◎銘續1027

會

逑盤（西周晚）：～釁（紹）康王。◎盛世34頁

逑盤（西周晚）：用～卲（昭）王、穆王。◎盛世34頁

封子楚簠（春秋晚）：用～嘉賓、大夫及我倗沓（友）。◎銘續517

壽匜（春秋晚）：壽之～𢍰（匜）。◎銘續982

□孫雚匜（春秋晚）：□孫藋（雚）自乍（作）～匜。◎銘續996

曾弁臣匜（戰國早）：曾弁臣之～鍦（匜）。◎曾國398頁

倉

侯古堆鎛（春秋晚）：肅肅～～（鎗鎗）。◎侯古堆57頁

侯古堆鎛（春秋晚）：肅肅～～（鎗鎗）。◎侯古堆圖版26

曾侯與鐘（春秋晚）：律士備御，稒稒（肅肅）～～（鎗鎗）。◎銘續1034

倉端王義鼎（戰國晚）：～端王義。◎銘續159

入

甗方鼎（商晚）：王返～闌。◎文物2005(9)61頁

入卣（西周早）：～乍（作）寶彝。◎銘圖13014

毅尊（西周早）：孫子用言（侃）出～。◎近出677

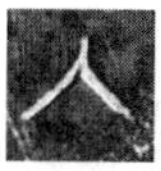

厤京父簋（西周早）：用言（侃）王出～。◎銘續379

士山盤（西周中）：于～苀侯。◎歷文2002(1)4頁

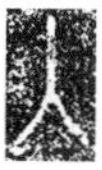

太師虘簋蓋（西周中）：王乎（呼）師晨召大（太）師虘～門。◎銘圖5283

頌盤（西周晚）：反（返）～（納）堇（瑾）章（璋）。◎文物2009(9)52頁

卌三年逑鼎丙（西周晚）：反（返）～（納）堇（瑾）圭。◎華章71頁

卌三年逑鼎甲（西周晚）：反（返）～（納）堇（瑾）圭。◎華章55頁

卌二年逑鼎甲（西周晚）：𤔲（司）工柀右吳逑～門立中廷。◎華章39頁

魚顛匕（戰國）：帛（薄）命～欶（羹），蔿入蔿出。◎銘圖6320

内

矩方鼎（西周早）：其用卿（饗）王出～（入）。◎新收1664

榮仲方鼎（西周早）：焚（榮）中（仲）速～（芮）白（伯）。◎文物2005(9)64頁

虎簋蓋乙（西周中）：密弔（叔）～（入）右虎。◎新收1874

芮伯簋（西周中）：～（芮）白（伯）乍（作）旛（祈）公日寶毁（簋）。◎首陽102頁

霸簋（西周中）：~（芮）公舍霸馬兩、玉、金。◎銘圖 4609

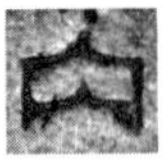

倗伯簋（西周中）：倗白（伯）肇乍（作）~（芮）姬寶𣪘（簋）。◎銘續 442

槐簋（西周中）：卿事~（入）右槐。◎銘續 454

芮子仲鼎（西周晚）：~（芮）子中（仲）乍（作）旅鼎。◎文博 2008（2）6 頁

芮姞簋（西周晚）：~（芮）姞乍（作）旅𣪘（簋）。◎新收 665

應侯視工鐘（西周晚）：熒（榮）白（伯）~（入）右雁（應）侯視工。◎保利續 158 頁

芮太子白鬲（春秋早）：~（芮）大（太）子白乍（作）爲邁（萬）寶鬲。◎芮國 82

芮公鬲（春秋早）：~（芮）公乍（作）鑄鬲。◎考文 2007（2）8 頁

芮太子鬲（春秋早）：~（芮）大（太）子乍（作）鑄鬲。◎考文 2007（2）8 頁

芮太子鬲（春秋早）：~（芮）大（太）子乍（作）鑄𩰫（鬲）。◎銘圖 2896

內黃右庫戈（戰國晚）：~黃右庫。◎珍秦齋吳 157 頁

昭宮鼎（戰國晚）：~官右工。◎銘圖 2099

缶

吳季大盂（春秋早）：子孫永~（寶）用。◎銘續 534

曾占尹鐈缶（春秋早）：曾占尹鐈之辶~。◎銘續 902

彭子射缶（春秋晚）：彭子射之御~。◎銘圖 14058

宿兒缶（春秋晚）：自乍（作）行~。◎銘圖 14091

匋

曾公子棄疾缶（春秋晚）：曾公子厺（棄）疾之行～。◎銘續903

諻旟缶（春秋晚）：自乍（作）尊～。◎銘續910

曾侯丙缶（戰國中）：曾侯𨑒～。◎銘續904

鮑子鼎（春秋晚）：中（仲）～始（姒）𨑥（及）子思。◎歷文2009(2)51頁

鮑子鼎（春秋晚）：鞷（鮑）子𢼄（作）朕（媵）中（仲）～始（姒）。◎歷文2009(2)51頁

二年平陶令范炅戈（戰國晚）：二年平～（陶）命（令）范炅。◎考文2007(6)56頁

鐳

善夫吉父鐳（西周晚）：譱（膳）夫吉父乍（作）旅～。◎銘圖13995

京叔鐳（西周晚）：京弔（叔）□嬴朕（媵）～。◎銘續900

伯遊父鐳（春秋中）：黃季氏白（伯）馬頸君遊父乍（作）其尊～。◎上博(10)119頁

矢

作册般黿（商晚）：率亡（無）灋（廢）～。◎歷文2005(1)封二

應侯視工簋甲蓋（西周晚）：～三千。◎保利續126頁

弁令齊戈（戰國晚）：冶奮～。◎銘續1235

【案】弁令齊戈「矢」，《銘續》釋「尖」，此從石小力（2017）改釋。

〔射〕䠶

作册般黿19298（商晚）：王一～。◎歷文2005（1）封二

作册般黿（商晚）：□～三。◎歷文2005（1）封二

小臣唐簋（西周早）：王吏（使）小臣唐～。◎銘續385

師衛鼎（西周早）：臨～于覺㝬（?）鹹（城）。◎銘圖2378

尹氏士吉射簋甲蓋（西周中）：尹氏士吉～乍（作）庴妊媵𣪘（簋）。◎銘圖4809

射壺蓋（西周晚）：尹弔（叔）命～𤔲（司）賈。◎銘圖12444

彭子射鼎（春秋晚）：彭子～之鬺（湯）鼑（鼎）。◎銘圖1667

射戟（春秋晚）：～之用。◎銘圖16505

〔㢲〕

鄭右射庫弩機（戰國晚）：奠（鄭）右～庫。◎銘續1364

【案】彭子射鼎、射戟諸「射」字蓋訛所從「弓」爲「身」之漸也。鄭右射庫弩機「㢲（射）」，《銘續》釋「伏」，非是。「射庫」疑是專爲射具而設之兵庫。

矰

郙子矰壺（戰國中）：郙子～自乍（作）鑄白壺。◎銘續816

郙子矰壺蓋（戰國中）：郙子～自乍（作）鑄白壺。◎銘續816

百工戈柲冒（戰國晚）：百工冶～。◎珍秦齋秦84頁

十八年冢子韓矰戈（戰國晚）：十八年冢子𣪠（韓）～。◎字與史（1）332頁

侯

【案】郘子矰壺「矰」，《銘續》誤釋爲「⿰牜曾」。戰國文字「矰」從倒「矢」常見。

敔侯尊（商晚）：敔~母壬。◎保利續79頁

鄂侯罍（西周早）：噩（鄂）~乍（作）氒（厥）寶尊彝。◎隨州35

覭公簋（西周早）：遘于王令（命）昜（唐）白（伯）~于晉。◎考古2007（3）圖版3.5

榮仲方鼎（西周早）：㝬（胡）~。◎文物2005（9）64頁

曾侯諫鼎（西周早）：曾~諫乍（作）寶彝。◎銘圖1568

曾侯壺蓋（西周早）：曾~乍（作）田壺。◎銘圖12132

晉侯簋蓋（西周中）：晉~乍（作）簟（旅）毁（簋）。◎銘續333

晉侯鼎（西周中）：晉~乍（作）旅鼎。◎晉國59頁

應侯視工簋甲（西周晚）：用乍（作）皇考武~尊毁（簋）。◎保利續126頁

柞伯鼎（西周晚）：今女（汝）𠭯（其）率蔡~左至于昏邑。◎文物2006（5）68頁

卌二年逑鼎乙（西周晚）：~于楊。◎考文2003（3）9頁

應侯盨（西周晚）：雁（應）~乍（作）寶□毁（簋）。◎夏商周398

晉侯對盨（西周晚）：晉~對乍（作）寶尊彶（及）須（盨）。◎首陽117

豐侯母鬲（西周晚）：豐~母乍（作）尊鬲。◎新收1673

文盨（西周晚）：王命士曶父殷南邦，啟者（諸）～。◎字與史（1）221頁

隥簋（西周晚）：身皇剌（烈）～廼閉朕毛父。◎銘圖5138

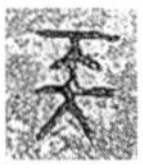

曾侯鼎（西周晚）：曾～乍（作）季……湯嬭（羋）賸（媵）……◎穆穆曾侯12頁

曾侯子鐘丙（春秋早）：曾～子之行鐘。◎銘圖15143

楚太師登鐘乙（春秋早）：用樂庶（諸）～及我父兄。◎上博（11）150頁

魯侯壺（春秋早）：魯～乍（作）壺。◎歷文2007（5）75頁

蔡侯鼎（春秋早）：蔡～乍（作）宋姬朕（媵）鼎。◎首陽127頁

晉侯戈（春秋早）：晉～車戈。◎銘續1100

晉侯簋（春秋早）：晉～乍（作）師氏姞毁（簋）。◎銘圖4712

曾侯宏鼎（春秋中）：曾～宏睪（擇）其吉金。◎銘圖2219

曾侯宏鼎（春秋中）：曾～宏睪（擇）其吉金。◎銘續186

曾侯與鐘（春秋晚）：有嚴曾～。◎銘續1029

曾侯郕鼎（春秋晚）：曾～郕之飤貞（鼎）。◎文物2008（2）8頁

曾侯乙走戈（戰國早）：曾～乙之走戈。◎隨州139

曾侯子昃劍（戰國早）：曾～子昃。◎銘續1350

春成侯盉（戰國早）：春成～中府。◎上博（8）152頁

矣　𥎿*　高

信安鼎（戰國晚）：張（長）陰（陰）～安君。◎珍秦齋吳188頁

商鞅鈹（戰國中）：畢～鑄。◎首陽183頁

曾侯郕簠（春秋晚）：曾～郕乍（作）時（持）。◎古研（24）167頁

曾侯昃戈（戰國早）：曾～昃之用戈。◎湖北59

工吳王叡矣工吳劍（春秋晚）：工吳王叡～工吳䍐（擇）其吉金。◎銘圖17948

韓少夫戟（戰國晚）：昊～命（令）𨊠（韓）少夫。◎珍秦齋吳229頁

𥎿尊（商晚）：～。◎流散歐美151

任鼎（西周中）：～。◎歷文2004（2）21頁

元卣（西周早）：元乍（作）～咎日乙□尊。◎銘圖13270

衛鼎（西周晚）：在朕皇～且（祖）師婁。◎文博2007（2）17頁

逨盤（西周晚）：雩（粵）朕皇～且（祖）零白（伯）。◎盛世34頁

逨盉（西周晚）：逨乍（作）朕皇～且（祖）單公聖考尊盉。◎文物2003（6）38頁

鄧公孫無忌鼎（春秋早）：其用追孝朕皇～且（祖）。◎王坡34頁

元高戈（春秋中）：元～戈。◎銘續1092

上郡守壽戈（戰國晚）：～奴工師帚。◎銘圖17281

上郡守慶戈（戰國晚）：～望。◎銘圖17298

亭

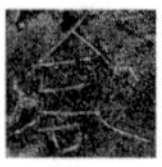
高奴戈（戰國晚）：～奴。◎珍秦齋秦114頁。

高武戈（戰國晚）：～武。◎西安117

高陵君弩機（戰國晚）：～陵君。◎歷文2009(1)49頁

上郡守道戈（戰國晚）：～工師竈。◎考文2009(3)32頁

上臯落戈（戰國晚）：工帀（師）～忴。◎考古2005(6)95頁

亭里鼎（戰國晚）：～里。◎銘圖713

⿳亠口⿵冂止*

内史⿳亠口⿵冂止觚（西周早）：成王易（賜）内史～豊（醴）祼。◎銘圖9855

【案】字從「止」。諸家多釋「亳」，非是。江學旺（2017:22）以爲從「中」，釋「蒿」，亦不確。

⿳亠口執*

克盤（西周中）：克乍（作）禦于百（伯）𡥈（考）日辛亯（卣）～寶尊彝。◎銘續937

〔冋〕冂

曶簋（西周中）：易（賜）䵂（緇）市～（絅）黃。◎文物2000(6)87頁

吕簋蓋（西周中）：䵂（緇）市～（絅）黃。◎論稿167頁

雝鼎（西周中）：易（賜）～（絅）黃（衡）、䍙旞。◎銘圖2367

衍簋（西周中）：易（賜）女（汝）～（絅）衣、赤舄、幽黃（衡）、鋚䩞（勒）。◎銘續455

市

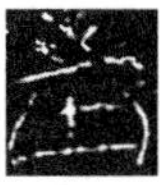

大市量（戰國中）：攻差（佐）競之⿱上土（上）㠯（以）爲大～鑄武顏首。◎古研（22）129頁

宜陽戈（戰國晚）：冶～。◎文物2000（10）76頁

鄒得鼎（戰國晚）：冶臣～所伐。◎銘圖2387

𩫖

尚爵（西周中）：尚乍（作）～公寶尊彝。◎陝金集成117

宰獸簋（西周中）：奠～外入（內）。◎陝博（7）99頁

伯庸父盉（西周中）：白（伯）～（庸）父乍（作）季姞寶賸（媵）盉。◎銘圖14783

琱生尊（西周晚）：我僕～（庸）徒（土）田多柔（擾）。◎考文2007（3）8頁

⿰𩫖反*

⿰𩫖反方鼎（商晚）：王商（賞）～貝。◎文物2005（9）61頁

⿰𩫖丮*

韓伯豐鼎（西周早）：告～白（伯）。◎銘圖2426

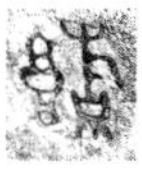

韓伯豐鼎（西周早）：～白（伯）豐乍（作）寶䵼（將）彝。◎銘圖2426

【案】字從「𩫖」、「丮」聲，亦見於韓尊（《集成》5906）等，董珊（2015c）、劉洪濤（2016）釋作爲地名、國族名之「韓」，可從。謝明文（2015）則以爲「垣」之異體而讀「韓」。

京

京師畯尊（西周早）：～𠂤（師）盷（畯）克匹王。◎銘圖11784

𠪚京父簋（西周早）：𠪚～父乍（作）寶彝。◎銘續379

伯句簋蓋（西周中）：其朝夕用盛旜（稻）～（粱）焦（穛）。◎銘圖 4989

京叔盨（西周中）：～弔（叔）乍（作）寶頪（盨）。◎考文 2003（2）84 頁

老簋（西周中）：王才（在）𦵮～。◎考文 2005 增刊 65 頁

京良父簋（西周晚）：～良父乍（作）寶毀（簋）。◎玫茵堂 106

善夫吉父鬲（西周晚）：善（膳）夫吉父乍（作）～姬尊鬲。◎銘圖 2970

京叔𨱷（西周晚）：～弔（叔）𦰡嬴朕（媵）𨱷。◎銘續 900

師酉盤（西周晚）：𤔲（嗣）乃且（祖）啻（嫡）官邑人、虎臣、西門尸（夷）、㠱尸（夷）、秦尸（夷）、～尸（夷）、弁瓜（狐）。◎銘續 951

晉公盤（春秋中）：建宅～𠂤（師）。◎銘續 952

京左庫矛（戰國晚）：～左庫。◎文物 2013（11）75 頁

咸京權（戰國晚）：咸～。◎銘續 1368

【案】咸京權「京」字，《銘續》釋「亭」，不確。

叔旅簋（西周中）：亦雩（粵）子子孫孫～用。◎銘續 417

卌三年逑鼎甲（西周晚）：𤕌（申）～乃令（命）。◎華章 55 頁

〔𩫨〕

就

亯

卌三年逑鼎乙（西周晚）：𪓐（申）～乃令（命）。◎華章63頁

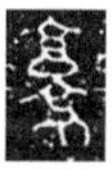

宰獸簋（西周中）：今余唯或（又）𪓐（申）～乃命。◎陝博（7）99頁

越王差徐戈（戰國早）：～差郐（徐）之爲王。◎故博2008（4）26頁

【案】「𦎫」與《說文》「就」字籀文左旁相合，實即「就」之初文，以加「亯」「京」上會「就高」之意。後益「尤」旁，疑爲聲符而非義符。越王差徐戈「𦎫」字中部已有簡省，與鄂君啟節及楚簡「𦎫」字寫法相類。

晉侯断壺（西周中）：用～（享）于文旻（祖）皇考。◎晉國97頁

親簋（西周中）：女（汝）肁（肇）～（享）。◎歷文2006（3）封二

趞伯簋（西周中）：其用夙夜～（享）卲（昭）文神。◎史學2006（2）封二

逑盤（西周晚）：方狄不（丕）～（享）。◎盛世34頁

芮子仲鼎（西周晚）：永寶用～（享）。◎文博2008（2）6頁

有司簡簋蓋（西周晚）：子子孫孫其永寶用～（享）。◎文物2004（3）96頁

卌三年逑鼎乙（西周晚）：子子孫孫永寶用～（享）。◎華章63頁

應侯視工簋（西周晚）：子子孫孫永寶用～（享）。◎首陽114頁

作册封鬲甲（西周晚）：～（享）氒（厥）孫子。◎歷文2002（2）4頁

彖氏劊簋蓋（西周晚）：子子孫孫永寶用～（享）。◎中原2008（5）63頁

𦎫

伯𢦏父簋蓋（西周晚）：用～（享）于大神。◎古研（27）198頁

伯𢦏父簋（西周晚）：用～（享）于文且（祖）考。◎首陽107頁

柞伯鼎（西周晚）：諆（其）用追～（享）孝。◎文物2006（5）68頁

寶登鼎（春秋早）：子子孫孫永寶用～（享）。◎文物2006（4）7頁

芮公鬲（春秋早）：子子孫孫永寶用～（享）。◎考文2007（2）8頁

芮太子白鬲（春秋早）：子子孫孫永保用～（享）。◎芮國82

芮太子白鬲（春秋早）：子子孫孫永保用～（享）。◎銘圖2898

有兒簋（春秋早）：用～（享）用祀。◎銘圖5166

遷邟鐘（春秋早）：台（以）～（享）于我先祖。◎銘續1027

許公簠蓋（春秋中）：用～（享）用孝。◎銘續511

與兵壺（春秋晚）：其用～（享）用孝于我皇俎（祖）文考。◎古研（24）234—235頁

曾侯與鐘（春秋晚）：用考（孝）台（以）～（享）于悖（台）皇𦟼（祖）。◎銘續1030

競孫不服壺（春秋晚）：永保之用～（享）。◎銘圖12381

二式獄簋（西周中）：～（敦）祀于𠭯（厥）百神。◎考文2006（6）60頁

一式獄簋蓋（西周中）：～（敦）示于𠭯（厥）百神。◎考文2006（6）59頁

畐

獄盨蓋（西周中）：～（敦）祀于氒（厥）百神。◎銘圖5275

淳于右戈（春秋晚）：～（淳）于右艁（造）。◎文物2005（9）93頁

卹余敦（春秋）：卲翏公之孫卹余及陳弔（叔）嫣爲其膳～（敦）。◎保利續184頁

格仲簋蓋（西周中）：對揚且（祖）孝（考）～（福）。◎考報2018（2）234頁

格仲簋（西周中）：對揚且（祖）孝（考）～（福）。◎考報2018（2）234頁

良

應侯視工鼎（西周晚）：用南尸（夷）敢乍（作）非～。◎上博（10）105頁

鄭丼子伯良父簠蓋（西周晚）：奠（鄭）丼子白（伯）～父乍（作）寶匿（簠）。◎銘續487

京良父簋（西周晚）：京～父乍（作）寶𣪕（簋）。◎玫茵堂106

曾伯霥壺（春秋早）：隹（唯）玄其～。◎江漢2017（6）9頁

季子康鎛（春秋中）：柏之季康是～。◎考文2009（3）104頁

商鞅鈹（戰國中）：大～造庶長鞅之造。◎首陽183頁

【案】京良父簋「良」字《玫茵堂》釋「复」，葛亮（2009）認爲是「良」字下部訛作「夊」，可從。

亩

臣辰父癸鼎（西周早）：～父癸。◎新收1684

啚

旽簋（西周中）：亦弗～（鄙）乃且（祖）考。◎銘圖 5386

加芈編鐘（春秋中）：余叀其彊（疆）～（鄙）。◎江漢 2019（3）16 頁

【案】旽簋「啚」字，《銘圖》誤釋爲「朢（忘）」。周寶宏（2014）、李學勤（2016）釋「啚（鄙）」，是。

嗇

廿一年安邑戈（戰國中）：冶匀～夫虘。◎珍秦齋吳 96 頁

滎陽上官皿蓋（戰國晚）：府～夫成加。◎文物 2003（10）79 頁

廿八年公乘戈（戰國晚）：公乘～夫印。◎銘續 1234

四年成陰嗇夫戟（戰國晚）：成陰（陰）～夫司寇或。◎珍秦齋吳 151 頁

冢子韓政戟刺（戰國晚）：大官上庫～夫狢賈。◎銘續 1289

徐莫敖昭嗇戈（戰國晚）：司馬巷～、□纏之所造。◎銘圖 17310

牆

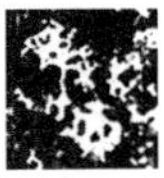

季姬尊（西周中）：禾二～。◎文物 2003（9）89 頁

來

太保簋（西周早）：大（太）保～殷。◎銘圖 4482

霸伯簋（西周中）：井弔（叔）～栾盧（鹽）。◎考報 2018（1）105 頁

复

卿盤（西周早）：周公～伐商。◎銘圖 14432

霸伯簋（西周中）：井弔（叔）～桒（鹽）。◎考報 2018（1）103 頁

䣙卣（西周中）：卑（俾）𩰫弔（叔）、爯父、攸父～（復）付䣙。◎銘續 882

〔侄〕致

魚致簋（西周早）：魚～乍（作）寶尊彝。◎銘續 340

叔侄鼎（西周中）：弔（叔）～乍（作）寶鼎。◎銘續 168

憂

曾侯鐘（春秋晚）：台（以）～此鰥寡。◎銘續 1025

夏

加芈編鐘（春秋中）：行相曾邦，台（以）長啐（台）～。◎江漢 2019（3）16 頁

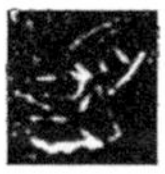

大市量（戰國中）：～柰之月。◎古研（22）129 頁

⿰畟耳*

加芈編鐘（春秋中）：余非敢乍（作）～（佴）。◎江漢 2019（3）16 頁

【案】郭長江等（2019）釋「䰯」，讀「乍䰯」爲「作耻」。予則讀「乍䰯」爲「作佴」，即作貳之意，説詳陳斯鵬（2020）。當時以主語爲曾侯立説，今雖以主語爲加芈，此義仍可適用。又察其字實從「畟」，非從「鬼」，故改隸定作「⿰畟耳」。「畟」「鬼」之辨，參魏宜輝（2019）。《説文》「畟」在「夊」部，無獨立「畟」部，故厠此。

⿰畟猷*

虢仲簠（西周晚）：虢中（仲）乍（作）～姜寶匿（簠）。◎文物 2000（12）28 頁

夒

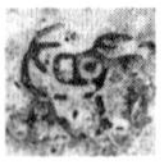

巽⿰囟比夒壺蓋（西周早）：⿰囟比～乍（作）父丁彝。◎銘圖12202

秦子簋蓋（春秋早）：又（有）～（柔）孔嘉。◎故博2005(6)22頁

夒膚簠（春秋中）：～膚睪（擇）其吉金。◎銘續500

攻吳大叔戈（春秋晚）：工（攻）盧（吳）大弔（叔）砍女（如）～。◎珍秦齋吳23頁

⿺辶夒*

逑盤（西周晚）：～（柔）遠能鈇（邇）。◎盛世吉金34頁

舞

宗人簋（西周中）：白（伯）氏命宗人～。◎銘續461

宗人簋（西周中）：宗人衣（卒）～。◎銘續461

韋

韋舌爵（商晚）：～舌。◎銘圖7423

舌韋亞爵（商晚）：舌～亞。◎銘圖8022

亞韋舌爵（商晚）：亞～舌。◎銘續620

韋亞乙鼎（西周早）：乍（作）～亞乙尊。◎文物2016(1)10頁

晉韋父盤（西周中）：晉～父乍（作）寶舟。◎文物2004(2)62頁

相邦呂不韋戈（戰國晚）：相邦呂不～造。◎故博2006(2)83頁

韓

卌年工師韓勹（戰國晚）：工市（師）～、工喜。◎銘續914

⿰韋皮*

郳公⿰韋皮父鎛（春秋晚）：余有融之子孫郳公～父。◎銘圖 15815

郳公⿰韋皮父鎛（春秋晚）：余有融之子孫郳公～父。◎銘圖 15816

郳公⿰韋皮觥（春秋晚）：郳公～自钕（作）商宴觥（觥）。◎銘續 891

【案】字亦見於清華簡《五紀》30，用爲皮革字，當是「皮」字增「韋」旁之繁體。觥銘「⿰韋皮」或釋「⿰韋皮父」合文。

⿹𢦏韋*

虎簋蓋乙（西周中）：易（賜）女（汝）～（緇）市。◎新收 1874

吕簋（西周中）：～（緇）市同黄（衡）。◎論稿 167 頁

召簋（西周中）：～（緇）市、幽黄（衡）。◎銘圖 5230

⿰韋尚*

攻吳王姑讎焉䧢劍（春秋晚）：王圍旞（陽），既北既殃，不我敢～（當）。◎銘續 1352

【案】程義、張軍政（2015）釋爲「緔」字異體，訓結合；曹錦炎（2015a）亦釋「緔」，訓縫綴；義均難通。董珊（2015a）疑爲「裳」字異體，讀爲「當」；李家浩（2015）亦讀「當」；此讀可從。

⿰韋奉*

卲簋（西周中）：王令（命）卲～朱黄（衡），用事。◎回家（2019 一）75 頁

卲簋（西周中）：王令（命）卲～朱黄（衡），用事。◎回家（2019 一）79 頁

【案】《回家（2019 一）》釋「戟」，誤。《銘三》514、515 釋「⿰韋奉」，是。二器「捧」字作「」，所從「奉」形相同可證。金文或作「奉」，讀法待考。

弟

瘻鼎（西周早）：～不敢不睪（擇）衣。◎銘續195

叔安父簋（西周中）：弔（叔）安（安）父乍（作）爲朕弔（叔）～宗人寶毁（簋）。◎銘續440

陳弟鼎（西周中）：敶（陳）～乍（作）寶鼎。◎銘圖1432

琱生尊（西周晚）：其～乃。◎文物2007（8）20頁

文公之母弟鐘（春秋晚）：余文公之母～。◎夏商周540

文公之母弟鐘（春秋晚）：用匽（宴）樂者（諸）父兄～。◎夏商周540

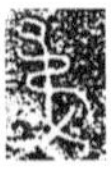

鮑子鼎（春秋晚）：保而兄～。◎歷文2009（2）51頁

夆

夆子選簠（春秋早）：～子選自乍（作）飤匡（簠）。◎銘圖5890

一式獄簋（西周中）：圂（芬）～（芳）䎸（馨）香，則登于上下。◎考文2006（6）59頁

衙鼎（西周晚）：亞且（祖）師～。◎文博2007（2）17頁

夆子詹簠（春秋早）：～子詹鑄弔（叔）嬴[illegible]（將）匡（簠）。◎銘續485

【案】裘錫圭（2008）讀一式獄簋「圂夆」爲「芬芳」，可從。

枼

黃子枼戈（春秋早）：黃子～之戈用。◎銘續1143

乘

聞尊（西周中）：易（賜）馬～、盞冟二。
◎論稿10頁

廿七年蜀守戈（戰國晚）：西工帀（師）～。
◎古研（25）213頁

歙元牡乘馬匜（春秋）：用歙（飲）元馿（牡）～馬。◎青銅器與金文（2）15頁

之乘辰鐘（戰國早）：之～辰曰。
◎文物2004（2）72頁

廿八年公乘戈（戰國晚）：公～嗇夫卬。
◎銘續1234

卷六

木

木羊簋甲（西周早）：～羊。◎保利續116頁

木爵（西周早）：～。◎銘圖6912

枏

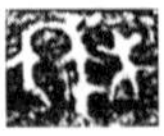

仲枏父鬲（西周中）：師湯父有嗣（司）中（仲）～父乍（作）寶鬲。◎首陽96頁

仲枏父鬲（西周中）：師湯父有嗣（司）中（仲）～父乍（作）寶鬲。◎上博（8）127頁

杏

少府戈（戰國晚）：～陵。◎文物2004（9）89頁

桃

廿七年頓丘令廱西戟（戰國中）：右庫工帀（師）～繯。◎珍秦齋吳109頁

亲

令尹新章劍（戰國早）：令尹～（新）章自乍（作）用僉（劍）。◎銘續1305

杜

叔頌父鋪（西周晚）：□弔（叔）頌父乍（作）～孟婞尊甫（鋪）。◎銘圖6147

椃

叔卣（西周中）：余令（命）女（汝）自㝵～來敏（誨）魯人。◎銘圖13347

叔尊（西周中）：余令（命）女（汝）自㝵～來敏（誨）魯人。◎銘圖11818

【案】《說文》：「椃，木也。从木，號省聲。」叔器字形與之相合，然用爲地名，音義不明。石小力君謂或可隸作「虢」。

椋

伯克父盨（春秋早）：用盛（醓）黍稷旃（稻）～（粱）。◎銘續475

曾伯克父簠蓋（春秋早）：用盛黍稷旃（稻）～（粱）。◎銘續518

柞

柞伯鼎（西周晚）：虢中（仲）令～白（伯）。◎文物2006（5）68頁

枸

曾侯與鐘（春秋晚）：難老黃～（耇）。◎銘續1037

楊

楊伯簋（西周中）：～白（伯）自乍（作）𩠡𣪘（簋）。◎銘續347

霸伯簋（西周中）：對～（揚）丼弔（叔）休。◎考報2018（1）103頁

楊姞壺（西周晚）：～姞乍（作）羞醴壺。◎晉國161頁

十年寺工戈（戰國晚）：十年寺工丞～工造。◎文物2006（3）69頁

卌二年逑鼎甲（西周晚）：侯于～。◎華章39頁

卌二年逑鼎乙（西周晚）：侯于～。◎華章47頁

【案】述鼎「楊」字省「日」。或釋「采」，非是。

柳

王子柳鼎（春秋晚）：王子~睪（擇）其吉金。◎銘續 173

王子柳簠（春秋晚）：王子~睪（擇）其吉金。◎銘續 501

枵

私府鼎（戰國晚）：~邑。◎銘圖 2100

枵矛（戰國晚）：~。◎銘續 1274

槐

槐簋（西周中）：卿事內（入）右~。◎銘續 453

槐簋（西周中）：命乍（作）典尹册命~曰。◎銘續 454

杞

杞伯每亡簋（春秋早）：~白（伯）每亡鼄（邾）媡（曹）𡨦㱿（簋）。◎銘圖 4860

杞伯每亡壺蓋（春秋早）：~白（伯）每亡乍（作）媡（曹）氏醴壺。◎銘續 836

桐

伯戝父簋（西周晚）：南征伐艮孿（蠻）、菁、~、潏。◎古研（27）198 頁

伯戝父簋（西周晚）：南征伐艮孿（蠻）、菁、~、潏。◎首陽 107 頁

【案】「桐」作上下結構，所從「木」或省作「中」，遂與東周時代下加「口」符之「青」字同形。

榆

榆次令鄭秼戈（戰國晚）：~即（次）命（令）鄭秼。◎銘續 1254

柏

叔釗父甗（西周晚）：弔（叔）釗父乍（作）～姞寶獻（甗）。◎晉國149頁

鍾離君柏簠（春秋中）：童（鍾）麗（離）君～羼（擇）其吉金。◎銘圖5898

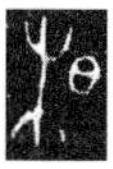

季子康鎛（春秋中）：童（鍾）麗（離）公～之季子康。◎考文2009（3）106頁

季子康鎛（春秋中）：～之季康是良。◎考文2009（3）105頁

徐子伯𠬝此戈（春秋中）：童（鍾）麗（離）公～隻（獲）羼（徐）人。◎銘續1248

柏簠（春秋中）：～之匿（簠）。◎銘續476

某

宋叔鼎（西周中）：密白（伯）至于～应。◎銘續218

霸姬盉（西周中）：余～弗爯（稱）公命，余自無（誣），則鞭身，第傳出。◎銘圖14795

霸姬盤（西周中）：余～弗𠩺（舍）爯（稱）公命，用虘（效）霸姬，余唯自無（誣），鞭五百，罰五百寽（鋝）。◎考報2018（2）239頁

霸姬盤（西周中）：女（如）～弗爯（稱）公命，用虘（效）霸姬，余唯自無（誣），則鞭身，傳出。◎考報2018（2）239頁

【案】霸姬盉、盤「某」字「木」旁稍訛，蓋受「無」字偏旁影響類化所致。諸家多釋「某」，是。裘錫圭（2018b）不然此釋，引郭理遠說以爲從「甘」聲而讀「敢」，非是。白軍鵬（2011）讀「無」，李學勤（2011a）、鄧佩玲（2011）、劉佳佳（2016）讀「謀」，意均不合。董珊（2011）謂「某」指代發誓者的名字，甚確。

〔梪〕樹

曾侯與鐘（春秋晚）：嘉～芋（華）英。◎銘續1034

曾侯與鐘（春秋晚）：嘉～芋（華）英。◎銘續1035

【案】凡國棟（2014）、馬曉穩（2016）讀「鼓」，不確。董珊（2014d）、李零（2015）、黃傑（2016）、黃錦前（2017）等釋「樹」，是。

朱

戚簋蓋（西周中）：易（賜）女（汝）赤市、～亢（衡）、攸（鋚）勒。◎銘續 450

卌三年逑鼎丙（西周晚）：～虢啚□。◎華章 71 頁

卌三年逑鼎庚（西周晚）：～虢啚□。◎華章 103 頁

頌盤（西周晚）：～黃。◎文物 2009（9）52 頁

曾孟嬭郙姬簠（春秋晚）：穆穆曾孟（孟）嬭～（郙）姬乍（作）畤（持）。◎淅川 183 頁

下官鼎（戰國晚）：朱～（廚）。◎銘續 167

末

悍距末甲（戰國晚）：悍乍（作）距～。◎古研（24）269 頁

果

大市量（戰國中）：郑公卲（昭）者～迈秦之歲。◎古研（22）129 頁

枚

枚父丁爵（西周早）：～父丁。◎銘續 640

格

格仲簋（西周中）：～中（仲）率追。◎考報 2018（2）234 頁

格仲簋（西周中）：～中（仲）率追。◎考報 2018（2）234 頁

柔

晉侯銅人（西周晚）：淮尸（夷）伐～。◎晉侯417頁

霸伯盂（西周中）：歸～鬱、旁（芳）鬯、臧。◎銘圖6229

琱生尊（西周晚）：我僕𩫏（庸）徒（土）田多～（擾）。◎考文2007(3)8頁

琱生尊（西周晚）：我僕𩫏（庸）徒（土）田多～（擾）。◎文物2007(8)20頁

【案】琱生尊「柔」字爲李學勤(2007b)釋，並讀爲「擾」，可從。字象木上有柔條之形，即「柔」字初文，後象柔條部分變形聲化爲「矛」，正與「敄」之由「」而「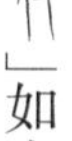」如出一轍。或釋爲「束」，於形不合。霸伯盂「柔」字，黄錦前(2012a)等讀爲「茅」。予疑如字。

桓

桓父己尊（西周早）：～父己。◎銘續759

〔釪〕茉

伯釪鼎（西周中）：白（伯）～乍（作）寶齋。◎考報2018(1)92頁

【案】「釪」與《說文》「茉」字或體相合，故依形隸於此。

〔盤〕槃

𨊠伯盤（西周早）：𨊠白（伯）乍（作）旅～。◎銘圖14365

叔盤（西周中）：弔（叔）乍（作）寶～。◎銘圖14403

倗姬盤（西周中）：倗姬乍（作）寶～。◎銘續924

作寶盤（西周中）：乍（作）寶～。◎銘圖14373

頌盤（西周晚）：用乍（作）朕皇考龏（龔）弔（叔）、皇母龏（龔）始（姒）寶尊～。◎文物2009（9）52頁

彭子射盤（春秋晚）：彭子射之行～。◎銘圖14388

唐子仲瀕兒盤（春秋晚）：鑄其御～。◎江漢2003（1）3頁

嬚盤（春秋晚）：自乍（作）瀎（涗）～。◎銘續948

曾季弁臣盤（戰國早）：曾季弁臣鑄其盥～。◎曾國396頁

春成侯盉（戰國早）：盉（蓋）、～、輦（連）睘（環）備。◎上博（8）152頁

后母樂甗（西周早）：后母卌～。◎徵集1

晉侯對盨蓋（西周晚）：甚（湛）～于邍（原）逕（隰）。◎首陽117

伯遊父盤（春秋中）：馬頸君白（伯）遊父乍（作）其沫～。◎上博（10）123頁

邵子緘盤（春秋晚）：邵子緘睪（擇）其吉金鑄其盥～。◎歷文2004（5）34頁

楚王熊恷盤（春秋晚）：楚王酓（熊）恷乍（作）寺（持）盥～。◎文物2008（1）79頁

下鄀唐公妝匜（戰國早）：下鄀鴋（唐）公妝之盥～。◎銘續984

宗人簋（西周中）：內（納）～。◎銘續461

㬚伯鼎（春秋早）：㬚白（伯）乍（作）楚弔（叔）妊～姬賸（媵）盂鼎。◎銘圖2356

梁

遷邟鐘（春秋早）：我台（以）～我心。◎銘續1027

文公之母弟鐘（春秋晚）：用匽（宴）～者（諸）父兄弟。◎夏商周540

季子康鎛（春秋中）：台（以）～我甫（父）兕（兄）。◎考文2009(3)106頁

侯古堆鎛（春秋晚）：子～父兕（兄）。◎侯古堆圖版24

曾侯與鐘（春秋晚）：匽（宴）～爰卿（饗）。◎銘續1034

褱兒鎛（春秋）：㠯（以）～嘉賓。◎銘圖15805

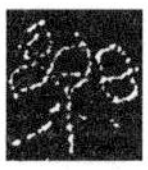

十八年冢子韓矰戈（戰國晚）：下庫嗇夫～痷。◎字與史(1)332頁

房子令趙結戈（戰國晚）：下庫工帀（師）□～。◎新收1299

〔⿱刅木〕

郭佗壺（戰國晚）：少～。◎新收1695

二年梁令張猷戟（戰國晚）：～倫（令）長（張）猷。◎古研(27)327頁

采

聞尊（西周中）：肩朕～□田外臣僕。◎論稿10頁

采隻簋（西周中）：王曰：～隻。◎銘圖5154

析

析父丁觶（西周早）：～父丁。◎全集(4)244頁

枼　休

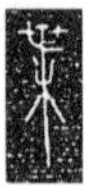
與兵壺（春秋晚）：卑（俾）邁（萬）～（世）無諆（期）。◎古研（24）234—235頁

之乘辰鐘（戰國早）：～～（世世）鼓之，後孫勿忘。◎文物2004（2）72頁

叔矢方鼎（西周早）：敢對王～。◎文物2001（8）9頁

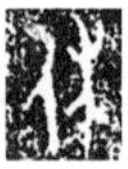
𩁹簋（西周早）：𩁹敢對公～。◎首陽83頁

何簋蓋（西周早）：用茲𣪘（簋）褺（設）公～。◎文物2009（2）55頁

免簋（西周中）：敢對揚天子不（丕）顯～令（命）。◎回家（2019 二）71頁

虎簋蓋乙（西周中）：對揚天子不（丕）秠魯～。◎新收1874

親簋（西周中）：敢對揚天子～。◎歷文2006（3）封二

老簋（西周中）：皇揚王～。◎考文2005年增刊65頁

羚簋（西周中）：羚對揚王～。◎字與史（1）211頁

獄盤（西周中）：對揚王～。◎考文2006（6）61頁

□簋（西周中）：用丝（茲）王～。◎銘圖5318

太師虘簋蓋（西周中）：敢對揚天子不（丕）顯～。◎銘圖5282

趞簋（西周中）：～無眀（愍）。◎銘續439

霸伯簋（西周中）：對楊（揚）井弔（叔）～。◎考報2018（1）103頁

應侯視工簋甲蓋（西周晚）：敢對揚天子～釐。◎保利續126頁

柦*

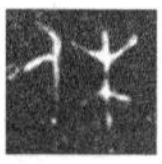

作册封鬲乙（西周晚）：多～。
◎歷文2002（2）4頁

卌三年逑鼎乙（西周晚）：逑敢對天子不（丕）顯魯～揚。◎華章63頁

應侯視工簋（西周晚）：王命雁（應）侯征伐淮南尸（夷）屰～。◎首陽114頁

琱生尊（西周晚）：琱生對揚朕宗君～。
◎考文2007（3）8頁

師酉盤（西周晚）：對揚天子不（丕）顯～令（命）。◎銘續951

鄬子受鎛（春秋中）：其永配氒（厥）～。
◎淅川105頁

司馬義鎛（戰國早）：用旂吉～□楙（懋）。
◎山東104—108頁

太子鼎（戰國晚）：大（太）子左～室。
◎文物2001（6）70頁

五年邢令殷思戟（戰國晚）：工帀（師）閶～沱。
◎珍秦齋吳163頁

【案】董珊（2008d）釋五年邢令殷思戟「柦」爲「枳」，吳良寶（2017）謂是作「和」形之「枳」增羨符「=」而成，並以「閶枳」與秦漢私璽所見「閶支」「閶枝」爲同一複姓，均可信。但吳氏又從石繼承説，將此複姓讀爲地名「盧虒」，則恐非。《古璽彙編》4000有複姓「門和（枳）」，「閶枳」「門枳」之「枳」似理解枝柱之「枝」即可。太子鼎「枳（枝）室」，疑指枝輔、枝附之室。「和」之爲「枳（枝）」，説參李學勤（2003c）、裘錫圭（2019）。李家浩（1985，2021）、蘇建洲（2007）釋爲「梋」之省，於形不確。

柽*

新造殳冒（戰國晚）：新佶（造）自之衙（逵）～。
◎銘續1363

【案】「柽」亦見郭店簡《窮達以時》7和包山簡269、牘1，白於藍（2001，2015）謂字從「夊」聲，於郭店簡讀爲「棰」「箠」，於包山簡牘及本銘則讀爲「綏」，指旌旗。劉剛（2013）推衍其説，而於包山簡牘讀爲「祋」。予疑可統一釋讀爲「棰」，字從「夊」聲，而「夊」從倒「止」（《説文》之「夊」而非「夊」）從「土」會意，爲垂降義之「垂」的異體。本銘「逵柽（棰）」指用以指揮引導之棰杖。

美*

亢鼎（西周早）：公大（太）保買大珏于～亞。◎上博（8）121頁

【案】馬承源（2000）以爲從「未」，黃錫全（2002b）以爲從「木」。今從黃說。

棌*

新城令矛（戰國晚）：右庫工市（師）～□。◎銘續1288

棺*

相室趙翏鼎（戰國中）：工市（師）～（椁—郭）弦。◎考文2008（5）40頁

郭佗壺（戰國晚）：～（椁—郭）佗乍（作）梁斗。◎新收1695

棈*

楷尊（西周中）：～（楷）乍（作）旻（祖）寶彝。◎新收1669

楷侯鼎（西周中）：～（楷）侯乍（作）肇（旅）彝。◎銘續85

楷侯盉（西周中）：～（楷）侯媵（媵）妹寶盉。◎銘續968

楷大司徒仲車父簋（西周中）：～（楷）大嗣（司）徒中（仲）車父乍（作）寶𣪘（簋）。◎銘圖4683

蓍簋（西周中）：～（楷）侯𣪕（釐）蓍馬三（四）匹。◎新收1891

楷大司工尚傑壺（西周晚）：～（楷）大嗣（司）工尚傑乍（作）爲寶壺。◎銘續833

【案】陳劍（2006b）認爲「棈」（楷）字的基本聲符是「几」。

東

昔須甗（西周中）：昔須眔趞（遣）～征。◎銘圖 3349

召叔簋（西周中）：鼈（召）弔（叔）乍（作）～室寶尊毁（簋）。◎銘續 426

毗卣（西周中）：毗有（佑）王于～征。◎銘續 882

叡鼎（西周中）：𠂇（左）即～八𠂤（師）。◎銘續 228

馭簋（西周晚）：白（伯）～宮內（入）右馭即立（位）中廷。◎銘圖 5243

射壺蓋（西周晚）：乃事（使）～遝（懋）其工（功）。◎銘圖 12443

衛鼎（西周晚）：～宮又（右）衛入門立中廷。◎銘續 222

秦政伯喪戈（春秋早）：～方。◎珍秦齋秦 42 頁

燕王職壺（戰國晚）：～𢧢畋（？）國。◎上博（8）146 頁

林

作册吴盤（西周中前）：執駒于䭾南～。◎銘圖 14525

伯渚鼎（春秋早）：～□孫白（伯）渚用其吉金。◎銘續 197

無

異好盂（西周早）：～夆多爲它。◎銘續 536

霸姬盉（西周中）：余自～（誣），則鞭身，第傳出。◎銘圖 14795

趞簋（西周中）：休～敃（愍）。◎銘續439

宰獸簋（西周中）：母（毋）敢～聞智（知）。◎陝博（7）99頁

豳公盨（西周中）：～朕心。◎歷文2002（6）4頁

柞伯鼎（西周晚）：用昏～殳。◎文物2006（5）68頁

卌二年逑鼎甲（西周晚）：逑其萬年～彊（疆）。◎華章39頁

有司簡簋蓋（西周晚）：其萬年～彊（疆）。◎文物2004（3）96頁

□伯簋（西周晚）：其邁（萬）年～彊（疆）。◎銘圖4818

卌三年逑鼎庚（西周晚）：逑萬年～彊（疆）。◎華章103頁

有兒簋（春秋早）：㠯（以）祰沬（眉）壽～异（期）。◎銘圖5166

叔戝父鼎（春秋早）：其萬年～彊（疆）。◎銘續215

鄧公孫無忌鼎（春秋早）：登（鄧）公孫～㝬（忌）屡（選）吉金。◎王坡34頁

郳公子害簠（春秋早）：其沬（眉）壽～彊（疆）。◎銘圖5907

秦子鎛（春秋早）：沬（眉）壽萬人（年）～彊（疆）。◎歷文2008（4）圖版二

家伯束邘簋（春秋早）：用旛（祈）萬福～疆。◎銘續452

楚王鼎（春秋中）：其沬（眉）壽～㫷（期）。◎銘圖2318

鬻君季𪊭鑑（春秋中）：其沬（眉）壽～彊（疆）。◎銘續535

鬱

伯遊父壺（春秋中）：其沬（眉）壽～彊（疆）。◎上博（10）119頁

季子康鎛（春秋中）：其沬（眉）壽～彊（疆）。◎考文2009（3）104頁

與兵壺（春秋晚）：卑（俾）邁（萬）枼（世）～諆（期）。◎古研（24）234—235頁

許公買簠蓋（春秋晚）：永命～彊（疆）。◎中原2004（1）55頁

鮑子鼎（春秋晚）：男女～諅（期）。◎歷文2009（2）51頁

侯古堆鎛（春秋晚）：萬年～諆（期）。◎侯古堆圖版24

宿兒缶（春秋晚）：沬（眉）壽～諅（期）。◎銘圖14091

工吳王𠭯矣工吳劍（春秋晚）：又（有）⿰彳用～⿰彳用，不可告人。◎銘圖17948

臧之無咎戈（春秋晚）：臧（莊）之～咎。◎楚彙658頁

魚鼎匕（戰國）：下民～智。◎銘圖6320

亢鼎（西周早）：吕（以）～𢍜、鬯𩰫、牛一。◎上博（8）121頁

玉苟盤（西周中）：昜（賜）～鬯。◎出土文獻（11）65頁

霸伯盂（西周中）：歸（饋）柔～、旁（芳）鬯、臧。◎銘圖6229

任鼎（西周中）：昜（賜）脡、牲大牢，又䆞束、大𢍜（對）、～𢍜。◎歷文2004（2）21頁

一式𤞷簋（西周中）：亡（無）不～臨䨻魯。◎考文2006（6）59頁

伯𤞷簋蓋（西周中）：亡（無）不～臨䨻魯。◎銘續460

【案】亢鼎「鬱」字爲黄錫全（2002b）所釋。其上所從「林」頗殘泐，或忽視之，只摹作「⿱林大」，非是。又上從「⿱木大」，與「鬱」字通常所從「大」，均象正面直立人形，作意符可通。霸伯盂「鬱」字爲李學勤（2011b）所釋；黄錦前（2012a）等釋「芭」，非。任鼎「鬱」字爲董珊（2005）所釋；王冠英（2004）釋「茐」，董蓮池（2011:760）釋「梵」，均非。此二「鬱」字爲省正面人形之體。任鼎「鬱」字下從「=」，此構件亦見於小子生尊（《集成》6001）、孟載父壺（《集成》9571）「鬱」字，董珊（2005）謂即後來「鬱」字所從「彡」之由來，可從。以上諸「鬱」皆用爲鬱金之「鬱」（《説文》鬱金字作「鬱」，見卷五鬯部，而經籍以「鬱」爲之）。獄簋「鬱」字爲李學勤（2007a）所釋。此體當是在省正面人形之體的基礎上，增益「宀」旁而成。然李氏以鬱金爲解，則可商。「鬱」有「密集」「隆盛」之義，「亡（無）不鬱臨髒魯」意謂百神無不密集隆盛地臨保降福。參「髒」字條。

⿱林同*

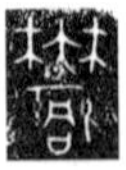

婦傳尊（西周早）：婦傳（傳）乍（作）辟日己～尊彝。◎銘續 785

【案】《銘續》讀「鬱」。石小力（2017）謂字從「鬱」從「同」，即「鬱」之異體。孟載父壺（《集成》9571）有「鬱壺」、叔趯父卣（《集成》5428）有「鬱彝」，文例與此相似，但是否可定爲「鬱」之異體，待考。

楚

京師畯尊（西周早）：王涉漢伐～。◎銘圖 11784

麸應姬鼎（西周中）：唯罶（昭）王伐～荊。◎銘續 221

戚簋蓋（西周中）：用～（胥）乃長。◎銘續 450

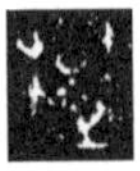

逑盤（西周晚）：厮伐～荊。◎盛世 34 頁

楚太師登鐘甲（春秋早）：～大（太）師登。◎上博（11）150 頁

楚王鼎（春秋中）：～王賸（媵）隨（隨）中（仲）嫋（芈）加飤鲦。◎銘圖 2318

楙

晉公盤（春秋中）：宗婦～邦。

◎銘續 952

楚屈喜戈（春秋晚）：～屈喜之用。

◎中原 2006（5）8 頁

楚王熊悠盤（春秋晚）：～王酓（熊）悠乍（作）寺（持）盥盤。◎文物 2008（1）79 頁

封子楚簠（春秋晚）：～王之士。

◎銘續 517

曾侯與鐘（春秋晚）：𢿢（吾）用燮譝（就）～。

◎銘續 1029

臧王之楚戟（戰國早）：臧（莊）王之～用戟（戟）。◎歷文 2007（5）16 頁

楚子□敓鼎蓋（戰國晚）：～子。

◎銘圖 2242

𪒠公盨（西周中）：康亡不～（懋）。

◎歷文 2002（6）4 頁

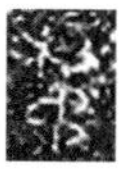

司馬義鎛（戰國早）：～（懋）乍（作）宗彝。

◎山東 104—108 頁

司馬義鎛（戰國早）：用旂（祈）吉休□～（懋）。

◎山東 104—108 頁

楙*

曾伯霥壺（春秋早）：余是～是則。

◎江漢 2017（6）9 頁

【案】方勤等（2017）釋「楙」，誤。御簡齋（2018）釋「楙」，讀「抒」；《銘三》從之。沈培（2018）同意釋「楙」，而讀爲「序」或「敘」。釋「楙」是，疑即「野」字異構，此可讀爲「與」或「豫」。「是與/豫是則」，與《詩·小雅·鹿鳴》「是則是傚」相似。

⿱林衣*

新城徒萃戈（戰國晚）：敬緧新城徒～（萃）。
◎文物2004（10）85頁

【案】字從「林」從「衣」，黄錫全、馮務建（2004）謂「林」「艸」義近，故釋爲「萃」，甚是。「衣」「卒」形音義俱有關聯，古文字中常可通作，此「⿱林衣」所從「衣」實即當作「卒」用。「徒⿱林衣（萃）」，黄文主張讀「徒卒」，指步兵。今疑此「萃」仍與戰國兵器銘文多見的「某萃」之「萃」同解爲妥，亦即《周禮·車僕》「廣車之萃」的「萃」。「徒」指步兵，「萃」指車隊。

⿱林亩*

卌三年逑鼎乙（西周晚）：三（四）方吳（虞）～（林）。◎華章63頁

卌三年逑鼎壬（西周晚）：三（四）方吳（虞）～（林）。◎華章119頁

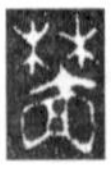

逑盤（西周晚）：三（四）方吳（虞）～（林）。
◎盛世34頁

才

𡨦學商方鼎（商晚）：～（在）十月又二。
◎曲村348頁

大万尊（商晚）：～（在）六月。
◎銘續790

𤚩伯𧪂卣（商晚或西周早）：～（在）二月。
◎保利續131頁

叔矢方鼎（西周早）：～（在）成周。
◎文物2001（8）9頁

𩁹簋（西周早）：公廼宛（館）～（在）辟。
◎首陽83頁

仲畐父壺（西周早）：～（財）□二朋。
◎曲村440頁

任鼎（西周中）：王～（在）氐。
◎歷文2004（2）21頁

老簋（西周中）：王～（在）𦎫京。
◎考文2005年增刊65頁

〔叒〕若

夾簋（西周中）：王～（在）周康宫。

◎新收1959

𤔲公盨（西周中）：𩞁～（在）天下。

◎歷文2002（6）4頁

戚簋蓋（西周中）：王～（在）成周大（太）室。

◎銘續450

師酉盤（西周晚）：王～（在）吳。

◎銘續951

卌二年逑鼎甲（西周晚）：其嚴～（在）上。

◎華章39頁

卌三年逑鼎己（西周晚）：廙（翼）～（在）下。

◎華章95頁

卌三年逑鼎乙（西周晚）：王～（在）周康宫穆宫。

◎華章63頁

卌三年逑鼎戊（西周晚）：王～（在）周康宫穆宫。

◎華章87頁

柞伯鼎（西周晚）：～（在）乃聖且（祖）周公。

◎文物2006（5）68頁

秦子鎛（春秋早）：秦子畯黔～（在）立（位）。

◎歷文2008（4）圖版二

郘夫人嬭鼎（春秋晚）：歲～（在）㰤（涒）灘（灘）。

◎中原2009（3）11頁

若爵（西周早）：～。

◎銘續587

吕簋蓋（西周中）：王～曰。

◎論稿167頁

逑盤（西周晚）：王～曰。

◎盛世34頁

卌二年逑鼎甲（西周晚）：王～曰。

◎華章39頁

桑

應侯視工簋（西周晚）：王～曰。◎首陽114頁

引簋（西周中）：王～曰。◎銘圖5299

叔尊（西周中）：～（諾）。◎銘圖11818

曾伯克父簠蓋（春秋早）：采夫無～。◎銘續518

卅三年逑鼎甲（西周晚）：王～曰。◎華章55頁

下都唐公妝匜（戰國早）：下～鴋（唐）公妝之盥盤。◎銘續984

諻旐缶（春秋晚）：～君雝子諻旐睪（擇）飤（以）吉金。◎銘續910

季姬尊（西周中）：君命宰茀易（賜）朩季姬畋臣于空～。◎文物2003（9）89頁

叔桑父簋蓋（西周早）：弔（叔）～父乍（作）寶尊彝。◎銘續359

寶登鼎（春秋早）：奠（鄭）～弔（叔）之子寶登乍（作）鼎。◎文物2006（4）7頁

之

鼓甗（西周早）：隹（唯）十又一月王令南宮伐虎方～年。◎文物2007（1）65頁

趞伯簋（西周中）：朕文考其巠（經）趞姬、趞白（伯）～德音。◎史學2006（2）封二

琱生尊（西周晚）：余老～。◎文物2007（8）20頁

鼎卦戈（西周晚）：貞（鼎）黃耳，奠～。◎銘續1265

衛伯須鼎（春秋早）：子孫用～。

◎棗陽187頁

寶登鼎（春秋早）：奠（鄭）桑弔（叔）～子寶登乍（作）鼎。◎文物2006（4）7頁

弦伯隹壺（春秋早）：其萬［年］子孫用～。

◎棗陽94頁

武陵之王戈（春秋早）：武陵～王戈。

◎新收1893

曾侯子鐘辛（春秋早）：曾侯子～行。

◎銘圖15148

伯遊父壺（春秋中）：子子孫孫永寶用～。

◎上博（10）118頁

克黃鼎（春秋中）：克黃～盌。

◎淅川9頁

季子康鎛（春秋中）：余菽氒（厥）于～孫。

◎考文2009（3）105—106頁

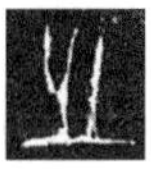

季子康鎛（春秋中）：自乍（作）龢鐘～銚。

◎考文2009（3）104頁

鄬子昃鼎蓋（春秋晚）：佫（鄬）子昃～飤鐈（鼎）。◎淅川255頁

競之定鬲甲（春秋晚）：大有社（功）于洛～戎。

◎文物2008（1）81頁

競之定豆甲（春秋晚）：王命競～定救秦戎。

◎文物2008（1）82頁

可簠（春秋晚）：可～行固（簠）。

◎文物2008（2）15頁

仲姬𡢁敦蓋（春秋晚）：中（仲）姬𡢁～盞。

◎淅川38頁

與兵壺（春秋晚）：余鄭大（太）子～孫與兵。

◎古研（24）234—235頁

邵子𢦏盤（春秋晚）：子孫用～。

◎歷文2004（5）34頁

中文王之孫州𡘋簠（春秋晚）：𩐋（申）文王～孫州𡘋。◎古研（25）193頁

曾大𥁕尹壺（春秋晚）：曾大𥁕尹𩛥～行壺。◎銘圖12225

曾侯與鐘（春秋晚）：達𡐞（殷）～命。◎銘續1029

鄎子孟芈青簠（春秋晚）：𨛭（鄎）子孟𡟰（芈）青～飤匿。◎文物2004（3）26頁

玄鏐戟（春秋晚）：玄鏐～用𢦏（戟）。◎淅川彩版七四

玄鏐之戈（春秋晚）：玄鏐～戈。◎銘續1114

昭之瘠夫戈（春秋晚）：卲（昭）～瘠夫之行戈。◎銘續1202

吳季子之子逞劍（春秋晚）：吳季子～子逞之元用鐱（劍）。◎銘續1344

鮑子鼎（春秋晚）：其隻（獲）～男子。◎歷文2009（2）51頁

平夜君成戈（戰國中）：平夜君成～用戈。◎文物2002（8）7頁

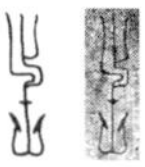
鄧冢𧬻戟（戰國）：鄧冢𧬻～用𢦔（戟）。◎銘續1192

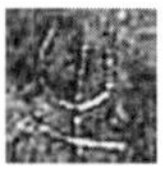
商鞅鈹（戰國中）：大良造庶長鞅～造。◎首陽183頁

虖台丘子俅戈（戰國晚）：虖台丘子俅～造。◎山東853頁

鑄客簠（戰國晚）：鑄客爲王句（后）六室爲～。◎南大32

【案】鮑子鼎「之」字吳鎮烽（2009）釋「㞷」讀「皇」，何景成（2009）釋「者」讀「諸」，均非。之，此也。

生

叔尊（西周中）：用自今～（往）至于啻（億）萬年。◎銘圖 11818

叔卣（西周中）：自今～（往）弜其又（有）達（迭）女（汝）于乃丂（巧）。◎銘圖 13347

公子侯簠（春秋晚）：二人～（往）飤。◎銘續 514

卅一年鄭令戈（戰國晚）：～庫工帀（師）皮耴。◎珍秦齋吳 259 頁

【案】卅一年鄭令戈「生庫」一語，前已數見，陳偉武（1996）讀「生庫」爲「廣庫」，謂指廣車之庫。可從。

峝*

大丂尊（商晚）：□十終三朕，迵～。◎銘續 790

【案】朱鳳瀚（2015）分析爲從「之」、「同」聲，讀作「通」，訓得。李家浩（2016）以爲「踊」字異體。《銘續》釋爲「歬（前）」。隸定從朱說，字義待考。

帀

師鼎（西周早）：～（師）乍（作）父癸寶尊彝。◎銘圖 1711

宋左師不睪鼎（春秋晚）：宋左～（師）不睪左胸（庖）之餴（饋）貞（鼎）。◎臨淄 88 頁

七年丞相奐殳戈（戰國晚）：咸陽工～（師）□。◎歷文 2009（2）57 頁

【案】師鼎「帀」及「師」（參下「師」字條），爲黃鳳春、陳樹祥、凡國棟（2011）釋，以爲趁隙加點，是。或釋「㡀（敝）」，不確。

師

壴師當盧（西周早）：壴～。◎文物2002（12）13頁

師鼎（西周早）：～乍（作）父乙寶尊彝。◎銘圖1712

師酉鼎（西周中）：事（使）師俗召～酉。◎歷文2004（1）封二

虎簋蓋乙（西周中）：疋（胥）～戲嗣（司）走馬馭人。◎新收1874

季姬尊（西周中）：氒（厥）～夫曰丁。◎文物2003（9）89頁

吕簋蓋（西周中）：更乃考□嗣（司）奠～氏。◎論稿167頁

伯太師釐盨蓋（西周晚）：白（伯）大（太）～釐乍（作）旅頪（盨）。◎夏商周402.1

晉侯簋（春秋早）：晉侯乍（作）～氏妵（姞）毁（簋）。◎銘圖4713

壴師當盧（西周早）：壴～。◎文物2002（12）13頁

師鼎（西周早）：～乍（作）父癸。◎銘續74

仲枏父鬲（西周中）：～湯父有嗣（司）中（仲）枏父乍（作）寶鬲。◎首陽96頁

太師虘簋蓋（西周中）：王乎（呼）宰曶易（賜）大（太）～虘虎裘。◎銘圖5283

二式獄簋（西周中）：朕光尹周～右告獄于王。◎考文2006（6）60頁

訇鼎（西周晚）：王父～彪。◎文博2007（2）17頁

師酉盤（西周晚）：～酉捧（拜）韻（稽）首。◎銘續951

曾太師奠與鼎（春秋早）：曾大（太）～奠與乍（作）鼎。◎曾國7頁

出

晉侯簋蓋（春秋早）：晉侯乍（作）～氏姞毁（簋）。◎銘圖4712

十六年少府戈（戰國晚）：少府工～乙。◎故博2006（2）84頁

上郡守遣戈（戰國晚）：高工～竈。◎考文2009（3）32頁

敎尊（西周早）：孫子用言（侃）～入。◎近出677

矩方鼎（西周早）：其用卿（饗）王～内（入）。◎新收1664

㕓京父簋（西周早）：用言（侃）王～入。◎銘續379

霸姬盤（西周中）：則～棄。◎考報2018（2）239頁

霸伯盂（西周中）：賓～。◎銘圖6229

頌盤（西周晚）：佩㠯（以）～。◎文物2009（9）52頁

卌二年逑鼎甲（西周晚）：戜（蠢）厥（玁）䡴（狁）～戠（斬）于井阿。◎華章39頁

卌二年逑鼎甲（西周晚）：受册贅㠯（以）～。◎華章39頁

卌三年逑鼎甲（西周晚）：佩㠯（以）～。◎華章55頁

卌三年逑鼎丙（西周晚）：佩㠯（以）～。◎華章71頁

伯𢦏父簋（西周晚）：王～自成周。◎古研（27）198頁

魚顛匕（戰國）：～斿（游）水虫。◎銘圖6320

【案】⿸厂齊京父簋「出」字「止」旁誤倒。

𣎵

下官鼎（戰國晚）：~朱（廚）。◎銘續 167

𠂔

季姬尊（西周中）：君命宰茀易（賜）~（姊）季姬畋臣于空桑。◎文物 2003（9）89 頁

⿰鬲東鼎（西周中）：⿰鬲東（紳）易（賜）禾于王五十~（秭）。◎銘圖 2441

南

南□爵甲（商晚）：~□。◎新收 1571

南單母癸甗（西周早）：~單母癸。◎新收 1440

南宮姬鼎（西周早）：~宮姬乍（作）寶尊鼎。◎曲村 348 頁

𣪕甗（西周早）：王令~宮伐虎方之年。◎文物 2007（1）65 頁

南姬爵甲（西周早）：~姬公寶彝。◎首陽 71 頁

伯□鼎（西周早）：𣪘（徂）~或（國）。◎銘續 213

犺簋（西周早）：犺乍（作）剌（烈）考~公寶尊彝。◎銘續 371

𤔲季簋乙蓋（西周中）：~宮姬乍（作）寶尊。◎銘圖 4464

南方追孝鼎（西周中）：~方追孝乍（作）公中（仲）寶尊䵼彝。◎銘圖 2073

柞伯鼎（西周晚）：廣伐~或（國）。◎文物 2006（5）68 頁

生

應侯視工簋蓋（西周晚）：廣伐～國。◎首陽114頁

文盨（西周晚）：王命士曶父殷～邦，啟者（諸）侯。◎字與史(1)221頁

曾侯編鐘（春秋中）：帥禹之𤥭（緒），有此～洍。◎江漢2019(3)16頁

曾侯與鐘（春秋晚）：西政（征）～伐。◎銘續1029

生爵（商晚）：～。◎近出790

伯生盉蓋（西周早）：白（伯）～乍（作）彝。◎銘圖14705

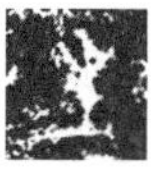

季姬尊（西周中）：㠯（以）～（牲）馬十又五匹。◎文物2003(9)89頁

衛簋甲蓋（西周中）：邁（萬）年俗（裕）茲百～（姓）。◎南開2008(6)封三

應侯視工簋蓋（西周晚）：王命雁（應）侯征伐淮～尸（夷）屮。◎首陽114頁

文盨（西周晚）：達道于小～。◎字與史(1)221頁

曾侯與鐘（春秋晚）：王譴（遣）命～公。◎銘續1029

南行唐令鈹（戰國晚）：～行昜（唐）倫（令）眲卯。◎夏商周591

師衛尊（西周早）：隹（唯）九月既～霸。◎銘圖11786

豳公盨（西周中）：～我王。◎歷文2002(6)4頁

夾簋（西周中）：隹（唯）十又一月既～霸戊申。◎新收1959

一式獄簋（西周中）：邁（萬）年俗（裕）茲百～（姓）。◎考文2006(6)59頁

琱生尊（西周晚）：琱～對揚朕宗君休。◎文物2007(8)20頁

頌盤（西周晚）：王乎（呼）史虢～册令（命）頌。◎文物2009(9)52頁

卌二年逑鼎甲（西周晚）：隹（唯）卌又二年五月既～霸乙卯。◎華章39頁

復封壺（春秋早）：隹（唯）王三（四）月既～霸庚亥。◎銘圖12447

後生戈（春秋）：後～戈。◎山東871頁

晉公盤（春秋中）：君百～（姓）乍（作）邦。◎銘續952

【案】晉公盤「生」字，吳鎮烽(2014)釋「㠯」讀「鎮」，不確。鹿鳴(2014)釋「生」讀「姓」，是。左邊筆畫尚依稀可辨。

丰

𤡨伯譴卣蓋（商晚或西周早）：𤡨白（伯）譴乍（作）又～寶彝。◎保利續131頁

産

雷子歸産鼎（春秋晚）：雷子歸～之[illegible]。◎回家(2019一)108頁

蔡侯産戈（戰國早）：蔡侯～之用戈。◎銘續1166

蔡侯産戟（戰國早）：蔡侯～之用戠（戟）。◎銘續1169

二十八年雝丘令戈（戰國中）：工帀（師）～。◎江漢2016(2)89頁

蔡侯産戟（戰國早）：蔡侯～之用戈。◎銘圖16840

蟜*

曾占尹蟜缶（春秋早）：曾占尹～之䢃缶。◎銘續902

【案】此人名他器或作「喬」。《銘續》釋「蟜」，馬超（2017：318）從而分析爲從「喬」、「主」聲，疑是「喬」字異體。不確。字從「生」不從「主」。當從「生」、「喬」聲，故通「喬」。

晉侯斷壺（西周中）：晉侯斷乍（作）尊～壺。◎晉國97頁

仲姞鬲（西周晚）：～。◎銘圖2752

雩

華孟子鼎（春秋中）：～孟子乍（作）中（仲）叚氏婦中（仲）子賸（媵）寶貞（鼎）。◎銘續207

加芈編鐘（春秋中）：余典册𠭯（厥）德，殹（緊）民之～（蒦）巨（矩）。◎江漢2019(3)17頁

【案】加芈編鐘「雩」字，郭長江等（2019）以爲從「氏」從「來」，其他諸家多釋「瓶」。予疑應是「雩」字，上部添二短橫爲繁化耳。「華巨」讀「蒦矩」。說詳陳斯鵬（2020）。

〔華〕蕚

郳華妊鬲（春秋早）：鼄（郳）～妊乍（作）羞鬲。◎小邾109頁

郳華妊鬲（春秋早）：鼄（郳）～妊乍（作）羞鬲。◎小邾110頁

郳慶簠（春秋早）：鼄（郳）慶乍（作）～妊匿（簠）。◎小邾115頁

郳慶簠（春秋早）：鼄（郳）慶乍（作）～妊匿（簠）。◎小邾116頁

【案】小郳國諸器「華」字，整理者釋「秦」，本書初版從之，不確。當從蘇影（2012）改釋。

桼

漆垣矛（戰國晚）：～（漆）垣。◎銘續1283

卅七年上郡守慶戈（戰國晚）：～（漆）工□。◎徵集9

束

束父己鼎（西周早）：～父己。◎銘圖864

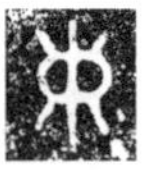
任鼎（西周中）：又蠠～。◎歷文2004（2）21頁

琱生尊（西周晚）：報寢（婦）氏帛～、璜一。◎考文2007（3）8頁

束盉蓋（西周中）：～捧（拜）䭬（稽）首。◎銘圖14790

束仲豋父簋（西周晚）：～中（仲）豋父乍（作）灉毁（簋）。◎銘續404

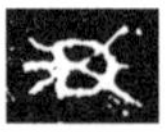
家伯束邛簋（春秋早）：家白（伯）～邛乍（作）其公辟、弔（叔）姜寶毁（簋）。◎銘續452

柬

鮑子鼎（春秋晚）：勿或（有）～巳，它它（施施）巸巸（熙熙），男女無期。◎歷文2009（2）51頁

【案】吳鎮烽（2009）讀爲「闌」，侯乃峰（2010）讀爲「間」，似均可通。

刺

虎簋蓋乙（西周中）：不（丕）顯朕～（烈）且（祖）考粦（潛）明。◎新收1874

宰獸簋（西周中）：用乍（作）朕～（烈）且（祖）幽中（仲）益姜寶匳毁（簋）。◎陝博（7）99頁

盹簋（西周中）：用乍（作）朕～（烈）考幽弔（叔）寶尊毁（簋）。◎銘圖5386

柞伯鼎（西周晚）：用乍（作）朕～（烈）且（祖）幽弔（叔）寶尊鼎。◎文物2006（5）68頁

逑盉（西周晚）：逑乍（作）朕皇高且（祖）單公～（烈）考尊盉。◎文物2003（6）38頁

隥簋（西周晚）：身皇～（烈）侯迺閉（閈）朕毛父。◎銘圖5138

晉公盤（春秋中）：我~（烈）考憲公。◎銘續952

與兵壺（春秋晚）：參搸（拜）頣（稽）首于皇考~（烈）俎（祖）。◎古研（24）234—235頁

鄭莊公之孫盧鼎（春秋晚）：~（烈）弔（叔）剌（烈）夫人。◎湖北56

封子楚簠（春秋晚）：~之元子。◎銘續517

【案】金文「剌」字不從「朿」，《説文》析形未確。「剌」或省「刀」，上博楚簡《性情論》19作「」，可合證。

橐

卌三年逑鼎（西周晚）：母（毋）龏龏~~，隹（唯）又（有）宥從（縱）。◎華章71頁

【案】「龏=橐=」亦見於毛公鼎等，或讀「龏橐，龏橐」，或讀「龏龏橐橐」。石小力（2018a）據清華簡《攝命》省作「橐=」，確定後一種讀法爲是。今疑「橐橐」可讀「苞苞」或「包包」，上字訓包庇、包容，下字訓苞苴，指賄賂。

國

應侯視工簋（西周晚）：戎廣伐南~。◎首陽114頁

晉公盤（春秋中）：保辥（乂）王~。◎銘續952

曾大司馬伯國簠（春秋晚）：曾大司馬白（伯）國~之飤匠（簠）。◎銘續488

國楚戈（戰國早）：~楚造車戈。◎考古2000（10）56頁

大國之造戈（戰國早）：大~之造戈。◎沂源138頁

悍距末甲（戰國晚）：用差（佐）商~。◎古研（24）269頁

圃

圃公鼎（春秋早）：～公□□自乍（作）盥鼎。
◎夏商周 442

因

陳侯因資戈（戰國中）：陳侯～資造陵左。
◎歷文 2007（5）15 頁

図

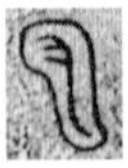

龍子図鼎（春秋晚）：龍子～之豆（廚）貞（鼎）。
◎銘續 110

固

州令慶□戈（戰國晚）：冶～。
◎銘續 1232

圍

柞伯鼎（西周晚）：既～鹹（城）。
◎文物 2006（5）68 頁

柞伯鼎（西周晚）：既～昏。
◎文物 2006（5）68 頁

攻吳王姑讎焉雒劍（春秋晚）：王～旟（陽），既北既殃，不我敢䵼（當）。◎銘續 1352

困

文公之母弟鐘（春秋晚）：余不敢～䁠（窮）。
◎夏商周 540

圂

杞伯每亡簋（春秋早）：杞白（伯）每亡乍（作）鼄（邾）孃（曹）～毁（簋）。◎銘圖 4860

【案】「圂」同「豢」，《禮記·少儀》：「君子不食圂腴。」鄭玄注：「《周禮》『圂』作『豢』，犬豕之屬食米穀者也。」「豢簋」蓋以盛犬豕之肉也。

囝*

囝爵（商晚）：~。◎近出782

昆*

君婦媿靁壺（春秋早）：~君婦媿靁乍（作）旅壺。◎小邾65頁

𩕲*

固伯卣蓋（西周早）：~（固）白（伯）乍（作）旚（旅）彝。◎銘續864

師酉鼎（西周中）：~（固）夙夜辟事我一人。◎歷文2004(1)封二

宋公固鋪（春秋晚）：有殷天乙唐（湯）孫宋公~（固）。◎銘續532

宋公固鼎（春秋晚）：有殷天乙唐（湯）孫宋公~（固）。◎文物2014(1)21頁

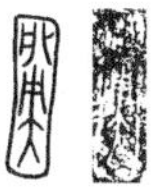

曾侯與鐘（春秋晚）：余紳（申）~（固）楚成，改逷（復）曾疆。◎銘續1029

【案】李學勤(2012b)據宋公世系定「𩕲」爲宋共公「固」，並讀金文「申𩕲大命」等文例之「𩕲」爲「固」，是。劉光(2016)有補證，可參。

貝

甗方鼎（商晚）：王商（賞）~。◎文物2005(9)61頁

宁尊（商晚）：子商（賞）宁（賓）~二朋。◎銘圖11761

鼓甗（西周早）：易（賜）~五［朋］。

◎文物 2007（1）65 頁

叔矢方鼎（西周早）：~卅朋。

◎文物 2001（8）9 頁

何簋蓋（西周早）：公易（賜）何貝十~。

◎文物 2009（2）55 頁

叔卣（西周中）：易（賜）女（汝）~。

◎銘圖 13327

㝬應姬鼎（西周中）：易（賜）~十朋。

◎銘續 221

士山盤（西周中）：芇侯、蠚方賓~、金。

◎歷文 2002（1）4 頁

夾簋（西周中）：~廿朋。

◎新收 1959

資

五十二年戈（戰國晚）：~中。

◎文物 2018（9）37 頁

購

倗夫人嫞鼎（春秋晚）：長~（賴）丌（其）吉。

◎中原 2009（3）11 頁

【案】王長豐、喬保同（2009）讀「邁」，馮時（2009）讀「萬」。陳斯鵬（2012）據郭店楚簡《緇衣》13 以「購」爲「賴」之例，讀鼎銘「購」爲「賴」，訓利或恃。

貣

競孫旟鬲（春秋晚）：吉晨（辰）不~（忒）。

◎銘圖 3036

競孫不服壺（春秋晚）：吉晨（辰）不~（忒）。

◎銘圖 12381

賸

伯庸父盉（西周中）：白（伯）𩫖（庸）父乍（作）季姞寶～（賸）盉。◎銘圖 14783

魯司徒馬皇父簋（西周晚）：魯𤔲（司）徒馬皇父乍（作）姬此母～（賸）𣪘（簋）。◎銘圖 419

郜仲簠（西周晚）：𨛜（郜）中（仲）～（賸）孟媯寶𠤳（簠）。◎文物 2003（4）90 頁

召生簋（西周晚）：𩁹（召）生乍（作）祰嬰～（賸）鼎𣪘（簋）。◎銘圖 5065

姚季鼎（春秋早）：姚季～（賸）孟姬盄（溫）母飤器。◎銘續 135

楚王鼎（春秋中）：楚王～（賸）𨺡（隨）中（仲）嬭（羋）加飤緐。◎銘圖 2318

華孟子鼎（春秋中）：華孟子乍（作）中（仲）叚氏婦中（仲）子～（賸）寶貞（鼎）。◎銘續 207

許公簠蓋（春秋中）：無（許）公乍（作）弔（叔）姜～（賸）𠤳（簠）。◎銘續 511

嫛膚簠（春秋中）：爲羊兒鑄～（賸）盙（簠）。◎銘續 500

贛

九年承匡令鼎（戰國晚）：工帀（師）～。◎西安 14 頁

賚

伯賚父簋甲（西周中）：白（伯）～父乍（作）寶𣪘（簋）。◎銘續 345

賜

公賜盉（戰國中）：公～貞（鼎）。◎文物 2001（12）49 頁

右中庖鼎（戰國晚）：冶小所爲，～右中𢦏（庖）。◎銘圖 1950

〔⿰貝它〕貤

郳公韍父鎛（春秋晚）：受~（施）吉金。◎銘圖 15815

郳公韍父鎛（春秋晚）：受~（施）吉金。◎銘圖 15818

【案】董珊（2012c）讀爲「貤」，周亞（2012）、李家浩（2015b）釋「貤」讀「施」，均可。後世「貤」字當即「⿰貝它」字之訛，「施」「貤」殆一詞之分化。

嬴

□甗（西周晚）：□肇賈，又（有）~。◎銘圖 3356

貳

琱生尊（西周晚）：女（汝）宕其~。◎文物 2007（8）20 頁

琱生尊（西周晚）：女（汝）宕其~。◎考文 2007（3）8 頁

賓

亢鼎（西周早）：亞~亢洋金二勻（鈞）。◎上博（8）121 頁

辛𠾞相簋（西周早）：辛𠾞相□~弔（叔）□□□。◎文物 2004（8）80 頁

矩方鼎（西周早）：穆穆事~。◎新收 1664

士山盤（西周中）：茀侯、蠚方~貝、金。◎歷文 2002（1）4 頁

霸伯盂（西周中）：~用虎皮爯（稱）。◎銘圖 6229

霸伯盂（西周中）：遣~。◎銘圖 6229

伯弘父盨蓋（西周中）：用卿（饗）~于宗室。◎中原 2016（4）68 頁

伯□父盨（西周中）：用卿（饗）~于宗室。◎論稿 269 頁

貿

䍃叔奐父盨（西周晚）：加（嘉）~用卿（饗）。◎文物2004（4）90頁

加芈編鐘（春秋中）：台（以）樂好~嘉客。◎江漢2019（3）17頁

封子楚簠（春秋晚）：用會嘉~、大夫及我倗友。◎銘續517

褱兒鎛（春秋）：吕（以）樂嘉~。◎銘圖15805

仲䜌父簋（西周晚）：其或~易，則盟（明）誣（殛）。◎銘圖4845

【案】「貿」字本從「貝」、「卯」聲，公貿鼎作「」。此從「鼎」，應是從「貝」之訛。

賈

賈鼎（商晚）：~。◎銘圖226

賈觶尊（西周早）：~觶乍（作）父丁寶尊彝。◎銘續782

賈伯壺（西周中）：~白（伯）乍（作）邯孟姬尊壺。◎銘圖12417

頌盤（西周晚）：令（命）女（汝）官嗣（司）成周~廿家。◎文物2009（9）52頁

頌盤（西周晚）：監嗣（司）新造~，用宮御。◎文物2009（9）52頁

賈伯簋蓋（西周晚）：~白（伯）乍（作）邯孟姬尊𣪘（簋）。◎銘圖5130

射壺（西周晚）：皇君尹弔（叔）命射嗣（司）~。◎銘圖12444

射壺蓋（西周晚）：尹弔（叔）命射嗣（司）~。◎銘圖12444

賈孫叔子屖盤（春秋晚）：~孫弔（叔）子屖爲子孟姜賸（媵）盥盤。◎山東675頁

冢子韓政戟剌（戰國晚）：大官上庫嗇夫狢~。◎銘續1289

【案】商代、西周之「賈」，舊多釋「貯」，東周之「賈」，舊或釋「賙」。釋「賈」之説詳參李學勤（1990）、裘錫圭（1992）。又疑「賈」之聲符仍是「宁」，「賈」「貯」本一字之分化（「賈」爲居貨以售，「貯」爲居積財貨，義亦相關），參卷十四「宁」字條。

賨

大万尊（商晚）：王~。

◎銘續790

聽簋（商晚）：敹（播）王~。

◎銘續420

荊子鼎（西周早）：王~多邦白（伯）。

◎銘圖2385

師衛尊（西周早）：宫公~師衛貝五朋。

◎銘圖11786

叔尊（西周中）：~女（汝）貝、馬。

◎銘圖11818

陳賨子戈（戰國中）：墬（陳）~子。

◎銘續1094

買

亢鼎（西周早）：公大（太）保~大珢于美亞。

◎上博（8）121頁

任鼎（西周中）：事（使）獻爲（貨）于王，則畵~。◎歷文2004（2）21頁

許公買簠蓋（春秋晚）：無（許）公~睪（擇）氒（厥）吉金。◎中原2004（1）55頁

貴

卌七年上郡守慶戈（戰國晚）：工城旦~。

◎徵集9

昌文鼎（戰國）：~。

◎陝金集成1820

【案】昌文鼎「貴」，《銘三》釋作「昌文」，非是。

⿸户貝

聞尊（西周中）：～朕采□田外臣僕。◎論稿10頁

【案】張光裕（2008b）疑有協助之意，又疑與賈事有關。董珊（2008b）讀「胥」。蔣書紅（2010）謂有「監視管理」義。張崇禮（2012）讀「護」。

⿰貝句

右孺子鼎（戰國晚）：工帀（師）揚（楊）戶～。◎文物2004（9）83頁

【案】蔡運章、趙曉軍、戴霖（2004）隸作「⿱冃貝」，以爲「冒」字別體。今疑字下半「目」形爲「貝」之省體，戰國文字常見，上半爲「句」，宜釋爲「⿰貝句」。《玉篇·貝部》：「⿰貝句，稟給。」

貿*

叔子拏盤（戰國早）：吕（以）～（匃）羕（永）令（命）是保。◎銘圖19237

⿰貝兇*

豳公盨（西周中）：巠（經）齊好祀，無～心。◎歷文2002（6）4頁

文公之母弟鐘（春秋晚）：用匽（宴）樂者（諸）父兄弟，余不敢困～，龏好朋友。◎夏商周540

【案】豳公盨「⿰貝兇」字左旁或以爲「貝」，或以爲「其」，右旁則有「見」「鬼」「乳」「兇」諸說，沈建華（2003）取衆說之長，釋作「⿰貝兇」，最爲允當。但沈氏以「好祀無兇」爲句，讀「⿰貝兇」爲兇患之「兇」則可商。連劭名（2003）逕釋作「凶」，引《孝經》鄭注「凶謂悖其德禮也」爲釋，於義較長。另，《夏商周》261頁讀文公之母弟鐘「困⿰貝兇」爲「困窮」亦通。唯理解爲使民困窮，則嫌與上下文意不洽。竊謂「不敢困窮」即不敢困廢其宴樂諸父兄弟及朋友之意。以此反觀豳公盨「無⿰貝兇心」，似亦可讀作「無窮心」，意謂無窮廢其「經齊好祀」之心也。

豚*

十三年杖首（戰國）：十三年～工。◎銘續1386

貨*

王子名缶（春秋晚）：王孫～之辶缶。◎銘續905

贊*

師衛鼎（西周早）：𥃝（召）公～（釐）衛貝廿朋、臣廿、氒（厥）牛廿、禾卅車。◎銘圖2378

師衛鼎（西周早）：～（釐）師衛。◎銘圖2185

卌二年逨鼎甲（西周晚）：尹氏受（授）王～（釐）書。◎華章39頁

卌二年逨鼎甲（西周晚）：王乎（呼）史淢册～（釐）逨。◎華章39頁

卌二年逨鼎甲（西周晚）：～（釐）女（汝）𩰫鬯一卣。◎華章39頁

卌二年逨鼎乙（西周晚）：受册～（釐）㠯（以）出。◎考文2003（3）9頁

朋*

仲畾父壺（西周早）：才（財）□二～。◎曲村440頁

旃伯簋（西周中）：王易（賜）旃白（伯）貝十～。◎銘圖5147

文公之母弟鐘（春秋晚）：龏好～友。◎夏商周540

邑

寡邑司鼎（西周早）：寡～嗣（司）。◎銘圖1621

羚簋（西周中）：令～于奠（鄭）。◎字與史（1）211頁

邦

虎簋蓋乙（西周中）：五～走馬馭人。◎新收 1874

𩵦卣（西周中）：今𠂤（厥）僕我興：～、競、諫、鉶、芟、䆳。◎銘續 882

柞伯鼎（西周晚）：左至于昏～。◎文物 2006（5）68 頁

師酉盤（西周晚）：𤔲（嗣）乃且（祖）啻（嫡）官～人。◎銘續 951

復封壺（春秋早）：易（賜）之幺（玄）衣、攸（鋚）勒、車馬、衣裘、子～、土田。◎銘圖 12447

廿一年安邑戈（戰國中）：安～司寇狄。◎珍秦齋吳 96 頁

廿八年陽邑戈（戰國晚）：肖（趙）敘爲陽～戈。◎珍秦齋吳 207 頁

私府鼎（戰國晚）：梈～。◎銘圖 2100

石邑戈（戰國晚）：石～。◎銘續 1138

荊子鼎（西周早）：王賫多～白（伯）。◎銘圖 2385

宋叔鼎（西周中）：用乍（作）～寶尊鼎。◎銘續 218

邦簋蓋（西周中）：～乍（作）寶𣪘（簋）。◎新收 1668

文盨（西周晚）：王命士曶父殷南～，啟者（諸）侯。◎字與史（1）221 頁

卌三年逑鼎丙（西周晚）：虔夙夕（助）雝我～小大猷。◎華章 71 頁

柞伯鼎（西周晚）：𢓊又（有）共于周～。◎文物 2006（5）68 頁

卌二年逑鼎甲(西周晚)：奠周~。
◎華章39頁

卌二年逑鼎甲(西周晚)：又(有)爵于周~。
◎華章39頁

曾伯克父簠蓋(春秋早)：曾~氏(是)保。
◎銘續518

晉公盤(春秋中)：君百生(姓)乍(作)~。
◎銘續952

郳公鞁父鎛(春秋晚)：保朕~家。
◎銘圖15818

曾侯與鐘(春秋晚)：剒(荊)~既爝(削)。
◎銘續1029

攻吳王姑讎亓雒劍(春秋晚)：未敗(敗)盧(吳)~。
◎銘續1352

越王差徐戈(戰國早)：戉(越)~之先王。
◎故博2008(4)26頁

葉公瓛鼎(戰國早)：鄴(葉)公瓛之均~之盄(鼎)。
◎墨影125

相邦瘠戈(戰國晚)：相~瘠。
◎銘續1250

蒲子戈(戰國晚)：工市(師)~讙。
◎中國文字學報(5)142頁

二年屬邦守蓐戈(戰國晚)：屬~守蓐(蓐)造。
◎出土文獻與古文字研究(4)115頁

元年安平相邦戈(戰國晚)：元年安平相~司徒田子。
◎銘圖17349

三年大將李牧弩機(戰國晚)：~大夫王平。
◎文物2006(4)封三

鄗得鼎(戰國晚)：~右庫工市(師)郤害。
◎銘圖2387

【案】曾伯克父簠蓋「邦」，張光裕(2017)釋，是；《銘續》釋「郢」，非。

郡

上郡守疾戈（戰國中）：上～守疾之造。

◎銘續 1223

上郡假守鼂戈（戰國晚）：上～叚（假）守鼂造。

◎珍秦齋秦 88 頁

上郡守造戈（戰國晚）：十九年上～守造造。

◎考文 2009（3）32 頁

上郡守匽氏戈（戰國晚）：洛～。

◎銘圖 17290

都

太保都鼎（西周早）：大（太）琛（保）～乍（作）尃姬寶尊彝。◎回家（2019 二）14 頁

鄭莊公之孫盧鼎（春秋晚）：其遷（徙）于下～。

◎湖北 56

郛

郛氏戟（春秋晚）：～氏之造鉘（戟）。

◎銘續 1128

鄭

與兵壺（春秋晚）：余～大（太）子之孫與兵。

◎古研（24）234—235 頁

鄭武庫殳鐓（戰國晚）：～武庫。

◎銘圖 18542

鄝

鄝公遂戈（春秋早）：～公遂爲宫徒□□戈。

◎銘續 1214

鄆

鄆公戈（春秋晚）：～公之部（造）戗（戈）。

◎銘續 1127

邵

豳公盨（西周中）：用氒（厥）~好。◎歷文2002（6）4頁

卹余敦（春秋）：~翏公之孫卹余。◎保利續184

邵陰下官銅箍（戰國晚）：~陰下官。◎陝金集成1486

邯

二年邦司寇趙春鈹（戰國晚）：~下庫。◎珍秦齋吳211頁

鄦

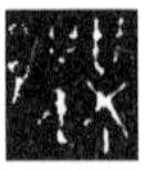

許子敦（春秋晚）：~（許）子□之盞盂。◎中原2006（5）8頁。

〔酈〕

許戈（戰國早）：~（許）之造［戈］。◎銘圖17126

郾

郾戈（戰國中）：~戈。◎珍秦齋吳175頁

燕王喜戈（戰國晚）：~（燕）王喜𢀛（作）攺鋸。◎銘續1194

燕王職壺（戰國晚）：唯~（燕）王職䢦（踐）𠷎（阼）承祀。◎上博（8）146頁

郣

郣伯盤（春秋早）：隹（唯）~白（伯）貝□自用其萬年子孫永寶般（盤）。◎銘續941

【案】湖北省文物考古研究所等（2016b）疑「郣伯」爲房國之君。

鄧

鄧子旁鄭甗（春秋中）：～子旁鄭鑄其礝膚（甗）。◎銘續281

鄧子僕戈（春秋晚）：～子僕之用戈。◎銘續1152

鄧冢⿰言蓳戟（戰國）：～冢⿰言蓳之用⿹戈⿱丰肉（戟）。◎銘續1192

⿰襄阝

襄王孫盞（春秋晚）：～（襄）王孫□嬭⿱罒⿱幸廾（擇）其吉金。◎文物2002（1）95頁

⿰婁阝

雩婁公佗戈（春秋晚）：虎（雩）～（婁）公佗之用。◎銘續1150

郫

郫躁戈（春秋晚）：～躁之造。◎銘續1112

鄱

鄱子成周鐘（春秋晚）：～子成周⿱罒⿱幸廾（擇）其吉金。◎侯古堆63頁

酃

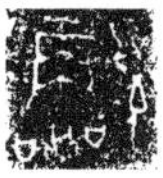

選鐘戊（西周晚）：鐘既黃～。◎銘圖15252

邛

⿱殸黽君季⿰鳥悤鑑（春秋中）：～白（伯）⿸厂⿰臣欠之孫⿱殸黽君季⿰鳥悤自乍（作）濫（鑑）盂。◎銘續535

邧

邧夫人芈克簠（春秋早）：～夫人孟孎（芈）克母用其吉金。◎江漢 2017(6)9 頁

【案】方勤等(2017)釋「陔」，《銘三》583 釋「邧」。

郐

楚王領甗（春秋早）：楚王領賸（媵）～（徐）季孎（芈）塑（朔）母賸（媵）膚（甗）。◎銘圖 3358

徐子伯𠣌此戈（春秋中）：童（鍾）麗（離）公柏隻（獲）～（徐）人。◎銘續 1248

越王差徐戈（戰國早）：戉（越）王差～（徐）吕（以）其鐘金鑄其戕戟。◎古研(25)212 頁

越王差徐戈（戰國早）：就差～（徐）之爲王。◎故博 2008(4)26 頁

越王差徐戈（戰國早）：差～（徐）吕（以）鑄其元甬（用）戈。◎故博 2008(4)26 頁

之乘辰鐘（戰國早）：余～（徐）王旨後之孫。◎文物 2004(2)72 頁

徐莫敖昭啚戈（戰國晚）：～（徐）莫囂（敖）卲（昭）啚。◎銘圖 17310

邦

邦□簋（春秋早）：～□乍（作）寶𣪘（簋）。◎銘圖 5022

部

部戈（戰國中）：～右。◎中國文字學報(5)142 頁

鄺

鄺戈（春秋早）：～鋯（造）戈。◎銘續 1091

郭	〔郳〕郳	鄝	邨	郙	邘*	郋*	䣓*
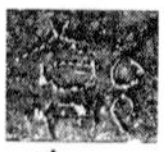  私府鼎（戰國晚）：安成～。◎銘圖 2100	 郳公鞁父鎛（春秋晚）：～公鞁父。◎銘圖 15818  郳公鞁父觥（春秋晚）：～公鞁父自鈘（作）商宴兕（觥）。◎銘續 891	 鄝子妝戈（春秋中）：～子妝之用。◎銘續 1123  鄝公戈（春秋中）：～公鑄。◎江漢 2018（4）128 頁	 廿七年頓丘令廱西戟（戰國中）：～（頓）丘命（令）廱西。◎珍秦齋吳 109 頁	 郙王蘧劍（春秋晚）：～王蘧自鈘（作）甬（用）鐱（劍）。◎銘續 1302	 家伯束邘簋（春秋早）：家白（伯）束～乍（作）其公辟、弔（叔）姜寶㲃（簋）。◎銘續 452	 鉅鹿令張密戈（戰國晚）：～（鉅）菉（鹿）倫（令）長（張）密。◎銘續 1251	 賈伯簋蓋（西周晚）：賈白（伯）乍（作）～孟姬尊㲃（簋）。◎銘圖 5130  賈伯簋（西周晚）：賈白（伯）乍（作）～孟姬尊㲃（簋）。◎銘圖 5132

鄴*

葉公臧鼎（戰國早）：～（葉）公臧之均邦之𧈧（鼎）。◎墨影 125

⿰化阝*

鄬子受戟（春秋中）：～（鄬）子受之用戟（戟）。◎淅川 164 頁

鄬子昃鼎（春秋晚）：～（鄬）子昃之飤鐈（鼎）。◎淅川 255 頁

鄬子孟芈青簠（春秋晚）：～（鄬）子孟孀（芈）青之飤匿（簠）。◎文物 2004（3）26 頁

鄬子大簠蓋（春秋晚）：～（鄬）子大之飤匿（簠）。◎近出 510

鄬夫人孀鼎（春秋晚）：～（鄬）大尹兒乍（作）之。◎中原 2009（3）11 頁

鄬子大簠（春秋晚）：～（鄬）子辛之飤匿（簠）。◎近出 510

⿰六阝*

遷⿰六阝鐘（春秋早）：尋楚䟫之子遷～。◎銘續 1027

邷*

邷子縅盤（春秋晚）：～子縅睪（擇）其吉金鑄其盥盤。◎歷文 2004（5）34 頁

⿰戉阝*

曾侯⿰戉阝鼎（春秋晚）：曾侯～之飤貞（鼎）。◎文物 2008（2）8 頁

曾侯⿰戉阝簠（春秋晚）：曾侯～乍（作）時（持）。◎古研（24）167 頁

攻吳王姑讎亓䧅劍（春秋晚）：命御（禦）～（越），雖弗克，未敱（敗）𧆞（吳）邦。◎銘續 1352

郙*

申右庫矛(戰國晚):~(申)右庫。◎銘續 1279

郘*

郘君鮮鼎(春秋早):~君鮮乍(作)其鼎。◎江漢 2016(5)18 頁

【案】湖北省文物考古研究所等(2016b)疑讀爲「禰」,故地在今山東菏澤縣西。

郑*

大市量(戰國中):~公卲(昭)者果迈秦之歲。◎古研(22)129 頁

⿰串阝*

茅□大令戈(戰國晚):工市(師)⿰𠦝丸(韓)~。◎銘續 1240

⿰每阝*

繁陽之金劍(戰國早):~(繁)湯(陽)之金。◎深圳 175 頁

⿱罒邑*

⿱罒邑平一升分銀盤甲(戰國晚):~平。◎銘續 1393

鄀*

上鄀禑妻鼎(春秋早):上~禑妻自乍(作)尊鼎。◎銘續 176

上鄀公盨(春秋早):上~公睪(擇)吉金。◎銘續 473

郴*

壽夢之子劍(春秋晚):伐~有隻(獲)。◎文物 2005(2)68 頁

攻吳王姑讎亓雓劍(春秋晚):⿰虘又戕此⿱余邑(⿰余阝)命初伐~(麻)。◎銘續 1352

攻吳王姑讎亓雜劍（春秋晚）：敗（敗）～（麻）。

◎銘續 1352

【案】壽夢之子劍殘泐較多，李家浩（2007）釋「⿰卌阝」讀「巢」，據新出一劍，知不確。曹錦炎（2015a）謂「⿰𣏟阝」即《左傳》昭公四年吳人所伐之「麻」，可從。

⿰⿰亻缶阝*

⿰⿰亻缶阝子𦉜壺（戰國中）：～子𦉜自乍（作）鑄白（伯）壺。◎銘續 816

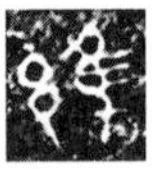

諻旟缶（春秋晚）：都君～子諻旟睪（擇）台（台）吉金。◎銘續 910

郋*

⿰曷阝得鼎（戰國晚）：邦右庫工帀（師）～萻。

◎銘圖 2387

⿰六阝*

⿰六阝公戈（春秋晚）：～公卲倮爲⿰六阝造王□。

◎南方 2004（4）43 頁

⿰六阝公戈（春秋晚）：⿰六阝公卲倮爲～造王□。

◎南方 2004（4）43 頁

⿰⿱刅木阝*

郭佗壺（戰國晚）：棺（椁—郭）佗乍（作）～（梁）兯（半）。◎新收 1695

⿰易阝*

南君旟⿰易阝戈（春秋晚）：南君旟～之車戈。

◎歷文 2007（5）17 頁

⿰曷阝*

⿰曷阝得鼎（戰國晚）：春平相邦～得。

◎銘圖 2387

郵*

八年武城令弩機（戰國晚）：武城倫（令）～紿。◎中國文字學報（4）140頁

⿰御阝*

趙氏余戈二（春秋中）：是謂～鼛臺（夷）趙氏余之兵。◎銘續1260

⿰⿱艹夰阝*

⿰⿱艹夰阝仲𨟭缶（戰國早）：～中（仲）𨟭乍（作）其宗器尊鑪（甒）。◎銘圖14087

⿰黄阝*

黄之公庫戈（春秋早）：～（黄）之公庫之賓（造）戈。◎銘續1197

⿰羕阝*

⿰羕阝仲匜（春秋早）：～（養）中（仲）乍（作）其孫弔（叔）嬴𣬉朕（媵）盄（匜）。◎銘續994

鄰*

鄧子旁鄰甗（春秋中）：鄧子旁～鑄其䃂鬳（甗）。◎銘續281

⿰阝⿱艹盍*

楚王鼎（春秋中）：楚王賸（媵）～（隨）中（仲）嬭（芈）加飤緐。◎銘圖2318

隨大司馬虜有戈（春秋中）：～（隨）大司馬虜有之行戈。◎銘續1215

⿰⿱罒夫阝*

廿七年涑⿰⿱罒夫阝戈（戰國晚）：涑～啬夫春。◎古研（27）326頁

鄟*

卌二年逑鼎甲（西周晚）：田于～卅田。◎華章39頁

郐*

攻吳王叡戗此郐劍（春秋晚）：攻盧（吳）王叡戗此～（郐）自乍（作）元用鐱（劍）。◎考古2000（4）95頁

攻吳王姑讎亓雔劍（春秋晚）：叡戗此～（郐）命初伐郙（麻）。◎銘續1352

𨟻*

燕王職壺（戰國晚）：滅～（齊）之秡（獲）。◎上博（8）146頁

共令齊戈（戰國晚）：共錀（令）～。◎銘續1235

𨞛*

榆次令鄰穛戈（戰國晚）：榆即（次）命（令）～穛。◎銘續1254

大陰令鄰𤔲戈（戰國晚）：大陰（陰）命（令）～𤔲。◎銘續1263

𨞰*

越王差徐戈（戰國早）：㠯（以）攸（修）□～（邊）土。◎故博2008（4）26頁

〔巷〕𨞨

巷戈（春秋晚）：～戈。◎銘續1078

徐莫敖昭嗇戈（戰國晚）：司馬～嗇、□纏之所造。◎銘圖17310

十二年相邦建信君劍（戰國晚）：邦左庫工帀（師）～叚。◎文物2005（2）68頁

卷七

日

寑孳商方鼎（商晚）：遘且（祖）甲劦～。◎曲村348頁

甗方鼎（商晚）：王㝔（賓）文武帝乙彡（肜）～。◎文物2005(9)61頁

史子日癸壺（西周早）：史子～癸。◎滕州276頁

老簋（西周中）：用乍（作）且（祖）～乙尊彝。◎考文2005增刊65頁

虎簋蓋乙（西周中）：䜌（鑾）旂五～。◎新收1874

一式獄簋蓋（西周中）：其～夙夕用氒（厥）䭫（馨）香辜示于氒（厥）百神。◎考文2006(6)59頁

獄鼎（西周中）：其～朝夕用雚祀于氒（厥）百申（神）。◎考文2006(6)58頁

二式獄簋（西周中）：其～引勿替。◎考文2006(6)60頁

芮伯簋（西周中）：內（芮）白（伯）乍（作）旛（祈）公～寶𣪘（簋）。◎首陽102頁

昔須甗（西周中）：～庚。◎銘圖3349

霸伯盂（西周中）：翌～。◎銘圖6229

應公鼎（西周晚）：珷帝～丁子子孫孫永寶。◎華夏2007(1)27頁

〔㬰〕早

鄭莊公之孫盧鼎（春秋晚）：隹（唯）正六月吉～隹（唯）己。◎湖北56

淺公宜脂鼎（春秋晚）：隹（唯）正月初吉～丁亥。◎銘續191

曾侯與鐘（春秋晚）：隹（唯）王正月吉～甲午。◎銘續1029

昭王之即鼎蓋（戰國早）：隹（唯）正孟春吉～隹（唯）庚。◎銘續224

加芈編鐘（春秋中）：烏（嗚）虖（呼），龏（恭）公～陟。◎江漢2019（3）16頁

昧

羚簋（西周中）：～喿（爽）。◎字與史（1）211頁

羚簋蓋（西周中）：～喿（爽）。◎字與史（1）210頁

鄦子受鎛（春秋中）：～喿（爽）。◎淅川93頁

鄦子受鐘（春秋中）：～喿（爽）。◎淅川67頁

晉

晉侯鳥尊蓋（西周早）：～侯乍（作）向大（太）室寶尊彝。◎晉國51頁

晉侯鳥尊（西周早）：～侯乍（作）向大（太）室寶尊彝。◎晉國51頁

晉侯鼎（西周中）：～侯乍（作）旅鼎。◎晉國59頁

晉姜簋（西周中）：～姜乍（作）寶㲃（簋）。◎晉國60頁

晉侯僰馬壺（西周中）：～侯僰馬乍（作）寶尊壺。◎晉國69頁

晉侯斷壺（西周中）：～侯斷乍（作）尊壺。◎晉國97頁

昃

晉叔家父方壺（西周中）：～弔（叔）家父乍（作）尊壺。◎晉國197頁

晉韋父盤（西周中）：～韋父乍（作）寶舟。◎文物2004（2）62頁

豐爵（西周中）：～。◎銘圖8570

晉侯鬲乙（西周晚）：～侯乍（作）鑄尊鬲。◎新收1672

晉公盤（春秋中）：～公曰。◎銘續952

廿八年晉陽令趙去疾戈（戰國晚）：～陽倫（令）肖（趙）迲（去）疾。◎珍秦齋吳199頁

鄝子昃鼎蓋（春秋晚）：佫（鄝）子～之飤鐈（鼎）。◎淅川255頁

曾侯子昃劍（戰國早）：曾侯子～。◎銘續1350

晉伯卣（西周中）：～白（伯）乍（作）氒（厥）啻宗寶彝。◎首陽92頁

晉侯簋（西周中）：～侯乍（作）田嫑（妻）鍊（饙）毁（簋）。◎銘續361

晉侯對盨（西周晚）：～侯對乍（作）寶尊彶（及）須（盨）。◎首陽117

蘇公盤（西周晚）：穌（蘇）公乍（作）～改鈘。◎收藏2007（4）100頁

陰晉右庫戈（戰國中）：陰～右庫信。◎銘續1136

滕侯昃戟（春秋晚）：滕（滕）侯～之造戜（戟）。◎銘續1188

曾侯昃戈（戰國早）：曾侯～之用戈。◎銘續1177

昏

柞伯鼎（西周晚）：用～無殳。◎文物2006(5)68頁

柞伯鼎（西周晚）：既圍～。◎文物2006(5)68頁

昌

昌文鼎（戰國）：～文。◎陝金集成1820

昱〔⿰足翼〕

霸伯盂（西周中）：～（翌）日。◎銘圖6229

㬎

⿶凵由鼎（西周中）：⿶凵由敢對揚天子不（丕）～（顯）休。◎銘圖2453

⿶凵由盨（西周中）：⿶凵由敢對揚天子不（丕）～（顯）休。◎銘圖14798

卲簋（西周中）：對揚天子不（丕）～（顯）休𠩺（釐）令（命）。◎回家（2019 一）79頁

昔

宰獸簋（西周中）：～先王既命女（汝）。◎陝博(7)99頁

昔須甗（西周中）：～須眔趞（遣）東征。◎銘圖3349

⿰函丮卣（西周中）：～大宮靜（請）王。◎銘續882

昔雞簋（西周中）：王姤（后）乎～奚（雞）遣芳姞于𩔊（韓）。◎陝金集成28

昔雞尊（西周中）：𢑚白（伯）易（賜）～雞貝。◎陝金集成30

卌三年逑鼎甲（西周晚）：～余既令（命）女（汝）。◎華章55頁

袒*

冊三年逑鼎壬（西周晚）：～余既令（命）女（汝）。◎華章119頁

二年梁令張鈇戟（戰國晚）：司寇事～。◎古研（27）327頁

袒伯𡨦父簋（西周晚）：～白（伯）𡨦父乍（作）寶殷（簋）。◎銘圖4894

袒□仲鬲甲（春秋早）：～□中（仲）比尊鬲。◎銘續255

袒輹伯壺（春秋早）：～輹白（伯）乍（作）寶壺。◎銘續831

㫐*

昭王之即鼎（戰國早）：殜（世）～之既卒（卒）。◎銘續224

昭王之即簠（戰國早）：殜（世）～既卒（卒）。◎銘續516

【案】「㫐」多見於楚簡，從「日」、「几」聲，過去多以爲「期」之異體。裘錫圭（2006）釋爲文獻中訓「期」之「幾」。然「幾」之訓「期」，理據不明，似不若與「㫐」同讀爲「期」。

⿹弋日*

唐子仲瀕兒匜（春秋晚）：隹（唯）正月～己未。◎江漢2003（1）3頁

唐子仲瀕兒匜（春秋晚）：隹（唯）正月～辛亥。◎江漢2003（1）3頁

【案】諸家以爲與國差⿰金詹之「」爲同字，甚是。何琳儀、高玉平（2007）、董珊（2007）分析爲從「弋」從「日」，亦確。唯以爲「弋日」合文，訓吉日或「一之日」（夏正十一月）則未必是。今疑是月份之「弋」益以意符「日」之專造字。

⿹弋言*

競之定鬲甲（春秋晚）：隹（唯）～，王命競（景）之定救秦戎。◎文物2008（1）80頁

競之定豆甲（春秋晚）：隹（唯）~，王命競（景）之定救秦戎。◎文物2008（1）82頁

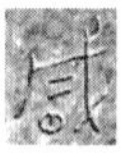

黃子戍盉（春秋晚）：正~元日癸亥。◎銘續977

【案】張光裕（2008c）據何琳儀、董珊釋「㫑」之説，謂「㫑」可讀爲「二之日」，指夏正十二月，但又疑是正月之專字。今疑乃月份「弌」益以意符「日」之專造字。字亦見《古陶文彙編》3.658，作「」，何琳儀、高玉平（2007）釋讀爲「弌」，謂所從「二」居右下方，可與琱生簋「貳」作「」互證。其説可從。競之定器「㫑」字右下方之「二」亦不宜看作合文號。至其「戍」旁亦變從「二」，當屬有意爲之。豆甲一文右下不從「二」，殆即上部已具「二」符之故。黃子戍盉同。

曎*

斿簋（西周中）：昧~（爽）。◎字與史（1）211頁

斿簋蓋（西周中）：昧~（爽）。◎字與史（1）210頁

鄘子受鎛（春秋中）：昧~（爽）。◎浙川98頁

暲*

相邦痡戈（戰國晚）：右（左）乍（作）攻（工）~。◎銘續1250

旦

宰獸簋（西周中）：~，王各（格）大（太）室。◎陝博（7）99頁

太師虘簋蓋（西周中）：~，王各（格）大（太）室。◎銘圖5283

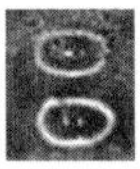

太師虘盨蓋（西周中）：~，王各（格）大（太）室。◎銘圖5674

晄簋（西周中）：~，王各（格）廟。◎銘圖5386

暨

卌三年逑鼎甲（西周晚）：~，王各（格）周廟。◎華章55頁

卌三年逑鼎乙（西周晚）：~，王各（格）周廟。◎華章63頁

卅七年上郡守慶戈（戰國晚）：工城~貴。◎徵集9

元年上郡假守暨戈（戰國晚）：元年上郡叚（假）守~造。◎珍秦齋秦92頁

⿱旦何*

井叔⿱旦何壺（西周中）：井弔（叔）~肇乍（作）壺。◎銘圖12375

井叔⿱旦何壺蓋（西周中）：井弔（叔）~肇乍（作）壺。◎銘圖12375

【案】字從「旦」從「何」。《銘圖》釋「炟」，不確。

倝

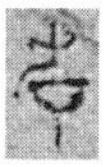

韓伯盤（西周早）：~（韓）白（伯）乍（作）旅盤。◎銘圖14365

昔雞簋（西周中）：王姤（后）乎（呼）昔奚（雞）遣艿姞于~（韓）。◎陝金集成28

昔雞簋（西周中）：王姤（后）乎（呼）昔奚（雞）遣艿姞于~（韓）。◎陝金集成29

褱兒鎛（春秋）：中（終）~（翰）叡（且）鍚（揚）。◎銘圖15805

四年成陰嗇夫戟（戰國晚）：工帀（師）~（韓）□。◎珍秦齋吳151頁

十八年冢子韓矰戈（戰國晚）：十八年冢子~（韓）矰。◎字與史(1)332頁

朝

獄鼎（西周中）：其日～夕用雜祀于氒（厥）百中（神）。◎考文2006（6）58頁

伯或父鼎（西周中）：宗人其用～夕亯（享）事于敵（嫡）宗室。◎銘續231

伯句簋（西周中）：其～夕用盛旞（稻）京（粱）焦（穛）。◎銘圖4989

郳公敏父鎛（春秋晚）：台（以）共（供）～于王所。◎銘圖15818

旂

伯鼎（西周早）：白（伯）乍（作）～中（仲）日尊鼎。◎銘續115

趞伯簋（西周中）：用禱（賴）～（祈）沬（眉）壽。◎史學2006（2）封二

虎簋蓋乙（西周中）：䜌（鑾）～五日。◎新收1874

吕簋蓋（西周中）：～䜌（鑾）。◎論稿167頁

衛鼎（西周晚）：王命衛豫市、金車、～。◎銘續222

司馬義鎛（戰國早）：用～（祈）吉休□楙（懋）。◎山東104—108頁

旂伯簋（西周中）：王易（賜）～白（伯）貝十朋。◎銘圖5147

親簋（西周中）：易（賜）女（汝）赤市、幽黄（衡）、金車、金勒、～。◎歷文2006（3）封二

趞伯盨（西周中）：用禱（賴）～（祈）沬（眉）壽。◎銘圖5666

伯戔父簋蓋（西周晚）：用～（祈）沬（眉）壽多福。◎古研（27）198頁

柞伯鼎（西周晚）：用～（祈）沬（眉）壽邁（萬）人（年）。◎文物2006（5）68頁

旇

獄盉（西周中）：王賜（錫）獄仲（佩）、戈（緇）市、絲亢（衡）、金車、金～。◎考文2006(6)63頁

衛簋甲蓋（西周中）：金車、金～。◎南開2008(6)封三

䧹鼎（西周中）：易（賜）冋（絅）黄（衡）、儸～。◎銘圖2367

曶簋（西周中）：易（賜）䟫（緇）市、冋（絅）黄（衡）、儸～。◎文物2000(6)87頁

【案】吴鎮烽（2006a）釋「旚」，即「旚」。李學勤（2007a）釋「旚」，讀爲「梍」。朱鳳翰（2008a）、張光裕（2009）均疑右下所從爲「燕」，朱氏並疑字以「燕」爲聲，爲「㫃」之形聲字。郭永秉（2010）謂右下所從象人以手叉腰之形，即「要」，故字應釋「旇」。郭説是。

游

〔斿〕

〔遊〕

七年丞相奐殳戈（戰國晚）：工～。◎歷文2009(2)57頁

䵗鼎（西周中）：～于比。◎銘圖2441

魚顛匕（戰國）：出～水虫，下民無智。◎銘圖6320

伯遊父鐳（春秋中）：黄季氏白（伯）馬頸君～父。◎上博(10)119頁

伯遊父壺（春秋中）：馬頸君白（伯）～父乍（作）其旅壺。◎上博(10)119頁

旅

旅觚（商晚）：～。◎新收1430

父辛簋（商晚）：用～丮止。◎陝金集成1833

晉侯豬尊（西周早）：晉侯乍（作）～飤。◎文物2001(8)17頁

作旅彝卣蓋（西周早）：乍（作）～彝。◎曲村416頁

作旅鼎（西周中）：乍（作）～。◎文博2008（2）9頁

倗伯簋（西周中）：倗白（伯）乍（作）畢姬寶～毁（簋）。◎文物2006（8）17頁

州簋（西周中）：州乍（作）寶～毁（簋）。◎夏商周335

丞仲觶（西周中）：丞中（仲）乍（作）～彝。◎銘圖10589

仲岂父盆甲蓋（西周中）：中（仲）岂父乍（作）～盆。◎銘圖6258

司季簋乙（西周中）：司季學駟家宔～毁（簋）。◎銘圖4464

并伯鼎（西周中）：并白（伯）乍（作）～鼎。◎銘續89

應侯盨（西周晚）：雁（應）侯乍（作）～盨。◎銘圖5539

芮子仲鼎（西周晚）：内（芮）子中（仲）乍（作）～鼎。◎文博2008（2）6頁

伯太師釐盨（西周晚）：白（伯）大（太）師釐乍（作）～𩒨（盨）。◎夏商周402.1

伯吕盨（西周晚）：白（伯）吕又乍（作）～盨。◎夏商周395

史㝬簠（西周晚）：史㝬乍（作）～匿（簠）。◎山東377頁

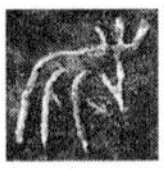
芮公簋（春秋早）：内（芮）公乍（作）爲～毁（簋）。◎銘續350

伯遊父卮（春秋中）：黄季之白（伯）遊父乍（作）其～觛（卮）。◎上博（10）124頁

伯遊父壺（春秋中）：馬頸君白（伯）遊父乍（作）其～壺。◎上博（10）119頁

〔肇〕

敹尊（西周早）：敹乍（作）～彝。◎近出677

作旅彝尊（西周早）：乍（作）～彝。◎新收1914

南宮倗姬簋（西周中）：南宮倗姬自乍（作）寶尊～㱿（簋）。◎銘圖4603

伯述簋（西周中）：白（伯）述乍（作）～。◎銘續319

圓君婦媿霝壺（春秋早）：圓（昆）君婦媿霝乍（作）～壺。◎小邾65頁

〔旃〕

伯作旅彝卣（西周早）：白（伯）乍（作）～彝。◎曲村440頁

霸仲簋（西周早）：霸中（仲）乍（作）～彝。◎銘續323

寡邑司卣（西周早）：寡邑𤔲（司）乍（作）氒（厥）～彝。◎回家（2019二）96頁

族

何簋（西周早）：廼令（命）何𤔲（司）三～。◎文物2009（2）55頁

族卣（西周早）：～乍（作）且（祖）己旅彝。◎銘圖13257

師酉盤（西周晚）：公～鳿釐入右師酉。◎銘續951

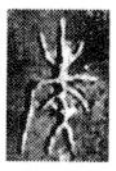

攻吳王戟（春秋早）：䢼（攻）敔（吳）王之新～㦸（戟）。◎銘圖16977

宋公差戈（春秋晚）：宋公差之所貽（造）茆～戈。◎銘續1216

庭戈（春秋）：～君司城右。◎銘圖17065

西⿱林日踣戈（戰國早）：宋西⿱林日踣之～戈。◎銘續 1203

公族申戈（戰國中）：公～申乍（作）陽城造丯（戟）。◎銘續 1266

⿸㫃冃*

競孫⿸㫃冃戈（春秋晚）：競（景）孫～用戟（戟）。◎全集（10）406 頁

⿸㫃週*

競孫⿸㫃週鬲（春秋晚）：競（景）孫～也乍（作）鑄䰜鬲。◎銘圖 3036

楚王孫⿸㫃週簠（春秋晚）：楚王孫～之餴（饙）匿（簠）。◎全集（10）357 頁

【案】「⿸㫃冃」「⿸㫃週」從「潮」初文得聲，字又作「⿰舟⿱朝土」「⿰舟⿱朝又」等，即楚公孫朝。參盧路（2021）。

⿸㫃衣*

楚⿸㫃衣鼎（春秋晚）：楚～之石沱。◎考古 2000（5）26 頁

⿸㫃昜*

虒簋（西周中）：王令（命）乍（作）册害（憲）尹易（賜）虒（虒）䜌（鑾）～。◎銘圖 5295

南君⿸㫃昜鄒戈（春秋晚）：南君～鄒之車戈。◎歷文 2007（5）17 頁

攻吳王姑雠亓雗劍（春秋晚）：王闌～（陽）。◎銘續 1352

競畋矛（戰國早）：用～（揚）吝（文）諡（德）武剌（烈）。◎銘圖 17695

東陽王戈（戰國早）：東～（陽）王戈。◎銘續 1118

⿸㫃袁*

朿盉蓋（西周中）：朿易（賜）市、䜌（鑾）～。◎銘圖 14790

⿸㫃京*

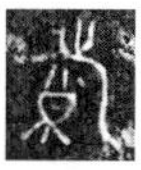

諻⿸㫃京缶（春秋晚）：都君雝子諻～睪（擇）鈶（台）吉金。◎銘續 910

⿸㫃單*

仲枏父鬲（西周中）：用～（祈）沬（眉）壽。◎首陽 96 頁

祈伯簋（西周中）：～（祈）白（伯）乍（作）寶㱿（簋）。◎銘圖 4738

伐簋蓋（西周中）：用～（祈）屯（純）魯。◎銘圖 5321

秦簋（西周中）：用追孝，～（祈）邁（萬）年。◎銘續 407

⿸㫃⿰單斤*

芮公簋（西周早）：內（芮）公爲～（祈）宮寶㱿（簋）。◎銘圖 4432

芮伯簋（西周中）：內（芮）白（伯）乍（作）～（祈）公日寶㱿（簋）。◎首陽 102 頁

師酉鼎（西周中）：用～（祈）沬（眉）壽。◎歷文 2004（1）封二

伯太師鼎（西周中）：用～（祈）沬（眉）壽。◎銘圖 2027

芮公叔盤（西周中）：王至于～。◎銘圖 14514

⿰卜丂史簋（西周晚）：用～（祈）沬（眉）壽永命。◎銘續 431

琱生尊（西周晚）：用～（祈）通彔（祿）。◎文物 2007（8）20 頁

琱生尊（西周晚）：用～（祈）通彔（祿）。◎文物 2007（8）20 頁

參

許公買簠（春秋晚）：㠯（以）~（祈）沬（眉）壽。◎中原2004（1）55頁

琱生尊（西周晚）：余宕其~（三）。◎文物2007（8）20頁

琱生尊（西周晚）：余宕其~（三）。◎文物2007（8）20頁

鄬子受鐘（春秋中）：隹（唯）十丑（又）四年~（三）月。◎淅川65頁

侯古堆鎛（春秋晚）：□□~（三）壽。◎侯古堆圖版25

與兵壺（春秋晚）：~（三）搼（拜）䭫（稽）首于皇考剌（烈）𧻚（祖）。◎古研（24）234—235頁

魚顛匕（戰國）：~（三）目取之蟲（蚩）蚘（尤）命。◎銘圖6320

晨

諻旞缶（春秋晚）：隹（唯）正八月~（辰）哉（在）乙丑。◎銘續911

⿰疊召*

晉公盤（春秋中）：秉德~[~]。◎銘續952

【案】晉公盦作「」，舊多釋「嬗」，讀「秩」。陳劍（2008b）改釋「⿰疊刂」，以爲「疊」字異體，仍讀「秩」。盤銘出來後，諸家仍多從舊讀。今據盤銘，知字實應隸釋作「⿰疊召」。盦銘右下「口」形尚依稀可辨。字當分析爲從「疊」、「召」聲，可讀作「昭」。《吳越春秋》卷九：「其德昭昭，亦何憂乎？」

月

𩞁方鼎（商晚）：才（在）五~。◎文物2005（9）61頁

大万尊（商晚）：才（在）六~。◎銘續790

叔矢方鼎（西周早）：隹（唯）十又三（四）～。◎文物2001（8）9頁

榮仲方鼎（西周早）：才（在）十～又二月生霸吉庚寅。◎文物2005（9）64頁

何簋（西周早）：隹（唯）八～公陝殷年。◎文物2009（2）55頁

仲枏父鬲（西周中）：隹（唯）六～初吉。◎首陽96頁

任鼎（西周中）：隹（唯）王正～。◎歷文2004（2）21頁

宰獸簋蓋（西周中）：隹六年二～初吉甲戌。◎陝博（7）99頁

親簋（西周中）：隹（唯）廿又三（四）年九～既望庚寅。◎歷文2006（3）封二

㸚簋（西周中）：隹（唯）正～初吉丁丑。◎字與史（1）211頁

獄盨蓋（西周中）：隹（唯）十又一～既望丁亥。◎銘圖5275

晉侯斷壺（西周中）：隹（唯）九～初吉庚午。◎晉國97頁

旂伯簋（西周中）：隹（唯）正～初吉辛未。◎銘圖5148

作册吳盤（西周中）：天～既生霸壬午。◎銘圖14525

趞簋（西周中）：隹（唯）三（四）～。◎銘續438

霸伯簋（西周中）：隹（唯）十又一～。◎考報2018（1）103頁

柞伯鼎（西周晚）：隹（唯）三（四）～既死霸。◎文物2006（5）68頁

晉侯對盨（西周晚）：隹（唯）正～初吉庚寅。◎首陽117頁

朔

追夷簋（西周晚）：隹（唯）正～初吉丁亥。◎華夏2000（3）20頁

㝨氏觓簋蓋（西周晚）：隹（唯）八～初吉丁亥。◎中原2008（5）63頁

㝨氏觓簋乙（西周晚）：隹（唯）八～初吉丁亥。◎銘圖4916

楚太師登鐘己（春秋早）：隹（唯）王正～初吉庚午。◎上博（11）152頁

曾侯寁鼎（春秋中）：隹（唯）王五～吉日庚申。◎銘圖2219

伯遊父盤（春秋中）：隹（唯）六～初吉丁亥。◎上博（10）123頁

鄬子受鐘（春秋中）：隹（唯）十又四年參（三）～，～隹（唯）戊申。◎淅川65頁

與兵壺（春秋晚）：隹（唯）正五～初吉壬申。◎古研（24）234—235頁

許公買簠蓋（春秋晚）：隹（唯）王正～初吉丁亥。◎中原2004（1）55頁

義子曰鼎（春秋晚）：隹（唯）正～初吉丁亥。◎中原2006（5）8頁

嫼盤（春秋晚）：隹（唯）曾八～吉日隹（唯）亥。◎銘續948

司馬義鎛（戰國早）：隹（唯）正孟歲十～庚午。◎山東104—108頁

曾季弅臣盤（戰國早）：隹（唯）正～初吉丁亥。◎曾國396頁

之乘辰鐘（戰國早）：隹（唯）正十～吉日丁巳。◎文物2004（2）72頁

蔡侯朔戟（春秋晚）：蔡侯～之用𢦚（戟）。◎銘續1161

霸

榮仲方鼎（西周早）：才（在）十月又二月生～吉庚寅。◎文物 2005（9）64 頁

師衛尊（西周早）：隹（唯）九月既生～。◎銘圖 11786

霸仲簋（西周早）：～中（仲）乍（作）肇（旅）彝。◎銘續 323

霸仲甗（西周中）：～中（仲）乍（作）寶旅獻（甗）。◎考報 2018（2）236 頁

夾簋（西周中）：隹（唯）十又一月既生～戊申。◎新收 1958

夾簋（西周中）：隹（唯）十又一月既生～戊申。◎新收 1959

朿盉蓋（西周中）：隹（唯）九月既生～。◎銘圖 14790

柞伯鼎（西周晚）：隹（唯）三（四）月既死～。◎文物 2006（5）68 頁

卌二年逑鼎甲（西周晚）：隹（唯）卌又二年五月既生～乙卯。◎華章 39 頁

卌三年逑鼎甲（西周晚）：隹（唯）卌又三年六月既生～丁亥。◎華章 55 頁

頌盤（西周晚）：隹（唯）三年五月既死～甲戌。◎文物 2009（9）52 頁

師酉盤（西周晚）：唯三（四）年三月既生～甲戌。◎銘續 951

復封壺（春秋早）：隹（唯）王三（四）月既生～庚亥。◎銘圖 12447

齊侯子仲姜鬲甲（春秋晚）：隹（唯）王正月既死～丁亥。◎銘續 260

霸簋（西周中）：內（芮）公舍～馬兩、玉、金。◎銘圖 4609

霸伯簋蓋（西周中）：蔑（勉）～白（伯）曆（勞）。◎考報 2018（1）105 頁

霸伯豆（西周中）：~白（伯）乍（作）大（太）廟尊彝。◎考報2018（1）110頁

霸伯盂（西周中）：~（霸）白（伯）捧（拜）䭬（稽）首。◎銘圖6229

霸伯盂（西周中）：~（霸）白（伯）捧（拜）䭬（稽）首。◎銘圖6229

霸姬盤（西周中）：~姬㠯（以）气訟于穆公。◎考報2018（2）239頁

霸伯簋（西周中）：王易（賜）~白（伯）貝十朋。◎考報2018（1）108頁

霸伯簋蓋（西周中）：㒝（勉）~白（伯）曆（勞）。◎考報2018（1）102頁

霸伯簋蓋（西周中）：~白（伯）𩒨（拜）䭬（稽）首。◎考報2018（1）103頁

霸伯簋（西周中）：~白（伯）𩒨（拜）䭬（稽）首。◎考報2018（1）103頁

霸伯簋（西周中）：㒝（勉）~白（伯）曆（勞）。◎考報2018（1）103頁

伯呂盨（西周晚）：隹（唯）王元年六月既眚（生）~庚戌。◎夏商周395

【案】「霸」字聲符「䨣」所從「革」或訛變作「朿」「東」「史」等形。霸國諸器「霸」或不從「月」而從「各」者，變成雙聲符字，前所未見。

期

競孫旟鬲（春秋晚）：正月建（盡）～。

◎銘圖 3036

彭公之孫無所鼎（春秋晚）：沫（眉）壽無～。

◎中原 2004（2）47 頁

無所簠（春秋晚）：其沬（眉）壽萬年無～。

◎中原 2006（5）8 頁

九年承匡令鼎（戰國晚）：冶～鑄。

◎西安 14 頁

〔朞〕

有兒簋（春秋早）：㠯（以）祰沬（眉）壽無～。

◎銘圖 5166

楚王鼎（春秋中）：其沬（眉）壽無～。

◎銘圖 2318

宿兒缶（春秋晚）：沬（眉）壽無～。

◎銘圖 14091

蔡大司馬燮盤（春秋晚）：其沬（眉）壽無～。

◎古研（24）168 頁

賈孫叔子屖盤（春秋晚）：妻□壽老無～。

◎山東 675 頁

鮑子鼎（春秋晚）：男女無～。

◎歷文 2009（2）51 頁

⿰月臥*

武鼎（西周早）：𠂤（師）～父易（賜）武馬。

◎銘續 143

有

親簋（西周中）：女（汝）廼諫訊～粦（諝）。

◎歷文 2006（3）封二

瞃卣（西周中）：瞃～（佑）王于東征。

◎銘續 882

卌三年逑鼎辛（西周晚）：匍～（佑）亖（四）方。◎華章111頁

有司簡簋蓋（西周晚）：其～𤔲（司）簡乍（作）朕皇考益弔尊𣪘（簋）。◎文物2004（3）96頁

有兒簋（春秋早）：敶（陳）洹（桓）公之孫～兒自乍（作）爲其𩰫𣪘（簋）。◎銘圖5166

羋加編鐘（春秋中）：帥禹之堵（緒），～此南洍。◎江漢2019（3）16頁

宋公固鋪蓋（春秋晚）：～殷天乙唐（湯）孫宋公𡇩（固）。◎銘圖6157

郳公韎父鎛（春秋晚）：余～融之子孫。◎銘圖15818

宋公固鋪（春秋晚）：～殷天乙唐（湯）孫宋公𡇩（固）。◎銘續532

競之定鬲己（春秋晚）：大～𥘅（功）于洛之戎。◎文物2008（1）81頁

競之定豆乙（春秋晚）：大～𥘅（功）于洛之戎。◎文物2008（1）82頁

曾侯與鐘（春秋晚）：䁧（臨）～江㪽（夏）。◎銘續1029

曾侯與鐘（春秋晚）：吳恃～衆庶行亂。◎銘續1029

曾侯與鐘（春秋晚）：～巖曾侯，業業氒（厥）𦗢（聖）。◎銘續1029

朙

明亞寰乙簋（西周早）：～亞寰乙。◎銘續314

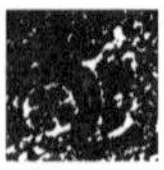
獸簋（西周中）：獸肇夙夕～亯（享）。◎銘圖4695

虎簋蓋乙（西周中）：不（丕）顯朕剌（烈）且（祖）考粦（潛）～。◎新收1874

豳公盨（西周中）：民好～德。◎歷文2002（6）4頁

〔明〕

盟

〔盟〕

㝬公盨（西周中）：考（孝）友恷～。

◎歷文2002（6）4頁

册觶（西周中）：秉～德。

◎陜金集成118

卌三年逑鼎丙（西周晚）：穆穆秉～德。

◎華章71頁

逑盤（西周晚）：克～㤁（慎）氒（厥）德。

◎盛世34頁

作册封鬲甲（西周晚）：乍（作）册封異井秉～德。◎歷文2002（2）4頁

琱生尊（西周晚）：公則～亟（殛）。

◎文物2007（8）20頁

郘君鮮鼎（春秋早）：則～亟之。

◎江漢2016（5）18頁

競孫旟鬲（春秋晚）：龏（恭）寺（持）～悳（德）。

◎銘圖3036

司馬義鑄（戰國早）：用克庫（肇）謹祧（先）王～祀。◎山東104—108頁

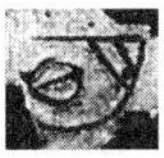

榆次令鄰𥝩戈（戰國晚）：下庫工帀（師）□～。

◎銘續1254

昭王之即缶（戰國早）：隹（唯）正～（孟）春吉日隹（唯）庚。◎銘續909

仲𧫷父簋（西周晚）：則～（明）誙（殛）。

◎銘圖4845

晉公盤（春秋中）：虔龏（恭）～祀。

◎銘續952

夕

景之鯢鼎（春秋晚）：用共（供）～祀。◎銘續178

親簋（西周中）：女（汝）迺苟（敬）夙～勿灋（廢）朕令（命）。◎歷文2006（3）封二

獄鼎（西周中）：其日朝～用雜祀于氒（厥）百申（神）。◎考文2006（6）58頁

伯武父鼎（西周中）：其朝～用卿（饗）倗友。◎銘續174

卌三年逑鼎丙（西周晚）：虔夙～（助）讎我邦小大猷。◎華章71頁

垣上官鼎（戰國晚）：三年～觘（校）。◎文物2005（8）91頁

獄盨（西周中）：其日夙～用氒（厥）耆（馨）香辜祀于氒（厥）百神。◎銘圖5275

獄盤（西周中）：用夙～事。◎考文2006（6）61頁

卌三年逑鼎甲（西周晚）：敬夙～弗灋（廢）朕令（命）。◎華章55頁

作册封鬲乙（西周晚）：虔夙～卹周邦。◎歷文2002（2）4頁

夜

趞伯簋（西周中）：其用夙～亯（享）卲（昭）文神。◎史學2006（2）封二

仲旬人盨（西周中）：夙～亯（享）考（孝）于氒（厥）宗用。◎銘續981

老簋（西周中）：其萬年用夙～于宗。◎考文2005年增刊65頁

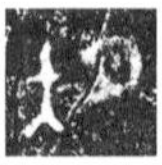

伐簋蓋（西周中）：其用夙～亯（享）于宗室。◎銘圖5321

夢

倗伯簋（西周中）：夙~于氒（厥）宗用。◎銘續 442

師酉盤（西周晚）：敬夙~勿灋（廢）朕命。◎銘續 951

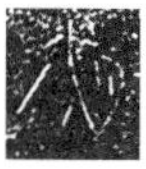

復封壺（春秋早）：不彖（墜）夙~。◎銘圖 12447

平夜君成戟（戰國中）：平~君成之用戜（戟）。◎文物 2002（8）7 頁

十年宅陽令隅登戟（戰國晚）：右庫工帀（師）~疟（瘥）。◎古研（27）326 頁

上皋落戈（戰國晚）：上咎（皋）茖（落）大命（令）少曲~。◎考古 2005（6）95 頁

伯雝盤（春秋早）：番弔（叔）之孫白（伯）雝用朕（媵）季~妃。◎銘圖 14467

壽夢之子劍（春秋晚）：壽~之子。◎文物 2005（2）68 頁

攻吳王姑讎亓雝劍（春秋晚）：余詈（壽）~之子。◎銘續 1352

夗

䵼簋（西周早）：公廼~（館）才（在）辟。◎首陽 83 頁

䵼觶蓋（西周早）：唯白（伯）初~（館）于宗周。◎首陽 74 頁

䵼觶（西周早）：唯白（伯）初~（館）于宗周。◎首陽 74 頁

南行唐令鈹（戰國晚）：左庫工帀（師）司馬~。◎夏商周 591

卌三年逑鼎甲（西周晚）：用乍（作）余我一人~（怨）。◎華章 55 頁

卌三年逑鼎癸（西周晚）：用乍（作）余我一人~（怨）。◎華章 127 頁

【案】蠹器之「夗」，《首陽》釋「令」，讀「命」。其作「」者確與「令」字混同，然觶銘作「」，中從「〇」，則絕非「令」字所應有。此二體恰與上博楚簡《緇衣》「夗」之作「」「」完全相合。參馮勝君(2004)。「夗」疑可讀作「館」。

外

宰獸簋（西周中）：奠薑～入（內）。
◎陝博（7）99頁

聞尊（西周中）：眞（胥）朕采□田～臣僕。
◎論稿10頁

外伯鬲（西周晚）：～白（伯）乍（作）鬲。
◎銘續248

秦子簋蓋（春秋早）：保其宫～。
◎故博2005（6）22頁

侯古堆鎛（春秋晚）：百歲～。
◎侯古堆57頁

皇鼎（春秋晚）：千歲之～。
◎銘續192

夙

老簋（西周中）：其萬年用～夜于宗。
◎考文2005年增刊65頁

親簋（西周中）：女（汝）廼苟（敬）～夕勿灋（廢）朕令（命）。
◎歷文2006（3）封二

趞伯簋（西周中）：其用～夜亯（享）卲（昭）文神。
◎史學2006（2）封二

獄盤（西周中）：用～夕事。
◎考文2006（6）61頁

獄盨蓋（西周中）：其日～夕用氒（厥）害（馨）香䇞祀于氒（厥）百神。
◎銘圖5275

卌三年逑鼎乙（西周晚）：虔～夕（助）雝我邦小大猷。
◎華章63頁

卌三年逑鼎丁（西周晚）：敬～夕弗灋（廢）朕令（命）。
◎華章79頁

作册封鬲乙（西周晚）：虔～夕卹周邦。
◎歷文2002（2）4頁

多

趞伯簋（西周中）：其用～夜亯（享）卲（昭）文神。◎銘圖 5214

伐簋蓋（西周中）：其用～夜亯（享）于宗室。◎銘圖 5321

師酉盤（西周晚）：敬～夜勿灋（廢）朕命。◎銘續 951

仲旬人盨（西周中）：其用～夜亯（享）于氒（厥）宗。◎銘續 981

【案】「夙」或省「夕」或「月」。

荊子鼎（西周早）：王賫～邦白（伯）。◎銘圖 2385

非盂（西周早）：無⿰彳夆～爲它。◎銘續 536

昔須甗（西周中）：～鈎工（功）。◎銘圖 3349

作册封鬲甲（西周晚）：～休。◎歷文 2002（2）4 頁

琱生尊（西周晚）：我僕𩫏（庸）徒（土）田～柔（擾）。◎文物 2007（8）20 頁

逑盤（西周晚）：𦘫（肆）天子～易（賜）逑休。◎盛世 34 頁

逑鐘庚（西周晚）：降余～福。◎首陽 121 頁

⿸疒亘多壺（春秋晚）：⿸疒亘～之行壺。◎銘續 810

攻吳王姑讎亓雂劍（春秋晚）：敱（敗）郲（麻），隻（獲）眾～。◎銘續 1352

虜

遺仲白虜鼎（春秋早）：遺中（仲）白～自乍（作）鑄其鰯貞（鼎）。◎銘續202

隨大司馬虜有戈（春秋中）：𨻰（隨）大司馬～有之行戈。◎銘續1215

虜鼎蓋（春秋晚）：發孫～睪（擇）余吉金，自乍（作）飤貞（鼎）。◎新收1205

〔𧆞〕

吳王闔廬劍（春秋晚）：攻敔（吳）王者彶虘～。◎江漢2009（3）彩版二

【案】金文「虜」字本多從「尹」，不從「毌」。清華簡《楚居》作，正相合。隨大司馬虜有戈「虜」，「力」旁上加「爪」形，古文字習見，「尹」旁則於二豎畫間加二短横爲飾筆。《銘續》隸作「𧇾」，釋「戲」，並引或說釋「嘉」，均非。吳王闔廬劍「𧆞」，李家浩（2011）謂字從「力」、「虎」聲，爲「虜」字異體，「者彶虘𧆞」即「闔廬」。甚是。陳斯鵬（2012b）、吳振武（2012）說同。清華簡《繫年》篇中「闔廬」記作「盍𧆞」（「𧆞」作）可證。

𠧪*

曾伯霥壺（春秋早）：余～（溫）觀（恭）叡（且）記（忌）。◎江漢2017（6）9頁

姚季鼎（春秋早）：姚季賸（媵）孟姬～（溫）母飤器。◎銘續135

【案】「𠧪」字甲金文常見，實即「𥁕」之所從孳乳，亦即「蘊」之初文，說詳劉釗（1998）。

𠧫*

卌三年逑鼎乙（西周晚）：朱虢～□。◎華章63頁

卌三年逑鼎丙（西周晚）：朱虢～□。◎華章71頁

甬

卌三年逑鼎乙（西周晚）：金～。◎華章63頁

卌三年逑鼎丙（西周晚）：金～。◎華章71頁

競之定鬲甲（春秋晚）：～（用）乍（作）尊彝。◎文物2008（1）81頁

競之定豆甲（春秋晚）：～（用）乍（作）尊彝。◎文物2008（1）82頁

攻吳王光鐸（春秋晚）：自乍（作）～。◎銘續1047

曾侯乙鼎（戰國早）：曾侯乙詐（作）時（持）～（用）冬（終）。◎銘續119

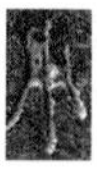

越王差徐戈（戰國早）：差郤（徐）㠯（以）鑄其元～（用）戈。◎故博2008（4）26頁

自作用戟（戰國晚）：自作～（用）䩙（戟）。◎銘續1213

⿰韋東

仲⿰韋東父簋（西周早）：中（仲）～父乍（作）寶鈴𣪘（簋）三（四）。◎全集（3）210頁

【案】《全集》闕釋，謝明文（2020）釋「⿰韋東」，是。

㮚

叔元栗戈（春秋早）：弔（叔）元～兼（？）之戈。◎新收1694

栗城戈（戰國晚）：～成（城）左。◎銘續1095

【案】叔元栗戈「㮚」字，《新收》《通鑒》《銘圖》釋「果」，非是。

齊

豐卣（西周早）：豐啟（肇）乍（作）文且（祖）甲～公尊彝。◎銘圖13253

□太師齊簋（西周早）：□大（太）師～乍（作）寶彝。◎銘續356

⿱𠂢妻

引簋（西周中）：余既命女（汝）更乃旻（祖）𦓤（總）𤔲（司）～𠂤（師）。◎銘圖 5299

𨟻公盨（西周中）：巠（經）～好祀。◎歷文 2002（6）4 頁

齊伯里父匜（春秋早）：～白（伯）里父乍（作）周姜賸（媵）鉈（匜）。◎銘圖 14966

齊城右戈（戰國晚）：～城右。◎銘續 1096

齊城左戈（戰國晚）：～城左，冶所汉（洧）造。◎文物 2000（10）74 頁

矩方鼎（西周早）：矩乍（作）宗室～（齋）。◎新收 1664

伯武父鼎（西周中）：白（伯）武父乍（作）寶～（𪔉）鼎。◎銘續 174

晉侯簋（西周中）：晉侯乍（作）田～（妻）餗（饙）𣪕（簋）。◎銘續 361

燕伯鼎（西周中）：匽（燕）白（伯）乍（作）～（𪔉）鼎。◎銘續 87

復封壺（春秋早）：～大（太）王孫復（復）封豖𤔲（司）右大徒。◎銘圖 12447

齊侯子仲姜鬲甲（春秋晚）：～侯子中（仲）姜朕（媵）鬲。◎銘續 260

廿八年晉陽令趙去疾戈（戰國晚）：冶憲報～（劑）。◎珍秦齋吳 199 頁

覭公簋（西周早）：覭公乍（作）～姚𣪘（簋）。◎考古 2007（3）圖版 3.5

晉侯簋蓋（西周中）：晉侯乍（作）田～（妻）餗（饙）𣪕（簋）。◎銘續 361

束

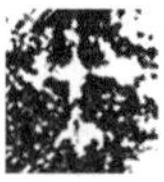

束叔卣（西周早）：～弔（叔）乍（作）氒（厥）寶尊彝。◎流散歐美143

私厂鼎（戰國中）：宔（寶）～。◎銘圖1676

二年梁令張鈇戟（戰國晚）：冶鈞造嬰旌～。◎古研(27)327頁

冢子韓政戟刺（戰國晚）：冶肴（尹）䵣造端旌（戟）～（刺）。◎銘續1289

棗

周晉盉（西周中）：周晉～（早）喪氒（厥）䚬考辛中（仲）。◎銘圖14793

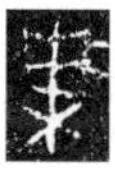

周晉盉（西周中）：～（早）喪氒（厥）䚬考。◎銘圖14793

陳發戈（戰國晚）：陳發～（造）鈛（戈）。◎文物2001(10)48頁

棘

棘䚬鼎蓋（西周早）：易（賜）～䚬貝十朋。◎銘續217

爿片*

后母樂甗（西周早）：后母～樂。◎徵集1

鼎

鼎方彝（商晚）：～。◎近出988

鼎𠭯（商晚）：～。◎銘圖10914

鼎爵（商晚）：～。◎銘續560

父癸鼎（商晚）：～父癸。◎殷墟全形71

□鼎父癸觶（西周早）：□～父癸。
◎銘續 732

南宮姬鼎（西周早）：南宮姬乍（作）寶尊～。
◎曲村 348 頁

作寶鼎（西周早）：乍（作）寶～。
◎曲村 398 頁

作寶鼎（西周早）：乍（作）寶～。
◎曲村 494 頁

尸鼎（西周中）：事（史）尸乍（作）父癸尊～。
◎文博 2006（3）6 頁

仲州鼎（西周中）：中（仲）州乍（作）旅～。
◎銘圖 1456

伯□鼎（西周中）：白（伯）□乍（作）寶～。
◎銘續 86

秦公鼎丙（春秋早）：秦公乍（作）寶用～。
◎首陽 131 頁

曾侯鼎蓋（西周早）：曾侯乍（作）寶～。
◎銘圖 1571

作寶鼎（西周早）：乍（作）寶～。
◎曲村 398 頁

申鼎（西周早）：申乍（作）庇（比）～。
◎曲村 491 頁

晉侯鼎（西周中）：晉侯乍（作）旅～。
◎晉國 59 頁

倗伯鼎（西周中）：倗白（伯）肇乍（作）寶～。
◎文物 2006（8）17 頁

一式獄簋蓋（西周中）：亡（無）不～〈則〉。
◎考文 2006（6）59 頁

柞伯鼎（西周晚）：用乍（作）朕剌（烈）且（祖）幽弔（叔）寶尊～。◎文物 2006（5）68 頁

爲甫人鼎（春秋早）：□□爲甫（夫）人行～。
◎皕明樓 23

曾太師⿱日宗與鼎（春秋早）：曾大（太）師⿱日宗與乍（作）～。◎曾國7頁

子耳鼎（春秋早）：奠（鄭）白（伯）公子子耳乍（作）盂～。◎文物2006（4）7頁

仲姜鼎（春秋早）：中（仲）姜乍（作）爲爲趄（桓）公尊～。◎芮國81

芮子仲殿鼎（春秋早）：內（芮）子中（仲）殿肇乍（作）弔（叔）媿尊～。◎銘圖2125

彭公之孫無所鼎（春秋晚）：彭公之孫無所自乍（作）盪（湯）～。◎中原2004（2）47頁

王孫賓鼎（戰國早）：王孫賓之輒～。◎銘續141

宋公固鼎（春秋晚）：有殷天乙唐（湯）孫宋公䜌（固）乍（作）濫弔（叔）子鐪（饙）～。◎銘續209

洀公宜脂鼎（春秋晚）：用鑄其⿰火泉宜～。◎銘續191

〔⿱鼎皿〕

彭子射鼎（春秋晚）：彭子射之鬻（湯）～。◎銘圖1667

鼒

叔左鼎（春秋中）：唯己考中（仲）之子弔（叔）左□之□三～。◎銘圖2334

⿰鼎于*

楚王鼎（春秋中）：楚王賸（媵）□□嬶（芈）～鼎。◎銘續188

〔⿱⿰鼎于皿〕

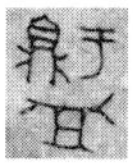

王子柳鼎（春秋晚）：自乍（作）飤～。◎銘續173

⿰石鼎*

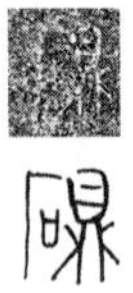

鄧子旁鄭甗（春秋中）：鄧旁鄭鑄其~鬳（甗）。◎銘續281

⿰刑鼎*

曾伯陭鉞（春秋早）：用爲民~（型）。◎棗陽27頁

【案】本書初版釋「⿰刑貝」，歸「貝」部。黃錫全（2005）釋「⿰刑鼎」，謂所從「貝」形爲「鼎」之省變，郭永秉（2016）補證之，可信，今據改。黃氏疑字與「鑄刑鼎」有關，郭氏則以爲型範之「刑（型）」之本字，郭說可從。

⿰𠦝鼎*

𠙵甗（西周晚）：用乍（作）父壬寶~（甗）彝。◎銘圖3356

【案】謝明文（2015）謂字從「鼎」、「𠦝」聲，爲「甗」字異體。是。

⿰爿鼎*

榮仲方鼎（西周早）：用乍（作）父丁~（將）彝。◎文物2005（9）64頁

長子口尊（西周早）：長子口乍（作）旅宗~（將）。◎長子口99頁

瘦鼎（西周早）：夙夜用旨~（將）公。◎銘續195

南姞甗（西周中）：肁（肇）乍（作）氒（厥）皇辟白（伯）氏寶~（將）彝。◎考文2006（6）64頁

卌二年逑鼎甲（西周晚）：用乍（作）~（將）彝。◎華章39頁

卌三年逑鼎乙（西周晚）：用乍（作）朕皇考龏（恭）弔（叔）~（將）彝。◎華章63頁

鄬子受鎛（春秋中）：倗（鄬）子受乍（作）~（將）⿰金彝（彝）訶（歌）鐘。◎淅川86頁

王子臣俎（春秋晚）：王子臣乍（作）~（將）彝。◎銘圖6321

克　䵼*　鐈*

一式獄簋蓋（西周中）：獄肇乍（作）朕文考甲公寶～（將）彝。◎考文2006（6）59頁

卌三年逑鼎丙（西周晚）：用乍（作）朕皇考龏（恭）弔（叔）～（將）彝。◎華章71頁

王鬲（春秋早）：王乍（作）～（將）彝。◎銘圖2695

【案】此字舊多釋「䵼」，或讀作《詩・周頌・我將》「我將我享」之「將」。陳劍（2008b）謂所從「」象以刀解肉於俎，釋爲解牲以祭之「肆」。然字不但用於食器，亦且用於酒器、水器、樂器，則釋「肆」與義不能盡合。疑所從「爿」至少兼有表音作用，字仍以讀「將」爲佳。曾仲姬壺「𨠊壺」和景之䵼鼎「𩱨彝」之「𨠊」「𩱨」亦應讀「將」，可以合證。參「𨠊」「𩱨」字條。

皇㲄鼎（春秋晚）：自乍（作）飤～。◎銘續192

雷子歸產鼎（春秋晚）：雷子歸產之～。◎回家（2019一）108頁

克爵（商晚）：～。◎銘續557

克甗（西周早）：～乍（作）旅甗。◎曲村356頁

豳公盨（西周中）：民唯～用玆（茲）德。◎歷文2002（6）4頁

虎簋蓋乙（西周中）：～史（事）先王。◎新收1874

卌二年逑鼎甲（西周晚）：女（汝）～奠于氒（厥）自（師）。◎華章39頁

逑盤（西周晚）：𧻚𧻚（桓桓）～明悊（慎）氒（厥）德。◎盛世34頁

彔

應侯視工簋蓋（西周晚）：～厥伐南尸（夷）□。◎首陽114頁

畢伯克鼎（西周晚）：畢白（伯）～肈乍（作）朕不（丕）顯皇且（祖）受命畢公鼐（將）彝。◎銘圖2273

伯克父盨蓋（春秋早）：唯白（伯）～父甘婁自乍（作）摔𥁑（栖）。◎銘續474

克黃鼎（春秋中）：～黃之盟。◎淅川9頁

克黃豆（春秋中）：楚弔（叔）之孫～黃之錡。◎玫茵堂114

司馬義鏄（戰國早）：用～庳（肈）謹祧（先）王明祀。◎山東104—108頁

楚王戈（戰國早）：楚王之用，～□鑄之。◎墨影155

十七年相邦𤸫戈（戰國晚）：右冶～造。◎珍秦齋吳139頁

豳公盨（西周中）：復用髮（祓）～（祿）。◎歷文2002(6)4頁

宰獸簋（西周中）：王才（在）周師～宮。◎陝博(7)99頁

琱生尊（西周晚）：用𪕔（祈）通～（祿）。◎文物2007(8)20頁

卌三年逑鼎戊（西周晚）：降余康㝬屯（純）右（祐）通～（祿）永令（命）。◎華章87頁

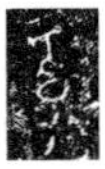

彔簋蓋（西周晚）：～乍（作）䵼𣪘（簋）。◎銘續392

曾亘嫚鼎（春秋早）：曾亘嫚非～（祿）。◎棗陽63頁

㪟寶尹仲彔鼎（春秋晚）：余㪟寶尹中（仲）～睪（擇）其吉金。◎銘續211

㪟寶尹仲彔鼎蓋（春秋晚）：余㪟寶尹中（仲）～睪（擇）其吉。◎銘續211

【案】仲彔鼎「彔」字，《銘續》釋「康」，非是。

禾

師衛簋（西周早）：～卌車。◎銘圖5142

季姬尊（西周中）：～二牆。◎文物2003(9)89頁

穖

老簋（西周中）：王～（勉）老曆（勞）。◎考文2005年增刊65頁

夾簋蓋（西周中）：王～（勉）氒（厥）老夾曆（勞）。◎新收1959

夾簋（西周中）：王～（勉）氒（厥）老夾曆（勞）。◎新收1959

伐簋蓋（西周中）：白（伯）頪～（勉）氒（厥）老父伐曆（勞）。◎銘圖5321

玉苟盉（西周中）：～（勉）苟曆（勞）。◎出土文獻(11)65頁

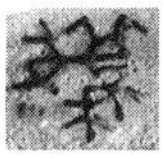

伯碩父鼎（西周晚）：～（勉）天子光。◎銘圖2438

射壺（西周晚）：弋（式）～（勉）射曆（勞）。◎銘圖12443

【案】「穖」讀「勉」，說詳陳斯鵬(2021a)。

穆

矩方鼎（西周早）：～～事賓。◎新收1664

懋卣（西周中）：～王才（在）奠（鄭）。◎銘續880

卌二年逑鼎甲（西周晚）：王才（在）周康～宮。◎華章39頁

卌三年逑鼎己（西周晚）：～～秉明德。◎華章95頁

私

卌三年逑鼎丁（西周晚）：〜〜秉明德。◎華章79頁

曾孟⿰女㐬邾姬簠（春秋晚）：〜〜曾嬭（孟）⿰女㐬朱（邾）姬乍（作）時（持）。◎淅川183頁

與兵壺（春秋晚）：〜〜⿺走𠥓⿺走𠥓（熙熙）。◎古研（24）234—235頁

私厂鼎（戰國中）：〜厂。◎銘圖1676

工𠊱車轄（戰國晚）：〜工一。◎西安168

私府鼎（戰國晚）：〜府。◎銘圖2100

稷

伯克父盨（春秋早）：用盬（醯）黍〜旅（稻）椋（粱）。◎銘續474

伯克父盨蓋（春秋早）：用盬（醯）黍〜旅（稻）椋（粱）。◎銘續474

曾侯與鐘（春秋晚）：余〜之玄孫。◎銘續1032

稻

王孫叔諲甗（春秋）：吕（以）盨〜粉（粱）。◎銘圖3362

⿱罒昌叔奐父盨（西周晚）：用饘〜⿰米焦需（糯）粱。◎文物2004（4）90頁

穎　稓　年

伯䜌簋蓋（西周中）：其朝夕用盛沙（粱）～糕（穛）。◎銘圖 5100

伯䜌簋（西周中）：其朝夕用盛沙（粱）～糕（穛）。◎銘圖 5100

伯句簋蓋（西周中）：其朝夕用盛～京（粱）焦（穛）。◎銘圖 4989

伯克父盨（春秋早）：用盛黍稷～椋（粱）。◎銘續 475

曾伯克父簠蓋（春秋早）：用盛黍稷～椋（粱）。◎銘續 518

【案】「稻」字或從「米」，或加「㫃」，或省聲符「舀」。

冢子韓政戟刺（戰國晚）：～陽。◎銘續 1289

榆次令鄗稓戈（戰國晚）：榆即（次）命（令）鄗～。◎銘續 1254

叔矢方鼎（西周早）：其萬～揚王光氒（厥）士。◎文物 2001(8)9 頁

叔亢甗（西周早）：至于子子孫孫其邁（萬）～永寶用。◎銘圖 3340

何簋蓋（西周早）：隹（唯）八月公陕殷～。◎文物 2009(2)55 頁

梁伯敔簋（西周中）：其邁（萬）～永寶用。◎周原 10.2130

虎簋蓋乙（西周中）：隹（唯）卅～三月初吉甲戌。◎新收1874

州簋（西周中）：其萬～永寶用。◎夏商周335

㲻簋（西周中）：其萬～孫子子其永寶用。◎銘續409

霸伯簋（西周中）：其萬～子子孫其永寶用。◎考報2018(1)103頁

卌三年逑鼎甲（西周晚）：隹（唯）卌又三～六月既生霸丁亥。◎華章55頁

有司簡簋蓋（西周晚）：其萬～無彊（疆）。◎文物2004(3)96頁

單五父方壺甲（西周晚）：其萬～子子孫孫永寶用。◎華章169頁

應監甗（西周晚）：其厲（萬）～永用。◎銘圖3329

晉伯卣蓋（西周中）：其邁（萬）～永用。◎首陽92頁

叔尊（西周中）：用自今生（往）至于啻（億）萬～。◎銘圖11818

獄簋乙（西周中）：孫孫子子其邁（萬）～永寶。◎銘續458

師酉盤（西周晚）：唯三（四）～三月既生霸甲戌。◎銘續951

伯吕盨（西周晚）：隹（唯）王元～六月既眚（生）霸庚戌。◎夏商周395

應侯視工簋（西周晚）：其邁（萬）～永寶用。◎首陽114頁

伯𢦏父簋（西周晚）：其邁（萬）～子子孫孫永寶用亯（享）。◎首陽107頁

晉侯對盨蓋（西周晚）：其邁（萬）～永寶用。◎晉國84頁

晉侯對盨（西周晚）：其邁（萬）～永寶用。◎首陽117

皇與匜（春秋早）：沬（眉）壽萬～。◎銘圖14933

子耳鼎（春秋早）：其萬～沬（眉）壽無彊（疆）。◎文物2006（4）7頁

鄬子受鎛（春秋中）：隹（唯）十又四～參（三）月。◎淅川85頁

宋君夫人鼎蓋（春秋晚）：其⿱萬土（萬）～沬（眉）壽，爲民父母。◎第四屆116頁

侯古堆鎛（春秋晚）：萬～無諆（期）。◎侯古堆圖版24

廿七年頓丘令⿸广韓西戟（戰國中）：廿七～。◎珍秦齋吳109頁

八年首垣令戈（戰國晚）：八～。◎銘圖17159

上郡守造戈（戰國晚）：十九～。◎考文2009（3）32頁

工倪車轄（戰國晚）：卌六～。◎西安168

卌一年鄭令戈（戰國晚）：三（四）～。◎珍秦齋吳259頁

五年邢令㱿思戟（戰國晚）：五～。◎珍秦齋吳163頁

相邦痻戈（戰國晚）：十九～。◎銘續1250

楚太師登鐘辛（春秋早）：萬～母（毋）改。◎上博（11）153頁

華孟子鼎（春秋中）：其沬（眉）壽萬～無彊（疆）。◎銘續207

〔穌〕穌

無所簠（春秋晚）：其沬（眉）壽萬~無期。

◎中原 2006（5）8 頁

蘇公盤（西周晚）：~（蘇）公乍（作）晉改鉉。

◎收藏 2007（4）100 頁

〔秋〕秌

與兵壺（春秋晚）：不斁（懈）春~歲嘗（常）。

◎古研（24）234—235 頁

昭王之即簠（戰國早）：春~龏（恭）嘗（常）。

◎銘續 515

【案】與兵壺「秌」字形主體與「秌」字籀文「𪛁」相合，唯左上方多一「〇」，王人聰（2002）謂是飾筆，似不若視爲增益義符「日」，古文字「日」或中不加點。戰國文字「秌」常從「日」作，可相印證。

秦

秦公鼎丁（春秋早）：~公乍（作）寶用鼎。

◎首陽 132 頁

秦公鼎戊（春秋早）：~公乍（作）寶用鼎。

◎首陽 134 頁

秦公簋（春秋早）：~公乍（作）寶毀（簋）。

◎銘續 334

秦公簋甲（春秋早）：~公乍（作）鑄用毀（簋）。

◎首陽 138 頁

秦政伯喪戈（春秋早）：~政白（伯）喪戮政西旁。◎珍秦齋秦 42 頁

秊*

秦子鎛（春秋早）：～子乍（作）寶龢鐘。◎歷文2008(4)圖版2

競之定鬲甲（春秋晚）：王命競（景）之定救～戎。◎文物2008(1)81頁

競之定豆甲（春秋晚）：王命競（景）之定救～戎。◎文物2008(1)82頁

郳君慶壺（春秋）：鼄（郳）君慶乍（作）～妊醴壺。◎小郳38頁

冶尃秦匕（戰國晚）：冶尃～苛膉爲之。◎銘續542

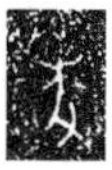

師衛尊（西周早）：宮公眚（省）僕器于北～。◎銘圖11786

師衛壺蓋（西周早）：宮公眚（省）僕器于北～。◎銘圖12402

【案】《銘圖》釋「麥」，不確。字從「禾」不從「來」。

秡*

秡戈（西周晚）：～。◎銘續1064

稆*

稆成夫人鼎（戰國）：～成夫人。◎國博2012(9)82頁

【案】李智裕（2012）釋「相」，顯非；孫合肥（2016）釋「稆」，讀「稆成」爲「宛城」；徐世權（2020）以爲「稆」（即「枳」）之異體，讀「枳成」爲「軹城」，即魏國之「軹」縣。當以徐說爲優。

稹*

稹簋（西周早）：～乍（作）氒（厥）且（祖）丁寶尊彝。◎銘續378

⿰禾𠧪*

曾侯與鐘（春秋晚）：律（進）士備御，～～（肅肅）倉倉（鏘鏘）。◎銘續1034

【案】凡國棟（2014）釋「稱」，非是。董珊（2014d）以爲從「㐁」聲，讀「肅」；讀「肅」可從，然「㐁」（「簟」之初文）與「肅」古音不近，疑應以「𠧪」爲聲，「𠧪」以「爪」持「㐁」，疑會就宿之意，即「⿰亻㐁」（《説文》以爲古文「夙」）「宿」之異體，古音與「肅」通。

⿰爿秀*

師酉盤（西周晚）：王乎（呼）～冊令（命）師酉。◎銘續951

兼

十三年右工室鐘甲（戰國晚）：右工室～。◎銘續1009

黍

黍尊（商晚）：～。◎銘圖11124

伯克父盨蓋（春秋早）：用盬（醢）～稷旐（稻）椋（粱）。◎銘續474

伯克父盨（春秋早）：用盬（醢）～稷旐（稻）椋（粱）。◎銘續474

香

獄盨蓋（西周中）：其日夙夕用氒（厥）害（馨）～𦎫祀于氒（厥）百神。◎銘圖5275

獄盨（西周中）：其日夙夕用氒（厥）害（馨）～𦎫祀于氒（厥）百神。◎銘圖5275

〔粆〕粱

一式獄簋蓋（西周中）：用氒（厥）⿰⿱囟匕聖（馨）～⿱亯王示于氒（厥）百神。◎考文2006（6）59頁

一式獄簋（西周中）：⿱癶炏（芬）夆（芳）⿰⿱囟匕聖（馨）～，則登于上下。◎考文2006（6）59頁

衛簋甲蓋（西周中）：⿱癶炏（芬）夆（芳）⿰⿱囟匕聖（馨）～，則登于上下。◎南開2008（6）封三

曶叔奐父盨（西周晚）：用⿰飠盧稻⿰米焦需（糯）～。◎文物2004（4）90頁

王孫叔諲甗（春秋）：㠯（以）⿱蜀皿稻～。◎銘圖3362

⿰米焦

伯句簋蓋（西周中）：其朝夕用盛⿸㫃婁（稻）京（粱）～。◎銘圖4989

伯⿰鬲書簋蓋（西周中）：其朝夕用盛沙（粱）⿸㫃酉（稻）～。◎銘圖5100

曶叔奐父盨（西周晚）：用⿰飠盧稻～需（糯）粱。◎文物2004（4）90頁

【案】周忠兵（2014）將伯句簋蓋「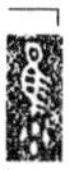」同甲骨文「」（《合集》32834）聯繫起來，同讀爲「⿰米焦」，甚是。但周氏分析此形爲從「隹」、「小」（或「少」）聲，即是「焦」字，爲「鷦」之初文，並謂從「火」之「焦」字爲此形之訛變，則恐可商。予意甲金文「」「」其實應即「⿰米焦」之初文。「隹」下三點或四點，既代表穀粒以表意（整字蓋取意於早熟之穀爲鳥所啄），同時也可被當作「小」（或「少」）以表音。在初文基礎上加「米」旁以足義，則如伯⿰鬲書簋之「」；加「食」旁以足義，則如曶叔奐父盨之「」。程燕（2004）認爲曶叔奐父盨「⿰米焦」從「小」聲，部分正確。加「米」旁之後則「隹」下

數點或可省,如伯公父簠「糕」作「」(此形亦可能理解爲「米」旁兼含「小」聲)。《說文》「糕」字從「米」、「焦」聲,弭仲簠作「」,與之完全相合。這應該理解爲用形音俱近之「焦」替換「糕」之初文,使「糕」成爲單純的形聲字。而「焦」當自爲「焦」,實難牽合。

糧

霸伯簋蓋(西周中):事(使)伐用嘼(幬)二百,丹二～,虎皮一。◎考報2018(1)103頁

霸伯簋(西周中):事(使)伐用嘼(幬)二百,丹二～,虎皮一。◎考報2018(1)103頁

⿰米丩*

伯弘父盨(西周中):白(伯)弘父乍(作)寶～。◎中原2016(4)68頁

【案】胡嘉麟(2016)讀爲「簋」,似可從。

⿰米廾*

⿱罒巳平一升分銀盤甲(戰國晚):一～(升)分。◎銘續1393

粂*

⿰氵戈公粂戈(春秋晚):⿰氵戈公～之造戈。◎銘續1149

【案】《銘續》釋「粢」,新版《通鑒》釋「㪇」,均未確。

⿰米章*

霸伯簋蓋(西周中):事(使)伐用嘼(幬)二百,丹二～,虎皮一。◎考報2018(1)105頁

【案】「⿰米章」當爲「糧」字形音俱近之訛。

⿰米頁*

京叔盨蓋(西周中):京弔(叔)乍(作)寶～(盨)。◎考文2003(2)84頁

叔休盨(西周晚):⿱⿰厶厶⿱宀示者君𤔲(司)鹵弔(叔)休乍(作)寶～(盨)。◎銘圖5617

⿰米翼*

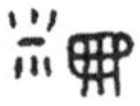

粣鼎(西周早):～乍(作)寶尊彝。◎頤和園10

春

春鼎（西周早）：～乍（作）彝。◎北京 49

【案】字從「皿」，蓋與從「臼」同意。

楙

琱生尊（西周晚）：勿史（使）～（散）亡。◎考文 2007（3）8 頁

卌二年逑鼎乙（西周晚）：𤔲（司）工～右（佑）吳逑入門立中廷。◎考文 2003（3）9 頁

麻

無忌俎（春秋中）：無䀠（忌）沬（眉）壽～（靡）䀠（期）。◎青銅器與金文（3）18 頁

【案】俎銘「麻」，張光裕（2019）讀「無」，《銘三》627 同。實則不如讀「靡」更爲直接。古文字讀「麻」爲「靡」之例多見。「靡」古常訓無。《詩·邶風·泉水》：「有懷于衛，靡日不思。」鄭玄箋：「靡，無也。」另，侯馬盟書「麻夷非（彼）是（氏）」之「麻」，朱德熙、裘錫圭（1972）指出從「麻」聲字義多與「滅」近，魏克彬（2004）進而逕讀「麻」爲「靡」，可從。《荀子·大略》：「利夫秋豪，害靡國家。」

耑

許耑戈（戰國早）：鄦（許）～戈。◎銘續 1093

相邦春平侯鈹（戰國晚）：大攻（工）君（尹）䢼（韓）～。◎銘續 11349

⿰貞⿱又韭

⿰貞⿱又韭子須鉦（春秋晚）：～子須乍（作）鑄行鉦。◎銘續 530

【案】「⿰貞⿱又韭」字爲石小力（2017）釋。

⿰非孔*

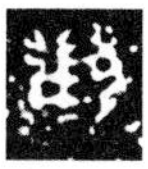
引簋（西周中）：余既命女（汝）更乃旻（祖）～（總）𤔲（司）齊𠂤（師）。◎銘圖 5299

𤼈簋（西周中）：命女（汝）～（總）𤔲（司）西朕𤔲（司）徒、訊訟。◎銘圖 5386

宰獸簋（西周中）：～（總）𤔲（司）康宮王家臣妾。◎陝博（7）99 頁

⿰⿱非廾恖*

呂簋（西周中）：更乃考～（總）𤔲（司）奠師氏。

◎論稿167頁

卌三年逑鼎甲（西周晚）：～（總）𤔲（司）三（四）方吳（虞）禁（林）。◎華章55頁

【案】此字舊說至爲紛紜。近年何琳儀、胡長春（2005）釋爲「攀」字初文，而讀作「班」；陳劍（2006b）認爲字以「睫」字表意初文之簡體爲聲符，從而肯定高鴻縉等讀「兼」之說；劉桓（2010）謂字之主體象人於井旁持水欲飲之形，其聲符則爲「摯」字表意初文之簡體，從而肯定郭沫若等讀「攝」之說。字形分析均不可信。苦行僧（2012）、李學勤（2012c）等據新出⿱⿰⿱亠口攵豕君季⿰⿱非廾恖鑑「⿰⿱非廾恖」從「恖」聲，改讀此字爲「總」，音義甚合。李氏謂字從「⿱非廾」得聲，但未解「⿱非廾」爲何字。林澐（2014）結合徐伯鴻、劉雲意見，謂字左從「非」從「井」（「非」形表蔥屬，「井」形表種植蔥類所需水井），整體即「蔥」之本字，但於其右所從人形未能解釋。竊謂林說大體可信。字本象人雙手植蔥之形，正與「埶」字相似，從「丮」並不難解釋。後加「井」旁以足義。

⿱⿰⿱亠口攵豕君季⿰⿱非廾恖鑑（春秋中）：邛（江）白（伯）厭之孫⿱⿰⿱亠口攵豕君季～自乍（作）濫（鑑）盂。◎銘續535

【案】李學勤（2012c）以爲是一個雙聲符字。林澐（2014）認爲字從「蔥」之本字，益「恖」爲聲符。予意亦可能是「恖」益「蔥」之本字爲聲，即「聰」字異體，用爲人名較合適。

瓜

師酉盤（西周晚）：𤔲（嗣）乃且（祖）啻（嫡）官邑人、虎臣、西門尸（夷）、⿱自彖尸（夷）、秦尸（夷）、京尸（夷）、弁～（狐）。◎銘續951

家

家父盤（西周早）：～父乍（作）寶血（皿）。

◎新收960

宰獸簋（西周中）：□𤔲（司）康宮王～臣妾。

◎陝博（7）99頁

伐簋蓋（西周中）：易（賜）小子𡨦一～。

◎銘圖5321

槐簋（西周中）：用死𤔲（司）王～。

◎銘續453

宅

〔冢〕

⿰函孔卣（西周中）：白（伯）氏易（賜）⿰函孔僕六~。
◎銘續 882

衍簋（西周中）：死嗣（司）王~。
◎銘續 455

⿹司丙季簋甲蓋（西周中）：⿹司丙季學駟~宔旅𣪘
（簋）。◎銘圖 4463

⿰亻丙季簋乙（西周中）：⿰亻丙季學駟~宔旅𣪘（簋）。
◎銘圖 4464

⿱衍言鼎（西周晚）：□尹氏~。
◎文博 2007（2）17 頁

晉叔家父方壺（西周晚）：晉弔（叔）~父乍
（作）尊壺。◎晉國 197 頁

頌盤（西周晚）：令（命）女（汝）官嗣（司）成周
賈廿~。◎文物 2009（9）52 頁

晉公盤（春秋中）：誓（諫）臂（乂）爾~。
◎銘續 952

郳公鞁父鎛（春秋晚）：保朕邦~。
◎銘圖 15818

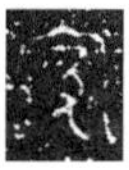
賈孫叔子屖盤（春秋晚）：室~是保。
◎山東 675 頁

【案】司季簋「家」字，《銘圖》誤釋爲「守」。

加芈編鐘（春秋中）：乍（作）□（台）邦~。
◎江漢 2019（3）17 頁

逑盤（西周晚）：竝~氒（厥）堇彊（疆）土。
◎盛世 34 頁

晉公盤（春秋中）：建~京𠂤（師）。
◎銘續 952

室

篣府戈（春秋晚）：篣府～戈。◎銘圖16656

曾侯與鐘（春秋晚）：鷟（營）～墬土。◎銘續1029

宅陽令隅登矛（戰國晚）：七年～昜（陽）命（令）隅登。◎銘續1286

十年宅陽令隅登戟（戰國晚）：廿六年～陽右庫。◎古研（27）326頁

宅陽令戟刺（戰國晚）：～陽命（令）□愳。◎珍秦齋吳249頁

燕王職壺（戰國晚）：～幾卅（三十）。◎上博（8）146頁

矩方鼎（西周早）：矩乍（作）宗～鬉。◎新收1664

晉侯鳥尊（西周早）：晉侯乍（作）向大（太）～寶尊彝。◎晉國51頁

何簋蓋（西周早）：爲何～。◎文物2009（2）55頁

衛簋甲蓋（西周中）：王各（格）于康大（太）～。◎南開2008（6）封三

太師虘簋蓋（西周中）：旦，王各（格）大（太）～。◎銘圖5282

伯或父鼎（西周中）：用夙夜于帝（嫡）宗～。◎銘續231

槐簋（西周中）：各（格）于大（太）～。◎銘續453

逨盤（西周晚）：雩朕皇高且（祖）新～中（仲）。◎盛世34頁

賈孫叔子屖盤（春秋晚）：～家是保。◎山東675頁

曾侯與鐘（春秋晚）：周～之既庳（卑）。◎銘續1029

宣

相室趙婁鼎（戰國中）：相~肖（趙）婁。◎考文2008（5）40頁

鑄客爲王后鼎（戰國晚）：鑄客爲王句（后）六~爲之。◎銘續137

相邦瘠戈（戰國晚）：攻（工）~庈。◎銘續1250

鑄客簠（戰國晚）：鑄客爲王句（后）六~爲之。◎南大32

太子鼎（戰國晚）：大（太）子左秳~。◎文物2001（6）70頁

十七年相邦瘠戈（戰國晚）：攻（工）~復。◎珍秦齋吳139頁

曾卿事宣鼎（春秋早）：唯曾卿事~用其吉金自乍（作）□鼎。◎銘續155

向

晉侯鳥尊（西周早）：晉侯乍（作）~大（太）室寶尊彝。◎晉國51頁

向壺（西周中）：~乍（作）氒（厥）尊彝。◎流散歐美141

叔向父簋（西周晚）：弔（叔）~父乍（作）媷姒（姒）尊𣪘（簋）。◎近出461

向𣉻簋（西周晚）：~𣉻乍（作）旅𣪘（簋）。◎銘續416

向令㪣戈（戰國中）：~令㪣。◎銘續1231

徐莫敖昭畲戈（戰國晚）：~壽。◎銘圖17310

康

晉公盤（春秋中）：永~（康）寶。◎銘續952

寍

許公寍戈（春秋晚）：鄦（許）公～之用戈。◎文物2007(9)23頁

定

即盤（西周中）：～白（伯）入右即。◎天地2018(11)94頁

競之定鬲己（春秋晚）：王命競（景）之～救秦戎。◎文物2008(1)81頁

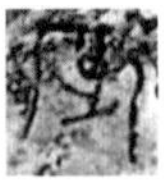

楚叔之孫定鼎（春秋晚）：楚弔（叔）之孫～之豆（廚）貞（鼎）。◎銘續125

安

鄭虢叔安簋蓋（西周晚）：奠（鄭）虢弔（叔）～乍（作）寶𣪘（簋）。◎銘續387

正叔之士𦅫俞簠（春秋早）：魯西子～母肇乍（作）匿（簠）。◎小邾44頁

廿一年安邑戈（戰國中）：～邑司寇狄。◎珍秦齋吳96頁

元年安平相邦戈（戰國晚）：元年～平相邦司徒田子。◎銘圖17349

信安鼎（戰國晚）：𨱍（長）隂（陰）侯～君。◎珍秦齋吳188頁

信安鼎（戰國晚）：䛠（信）～下官器府。◎珍秦齋吳188頁

私府鼎（戰國晚）：～成郚（郭）。◎銘圖2100

上郡守慶戈（戰國晚）：武～。◎銘圖17298

宓

師道簋（西周中）：戈畫戒歑～（柲）彤屡（緌）。◎新收1394

宴

宗人簋（西周中）：白（伯）氏侃~。◎銘續461

伯克父盨（春秋早）：其用及百君子~卿（饗）。◎銘續475

楚太師登鐘丙（春秋早）：用~用喜。◎上博（11）151頁

伯克父盨（春秋早）：其用及百君子~卿（饗）。◎銘續474

郳公鞁父觥（春秋晚）：鄎（郳）公鞁父自钕（作）商~兕（觥）。◎銘續891

蔡公子宴戈（春秋晚）：蔡公［子］~之用。◎銘續1172

蔡叔子宴戈（春秋晚）：蔡弔（叔）子~之用。◎銘續1171

親

師酉鼎（西周中）：王~（親）袤宔師酉，易（賜）豹裘。◎歷文2004（1）封二

艮簋（西周中）：穆王~（親）命艮曰。◎銘續456

伯𢦏父簋（西周晚）：~（親）執訊十夫。◎首陽107頁

成鐘（西周晚）：王~（親）易（賜）成此鐘。◎上博（8）131頁

容

鄗得鼎（戰國晚）：~一斗四益。◎銘圖2387

寶

作册般黿（商晚）：乍（作）女（汝）~。◎歷文2005（1）封二

南宮姬鼎（西周早）：南宮姬乍（作）~尊鼎。◎曲村348頁

晉侯鳥尊蓋（西周早）：晉侯乍（作）向大（太）室～尊彝。◎晉國51頁

仲肯父鼎（西周早）：中（仲）肯父乍（作）□～。◎銘圖1630

何簋（西周早）：何鑄且（祖）辛～尊彝。◎銘圖5137

作寶簋（西周早）：乍（作）～段（簋）。◎銘續307

南姞甗（西周中）：其邁（萬）年孫子永～用。◎考文2006（6）64頁

紟簋蓋（西周中）：世孫子其永～用。◎字與史（1）210頁

夷曰匜（西周中）：尸（夷）曰乍（作）～尊彝。◎新收1670

霸伯簋（西周中）：用乍（作）～山段（簋）。◎考報2018（1）105頁

作寶尊彝卣（西周早）：乍（作）～尊彝。◎近出587

公豐父簋（西周早）：公豐父乍（作）㝛妃好～段（簋）。◎銘圖5014

曾侯諫鼎（西周早）：曾侯諫乍（作）～彝。◎銘續98

曾侯諫簋（西周早）：曾侯諫乍（作）媿～尊彝。◎銘續367

晉伯卣（西周中）：晉白（伯）乍（作）氒（厥）啻（嫡）宗～彝。◎首陽92頁

作寶尊彝簋（西周中）：乍（作）～尊彝。◎文物2005（4）15頁

司季簋乙（西周中）：南宮姬乍（作）～尊。◎銘圖4464

卌三年逑鼎乙（西周晚）：子子孫孫永～用亯（享）。◎華章63頁

追夷簋（西周晚）：對揚氒（厥）覭且（祖）之遺～。◎華夏2000（3）20頁

應侯視工簋蓋（西周晚）：子子孫孫永～用亯（享）。◎首陽114頁

伯太師釐盨（西周晚）：其邁（萬）年永～用。◎夏商周402.1

晉侯對盨（西周晚）：晉侯對乍（作）～尊彶（及）須（盨）。◎首陽117

單五父方壺甲蓋（西周晚）：其萬年子子孫孫永～用。◎華章169頁

應侯盨（西周晚）：其邁（萬）年永～。◎銘圖5539

秦公鼎丁（春秋早）：秦公乍（作）～用鼎。◎首陽132頁

伯遊父盤（春秋中）：子子孫孫永～用之。◎上博（10）123頁

與兵壺（春秋晚）：于後民永～季（效）之。◎古研（24）234—235頁

甗方鼎（商晚）：用乍（作）父丁～尊彝。◎文物2005（9）61頁

叔疑鼎（西周早）：弔（叔）逘（疑）啟（肇）乍（作）～尊彝。◎銘續114

𧯠簋（西周中）：孫子子～用。◎銘續373

臧氏鼎（春秋早）：子子孫孫永～用之。◎銘續180

戈卣（商晚）：戈乍（作）～彝。
◎文物2000（10）59頁

晉侯㚟馬壺（西周中）：其永～用。
◎晉國69頁

者僕故匜（西周晚）：其萬年沬（眉）壽永～用。
◎山東696頁

叔鼔父鼎（春秋早）：子子孫永～用卿（饗）。
◎銘續215

𠂤丁父卣（西周早）：𠂤丁父乍（作）～尊彝。
◎文物2001（6）43頁

小臣唐簋（西周早）：用乍（作）～。
◎銘續385

叔疑尊（西周早）：弔（叔）遙（疑）啟（肇）乍（作）～尊彝。◎銘續777

晉公盤（春秋中）：永康（康）～。
◎銘續952

寶粤簋（西周早）：～粤乍（作）父庚尊彝。
◎追回49頁

叔犀父盨（西周晚）：弔（叔）犀父爲白（伯）～父乍（作）寶盨。◎文博2008（2）9頁

復封壺（春秋早）：退（復）丰（封）及中（仲）子用乍（作）爲～壺。◎銘圖12447

宰

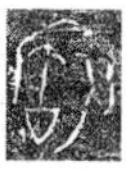

盜戎甗（西周晚）：子孫永～用亯（享）。◎文博2008(2)6頁

僉父瓶（春秋早）：子子孫孫永～用之。◎小邾33頁

寶登鼎（春秋早）：奠（鄭）喪弔（叔）之子～登乍（作）鼎。◎文物2006(4)7頁

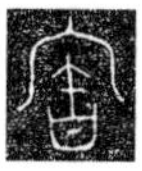

曾侯缶鼎（春秋中）：曾侯～𢍰（擇）其吉金。◎銘圖2219

唐子仲瀕兒盤（春秋晚）：子子孫孫永～用之。◎江漢2003(1)3頁

衛鼎（西周晚）：用乍（作）～鼎。◎銘續222

宰獸簋（西周中）：王乎（呼）內史尹中（仲）册命～獸。◎陝博(7)99頁

太師虘簋蓋（西周中）：王乎（呼）～曶易（賜）大（太）師虘虎裘。◎銘圖5282

楷侯宰□壺（西周晚）：櫧（楷）侯～□乍（作）寶壺。◎銘圖12241

黃仲酉簠蓋（春秋晚）：曾少～黃中（仲）酉之行𠤳（簠）。◎文物2008(2)8頁

守

王鼎（商晚）：ナ（左）～。◎保利續99頁

守卣蓋（商晚）：～。◎銘續842

守卣（西周早）：～乍（作）父乙尊彝。◎近出597

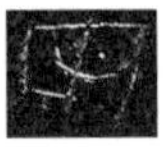

上郡假守鼂戈（戰國晚）：上郡叚（假）～鼂造。◎珍秦齋秦88頁

蜀守戈（戰國晚）：蜀～□。◎古研（25）213頁

二年屬邦守蓐戈（戰國晚）：屬邦～蓐造。◎出土文獻與古文字研究（4）115頁

上郡守道戈（戰國晚）：十九年上郡～道造。◎考文2009（3）32頁

【案】上郡守道戈「守」字從「厂」，與「反」字訛混。

卌三年逑鼎乙（西周晚）：隹（唯）又（有）～從（縱）。◎華章63頁

卌三年逑鼎丁（西周晚）：隹（唯）又（有）～從（縱）。◎華章79頁

大万尊（商晚）：奏庸新～畋。◎銘續790

霸伯盤（西周中）：用乍（作）～姬寶般（盤）。◎考報2018（1）125頁

仲太師鼎（西周晚）：～孷（釐）允異。◎銘圖2196

秦子戈（春秋早）：用逸～。◎考文2003（2）81頁

二年宜陽戈（戰國晚）：～陽。◎考文2002（2）70頁

宜信孺子鼎蓋（戰國晚）：～詢（信）乳（孺）子。◎銘續120

倉端王義鼎（戰國晚）：工～。◎銘續159

〔⿰月宜〕

滍公宜脂鼎（春秋晚）：滍公～脂余（擇）其□金。◎銘續191

滍公宜脂鼎（春秋晚）：用鑄其㷉～鼎。◎銘續191

【案】宜脂鼎「⿰月宜」，謝明文（2014）釋爲「宜」字繁體，是。

宿

晉公盤（春秋中）：克□亢猷，彊武魯～。◎銘續952

〔⿱宀帚〕

寑

⿱宀帚孿商方鼎（商晚）：王易（賜）～孿商。◎曲村348頁

作册般黿（商晚）：王令（命）～馗（馗）兄（貺）于乍（作）册般。◎歷文2005（1）封二

叔卣（西周中）：叔易（賜）貝于～。◎銘圖13327

〔寢〕

□鼎（西周中）：王令（命）～易（賜）□大具。◎上博（8）期128頁

⿱宀丂

⿱宀丂尊（商晚）：子商（賞）～（賓）貝二朋。◎銘圖11761

伯或父鼎（西周中）：用爲女（汝）帝～（賓）器。◎銘續231

〔⿱宀⿰丂止〕

鬳方鼎（商晚）：王～（賓）文武帝乙彡（肜）日。◎文物2005（9）61頁

寡

卌三年逑鼎乙（西周晚）：廼敄鰥～。◎華章63頁

卌三年逑鼎丙（西周晚）：廼敄鰥～。◎華章71頁

曾侯鐘（春秋晚）：台（以）憂此鰥～。◎銘續1025

司馬義鎛（戰國早）：哀命（矜）鰥～。◎山東104—108頁

客

吕簋（西周中）：王～（格）大（太）室。◎論稿167頁

旂伯簋（西周中）：王～（格）奠（鄭）宫。◎銘圖5147

加芈編鐘（春秋中）：台（以）樂好賓嘉～父䝟（兄），及我大夫。◎江漢2019(3)17頁

鑄客簠（戰國晚）：鑄～爲王句（后）六室爲之。◎南大32

害

㽙卣（西周中）：乃兄殅（僭）鼻（畀）女（汝），～義。◎銘續882

郳公子害簠（春秋早）：鼄（郳）公子～自乍（作）匿（簠）。◎銘圖5907

曾伯霥壺（春秋早）：用易（賜）～（匄）沬（眉）壽。◎江漢2017(6)9頁

宕

韓伯豐鼎（西周早）：白（伯）氏～。◎銘圖2426

卌二年逑鼎甲（西周晚）：乃即～伐于弓谷。◎華章39頁

琱生尊（西周晚）：余～其參（叁），女（汝）宕其貳。◎文物2007(8)20頁

遊孫癸鼎（春秋中）：遊孫癸之飤～鉈。◎全集(12)321頁

宋

⿺辶俟尊（西周早）：延（誕）兄臣于～白（伯）。◎銘續 792

宋姜鬲（西周中）：～姜乍（作）变。◎銘圖 2693

宋左太師鼎（春秋晚）：～左大（太）帀（師）。◎臨淄 88 頁

宋公固鋪（春秋晚）：有殷天乙唐（湯）孫～公圂（固）。◎銘續 532

⿱林日踣戈（戰國早）：～⿱林日踣之族戈。◎銘續 1203

宋叔鼎（西周中）：易（賜）～弔（叔）貝十朋。◎銘續 218

蔡侯鼎（春秋早）：蔡侯乍（作）～姬媵鼎。◎首陽 127 頁

宋君夫人鼎蓋（春秋晚）：～君夫人自乍（作）⿰食奉（饙）貞（鼎）。◎第四屆 116 頁

宋公差戈（春秋晚）：～公差之所⿰貝告（造）茆族戈。◎銘續 1216

⿱宀執

子⿱宀執⿱宀彝壺（西周早）：子～⿱宀彝乍（作）父癸尊彝。◎銘圖 12264

子⿱宀執父丁鼎（西周早）：子～父丁。◎收藏 2006（6）24 頁

宗

宇尊（商晚）：用乍（作）父甲～尊彝。◎銘圖 11761

⿱雔鳥觶（西周早）：唯白（伯）初宛（館）于～周。◎首陽 74 頁

矩方鼎（西周早）：矩乍（作）～室⿱齊女（齋）。◎新收 1664

長子口尊（西周早）：長子口乍（作）旅～⿰爿鼎（將）。◎長子口 99 頁

宊* ⿱宀开*

□角(西周早):□乍(作)父乙~尊彝。◎上博(11)122頁

老簋(西周中):其萬年用夙夜于~。◎考文2005年增刊65頁

⿰爿令簋蓋(西周中):王才(在)~周。◎字與史(1)210頁

晉伯卣蓋(西周中):晉白(伯)乍(作)氒(厥)啻~寶彝。◎首陽92頁

䞶伯⿺辶盈(西周中):䞶白(伯)乍(作)再~彝。◎銘圖5666

嫚鼎(西周中):唯女(汝)聿井(刑)𤔲(司)~臣妾。◎銘續214

伯或父鼎(西周中):宗人其用朝夕亯(享)事于敵(嫡)~室。◎銘續231

宗人簋(西周中):白(伯)氏命~人舞。◎銘續461

琱生尊(西周晚):琱生對揚朕~君休。◎文物2007(8)20頁

與兵壺(春秋晚):自乍(作)~彝。◎古研(24)234—235頁

⿱艹邦仲⿱殹皿缶(戰國早):⿱艹邦中(仲)⿱殹皿乍(作)其~器尊⿰金⿱無皿(甒)。◎銘圖14087

叔子孷盌蓋(戰國早):弔(叔)子孷乍(作)孟姜祖大~盌。◎銘圖19237

畢仲⿱宀开簠(春秋):畢中(仲)~乍(作)爲其善匠(簠)。◎小邾48頁

又宊觚(商晚):又~。◎近出733

⿱宀己*

亞⿱宀己門方彝（商晚）：亞～門。◎新收262

⿱宀弜*

⿱宀弜父癸爵（西周早）：～父癸。◎銘續616

宝*

小臣㝵簋（西周早）：～且（祖）乙。◎曲村505頁

亢鼎（西周早）：亢對亞～，用乍（作）父己。◎上博（8）121頁

瘦鼎（西周早）：～氒（厥）事。◎銘續195

非盂（西周早）：隹（唯）曰：「若我王𦠆（頻）～。」◎銘續536

𤔲季簋乙（西周中）：𤔲季學馹家～旅毁（簋）。◎銘圖4464

師酉鼎（西周中）：王窺（親）衺～師酉，易（賜）豹裘。◎歷文2004（1）封二

【案】此字金文中主要有休美與鑄造二義，於前義舊或讀「休」「嘉」「予」，於後義舊或讀「鑄」「作」。實均乏堅實依據。陳劍（2007a）有駁議，可參看。然陳氏疑所從「亞」爲「琮」，讀前義爲「寵」，後義爲「造」，字形上並不可信，而「寵」「造」二音亦嫌稍隔也。

⿱宀生*

韓伯豐鼎（西周早）：～史至，㠯（以）丝（兹）令（命）曰。◎銘圖2426

⿱宀者*

鄙得鼎（戰國晚）：邦右庫工帀（師）郘～。◎銘圖2387

宿*

伯雝倗鼎（西周早）：白（伯）雝倗～小妻貞（鼎）。◎曲村361頁

【案】《銘圖》1782隸作「㝛」，似以爲從「缶」；新版《通鑒》括注「造」，則又似以爲從「告」（「造」之聲符，非告訴字），於形均不確。《新收》937隸作「宿」，可從。朱鳳瀚（2012）讀「宿」爲「珁」，訓送致，可參。

⿱宀金*

向令吱戈（戰國中）：冶～。◎銘續1231

⿱宀名*

⿱宀名比左鼎（戰國晚）：～比左。◎銘圖1096

⿱宀沐*

曾卿事⿱宀沐簋（春秋早）：隹（唯）曾卿事～用吉金自乍（作）寶毁（簋）。◎銘續427

曾卿事⿱宀沐簋蓋（春秋早）：隹（唯）曾卿事～用吉金自乍（作）寶毁（簋）。◎銘續427

【案】《銘續》釋「浧」，不確。

⿱宀重*

宋君夫人鼎蓋（春秋晚）：宋君夫人自乍（作）餗（饙）貞（鼎）用般～（禋）祀。◎第四屆116頁

⿱宀叔*

⿱宀叔鬲（西周早）：～乍（作）寶鼎。◎銘圖2686

寡*

寡邑司鼎（西周早）：~邑嗣（司）寶尊彝。◎銘圖 1621

魯侯簋（西周早）：魯侯乍（作）~寶尊彝。◎銘續 353

叔尊（西周中）：余令（命）女（汝）自~虢來敏（誨）魯人。◎銘圖 11818

卪史簋蓋（西周晚）：卪史乍（作）~𡚱（姒）媵（媵）毁（簋）。◎銘續 430

𡧊*

諸君盤（西周中）：用~（幽）襄玉正公大（太）室。◎銘續 946

𡨄*

伐簋蓋（西周中）：易（賜）小子~一家。◎銘圖 5321

寰*

五年邢令般思戟（戰國晚）：冶~。◎珍秦齋吳 163 頁

寊*

季寊父簋（西周中）：季~父乍（作）旅毁（簋）。◎銘圖 4369

𡩒*

琱生尊（西周晚）：報~（婦）氏帛束、璜一。◎考文 2007（3）8 頁

琱生尊（西周晚）：報~（婦）氏帛束、璜一。◎考文 2007（3）8 頁

𡫸*

曾卿事𡫸鬲乙（春秋早）：隹（唯）曾卿事~自乍（作）薦鼏（鬲）。◎銘續 251

⿱宀⿱并廾*　⿱宀⿱埶女*　⿱宀巽*　⿱宀賣*　竉*　宮

子寴⿱宀⿱并廾壺（西周早）：子寴~乍（作）父癸尊彝。◎銘圖 12264

⿱宀⿱埶女鼎（西周中）：亞且（祖）師~。◎文博 2007（2）17 頁

宿兒缶（春秋晚）：蘇公之孫~（宿）兒乍（作）睪（擇）其吉金。◎銘圖 14091

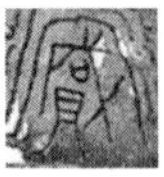

㪿⿱宀賣尹仲彔鼎蓋（春秋晚）：余㪿~尹中（仲）彔睪（擇）其吉金。◎銘續 211

㪿⿱宀賣尹仲彔鼎（春秋晚）：余㪿~尹中（仲）彔睪（擇）其吉金。◎銘續 211

進鼎（西周中）：進揚公~（寵）休。◎銘續 196

南宮姬鼎（西周早）：南~姬乍（作）寶尊鼎。◎曲村 348 頁

守宮卣（西周早）：守~乍（作）父辛。◎近出 591

芮公簋（西周早）：內（芮）公爲旛（祈）~寶毁（簋）。◎銘圖 4433

師衛尊（西周早）：~公賞師衛貝五朋。◎銘圖 11786

伯□鼎（西周早）：用鑄~白（伯）寶尊彝。◎銘續 213

□鼎（西周中）：王才（在）西~。◎上博（8）128 頁

獄盉（西周中）：王各（格）于師爯父～。◎考文2006（6）63頁

虎簋蓋乙（西周中）：王才（在）周新～。◎新收1874

旂伯簋（西周中）：王客（格）奠（鄭）～。◎銘圖5148

太師虘簋蓋（西周中）：王在周師量～。◎銘圖5282

㛨鼎（西周中）：退事于內～。◎銘續214

孝簋（西周中）：君宎（安）父才（在）新～。◎銘續441

卌三年逑鼎丁（西周晚）：王才（在）周康～穆宮。◎華章79頁

頌盤（西周晚）：王在周康卲（昭）～。◎文物2009（9）52頁

卌三年逑鼎甲（西周晚）：用～御。◎華章55頁

成鐘（西周晚）：王才（在）周康㝊（夷）～。◎上博（8）131頁

虢宮父鬲（春秋早）：虢～父乍（作）鬲，用從永征。◎文物2009（2）24頁

秦子簋蓋（春秋早）：保其～外。◎故博2005（6）22頁

西宮壺（戰國早）：西～。◎文物2002（1）96頁

昭宮鼎（戰國晚）：卲（昭）～私官。◎銘圖2099

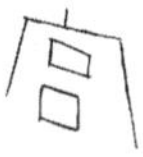

信宮罍（戰國晚）：信～左般。◎珍秦齋秦130頁

寈*

叔尊（西周中）：爲余～。◎銘圖 11818

叔卣（西周中）：爲余～。◎銘圖 13347

師酉鼎（西周中）：用乍（作）朕文考乙白（伯）、～姬寶尊鼎。◎歷文 2004（1）封二

追夷簋（西周晚）：用乍（作）朕皇且（祖）～中（仲）尊毁（簋）。◎華夏 2000（3）20 頁

呂

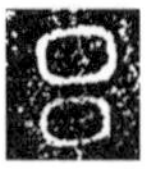

呂亞簋（西周早）：～亞乍（作）父寶彝。◎銘圖 4335

呂簋蓋（西周中）：册命～。◎論稿 167 頁

引簋（西周中）：同□追，孚（俘）～兵。◎銘圖 5299

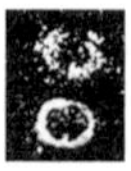

伐簋蓋（西周中）：用乍（作）～姜肽寶尊毁（簋）。◎銘圖 5321

仲呂盉（西周中）：中（仲）～乍（作）旅盉。◎銘圖 14759

呂季姜簋（西周晚）：～季姜乍（作）尊毁（簋）。◎銘續 401

伯呂盨（西周晚）：白（伯）～又乍（作）旅盨。◎夏商周 395

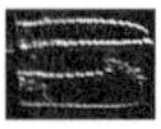

相邦呂不韋戈（戰國晚）：相邦～不韋造。◎故博 2006（2）83 頁

七年王子戈（戰國晚）：工帀（師）～志。◎珍秦齋吳 237 頁

玄鏐鏞鋁戈（春秋晚）：玄翏（鏐）夫（鏞）～（鋁）之用。◎珍秦齋吳 75 頁

玄鏐鏞鋁戈（春秋晚）：玄翏（鏐）夫（鏞）～（鋁）之用。◎銘續 1186

躳

辛躳相簋（西周早）：辛□□□□于～宫。◎文物2004（8）80頁

相邦建信君劍（戰國晚）：相邦建～（信）君。◎文物2005（2）68頁

三年武陰令鈹（戰國晚）：～（信）君左庫叚。◎文物2005（2）68頁

【案】戰國文字「躳」有「身」音，可讀爲「信」。參李家浩（1987）。

竈

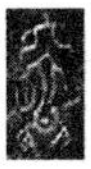

秦政伯喪戈（春秋早）：～尃東方。◎珍秦齋秦42頁

上郡守邉戈（戰國晚）：高工師～。◎考文2009（3）32頁

廿四年上郡守疾戈（戰國晚）：高奴工師～。◎考報2002（1）112頁

〔寮〕寮

選鐘乙（西周晚）：𠨘令（命）乃～雩（粤）乃人。◎銘圖15249

空

季姬尊（西周中）：君命宰茀易（賜）𠂔（姊）季姬畋臣于～桑。◎文物2003（9）89頁

〔竆〕竆

攻吳王戟（春秋早）：～（攻）𠭯（吳）王之新族𢧷（戟）。◎銘圖16977

⿱穴重

陳⿱穴重散戈（戰國）：陳～散銭（戈）。◎山東832頁

疾

曾公子棄疾甗（春秋晚）：曾公子厺（棄）～之葬膚（甗）。◎銘續 280

曾公子棄疾簠（春秋晚）：曾公子厺（棄）～之葬匿（簠）。◎銘續 486

廿八年晉陽令趙去疾戈（戰國晚）：晉陽倫（令）肖（趙）迲（去）～。◎珍秦齋吳 199 頁

瘏

冶瘏杖首（戰國）：卅一年冶～。◎銘圖 19360

【案】《銘圖》釋「瘖」，不確。

疕

公孫疕戈（春秋晚）：公孫～之玄翏（鏐）鑄用戈。◎銘續 1233

瘍

二年宜陽戈（戰國晚）：冶～。◎考文 2002（2）70 頁

十四年下邑令瘍鈹（戰國晚）：下邑倫（令）～。◎銘圖 18002

⿸疒要

⿸疒要鼎（西周早）：～捧（拜）䭬（稽）首。◎銘續 195

【案】此爲「⿸疒要」表意初文，說詳馮勝君（2010）。

⿸疒盍

共令齊戈（戰國晚）：工市（師）～、吏涅。◎銘續 1235

⿸疒夾

上郡守⿸疒夾戈（戰國中）：王六年上郡守～之造。◎銘圖 17273

【案】《銘圖》誤釋作「疾」。

瘳

鄝子書厷鼎（春秋晚）：～（鄝）子書厷弄（擇）其吉金。◎銘圖 2349

瘳有戟（戰國）：～有之戠（戟）。◎銘續 1113

⿸疒亢*

茅□大令戈（戰國晚）：冶～。◎銘續 1240

⿸疒安*

下都唐公⿸疒安匜（戰國早）：下都昜（唐）公～之盥盤。◎銘續 984

⿸疒文*

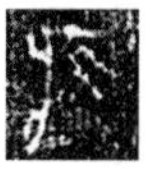

鄭莊公之孫盧鼎蓋（春秋晚）：余剌之～子盧。◎湖北 56

⿸疒左*

十年宅陽令隔登戟（戰國晚）：右庫工帀（師）夜～（瘥）。◎古研（27）326 頁

宅陽令隔登矛（戰國晚）：右庫工帀（師）夜～（瘥）所□。◎銘續 1286

⿸疒召*

新城令矛（戰國晚）：新城倫（令）□～。◎銘續 1288

⿸疒亘*

⿸疒亘多壺（春秋晚）：～多之行壺。◎銘續 810

⿸疒亘多盤（春秋晚）：～多之行盤。◎銘續 926

⿸疒妾*

鄝子⿸疒妾戈（春秋中）：鄝子～之用。◎銘續 1123

痥*

慎痥簋(戰國中)：新(慎)～自乍(作)鳶(薦)盤(簋)。◎江漢2018(6)11頁

瘊*

公乘斯戈(戰國中)：治～。◎銘續1249

瘄*

湻陽戈(戰國晚)：湻(圁)陽冶～鑄也。◎珍秦齋吳145頁

𤹷*

八年陽城令事壯戈(戰國晚)：司寇牧～。◎古研(26)217頁

【案】《玉篇》《集韻》等書以「𤹷」爲「痱」之異體。

𤺺*

鄝公戈(春秋中)：公子～。◎江漢2018(4)128頁

𤺌*

十七年相邦𤺌戈(戰國晚)：相邦～。◎珍秦齋吳139頁

相邦𤺌戈(戰國晚)：相邦～。◎銘續1250

瘠*

昭之瘠夫戈(春秋晚)：卲(昭)之～夫之行戈。◎銘續1202

【案】「膌」字條重見。

𤻚*

十八年冢子韓矰戈(戰國晚)：下庫嗇夫樂～。◎字與史(1)332頁

冠

冠鼎（商晚）：～。

◎近出171

上郡假守黽戈（戰國晚）：丞～□。

◎珍秦齋秦88頁

同

同簋蓋（西周早）：～乍（作）父壬尊彝。

◎曲村480頁

同父尊（西周中）：～父乍（作）旅彝。

◎陝金集成1074

引簋（西周中）：～□追。

◎銘圖5299

陳不戈（春秋晚）：墜（陳）不□～戈。

◎銘圖16798

冢

王孫冢戈（春秋晚）：王孫～之用戈。

◎銘續1159

鄧冢讙戟（戰國）：鄧～讙之用戜（戟）。

◎銘續1192

冕〔免〕

免簋（西周中）：～其壽耇萬年。

◎回家（2019二）71頁

【案】「免」爲「冕」之初文。《說文》奪「免」字，《金文編》附「人」部。江學汪（2017）入「冕」字條，可從。

㮚*

曾太師㮚與鼎（春秋早）：曾大（太）師～與乍（作）鼎。

◎曾國7頁

【案】字從「冃」從「栗」，「栗」字古文。《銘圖》1840釋爲「宆（賓）樂」二字，非是。

兩

琱生尊（西周晚）：壺～。

◎文物2007（8）20頁

黃山砝碼（戰國晚）：～。

◎江漢2007（4）20頁

琱生尊（西周晚）：有𤔲（司）眔𢍜～屖。

◎文物2007（8）20頁

咸阳方壺（戰國晚）：重十九斤四～。

◎故博2006（2）87頁

网

郾得鼎（戰國晚）：冢（重）十二益三～。◎銘圖 2387

伯⿰齒隹倗鼎（西周早）：～。◎曲村 361 頁

己网鼎（西周早）：己～。◎新收 1920

羅〔罹〕

羅子童鼎（春秋晚）：～子童之飤鐈。◎銘續 111

⿱罒無*

曾侯與鐘（春秋晚）：～（撫）敹（定）天下。◎銘續 1029

⿱罒紑*

應侯視工簋乙蓋（西周晚）：王才（在）～。◎保利續 126 頁

應侯視工簋甲（西周晚）：王才（在）～。◎保利續 126 頁

【案】依形隸釋如此，不排除爲「⿱罒無」字訛體之可能。

帥

晉公盤（春秋中）：敢～井（型）先王。◎銘續 952

加芈編鐘（春秋中）：～禹之琽（緒），有此南洍。◎江漢 2019（3）16 頁

司馬義鎛（戰國早）：亦～刑（型）瀼則祧（先）公正悳（德）。◎山東 104—108 頁

帶

帶族卂壺（西周早）：~族卂乍（作）寶尊彝。◎銘圖12201

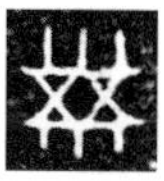

⿱林心尊（西周中）：易（賜）犬~。◎銘續791

晉公盤（春秋中）：⿶凵非（懷）訓（順）百~（秩）。◎銘續952

【案】與晉公盤「帶」相應之字，晉公盞有殘損，舊多釋「黹」，今據盤銘知是「帶」字無疑。吳鎮烽（2014）仍釋「黹」讀「職」，誤。「帶」疑當讀「秩」，「百秩」指百官。

帚

啟婦姒鼎（商晚）：⿸户又（啟）~（婦）㚸（姒）。◎銘續46

婦姘爵（商晚）：~（婦）姘。◎銘續593

上郡守壽戈（戰國晚）：高奴工師~。◎銘續1252

布

⿰言夫應姬鼎（西周中）：易（賜）貝十朋、玄~二乙（匹）。◎銘續221

⿰巾屯*

師道簋（西周中）：玄衣黹~（純）。◎新收1394

市

虎簋蓋乙（西周中）：易（賜）女（汝）載（緇）~、幽黃（衡）。◎新收1874

親簋（西周中）：易（賜）女（汝）赤~、幽黃（衡）。◎歷文2006（3）封二

衛簋甲蓋（西周中）：戈（緇）市、敄（朱）亢（衡）、金車、金旜。◎南開2008（6）封三

柬盉蓋（西周中）：柬易（賜）～、䜌（鑾）旟。◎銘圖14790

獄盨（西周中）：王或賜（錫）獄伂（佩）、戈（緇）～、敄（朱）大〈亢（衡）〉。◎銘圖5676

采隻簋（西周中）：易（賜）女（汝）戠（織）衣、赤予～、䜌（鑾）旅〈旂〉。◎銘圖5154

采隻簋蓋（西周中）：易（賜）女（汝）戠（織）衣、赤予～、䜌（鑾）旅〈旂〉。◎銘圖5154

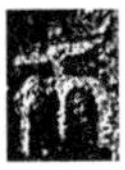

秦政伯喪戈（春秋早）：～鈇。◎珍秦齋秦42頁

秦子戈（春秋早）：左右～鈇。◎考文2003（2）81頁

〔韐〕

帢

莽父簋（西周中）：卣易（賜）莽父馬乘、車、虎冟、蔡㦄、䜌（鑾）、桒～。◎全集（10）251頁

帛

琱生尊（西周晚）：報寑（婦）氏～束、璜一。◎文物2007（8）20頁

魚鼎匕（戰國）：～（薄）命入欶（羹）。◎銘圖6320

白

㺉伯謎卣（商晚）：㺉～（伯）謎乍（作）又丰寶彝。◎保利續131頁

榮仲方鼎（西周早）：子易（賜）～金昀（鈞）。◎文物2005（9）64頁

伯作彝簋（西周早）：～（伯）乍（作）彝。◎西安36

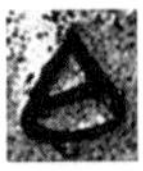

覴公簋（西周早）：令（命）易（唐）～（伯）侯于晉。◎考古2007（3）圖版3.5

梁伯敔簋（西周中）：沵（梁）～（伯）敔乍（作）毁（簋）。◎周原2130頁

趞伯簋（西周中）：朕文考其巠（經）趞姬、趞～（伯）之德音。◎史學2006（2）封二

晉伯卣（西周中）：晉～（伯）乍（作）氒（厥）啻宗寶彝。◎首陽92頁

霸伯簋蓋（西周中）：霸～（伯）䫱（拜）䭫（稽）首。◎考報2018（1）103頁

柞伯鼎（西周晚）：柞～（伯）執訊二夫。◎文物2006（5）68頁

伯太師釐盨蓋（西周晚）：～（伯）大（太）師釐乍（作）旅𩞁（盨）。◎夏商周402.1

鄭登伯盨（西周晚）：奠（鄭）登～（伯）乍（作）寶須（盨）。◎文物2009（1）46頁

輔伯戈（西周晚）：輔～（伯）乍（作）兵戈。◎中原2007（5）10頁

南姞甗（西周中）：南姞肁乍（作）氒（厥）皇辟～（伯）氏寶𩱧（將）彝。◎考文2006（6）64頁

親簋（西周中）：用乍（作）朕文且（祖）幽～（伯）寶毁（簋）。◎歷文2006（3）封二

量伯承父爵（西周中）：量～（伯）承父乍（作）寶彝。◎西安47

伯敞甗（西周中）：～（伯）敞乍（作）寶尊彝。◎考報2018（1）110頁

伯𢦏父簋（西周晚）：～（伯）𢦏父從王伐。◎首陽107頁

伯吕盨（西周晚）：～（伯）吕又乍（作）旅盨。◎夏商周395

咭相伯甗（西周晚）：咭相～（伯）乍（作）寶獻（甗）。天地2008（10）87頁

衛伯須鼎（春秋早）：衛～（伯）須用吉金乍（作）寶鼎。◎棗陽187頁

曾伯陭鉞（春秋早）：曾～（伯）陭乍（作）鑄戚戉（鉞）。◎棗陽27頁

子耳鼎（春秋早）：奠（鄭）～（伯）公子子耳乍（作）盂鼎。◎文物2006（4）7頁

芮太子白鬲（春秋早）：內（芮）大（太）子～。◎文物2008（1）16頁

良夫盤（春秋早）：奠（鄭）武公之孫聖～（伯）之子良夫睪（擇）氒（厥）吉金。◎銘圖14521

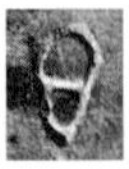

鄧子孫白鼎（春秋早）：豋（鄧）子孫～用。◎銘續92

遺仲白虘鼎（春秋早）：遺中（仲）～虘自乍（作）鑄其□（繁）貞（鼎）。◎銘續202

伯遊父盤（春秋中）：馬頸君～（伯）遊父乍（作）其沬盤。◎上博（10）123頁

曾孫伯國甗（春秋晚）：曾孫～（伯）國之行甗（甗）。◎銘續277

曾侯與鐘（春秋晚）：～（伯）䢀（括）上罍。◎銘續1029

御子熷壺蓋（戰國中）：御子熷自乍（作）鑄～（伯）壺。◎銘續816

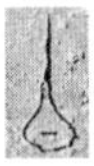

御子熷壺（戰國中）：御子熷自乍（作）鑄～（伯）壺。◎銘續816

黹

呂簋蓋（西周中）：易（賜）女（汝）玄衣～屯（純）。◎論稿167頁

呂簋（西周中）：易（賜）女（汝）玄衣～屯（純）。◎論稿167頁

頌盤（西周晚）：易（賜）女（汝）玄衣～屯（純）。◎文物2009（9）52頁

黹簋（西周晚）：～乍（作）寶𣪘（簋）。◎銘續384

⿰黹虎*

叔尊（西周中）：不～于朕敏。◎銘圖 11818

叔卣（西周中）：不～于朕敏。◎銘圖 13347

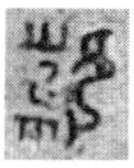

師大簋（西周中）：易（賜）女（汝）赤市、朱睘（環）、玄衣～屯（純）。◎銘續 447

卷八

人

亝盉（商晚）：亝禽～（夷）方滓白（伯）。◎滕州303頁

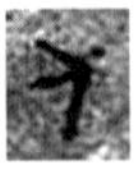

師酉鼎（西周中）：□夙夜辟事我一～。◎歷文2004（1）封二

采隻簋蓋（西周中）：其墓（萬）～（年）永寶用。◎銘圖5154

伯或父鼎（西周中）：宗～其用朝夕亯（享）事于敵（嫡）宗室。◎銘續231

琱生尊（西周晚）：女（汝）事𨡭（召）～。◎考文2007（3）8頁

衞鼎（西周晚）：□妾訇～。◎文博2007（2）17頁

虎簋蓋乙（西周中）：走馬馭～。◎新收1874

伯句簋蓋（西周中）：其用亯（享）于尹～眔倗友。◎銘圖4989

𧆞簋（西周中）：用疋（胥）師穀嗣（司）田（甸）～。◎銘圖5295

㽙卣（西周中）：自𢍰（擇）于庶～。◎銘續882

柞伯鼎（西周晚）：隻（獲）聝（馘）十～。◎文物2006（5）68頁

卌三年逑鼎丙（西周晚）：用乍（作）余我一～夗（怨）。◎華章71頁

僮

卌三年逨鼎乙（西周晚）：令（命）女（汝）官嗣（司）歷～。◎華章63頁

叔屖父盨（西周晚）：萬～（年）用。◎文博2008(2)9頁

柞伯鼎（西周晚）：用旂（祈）沬（眉）壽邁（萬）～（年）。◎文物2006(5)68頁

秦子鎛（春秋早）：沬（眉）壽萬～（年）無彊（疆）。◎歷文2008(4)圖版二

爾孫造鼎（春秋早）：爾孫造爲夫～弔（叔）氏曹鼎。◎銘續158

徐子伯句此戈（春秋中）：童（鍾）麗（離）公柏隻（獲）郐（徐）～。◎銘續1248

⿰仳阝夫人⿰女嚚鼎（春秋晚）：⿰仳阝（鄢）夫～⿰女嚚⿰睪殳（擇）丌（其）吉金。◎中原2009(3)11頁

瓔同盆（春秋晚）：～□公之妻。◎全集(7)129頁

卌三年逨鼎丁（西周晚）：肄（肆）余弗諲（忘）聖～孫子。◎華章79頁

逨鐘（西周晚）：追孝卲各（格）喜侃前文～。◎首陽121

鄭遣伯⿰丬矢父鼎（西周晚）：⿱萬豆（萬）～（年）寶用。◎銘續152

復封壺（春秋早）：返其舊～。◎銘圖12447

爲甫人鼎（春秋早）：□□爲甫（夫）～行盨。◎皕明樓23

宋君夫人鼎蓋（春秋晚）：宋君夫～自乍（作）餴（饙）貞（鼎）。◎第四屆116頁

浅夫人鎛（春秋晚）：浅夫～永……◎銘續1040

保

母丁觶（商晚）：□~□。
◎滕州 297 頁

保戈（商晚）：~。
◎銘續 1059

⿱衛言鼎（西周晚）：甫~王身。
◎文博 2007（2）17 頁

作册封鬲甲（西周晚）：~王身。
◎歷文 2002（2）4 頁

叔休盤（西周晚）：其萬年子子孫孫永~用。
◎銘圖 14482

曾太保慶盆（春秋早）：曾大（太）~慶用乍（作）寶皿。◎古研（24）166 頁

楚太師登鐘乙（春秋早）：余~辥楚王。
◎上博（11）150 頁

芮太子白鬲（春秋早）：子子孫孫永~用亯（享）。◎芮國 82

有兒簋（春秋早）：子子孫孫永~用之。
◎銘圖 5166

曾太保簠（春秋早）：隹（唯）曾大（太）~癹用其吉金。◎江漢 2016（5）43 頁

彭子射兒鼎（春秋晚）：永~用之。
◎銘圖 2264

申文王之孫州桒簠（春秋晚）：永~用之。
◎古研（25）193 頁

無所簠（春秋晚）：羕（永）~用之。
◎中原 2006（5）8 頁

宋公固鼎（春秋晚）：子子孫孫永~用之。
◎銘續 209

諻㫃缶（春秋晚）：䜌（蠻）土是~。
◎銘續 910

媄盤（春秋晚）：永~用之。
◎銘續 948

〔⿰王保〕

酉簋（春秋）：永～用之。◎追回 47頁

叔子孶盥蓋（戰國早）：吕（以）貿（匄）羕（永）令（命）是～。◎銘圖 19237

作太保鼎（西周早）：乍（作）大（太）～。◎銘圖 1016

太保鬲（西周中）：大（太）～鑄。◎考古 2019(1)37頁

亢鼎（西周早）：公大（太）～買大珏于美亞。◎上博(8)121頁

矩方鼎（西周早）：子孫其永～。◎新收 1664

太保簋（西周早）：大（太）～來殷。◎銘圖 4482

⿰彳帶觚（西周早）：大（太）～。◎銘圖 9820

蘇公匜（春秋早）：子子孫孫永～用。◎夏商周 474

華孟子鼎（春秋中）：子子孫孫～用亯（享）。◎銘續 207

賈孫叔子屖盤（春秋晚）：室家是～。◎山東 675頁

鮑子鼎（春秋晚）：～而兄弟。◎歷文 2009(2)51頁

〔⿰王呆〕

卹余敦（春秋）：子子孫孫永～用之。◎保利續 184頁

〔貸〕

季子康鎛丙（春秋中）：子子孫孫永～是⿱尚心（尚）。◎考文 2009(3)104頁

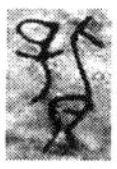

王孫貸鼎（戰國早）：王孫～之⿰鼎刂（則）鼎。◎銘續 141

〔賓〕

邬公韍父鎛(春秋晚):乍(作)正朕~。◎銘圖 15818

仕

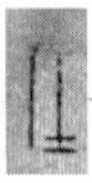

滕司城妄戈(春秋早):縢(滕)𤔲(司)𩫨(城)妄之~用戈。◎銘續 1206

俅

虘台丘子俅戈(戰國晚):虘台丘子~之䑺(造)。◎山東 853 頁

佩

卌三年逑鼎辛(西周晚):逑拜(拜)䭫(稽)首,受册,~以出。◎華章 111 頁

頌盤(西周晚):受令(命)册,~㠯(以)出。◎文物 2009(9)52 頁

〔⿰亻巾〕

獄簋(西周中):王或睗(錫)獄~、戠(緇)市、殺(朱)[亢(衡)]。◎銘圖 5317

衛簋甲蓋(西周中):王易(賜)衛~。◎南開 2008(6)封三

〔伂〕

獄盨(西周中):王或(又)睗(賜)獄~、戠(緇)市、殺(朱)亢(衡)。◎銘圖 5275

【案】「佩」或從「人」從「巾」或「市」,不從「凡」,吳鎮烽(2006a)謂「凡」爲後加聲符,似可從。

仲

仲妊鼎(西周中):~妊乍(作)寶鼎。◎銘圖 1903

伊

伊尊(西周早):~。◎流散歐美 150

倗

倗季尊（西周早）：～季乍（作）旻（祖）丂（考）寶尊彝。◎銘圖 11687

倗伯鼎（西周中）：～白（伯）肇乍（作）尊鼎。◎文物 2006（8）17 頁

倗伯簋（西周中）：～白（伯）乍（作）□姬寶旅毁（簋）。◎文物 2006（8）17 頁

南宮倗姬簋（西周中）：南宮～姬自乍（作）寶尊旅毁（簋）。◎銘圖 4603

祈伯簋（西周中）：其用于氒（厥）～友。◎銘圖 4738

伯旬簋蓋（西周中）：其用亯（享）于尹人眔～友。◎銘圖 4989

趞伯簋（西周中）：眔逆小子𢍰～㠯（以）友卅人。◎銘圖 5214

倗叔壺（西周中）：～弔（叔）乍（作）田甫（父）寶尊壺。◎銘圖 12401

伯武父鼎（西周中）：其朝夕用卿（饗）～友。◎銘續 174

召叔簋蓋（西周中）：用眔氒（厥）～友旨鄉（饗）。◎銘續 426

倗伯盆（西周中）：～白（伯）啟（肇）乍（作）旅分（盆）。◎考報 2018（1）113 頁

封子楚簠（春秋晚）：萬枼（世）～（不）攺（改）。◎銘續 517

佗

虎鄦公佗戈（春秋晚）：虎鄦公～之用。◎銘續 1150

郭佗壺（戰國晚）：棺（椁—郭）～乍（作）梁斗（半）。◎新收 1695

十四年少府工佗鈹（戰國晚）：十四年少府工～。◎考古 2018（10）74 頁

何

何簋（西周早）：迺令（命）～𤔲（司）三族。
◎文物2009（2）55頁

何簋蓋（西周早）：爲～室。
◎文物2009（2）55頁

何簋（西周早）：～鑄且（祖）辛寶尊彝。
◎銘圖5137

備

備尊（西周早）：～乍（作）父乙寶彝。
◎近出301

伐簋蓋（西周中）：嚚尊㠯（以）氒（厥）～。
◎銘圖5321

備兵鼎（春秋早）：～兵乍（作）寶鼎。
◎墨影7

曾侯與鐘（春秋晚）：律（進）士～御。
◎銘續1034

俌

春成侯盉（戰國早）：盍（蓋）、柯、輦（連）睘（環）～。
◎上博（8）152頁

悍距末乙（戰國晚）：四方是～（服）。
◎古研（24）269頁

𡢕盤（春秋晚）：余周室□～。
◎銘續948

側

霸伯盂（西周中）：用魚皮兩～毀。
◎銘圖6229

付

韓伯豐鼎（西周早）：先王令（命）尚（當）～。
◎銘圖2426

𡆥卣（西周中）：～𡆥于成周。
◎銘續882

敚

虎簋蓋乙（西周中）：~𠂔（厥）尚（常）官。◎新收1874

戚簋蓋（西周中）：~（微）史册命戚。◎銘續450

作

自作用戟（戰國晚）：自~甬（用）戜（戟）。◎銘續1213

代

曾侯與鐘（春秋晚）：共（恭）寍（寅）齋盟（盟），~武之堵（緒）。◎銘續1029

任

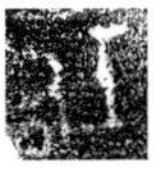

任鼎（西周中）：~蔑（勉）曆（勞）。◎歷文2004（2）21頁

燕王職壺（戰國晚）：㡿（令）日~（壬）午，恵（克）邦隓（踐）城。◎上博（8）146頁

任殷戈（戰國）：□□~殷自乍（作）用戈。◎銘續1211

俗

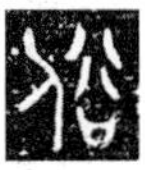

一式獄簋（西周中）：邁（萬）年~（裕）丝（茲）百生（姓）。◎考文2006（6）59頁

衛簋甲蓋（西周中）：邁（萬）年~（裕）丝（茲）百生（姓）。◎南開2008（6）封三

使

九年左使車壺（戰國中）：左~車嗇夫事繯。◎古研（27）296頁

左使車鐘（戰國晚）：左~車……◎靈壽城82頁

傳

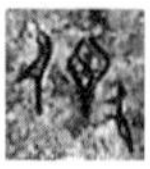

傳觶（西周早）：～易（賜）貝。◎銘續737

霸姬盉（西周中）：余自無（誣），則夌（鞭）身，第～出。◎銘圖14795

霸姬盤（西周中）：余唯自無（誣），則夌（鞭）身，～出。◎考報2018（2）239頁

儔

加芈編鐘（春秋中）：龏（恭）⿰畏攴（畏）～公，及我大夫。◎江漢2019（3）17頁

係

郚戈（戰國中）：冶～。◎中國文字學報（5）142頁

伐

伐父丁爵（西周早）：～父丁。◎流散歐美289

京師畯尊（西周早）：王涉漢～楚。◎銘圖11784

⿰言夫應姬鼎（西周中）：唯䣄（昭）王～楚荊。◎銘續221

霸伯簋（西周中）：事（使）～用𠷎（幬）二百，丹二糧，虎皮一。◎考報2018（1）103頁

霸伯簋（西周中）：事（使）～用𠷎（幬）二百，丹二⿰米章（糧），虎皮一。◎考報2018（1）105頁

卌二年逑鼎乙（西周晚）：乃即宕～于弓谷。◎考文2003（3）9頁

應侯視工簋蓋（西周晚）：⿸广㱿～南尸（夷）□。◎首陽114頁

伯戕父簋（西周晚）：白（伯）戕父從王～。◎首陽107頁

咎

柞伯鼎（西周晚）：廣～南或（國）。◎文物2006（5）68頁

壽夢之子劍（春秋晚）：[illegible]（荊）～郐（徐）。◎文物2005（2）68頁

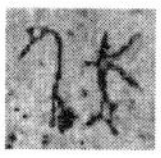

攻吳王姑讎亓雜劍（春秋晚）：𢦏戗此䣄（郐）命初～郲（麻）。◎銘續1352

曾侯與鐘（春秋晚）：西政（征）南～。◎銘續1029

鄝得鼎（戰國晚）：冶臣市所～。◎銘圖2387

十五年相邦春平侯劍（戰國晚）：邦左～器。◎文物2005（2）68頁

臧之無咎戈（春秋晚）：臧（莊）之無～。◎楚彙658頁

上皐落戈（戰國晚）：上～（皐）茖（落）大命（令）少曲夜。◎考古2005（6）95頁

〔隹〕倠

鄝得鼎（戰國晚）：～在（士）序折勁。◎銘圖2387

【案】董珊（2012a）釋「傌」，謂可視爲「馬人」二字合文，讀爲「柏人」，也可看作是表示地名「柏人」之「柏」的專字。於形未確。

弔

叔觚（商晚）：～（叔）。◎新收1512

叔祖辛鼎（西周早）：～（叔）且（祖）辛。◎文博2008（2）8頁

叔邑簋（西周早）：～（叔）邑。◎新收1842

叔父乙簋（西周早）：～（叔）父乙。◎近出434

叔矢方鼎（西周早）：王乎（呼）殷氒（厥）士觴（唐）~（叔）矢（虞）。◎文物2001(8)9頁

叔疑鼎（西周早）：~（叔）遙（疑）啟（肇）乍（作）寶尊彝。◎銘續114

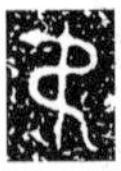
叔桑父簋蓋（西周早）：~（叔）桑父乍（作）寶尊彝。◎銘續359

霸伯簋（西周中）：對楊（揚）井~（叔）休。◎考報2018(1)103頁

舲簋蓋（西周中）：□~（叔）右舲即立中廷。◎字與史(1)210頁

晉叔家父方壺（西周中）：晉~（叔）家父。◎晉國197

京叔盨（西周中）：京~（叔）。◎考文2003(2)84頁

叔屖父盨（西周晚）：~（叔）屖父爲白（伯）寶父乍（作）寶盨。◎文博2008(2)9頁

卌三年逑鼎丙（西周晚）：用乍（作）朕皇考龏（恭）~（叔）䵼彝。◎華章71頁

單叔鬲丙（西周晚）：單~（叔）乍（作）孟媾尊彝。◎華章136頁

叔釗父甗（西周晚）：~（叔）釗父乍（作）柏姞寶獻（甗）。◎晉國149頁

叔駒父簋（西周晚）：~（叔）駒父。◎文博2008(2)8頁

應姚簋（西周晚）：雁（應）姚乍（作）~（叔）𢍰（誥）父尊𣪘（簋）。◎考古2003(3)93頁

商丘叔簠（春秋早）：商丘~（叔）。◎文物2004(12)9頁

鑄子叔黑臣盨（春秋早）：鑄子~（叔）黑臣肈乍（作）寶須（盨）。◎銘圖5608

𨛫仲匜（春秋早）：𨛫（養）中（仲）乍（作）其孫~（叔）嬴䏘朕（媵）寍（匜）。◎銘續994

許公簠蓋（春秋中）：無（許）公乍（作）~（叔）姜賸（媵）匠（簠）。◎銘續511

楚叔之孫定鼎（春秋晚）：楚~（叔）之孫定之豆（廚）貞（鼎）。◎銘續125

鄭莊公之孫盧鼎（春秋晚）：剌（烈）~（叔）剌（烈）夫人。◎湖北56

卹余敦（春秋）：陳~（叔）嫣。◎保利續184頁

叔子孶盌蓋（戰國早）：~（叔）子孶乍（作）孟姜祖大宗盌。◎銘圖19237

蔡叔子宴戈（春秋晚）：蔡~（叔）子宴之用。◎銘續1171

僰

晉侯僰馬壺（西周中）：晉侯~馬乍（作）寶尊壺。◎晉國69頁

岦*

廿年冢子戈（戰國晚）：冶~。◎古研（27）322頁

伳*

鄭莊公之孫盧鼎（春秋晚）：萬~（世）用之。◎湖北56

伄*

子伄觚乙（商晚）：子~。◎保利續61頁

甗方鼎（商晚）：自闌~，王返入闌。◎文物2005（9）61頁

㑌*

寧孿商方鼎（商晚）：干～。◎曲村348頁

子㑥觚甲（商晚）：子～。◎保利續60頁

南行唐令鈹（戰國晚）：南行昜（唐）～（令）眲卯。◎夏商周591

廿八年晉陽令趙去疾戈（戰國晚）：晉陽～（令）肖（趙）迲（去）疾。◎珍秦齋吳199頁

二年梁令張猷戟（戰國晚）：二年朶（梁）～（令）長（張）猷。◎古研(27)327頁

鉅鹿令張密戈（戰國晚）：邱（鉅）菉（鹿）～（令）長（張）密。◎銘續1251

偞*

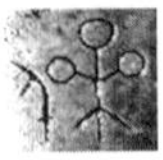
楷大司工尚偞壺（西周晚）：楕（楷）大嗣（司）工尚～乍（作）爲寶壺。◎銘續833

【案】《銘續》釋「傈」，不確。李愛民（2019：136）釋「偞」，是。

復*

十七年相邦瘠戈（戰國晚）：攻（工）室～。◎珍秦齋吳139頁

偯*

雝鼎（西周中）：白（伯）～父右雝。◎銘圖2367

楚太師登鐘乙（春秋早）：～～叚遲（遲），萬年母（毋）改。◎上博(11)150頁

楚太師登鐘己（春秋早）：～～叚遲（遲），萬年母（毋）改。◎上博(11)152頁

楚太師登鐘辛（春秋早）：～～叚遲（遲），萬年母（毋）改。◎上博(11)153頁

侓*

曾侯與鐘（春秋晚）：～（進）士備御。◎銘續1034

偣*

弱簋(西周中)：~亞。

◎銘圖4953

【案】《銘圖》釋「⿰音攵(戠)」，不確。

保*

郊公戈(春秋晚)：郊公卲~爲郊造王□。

◎南方2004(4)43頁

⿰亻蔑*

霸伯簋(西周中)：~(勉)霸白(伯)曆(勞)。

◎考報2018(1)103頁

霸伯簋蓋(西周中)：~(勉)霸白(伯)曆(勞)。

◎考報2018(1)103頁

【案】「⿰亻蔑」讀「勉」，說詳陳斯鵬(2021a)。

僧*

伯僧簋(西周早)：白(伯)~乍(作)哀白(伯)毀(簋)。

◎銘續395

⿰亻翟*

雝鼎(西周中)：易(賜)冋(絅)黄(衡)、~⿸㫃要。

◎銘圖2367

曶簋(西周中)：易(賜)戴(緇)市、冋黄(衡)、~⿸㫃要。

◎文物2000(6)87頁

【案】曶簋「⿰亻翟」字，陳佩芬(2010)等釋「鋚」，謂指鋚勒；郭永秉(2010)從釋「鋚」之說而讀「旐」。今與雝鼎比勘，知當釋「⿰亻翟」。「⿰亻翟」疑讀「旐」。

偁*

卿偁簋(西周早)：卿~。

◎銘圖3863

僑*

僑鼎（戰國晚）：～。◎王坡墓156頁

儢*

彭啟簠（春秋晚）：～（吾）吕（以）飤士、庶子。◎墨影73

彭啟簠（春秋晚）：～（吾）吕（以）飤士、庶子。◎墨影74

【案】《墨影》釋「獻」，非是。東周文字常假借「慮」記錄人稱代詞「吾」，此益「人」旁足義，可視爲「吾」之本用字形。

𠤕

亞疑甗（商晚）：亞～（疑）。◎近出151

疑父簋（西周早）：～（疑）父乍（作）寶尊彝。◎銘圖4337

〔吴〕

攻吳王𨑓吴吳劍（春秋晚）：攻敔（吳）王𨑓～吳自乍（作）甬（用）僉（劍）。◎銘續1343

匕

匕弓尊（西周早）：～弓。◎銘續752

王子桓匕鼎（春秋晚）：王子亘（桓）～弃（差）其吉金。◎銘續208

魚顛匕（戰國）：延（誕）肘（鑄）蚳～。◎銘圖6320

印

廿八年公乘戈（戰國晚）：公乘嗇夫～。◎銘續1234

卓

衛鼎（西周晚）：用嗣（司）寺～陽人。◎銘續 222

皃*

陳子皃盞（春秋晚）：敶（陳）子～睪（擇）其吉金。◎銘續 526

从

从丁癸卣（商晚）：～。◎近出 575

嗣尊（西周早）：～。◎銘圖 11649

作封从彝壺（西周早）：乍（作）封～彝。◎山東 604 頁

作封从彝罍（西周早）：乍（作）封～彝。◎山東 645 頁

〔𠈌〕

方𡛷各鼎（西周晚）：方𡛷各自乍（作）變～鼎。◎雪齋 209 頁

【案】方𡛷各鼎一文從重「从」，爲繁構。上博楚簡《曹蔑之陣》29「从卒」和 37「从軍」之「从」亦作此形，參陳斯鵬（2007：100）。近出安大簡《曹蔑之陣》正作「从」，可以證實，參陳斯鳴（2024）。

從

〔𢓊〕

作封從彝盉（西周早）：封～彝。◎銘續 959

作封從彝盉蓋（西周早）：乍（作）封～彝。◎銘續 959

卌三年逑鼎甲（西周晚）：隹（唯）又（有）宥～（縱）。◎華章 55 頁

卌三年逑鼎乙（西周晚）：隹（唯）又（有）宥～（縱）。◎華章 63 頁

并

仲讓父簋（西周晚）：用～德公。

◎銘圖 4845

伯戋父簋（西周晚）：白（伯）戋父～王伐。

◎首陽 107 頁

虢宮父匜（春秋早）：用～永征。

◎文物 2009(2)24 頁 6.4

復封壺（春秋早）：～其政事。

◎銘圖 12447

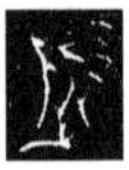

季子康鎛（春秋中）：台（以）～我師行。

◎考文 2009(3)104 頁

并伯鼎（西周中）：～白（伯）乍（作）旅鼎。

◎銘續 89

⿰并令*

⿰并令簋（西周中）：乍（作）冊尹冊命～。

◎字與史(1)211 頁

【案】字從「并」，故廁此。

比

比簋（西周早）：～乍（作）寶毁（簋）。

◎陝金集成 551

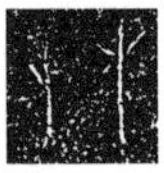

窖比左鼎（戰國晚）：窖～左。

◎銘圖 1096

北

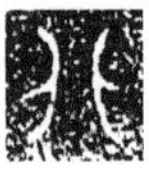

師衛尊（西周早）：宫公眚（省）僕器于～褎。

◎銘圖 11786

棘甡鼎（西周早）：王彭祀才（在）～宗。

◎銘續 217

冀

親簋（西周中）：嗣（司）工□入右親立中廷，~卿（嚮）。◎歷文2006（3）封二

卌二年逑鼎甲（西周晚）：嗣（司）工㪿右吳逑入門立中廷，~卿（嚮）。◎華章39頁

卌三年逑鼎甲（西周晚）：~卿（嚮）。◎華章55頁

下官鼎（戰國晚）：~食右。◎銘續167

越王丌北古劍（戰國早）：戉（越）王丌~古。◎銘圖18027

趞簋（西周中）：至于~。◎銘續438

趞簋（西周中）：至于~。◎銘續439

【案】《銘續》誤釋作「異」。

丘

商丘叔簠（春秋早）：商~弔（叔）。◎文物2004（12）9頁

三年大將李牧弩機（戰國晚）：灋（廢）~。◎文物2006（4）封三

虖台丘子俅戈（戰國晚）：虖台~子俅之造。◎山東853頁

廿七年頓丘令艂酉戟（戰國中）：邨（頓）~命（令）艂酉。◎珍秦齋吳109頁

二十八年雝丘令戈（戰國中）：雝~命（令）炕。◎江漢2016（2）89頁

罛

曾侯與鐘（春秋晚）：吳恃有～庶行亂。◎銘續 1029

攻吳王姑讎亓雒劍（春秋晚）：隻（獲）～多。◎銘續 1352

上郡守猗戈（戰國晚）：□□□之～。◎銘圖 17293

徵

羚簋（西周中）：令邑于奠（鄭），訊訟，取～五寽（鋝）。◎字與史（1）211 頁

親簋（西周中）：更乃且（祖）乍（作）服冢嗣（司）馬……，取～十寽（鋝）。◎歷文 2006（3）封二

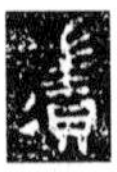

䀍簋（西周中）：取～十寽（鋝）。◎銘圖 5386

【案】此字舊說甚多，唯釋「徵」爲確。然字義之理解仍頗見分歧。或訓幣帛，或謂指訴訟罰金（參《金文詁林附録》3079號）。趙平安（2003）認爲指金屬稱量貨幣，與戰國楚金幣上之「爯」記録同一詞。訴訟罰金之説顯不可取，而幣帛、貨幣之説又似過於坐實。竊謂金文「取徵」之「徵」，亦猶《儀禮・士昏禮》「納徵」之「徵」。徵者，信也。君王命臣下以職事，令取信金以成其約，正與納信物以成昏禮同理也。信金慣以當時之貨幣爲具體形式，故得言若干鋝，其字形亦可從「貝」作，然不必謂「徵」即等同於貨幣也。

望

親簋（西周中）：隹（唯）廿又三（四）年九月既～庚寅。◎歷文 2006（3）封二

太師虘簋蓋（西周中）：正月既～甲午。◎銘圖 5282

虎簋蓋乙（西周中）：肄（肆）天子弗～（忘）氒（厥）孫子。◎新收 1874

懋尊（西周中）：隹（唯）六月既～丁子（巳）。◎銘續 791

二式獄簋（西周中）：唯十又一月既～丁亥。◎考文2006(6)60頁

獄盨蓋（西周中）：隹（唯）十又一月既～丁亥。◎銘圖5275

一式獄簋蓋（西周中）：其誰（世）母（毋）～（忘）。◎考文2006(6)59頁

衛簋甲（西周中）：誰（世）母（毋）～（忘）。◎南開2008(6)封三

上郡守匽氏戈（戰國晚）：博～（望）。◎銘圖17290

上郡守慶戈（戰國晚）：高～。◎銘圖17298

【案】獄、衛諸器「朢」字所從「壬」漸訛作「止」。

重

重父癸觚（商晚）：～父癸。◎銘圖9620

咸阳方壺（戰國晚秦）：～十九斤四兩。◎故博2006(2)87頁

冶馬童器（戰國晚）：冶馬～（童）。◎銘圖19500

卌年工師韓勺（戰國晚）：～六兩。◎銘續914

量

量伯承父爵（西周中）：～白（伯）承父乍（作）寶彝。◎西安47

太師虘簋蓋（西周中）：王在周師～宮。◎銘圖5282

監

鄂監簋蓋（西周早）：噩（鄂）～乍（作）父辛寶彝。◎銘圖 4441

𢓊公盨（西周中）：降民～德。◎歷文 2002(6)4 頁

頌盤（西周晚）：～𤔲（司）新造。◎文物 2009(9)52 頁

應監甗（西周晚）：雁（應）～乍（作）寶尊彝。◎銘圖 3329

郳公𣪘父鎛（春秋晚）：敬～𡢁（祼）祀。◎銘圖 15818

吴王夫差鑑（春秋晚）：自乍（作）御～（鑑）。◎銘續 1000

〔⿱臣皿〕

𢓊監簋（西周早）：𢓊～乍（作）尊𣪘（簋）。◎江漢 2016(3)15 頁

【案】𢓊監簋「監」字省人形。

臨

師衛簋（西周早）：～射于𡶃𢽾𩁹（城）。◎銘圖 5142

一式𤞤簋（西周中）：亡（無）不鬱～𦣻魯。◎考文 2006(6)59 頁

曾侯與鐘（春秋晚）：～觀元□。◎銘續 1034

〔⿰臨見〕

曾侯與鐘（春秋晚）：～有江漢（夏）。◎銘續 1029

【案】曾侯與鐘「臨」字益以「見」旁，李學勤（2015）謂突出監臨之意，是。

⿱臥兼 *

鄱子成周鐘丁（春秋晚）：與楚自乍（作）龢鐘，～㠯（以）……◎侯古堆 63 頁

【案】字已見於徐王子旃鐘，或讀「兼」，似非。疑字從「臥」、「兼」聲，爲「監」或「臨」字異體。

身

趞伯簋（西周中）：朕文考其用乍（作）氒（厥）～。◎史學2006(2)封二

霸姬盉（西周中）：則夋（鞭）～。◎銘圖14795

𩐁鼎（西周晚）：匍保王～。◎文博2007(2)17頁

作册封鬲甲（西周晚）：虔夙夕卹周邦，保王～。◎歷文2002(2)4頁

隥簋（西周晚）：～皇剌（烈）侯迺閉朕毛父用辛□。◎銘圖5138

郘公𩎟父鎛（春秋晚）：正和朕～。◎銘圖15818

齊侯子仲姜鬲乙（春秋晚）：永保其～。◎銘續261

殷

叔夨方鼎（西周早）：王乎（呼）～氒（厥）士觴（唐）弔（叔）夨（虞）。◎文物2001(8)9頁

何簋蓋（西周早）：隹（唯）八月公陕～年。◎文物2009(2)55頁

文盨（西周晚）：王命士曶父～南邦，啟者（諸）侯。◎字與史(1)221頁

仲殷盨蓋（西周晚）：中（仲）～。◎文物2004(3)95頁

宋公固鼎（春秋晚）：有～天乙唐（湯）孫宋公圀（固）。◎銘續209

五年邢令殷思戟（戰國晚）：陸（邢）命（令）～思。◎珍秦齋吳163頁

任殷戈（戰國）：□□任～自乍（作）用戈。◎銘續1211

〔堅〕

曾侯與鐘(春秋晚):達～之命。◎銘續1029

【案】叔矢方鼎、文盨此類用法的「殷」舊多作殷見解,恐不確。疑應是撫慰之意,説詳陳斯鵬(2008)。任殷戈「殷」字,《銘續》誤釋作「叚」。

衣

叔矢方鼎(西周早):尚(裳)～、車馬、貝卅朋。◎文物2001(8)9頁

𤼈鼎(西周早):弟不敢不睪(擇)～。◎銘續195

采隻簋蓋(西周中):易(賜)女(汝)戠(織)～、赤予市、緣(鑾)旂〈旂〉。◎銘圖5154

虎簋蓋乙(西周中):玄～。◎新收1874

吕簋蓋(西周中):易(賜)女(汝)玄～黹屯(純)。◎論稿167頁

采隻簋(西周中):易(賜)女(汝)戠(織)～、赤予市、緣(鑾)旂〈旂〉。◎銘圖5155

作册吴盤(西周中):～(卒)乎(呼)薦匃召乍(作)册吴。◎銘圖14525

嫚鼎(西周中):𡡉易(賜)嫚玄～。◎銘續214

衍簋(西周中):易(賜)女(汝)冋(絅)～、赤舄、幽黃(衡)、鋚鞞(勒)。◎銘續455

宗人簋(西周中):宗人～(卒)舞。◎銘續461

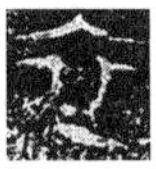

卌三年逑鼎丙(西周晚):玄衮～。◎華章71頁

復封壺(春秋早):易(賜)之玄～、攸(鋚)勒、車馬、衣裘、子(采)邑、土田。◎銘圖12447

衮

卌三年逑鼎甲（西周晚）：玄～衣。◎華章55頁

卌三年逑鼎乙（西周晚）：玄～衣。◎華章63頁

裏

眈簋（西周中）：𢍏（登）～𠂔（厥）典，𠃬（封）于服。◎銘圖5386

卌三年逑鼎丙（西周晚）：虎冟熏～。◎華章71頁

卌三年逑鼎丁（西周晚）：虎冟熏～。◎華章79頁

衺

師酉鼎（西周中）：王窺（親）～室師酉，易（賜）豹裘。◎歷文2004（1）封二

祛

廿年冢子戈（戰國晚）：庫吏～。◎古研（27）322頁

褭

逑盤（西周晚）：會𦃞（紹）康王，方～（懷）不廷。◎盛世34頁

褭簠（春秋晚）：～睪（擇）其吉金。◎銘續493

曾侯與鐘（春秋晚）：～（懷）燮四旁（方）。◎銘續1029

褭兒鎛（春秋）：～兒睪（擇）其吉金。◎銘圖15805

裔

裔肓敦年戟（春秋晚）：～肓歡（敦）年戜（戟）。◎銘續1131

褻

何簋蓋（西周早）：用幺（兹）𣪘（簋）～（設）公休。◎文物2009（2）55頁

襄

襄卣（商晚）：～。◎銘圖12564

霸姬盉（西周中）：～（倘）余亦改朕辭。◎銘圖14795

霸姬盤（西周中）：～（倘）余亦改朕辭。◎考報2018（2）239頁

吳叔襄鼎（春秋早）：隹（唯）吳弔（叔）～自乍（作）寶盂。◎銘續171

廿一年晉國下庫戟（戰國中）：～犨。◎珍秦齋秦136—138頁

沫廚鼎（戰國晚）：廿三年鑄～平庴（羹）少斗（半）齋。◎上博（9）54頁

蒲子戈（戰國晚）：倫（令）～，工帀（師）邦讙。◎中國文字學報（5）142頁

蔡襄尹啟之用戈（戰國早）：蔡～君（尹）啟之用。◎文物2018（4）55頁

衦

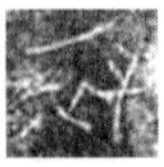

八年陽城令事壯戈（戰國晚）：工帀（師）吳～。◎古研（26）217頁

衰

史昔衰盉蓋（西周中）：史昔～肇乍（作）文考日戊寶尊盉。◎銘圖 14772

衰鼎（西周中）：～乍（作）父癸寶鼎。◎金石同壽 873

卒

我自鑄鈹（春秋晚）：我自鑄少～之用鈹。◎銘圖 17860

〔卒〕

昭王之即簠（戰國早）：殜（世）㕣（期）既～。◎銘續 515

袡

楚太師登鐘乙（春秋早）：慦（慎）～（淑）盄（溫）龏（恭）。◎上博（11）150 頁

𧘝*

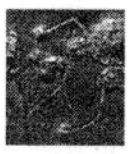

卅年工師兪戟（戰國中）：冶～。◎珍秦齋吳 125 頁

𧙊*

㱃鈹（春秋晚）：永終自～（襲）盧（吾）。◎銘續 1335

裘

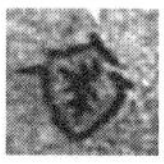

師酉鼎（西周中）：王窺（親）袤宮師酉，易（賜）豹～。◎歷文 2004（1）封二

太師虘簋蓋（西周中）：王乎（呼）宰曶易（賜）大（太）師虘虎～。◎銘圖 5282

復封壺（春秋早）：易（賜）之幺（玄）衣、攸（鋚）勒、車馬、衣～、子（采）邑、土田。◎銘圖 12447

老

耆

㺇簋（西周早）：㺇乍（作）剌（烈）～（考）南公寶尊彝。◎銘續 371

馬方彝（西周中）：馬乍（作）且（祖）日辛朕～（考）日丁尊彝。◎新收 1845

𠭯公盨（西周中）：～（孝）友恤明。◎歷文 2002(6)4 頁

夾簋（西周中）：王穰（蔑）𠂤（厥）～夾厤。◎新收 1959

單五父方壺乙蓋（西周晚）：單五父乍（作）朕皇～（考）尊壺。◎文物 2003(6)29 頁

齊侯子仲姜鬲乙（春秋晚）：～壽無碁（期）。◎銘續 261

賈孫叔子屖盤（春秋晚）：妻□壽～無碁（期）。◎山東 675 頁

免簋（西周中）：免其壽～萬年。◎回家（2019 二）71 頁

老簋（西周中）：王穰（勉）～曆（勞）。◎考文 2005 年增刊 65 頁

井叔𠤳壺（西周中）：用匃壽～（考）。◎銘圖 12375

夾簋（西周中）：夾其永～妄。◎新收 1959

伐簋蓋（西周中）：白（伯）顡穰（勉）𠂤（厥）～父伐曆（勞）。◎銘圖 5321

琱生尊（西周晚）：余～之。◎文物 2007(8)20 頁

曾侯與鐘（春秋晚）：難～黃枸（耇）。◎銘續 1037

王廿三年家丞戈（戰國晚）：工～。◎故博 2004(4)70 頁

曾伯文簋（西周晚）：用易（賜）沬（眉）壽黃～。◎曾國 148 頁

壽

太祝追鼎（西周晚）：白（伯）氏其沬（眉）壽黃～萬年。◎上博（8）132頁

曾伯克父簋蓋（春秋早）：黃～霝（靈）終。◎銘續445

【案】免簋「耇」字《回家（2019二）》釋「考」，《銘三》516釋「老」，均非是。其下「ㄐ」形清晰可辨，當是「耇」字。䟫叔信姬鼎：「䟫弔（叔）罘伯（信）姬其易（賜）壽耈（耇）。」文例可參。曾伯克父簋蓋「耇」字從「壽」，「壽」與「句」共用一曲筆。

趞伯簋（西周中）：用禲（賴）旂（祈）沬（眉）～。◎史學2006（2）封二

應姚簋（西周晚）：弔（叔）亯（誥）父其用易（賜）沬（眉）～萬年。◎考古2003（3）93頁

伯𢦏父簋蓋（西周晚）：用旂（祈）沬（眉）～多福。◎古研（27）198頁

追夷簋（西周晚）：追尸（夷）用旛（祈）易（賜）沬（眉）～永命。◎華夏2000（3）20頁

伯弘父盨（西周中）：其萬年～考永寶。◎中原2016（4）68頁

應侯視工簋乙（西周晚）：用易（賜）沬（眉）～永令（命）。◎保利續126頁

卌三年逑鼎庚（西周晚）：𤔲（司）馬～。◎華章103頁

郳友父鬲（春秋早）：其沬（眉）～永寶用。◎歷文2003（5）65頁

郳公子害簠蓋（春秋早）：其沬（眉）～無彊（疆）。◎銘圖5907

皇與匜（春秋早）：沬（眉）～萬年。◎銘圖14933

鄧公孫無忌鼎（春秋早）：永～無彊（疆）。◎王坡 34 頁

秦子鎛（春秋早）：沬（眉）～萬人（年）無彊（疆）。◎歷文 2008（4）圖版 2

鑄子叔黑臣盨（春秋早）：其萬年沬（眉）～永寶用。◎銘圖 5608

伯國父鼎（春秋早）：其萬～無彊（疆）。◎銘續 194

虞叔匜（春秋早）：其永～用之。◎江漢 2016（5）48 頁

杞伯每亡壺蓋（春秋早）：其萬年沬（眉）～。◎銘續 836

曾子壽鼎（春秋早）：曾子～自乍（作）行器。◎江漢 2016（5）30 頁

伯遊父盤（春秋中）：其沬（眉）～無彊（疆）。◎上博（10）123 頁

許公買簠（春秋晚）：以⿸㫃斬（祈）沬（眉）～。◎中原 2004（1）55 頁

鮑子鼎（春秋晚）：其～君母（毋）死。◎歷文 2009（2）51 頁

仲枏父鬲（西周中）：用⿸㫃單（祈）沬（眉）～。◎首陽 96 頁

召叔簋蓋（西周中）：其萬年～考。◎銘續 426

□甗（西周晚）：用匄孝（考）～。◎銘圖 3356

伯𢦚父簋（西周晚）：用易（賜）萬年沬（眉）～。◎首陽 107 頁

柞伯鼎（西周晚）：用旂（祈）沬（眉）～邁（萬）人（年）。◎文物 2006（5）68 頁

卌三年逑鼎丙（西周晚）：𤔲（司）馬～。◎華章 71 頁

考

頌盤（西周晚）：頌其萬年沬（眉）～無彊（疆）。◎文物2009（9）52頁

季子康鎛（春秋中）：其沬（眉）～無彊（疆）。◎考文2009（3）103頁

齊侯子仲姜鬲乙（春秋晚）：老～無碁（期）。◎銘續261

㝨鼎（西周早）：皇兄～（孝）于公。◎銘續195

伯弘父盨（西周中）：其萬年壽～永寶。◎中原2016（4）68頁

二式獄簋蓋（西周中）：用乍（作）朕文～甲公寶尊段（簋）。◎考文2006（6）60頁

晉侯斷壺（西周中）：用亯（享）于文旻（祖）皇～。◎晉國97頁

晉侯斷簋（西周中）：用亯（享）于文旻（祖）皇～。◎晉國99頁

曾卿事宗簋（春秋早）：用易（賜）沬（眉）～。◎銘續427

伯遊父壺（春秋中）：其沬（眉）～無彊（疆）。◎上博（10）119頁

叔友簋（西周中）：弔（叔）友追考（孝）于剌（烈）～釐白（伯）釐姬。◎銘續434

一式獄簋（西周中）：獄肇乍（作）朕文～甲公寶鼎（將）彝。◎考文2006（6）59頁

獄盨蓋（西周中）：用乍（作）朕文～甲公寶尊須（盨）。◎銘圖5275

宰獸簋蓋（西周中）：更乃且（祖）～事。◎陝博（7）99頁

豳公盨（西周中）：敏用～（孝）申（神）。◎歷文2002（6）4頁

任鼎（西周中）：用乍（作）氒（厥）皇文～父辛寶䵼（將）彝。◎歷文2004（2）21頁

趞伯盨（西周中）：朕文～其用乍（作）氒（厥）身。◎銘圖5666

朿盉蓋（西周中）：用乍（作）朕且（祖）日戊、文～日甲彝。◎銘圖14790

免簋（西周中）：用更乃且（祖）～。◎回家（2019二）71頁

應侯視工簋乙蓋（西周晚）：用乍（作）皇～武侯尊𣪘（簋）。◎保利續127頁

應侯視工簋乙（西周晚）：用乍（作）皇～武侯尊𣪘（簋）。◎保利續127頁

伯𢦏父簋（西周晚）：用亯（享）于文且（祖）～。◎首陽107頁

𧗳鼎（西周晚）：于朕皇～師孝。◎文博2007（2）17頁

有司簡簋蓋（西周晚）：乍（作）朕皇～益弔（叔）尊𣪘（簋）。◎文物2004（3）96頁

卌二年逨鼎甲（西周晚）：余隹（唯）閉乃先且（祖）～。◎華章39頁

卌三年逨鼎甲（西周晚）：用乍（作）朕皇～龏（恭）弔（叔）䵼（將）彝。◎華章55頁

卌三年逨鼎丁（西周晚）：皇～其嚴才（在）上。◎華章79頁

卌三年逨鼎壬（西周晚）：今余隹（唯）巠（經）乃先且（祖）～。◎華章119頁

單五父方壺甲（西周晚）：單五父乍（作）朕皇～尊壺。◎華章169頁

單五父方壺乙（西周晚）：單五父乍（作）朕皇～尊壺。◎文物2003（6）29頁

頌盤（西周晚）：皇～龏（龔）弔（叔）。◎文物2009（9）52頁

孝

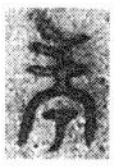

鄭虢叔安簋蓋（西周晚）：子子孫永～（孝）用。◎銘續 387

與兵壺（春秋晚）：參捧（拜）頣（稽）首于皇～剌（烈）俎（祖）。◎古研（24）234—235 頁

虒簋（西周中）：用乍（作）朕文～（考）畝父寶㲃（簋）。◎銘圖 5295

格仲簋蓋（西周中）：對揚且（祖）～（考）畐（福）。◎考報 2018（2）235 頁

卌二年逑鼎乙（西周晚）：用亯（享）～于前文［人］。◎考文 2003（3）9 頁

柞伯鼎（西周晚）：諆（其）用追亯（享）～。◎文物 2006（5）68 頁

逑鐘（西周晚）：追～卲各（格）喜侃前文人。◎首陽 121

頌盤（西周晚）：用追～。◎文物 2009（9）52 頁

曾伯霥壺（春秋早）：用耇（孝）用亯（享）于我皇且（祖）及我父～。◎江漢 2017（6）9 頁

司馬義鎛（戰國早）：朕吝（文）～懿弔（叔）。◎山東 104—108 頁

槐簋（西周中）：用追～百神。◎銘續 454

楷大司徒仲車父簋（西周中）：用亯（享）～。◎銘圖 4683

逑盤（西周晚）：用追亯（享）～于前文人。◎盛世 34 頁

卌二年逑鼎甲（西周晚）：用亯（享）～于前文人。◎華章 39 頁

𩰫鼎（西周晚）：于朕皇考師～。◎文博 2007（2）17 頁

伯㲽父匜（春秋早）：其用亯（享）用～。◎銘續 995

許公簠蓋（春秋中）：用亯（享）用～。◎銘續 511

加芈編鐘（春秋中）：用～用亯（享）。◎江漢 2019(3)18 頁

競孫旟鬲（春秋晚）：龏（恭）～屎（纘）祟（常）。◎銘圖 3036

與兵壺（春秋晚）：其用亯（享）用～于我皇俎（祖）文考。◎古研(24)234—235 頁

⿱耂舌*

郘公敾父鎛（春秋晚）：永～是保。◎銘圖 15815

郘公敾父鎛（春秋晚）：永～是保。◎銘圖 15818

耆*

逑盤（西周晚）：天子其萬年無彊（疆）～黃耇。◎盛世 34 頁

⿱耂食*

曾伯霥壺（春秋早）：用～（孝）用亯（享）于我皇且（祖）及我父考。◎江漢 2017(6)9 頁

⿱耂韶*

叔⿱耂韶簠（春秋晚）：大曾文之孫子弔（叔）～自乍（作）飤匿（簠）。◎銘續 496

曾子叔⿱耂韶匜（春秋晚）：曾子弔（叔）～睪（擇）其吉金。◎銘續 987

毛

虒簋（西周中）：～白（伯）入右虒立中廷。◎銘圖 5295

毛虢父簋（西周晚）：～虢父乍（作）朕皇且（祖）文考尊㱿（簋）。◎銘續 424

尸

師衛鼎（西周早）：豐（豐）公𢦏（捷）反～（夷）。◎銘圖 2185

尸爵（西周中）：～乍（作）父癸寶尊彝。◎首陽 66 頁

尼　居

夷曰匜（西周中）：~曰乍（作）寶尊彝。
◎新收1670

尸鼎（西周中）：事（史）~乍（作）父癸尊鼎。
◎文博2006（3）6頁

追夷簋（西周晚）：追~（夷）。
◎華夏2000（3）20頁

應侯視工簋蓋（西周晚）：淮南~（夷）。
◎首陽114頁

追夷簋（西周晚）：追~（夷）。
◎華夏2000（3）20頁

晉侯銅人（西周晚）：淮~（夷）伐格。
◎晉侯417頁

師酉盤（西周晚）：秦尸（夷）、京~（夷）。
◎銘續951

文公之母弟鐘（春秋晚）：~（夷）僕，……
◎夏商周540

曾伯霥壺（春秋早）：克狄淮~（夷）。
◎江漢2017（6）9頁

曾侯與鐘（春秋晚）：君坒淮~（夷）。
◎銘續1030

【案】尸鼎「尸」字與追夷簋、應侯簋「尸」字無異，吳鎮烽（2006b）釋「欠」，非是。

越王差徐戈（戰國早）：戉（越）邦之先王未得~乍金。◎故博2008（4）26頁

越王差徐戈（戰國早）：司（始）得~乍金。
◎故博2008（4）26頁

九年左使車壺（戰國中）：工~。
◎古研（27）296頁

【案】「尼」字過去或釋「北」「化」「弧」等，尤以釋「弧」影響最大。石小力（2018b）據清華簡《越公其事》「⿰彳尼」作「」，重新論定爲「尼」。

屖

琱生尊（西周晚）：有嗣（司）眔奔（賜）兩～。◎考文2007(3)8頁

叔屖父盨（西周晚）：弔（叔）～父爲。◎文博2008(2)9頁

屖石盤（春秋早）：□人～石乍（作）寶般（盤）。◎江漢2019(4)32頁

曾伯霥壺（春秋早）：孔武下～。◎江漢2017(6)9頁

加芈編鐘（春秋中）：余滅頣（沒）下～，龏（恭）敭（畏）儔公，及我大夫。◎江漢2019(3)17頁

賈孫叔子屖盤（春秋晚）：賈孫弔（叔）子～。◎山東675頁

屎*

競孫旟鬲（春秋晚）：龏（恭）孝～（纘）祟（常）。◎銘圖3036

公子侯簠（春秋晚）：八人～（纘）余。◎銘續514

⿸尸叩*

晉公盤（春秋中）：烏（於）～萬年，晉邦隹（唯）鞥（翰），永康（康）寶。◎銘續952

【案】字頗清晰，結合晉公盦作「」來看，字從「叩」甚明，吳鎮烽（2014）隸作「⿸尸叩」甚確。管文韜（2019）改隸「⿸尸卲」，非是。諸家讀作「昭」，謂「於昭萬年」即「昭顯萬年」之意。予謂「於⿸尸叩萬年」爲「晉邦唯翰，永康寶」之狀語，「⿸尸叩」宜讀爲億兆之「兆」，「於兆萬年」正猶叔尊之「至于啻（億）萬年」、令狐君孺子壺之「至于萬啻（億）年」也。

⿸尸复*

晉公盤（春秋中）：剕𢍉霰～，台（以）㢊（嚴）虩（赫）若否。◎銘續952

【案】吳鎮烽（2014）釋「屍」，以爲從「啟」聲，讀「忌」；張崇禮（2014）則以爲「尸」「啟」皆聲，讀「儀」，均未確。晉公盞作「」，管文韜（2019）隸定作「屡」，甚是。盤銘稍有省訛。管氏讀「詐」。予疑讀「籍」，「乍」「昔」二聲系古通。「制弇靃屡」疑讀「拂敘職籍」或「弼敘職籍」，蓋言晉公輔弼周王敘次服職之錄籍，故接言「以嚴赫若否」，即以此威嚴明察上下之順逆。此晉文公入襄王於周事也。參「制」「弇」「靃」諸字條。

屬

卅年詔事戈（戰國晚）：武庫受～邦。

◎故博2006(2)70頁

二年屬邦守蓐戈（戰國晚）：～邦守蓐造。

◎出土文獻與古文字研究(4)115頁

屈

楚屈喜戈（春秋晚）：楚～喜之用。

◎中原2006(5)8頁

履

士山盤（西周中）：眔大虘服、～服、六孿（蠻）服。

◎歷文2002(1)4頁

弢氏仲履戈（春秋晚）：弢氏中（仲）～。

◎銘續1108

舟

亞舟爵（商晚）：亞～。

◎新收1932

晉韋父盤（西周中）：晉韋父乍（作）寶～。

◎文物2004(2)62頁

【案】周亞（2004）認爲晉韋父盤之「舟」即《周禮·春官·司尊彝》「祼用雞彝鳥彝，皆有舟」之「舟」，爲盤之本名。

俞

曆簋（西周早）：亞～。

◎保利續33頁

俞伯甗（西周早）：～白（伯）。

◎近出159

〔彡〕彤

正叔之士𥿋俞簠（春秋早）：正叔之士𥿋~乍（作）旅匿（簠）。◎小邾43頁

𪔂方鼎（商晚）：王𡧊（賓）文武帝乙~日。◎文物2005（9）61頁

聽簋（商晚）：壬辰~示壬。◎銘續420

聽簋（商晚）：隹（唯）王八祀~。◎銘續420

朕

大万尊（商晚）：□十終三~。◎銘續790

𦅫簋（西周早）：凡~臣興晦。◎首陽83頁

𡩜簋（西周中）：用乍（作）~文且（祖）豐中（仲）寶𣪕（簋）。◎字與史（1）211頁

𡩜簋蓋（西周中）：用乍（作）~文且（祖）豐中（仲）寶𣪕（簋）。◎字與史（1）210頁

親簋（西周中）：女（汝）迺苟（敬）夙夕勿灋（廢）~令（命）。◎歷文2006（3）封二

馬方彝（西周中）：馬乍（作）~且（祖）日辛朕考日丁尊彝。◎新收1845

宰獸簋（西周中）：用乍（作）~剌（烈）且（祖）幽中（仲）益姜寶匳𣪕（簋）。◎陝博（7）99頁

聞尊（西周中）：用乍（作）~文考寶宗彝。◎論稿10頁

衛簋甲（西周中）：~光尹中（仲）侃父右告衛于王。◎南開2008（6）封三

㺇鼎（西周中）：㺇肁（肇）乍（作）~文考甲公寶尊彝。◎考文2006（6）58頁

束盉蓋（西周中）：用乍（作）～且（祖）日戊、文考日甲彝。◎銘圖 14790

趞伯簋（西周中）：～文考其巠（經）趞姬、趞白（伯）之德音。◎史學 2006（2）封二

一式𤞷簋（西周中）：𤞷肈乍（作）～文考甲公寶䵼（將）彝。◎考文 2006（6）59 頁

二式𤞷簋蓋（西周中）：～光尹周師右告𤞷于王。◎考文 2006（6）60 頁

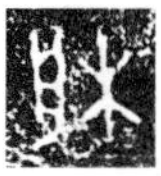

趞伯簋蓋（西周中）：～文考其巠（經）趞（遣）姬、趞（遣）白（伯）之德音。◎銘續 443

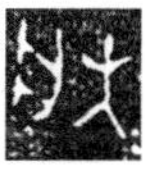

追夷簋（西周晚）：用乍（作）～皇且（祖）寬中（仲）尊𣪕（簋）。◎華夏 2000（3）20 頁

應侯視工簋蓋（西周晚）：余用乍（作）～王姑單姬尊𣪕（簋）。◎首陽 114 頁

卌三年逑鼎丁（西周晚）：敬夙夕弗灋（廢）～令（命）。◎華章 79 頁

單五父方壺甲蓋（西周晚）：單五父乍（作）～皇考尊壺。◎華章 169 頁

有司簡簋蓋（西周晚）：乍（作）～皇考益弔（叔）尊𣪕（簋）。◎文物 2004（3）96 頁

柞伯鼎（西周晚）：用乍（作）～剌（烈）且（祖）幽弔（叔）寶尊鼎。◎文物 2006（5）68 頁

郳友父鬲（春秋早）：鼄（郳）友父～（媵）其子胃嬟（曹）寶鬲。◎歷文 2003（5）65 頁

鄴仲匜（春秋早）：鄴（養）中（仲）乍（作）其孫弔（叔）嬴齜～（媵）𥁰（匜）。◎銘續 994

郘公鞁父鎛（春秋晚）：正和～身。◎銘圖 15818

鮑子鼎（春秋晚）：鞷（鞄）子鈘（作）～（媵）中（仲）匋始（姒）。◎歷文 2009（2）51 頁

般

芮伯簋（西周中）：內（芮）白（伯）乍（作）倗姬寶～（媵）𣪘（簋）三（四）。◎銘續372

【案】芮伯簋「朕」疊加「収」。

作冊般黿（商晚）：王令（命）寑（寢）馗兄（貺）于乍（作）冊～。◎歷文2005（1）封二

獄盉（西周中）：用乍（作）朕文旻（祖）戊公～（盤）盉。◎考文2006（6）63頁

士山盤（西周中）：用乍（作）文考釐中（仲）寶尊～（盤）盉。◎歷文2002（1）4頁

嬴盤（西周中）：嬴乍（作）～（盤）。◎銘圖14380

第傳盉（西周中）：用乍（作）寶～（盤）盉。◎銘圖14795

應侯盉（西周中）：雁（應）灰（侯）乍（作）寶～（盤）盉。◎銘續967

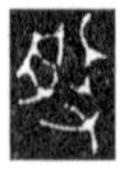

逑盤（西周晚）：用乍（作）朕皇且（祖）考寶尊～（盤）。◎盛世34頁

應姚盤（西周晚）：雁（應）姚乍（作）弔（叔）𢀛（誥）父寶～（盤）。◎考古2003（3）92頁

季大盤（春秋早）：季大乍（作）其～（盤）它（匜）。◎銘續936

宋君夫人鼎蓋（春秋晚）：宋君夫人自乍（作）餗（饙）貞（鼎），用～垔（禋）祀。◎第四屆116頁

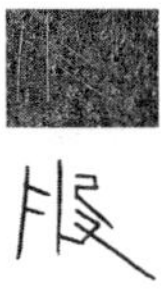

信宮罍（戰國晚）：今左～。◎珍秦齋秦129頁

信宮罍（戰國晚）：信宮左～。◎珍秦齋秦130頁

昌文鼎（戰國）：右～。◎陝金集成1820

服

芮伯盤（西周中）：（敢）乍（作）王姊~（盤）。◎銘續 939

仲姞盤（西周中）：中（仲）姞肈乍（作）寶旅~（盤）。◎銘圖 14418

叔休盤（西周晚）：□者君嗣（司）卤弔（叔）休乍（作）寶~（盤）。◎銘圖 14482

鬻簋（西周早）：隹（唯）九月者（諸）子具~。◎首陽 83 頁

親簋（西周中）：更乃且（祖）~，乍（作）冢嗣（司）馬。◎歷文 2006（3）封二

士山盤（西周中）：延（誕）遚蠚、荊方~。◎歷文 2002（1）4 頁

士山盤（西周中）：眔大虘服、履服、六孿（蠻）~。◎歷文 2002（1）4 頁

凷盨蓋（西周中）：令（命）女（汝）乍（作）~。◎銘圖 5673

逑盤（西周晚）：逑肈𢉜（纂）朕皇且（祖）考~。◎盛世 34 頁

競孫□鬲（春秋晚）：畬（欽）哉不~，羕（永）保之用亯（享）。◎銘圖 3036

競孫不服壺（春秋晚）：競孫不~，永保之用亯（享）。◎銘圖 12381

⿰舟丨*

芮伯盤（西周中）：用卿（饗）王逆~。◎銘續 939

芮伯盉（西周中）：用卿（饗）王逆~。◎考古 2019（1）53 頁

【案】舊或釋「洀(汎)」，或釋「洀(盤)」，或以爲從「舟」聲而讀「受」，或讀「造」，或釋「覆」而讀「復」。何景成(2015b)釋爲《說文》訓「船行」之「肜(彤)」，而讀「送」。李守奎(2018)既然何說，又以爲即順流而下義之「逾」之初文。予意李氏以爲「逾」之初文可從，金文「舠」及其衍生諸字讀「逾」自通，不必復轉釋「肜(彤)」而讀「送」。且讀「逾」較之讀「送」更能貫通相關文例。如晉侯蘇鐘：「率乃師左洀濩。」「濩」當爲水名，「洀濩」之「洀」讀「逾」正極合適，而讀「送」不通。

舟尹*

舟尹觚(商晚)：～舟。
◎銘續 689

舟尹父辛觶(西周早)：～父甲。
◎近出 667

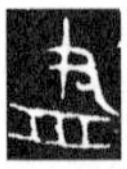

舟尹觶(西周早)：～。
◎長子口 85 頁

方

首乇盉(商晚)：𡘭禽人(夷)～涬白(伯)。
◎滕州 303 頁

亘弦方簋(西周早)：亘弦(發)～。
◎中原 2001(2)8 頁

䜌甗(西周早)：隹(唯)十又一月王令南宫伐虎～之年。◎文物 2007(1)65 頁

卌三年逨鼎甲(西周晚)：匍有亖(四)～。
◎華章 55 頁

逨盤(西周晚)：盜(討)政亖(四)～。
◎盛世 34 頁

卌三年逨鼎辛(西周晚)：亖(四)～吳(虞)𣚍(林)。◎文物 2003(6)20 頁、21 頁

秦政伯喪戈(春秋早)：竈尃東～。
◎珍秦齋秦 42 頁

晉公盤(春秋中)：廣闢(闢)亖(四)～。
◎銘續 952

兒

豳公盨（西周中）：廼□～褱（設）征。◎歷文2002（6）4頁

方𡛷各鼎（西周晚）：～𡛷各自乍（作）㝼从鼎。◎雪齋209頁

逑盤（西周晚）：成受大令（命），～狄不（丕）亯（享）。◎盛世34頁

辛嚚相簋（西周早）：王子至于～。◎文物2004（8）80頁

士山盤（西周中）：芇侯、蠚～賓貝、金。◎歷文2002（1）4頁

悍距末乙（戰國晚）：光張上［下］，四～是備（服）。◎古研（24）269頁

【案】豳公盨「方」字或釋「家」，於形不合。悍距末乙「方」舊釋「堯」，李守奎（2015）據清華簡改釋，是。這種上部作「土」形之寫法可追溯到西周方簋蓋（《集成》4139）之「」，疑屬有意的變形義化。戰國文字下部訛作「人」形，遂與「堯」字相混。

兒慶鼎（春秋早）：～慶乍（作）秦妊它（匜）鼎。◎歷文2003（5）65頁

兒慶鬲（春秋早）：～慶乍（作）秦妊羞鬲。◎小邾41頁

嫛膚簠（春秋中）：爲羊（騂）～鑄朕（媵）盍（簠）。◎銘續500

有兒簋（春秋晚）：敶（陳）洹（桓）公之孫有～自乍（作）爲其𩰫毀（簋）。◎銘圖5166

彭子射兒簠（春秋晚）：彭子射～自乍（作）飤䀇（簠）。◎銘圖5884

彭子射兒鼎（春秋晚）：𤕌（申）公之孫彭子射～睪（擇）其吉金。◎銘圖2264

毄兒鼎（春秋晚）：毄～睪（擇）其吉金。◎銘續 524

唐子仲瀕兒盤（春秋晚）：𦍩（唐）子中（仲）瀕～睪（擇）其吉金。◎江漢 2003（1）3 頁

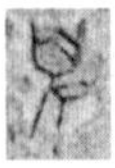

宿兒缶（春秋晚）：蘇公之孫寏（宿）～乍（作）睪（擇）其吉金。◎銘圖 14091

卅二年相邦冉戈（戰國晚）：工～。◎故博 2006（2）73 頁

允

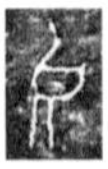

仲太師鼎（西周晚）：宜䇂（鳌）～異。◎銘圖 2196

仲太師壺（春秋早）：宜䇂（鳌）～異。◎銘圖 12370

遳邟鐘（春秋早）：～唯吉金。◎銘續 1027

曾伯霥壺（春秋早）：允顯～異。◎江漢 2017（6）9 頁

兌

兌鬲（西周早）：～乍（作）氒（厥）考日癸寶尊鼎。◎銘續 252

七年師兌簋蓋（西周晚）：𠭯弔（叔）右師～入門立中庭。◎銘圖 5302

卌三年逨鼎乙（西周晚）：昔余既令女（汝）疋（胥）滎（榮）～。◎華章 63 頁

卌三年逨鼎丙（西周晚）：昔余既令女（汝）疋（胥）滎（榮）～。◎華章 71 頁

逨盤（西周晚）：令女（汝）疋（胥）滎（榮）～。◎盛世 34 頁

二年宜陽戈（戰國晚）：冶～。◎考文 2002（2）70 頁

亮*

郘戈（戰國中）：工帀（師）～。◎中國文字學報（5）142 頁

【案】今本《説文》無「亮」字，《六書故》引唐本曰：「明也。从儿，从高省。」實從「京」省聲。

兄

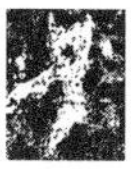

作册般黿（商晚）：王令（命）寑（寢）馗～（兕）于乍（作）册般。◎歷文2005（1）封二

婦□兄癸尊（西周早）：婦□～癸。◎滕州272頁

瘦鼎（西周早）：皇～考（孝）于公。◎銘續195

疑尊（西周早）：徣（誕）～兕臣于宋白（伯）。◎銘續792

毗卣（西周中）：乃～殅（僭）鼻（畀）女（汝）。◎銘續882

文公之母弟鐘（春秋晚）：用匽（宴）樂者（諸）父～弟。◎夏商周540

鮑子鼎（春秋晚）：保而～弟。◎歷文2009（2）51頁

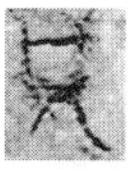

王孫叔諲甗（春秋）：㠯（以）飤父～。◎銘圖3362

𧡊*

琱生尊（西周晚）：其～（兄）公，其弟乃。◎考文2007（3）8頁

琱生尊（西周晚）：其～（兄）公，其弟乃。◎文物2007（8）20頁

伯碩父鼎（西周晚）：用孝用亯（享）于卿事、辟王、庶弟、元～（兄）。◎銘圖2438

楚太師登鐘乙（春秋早）：用樂庶（諸）侯及我父～（兄）。◎上博（11）150頁

季子康鎛（春秋中）：台（以）樂我甫（父）～（兄）。◎考文2009（3）104頁

加芈編鐘（春秋中）：台（以）樂好賓嘉客父～（兄），及我大夫。◎江漢2019（3）18頁

侯古堆鎛（春秋晚）：子樂父～（兄），萬年無諆（期）。◎侯古堆圖版24

覺*

師衛鼎（西周早）：臨射于~⿵罓𢆶鹹（城）。

◎銘圖2378

師衛簋（西周早）：臨射于~⿵罓𢆶鹹（城）。

◎銘圖5142

殀

殀尊（商中）：~。

◎文物2008（7）90頁

𨛭卣（西周中）：乃兄~（僭）鼻（畀）女（汝）。

◎銘續882

〔弁〕覍

曾太保𩰫（春秋早）：唯曾侯易（賜）其大（太）保~雒攸（鋚）金。◎追回65頁

歸父盤（春秋晚）：齊大（太）宰歸父~。

◎銘續932

【案】歸父盤「弁」，亦見於同人所作盤（《集成》10151），作「」，與侯馬盟書「弁」之簡體「」（200：69）同，當釋「弁」無疑。袁金平（2011）以爲「莊」字之省作，以牽合國莊子之名，不確。「弁」應讀作辨治之「辨」，作器之意。另器云：「齊大（太）宰歸父弁（辨）爲己之沬盤。」「弁（辨）爲」同義連用。

先

先爵（商晚）：~。

◎收藏2006（6）26頁

先𦉢（商晚）：~。

◎銘圖10912

韓伯豐鼎（西周早）：~王令（命）尚（當）付。

◎銘圖2426

霸伯盂（西周中）：用章（璋）~馬。

◎銘圖6229

霸伯盂（西周中）：用玉~車。

◎銘圖6229

虎簋蓋乙（西周中）：克史（事）~王。

◎新收1874

宰獸簋（西周中）：昔~王既命女（汝）。◎陝博（7）99頁

卌二年逑鼎甲（西周晚）：則繇隹（唯）乃~聖且（祖）考。◎華章39頁

卌三年逑鼎丁（西周晚）：夾𠐓（紹）~王。◎華章79頁

卌三年逑鼎乙（西周晚）：余隹（唯）閉乃~且（祖）考。◎華章63頁

卌三年逑鼎甲（西周晚）：則繇隹（唯）乃~聖且（祖）考。◎華章55頁

逨祁鐘（春秋早）：台（以）亯（享）于我~祖。◎銘續1027

曾伯霥壺（春秋早）：~民之尚。◎江漢2017(6)9頁

晉公盤（春秋中）：敢帥井（型）~王。◎銘續952

越王差徐戈（戰國早）：戉（越）邦之~王未得居乍金。◎故博2008(4)26頁

㝬應姬鼎（西周中）：㝬（胡）雁（應）姬~于王。◎銘續221

應侯視工簋甲（西周晚）：雁（應）侯~工友（侑）。◎保利續126頁

應侯視工鐘（西周晚）：焱（榮）白（伯）內（入）右雁（應）侯~工。◎保利續158頁

應侯視工鐘（西周晚）：雁（應）侯~工遺王于周。◎保利續159頁

應侯視工簋蓋（西周晚）：雁（應）侯~工伐淮南尸（夷）屮。◎首陽114頁

【案】舊釋「見」。裘錫圭（1998）根據郭店楚簡提供的綫索，指出早期文字中「目」下從「人」爲「視」，「目」下從「卩」爲「見」，作爲偏旁則互作不別。其說可從。

絸

絸簋（西周中）：王乎（呼）乍（作）册尹册𨄅（申）令（命）~曰。◎歷文2006（3）封二

絸簋（西周中）：~捧（拜）䭫（稽）首。◎歷文2006（3）封二

觀

曾侯與鐘（春秋晚）：臨~元□，嘉梪（樹）芋（華）英。◎銘續1034

親〔視〕

曾侯與鐘（春秋晚）：~塼（搏）武攻（功）。◎銘續1029

曾侯與鐘（春秋晚）：~塼（搏）武攻（功）。◎銘續1030

現

向令敳戈（戰國中）：工帀（師）~。◎銘續1231

⿰爻見*

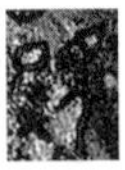

⿰爻見公簋（西周早）：~公乍（作）夔姚㱿（簋）。◎考古2007（3）圖版3.5

公伯鼎（西周早）：公白（伯）乍（作）~鉰（姒）。◎銘圖1591

【案】朱鳳瀚（2007）認爲與《類篇》「覺」字古文作「⿱爻見」者相合，釋爲「覺」，讀爲「堯」。李學勤（2009b）謂左上部爲「日」，與「見」旁合成一體，即「⿰日頁」亦即「夏」字；故整字可隸作「⿱爻夏」，從「爻」、「夏」聲，同「延」，亦即同「疏」。以字從「日」是，然「⿰日頁」字未見從「見」之確證。字宜分析爲從「見」從「日」會意，「爻」聲。釋「覺」可備一說，唯文例不足以檢驗其具體音義也。

⿰⿱日廾見*

追夷簋蓋（西周晚）：追尸（夷）不敢态（昧）先人之~。◎華夏2000（3）20頁

追夷簋（西周晚）：追尸（夷）不敢态（昧）先人之~。◎華夏2000（3）20頁

欽

追夷簋（西周晚）：對揚乒（厥）～且（祖）之遺寶。◎華夏2000（3）20頁

魚顛匕（戰國）：～戋（哉），出斿（游）水虫。◎銘圖6320

吹

孟吹父卮（西周中）：孟～父乍（作）寶彝。◎銘續1379

楷侯宰吹壺（西周晚）：楮（楷）侯宰～乍（作）寶壺。◎銘圖12241

楷侯宰吹壺蓋（西周晚）：楮（楷）侯宰～乍（作）寶壺。◎銘圖12241

【案】楷侯宰吹壺「吹」字「欠」旁繁化，器銘糅合「女」形，蓋銘更糅合「丮」形。

㰦

虒簋（西周中）：用乍（作）朕文孝（考）～父寶𣪘（簋）。◎銘圖5295

【案】所從「欠」突出雙手，可視爲「欠」「丮」二形的糅合。

歌〔訶〕〔謌〕

鄬子受鐘（春秋中）：倗（鄬）子受乍（作）䵼（將）鑄（彝）～鐘。◎淅川60頁

加芈編鐘（春秋中）：疇獻～遴（舞），匽（宴）喜歆（飲）飤。◎江漢2019（3）18頁

【案】《說文》「歌」或從「言」。加芈編鐘「謌」，「歌」字異體，從「音」，夏立秋（2019）、李家浩（2019）認爲「可」「皮」皆聲，可從。

次

有司簡簋蓋（西周晚）：豐中（仲）~父其有嗣（司）簡。◎文物2004（3）96頁

之乘辰鐘（戰國早）：疋剌~留之元子。◎文物2004（2）72頁

㱃

飲祖己觶（西周早）：~且（祖）己。◎文物2003（12）9頁

加芈編鐘（春秋中）：醻獻謌（歌）趣（舞），匽（宴）喜~（飲）飤。◎江漢2019（3）18頁

飲元牡乘馬匜（春秋）：用~（飲）元駐（牡）乘馬。◎青銅器與金文（2）15頁

⿰田欠*

大万尊（商晚）：奏庸，新宜~。◎銘續790

【案】朱鳳瀚（2015）以爲從「欠」聲，讀作《詩・陳風・宛丘》「坎其擊鼓」之「坎」，此指鼓曲、鼓調。李家浩（2016）以爲從「田」聲，疑是「⿰申欠（呻）」字異體，吟誦、吟詠之意。李說較優。

⿰册欠*

旅簋（西周中）：~乍（作）父癸寶尊彝。◎夏商周321

【案】或釋爲「允册」二字，非是。

⿰古欠*

皇彀鼎（春秋晚）：臭（射）~（皋）公子皇彀睪（擇）其吉金。◎銘續192

故賓尹仲彔鼎（春秋晚）：余~賓尹中（仲）彔睪（擇）其吉金。◎銘續211

[广甫欠]*

畝賓尹仲彔鼎蓋（春秋晚）：余～賓尹中（仲）彔睪（擇）其吉金。◎銘續 211

徐畝平加戈（春秋晚）：余～平加之用。◎銘續 1148

魚顛匕（戰國）：帛（薄）命入～（羹），藉入藉出。◎銘圖 6320

[厂酉欠]*

宗人簋（西周中）：戈琱戟～必（柲）彤屎（緌）。◎銘續 461

鬻君季䰜鑑（春秋中）：邛（江）白（伯）～之孫鬻君季䰜自乍（作）濫（鑑）盂。◎銘續 535

吕簋（西周中）：戈琱戟～必（柲）彤沙（緌）。◎論稿 167 頁

吕簋蓋（西周中）：戈琱戟～必（柲）彤沙（緌）。◎論稿 167 頁

[皀欠]*

曾侯與鐘（春秋晚）：龢鐘鳴～（鍠）。◎銘續 1030

曾侯與鐘（春秋晚）：龢鐘鳴～（鍠）。◎銘續 1029

[衣欠]*

伽夫人嫦鼎（春秋晚）：歲才（在）～（涒）灘（灘）。◎中原 2009(3)11 頁

【案】王長豐、郝本性(2009)分析爲從「衰」從「欠」、「二」聲，不確。東周楚系文字「欠」旁習作「次」形，非從「二」聲。馮時(2009)謂字從「衰」聲，古音在微部，與文部字「涒」爲陰陽對轉，説是。

[馬欠]*

邸公鞁父鎛（春秋晚）：叓（再）～（祼）瓚。◎銘圖 15815

邸公鞁父鎛（春秋晚）：敬監（臨）～（祼）祀。◎銘圖 15818

⿰黑欠*

郳公䥏父鎛（春秋晚）：爯（再）～（裸）瓚。

◎銘圖 15818

【案】董珊（2012c）謂從「果」聲，讀爲「裸」。可從。

房子令趙結戈（戰國晚）：冶～。

◎黄盛璋 76 頁

⿰齊欠*

無忌俎（春秋中）：自乍（作）～（旨）俎。

◎青銅器與金文（3）18 頁

【案】字又見於清華簡《邦家之政》4、8，整理者讀「齊」，訓調和。張光裕（2019）援以釋俎銘「⿰齊欠」字。又張氏曾於講座中提及胡寧說，謂釋「⿰齊欠」爲「嚌」異構。《銘三》627 誤釋「鄪」，而讀「齍」。新版《通鑒》則改釋「⿰齊欠」而讀「嚌」。予意俎銘及《邦家之政》「⿰齊欠」字，均宜讀爲「旨」，「旨俎」謂此俎用承甘旨之嘉肴也。說詳陳斯鵬（2019b）。

羑

沙羑矛（戰國）：沙～。

◎銘續 1275

盜

逑盤（西周晚）：～（討）政（征）三（四）方。

◎盛世 34 頁

【案】類似語境之「盜」字，前已見秦公鎛，盧連城、楊滿倉（1978）讀「討」，甚是。蔣玉斌（2012）重新論证此說，廣被接受。然蔣氏釋此字爲「鑄」異體，否定它與「盜」字之聯繫，則不可從。從字形傳承序列看，此字即後來漢字系統中之「盜」字無疑。魏宜輝（2014）、張世超（2014）、張富海（2015）、鄔可晶（2019）等對此有分析，可參看。至於「盜」字本爲何詞而造，諸家之說似均有可商，待考。

𣄼

公豈父簋（西周早）：公豈父乍（作）～妩好寶毁（簋）。◎銘圖 5014

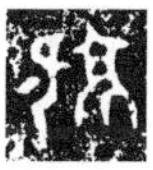

公豈父簋（西周早）：豈父眔～好其永寶。◎銘圖 5014

卷九

顏

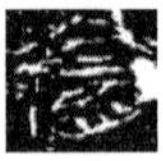

大市量（戰國中）：攻差（佐）競之𡍲（上）㠯（以）爲大市鑄政（征）～（鴈）首。◎古研（22）129頁

頌

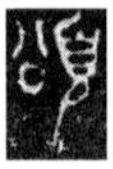

頌盤（西周晚）：宰引右～入門。◎文物2009（9）52頁

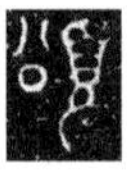

頌盤（西周晚）：王乎（呼）史虢生册令（命）～。◎文物2009（9）52頁

頌盤（西周晚）：～拜䭫（稽）首。◎文物2009（9）52頁

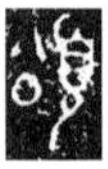

頌盤（西周晚）：～其萬年沬（眉）壽無彊（疆）。◎文物2009（9）52頁

顛

魚顛匕（戰國）：延（誕）肘（鑄）蚳匕，述玉魚～。◎銘圖6320

頸

伯遊父壺（春秋中）：馬～君白（伯）遊父乍（作）其遊（旅）壺。◎上博（10）118頁

伯遊父壺（春秋中）：馬～君白（伯）遊父乍（作）其遊（旅）壺。◎上博（10）119頁

伯遊父鑐（春秋中）：黃季氏白（伯）馬～君遊父乍（作）其尊鑐。◎上博（10）119頁

伯遊父盤（春秋中）：馬～君白（伯）遊父乍（作）其沬盤。◎上博（10）123頁

頵

鄭伯頵父壺（春秋早）：奠（鄭）白（伯）~父爲弔（叔）姜尊壺。◎銘續830

碩

伯碩父鼎（西周晚）：白（伯）~父齍（申）姜其受萬福無彊（疆）。◎銘圖2438

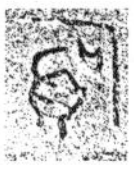

子碩父鼎（西周晚）：子~父乍（作）齍（申）姜尊鼎。◎美好117頁

𩓚

豳公盨（西周中）：生我王，乍（作）臣，氒（厥）~唯德。◎歷文2002(6)4頁

【案】諸家多以「𩓚」爲「沬」之異體。朱鳳瀚(2002b)、馮時(2003)、饒宗頤(2003)如字解，謂「氒（厥）𩓚（沬）唯德」即以德洗面之意；李學勤(2002)讀「貴」；裘錫圭(2002a)讀「美」，又引陳劍說讀「貴」；連劭名(2003)讀「蔑」，訓精微。周鳳五(2003)則謂字與「沬」有別，其左從俯首披髮形，會濯髮之意，即「沐」字，本銘讀作「務」。諸說似以讀「貴」爲優。

〔顉〕頷

楚王頷甗（春秋早）：楚王~賸（媵）郐（徐）季嬭（羋）塑（朔）母賸（媵）甗（甗）。◎銘圖3358

頣

加芈編鐘（春秋中）：余滅~（沒）下犀，龏（恭）敃（畏）儔公，及我大夫。◎江漢2019(3)17頁

〔俛〕頫

工俛車轄（戰國晚）：工~。◎西安168

頼

晉公盤（春秋中）：諒（哀）[諒（哀）]莫不日~覺。◎銘續952

顯

士山盤（西周中）：敢對揚天子不（丕）～休。◎歷文2002(1)4頁

虎簋蓋乙（西周中）：不（丕）～朕剌（烈）且（祖）考粦（潛）明。◎新收1874

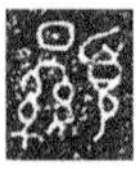

宰獸簋（西周中）：敢對揚天子不（丕）～魯休命。◎陝博(7)99頁

槐簋（西周中）：敢對揚天子不（丕）～休。◎銘續453

卌二年逑鼎甲（西周晚）：逑敢對天子不（丕）～魯休揚。◎華章39頁

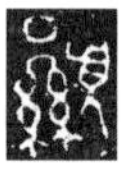

卌三年逑鼎甲（西周晚）：逑敢對天子不（丕）～魯休揚。◎華章55頁

卌三年逑鼎乙（西周晚）：不（丕）～文武，雁（膺）受大令（命）。◎華章63頁

卌三年逑鼎丙（西周晚）：不（丕）～文武，雁（膺）受大令（命）。◎華章71頁

卌三年逑鼎丙（西周晚）：逑敢對天子不（丕）～魯休揚。◎華章71頁

卌三年逑鼎丁（西周晚）：逑敢對天子不（丕）～魯休揚。◎華章79頁

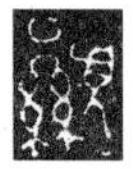

卌三年逑鼎戊（西周晚）：逑敢對天子不（丕）～魯休揚。◎華章87頁

卌三年逑鼎辛（西周晚）：不（丕）～文武，雁（膺）受大令（命）。◎文物2003(6)20—21頁

作册封鬲甲（西周晚）：封對揚天子不（丕）～魯休。◎歷文2002(2)4頁

訇鼎（西周晚）：不（丕）～天尹，匍保王身。◎文博2007(2)17頁

頌盤（西周晚）：頌敢對（揚）天子不（丕）～魯休。◎文物2009(9)52頁

〔顥〕

頣*

伯克父鼎（春秋早）：用追孝于我大不（丕）～。

◎銘續 223

與兵壺（春秋晚）：参（叁）捧（拜）～（䭫）首于皇考剌（烈）俎（祖）。◎古研（24）234—235 頁

與兵壺蓋（春秋晚）：参（叁）捧（拜）～（䭫）首于皇考剌（烈）俎（祖）。◎古研（24）236 頁

【案】據文例，此字當以讀「䭫」爲是。李學勤（2001）謂字左從「示」爲聲，與從「旨」聲通；王人聰（2002）謂字左從「工」，爲「旨」之省訛。考「䭫」字𧨳簋作「」，新見獄器作「」、「」，「旨」旁所從「匕」變得極類「氏」，應是變形聲化。與兵壺此字疑即由此類寫法進一步省變而來，蓋僅存「口」或「甘」之一横與其上之「氏」結合成「氐」，仍作聲符用。「旨」「氏」「氐」古音俱近。《集韻·齊韻》有「頣」字，云：「頭垂下皃。」鄔可晶（2012）釋「項」，謂「項首」即《周禮》「九拜」之「空首」。其說可參。唯「空首」金文前所未見，而《周禮》「空首」之含義亦難定，故予於此仍持舊說。

㬝*

罾簋（西周中）：罾敢對揚皇君～令（命）。

◎銘續 437

【案】與「㬝」爲一字之異體。

頛*

頛尊（西周早）：～乍（作）寶尊彝。

◎銘續 771

【案】頛尊「頛」字《銘續》摹作「」，不識。

衛簋甲蓋（西周中）：衛～（拜）䭫首。

◎南開 2008（6）封三

二式獄簋（西周中）：獄～（拜）䭫首。

◎考文 2006（6）60 頁

獄盨（西周中）：獄～（拜）䭫首。

◎銘圖 5275

獄盤（西周中）：獄～（拜）䭫首。

◎考文 2006（6）61 頁

百　顯*　顙*

獄盉（西周中）：獄～（拜）頶首。◎考文2006(6)63頁

霸伯簋（西周中）：霸白（伯）～（拜）頶（稽）首。◎考報2018(1)102頁

霸伯簋蓋（西周中）：霸白（伯）～（拜）頶（稽）首。◎考報2018(1)103頁

伐簋（西周中）：白（伯）～穖（勉）孚（厥）老父伐曆（勞）。◎回家（2019二）9頁

伐簋蓋（西周中）：白（伯）～穖（勉）孚（厥）老父伐曆（勞）。◎銘圖5321

霸伯簋蓋（西周中）：霸白（伯）～（拜）頶（稽）首。◎考報2018(1)105頁

【案】伐簋「顙」，《銘圖》釋「頞」，朱鳳瀚(2014)釋「顡」，李愛民(2019:160)釋「須」，蓋均據蓋銘訛變之體推測，不確。今從器銘看，當是「顙」字無疑。

蜀守顯戈（戰國晚）：蜀守～造。◎銘續1253

曾子顯鼎（春秋早）：曾子～自乍（作）行器。◎江漢2016(5)26頁

霸伯簋（西周中）：霸白（伯）顙（拜）頶（稽）～。◎考報2018(1)105頁

首垣鼎（戰國晚）：～垣。◎銘圖1493

〔万〕丐

大万尊（商晚）：大～。

◎銘續 790

大万簋（西周早）：乍（作）父丁尊彝，大～。

◎文博 2008（2）8 頁

首

峯盉（商晚）：□～□。

◎滕州 303 頁

瘻鼎（西周早）：瘻搼（拜）䭫～。

◎銘續 195

召簋（西周中）：𨟻（召）䭫～。

◎銘圖 5230

孝簋（西周中）：孝搼（拜）䭫～。

◎銘續 441

霸伯簋（西周中）：霸白（伯）䭫（拜）䭫～。

◎考報 2018（1）102 頁

親簋（西周中）：親搼（拜）䭫～。

◎歷文 2006（3）封二

虎簋蓋乙（西周中）：虎搼（拜）䭫～。

◎新收 1874

太師虘簋蓋（西周中）：虘搼（拜）䭫～。

◎銘圖 5283

二式獄簋（西周中）：獄䭫（拜）䭫～。

◎考文 2006（6）60 頁

獄盉（西周中）：獄䭫（拜）䭫～。

◎考文 2006（6）63 頁

獄盤（西周中）：獄䭫（拜）䭫～。

◎考文 2006（6）61 頁

獄盨蓋（西周中）：獄䭫（拜）䭫～。

◎銘圖 5275

老簋（西周中）：老搼（拜）䭫～。

◎考文 2005 年增刊 65 頁

衛簋甲蓋（西周中）：衛䭫（拜）䭫～。

◎南開 2008（6）封三

䭫

〔頶〕

卌二年逑鼎甲（西周晚）：逑捧（拜）䭫～。
◎華章 39 頁

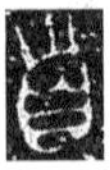
卌三年逑鼎丙（西周晚）：逑捧（拜）䭫～。
◎華章 71 頁

卌三年逑鼎癸（西周晚）：逑捧（拜）䭫～。
◎華章 127 頁

與兵壺（春秋晚）：參（叁）捧（拜）䭫（䭫）～于皇考剌（烈）组（祖）。◎古研（24）234—235 頁

太師虘簋蓋（西周中）：虘捧（拜）～首。
◎銘圖 5282

宰獸簋（西周中）：獸捧（拜）～首。
◎陝博（7）99 頁

老簋（西周中）：老捧（拜）～首。
◎考文 2005 年增刊 65 頁

獄盨（西周中）：獄頶（拜）～首。
◎銘圖 5275

卌三年逑鼎甲（西周晚）：逑捧（拜）䭫～。
◎華章 55 頁

卌三年逑鼎丁（西周晚）：逑捧（拜）䭫～。
◎華章 79 頁

頌盤（西周晚）：頌捧（拜）䭫～。
◎文物 2009（9）52 頁

卌三年逑鼎癸（西周晚）：逑捧（拜）～首。
◎華章 127 頁

士山盤（西周中）：山捧（拜）～首。
◎歷文 2002（1）4 頁

二式獄簋（西周中）：獄頶（拜）～首。
◎考文 2006（6）60 頁

太師虘簋蓋（西周中）：虘捧（拜）～首。
◎銘圖 5283

須

衛簋甲蓋（西周中）：衛頟（拜）～首。◎南開2008（6）封三

太師虘簋（西周中）：虘捧（拜）～首。◎銘圖5282

作册吳盤（西周中）：吳捧（拜）～。◎銘圖14525

懋卣（西周中）：懋捧（拜）～首。◎銘續880

芮伯盤（西周中）：內（芮）白（伯）捧（拜）～首。◎銘續939

霸伯簋（西周中）：霸白（伯）頟（拜）～首。◎考報2018（1）102頁

霸伯簋蓋（西周中）：霸白（伯）頟（拜）～首。◎考報2018（1）102頁

卌三年逑鼎丙（西周晚）：逑捧（拜）～首。◎華章71頁

卌三年逑鼎丁（西周晚）：逑捧（拜）～首。◎華章79頁

頌盤（西周晚）：頌捧（拜）～首。◎文物2009（9）52頁

獄盨蓋（西周中）：用乍（作）朕文考甲公寶尊～（盨）。◎銘圖5275

趞伯盨（西周中）：趞白（伯）乍（作）爯宗～（盨）。◎銘圖5666

晉侯對盨蓋（西周晚）：晉侯對乍（作）寶尊彶（及）～（盨）。◎首陽117

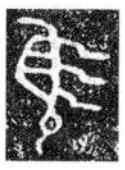
鄭登伯盨（西周晚）：奠（鄭）登白（伯）乍（作）寶～（盨）。◎文物2009（1）46頁

䍜叔奐父盨（西周晚）：䍜弔（叔）奐父乍（作）孟姞旅～（盨）。◎文物2004（4）90頁

晉姬盨（西周晚）：晉姬乍（作）寶～（盨）。◎銘續464

弱

弱簋（西周中）：～乍（作）文考父丁寶尊𣪘（簋）。◎銘圖4953

【案】《銘圖》隸釋作「弜」，實即「弱」字。「弱」字從「弓」從「溺」之初文爲聲（甲骨文「溺」作「」），當即爲強弱之「弱」而造，從「弓」取意正與「強」同。後象尿滴之三點類化爲「水」，如清華簡《祝辭》1作「」，郭店簡《老子》33作「」。《說文》據秦系文字訛變之體分析作爲從二「弓」，訓「橈也」，均非。

文

甗方鼎（商晚）：乙未，王㿝（賓）～武帝乙彡（肜）日。◎文物2005(9)61頁

過文簋（商晚）：過～。◎新收1839

□子鼎（商晚）：□子乍（作）～父辛尊彝。◎銘圖1854

繳鼎（西周中）：繳乍（作）～且（祖）寶尊彝。◎銘圖1738

舲簋（西周中）：用乍（作）朕～且（祖）豐中（仲）寶𣪘（簋）。◎字與史(1)211頁

倗伯鼎（西周中）：其用亯（享）孝于朕～考。◎文物2006(8)17頁

二式獄簋蓋（西周中）：用乍（作）朕～考甲公寶尊𣪘（簋）。◎考文2006(6)60頁

獄盉（西周中）：用乍（作）朕～旻（祖）戊公般（盤）盉。◎考文2006(6)63頁

聞尊（西周中）：用乍（作）～考尊𣪘（簋）。◎論稿10頁

弱簋（西周中）：弱乍（作）～考父丁寶尊𣪘（簋）。◎銘圖4953

虎簋蓋乙（西周中）：虎用～考日庚尊𣪘（簋）。◎新收1874

䙺簋（西周中）：用乍（作）朕～且（祖）幽白（伯）寶𣪘（簋）。◎歷文2006(3)封二

〔吝〕

〔⿰首犮〕髮

趩伯簋（西周中）：其用夙夜亯（享）卲（昭）～神。◎史學 2006（2）封二

晉侯斷簋（西周中）：用亯（享）于～旻（祖）皇考。◎銘續 423

卌三年逑鼎丙（西周晚）：不（丕）顯～武。◎華章 71 頁

文盨（西周晚）：王命～。◎字與史（1）221 頁

申文王之孫州桽簠（春秋晚）：䣅（申）～王之孫州桽。◎古研（25）193 頁

曾侯與鐘（春秋晚）：差（左）掿（右）～武。◎銘續 1029

司馬義鎛（戰國早）：用亯（享）于皇祖～考。◎山東 104—108 頁

䣄公盨（西周中）：復用～（祓）彔（祿）。◎歷文 2002（6）4 頁

士山盤（西周中）：用乍（作）～考錳中（仲）寶尊般（盤）盉。◎歷文 2002（1）4 頁

伯𢦚父簋（西周晚）：用亯（享）于～且（祖）考。◎首陽 107 頁

卌二年逑鼎甲（西周晚）：用亯（享）孝于前～人。◎華章 39 頁

文公之母弟鐘（春秋晚）：余～公之母弟。◎夏商周 540

與兵壺（春秋晚）：其用亯（享）用孝于我皇俎（祖）～考。◎古研（24）234—235 頁

昌文鼎（戰國）：昌～。◎陝金集成 1820

競戥矛（戰國早）：用旟（揚）～諫（德）武剌（烈）。◎銘圖 17695

后

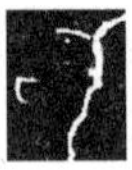

后母樂甗（西周早）：～母卅樂。◎徵集1

王太后鼎（戰國晚）：王大（太）～。◎文物2006（11）65頁

【案】「后」「司」本一字而二讀，須據文例而定。後漸以朝向相別。

司

大司馬國鼎（春秋晚）：曾大～馬國之飤貞（鼎）。◎銘續128

曾大司馬伯國簠（春秋晚）：曾大～馬白（伯）國之飤匿（簠）。◎銘續488

滕司徒毋卑戈（春秋晚）：䑽（滕）～徒毋卑之艁（造）。◎銘續1201

庀戈（春秋）：族君～城右。◎銘圖17065

司馬義鎛（戰國早）：卑（俾）乍（作）～馬于䑽（滕）。◎山東104—108頁

越王差徐戈（戰國早）：～（始）得居乍金。◎故博2008（4）26頁

徐莫敖昭嗇戈（戰國晚）：～馬巷嗇、□纏之所造。◎銘圖17310

滕大司馬友壺（戰國晚）：䑽（滕）大～馬友之盇壺。◎銘續822

四年成陰嗇夫戟（戰國晚）：成险（陰）嗇夫～寇或。◎珍秦齋吳151頁

新造自司矛（戰國晚）：新造自～乍⿰豕反。◎歷文2004（5）35頁

⿹司兩* ⿰台㇆* 卩 令

 司季簋甲蓋（西周中）：~季學駟家宦旅段（簋）。◎銘圖 4463 【案】《銘圖》釋「俩」，實從「司」之簡體「㇆」，故附司部。	 丂史簋（西周晚）：丂史乍（作）寡（唐）~（姒）媵（媵）段（簋）。◎銘續 430  諻旒缶（春秋晚）：鄀君雔子諻旒睪（擇）~（台）吉金，自乍（作）尊缶。◎銘續 910	 卩父戊觚（商晚）：~父戊。◎近出 743  卩爵（商晚）：~。◎銘圖 6410	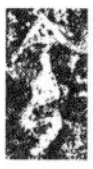 作册般黿（商晚）：王~（命）寑（寢）馗兄（貺）于乍（作）册般。◎歷文 2005（1）封二  覭公簋（西周早）：遘于王~（命）昜（唐）白（伯）侯于晉。◎考古 2007（3）圖版 3.5	 仲畱父壺（西周早）：中（仲）畱父~（命）色吕（以）旁壺□□。◎曲村 440 頁  何簋蓋（西周早）：廼~（命）何啇（司）三族。◎文物 2009（2）55 頁	 䀠卣（西周中）：敢再（稱）~（命）尚（賞）女（汝）。◎銘續 882  旂簋蓋（西周中）：~（命）邑于奠（鄭）。◎字與史（1）210 頁	 親簋（西周中）：女（汝）廼苟（敬）夙夕勿灋（廢）朕~（命）。◎歷文 2006（3）封二  豳公盨（西周中）：天~（命）禹尃（敷）土。◎歷文 2002（6）4 頁	 𠙵盨蓋（西周中）：王乎（呼）內史尹册~（命）𠙵。◎銘圖 5673 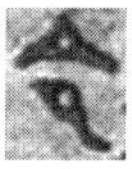 𠙵鼎（西周中）：~（命）女（汝）乍（作）服。◎銘圖 2453

免簋（西周中）：王乎（呼）乍（作）册王～（命）尹咏曰。◎回家（2019二）71頁

免簋（西周中）：敢對揚天子不（丕）顯休～（命）。◎回家（2019二）71頁

應侯視工簋乙蓋（西周晚）：用易（賜）沬（眉）壽永～（命）。◎保利續127頁

柞伯鼎（西周晚）：虢中（仲）～（命）柞白（伯）。◎文物2006（5）68頁

卌二年逑鼎甲（西周晚）：不（丕）顯文武，雁（膺）受大～（命）。◎華章39頁

卌二年逑鼎甲（西周晚）：女（汝）敏于戎工（功），弗逆朕新～（命）。◎華章39頁

卌三年逑鼎甲（西周晚）：降余康𤔲屯（純）右（祐）通彔（禄）永～（命）。◎華章55頁

卌二年逑鼎乙（西周晚）：爵堇大～（命），奠周邦。◎華章47頁

卌三年逑鼎乙（西周晚）：史減受（授）王～（命）書。◎華章63頁

卌三年逑鼎乙（西周晚）：不（丕）顯文武，雁（膺）受大～（命）。◎華章63頁

卌三年逑鼎丙（西周晚）：敬夙夕弗灋（廢）朕～（命）。◎華章71頁

卌三年逑鼎壬（西周晚）：王乎（呼）尹氏册～（命）逑。◎華章119頁

頌盤（西周晚）：受～（命）册。◎文物2009（9）52頁

許公簠（春秋中）：永～（命）無彊（疆）。◎銘續511

叔子孥盌蓋（戰國早）：㠯（以）貿（匄）羕（永）～（命）是保。◎銘圖19237

匌

伯匌簋甲（西周中）：白（伯）～逮（肇）乍（作）寶。◎美好82頁

邲

必甗（商晚）：～乍（作）且（祖）癸彝。◎近出155

必爵（商晚）：～。◎流散歐美241

卲

趞伯簋（西周中）：其用夙夜亯（享）～（昭）文神。◎史學2006（2）封二

卲簋（西周中）：井白（伯）內（入）右～。◎回家（2019 一）79頁

逑鐘（西周晚）：追孝～（昭）各（格）喜侃前文人。◎首陽121

頌盤（西周晚）：王在周康～（昭）宮。◎文物2009（9）52頁

逑盤（西周晚）：用會～（昭）王、穆王。◎盛世34頁

晉公盤（春秋中）：～（紹）𠭯皇卿。◎銘續952

曾孫卲壺（春秋晚）：曾孫～之大行之壺。◎銘續820

楚王卲戟（春秋晚）：楚王～之行𢦏（戟）。◎銘續1147

郯公戈（春秋晚）：郯公～𠈭爲郯造王□。◎南方2004（4）43頁

昭之瘠夫戈（春秋晚）：～（昭）之瘠夫之行戈。◎銘續1202

昭王之即簠（戰國早）：～（昭）王之即冡（擇）氒（厥）吉金。◎銘續516

昭王之即鼎蓋（戰國早）：～（昭）王之即冡（擇）氒（厥）吉金。◎銘續224

【案】晉公盤「卲會」，秦公鎛作「卲合」，諸家多讀「昭答」，似非。董珊（2020）指出「卲」「合」均是匹配、配合義，是。實猶逑盤「會鬸康王」之「會鬸」，《書·文侯之命》「用會紹乃辟」之「會紹」，同義連語，語素順序相反無別。

卸

鄒得鼎（戰國晚）：～（御）史瘧（臧）是。

◎銘圖 2387

【案】董珊（2012 a）謂其右旁從「卩」從「又」，爲「卩」之繁化寫法。是。

⿰丿卩*

豳公盨（西周中）：永～（孚）于盗（寧）。

◎歷文 2002（6）4 頁

【案】李學勤（2002）、朱鳳瀚（2002b）釋「卸」讀「御」，周鳳五（2003）釋「卸」讀「迓」，李零（2002）釋「卮」讀「定」，馮時（2003）釋「卩」讀「節」，連劭名（2003）釋「即」，字形上均未切合。裘錫圭（2002a）據上博簡《緇衣》「孚」作「」，將盨銘此字讀作「孚」，可從。唯其構形理據尚待進一步考索。

⿰戊卩*

選鐘乙（西周晚）：～令（命）乃寮雩（越）乃人。

◎銘圖 15249

⿰后卩*

中臣鼎（西周早）：帝～（后）。

◎銘續 93

【案】李學勤（2013）釋「⿰后卩」，讀「后」，謂「帝后」指已故王之配偶。說是。

⿰曷卩*

作册吳盉（西周中前）：王乎（呼）巂～召乍（作）册吳。◎銘圖 14797

⿰亩卩*

⿰亩卩簋（西周早）：～乍（作）父乙寶尊𣪘（簋）。

◎周原 1886 頁

⿰亩卩卣蓋（西周早）：～乍（作）父乙寶尊彝。

◎周原 1894 頁

印　色　卿

卸簋（西周早）：～乍（作）父乙寶尊毀（簋）。◎周原1883頁

【案】本書初版釋「卸」，今據劉釗（2014）改釋。

印觚（商晚）：～。◎近出686

仲畱父壺（西周早）：中（仲）畱父令（命）～㠯（以）旁壺□□□。◎曲村440頁

仲畱父壺（西周早）：中（仲）畱父令（命）～㠯（以）旁壺□□才（財）□二朋。◎曲村440頁

大万尊（商晚）：王～（饗）酉（酒）。◎銘續790

卿盤（西周早）：洑宔～。◎銘圖14432

召叔簋（西周中）：用眔氒（厥）倗友旨～（饗）。◎銘續426

芮伯盤（西周中）：用～（饗）王逆舟（逾）。◎銘續939

豳公盨（西周中）：廼自乍（作）配，～（鄉）民。◎歷文2002（6）4頁

卌三年逑鼎甲（西周晚）：北～（嚮）。◎華章55頁

曾季卿事奂壺（西周晚）：隹（唯）曾季～事奂用其吉金。◎銘續835

曾卿事宖簋（春秋早）：隹（唯）曾～事宖用吉金自乍（作）寶毀（簋）。◎銘續427

[illegible]君季𩕄鑑（春秋中）：用祀用～（饗）。◎銘續535

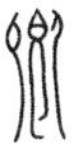

曾侯與鐘（春秋晚）：匽（宴）樂爰～（饗）。◎銘續1034

卿*

矩方鼎(西周早):其用~(饗)王出內(入)。

◎新收1664

槐簋(西周中):~事內(入)右槐。

◎銘續453

伯武父鼎(西周中):其朝夕用~(饗)倗友。

◎銘續174

伯弘父盨蓋(西周中):用~(饗)賓于宗室。

◎中原2016(4)68頁

宰獸簋(西周中):北~(嚮)。

◎陝博(7)99頁

夨簋(西周中):王才(在)周康宮,~(饗)醴。

◎新收1958

仲枏父鬲(西周中):用敢~(饗)考(孝)于皇丂(考)。

◎首陽96頁

應侯視工簋乙蓋(西周晚):王才(在)羉,~(饗)醴。

◎保利續127頁

伯克父盨(春秋早):其用及百君子宴~(饗)。

◎銘續475

晉公盤(春秋中):卲(紹)倉皇~。

◎銘續952

婦傳尊(西周早):婦傳(傳)乍(作)~日己彝尊彝。

◎銘續785

叔尊(西周中):叔對揚~君休。

◎銘圖11818

辟

南姞甗(西周中):南姞庫(肇)乍(作)氒(厥)皇~白(伯)氏寶鼎(將)彝。

◎考文2006(6)64頁

師酉鼎(西周中):□夙夜~事我一人。

◎歷文2004(1)封二

匍

叔旅簋(西周中)：其萬年用卿(饗)氒(厥)~魯侯。◎銘續417

逑盤(西周晚)：用~龏(恭)王、懿王。◎盛世34頁

逑盤(西周晚)：匍保氒(厥)~考(孝)王、徲(夷)王。◎盛世34頁

秦子戈(春秋早)：秦子乍(作)造左~元用。◎考文2003(2)81頁

競孫旟鬲(春秋晚)：卲(昭)事~王。◎銘圖3036

卌三年逑鼎丙(西周晚)：~有三(四)方。◎華章71頁

卌三年逑鼎甲(西周晚)：~有三(四)方。◎華章55頁

卌二年逑鼎甲(西周晚)：~有三(四)方。◎華章39頁

逑盤(西周晚)：~有三(四)方。◎盛世34頁

𩛥鼎(西周晚)：不(丕)顯天尹，~保王身。◎文博2007(2)17頁

晉侯對鋪(西周晚)：晉侯對乍(作)鑄尊~(簠)。◎新收857

卌三年逑鼎壬(西周晚)：~有三(四)方。◎華章119頁

匊

仲𦇖父簋蓋(西周中)：中(仲)𦇖父乍(作)~汝尊𣪘(簋)。◎銘續381

勻

亢鼎（西周早）：亞賓亢洋金二～（鈞）。◎上博（8）121頁

曶簋（西周中）：用赤金一～（鈞）。◎文物2000（6）87頁

伯𢦏父簋（西周晚）：得孚（俘）金五十～（鈞）。◎首陽107頁

廿一年安邑戈（戰國中）：冶～嗇夫虘。◎珍秦齋吴96頁

復〔复〕

加芈編鐘（春秋中）：余～其彊（疆）啚（鄙）。◎江漢2019（3）16頁

冢

親簋（西周中）：更乃且（祖）服乍（作）～嗣（司）馬。◎歷文2006（3）封二

九年左使車壺（戰國中）：，～（重）二百三十七刀之冢（重）。◎古研（27）296頁

卅年銅人（戰國晚）：卅年十八釿伞（半）釿～（重）。◎銘圖19342

幽氏中官冢子戈（戰國晚）：幽氏中官～子。◎銘續1195

廿年冢子戈（戰國晚）：～子艓詿。◎古研（27）322頁

三年大將李牧弩機（戰國晚）：～長（張）承所爲。◎文物2006（4）封三

【案】弩機「冢」字，吴鎮烽、師小群（2006）釋「象」讀「掾」，非是。

⿹勹⿰每糸*

彭子射鼎（春秋晚）：彭子射之行～。◎銘圖1666

義子曰鼎（春秋晚）：義子曰自乍（作）飤～。◎中原2006（5）8頁

荀

陳子書厷鼎（春秋晚）：陳子書厷睪（擇）其吉金自乍（作）飤~。◎銘圖 2349

敬

親簋（西周中）：女（汝）迺~（敬）夙夕勿灋（廢）朕令（命）。◎歷文 2006（3）封二

玉荀盤（西周中）：~對揚穆王休。◎出土文獻（11）65 頁

引簋（西周中）：~乃御。◎銘圖 5299

晥簋（西周中）：~勿灋（廢）朕命。◎銘圖 5386

師酉盤（西周晚）：~夙夜勿灋（廢）朕命。◎銘續 951

卌三年逑鼎甲（西周晚）：~夙夕弗灋（廢）朕令（命）。◎華章 55 頁

卌三年逑鼎丙（西周晚）：~夙夕弗灋（廢）朕令（命）。◎華章 71 頁

卌三年逑鼎丁（西周晚）：~夙夕弗灋（廢）朕令（命）。◎華章 79 頁

卌三年逑鼎癸（西周晚）：~夙夕弗灋（廢）朕令（命）。◎華章 127 頁

晉公盤（春秋中）：至于不廷，莫［不］秉~。◎銘續 952

與兵壺（春秋晚）：余嚴~丝（兹）禋祟（盟）。◎古研（24）234—235 頁

郘公䡅父鎛（春秋晚）：~監歟（祼）祀。◎銘圖 15815

新城徒萃戈（戰國晚）：~緇新城徒焚（萃）。◎文物 2004（10）85 頁

【案】晉公盤「敬」字本作「」，曰古氏（2014）、管文韜（2019）認爲其右上角「ᚼ」爲上「秉」字下部之誤植，可從。

畏

秦公戈（春秋中）：戮～不廷。◎銘續 1238

〔魅〕

子後生盉（西周中）：否天～（威）□朕考亮白（伯）。◎銘續 980

〔敄〕

加芈編鐘（春秋中）：余滅頸（沒）下屖，龏（恭）～儔公，及我大夫。◎江漢 2019（3）17 頁

禺

廿七年蜀守戈（戰國晚）丞□～。◎古研（25）213 頁

山

山丁爵（商晚）：～丁。◎考古 2009（9）28 頁

山祖兄卣（商晚）：～且（祖）兄。◎銘續 850

山仲簋（西周早）：～中（仲）乍（作）寶殷（簋）。◎新收 1943

士山盤（西周中）：～其萬年永用。◎歷文 2002（1）4 頁

豳公盨（西周中）：隓（墮）～叡（濬）川。◎歷文 2002（6）4 頁

霸伯簋（西周中）：用乍（作）寶～殷（簋）。◎考報 2018（1）105 頁

國子山壺（春秋早）：齊大嗣（司）徒國子～爲其盥壺。◎銘圖 12270

密

虎簋蓋乙（西周中）：～弔（叔）内（入）右（佑）虎，即立（位）。◎新收 1874

䡅鼎（西周中）：～弔（叔）右䡅（紳）。◎銘圖 2441

宋叔鼎（西周中）：～白（伯）至于某应。◎銘續 218

加芈編鐘（春秋中）：～（毖）臧（壯）我猷（猷），大命毋改。◎江漢 2019（3）16 頁

公族申戈（戰國中）：大紿（治）周～。◎銘續 1266

【案】從古文字看，「密」本從「火」，非從「山」。加芈編鐘「密」，郭長江等（2019）訓安定，夏立秋（2019）結合晉姜鼎「宣邲我猷」句，從吴闓生説讀「毖」，訓慎。夏説爲優。

⿱每山*

趩簋（西周中）：王執～（魏）駒。◎銘續 439

魏叔子戟（春秋早）：～（魏）弔（叔）子之左戟（車）斧輅徒戟五百。◎銘續 1229

郭佗壺（戰國晚）：少梁，～（魏）。◎新收 1695

嵒*

曾嵒公臣鼎（春秋晚）：曾～公臣之頤（廚）貞（鼎）。◎銘續 117

府

箬府戈（春秋晚）：箬～宅戈。◎銘圖 16656

廿三年少府戈（戰國晚）：少～。◎故博 2006（2）85 頁

〔𢊍〕

〔𧵍〕

庫

少府戈（戰國晚）：少～。◎珍秦齋秦110頁

大府戟（春秋晚）：大～之行㦸（戟）。◎銘續1129

右府戈（春秋晚）：右～之用鉘（戟）。◎銘續1130

滎陽上官皿蓋（戰國晚）：～嗇夫成加。◎文物2003（10）79頁

武平車府鈁（戰國晚）：武坪（平）車～。◎銘續821

春成侯盉（戰國早）：春成侯中～。◎上博（8）152頁

信安鼎（戰國晚）：訫（信）安下官器～。◎珍秦齋吳188頁

黃之公庫戈（春秋早）：鄭（黃）之公～之賓（造）戈。◎銘續1197

廿七年頓丘令龐酉戟（戰國中）：右～工市（師）桃繯。◎珍秦齋吳109頁

廿八年工師愈戟（戰國中）：左～。◎珍秦齋吳117頁

鄗得鼎（戰國晚）：邦右～工市（師）郘者。◎銘圖2387

元年安平相邦戈（戰國晚）：左～叚（假）工市（師）肖（趙）㤿（㥷）。◎銘圖17349

南行唐令卯鈹（戰國晚）：右～工市（師）。◎夏商周591

王垣令豕戟（戰國晚）：大～工市（師）□。◎珍秦齋吳169頁

廿八年晉陽令趙去疾戈（戰國晚）：上～工市（師）新城得。◎珍秦齋吳199頁

序

㝉左庫殳鐓（戰國晚）：㝉左～。

◎銘圖18541

鄭武庫殳鐓（戰國晚）：鄭武～。

◎銘圖18542

二年邦司寇趙春鈹（戰國晚）：邯下～。

◎珍秦齋吳211頁

榆次令鄭𥻆戈（戰國晚）：下～工帀（師）□明。

◎銘續1254

冢子韓政戟刺（戰國晚）：大官上～嗇夫狢賈。

◎銘續1289

京左庫矛（戰國晚）：京左～。

◎文物2013(11)75頁

卅一年鄭令戈（戰國晚）：𡉚～工帀（師）皮耴。

◎珍秦齋吳259頁

榮仲方鼎（西周早）：王乍（作）焚（榮）中（仲）～（舍）。◎文物2005(9)64頁

鄬得鼎（戰國晚）：隹在（士）～（舍）折勁。

◎銘圖2387

【案】榮仲方鼎一文李朝遠（2005）釋「宮」，諸家多從之。實當以李學勤（2005a）釋「序」爲是。但李氏以序爲學校，則不確，應讀爲「舍」。

辟

⿱乔鬲簋（西周早）：公迺宛（館）才（在）～。

◎首陽83頁

【案】《首陽》釋「庳」，非是。

廣

柞伯鼎（西周晚）：～伐南或（國）。

◎文物2006(5)68頁

應侯視工簋蓋（西周晚）：～伐南國。

◎首陽114頁

廛

晉公盤（春秋中）：殽（教）戭（威）百緣（蠻），～閥（闢）三（四）方。◎銘續952

晉公盤（春秋中）：䶒（壯）～啟邦，虔䡥（恭）盟祀。◎銘續952

上郡假守鼃戈（戰國晚）：～武。◎珍秦齋秦89頁

公子廛父鼎（春秋早）：公子～父乍（作）子姜賸（媵）貞（鼎）。◎銘續183

公子廛父簋蓋（春秋早）：公子～父乍（作）孟姜賸（媵）毁（簋）。◎銘續412

公子廛父匜（春秋早）：公子～父乍（作）孟姜賸（媵）它（匜）。◎銘續992

【案】「廛」字《說文》分析爲「从广、里、八、土」，不確。字本從「土」從「㕙」，「㕙」亦聲。「㕙」爲「臬」之繁體，即「射」之異構。參卷十「臬」字條。一廛之地正與一射之地相當。公子廛父簋蓋「廛」字所從「厂」形訛作「尸」，公子廛父匜「廛」加「攴」爲繁體。

〔⿰廛攴〕

龐

龐孺子鐘（戰國晚）：～嬬（孺）子。◎銘續826

庳

曾侯與鐘（春秋晚）：周室之既～（卑）。◎銘續1029

庛

申鼎（西周早）：申乍（作）～（比）鼎。◎曲村491頁

庶

[illegible]卣(西周中)：自𠦪(擇)于～人。◎銘續 882

卌三年逑鼎丙(西周晚)：雩乃訊～又(有)粦(譖)。◎華章 71 頁

卌三年逑鼎辛(西周晚)：雩乃訊～又(有)粦(譖)。◎華章 111 頁

伯碩父鼎(西周晚)：用孝用亯(享)于卿事、辟王、～弟、元[illegible](兄)。◎銘圖 2438

楚太師登鐘乙(春秋早)：用樂～侯及我父[illegible](兄)。◎上博(11)150 頁

加芈編鐘(春秋中)：大夫～士，齍齍趩趩。◎江漢 2019(3)18 頁

曾侯與鐘(春秋晚)：吳恃有衆～行亂。◎銘續 1029

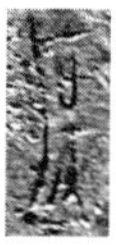

褱兒鎛(春秋)：㠯(以)樂嘉賓，及我～士。◎銘圖 15805

商鞅鈹(戰國中)：大良造～長鞅之造。◎首陽 183 頁

大良造庶長鞅殳鐓(戰國晚)：大良造～長鞅之造殳。◎銘圖 18549

廙

卌三年逑鼎甲(西周晚)：皇考其嚴才(在)上，～(翼)才(在)下。◎華章 55 頁

卌三年逑鼎丁(西周晚)：皇考其嚴才(在)上，～(翼)才(在)下。◎華章 79 頁

廟

霸伯豆(西周中)：霸白(伯)乍(作)大(太)～尊彝。◎考報 2018(1)110 頁

[illegible]簋(西周中)：王各(格)～。◎銘圖 5386

伯𡖊簋甲(西周中)：用～(朝)夜庚(康)于宗。◎美好 82 頁

伯𡖊簋乙(西周中)：用～(朝)夜康于宗。◎全集(3)202 頁

⿸广立*

卌三年逑鼎甲（西周晚）：［王各（格）］周～即立（位）。◎華章55頁

卌三年逑鼎丁（西周晚）：王各（格）周～即立（位）。◎華章79頁

卌三年逑鼎壬（西周晚）：王各（格）周～即立（位）。◎華章119頁

宋叔鼎（西周中）：密白（伯）至于某～。◎銘續218

庢*

庢戈（春秋）：～（庫）之攴（造）。◎銘圖17065

右庢戈（戰國早）：右～（庫）之戈。◎歷文2007（5）16頁

舊庢馬銜（戰國中）：舊～（庫）。◎江漢2017（4）15頁

【案】「庢」爲「庫」字異體，說詳趙平安（2019）。

⿸广害*

作册吳盉（西周中）：立～門。◎銘圖14797

⿸广⿱𠂉𠰞*

尹氏士吉射簋甲（西周中）：尹氏士吉射乍（作）～妊朕（媵）毁（簋）。◎銘圖4809

尹氏士吉射簋甲蓋（西周中）：尹氏士吉射乍（作）～妊朕（媵）毁（簋）。◎銘圖4809

廏*

引簋（西周中）：用乍（作）幽公寶～（簋）。◎銘圖5299

厂

私厂鼎（戰國中）：私～。◎銘圖1676

⿸厂敢

卌二年逑鼎乙（西周晚）：戜（蠢）～（玁）⿰幸九（狁）出戡（斬）于井阿。◎華章39頁

晉公盤（春秋中）：台（以）～（嚴）虢（赫）若否。◎銘續952

秦公戈（春秋中）：用～（嚴）䢅武䨻（靈）。◎銘續1238

厲

應監甗（西周晚）：其～（萬）年永用。◎銘圖3329

公族申戟（戰國中）：㠯（以）～（礪）武士。◎銘續1266

⿸厂豕*

晉侯銅人（西周晚）：晉侯⿸厂尃（搏）戎，隻（獲）氒（厥）君～師。◎晉侯417頁

⿸厂妾*

相邦瘠戈（戰國晚）：攻（工）室～。◎銘續1250

⿸厂尃*

霸伯盤（西周中）：于霸白（伯）～（搏）戎。◎考報2018（1）125頁

晉侯銅人（西周晚）：晉侯～（搏）戎。◎晉侯417頁

⿸厂齊*

⿸厂齊京父簋（西周早）：～京父乍（作）寶彝。◎銘續379

⿸厂則*

⿸厂則伯簋(西周中):~白(伯)乍(作)寶𣪘(簋)。

◎銘圖 4184

⿸厂頁*

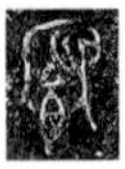

楊伯簋(西周中):楊白(伯)自乍(作)~𣪘(簋)。◎銘圖 4302

楊伯簋(西周中):楊白(伯)自乍(作)~𣪘(簋)。◎銘續 347

⿸厂⿰丵攴*

應侯視工鼎(西周晚):我□令(命)~伐南尸(夷)𠀠。◎上博(10)105 頁

⿸厂⿰丵斤*

逑盤(西周晚):~伐楚荊。

◎盛世 34 頁

【案】「⿸厂⿰丵斤」字已見於兮甲盤(《金文編》漏摹「斤」旁),舊多釋讀爲「撲」,劉釗(2002)據戰國楚簡「淺」字以「丵」爲聲等綫索,推論「⿸厂⿰丵斤」字所從「丵」亦充當聲符,因讀「⿸厂⿰丵斤」爲「剗」「翦」。林澐(2004)則強調「⿸厂⿰丵斤」與「璞」「僕」等字的形體聯繫,堅持讀「撲」之說。二説各有理據,而似以林説爲優。

石

𡲬石盤(春秋早):□人𡲬~乍(作)寶般(盤)。

◎江漢 2019(4)32 頁

加芈編鐘(春秋中):~(庶)保用之。

◎江漢 2019(3)18 頁

楚子子韍咎鼎(戰國晚):楚子子韍咎自乍(作)~宧。◎銘圖 2242

石邑戈(戰國晚):~邑。

◎銘續 1138

【案】加芈編鐘「石」,郭長江等(2019)讀「庶」,可從。或讀「世」「永」,不若讀「庶」於音爲近。

長

亞長方斝（商晚）：亞～。◎考古2004（1）12頁

長子口尊（西周早）：～子口。◎長子口99頁

長子口卣（西周早）：～子口。◎長子口107頁

長子方鼎（西周早）：～子乍（作）母癸寶彝。◎銘圖1791

長子口爵（西周早）：～子口。◎長子口90頁

長子口卣（西周早）：～子口。◎長子口107頁

長子口鼎（西周早）：～子口。◎長子口61頁

長子口觥蓋（西周早）：～子口。◎長子口107頁

戚簋（西周中）：用楚（胥）乃～。◎銘續450

卅二年逑鼎甲（西周晚）：余肇建～父侯于楊。◎華章39頁

卅二年逑鼎乙（西周晚）：余令（命）女（汝）奠～父休。◎華章47頁

許戈（春秋早）：用爲～戈。◎銘續1221

郘夫人嫼鼎（春秋晚）：～購（賴）丌（其）吉。◎中原2009（3）11頁

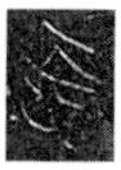

商鞅鈹（戰國中）：大良造庶～鞅之造。◎首陽183頁

宜陽戈（戰國晚）：宜陽［右］庫工帀（師）～（張）誧。◎文物2000（10）76頁

三年大將李牧弩機（戰國晚）：冢～（張）承所爲。◎文物2006（4）封三

勿

鉅鹿令張密戈（戰國晚）：巨（鉅）菉（鹿）倫（令）～（張）密。◎銘續1251

加芈編鐘（春秋中）：行柏（伯）曾邦，台（以）～啐（台）夏。◎江漢2019（3）16頁

【案】加芈編鐘「長」上部訛變。夏立秋（2019）疑其上部與「甹」有關，可讀作「屏」。但據新公佈同出他組照片，確有作典型「長」字者。

二式獄簋（西周中）：其日引～替。◎考文2006（6）60頁

獄盤（西周中）：其日引～替。◎考文2006（6）61頁

衛簋甲蓋（西周中）：其日引～替。◎南開2008（6）封三

親簋（西周中）：女（汝）廼苟（敬）夙夕～灋（廢）朕令（命）。◎歷文2006（3）封二

叔尊（西周中）：女（汝）日其賞～替。◎銘圖11818

卌三年逑鼎辛（西周晚）：敬夙夕～灋（廢）朕令（命）。◎文物2003（6）20頁、21頁

卌三年逑鼎甲（西周晚）：敬夙夕～灋（廢）朕令（命）。◎華章55頁

琱生尊（西周晚）：～史（使）楸（散）亡。◎考文2007（3）8頁

卌三年逑鼎丙（西周晚）：敬夙夕～灋（廢）朕令（命）。◎華章71頁

卌三年逑鼎丁（西周晚）：敬夙夕～灋（廢）朕令（命）。◎華章79頁

昜

師西盤（西周晚）：敬夙夜～灋（廢）朕命。◎銘續951

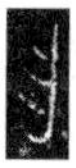

郘夫人嬭鼎（春秋晚）：後民～愮（忘）。◎中原2009(3)11頁

鮑子鼎（春秋晚）：～或（有）柬巳。◎歷文2009(2)51頁

昭王之即鼎蓋（戰國早）：子子孫～敓。◎銘續224

曾季弁臣盤（戰國早）：永用之，～喪。◎曾國396頁

之乘辰鐘（戰國早）：世世鼓之，後孫～忘。◎文物2004(2)72頁

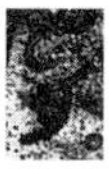

覨公簋（西周早）：遘于王令（命）～（唐）白（伯）侯于晉。◎考古2007(3)圖版3.5

霸伯簋蓋（西周中）：對～（揚）井弔（叔）休。◎考報2018(1)

孝簋（西周中）：敢對～（揚）王君休。◎銘續441

晉侯銅人（西周晚）：侯～（揚）王于絲（兹）。◎晉侯417頁

昜娓鼎（春秋早）：～娓乍（作）寶鼎。◎中原2019(4)11頁

六陽戈（春秋晚）：六～（陽）。◎銘續1081

魯陽公戟（戰國早）：魯～（陽）公乍（作）寺（持）。◎銘續1134

新陽戈（戰國早）：新～（陽）。◎南方2004(4)43頁

冉

陵陽壺（戰國晚）：陵～（陽）。◎北京 225

廿一年相邦冉戈（戰國）：廿一年相邦～造。◎故博 2006（2）68

卅二年相邦冉戈（戰國）：卅二年相邦～造。◎故博 2006（2）73 頁

丞相冉戈（戰國）：相邦～［造］。◎飛諾 17 頁

而

鮑子鼎（春秋晚）：保～兄弟。◎歷文 2009（2）51 頁

曾侯與鐘（春秋晚）：䢜（荊）邦既爝（削），～天命牆（將）誤（虞）。◎銘續 1029

之乘辰鐘（戰國早）：疋剔次留之元子，～乍謠夫台之貴姓（甥）。◎文物 2004（2）72 頁

豬

上郡守造戈（戰國晚）：丞～，工隸臣渠。◎考文 2009（3）32 頁

豩

逑盤（西周晚）：𩟄（柔）遠能～（邇）。◎盛世 34 頁

文公之母弟鐘（春秋晚）：朕配遠～（邇）。◎夏商周 540

[illegible]〔[illegible]〕

曾侯諫壺蓋（西周早）：曾侯諫乍（作）媿～壺。◎銘續 815

曾侯諫壺（西周早）：曾侯諫乍（作）媿～壺。◎銘續 815

象

叔尊（西周中）：不～氒（厥）敏。◎銘圖11818

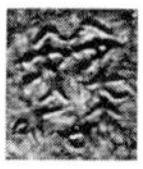

叔豐慶鬲（西周中）：其～永寶。◎銘圖2853

應叔象鼎（西周早）：雁（應）弔（叔）～乍（作）寶鼎。◎銘圖1600

逑盤（西周晚）：不～［厥］服。◎盛世34頁

單叔鬲丙（西周晚）：單弔（叔）乍（作）孟媾（祁）尊～。◎華章136頁

單叔鬲戊（西周晚）：單弔（叔）乍（作）孟媾（祁）尊～。◎華章144頁

單叔鬲壬（西周晚）：單弔（叔）乍（作）孟媾（祁）尊～。◎華章160頁

復封壺（春秋早）：不～夙夜。◎銘圖12447

【案】陳劍（2007b）釋「象」，讀「不象厥服」一類用法之「象」爲「惰」。單叔鬲自名「象」，董珊（2003）讀爲「鬲」，似不若讀「鬻」於音爲近。

豹

師酉鼎（西周中）：王窺（親）袤宮師酉，易（賜）～裘。◎歷文2004（1）封二

〔兕〕[illegible]

[illegible]夫人[illegible]鼎（春秋晚）：[illegible]（鄬）大尹～乍（作）之。◎中原2009（3）11頁

【案】此字楚文字多見，舊釋「亮」。徐在國（2017）據新出安大簡《詩經》「兕」作「[illegible]」而改釋「兕」。馮聰（2020）、于夢欣（2021）據以推及本銘。

易

寑孿商方鼎（商晚）：王~（賜）寑（寢）孿（孿）商。◎曲村 348 頁

武鼎（西周早）：自（師）䣙父~（賜）武馬。◎銘續 143

鬻觶蓋（西周早）：史鬻~（賜）馬匹。◎首陽 74 頁

舲簋（西周中）：~（賜）䜌（鑾），令邑于奠（鄭）。◎字與史（1）211 頁

具鼎（西周中）：~（賜）具馬。◎銘續 229

季姬尊（西周中）：□~（賜）氒（厥）田。◎文物 2003（9）89 頁

親簋（西周中）：~（賜）女（汝）赤巿。◎歷文 2006（3）封二

吕簋蓋（西周中）：~（賜）女（汝）玄衣黹屯（純）。◎論稿 167 頁

冕尊（商晚）：冕~（賜）商（賞）。◎銘續 779

榮仲方鼎（西周早）：子~（賜）白金旳（鈞）。◎文物 2005（9）64 頁

老簋（西周中）：~（賜）魚百。◎考文 2005 年增刊 65 頁

任鼎（西周中）：~（賜）脡、牲大牢。◎歷文 2004（2）21 頁

衍簋（西周中）：~（賜）女（汝）冋（絅）衣。◎銘續 455

衛簋甲蓋（西周中）：王~（賜）衛㑞（佩）。◎南開 2008（6）封三

甴盨蓋（西周中）：~（賜）女（汝）金車。◎銘圖 5673

卌三年逨鼎甲（西周晚）：~（賜）女（汝）䰞鬯一卣。◎華章 55 頁

豫　象

追夷簋（西周晚）：追尸（夷）用旛（祈）～沬（眉）壽永命。◎華夏2000（3）20頁

應侯視工簋乙蓋（西周晚）：用～沬（眉）壽永令（命）。◎保利續126頁

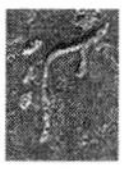

仲譔父簋（西周晚）：其或貿～，則盟（明）殛。◎銘圖4845

復封壺（春秋早）：～（賜）之玄衣。◎銘圖12447

曾卿事浨簋（春秋早）：用～沬（眉）壽。◎銘續427

伯殸父匜（春秋早）：用～𠭯（壽）無彊（疆）。◎銘續995

曾伯霥壺（春秋早）：用～害（匄）沬（眉）壽。◎江漢2017（6）9頁

加芈編鐘（春秋中）：～（賜）我霝（靈）終黄耇。◎江漢2019（3）18頁

何簋（西周早）：公～（賜）何貝十朋。◎文物2009（2）55頁

何簋蓋（西周早）：公～（賜）何貝十朋。◎文物2009（2）55頁

象祖辛卣（西周早）：～。◎近出566

豫角（西周早）：～乍（作）父乙宗尊彝。◎上博（11）122頁

豫角蓋（西周早）：～乍（作）父乙宗尊彝。◎上博（11）122頁

豫卣（西周早）：～易（賜）貝。◎銘續877

豫卣蓋（西周早）：～易（賜）貝。◎銘續877

衛鼎(西周晚):王命衛~市、金車、旂。◎銘續222

加芈編鐘(春秋中):龖龖~(舍)政,乍(作)咩(台)邦豖(家)。◎江漢2019(3)17頁

相邦呂不韋戈(戰國晚):工~。◎故博2006(2)83頁

【案】豫角、豫卣、衛鼎諸形,以偏旁組合之限制,難作他釋,知爲「豫」字無疑。由此長期有爭議之「予」字亦可得以確認。衛鼎「豫市」同金文常見之「予市」,應讀「紓市」或「舒市」。參卷四「予」字條。

馬

卷十

馬□卣（商晚）：~□。◎考報2008（3）368頁

馬□簋（商晚）：~□。◎考報2008（3）363頁

馬□鐃（商晚）：~□。◎考報2008（3）377頁

馬□觚（商晚）：~□。◎考報2008（3）363頁

⿱蚕鬲觶蓋（西周早）：史⿱蚕鬲易（賜）~匹。◎首陽74頁

⿱蚕鬲觶（西周早）：史⿱蚕鬲易（賜）~匹。◎首陽74頁

叔夨方鼎（西周早）：車~。◎文物2001（8）9頁

霸簋（西周中）：內（芮）公舍霸~兩、玉、金。◎銘圖4609

䚒簋（西周中）：更乃且（祖）服乍（作）冢嗣（司）~。◎歷文2006（3）封二

晉侯⿰束夾馬壺（西周中）：晉侯⿰束夾~乍（作）寶尊壺。◎晉國69頁

馬方彝（西周中）：~乍（作）且（祖）日辛朕考日丁尊彝。◎新收1845

虎簋蓋乙（西周中）：五邑走~馭人。◎新收1874

駒

聞尊（西周中）：易（賜）～乘、盠冟二。◎論稿 10 頁

應侯視工簋乙（西周晚）：～三（四）匹。◎保利續 127 頁

卌三年逑鼎丁（西周晚）：嗣（司）～壽右吳逑入門立中廷。◎華章 79 頁

卌三年逑鼎丙（西周晚）：～三（四）匹。◎華章 71 頁

伯遊父壺（春秋中）：～頸君白（伯）遊父乍（作）其旅壺。◎上博(10)119 頁

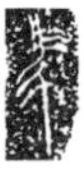
大司馬國鼎（春秋晚）：曾大司～國之飤貞（鼎）。◎銘續 128

徐莫敖昭啚戈（戰國晚）：司～巷啚、□纏之所造。◎銘圖 17310

作册吳盤（西周中）：執～于皃見南林。◎銘圖 14525

詈簋（西周中）：嗣（司）朕走～駇（馭）。◎銘續 43

應侯視工鐘（西周晚）：易（賜）彤弓一、彤矢百、～。◎保利續 158 頁

卌二年逑鼎甲（西周晚）：女（汝）執訊隻（獲）馘（聝），孚（俘）器車～。◎華章 39 頁

卌三年逑鼎丁（西周晚）：～三（四）匹。◎華章 79 頁

伯遊父壺（春秋中）：～頸君白（伯）遊父乍（作）其旅壺。◎上博(10)118 頁

滕大司馬友壺（戰國晚）：緐（滕）大司～友之盆（弇）壺。◎銘續 822

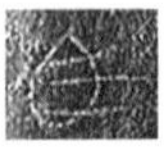
冶馬童器（戰國晚）：冶～重（童）。◎銘圖 19500

趞簋（西周中）：王執缶（魏）～。◎銘續 439

叔駒父簋（西周晚）：弔（叔）~父乍（作）趞姬□𣪘（簋）。◎文博2008(2)8頁

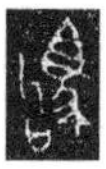

卌三年逑鼎乙（西周晚）：~車。◎華章63頁

卌三年逑鼎丙（西周晚）：~車。◎華章71頁

駔

上郡假守黽戈（戰國晚）：工~。◎珍秦齋秦88頁

馹

𤔲季簋甲蓋（西周中）：𤔲季學~家宔旅𣪘（簋）。◎銘圖4463

驫

棘肰鼎（西周早）：用乍（作）~中（仲）尊彝。◎銘續217

⿰馬土*

飲元牡乘馬匜（春秋）：用歙（飲）元~（牡）乘馬。◎青銅器與金文(2)15頁

駛*

戚簋蓋（西周中）：用官𤔲（司）靃（霍）~。◎銘續450

⿰馬名*

曶簋（西周中）：用事，𤔲（司）奠（鄭）~馬。◎文物2000(6)87頁

【案】《通鑒》《銘圖》釋「騇」。細察之，實從「名」，故隸定作「⿰馬名」。字書未見。

⿰馬羕*

加芈編鐘（春秋中）：攸攸～～，余[爲婦]爲夫。◎江漢2019(3)17頁

廌

侯氏盤（西周晚）：侯氏乍（作）～姬般（盤）。◎銘續929

愼⿸疒尭簋（戰國中）：誓（愼）⿸疒尭自乍（作）～（薦）⿰飠盒（簋）。◎江漢2018(6)11頁

薦

曾卿事⿱穴夋鬲乙（春秋早）：隹（唯）曾卿事⿱穴夋自乍（作）～⿱鬲廾（鬲）。◎銘續251

曾太保𥂴（春秋早）：自乍（作）～䀇（梧）。◎追回65頁

【案】所從「廌」訛似「馬」形。

灋

作册般黿（商晚）：王一射，□射三，率亡（無）～（廢）矢。◎歷文2005(1)封二

親簋（西周中）：女（汝）迺茍（敬）夙夕勿～（廢）朕令（命）。◎歷文2006(3)封二

㽙簋（西周中）：敬勿～（廢）朕命。◎銘圖5386

師酉盤（西周晚）：敬夙夜勿～（廢）朕命。◎銘續951

卌三年逑鼎丙（西周晚）：敬夙夕弗～（廢）朕令（命）。◎華章71頁

卌三年逑鼎乙（西周晚）：敬夙夕弗～（廢）朕令（命）。◎華章63頁

復封壺（春秋早）：不敢～（廢）公命。◎銘圖12447

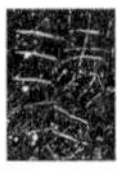

三年大將李牧弩機（戰國晚）：～（廢）丘。◎文物2006(4)封三

廲

司馬義鎛（戰國早）：亦帥刑（型）～則祧（先）公正悳（德）。◎山東104—108頁

廿七年頓丘令廲西戟（戰國中）：邨（頓）丘命（令）～西。◎珍秦齋吳109頁

麋

父己爵（西周早）：～束。◎流散歐美304

麗

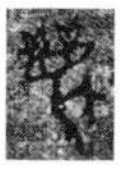

荊子鼎（西周早）：荊子～，賚畲卣、貝二朋。◎銘圖2385

麗于簋（西周晚）：～于乍（作）寶設（簋）。◎銘續390

季子康鎛（春秋中）：童（鍾）～（離）公柏之季子康。◎考文2009(3)106頁

鍾離君柏簠（春秋中）：童（鍾）～（離）君柏睪（擇）其吉金。◎銘圖5898

徐子伯𠙵此戈（春秋中）：童（鍾）～（離）公柏隻（獲）郐（徐）人。◎銘續1248

〔丽〕

二年宜陽戈（戰國晚）：二年命（令）～狱。◎考文2002(2)68頁

〔䴡〕麤

馭麤廛甗（西周早）：駿～蘿（廛）乍（作）旅獻（甗）。◎銘續273

〔⿸鹿⿰圭圭〕⿱麤土

馭麤塵甗（西周早）：騢⿰鹿鹿（麤）～乍（作）旅獻（甗）。◎銘續273

㲋

叔㲋簋（西周早）：弔（叔）～乍（作）□尊彝。◎新收1842

逸

秦子戈（春秋早）：用～宜。◎考文2003(2)81頁

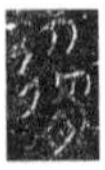

秦政伯喪戈（春秋早）：用～宜。◎珍秦齋秦42頁

⿱兔肉*

向⿱兔肉簋（西周晚）：向～乍（作）旅毀（簋）。◎銘續416

⿰⿱兔肉攵*

伐簋蓋（西周中）：易（賜）圭瓚、彝一～（肆）。◎銘圖5321

【案】《銘圖》隸釋作「⿰⿱兔肉攵」，讀「肆」。字從「攴」從「兔」從「肉」，蓋「逸」之異體，通「肆」。

犬

犬父甲觚（商晚）：～父甲。◎新收1519

仲妊甗（西周中）：中（仲）妊乍（作）寶～（甗）。◎銘圖3317

懋卣（西周中）：易（賜）～帶。◎銘續880

【案】懋卣「犬」，《銘續》讀「緄」。

龙

晉公盤（春秋中）：乍（作）～（蒙）左右，保辥（乂）王國。◎銘續952

【案】晉公盞此字舊釋「馮」，據盤銘知非是。張崇禮（2014）釋「犮」，疑即「髮」字，讀爲「蔽」；管文韜（2019）從王寧說釋「龙」，並讀爲「蒙」，訓庇衛。管說可從。

犺

犺簋（西周早）：～乍（作）剌（烈）考南公寶尊彝。◎銘續371

曾侯犺簋（西周早）：曾侯～乍（作）寶尊彝。◎銘續362

犺談公之不子戈（戰國中）：～談公之不子乍（作）其元用。◎銘續1220

【案】所從「亢」或與「立」訛混。

獻

天黽亞𢆶獻方鼎（商晚）：𢆶～。◎銘續81

王孫叔䛧甗（春秋）：乍（作）鑄鏫～（甗）。◎銘圖3362

加芈編鐘（春秋中）：𩡧～䛧（歌）𨒌（舞），匽（宴）喜歓（飲）飤。◎江漢2019(3)18頁

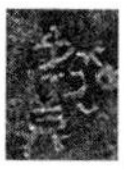

叔亢甗（西周早）：弔（叔）亢乍（作）寶～（甗）。◎銘圖3340

任鼎（西周中）：事（使）～爲（貨）于王。◎歷文2004(2)21頁

楚季鐘（西周中）：氒（厥）孫廼～于公。◎銘續1015

霸仲甗（西周中）：霸中（仲）乍（作）寶旅～（甗）。◎考報2018(2)236頁

〔獻〕〔⿰虎犬〕〔⿰虘犬〕〔⿰鼎犬〕〔⿰⿱鼎鼎犬〕

玉苟盉（西周中）：玉苟~鳳圭于穆王。◎出土文獻（11）65頁

芮伯甗（西周中）：敢乍（作）王姊~（甗）。◎考古2019（1）39頁

克甗（西周早）：克乍（作）旅~（甗）。◎曲村356頁

叔釗父甗（西周晚）：弔（叔）釗父乍（作）柏姞寶~（甗）。◎晉國149頁

鄭井伯寏父甗（西周晚）：奠（鄭）井白（伯）寏父乍（作）寶~（甗）。◎銘圖3333

仲留甗（西周早）：中（仲）留乍（作）旅~（甗）。◎銘圖3249

馭驫塵甗（西周早）：⿰馬⿱覀殳（馭）驪（驫）⿱麤土（塵）乍（作）旅~（甗）。◎銘續273

狄

逨盤（西周晚）：成受大令（命），方~不享（享）。◎盛世34頁

曾伯霥壺（春秋早）：克~淮尸（夷）。◎江漢2017（6）9頁

猶

卌三年逨鼎甲（西周晚）：虔夙夕（助）睢我邦小大~。◎華章55頁

卌三年逨鼎乙（西周晚）：虔夙夕（助）睢我邦小大~。◎華章63頁

狐

卌三年逑鼎辛（西周晚）：虔夙夕（助）雝我邦小大～。◎華章111頁

逑盤（西周晚）：盭龢于政，又（有）成于～。◎盛世34頁

犳*

冢子韓政戟刺（戰國晚）：邦庫嗇夫𨍭（韓）～。◎銘續1289

犳*

焦犳戈（春秋中）：趙氏孫㸑（焦）～乍（作）造戈三百。◎銘續1218

𤝔*

廿一年安邑戈（戰國中）：安邑司寇～。◎珍秦齋吳96頁

狢*

冢子韓政戟刺（戰國晚）：大官上庫嗇夫～賈。◎銘續1289

㺔*

二年宜陽戈（戰國晚）：二年命（令）丽～。◎考文2002(2)68頁

〔𤢵〕

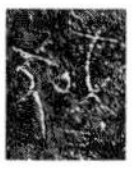

二年平陶令范昃戈（戰國晚）：冶捔～。◎考文2007(6)56頁

【案】所從「或」亦有可能是「𧮢」（《說文》「誖」字籀文）之省。

㺨*

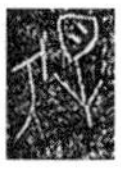

廿八年工師愈戟（戰國中）：冶～。◎珍秦齋吳117頁

⿰犭頁*

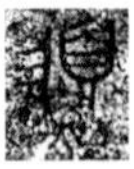

⿰頁蚤子⿰犭頁鉦（春秋晚）：⿰頁蚤子~乍（作）鑄行鉦。◎銘續530

【案】《銘續》釋「𩠐（煩）」，石小力（2017）疑爲「夒」字。此從李愛民（2019：160）釋「⿰犭頁」。

⿰犭禺*

上鄀⿰犭禺妻鼎（春秋早）：上鄀~妻自乍（作）尊鼎。◎銘續176

獏*

亞獏鼎（商晚）：~。◎銘續27

【案】「獏」即「貘」之異體。參陳偉武（2004）。

獄

一式獄簋蓋（西周中）：~肇乍（作）朕文考甲公寶鬻（將）彝。◎考文2006(6)59頁

獄鼎（西周中）：~肁（肇）乍（作）朕文考甲公寶尊彝。◎考文2006(6)58頁

獄盉（西周中）：~𩒨（拜）𩑁（稽）首。◎考文2006(6)63頁

獄盉（西周中）：朕光尹周師右告~于王。◎考文2006(6)63頁

獄盉（西周中）：~曰。◎考文2006(6)63頁

二式獄簋（西周中）：朕光尹周師右告~于王。◎考文2006(6)60頁

獄盤（西周中）：~曰。◎考文2006(6)61頁

獄盨蓋（西周中）：王或（又）睗（賜）~伂（佩）。◎銘圖5275

能

逨盤（西周晚）：克幽明氒（厥）心，⿺辶夒（柔）遠~豩（邇）。◎盛世34頁

火

𠙵鼎（西周中）：易（賜）女（汝）金車、旂、予～（市？）、幽黄（衡）。◎銘圖 2453

燹〔豳〕〔⿰燹攵〕

豳公盨（西周中）：～（豳）公曰。◎歷文 2002（6）4 頁

一式獄簋蓋（西周中）：～（芬）夆（芳）𨡋（馨）香，則登于上下。◎考文 2006（6）59 頁

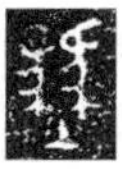

衛簋甲蓋（西周中）：～（芬）夆（芳）𨡋（馨）香，則登于上下。◎南開 2008（6）封三

衛簋乙（西周中）：～（芬）夆（芳）𨡋（馨）香，則登于上下。◎南開 2008（6）封三

豳王壺（西周中）：～（豳）王乍（作）旅。◎銘續 804

【案】「燹夆」讀「芬芳」，說詳吳鎮烽（2006a）、裘錫圭（2008），斷句從後者。

焌

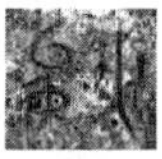

二十八年雝丘令戈（戰國中）：雝丘命（令）～。◎江漢 2016（2）89 頁

炊

炊伯□盤（西周中）：～白（伯）□乍（作）寶般（盤）。玫茵堂 117

爨〔焦〕

焦犳戈（春秋中）：趙氏孫～（焦）犳乍（作）造戈三百。◎銘續 1218

光

叔矢方鼎（西周早）：其萬年揚王～氒（厥）士。◎文物 2001（8）9 頁

二式獄簋（西周中）：朕～尹周師右告獄于王。◎考文 2006（6）60 頁

獄盉（西周中）：朕～尹周師右告獄于王。◎考文2006（6）63頁

衛簋甲蓋（西周中）：朕～尹中（仲）侃父右告衛于王。◎南開2008（6）封三

秦簋（西周中）：孫子子其永寶～。◎銘續407

趞簋（西周中）：內（入）～宮。◎銘續438

伯碩父鼎（西周晚）：穮（勉）天子～。◎銘圖2438

攻吳王光鐸（春秋晚）：攻敔（吳）王～初得其𠷎（壽）金。◎銘續1047

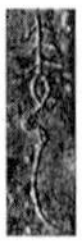

光逌戈（春秋晚）：～逌自乍（作）用之。◎銘圖16821

悍距末乙（戰國晚）：～張上[下]。◎古研（24）269頁

【案】光逌戈一文，《銘圖》釋「夷」讀「敖」，定器爲戰國器。倘銘文不僞，則此字當爲「光」之稍訛，器爲吳王光之物。

爝

曾侯與鐘（春秋晚）：⿰⿱丰田刂（荊）邦既～（削）。◎銘續1029

【案】諸家頗多以爲從「扁」而讀作「刷」者，非是。陳劍（2014a）釋「爝」於形最確。陳氏讀「爝」爲「削」，訓削地。清華大學出土文獻讀書會（2014）亦以字從「爵」聲而讀「削」，但訓削弱。當以削弱義爲佳。

宊*

叔安父簋（西周中）：弔（叔）～父乍（作）爲朕弔（叔）弟宗人寶殷（簋）。◎銘續440

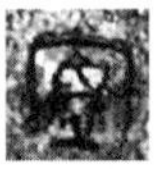

孝簋（西周中）：君～父才（在）新宮。◎銘續441

⿰火泉*

⿰氵戈公宜脂鼎（春秋晚）：用鑄其~（爨）宜鼎。◎銘續 191

⿸㫃女*

婦⿸㫃女尊（商晚）：婦~[illegible]。◎銘圖 11204

朕*

叔友簋（西周中）：乍（作）旅姜幾母寶~（媵）𣪘（簋）。◎銘續 434

⿰卜丂史簋（西周晚）：⿰卜丂史乍（作）⿱宀易（唐）⿰𠙵司（姒）~（媵）𣪘（簋）。◎銘續 431

蔡侯鼎（春秋早）：蔡侯乍（作）宋姬~（媵）鼎。◎首陽 127 頁

滕司城㚟戈（春秋早）：~（滕）𤔲（司）（⿰鹵成）（城）㚟之仕用戈。◎銘續 1206

滕司徒毋卑戈（春秋晚）：~（滕）司徒毋卑之造。◎銘續 1201

司馬義鎛（戰國早）：卑（俾）乍（作）司馬于~（滕）。◎山東 104—108 頁

爕

蔡大司馬爕盤（春秋晚）：蔡大𤔲（司）馬~。◎古研（24）68 頁

【案】同「燮」。參見卷三「燮」字。

粦

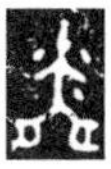

親簋（西周中）：女（汝）廼諫訊有~（譖）。◎歷文 2006（3）封二

虎簋蓋乙（西周中）：不（丕）顯朕剌（烈）且（祖）考，~（潛）明克史（事）先王。◎新收 1874

卌三年逑鼎丁（西周晚）：雩乃訊庶又（有）~（譖）。◎華章 79 頁

黑

逨盤（西周晚）：雩朕皇高且（祖）零白（伯），～（潛）明乒（厥）心。◎盛世34頁

卌三年逨鼎丙（西周晚）：雩乃訊庶又（有）～（譖）。◎華章71頁

【案】「𢍚」字本象人潛泳水中之形，爲「潛」之表意初文。金文中與「明」連用而讀爲「潛明」，用以稱揚賢人德性；「潛明厥心」則爲使動用法，謂自使其心潛明。在與獄訟有關的文例中則讀爲「譖」，爲起訴、訴訟之義。另外一些讀「譖」的用例，爲告訴、告譖義，帶嚴肅意味。說詳陳斯鵬（2019a）。

鑄子叔黑臣盨（春秋早）：鑄子弔（叔）～臣肇乍（作）寶須（盨）。◎銘圖5608

楚子黑拳戈（春秋晚）：楚子～𩠣（拳）之用。◎銘續1155

黗

冢子韓政戟刺（戰國晚）：冶肙（尹）～造□旇（戟）朿（刺）。◎銘續1289

〔忐〕恖

逨鐘一（西周晚）：鎗鎗～～（鏓鏓）。◎銘續1028

熒

𥱼榮鼎（商晚）：葡（𥱼）～（榮）。◎首陽56頁

榮仲方鼎（西周早）：王乍（作）～（榮）中（仲）序（舍）。◎文物2005（9）64頁

榮仲方鼎（西周早）：～（榮）中（仲）速內（芮）白（伯）。◎文物2005（9）64頁

甶盨蓋（西周中）：～（榮）白（伯）入右甶。◎銘圖5673

宰獸簋（西周中）：嗣（司）土～（榮）白（伯）右宰獸內（入）門。◎陝博（7）99頁

旅盤鎣盤（西周中）：旅般（盤）～（鎣）。◎銘續917

應侯視工鐘（西周晚）：~（榮）白（伯）內（入）右雁（應）侯視工。◎保利續158頁

卌三年逑鼎丁（西周晚）：昔余既令（命）女（汝）疋（胥）~（榮）兌。◎華章79頁

卌三年逑鼎壬（西周晚）：昔余既令（命）女（汝）疋（胥）~（榮）兌。◎華章119頁

赤

衍簋（西周中）：易（賜）女（汝）冋（絅）衣、~舃、幽黃（衡）、鋚鞞（勒）。◎銘續455

𦥑簋（西周中）：用~金一勻（鈞）。◎文物2000（6）87頁

采隻簋（西周中）：易（賜）女（汝）戠（緇）衣、~予市。◎銘圖5154

親簋（西周中）：~市。◎歷文2006（3）封二

戚簋蓋（西周中）：易（賜）女（汝）~市、朱亢（衡）、攸（鋚）勒。◎銘續450

宰獸簋（西周中）：~市、幽亢（衡）。◎陝博（7）99頁

師酉盤（西周晚）：新易（賜）女（汝）~市、攸（鋚）勒。◎銘續951

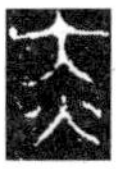

卌三年逑鼎甲（西周晚）：~舃。◎華章55頁

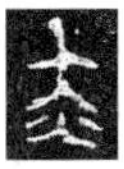

卌三年逑鼎丁（西周晚）：~舃。◎華章79頁

頌盤（西周晚）：~市。◎文物2009（9）52頁

大

作太子卣（商晚）：乍（作）~（太）子尊彝。◎考文2007（3）4頁

大万尊（商晚）：婦尊宜才（在）𡨦~（太）室。◎銘續790

大万簋（西周早）：～丏（万）。◎文博 2008（2）8 頁

晉侯鳥尊蓋（西周早）：晉侯乍（作）向～（太）室寶尊彝。◎晉國 51 頁

羚簋（西周中）：王才（在）宗周，各（格）～（太）室。◎字與史（1）211 頁

親簋（西周中）：，各（格）～（太）室。◎歷文 2006（3）封二

老簋（西周中）：王才（在）葊京，魚（漁）于～滂（沼）。◎考文 2005 年增刊 65 頁

任鼎（西周中）：用各（格）～神。◎歷文 2004（2）21 頁

太師虘簋（西周中）：王乎（呼）宰曶易（賜）～（太）師虘虎裘。◎銘圖 5282

霸伯簋（西周中）：～奏。◎考報 2018（1）108 頁

叔夨方鼎（西周早）：王彭、～禰、桒才（在）成周。◎文物 2001（8）9 頁

作太保鼎（西周早）：乍（作）～（太）保。◎銘圖 1016

𦺈簋（西周中）：馭戎～出于楕（楷）。◎新收 1891

士山盤（西周中）：眔～虘服。◎歷文 2002（1）4 頁

任鼎（西周中）：又𩫏束、～𢍰（對）。◎歷文 2004（2）21 頁

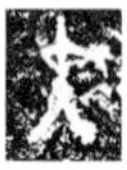
任鼎（西周中）：易（賜）脡、牲～牢。◎歷文 2004（2）21 頁

[酉卂]卣（西周中）：昔～宮靜（請）王。◎銘續 882

霸伯豆（西周中）：霸白（伯）乍（作）～（太）廟尊彝。◎考報 2018（1）110 頁

虎簋蓋乙（西周中）：各（格）于～（太）室。◎新收1874

楷大司徒仲車父簋（西周中）：楮（楷）～嗣（司）徒中（仲）車父乍（作）寶𣪕（簋）。◎銘圖4683

虒簋（西周中）：各（格）～（太）室。◎銘圖5295

小臣夾虘簠蓋（西周晚）：奠（鄭）白（伯）～小臣夾虘乍（作）匠（簠）。◎銘圖5896

毛虢父簋（西周晚）：子子孫孫永寶用亯（享）～宗。◎銘續424

卌三年逑鼎甲（西周晚）：舜堇～令（命），奠周邦。◎華章55頁

卌三年逑鼎甲（西周晚）：虔夙夕（助）雝我邦小～猷。◎華章55頁

卌三年逑鼎己（西周晚）：雁（膺）受～令（命），匍（敷）有亖（四）方。◎華章95頁

伯太師釐盨（西周晚）：白（伯）～（太）師釐乍（作）旅𩠏（盨）。◎夏商周402.1

晉侯對鋪（西周晚）：用旨食～饎。◎新收857

琱生尊（西周晚）：余□～章（璋）。◎文物2007（8）20頁

伯𢦔父簋蓋（西周晚）：用亯（享）于～神。◎古研（27）198頁

曾太師奠與鼎（春秋早）：曾～（太）師奠與乍（作）鼎。◎曾國7頁

芮太子白鬲（春秋早）：內（芮）～（太）子白乍（作）爲邁（萬）寶鬲。◎芮國82

楚太師登鐘辛（春秋早）：楚～（太）師登。◎上博（11）153頁

復封壺（春秋早）：齊～（太）王孫遉（復）封象嗣（司）右大徒。◎銘圖12447

伯克父鼎（春秋早）：用追孝于我~不（丕）顯。◎銘續 223

與兵壺（春秋晚）：余鄭~（太）子之孫與兵。◎古研（24）234—235頁

曾大醓尹壺（春秋晚）：曾~醓尹鱣之行壺。◎銘圖 12225

曾孫卲壺（春秋晚）：曾孫卲之~行之壺。◎銘續 820

叔子孶盌（戰國早）：弔（叔）子孶乍（作）孟姜祖~宗盌。◎銘圖 19237

廿年冢子戈（戰國晚）：~官。◎古研（27）322頁

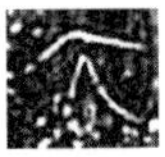
三年大將李牧弩機（戰國晚）：~⿰爿酉（將）吏牧。◎文物 2006（4）封三

冢子韓政戟刺（戰國晚）：~官上庫嗇夫狢賈。◎銘續 1289

競之定鬲甲（春秋晚）：~有社（功）于洛之戎。◎文物 2008（1）81頁

鄬子大簠蓋（春秋晚）：⿰化阝（鄬）子~之飤匿（簠）。◎近出 510

邸公皷父鎛（春秋晚）：惕爂~命。◎銘圖 15818

⿰化阝夫人嬭鼎（春秋晚）：⿰化阝（鄬）~尹兒乍（作）之。◎中原 2009（3）11頁

商鞅鈹（戰國中）：~良造庶長鞅之造。◎首陽 183頁

王垣令戟（戰國晚）：~庫工市（師）□。◎珍秦齋吳 169頁

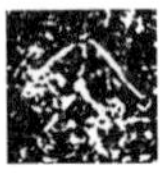
王太后鼎（戰國晚）：王~（太）后。◎文物 2006（11）65頁

奎

郘夫人嫘鼎（春秋晚）：孟甲才（在）～之远。◎中原 2009（3）11 頁

夾

卌三年逑鼎丙（西周晚）：～鬸（紹）先王。◎華章 71 頁

逑盤（西周晚）：～鬸（紹）文王武王達殷。◎盛世 34 頁

奝

奝令均戈（戰國中）：～命（令）均。◎銘續 1219

奝令戈（戰國晚）：奝命（令）□。◎考古 2011（12）96 頁

欯*

賈子伯欯父壺（春秋早）：賈子白（伯）～父乍（作）孟姬尊壺。◎銘續 838

㚇*

鄭遣伯㚇父鼎（西周晚）：奠（鄭）趞（遣）白（伯）～乍（作）匽姬賸（媵）鼎。◎銘續 152

戞*

韓少夫戟（戰國晚）：～矣命（令）倝（韓）少夫。◎珍秦齋吳 229 頁

㦸*

芮太子白鬲（春秋早）：內（芮）大（太）子白乍（作）爲～父寶鬲。◎銘圖 2899

㚛*

廿四年芒令戈（戰國晚）：廿亖（四）年㐭（芒）命（令）州～。◎左冢 66 頁

【案】字從「大」從「受」，《左冢》疑「逃」字，《通鑒》《銘圖》隸作「㛸」，均未確。

亦

𠫑公盨(西周中)：好德聞(婚)遘(媾)，~唯劦(協)天。◎歷文2002(6)4頁

眈簋(西周中)：~弗朢(忘)乃且(祖)考。◎銘圖5386

霸姬盉(西周中)：襄(倘)余~改朕辭。◎銘圖14795

叔旅簋(西周中)：~雩子子孫孫亯(就)用。◎銘續417

司馬義鎛(戰國早)：~帥刑(型)灋則祧(先)公正悳(德)。◎山東104—108頁

夨

叔夨方鼎(西周早)：王乎(呼)殷氒(厥)士觴(唐)弔(叔)~(虞)。◎文物2001(8)9頁

陘王尊(西周早)：陘王乍(作)~(虞)姬寶尊彝。◎文博2008(2)7頁

虞戈(西周早)：~(虞)。◎陝金集成780

虞叔匜(春秋早)：~(虞)弔(叔)□父賸(媵)孟姬元女寍(匜)盤。◎江漢2016(5)48頁

吳

作册吳盤(西周中)：乍(作)册~(虞)。◎銘圖14525

卌三年逑鼎甲(西周晚)：疋(胥)熒(榮)兌䊷(總)司三(四)方~(虞)⿱林啚(林)。◎華章55頁

卌三年逑鼎丁(西周晚)：𤔲(司)馬壽右~(虞)逑入門立中廷。◎華章79頁

卌三年逑鼎壬(西周晚)：𤔲(司)馬壽右~(虞)逑入門立中廷。◎華章119頁

師酉盤(西周晚)：各(格)~大(太)室。◎銘續951

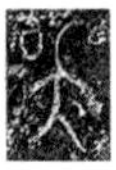

吳氏季大鼎(春秋早)：~氏季大爲其飤鼎。◎銘續165

夭

工吳王叡矣工吳劍（春秋晚）：工～王叡矣工吳睪（擇）其吉金。◎銘圖17948

曾侯與鐘（春秋晚）：～恃有眾庶行亂。◎銘續1029

攻吳王𨑓矣吳劍（春秋晚）：攻敔（吳）王𨑓矣～自乍（作）甬（用）僉（劍）。◎銘續1343

吳乳子鼎（戰國晚）：～乳（孺）子貞（鼎）。◎銘圖1674

吳季子之子逞劍（春秋晚）：～季子之子逞之𠘧（元）用鐱（劍）。◎銘續1344

夭卣（西周中）：～乍（作）彝。◎流散歐美130

喬

秦政伯喪戈（春秋早）：乍（作）造左辟元戈～黃。◎珍秦齋秦42頁

元黃戈（春秋早）：元黃～。◎文物2009（1）51頁

曾孫喬壺（春秋晚）：曾孫～之行壺。◎銘續814

〔幸〕㚔

王八年內史操戈（戰國中）：[咸]陽工～。◎故博2005（3）50頁

內史操戈（戰國中）：咸陽工～。◎銘續1239

【案】王輝、蕭春源（2005）釋「帀（師）屯」二字，本書初版從而將其下半收入「屯」字條，誤。《銘續》釋「帀（師）屰」二字，亦誤。吴良寶（2012：10）釋「幸」，是。「幸」字本從「犬」從倒「矢」，參陳劍（2005）。《説文》：「吉而免凶也。从屰、从夭。夭，死之事，故死謂之不幸。」析形不確。疑本取意於犬幸免於矢。

交

犬交父丁觚（商晚）：犬～父丁。◎銘續 703

交父辛觶（西周早）：～父辛。◎文物 2004（7）8 頁

壺

仲畱父壺（西周早）：中（仲）畱父令色㠯（以）旁～□□才（財）□二朋。◎曲村 440 頁

隹壺卣蓋（西周早）：隹～。◎近出 563

曾侯壺（西周早）：曾侯乍（作）田～。◎銘續 808

曾侯諫壺蓋（西周早）：曾侯諫乍（作）媿䜌～。◎銘續 815

倗叔壺蓋（西周中）：弔（叔）乍（作）田甫（父）福～。◎銘圖 12401

晉侯𩁹馬壺（西周中）：晉侯𩁹馬乍（作）寶尊～。◎晉國 69 頁

晉叔家父方壺（西周中）：晉弔（叔）家父乍（作）尊～。◎晉國 197 頁

單五父方壺甲（西周晚）：單五父乍（作）朕皇考尊～。◎華章 169 頁

楊姞壺（西周晚）：楊姞乍（作）羞醴～。◎晉國 161 頁

琱生尊（西周晚）：戕五尋、～兩。◎文物 2007（8）20 頁

楷大司工尚僕壺（西周晚）：楕（楷）大嗣（司）工尚僕乍（作）爲寶～。◎銘續 833

賈子伯㪤父壺（春秋早）：賈子白（伯）㪤父乍（作）孟姬尊～。◎銘續 838

曾伯𥻆壺（春秋早）：自乍（作）尊～。◎江漢 2017（6）9 頁

魯侯壺（春秋早）：魯侯乍（作）～。◎文物 2009（9）34 頁

仲姜壺（春秋早）：中（仲）姜乍（作）爲亘（桓）公尊～。◎芮國 87

杞伯每亡壺蓋（春秋早）：杞白（伯）每亡乍（作）嫀（曹）氏豐（醴）～。◎銘續 836

虢姜壺（春秋早）：虢姜乍（作）旅～，永寶用。◎文博 2009（1）16 頁

伯遊父壺（春秋中）：馬頸君白（伯）遊父乍（作）其旅～。◎上博（10）119 頁

曾仲姬壺（春秋晚）：曾中（仲）姬之尊～。◎文物 2008（2）8 頁

曾大醓尹壺（春秋晚）：曾大醓尹鱣之行～。◎銘圖 12225

曾孫喬壺（春秋晚）：曾孫喬之行～。◎銘續 814

滕大司馬友壺（戰國晚）：絛（滕）大司馬友之㿝（弇）㝥～。◎銘續 822

曾侯諫壺（西周早）：曾侯諫乍（作）媿簪～。◎銘續 815

應侯壺甲（西周晚）：雁（應）侯乍（作）旅～。◎保利續 155 頁

應侯壺乙（西周晚）：雁（應）侯乍（作）旅～。◎保利續 155 頁

〔⿱壺皿〕

仲姞壺（西周中）：中（仲）姑（姞）乍（作）寶～。◎銘圖 12257

晉侯斷壺（西周中）：晉侯斷乍（作）尊～。◎晉國 97 頁

〔⿱壺廾〕

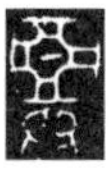

圓君婦媿靁壺（春秋早）：圓君婦媿靁乍（作）旅～。◎小邾國 65 頁

〔⿰亞瓜〕

盩壺（商晚）：用乍（作）尊彝～。

◎銘續 827

【案】盩壺「⿰亞瓜（壺）」，《銘續》釋「亙」，並不與前「尊彝」連讀，非是。「⿰亞瓜」從「亞」、「瓜」聲，爲「壺」字異體，戰國文字沿用之，如⿰御阝子㝬壺（《集成》9558）作「」，清華簡《病方》1作「」，又見於信陽楚簡2-1、望山楚簡M2.46等。「尊彝」加具體器名之例，亦見於曾侯鼎（《銘圖》1571）「寶尊彝鼎」、吕伯簋（《集成》3979）「寶尊彝𣪘（簋）」等，中山王壺（《集成》9735）則有「彝壺」之稱，均可合證。

懿

豳公盨（西周中）：益□～德。

◎歷文2002（6）4頁

逨盤（西周晚）：用辟龏（恭）王、～王。

◎盛世34頁

逑盤（西周晚）：雩朕皇亞且（祖）～中（仲）。

◎盛世34頁

司馬義鎛（戰國早）：朕吝（文）考～弔（叔）。

◎山東104—108頁

【案】「懿」字初以人張口對壺會「美」意，後加「心」旁以足義。小篆「壺」旁變作「壹」（「壺」「壹」爲一字之分化，古文字或以「壺」爲「壹」），兼表聲。《說文》解爲「从壹、从恣省聲」，不可從。

㚔

㚔卣（西周早）：～。

◎銘圖12638

執

菁簋（西周中）：菁博（搏）戎，～訊隻（獲）馘（聝）。◎新收1891

趞簋（西周中）：王～𢀛（魏）駒。

◎銘續439

報　盩　睪

伯𢦚父簋（西周晚）：寴（親）~訊十夫。

◎古研（27）198頁

伯𢦚父簋（西周晚）：白（伯）𢦚父從王伐，寴（親）~訊十夫，馘（聝）廿。◎首陽107頁

柞伯鼎（西周晚）：柞白（伯）~訊二夫。

◎文物2006（5）68頁

卌二年逑鼎甲（西周晚）：女（汝）~訊隻（獲）馘（聝）。◎華章39頁

㪤鈹（春秋晚）：㪤乍（作）~敀（鈹）。

◎銘續1335

宋左師不睪鼎（春秋晚）：宋左帀（師）不~。

◎臨淄88頁

盩壺（商晚）：子易（賜）~貝。

◎銘續827

霸姬盉（西周中）：~氒（厥）誓。

◎銘圖14795

霸姬盤（西周中）：~氒（厥）誓曰。

◎考報2018（2）239頁

琱生尊（西周晚）：~寑（婦）氏帛束、璜一。

◎考文2007（3）8頁

琱生尊（西周晚）：~寑（婦）氏帛束、璜一。

◎文物2007（8）20頁

南行唐令鈹（戰國晚）：冶得~齎（劑）。

◎夏商周591

元年安平相邦戈（戰國晚）：冶余~齎（劑）。

◎銘圖17349

睪*

鉅鹿令張密戈（戰國晚）：冶雩～齎（劑）。
◎銘續 1251

【案】戰國金文「報劑」之「報」，舊多從于省吾說釋「𦤎（執）」。董珊（2008e）從劉體智釋「報」，認爲「報劑」即上報券書之意。余淼淼（2022）則謂「執劑」爲報告金錫比例。嶽麓書院藏秦簡（七）44 有職官名「執齊」，整理者及周波（2022）據以重新肯定「執劑」之說。察金文字形，當以釋「報」爲是。倘「報」字爲正，則疑可讀「復」或「覆」。《論語·學而》：「言可復也。」何晏集解：「復，猶覆也。」皇侃疏：「復，猶驗也。」《周禮·考工記·弓人》：「覆之而角至，謂之句弓。」鄭玄注：「覆，猶察也。」「報劑」即察驗劑量之意。

父丁罍（西周早）：～父丁。
◎銘續 895

亢

亢鼎（西周早）：公令（命）～歸美亞貝五十朋。
◎上博（8）121 頁

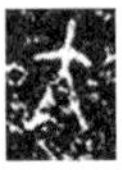

宰獸簋（西周中）：易（賜）女（汝）赤市、幽～（衡）。◎陝博（7）99 頁

獄盉（西周中）：王睗（賜）獄伂（佩）、戠（緇）市、絲～（衡）。◎考文 2006（6）63 頁

衛簋甲蓋（西周中）：殺（朱）～（衡）。
◎南開 2008（6）封三

獄盨（西周中）：戠（緇）市殺（朱）～（衡）。
◎銘圖 5275

【案】「亢」或省訛作「大」形。

𠦪

𠦪盉（商晚）：～禽人（夷）方滓白（伯）。
◎滕州 303 頁

叔夨方鼎（西周早）：王彭、大𣡕、～才（在）成周。◎文物 2001（8）9 頁

〔𠦪〕

棘戭鼎蓋（西周早）：隹（唯）王初～于成周。◎銘續 217

史此觥（西周早）：王既～于成周。◎銘續 892

霸伯簋蓋（西周中）：丼弔（叔）來～鹽。◎考報 2018(1)103

加卣（西周中）：加乍（作）父戊寶尊彝，用匃～。◎銘圖 13302

𦬓父簋（西周中）：卣易（賜）𦬓父馬乘、車、虎冟、蔡㦇、緣（鑾）、～軨。◎全集(10)251 頁

申文王之孫州𠦪簠（春秋晚）：𤉲（申）文王之孫州～。◎古研(25)193 頁

老簋（西周中）：老～（拜）䭫（稽）首。◎考文 2005 年增刊 65 頁

秦簋（西周中）：秦乍（作）朕考甫（父）乙～（饋）𣪘（簋）。◎銘續 407

卌三年逑鼎乙（西周晚）：～較（較）。◎華章 63 頁

卌三年逑鼎丙（西周晚）：～較（較）。◎華章 71 頁

工尹坡盞（春秋晚）：工尹坡之～（饋）鈚。◎論稿 20 頁

【案】「𠦪」字甲金文常見，歷來眾説紛紜，詳參《甲骨文字詁林》1474—1477 頁、《甲骨文字詁林補編》387—393 頁、《金文詁林》6127—6153 頁、《金文詁林補》3214—3218 頁。其用於祭祀祈求一類語境者，近年讀「禱」之説頗流行，主其説者有陳漢平（1989）、冀小軍（1991）、陳劍（2001a）、單育辰（2017）等，實則於形音義俱不可信。孟蓬生（2004）、董蓮池（2008）、劉雲（2022）對此有合理的批評。「𠦪」字形本爲一整體，象草形而突出其根系，或加「艸」爲繁體（「艸」或訛類「収」）。《説文》分析爲「从𠦃、卉聲」，殊誤。「𠦪」音「忽」（《説文》「𢱭」字條），又「餴（饙）」「𢱭（拜）」「𩓼（拜）」等從「𠦪」聲，其語音信息明確，不容忽視。龍宇純（1963）以「𠦪」爲「犮」之象形初文，

應較爲可信。用於祭祀祈求一類語境之「𠦪」，龍氏讀「祓」，則嫌不夠妥帖。予意似不若讀「拜」，拜神求福之意。老簋「𠦪」即讀「拜」，此雖爲拜手之「拜」，然二義本自相涵，蓋拜神一般亦當行拜手禮也。金文拜手通常作「𢷎」，而拜神通常作「𠦪」，但又偶或通用，正音義同源之故也。霸伯簋蓋「𠦪鹽」之「𠦪」疑讀「拔」，簡選拔取之意。字或加「又」旁，疑即「拔」之異體。參卷三「⿰𠦪又」字條。「𠦪較（較）」一類文例之「𠦪」，近年流行讀「雕」，自不可信。舊或讀「賁」，待考。

⿰𠦪丸

卌二年逨鼎甲（西周晚）：戕（蠢）厥~出戡（斬）于井阿。◎華章39頁

奏

作册般黿（商晚）：~于庸，乍（作）女（汝）竇。◎歷文2005（1）封二

唐鼓爵（商晚）：王~登□□□鼓□□尊。◎銘圖8583

大万尊（商晚）：王卿（饗）酉（酒），~庸。◎銘續790

侯古堆鎛（春秋晚）：嘉平元~。◎侯古堆57頁

【案】侯古堆鎛「奏」字從謝明文（2011a）釋。

〔臭〕臭

曾伯克父簠蓋（春秋早）：雖人孔~（懌）。◎銘續518

皇㲉鼎（春秋晚）：~（射）㪔（皋）公子皇㲉⿱罒廾（擇）其吉金。◎銘續192

子辛戈（春秋晚）：子辛~（擇）氒（厥）吉金專皇。◎淅川165頁

〔⿸厂⿱白矢〕

霸姬盤（西周中）：余某弗～（舍）爯（稱）公命。◎考報 2018（2）239頁

叔多父盤（西周晚）：～（舍）又（有）父母，多父其孝子。◎銘圖 14532

【案】「⿱白矢」史牆盤作「」，象矢中準的之形，爲「射」之異構。其上象準的部分後漸演變爲「白」，即「的」字之初文。其下「矢」或訛同「大」，《說文》遂分析爲從「大」從「白」，又因古文用爲「澤」，遂糅合出「大白澤也」之訓，均誤。金文、楚簡之「亡⿱白矢」「無⿱白矢」「不⿱白矢」「弗⿱白矢」，即《詩》《書》之「無射」「無斁」。故訓「射」「斁」爲「厭」，實則「⿱白矢」「射」「斁」均應讀「捨」，捨棄、厭棄之意。「⿱白矢」或加「厂」爲繁體「⿸厂⿱白矢」，「厂」象張侯之形，構形可與「侯」字合證。「⿸厂⿱白矢」已見於琱生簋等，應讀「舍」，「舍命」猶「致命」。說詳陳斯鵬（2017）。周忠兵（2018）據楚簡「廛」作「」「」等形，釋「⿸厂⿱白矢」爲「廛」，讀金文「⿸厂⿱白矢命」之「⿸厂⿱白矢」爲「展」，訓誠。裘錫圭（2018b）從其說以釋霸姬盤銘。裘錫圭（2021b）又改讀爲蟬聯之「蟬」。予意將「⿸厂⿱白矢」與「廛」之上部認同是，而將「⿸厂⿱白矢」等同於「廛」則非。「廛」應分析爲從「土」從「⿸厂⿱白矢」，「⿸厂⿱白矢」亦聲。古一廛之地與一射之地相當，故「廛」字形音義均從「⿸厂⿱白矢（射）」衍生。霸姬盤銘「⿸厂⿱白矢」仍應讀「舍」，「舍稱」爲近義連用。叔多父盤「⿸厂⿱白矢」，予曾疑讀第一人稱代詞「余」，陳哲君認爲可讀如《孟子·滕文公上》「且許子何不爲陶冶，舍皆取諸其宮中而用之」之「舍」，訓皆，其說似較勝。此音義之「舍」，疑即漢世以後流行之「都」。

夫 奚

昔雞簋（西周中）：王姤（后）乎昔～（雞）遣芀姞于䢅（韓）。◎陝金集成 28

季姬尊（西周中）：氒（厥）師～曰丁。◎文物 2003（9）89頁

伯庸父盉（西周中）：其返其～墓（萬）壽。◎銘圖 14783

格仲簋（西周中）：隻（獲）訊二～，馘二。◎考報 2018（2）234頁

伯戜父簋（西周晚）：窺（親）執訊十～。◎首陽 107頁

柞伯鼎（西周晚）：柞白（伯）執訊二～。◎文物2006(5)68頁

善夫吉父鬲（西周晚）：善（膳）～吉父乍（作）京姬尊鬲。◎銘圖2970

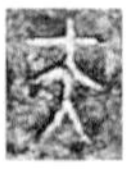
曾伯克父簋蓋（春秋早）：采～無若。◎銘續518

封子楚簠（春秋晚）：用會嘉賓、大～及我倗友。◎銘續517

夫差劍（春秋晚）：攻敔（吴）王～差。◎黄盛璋307頁

鄭莊公之孫盧鼎（春秋晚）：剌（烈）弔（叔）剌（烈）～人。◎湖北56

宋君夫人鼎蓋（春秋晚）：宋君～人自乍（作）餗（饙）貞（鼎）。◎第四屆116頁

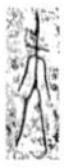
昭之瘠夫戈（春秋晚）：卲（昭）之瘠～之行戈。◎銘續1202

攻吴王夫差劍（春秋晚）：攻敔（吴）王～差。◎銘續1341

四年成陰嗇夫戟（戰國晚）：成陰（陰）嗇～司寇或。◎珍秦齋吴151頁

玄鏐鏞鋁戈（春秋晚）：用翏（鏐）～（鏞）吕（鋁）之玄。◎珍秦齋吴75頁

玄鏐鏞鋁戈（春秋晚）：玄翏（鏐）～（鏞）吕（鋁）之用。◎銘續1180

⿰夫古*

⿰夫古仲衍鐘（西周晚）：～中（仲）衍乍（作）寶鎛。◎考文2007(3)7頁

⿰夫古仲衍鐘（西周晚）：～中（仲）其邁（萬）年，子子孫孫永寶。◎考文2007(3)7頁

⿰害夫*

榮仲方鼎（西周早）：～（胡）侯。◎文物2005(9)64頁

周晉盉（西周中）：周晉枣（早）喪氒（厥）～考辛中（仲）。◎銘圖14793

飫* 立

訞應姬鼎（西周中）：～（胡）雁（應）姬見于王。◎銘續 221

遷邟鐘（春秋早）：尋楚～之子遷邟。◎銘續 1027

嬰同盆（春秋晚）：～旨□之子。◎全集（7）129 頁

武王之童𡉚戈（戰國晚）：武王之童～。◎銘續 1137

【案】嬰同盆「訞」字，謝明文（2020）疑釋「陕」，《銘三》621 釋「敀」，均未確。

二年梁令張飫戟（戰國晚）：二年梁倫（令）長（張）～。◎古研（27）327 頁

㫃簋（西周中）：□弔（叔）右㫃即～（位）中廷。◎字與史（1）211 頁

親簋（西周中）：王才（在）周，各（格）大（太）室，即～（位）。◎歷文 2006（3）封二

宰獸簋（西周中）：王各（格）大（太）室，即～（位）。◎陝博（7）99 頁

太師虘簋（西周中）：王各（格）大（太）室，即～（位）。◎銘圖 5282

太師虘簋蓋（西周中）：王乎（呼）師晨召大（太）師虘入門，～中廷。◎銘圖 5283

卌三年逑鼎甲（西周晚）：王各（格）周廟，即～（位）。◎華章 55 頁

師酉盤（西周晚）：公族𤔲釐入右師酉～中廷。◎銘續 951

秦子鎛（春秋早）：秦子畍𩁹才（在）～（位）。◎歷文 2008（4）圖版二

端

南行唐令鈹（戰國晚）：王～（湆）事。◎夏商周591

倉端王義鼎（戰國晚）：倉～王義。◎銘續159

⿰立卜*

二年宜陽戈（戰國晚）：宜陽右庫工帀（師）長（張）～。◎考文2002（2）70頁

⿰立古*

⿰立古度鼎（戰國晚）：～度。◎銘圖712

⿰立耳*

冢子韓政戟剌（戰國晚）：庫吏～。◎銘續1289

⿰立甫*

宜陽戈（戰國晚）：宜陽［右］庫工帀（師）長（張）～。◎文物2000（10）76頁

【案】蔡運章（2000）釋「竦」，不確。黄錫全（2002c）指出字右從「甫」，並疑「張⿰立甫」與二年宜陽戈「張⿰立卜」爲同一人，甚是。《集韻·模韻》有「⿰立甫」字，訓「物之端」。又《龍龕手鑑·立部》有「⿰立卜」字，音「羊即反」，當與戈銘「⿰立卜」字無關。

⿰立長*

信安鼎（戰國晚）：～（長）陰（陰）侯安君。◎文物2009（11）71頁

長信侯鍾（戰國晚）：～（長）訫（信）侯厶（私）官況。◎銘續828

⿰立命*

共令齊戈（戰國晚）：共~（令）鄐（齊）。◎銘續 1235

⿰立丵*

燕王職壺（戰國晚）：唯郾（燕）王職，~（踐）啚（阼）承祀。◎上博（8）146 頁

【案】周亞（2000）謂字從「立」聲，假爲「涖」，非是。黃錫全（2002d）及董珊、陳劍（2002）均指出此字聲符在右，即由三體石經「踐」字古文「」之右旁演變而來，字亦應讀「踐」，甚是。字當從「丵」聲。

⿰立壽*

大陰令鄬⿰立壽戈（戰國晚）：大⿰阝金（隂）命（令）鄬~。◎銘續 1263

⿰立喿*

郙⿰立喿戈（春秋晚）：郙~之貣（造）。◎銘續 1112

⿰立⿱丵亞*

鄧冢⿰立⿱丵亞戟（戰國）：鄧冢~之用戜（戟）。◎銘續 1192

⿰立囂*

蒲子戈（戰國晚）：工市（師）邦~。◎中國文字學報（5）142 頁

竝

竝鼎（西周早）：~。◎銘續 22

逑盤（西周晚）：~宅氒（厥）堇（勤）彊（疆）土，用配上帝。◎盛世 34 頁

替

獄盤（西周中）：用絲（茲）王休，其日引勿～。◎考文2006（6）61頁

衛簋甲蓋（西周中）：用絲（茲）王休，其日引勿～。◎南開2008（6）封三

獄盨蓋（西周中）：用絲（茲）王休，其日引勿～。◎銘圖5275

叔尊（西周中）：女（汝）日其賞勿～。◎銘圖11818

【案】「替」從二「大」或「立」一偏下會意。所從二「人」若「立」或高下不顯，易與「竝」混。

⿰囟比

巽⿰囟比嬰壺蓋（西周早）：～嬰乍（作）父丁彝。◎銘圖12202

鄴仲盤（春秋早）：鄴（養）中（仲）乍（作）其孫弔（叔）嬴～朕（媵）盤。◎銘續943

⿱囟丝*

師衛鼎（西周早）：臨射于⿱𦥯兒～⿰鹵成（城）。◎銘圖2378

師衛簋（西周早）：臨射于⿱𦥯兒～⿰鹵成（城）。◎銘圖5142

思

鮑子鼎（春秋晚）：中（仲）匋始（姒）返（及）子～。◎歷文2009（2）51頁

期思公戟（春秋晚）：恒（期）思公智上爲恒（期）～左王告（造）戟（戟）。◎安金彙編166

五年邢令殷思戟（戰國晚）：陞（邢）命（令）殷～。◎珍秦齋吳163頁

心

女心鼎（商晚）：女（母）～。◎近出226

⿶凵爾公盨（西周中）：無睨～。◎歷文2002（6）4頁

志

逑盤（西周晚）：克幽明氒（厥）～。◎盛世34頁

遷祁鐘（春秋早）：我台（以）樂我～。◎銘續1027

七年王子戈（戰國晚）：工帀（師）吕～。◎珍秦齋吴237頁

悳

競孫旟鬲（春秋晚）：龏（恭）寺（持）明～（德），卲（昭）事辟王。◎銘圖3036

司馬義鎛（戰國早）：亦帥刑（型）瀌則祑（先）公正～（德）。◎山東104—108頁

〔應〕應

子邦令戈（戰國晚）：子邦命（令）～□。◎銘續1237

念

念觚（商晚）：～。◎流散歐美205

叔休器殘片（西周早）：永～友。◎銘圖19458

趞伯簋（西周中）：～爯𢦏（哉）。◎銘圖5214

趞伯簋（西周中）：～爯𢦏（哉）。◎史學2006（2）封二

趞伯盨（西周中）：～爯𢦏（哉）。◎銘圖5666

射壺蓋（西周晚）：乃事（使）逑遣～于蔡君子興。◎銘圖12443

憲

虒簋（西周中）：王令（命）乍（作）册～尹易（賜）虒䜌（鑾）旂（鍚）。◎銘圖5295

晉公盤（春秋中）：我刺（烈）考～公。◎銘續952

戁

郘公䞣父鎛（春秋晚）：愓～大命，保朕邦家。◎銘圖 15816

慧

少府鐓（戰國晚）：少府工～。◎銘圖 18545

慶

兒慶鼎（春秋早）：兒～乍（作）秦妊它（匜）鼎。◎歷文 2003（5）65 頁

郳慶簠（春秋早）：鼄（郳）～乍（作）秦妊匩（簠）。◎小邾 115 頁

郳慶父簠（春秋早）：鼄（郳）～父乍（作）州𡚱車母寶𣪘（簠）。◎銘續 388

曾太保慶盆（春秋早）：曾大（太）保～用乍（作）寶皿。◎古研（24）166 頁

兒慶鬲（春秋早）：兒～乍（作）秦妊羞鬲。◎小邾 41 頁

州令慶悆戈（戰國晚）：州命（令）～悆。◎銘續 1232

卅七年上郡守慶戈（戰國晚）：上郡守～造。◎徵集 9

懷

曾孫懷簠（春秋晚）：曾孫～之飤匿（簠）。◎銘續 483

【案】曾孫懷簠「懷」字「心」旁與「衣」旁發生粘連合筆。《銘續》釋「褱」，不確。

想

酷敀想簠蓋（春秋晚）：酷敀（師）～之飤匿（簠）。◎淅川 259 頁

恃

曾侯與鐘（春秋晚）：吳～有衆庶行亂。◎銘續1029

懋

懋尊（西周中）：～捧（拜）韻（稽）首。◎銘續791

惥

宅陽令戟剌（戰國晚）：宅陽命（令）□～。◎珍秦齋吳249頁

愉

廿八年工師愉戟（戰國中）：工帀（師）～。◎珍秦齋吳117頁

忘

之乘辰鐘（戰國早）：世世鼓之，後孫勿～。◎文物2004（2）72頁

愓

郘公敼父鎛（春秋晚）：～懋大命。◎銘圖15818

憿

憿帶鉤（戰國晚）：～。◎銘圖19288

慍

曾侯鐘（春秋晚）：穆穆曾侯，愄（畏）記（忌）～（溫）龏（恭）。◎銘續1025

惻

競孫旟鬲（春秋晚）：羕（永）保之用亯（享），子孫是～（則）。◎銘圖 3036

競孫壺（春秋晚）：永保之用亯（享），子孫是～（則）。◎銘圖 12381

⿱巛心*

新城令矛（戰國晚）：司寇（寇）緈（續）～（順）。◎銘續 1288

⿱厷心*

州令慶⿱厷心戈（戰國晚）：州命（令）慶～。◎銘續 1232

⿱心皿*

豳公盨（西周中）：永卬（孚）于～（寧）。◎歷文 2002(6)4 頁

⿱弔心*

加芈編鐘（春秋中）：龏其平龢，休～（淑）孔⿰白王（鍠）。◎江漢 2019(3)18 頁

王子臣俎（春秋晚）：～（淑）終。◎銘圖 6321

⿱木心*

柞伯鼎（西周晚）：諆（其）弗敢～（昧）朕皇且（祖）。◎文物 2006(5)68 頁

追夷簋（西周晚）：追尸（夷）不敢～（昧）先人之覭。◎華夏 2000(3)20 頁

⿰亻⿱木心*

楚王熊⿰亻⿱木心盤（春秋晚）：楚王酓（熊）～乍（作）寺（持）盥盤。◎文物 2008(1)79 頁

楚王熊⿰亻⿱木心匜（春秋晚）：楚王酓（熊）～乍（作）寺（持）。◎文物 2008(1)81 頁

悍*

悍距末甲（戰國晚）：～乍（作）距末。◎古研(24)269 頁

⿰忄衣*

⿰忄衣鼎（戰國早）：曩姜生之孫～爲妃（？）善會貞（鼎）。◎文博2008（2）封二

悳*

燕王職壺（戰國晚）：𠓝（令）日任（壬）午，～（克）邦隓（踐）城。◎上博（8）146頁

悍*

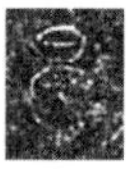 

九年承匡令鼎（戰國晚）：大夫～。◎西安14頁

元年安平相邦戈（戰國晚）：左庫叚（假）工帀（師）肖（趙）～。◎銘圖17349

⿰忄辛*

曾侯與鐘（春秋晚）：睪（擇）～（台）吉金。◎銘續1029

曾侯與鐘（春秋晚）：用考（孝）［台（以）］亯（享）于～（台）皇且（祖）。◎銘續1030

【案】凡國棟（2014）疑讀「選」和「辟」，非。黄益飛（2015）以爲《説文》「啻」異體，讀「我」，亦不確。清華大學出土文獻讀書會（2014）等讀爲第一人稱代詞「台」，是。紫竹道人（2014）分析爲從「心」、「辝」省聲，從金文多以「辝」爲第一人稱代詞「台」看，有道理。或可逕分析爲從「心」、「辛」聲。參卷二「哻」字條。

⿱⿰阝斤心*

逑盤（西周晚）：趄趄（桓桓）克明～（慎）氒（厥）德。◎盛世34頁

曾伯霥壺（春秋早）：曾白（伯）霥～（慎）聖孔武。◎江漢2017（6）9頁

【案】此字舊釋「悊」，以爲「哲」字或體。陳偉武（2000）、陳劍（2001b）改讀爲「慎」，可從。

⿰糸⿱斤心*

楚太師登鐘辛（春秋早）：～（慎）𦅻（淑）𥁰（溫）龏（恭）。◎上博（11）152頁

⿱尚心*

季子康鎛（春秋中）：子子孫孫永保是～（尚）。

◎考文 2009（3）103 頁

曾侯與鐘（春秋晚）：萬殜（世）是～（尚）。

◎銘續 1029

⿰忄於*

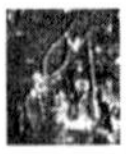

上皐落戈（戰國晚）：工帀（師）高～。

◎考古 2005（6）95 頁

⿰忄盂*

豳公盨（西周中）：老（孝）友～明，巠（經）齊好祀。◎歷文 2002（6）4 頁

【案】李學勤（2002）、朱鳳瀚（2002b）、李零（2002）等讀爲「訏」，訓大。劉雨（2003）、陳英傑（2008）讀「忓」，前者訓憂思，後者訓憂恤。馮時（2003）讀「謨」，訓謀略。連劭名（2003）讀「于」，訓以。周鳳五（2003）解爲從「于」、「㿻（盌）」聲，讀「粦」。衡諸形音義，當以讀「訏」訓大爲優。

愄*

曾侯鐘（春秋晚）：～（畏）記（忌）慍（溫）龏（恭）□諭（命）。◎銘續 1025

曾侯與鐘（春秋晚）：𢦚（壯）武～（畏）諆（忌）。

◎銘續 1029

⿱記心*

燕王喜戈（戰國晚）：郾（燕）王喜～（作）攼鋸。

◎銘續 1194

⿰忄旂*

曾叔旂鼎（春秋晚）：曾弔（叔）～之行貞（鼎）。

◎銘續 109

慬*

州令慶忞戈（戰國晚）：工帀（師）～。

◎銘續 1232

⿰爿⿹戈心*

曾侯與鐘（春秋晚）：～（壯）武愄（畏）諅（忌）。

◎銘續 1029

【案】曹錦炎（2014）讀「臧」訓善，凡國棟（2014）、徐少華（2014）等讀「莊」，黄錦前（2017）讀「壯」，以黄説爲優。

⿰忄望*

郘夫人嫚鼎（春秋晚）：後民勿～（忘）。

◎中原 2009（3）11 頁

⿱猷心*

加芈編鐘（春秋中）：密（毖）臧（壯）我～（猷），大命毋改。◎江漢 2019（3）16 頁

戀*

廿八年陽邑戈（戰國晚）：冶氏～鑄之。

◎珍秦齋吳 207 頁

⿱𤇾心*

曾侯與鐘（春秋晚）：王譴（遣）命南公，～（營）庀（宅）汭土。◎銘續 1029

⿰忄嚴*

曾侯與鐘（春秋晚）：有～（嚴）曾侯。

◎銘續 1029

⿱龍心*

曾侯與鐘（春秋晚）：～（恭）寈（寅）齋盟（盟）。

◎銘續 1032

卷十一

水

衍簋（西周中）：易（賜）女（汝）田于盍、于小~。◎銘續455

魚顛匕（戰國）：出斿（游）~虫。◎銘圖6320

江

曾侯與鐘（春秋晚）：君坒淮尸（夷），臨（臨）有~湏（夏）。◎銘續1029

廿七年蜀守戈（戰國晚）：~武庫。◎古研（25）213頁

沱

□伯鼎（春秋早）：□白（伯）自乍（作）飤器~。◎銘續184

曾甫人匜（春秋晚）：曾甫（夫）人乍（作）中（仲）姬、辛姬盥~（匜）。◎銘圖14964

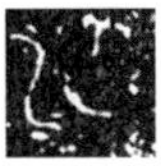

楚旅鼎（春秋晚）：楚旅之石~。◎考古2000（5）26頁

五年邢令殷思戟（戰國晚）：工市（師）閭稆~。◎珍秦齋吳163頁

漢

京師畯尊（西周早）：王涉~伐楚。◎銘圖11784

伯□鼎（西周早）：隹（唯）公眚（省）叡（徂）南或（國），至于~。◎銘續213

漆

上郡假守鼂戈（戰國晚）：~工平。◎珍秦齋秦88—89頁

洛

洛仲卣（西周中）：~中（仲）乍（作）寶彝。◎考報2018（1）118頁

競之定豆甲（春秋晚）：大有社（功）于~之戎。◎文物2008（1）82頁

上洛戈乙（戰國晚）：上~。◎銘圖16486

競之定鬲己（春秋晚）：大有社（功）于~之戎。◎文物2008（1）81頁

競之定鬲甲（春秋晚）：大有社（功）于~之戎。◎文物2008（1）81頁

汝

仲𨟻父簋蓋（西周中）：中（仲）𨟻父乍（作）匊~尊㲃（簋）。◎銘續381

淮

應侯視工簋蓋（西周晚）：王命雁（應）侯征伐~南尸（夷）屮。◎首陽114頁

曾侯與鐘（春秋晚）：君坒~尸（夷）。◎銘續1029

〔濰〕

晉侯銅人（西周晚）：~尸（夷）伐格。◎晉侯417頁

曾伯桼壺（春秋早）：孔武元孱，克狄（逖）~尸（夷）。◎江漢2017（6）9頁

淠

叔淠父鼎（西周晚）：弔（叔）~父乍（作）商生寶鼎。◎陝金集成1731

洹

作册般黿（商晚）：王迖于~。◎歷文2005（1）封二

有兒簋（春秋早）：陳（陳）~（桓）公之孫有兒自乍（作）爲其𩰫㲃（簋）。◎銘圖5166

沂

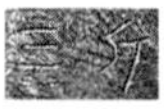

十三年右工室鐘（戰國晚）：府守（？）～。◎銘續 1010

渚

伯渚鼎（春秋早）：林□孫白（伯）～用其吉金。◎銘續 197

沽

強丘令戈（戰國晚）：冶～。◎銘續 1236

泟

加芈編鐘（春秋中）：帥禹之琽（緒），有此南～。◎江漢 2019（3）16頁

衍

衍簋（西周中）：～𩒨（稽）首，敢對揚天子不（丕）顯休。◎銘續 455

姞仲衍鐘（西周晚）：姞中（仲）～乍（作）寶鏄。◎考文 2007（3）7頁

汭〔⿱汭土〕

曾侯與鐘（春秋晚）：王譴（遣）命南公，縈（營）庀（宅）～土。◎銘續 1029

【案】字從「内」，諸家多無異議。陳劍（2014）疑從「夭」，而釋讀爲「沃」，於形未安。黃傑（2016）有辨析，可參。「⿱汭土」字之義，或從水汭立說，如凡國棟（2014）、徐少華（2014）、董珊（2014d）、李零（2015）、黃錦前（2017）等。或以爲具體地名，如李學勤（2014a，2015）、王恩田（2015），李氏初疑即禹鼎《集成》2833「至于歷内」之「内」，後讀爲㵐水之「㵐」；王氏則讀爲「隨」。陳偉（2015）讀「裔」。黃益飛（2015）讀「納」，謂「納土」爲接受疆土。從銘文接言「君坒淮夷，臨有江夏」看，「⿱汭土」當屬名詞性，故讀「納」恐非。「裔土」固甚通，但從「淮夷」「江夏」皆確指來看，「⿱汭土」似亦以確指爲好，故李、王之思路最爲可取，而似以王說爲較優。

減

卌三年逑鼎己（西周晚）：史～受王令書。◎華章95頁

卌三年逑鼎丙（西周晚）：史～受王令書。◎華章71頁

潏

伯𢦚父簋（西周晚）：南征伐艮孿（蠻）、茸、桐、～。◎首陽107頁

伯𢦚父簋（西周晚）：南征伐艮孿（蠻）、茸、桐、～。◎古研（27）198頁

【案】「潏」字已見於鄂侯馭方鼎，作「」，水旁略有殘泐，舊或釋「僪」，非是。金文用爲南淮夷方國名，翏生盨作「遹」。

濫

繫君季⿰鼻悤鑑（春秋中）：邛白（伯）㱿之孫繫君季⿰鼻悤自乍（作）～（鑑）盂。◎銘續535

【案】任相宏、邱波（2012）謂通「監」。李學勤（2012c）、林澐（2014）均讀同「鑑」。林氏並舉《墨子·節葬》「幾梴壺濫」、《吕氏春秋·節喪》「鐘鼎壺濫」爲證，謂字從水，强調此爲盛水之器。其説甚是。此「濫」與氾濫字同形，而實則爲「鑑」之異體。

湍

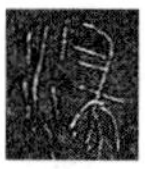

商鞅鈹（戰國中）：大良造庶長鞅之造，畢～侯之鑄。◎首陽183頁

澤〔澩〕

伯有父劍（春秋晚）：～（擇）其吉金。◎銘續1351

瀸〔洂〕

宋公固鼎（春秋晚）：有殷天乙唐（湯）孫宋公𪏆（固）乍（作）～弔（叔）子䥈（饙）鼎。◎銘續209

宋公固鋪（春秋晚）：宋公𪏆（固）乍（作）～弔（叔）子䥈（饙）箙（鋪）。◎銘續532

⿰氵𢦔公粊戈（春秋晚）：～公粊之造戈。◎銘續1149

⿰氵𢦔公宜脂鼎（春秋晚）：～公宜脂余（擇）其□金。◎銘續191

【案】李學勤（2012b）釋「⿱此水」，讀爲國名「費」；王恩田（2013）釋「⿱或水」，讀爲地名「邳」，均不確。趙平安（2013）、傅修才（2013）均隸釋爲「⿰氵𢦔」，是。趙氏謂「⿰氵𢦔」即「瀸」之異體，並讀爲國邑名「濫」，均可信。

湼

湼鼎（戰國晚）：～九升⿱八斗（半）升。◎銘續170

沙

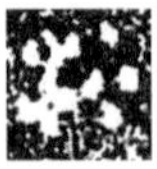

呂簋蓋（西周中）：戈琱㦰⿸厂欠必（柲）⿰弓彡（彤）～（緌）。◎論稿167頁

呂簋（西周中）：戈琱㦰⿸厂欠必（柲）⿰弓彡（彤）～（緌）。◎論稿167頁

沙羨矛（戰國）：～羨。◎銘續1275

滎

師奐父鎣（西周晚）：師奐父乍（作）～（鎣）。◎銘圖14704

【案】金文所見形制如盉之器自名或作「鎣」（與古書中指摩鋥器之「鎣」無關），或不從「金」，此從「水」作「滎」者，蓋以示其水器之功能屬性也。依形隸此，實與訓「絕小水也」之「滎」無關。

渠

上郡守造戈（戰國晚）：工隸臣～。◎考文2009（3）32頁

上郡守壽戈（戰國晚）：工鬼薪～。◎銘續1252

津

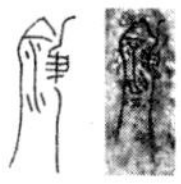

津戈（春秋）：～之用戈。◎銘續1104

涑

宗人簋（西周中）：白（伯）氏召湕白（伯）飤～□。◎銘續461

洽

太保簋（西周早）：大（太）琛（保）來殷，于～周鑄。◎銘圖4482

溼

玉苟盉（西周中）：王才（在）～宮。◎出土文獻（11）65頁

艮簋（西周中）：王各（格）于～宮。◎銘續456

泧

卿盤（西周早）：～宦卿，易（賜）金。◎銘圖14432

【案】《銘圖》隸作「泧」，於形不確。江學旺（2017：458）隸作「泧」，是。此字異體前曾見於伯姜鼎（《集成》2791），作「」，又再簋（《近出》485）作「」，右旁從「戌」從「人」，過去或釋「泧」，或釋「滅」，可參黃錫全（2002e）。最近又見於搣簋（《銘三》491），作「」，則似從「柲」之初文或「戈」。其結構及音義尚待研究。疑爲會意字，而非形聲字，則卿盤之「泧」與《說文》之「泧」僅屬同形而已。

湯

仲枏父鬲（西周中）：師～父有𤔲（司）中（仲）枏父乍（作）寶鬲。◎首陽96頁

湯伯壺（西周中）：～白（伯）乍（作）季姑壺。◎銘圖12172

沬

曾侯鼎（西周晚）：曾侯乍（作）季□~嫋（芈）賸（媵）□。◎穆穆曾侯12頁

倗夫人嫘鼎（春秋晚）：乍（作）鑄𠙶貞（鼎），㠯（以）和御~。◎中原2009(3)11頁

仲枏父鬲（西周中）：用旟（祈）~（眉）壽。◎首陽96頁

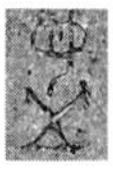

曾伯文簋（西周晚）：用易~（眉）壽黃耇。◎曾國148頁

伯𢦏父簋（西周晚）：用易萬年~（眉）壽。◎首陽107頁

趞伯盨（西周中）：用禱（賴）旂（祈）~（眉）壽。◎銘圖5666

郜仲簠（西周晚）：其萬年~（眉）寶。◎文物2003(4)90頁

應侯視工簋（西周晚）：姑氏用易（賜）~（眉壽永命。◎首陽114頁

郳友父鬲（春秋早）：其~（眉）壽永寶用。◎歷文2003(5)65頁

宋公固鼎（春秋晚）：其~（眉）壽⿱萬土（萬）年。◎銘續209

魯司徒馬皇父簋（西周晚）：其萬年~（眉）耇（壽）。◎銘續419

鑄子叔黑臣盨（春秋早）：其萬年~（眉）壽永寶用。◎銘圖5608

伯上父鼎（西周晚）：用⿰索刂~（眉）壽。◎銘圖2211

華孟子鼎（春秋中）：其～（眉）壽萬年無彊（疆）。◎銘續 207

伯沬父簋（西周晚）：白（伯）～父乍（作）霻𣪘（簋）。◎考文 2007(3)5 頁

伯𢦏父簋蓋（西周晚）：用旂（祈）～（眉）壽多福。◎古研(27)198 頁

柞伯鼎（西周晚）：用旂（祈）～（眉）壽邁（萬）人（年）。◎文物 2006(5)68 頁

卌三年逑鼎丁（西周晚）：～（眉）壽䋊（綽）綰。◎華章 79 頁

有兒簋（春秋早）：㠯（以）祜～（眉）壽無朞（期）。◎銘圖 5166

楚王鼎（春秋中）：其～（眉）壽無朞（期）。◎銘續 210

伯遊父盤（春秋中）：其～（眉）壽無彊（疆）。◎上博(10)123 頁

彭公之孫無所鼎（春秋晚）：～（眉）壽無期。◎中原 2004(2)47 頁

沬廚鼎蓋（戰國晚）：～胅（廚）一斗𣁬（半）。◎上博 2002(9)54 頁

伯遊父盤（春秋中）：馬頸君白（伯）遊父乍（作）其～盤。◎上博(10)123 頁

涑

廿七年涑鄂戈（戰國晚）：～鄂啬夫春。◎古研（27）326頁

滅

加芈編鐘（春秋中）：余～頣（沒）下孱，龏（恭）敃（畏）儔公，及我大夫。◎江漢2019（3）17頁

燕王職壺（戰國晚）：～鄭（齊）之秡（獲）。◎上博（8）146頁

【案】加芈編鐘「滅」字增「口」爲繁化，清華簡《邦家之政》等「威」字亦加「口」。鐘銘「滅沒」疑以行跡隱沒喻指謙卑低調。燕王職壺銘「滅」字作上下結構，故或釋作「威水」二字。董珊、陳劍（2002）引裘錫圭説釋「滅」，是。

〔⿰爿夆〕浲*

一式獄簋蓋（西周中）：亡（無）不鬱臨～魯。◎考文2006（6）59頁

衛簋甲（西周中）：亡（無）不～魯。◎南開2008（6）封三

【案】諸家或以「𣶒」爲聲而讀「煙」，如李學勤（2007a），或以「夆」爲聲而讀「逢」「豐」「龐」，訓大，如吳鎮烽（2006a）、朱鳳瀚（2008a）。裘錫圭（2008）疑讀「逢」，訓迎。當以從「夆」聲爲是。字當從「𣶒（淵）」取義，疑即「浲」之異體，「浲」見小徐本《説文》，云「大水也」。此似可讀「降」。「丰」「降」二聲系古可通。

汉*

齊城左戈（戰國晚）：齊城左冶所～造。◎文物2000（10）74頁

【案】字當從「又」聲。孫敬明（2000）以爲即「洧」字。

沕*

梁伯敔簋（西周中）：～（梁）白（伯）敔乍（作）毁（簋）。◎周原2130頁

伯𪍿簋（西周中）：其朝夕用盛～（粱）𥢶（稻）糕（穛）。◎銘圖5100

沖*

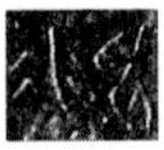
十四年下邑令㾓鈹（戰國晚）：左庫工帀（師）～所善者。◎銘圖18002

⿰氵屰*

⿰氵屰簋（西周中）：～其孫孫子子永寶用。

◎銘續 406

⿰氵屰簋蓋（西周中）：～皇（追）孝于宫弔（叔）。

◎銘續 406

【案】《通鑒》《銘圖》釋「洮」，非是。字當釋「沖」，所從「申」與《璽彙》3137 之作「」、郭簡《忠信之道》6 之作「」等相合。

浧*

共令齊戈（戰國晚）：工帀（師）瘟、吏～。

◎銘續 1235

【案】此字《銘續》釋「汗」，不確。李愛民（2019：180）釋「浧」，可從。

浚*

曾公子叔浚簠（春秋中）：曾公子弔（叔）～羼（擇）其吉金。◎追回 50 頁

【案】《追回》釋「鞭」，察其右尚有「水」旁，當從「水」「夋」（古文「鞭」）聲。《銘續》508 釋「浸」，不確。

⿰氵言*

圁陽戈（戰國晚）：～（圁）陽。

◎銘續 1086

圁陽戈（戰國）：～（圁）陽治瘖鑄也。

◎珍秦齋吳 145 頁

圁陽戈（戰國）：～（圁）陽。

◎古研（27）326 頁

【案】吳振武（2003）、韓自強（2008）均認爲「⿰氵言陽」與古幣文「言昜」爲同一地名。幣文「言昜」，裘錫圭（1978）讀「圁陽」，認爲即《漢書·地理志》之「圜陽」。

湕*

𣄴簋（西周中）：~弔（叔）右𣄴即立（位）中廷。◎字與史（1）211頁

𣄴簋蓋（西周中）：~弔（叔）右𣄴即立（位）中廷。◎字與史（1）210頁

宗人簋（西周中）：~白（伯）乃易（賜）宗人爵。◎銘續461

【案】此字舊多釋「溓」，不確。釋「湕」說詳陳劍（2013）。

涵*

卅一年鄭令戈（戰國晚）：奠（鄭）命（令）棺（槨—郭）~。◎珍秦齋吳259頁

⿰氵夏*

曾侯與鐘（春秋晚）：君坒淮尸（夷），𧢲（臨）有江~（夏）。◎銘續1029

【案】李學勤（2015）謂字從「水」，爲夏水專字，甚是。

⿰氵⿱辛予*

𦍒盉（商晚）：𦍒禽人方~白（伯）。◎滕州303頁

【案】字從「辛」從「予」。

⿰氵⿱虍号*

老簋（西周中）：王才（在）𦕜京，魚（漁）于大~。◎考文2005年增刊65頁

【案】張光裕（2006）釋「滮」，謂所從「」象子張口號叫之形，《說文》分析爲「从口从丂」之「号」爲訛變所致；並疑「大滮」爲「大池」別稱或與「大池」性質相若的王室舉行射魚禮之場所。張富海（2008）同意釋「滮」，謂「」之演變爲後來的「号」，是將表意字的一部分改成音符的結果；並讀「滮」爲「濠」，與「池」同義。《通鑒》《銘圖》釋「滮」而讀「淲」。陳劍（2015）亦釋「⿰氵⿱虍号（滮）」，而讀作「沼」。李家浩（2008）釋作「⿰氵虒」，謂「」即「也」字，爲「嗁」之初文，疑「⿰氵虒」爲「池」字異體。諸說以陳說最優，今從之。

㵪*

壽盤（春秋晚）：壽之～（浣）盤。◎銘續921

嬟盤（春秋晚）：自乍（作）～（浣）盤。◎銘續948

瀕

唐子仲瀕兒匜（春秋晚）：鴋（唐）子中（仲）～兒睪（擇）其吉金。◎江漢2003（1）3頁

【案】「瀕」字《金文編》所收諸形或從「水」，或從「川」，此從「」（「潮」之初文），均象水流形，故可通作。

〔⿰川步〕

非盂（西周早）：若我王～宔。◎銘續536

【案】此形前見於效尊、效卣《集成》6009、5433，舊多釋「涉」，或釋「巡」，均不確。《金文編》以爲「瀕」之簡體，是。非盂之「⿰川步（瀕）」，曹錦炎（2015b）、吴鎮烽（2015）、陳治軍（2015）從釋「涉」舊説，胡寧（2019）釋「徙」，俱失之於形。董珊（2015b）讀「頒」，朱鳳瀚（2017）讀「比」，新亭客（2017）讀「別」，均不如張崇禮（2015）之從網友wuwen讀「頻」，作頻繁、屢次解。本銘「瀕（頻）宔」，文例正與邢侯簋（《集成》4241）「瀕（頻）福」相似。

涉

京師畯尊（西周早）：王～漢伐楚。◎銘圖11784

川

豳公盨（西周中）：隓山叡（濬）～。◎歷文2002（6）4頁

巠

趞伯簋（西周中）：朕文考其～（經）趞姬、趞白（伯）之德音。◎史學2006（2）封二

趞伯盨（西周中）：朕文考其～（經）趞姬、趞白（伯）之德音。◎銘圖5666

趞伯簋（西周中）：朕文考其～（經）趞（遣）姬、趞（遣）白（伯）之德音。◎銘續 443

豳公盨（西周中）：～（經）齊好祀。◎歷文 2002（6）4 頁

卌三年逑鼎乙（西周晚）：今余隹（唯）～（經）乃先且（祖）考。◎華章 63 頁

卌三年逑鼎辛（西周晚）：今余隹（唯）～（經）乃先且（祖）考。◎華章 111 頁

巟

叔巟甗（西周早）：弔（叔）～乍（作）寶甗。◎銘圖 3340

侃

疑尊（西周早）：公姛（姒）乎（呼）遴（疑）逆中（仲）氏于～。◎銘續 792

宗人簋（西周中）：白（伯）氏～宴。◎銘續 461

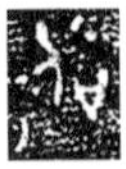

衛簋甲蓋（西周中）：朕光尹中（仲）～父右告衛于王。◎南開 2008（6）封三

逑鐘（西周晚）：追孝卲（昭）各（格）喜～前文人。◎首陽 121

州

州簋（西周中）：～乍（作）寶旅毁（簋）。◎夏商周 335

仲州鼎（西周中）：中（仲）～乍（作）旅鼎。◎銘圖 1456

州簋甲（西周中）：～乍（作）王（皇）母寶毁（簋）。◎銘圖 4284

邾慶父簋（春秋早）：鼄（邾）慶父乍（作）～如車母寶毁（簋）。◎銘續 388

申文王之孫州桒簠（春秋晚）：𪕶（申）文王之孫～桒。◎古研（25）193 頁

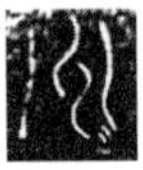

州戈鐓（戰國晚）：～。◎銘圖 18531

⿰⿱𣦵川又*

廿四年芒令戈(戰國晚)：廿三(四)年吂(芒)命(令)～㛸。◎左冢66頁

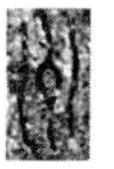

州令慶忞戈(戰國晚)：～命(令)慶忞。◎銘續1232

越王州句劍(戰國早)：～句。◎夏商周589.3

豳公盨(西周中)：天令(命)禹尃(敷)土，隓山～(濬)川。◎歷文2002(6)4頁

【案】諸家釋讀爲「濬」，甚是。析形則略有分歧，當以裘錫圭(2002a)解爲從「奴」從「川」會意，從「○」(「圓」之初文)聲最爲精確。

⿱㲋泉*

小臣⿱㲋泉簋(西周早)：王商(賞)小臣～。◎曲村505頁

⿰臣凡卣(西周中)：卑(俾)～弔(叔)、再父、攼父复(復)付⿰臣凡。◎銘續882

師酉盤(西周晚)：𤔲(嗣)乃且(祖)啻(嫡)官邑人、虎臣、西門尸(夷)、～尸(夷)。◎銘續951

卌二年逑鼎甲(西周晚)：豐豐～～，降余康受屯(純)右(祐)通彔(祿)永令(命)。◎華章39頁

卌三年逑鼎甲(西周晚)：數數～～，降余康𩁹屯(純)右(祐)通彔(祿)永令(命)。◎華章55頁

卌三年逑鼎丁(西周晚)：數數～～，降余康𩁹屯(純)右(祐)通彔(祿)永令(命)。◎華章79頁

【案】字從「泉」、「㲋」聲，舊或讀「薄」「礴」「勃」，不若曹錦炎(2000)讀「繹」爲好。然曹氏以爲字從「兔」聲，則於形未審；又訓金文「繹繹」爲盛大之貌，似不若訓爲連綿不絕貌更爲恰當。《白虎通·封禪》：「何以三皇禪於繹繹之山？明己成功而去，有德者居之，繹繹者無窮之意也。」「繹繹」亦猶《論語·八佾》之「繹如」。金文「豐豐繹繹」實用以形容先人降福之豐盛與綿長也。

⿱艹⿱㚔泉*

茾父簋（西周中）：用旂（祈）～（拜）沬（眉）壽永命。◎全集（10）251頁

【案】「⿱艹⿱㚔泉」字甲骨文數見之，用爲地名。舊或以爲「㚔泉」二字合文，今據茾父簋文例可知此說非是。字當從「泉」、「㚔」聲，於此讀爲「拜」。參卷十「㚔」字條。

⿰泉衣*

肅卣（西周中）：今氒（厥）僕我興：邑、競、諫、鉶、芟、～。◎銘續882

⿱⿰亯夊泉*

⿱⿰亯夊泉君季⿰黹悤鑑（春秋中）：邛（江）白（伯）歐之孫～君季⿰黹悤自乍（作）濫（鑑）盂。◎銘續535

〔原〕原

叔尊（西周中）：叔昜（賜）貝于～。◎銘圖11818

永

矩方鼎（西周早）：子孫其～保。◎新收1664

叡卣蓋（西周早）：□其子子孫其～用。◎曲村505頁

家父盤（西周早）：其萬年子子孫～寶。◎曲村505頁

盂得簋蓋（西周早）：～用。◎曲村555頁

晉仲韋父盉（西周早）：其萬年～寶。◎曲村505頁

豳公盨（西周中）：～𠬝（孚）于寍（寧）。◎歷文2002（6）4頁

仲妊甗（西周中）：其萬年～用。◎銘圖3317

虎尊（西周中）：其子子孫孫萬年～寶用。◎銘圖11773

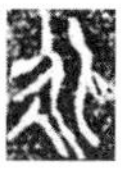

仲枏父鬲（西周中）：其萬年子子孫孫其～寶用。◎首陽96頁

羚簋（西周中）：世孫子其～寶用。◎字與史（1）211頁

二式獄簋（西周中）：孫孫子子其邁（萬）年～寶。◎考文2006（6）60頁

梁伯敔簋（西周中）：其邁（萬）年～寶用。◎周原2130頁

馬方彝（西周中）：其邁（萬）年年子子孫孫～寶用。◎新收1845

衛簋甲蓋（西周中）：其邁（萬）年～寶用茲王休。◎南開2008（6）封三

伯弘父盨（西周中）：其萬年壽考～寶。◎中原2016（4）68頁

京叔盨（西周中）：其～寶用。◎考文2003（2）84頁

霸仲甗（西周中）：其～寶用。◎考報2018（2）236頁

卌三年逑鼎丙（西周晚）：子子孫孫～寶用亯（享）。◎華章71頁

作册封鬲甲（西周晚）：封其萬年沬（眉）壽～寶。◎歷文2002（2）4頁

卌三年逑鼎甲（西周晚）：降余康𢆶屯（純）右（祐）通彔（祿）～令（命）。◎華章55頁

單叔鬲戊（西周晚）：其萬年子子孫孫～寶用。◎華章144頁

伯𢦏父簋（西周晚）：其邁（萬）年子子孫孫～寶用亯（享）。◎首陽107頁

柞伯鼎（西周晚）：子子孫孫其～寶用。◎文物 2006（5）68 頁

虢姜鋪（西周晚）：□～寶用。◎中銅展 76 頁

史叜簠蓋（西周晚）：其～寶用。◎山東 377 頁

郜仲簠蓋（西周晚）：子子孫孫～寶。◎文物 2003（4）90 頁

應監甗（西周晚）：其厲（萬）年～用。◎銘圖 3329

芮太子白鬲（春秋早）：子子孫孫～保用亯（享）。◎芮國 82

芮公鬲（春秋早）：子子孫孫～寶用亯（享）。◎考文 2007（2）8 頁

蘇公匜（春秋早）：子子孫孫～保用。◎夏商周 474

季[阝妥]父匜（西周晚）：子子孫～寶用。◎文物 2000（12）28 頁

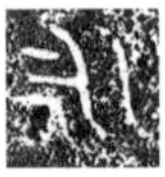

芮子仲鼎（西周晚）：～寶用亯（享）。◎文博 2008（2）6 頁

鄭登伯盨（西周晚）：子子孫孫～寶用。◎文物 2009（1）46 頁

束仲豋父簋（西周晚）：其萬年子子孫孫～寶用亯（享）。◎銘續 404

射壺蓋（西周晚）：其邁（萬）年子子孫孫～寶用。◎銘圖 12443

虢宮父鬲（春秋早）：用從～征。◎文物 2009（2）24 頁

晉侯簋蓋（春秋早）：子子孫孫～寶用。◎銘圖 4712

許公簠蓋（春秋中）：～令（命）無彊（疆）。◎銘續 511

羕 祴*

伯遊父盤（春秋中）：子子孫孫～寶用之。◎上博（10）123 頁

鄬子受鐘（春秋中）：其～配氒（厥）休。◎淅川 72 頁

伯遊父鐳（春秋中）：子子孫孫～寶用之。◎上博（10）119 頁

宋公固鼎（春秋晚）：子子孫孫～保用之。◎銘續 209

鮑子鼎（春秋晚）：子孫孫～保用。◎歷文 2009（2）51 頁

許公買簠蓋（春秋晚）：～命無彊（疆）。◎中原 2004（1）55 頁

與兵壺（春秋晚）：于後民～寶李（效）之。◎古研（24）234—235 頁

衈余敦（春秋）：子子孫孫～保用之。◎保利續 184 頁

曾季弁臣盤（戰國早）：～用之。◎曾國 396 頁

越王丌北古劍（戰國早）：自乍（作）～用之。◎銘圖 18027

祴爵（商晚）：～。◎銘續 558

【案】《銘續》釋「祴」，非是。字實從「克」，非從「皮」，甲骨文多見。

還邟鐘（春秋早）：子子孫孫～（永）保用之。◎銘續 1027

競孫旟鬲（春秋晚）：～（永）保之用亯（享）。◎銘圖 3036

郘夫人嬺鼎（春秋晚）：～（永）壽無彊（疆）。◎中原 2009（3）11 頁

叔子孷盘（戰國早）：㠯（以）貿（匃）～（永）令（命）是保。◎銘圖 19237

谷

昭之王孫即盞（戰國早）：子孫～（永）保用之。
◎銘續 525

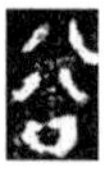
卌二年逑鼎甲（西周晚）：乃即宕伐于弓～。
◎華章 39 頁

卌二年逑鼎乙（西周晚）：乃即宕伐于弓～。
◎華章 47 頁

⿰谷厰*

卌二年逑鼎乙（西周晚）：出戠（斬）于井阿，于曆～。◎華章 47 頁

卌二年逑鼎甲（西周晚）：出戠（斬）于井阿，于曆～。◎華章 39 頁

【案】疑爲「厰」字增益意符「谷」而成。

冶

〔⿰火刃〕

廿八年工師愈戟（戰國中）：～猬。
◎珍秦齋吳 117 頁

卅年工師愈戟（戰國中）：～衣。
◎珍秦齋吳 125 頁

冶馬童器（戰國晚）：～馬重。
◎銘圖 19500

四年成陰嗇夫戟（戰國晚）：～□。
◎珍秦齋吳 151 頁

〔⿰火刃〕

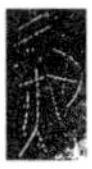
廿八年陽邑戈（戰國晚）：～氏戀鑄之。
◎珍秦齋吳 207 頁

五年邢令殷思戟（戰國晚）：～⿱宀袁。
◎珍秦齋吳 163 頁

〔⿰土刃〕

奅令均戈（戰國中）：～舊。
◎銘續 1219

七年王子戈（戰國晚）：～妥戈。
◎珍秦齋吳 237 頁

〔灱〕

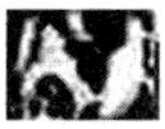

廿八年晉陽令趙去疾戈（戰國晚）：～□報齋（劑）。◎珍秦齋吳199頁

〔炤〕

相室趙翯鼎（戰國中）：～□。◎考文2008(5)40頁

鉅鹿令張密戈（戰國晚）：～雩報齋（劑）。◎銘續1251

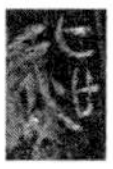

百工戈柲冒（戰國晚）：百工～蹭。◎珍秦齋秦85頁

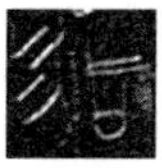

元年安平相邦戈（戰國晚）：～余報齋（劑）。◎銘圖17349

十七年相邦痟戈（戰國晚）：右～克造。◎珍秦齋吳139頁

〔炤〕

二年平陶令范昃戈（戰國晚）：～拇獄。◎考文2007(6)56頁

〔⿰彐刀〕

相邦痟戈（戰國晚）：～（冶）皋（觸）敔（造）。◎銘續1250

廿年冢子戈（戰國晚）：～岂。◎古研(27)322頁

〔⿰火訇〕

南行唐令鈹（戰國晚）：～得報齋（劑）。◎夏商周591

二年邦司寇趙春鈹（戰國晚）：～君（尹）須（?）爲。◎珍秦齋吳211頁

〔訢〕

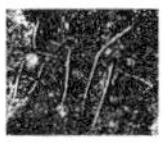

邵陰下官銅箍（戰國晚）：皮嗇夫王佗、冢子趙（?）起、～砍（?）爲。◎陝金集成1486

【案】戰國金文「冶」字有多種異體，黃盛璋(1983)有較詳細的分析，可參看。較常見的「⿰火⿰冫刀」從「火」從「刀」從「冫」會意，「冫」即由西周金文之「」演變而來，本象金餅之形(參「金」字作「」又作「」)。或變「刀」爲「刃」則成「⿰火⿰冫刃」；或易「火」爲「土」則成「⿰土⿰冫刃」，此形多見於韓國器(或謂所從「土」形爲「火」之簡體，非是。《集成》11306「冶」作「」，同時從「火」「土」，可參)；「⿰火⿰冫刀」又省「冫」作「灱」，爲簡體；或增「口」作「炤」爲繁體(「口」疑象器皿形)。「炤」所從「刀」變爲「刃」則成「⿰火⿱刃口」，省「火」則爲「⿱刃口」。而又作「⿰火⿱㠯口」者，實爲「刀」連同「口」變形聲化爲「⿱㠯口」(亦可理解爲「炤」所從的「刀」變形聲化爲「㠯」)。聲符「⿱㠯口」的寫法可參郭店簡《老子》乙本1「紿(治)」之作「」，其中「㠯」「彐」合用二横筆，以致與「句」混同，實則同形而異構。「冶」又作「⿰⿱㠯口斤」，可分析爲從「斤」、「⿱㠯口」聲。所從「斤」可能由「冫」變來(東周「斤」字簡率寫法即可作「冫」)，從「斤」用意與從「刀」同。「⿰⿱㠯口斤」形之「冶」，前已見於卅二年平安君鼎(《集成》2764)、廿八年平安君鼎(《集成》2793)等，或以爲從「⿱㠯口」聲而讀「司」，如朱德熙、裘錫圭(1980)；或讀「治」，如郭永秉(2020)。或釋「斪」而讀爲「斠」，如吳振武(2007)、吳良寶(2018)。均不確。從「冶」之字形演變軌跡及其文例看，此數例「⿰⿱㠯口斤」均應釋「冶」無疑。平安君鼎「⿰⿱㠯口斤(冶)客」，早有學者指出相當於楚之「鑄客」。邵陰下官銅箍「⿰⿱㠯口斤(冶)砊(?)」則爲職官加私名。《說文》「冶」字從「台」聲，正可與戰國金文之從「⿱㠯口」聲互證；而謂字從「仌(冰)」，則不可解。蓋古文字中「」形既可代表冰塊，亦可代表金餅，許君已不別矣。

洋*

亢鼎(西周早)：亞賓亢~金二勻(鈞)。

◎上博(8)121頁

【案】馬承源(2000)讀作「騂」，謂指紅色之牛，與其後之「金」別爲二物。李家浩(2001)、黃錫全(2002b)均以「洋」爲金之修飾語，謂「洋(騂)金」即紅銅，可從。字所從之「」，李文謂受「金」字的同化作用而加，黃文則認爲代表銅塊，是著意增加的意符，當以黃說較確。赤金作「洋」，正猶赤馬之作「騂」也。「洋」有異體作「鉡」，參卷十四「鉡」字條。

雨

雨尊(西周早)：~乍(作)文父辛寶尊彝。

◎銘續788

〔雷〕靁

雷子歸產鼎（春秋晚）：～子歸產之鱀。◎回家（2019一）108頁

〔雪〕霅

伯沫父簋（西周晚）：白（伯）沫父乍（作）～殷（簋）。◎考文2007（3）5頁

【案】王輝（2007）讀「鐠」，謂「鐠簋」指小簋，可從。

霝

琱生尊（西周晚）：用旛（祈）通彔（祿）、㫻屯（純）、～（靈）終。◎考文2007（3）8頁

頌盤（西周晚）：～（靈）終。◎文物2009（9）52頁

京叔簋（西周晚）：㫻屯（純）～（靈）終。◎銘續428

圓君婦媿霝壺（春秋早）：圓（昆）君婦媿～（靈）乍（作）旅壺。◎小邾65頁

曾伯克父簋蓋（春秋早）：黃耇～（靈）終。◎銘續445

僉父瓶蓋（春秋早）：～（靈）父君僉父乍（作）其金瓶。◎小邾32頁

昭王之即簠（戰國早）：～（靈）福之既亟。◎銘續516

昭王之即鼎蓋（戰國早）：～（靈）福之既亟。◎銘續224

零

逑盤（西周晚）：雩朕皇高且（祖）～白（伯）。◎盛世34頁

雩

叔旅簋（西周中）：亦～（粤）子子孫孫辜（就）用。◎銘續417

選鐘乙（西周晚）：㝬令（命）乃寮～（粤）乃人。◎銘圖15249

需

卌三年逑鼎己（西周晚）：～（粤）尃政事，母（毋）敢不𦕬不井（型）。◎華章95頁

卌三年逑鼎甲（西周晚）：～（粤）乃訊庶又（有）粦（謟），母（毋）敢不中不井（型）。◎華章55頁

逑盤（西周晚）：～（粤）朕皇高且（祖）惠中（仲）盠父。◎盛世34頁

鉅鹿令張密戈（戰國晚）：冶～報齋（劑）。◎銘續1251

䍙叔奐父盨（西周晚）：用𩜁稻糕～（糯）粱。◎文物2004（4）90頁

⿱雨取*

⿱雨取簋（西周中）：～曰：余乍（作）朕文考日癸寶𣪘（簋）。◎銘續408

【案】《銘續》誤釋作「𩂯」，新版《通鑒》釋「霰」，是。

⿱雨桼*

曾伯⿱雨桼壺（春秋早）：曾白（伯）～㥶（慎）聖孔武。◎江漢2017（6）9頁

曾伯⿱雨桼鼎（春秋早）：曾伯～之寶貞（鼎）。◎全集（12）296頁

⿱雨熾*

晉公盤（春秋中）：㓝𢍰～屢，台（以）㕑（嚴）虩（赫）若否。◎銘續952

【案】吳鎮烽（2014）隸定作「⿱雨⿰火⿰鬼戈」，以爲從「畏」聲，讀「畏」。張崇禮（2014）讀「威」。管文韜（2019）以爲從「鬼」或「畏」聲，讀「僞」。實則字從「畟」不從「鬼」或「畏」，古文字中「畟」「鬼」之辨參魏宜輝（2019）。字應隸定作「⿱雨熾」，分析爲從「雨」、「⿰火𢧢」聲（「⿰火𢧢」疑即「熾」之異體），以「畟」爲基本聲符，疑可讀「職」。

魚

䰻方鼎（商晚）：～。◎文物2005（9）61頁

魚伯彭尊（西周早）：～白（伯）彭乍（作）寶尊彝。◎銘圖11622

魼

伯魚簋（西周早）：白（伯）～乍（作）寶尊彝。◎近出428

子簋（西周早）：乍（作）～母子寶𣪘（簋）。◎近出427

魚父辛爵（西周早）：～父辛。◎近出882

老簋（西周中）：王才葊京，～（漁）于大滮（沼）。◎考文2005年增刊65頁

老簋（西周中）：王穖（勉）老曆（勞），易（賜）～百。◎考文2005年增刊65頁

霸伯盂（西周中）：用～皮兩側毀。◎銘圖6229

魚顛匕（戰國）：述（遂）玉～顛。◎銘圖6320

秦子戈（春秋早）：左右市～，用逸宜。◎考文2003（2）81頁

鰥

卌三年逑鼎辛（西周晚）：廼敄（侮）～寡。◎華章111頁

卌三年逑鼎戊（西周晚）：廼敄（侮）～寡。◎華章87頁

卌三年逑鼎庚（西周晚）：廼敄（侮）～寡。◎華章103頁

曾侯鐘（春秋晚）：台（以）憂此～寡。◎銘續1025

鱏

蔡公孫鱏戈（春秋晚）：蔡公孫～之用戈。◎銘續1200

【案】王長豐、李勇、許玲（2014）釋「鰥」，不確。石小力（2014）改釋「鱏」，是。

鮮

叔亩(西周中)：女(汝)好友朕敏(誨)才(在)兹～。◎銘圖13327

郘君鮮鼎(春秋早)：郘君～乍(作)其鼎。◎江漢2016(5)18頁

鮨

姬鼂母鼎(西周早)：姬鼂母乍(作)～鼎(鼎)。◎銘續153

子每鼎(春秋早)：公子每乍(作)其～鼎。◎銘續206

〔鯩〕魿

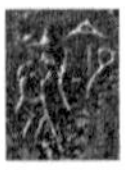

魿敦(春秋晚)：弔(叔)圭之孫～之飤盞。◎全集(12)370頁

⿸虍魚*

加芈編鐘(春秋中)：楚既爲代(代)，～(吾)述匹之。◎江漢2019(3)16頁

攻吳王⿰虘攴戗此郐劍(春秋晚)：攻～(吳)王⿰虘攴戗此郐劍。◎考古2000(4)95頁

吳王劍(春秋晚)：工～(吳)王姑發者反自乍(作)元用。◎中原2019(4)31頁

鄭莊公之孫⿸虍魚鼎(春秋晚)：余剌之疢子～。◎湖北56

攻吳王姑讎亓⿱艹雔劍(春秋晚)：未敗～(吳)邦。◎銘續1352

⿰虘攴鈹(春秋晚)：永終自袭(襲)～(吾)。◎銘續1335

⿺魚止*

景之⿺魚止鼎(春秋晚)：競(景)之～自乍(作)𩰫(將)彝𩰫盞。◎銘續178

【案】「⿺魚止」即楚王孫矛「⿺魚又」之異體，謝明文(2016b)以「止」形爲「又」之訛，似不必。「⿺魚止」「⿺魚又」諸家多以爲即見於《左傳》哀公十七年之楚公孫朝，是。二字均從「潮」之初文爲聲，故可通「朝」。參盧路(2021)。

⿱⿰魚廾⿰氵又 *

楚王孫矛（春秋晚）：楚王孫~之用。

◎左冢175頁

鱣 *

曾大醘尹壺（春秋晚）：曾大醘尹~之行壺。

◎銘圖12226

龍

子龍鼎（商晚）：子~。

◎歷文2006（5）9頁

龍子囟鼎（春秋晚）：~子囟之豆（廚）鼎（鼎）。

◎銘續110

龗

吳王劍（春秋晚）：巳用~隻（獲）。

◎中原2019（4）31頁

曾侯與鐘（春秋晚）：逘（復）󠄀䰴楚王，曾侯之~（靈）。◎銘續1029

晉公盤（春秋中）：~（靈）□不□。

◎銘續952

秦公戈（春秋中）：用厰（嚴）⿰𦍌戈武~（靈）。

◎銘續1238

〔⿱霝瓏〕

【案】曾侯與鐘「龗」字，從王寧（2014a）、清華大學出土文獻讀書會（2014）釋。

⿱龍文 *

⿱龍文陽燈（戰國晚）：~陽乳（孺）子。

◎文物2004（1）9頁

⿱龍文*

【案】西安市文物保護考古所（2004）引李學勤說釋「龍」，謂「龍陽」爲魏地名。然字從「龍」從「文」甚明，當隸作「⿱龍文」，疑字從「文」聲。「⿱龍文陽」地望待考。

曾伯霥壺（春秋早）：余因（溫）～（恭）叡（且）記（忌）。◎江漢2017(6)9頁

〔翼〕⿱飛異

翼方彝（商晚）：～。◎回家(2019 一)14頁

翼父乙觶（西周早）：～父乙。◎銘圖10405

【案】「翼」字甲金文常見，象鳥翼之形，參徐寶貴（2019）。

非

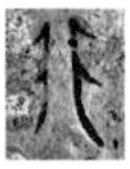

異好盂（西周早）：～曰：異好我。◎銘續536

⿰函卂卣（西周中）：曰：～令。◎銘續882

卂

帶族卂壺（西周早）：帶族～乍（作）寶尊彝。◎銘圖12201

卷十二

孔

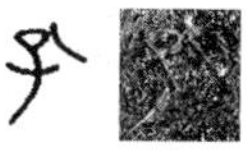

秦子簋蓋（春秋早）：又（有）夓（柔）～嘉，保其宮外。◎故博2005（6）22頁

曾伯霥壺（春秋早）：曾白（伯）霥悊（慎）聖～武。◎江漢2017（6）9頁

加芈編鐘（春秋中）：羼其平龢，休⿱弔心（淑）～⿰白生（鍠）。◎江漢2019（3）18頁

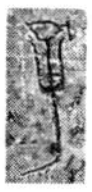

褱兒鎛（春秋）：元鳴～皇（鍠）。◎銘圖15805

乳

吳乳子鼎（戰國晚）：吳～（孺）子貞（鼎）。◎銘圖1674

雙陽燈（戰國晚）：雙陽～（孺）子。◎文物2004（1）9頁

加芈編鐘（春秋中）：余～（孺）子加孎（芈）曰。◎江漢2019（3）16頁

【案】戰國文字「乳」字之釋，說詳趙平安（2011）、郭永秉（2013）。加芈編鐘「乳」字，郭長江等（2019）釋「虢」，夏立秋（2019）釋「浮」，讀「勉」，均未安。李春桃、凡國棟（2022）據他組作「」，釋爲「乳」之訛體，讀「孺」，可從。

不

瘻鼎（西周早）：弟～敢不睪（擇）衣。◎銘續195

豳公盨（西周中）：康亡～楙（懋）。◎歷文2002（6）4頁

虎簋蓋乙（西周中）：對揚天子～（丕）㚸魯休。◎新收1874

宰獸簋（西周中）：敢對揚天子～（丕）顯魯休命。◎陝博（7）99頁

一式獄簋蓋（西周中）：亡（無）～鼎〈則〉。◎考文2006（6）59頁

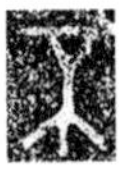
太師虘簋蓋（西周中）：敢對揚天子～（丕）顯休。◎銘圖5283

聞尊（西周中）：女（汝）毋（無）又（有）一～（否）。◎論稿10頁

卌二年逑鼎甲（西周晚）：逑敢對天子～（丕）顯魯休揚。◎華章39頁

卌三年逑鼎甲（西周晚）：母（毋）敢～中不井（型）。◎華章55頁

卌三年逑鼎甲（西周晚）：用乍（作）余我一人死（怨），～小（肖）隹（唯）死。◎華章55頁

逑盤（西周晚）：方褱（懷）～廷。◎盛世34頁

追夷簋（西周晚）：追尸（夷）～敢忝（昧）先人之覭。◎華夏2000（3）20頁

衛鼎（西周晚）：～（丕）顯天尹。◎文博2007（2）17頁

頌盤（西周晚）：頌敢對揚天子～（丕）顯魯休。◎文物2009（9）52頁

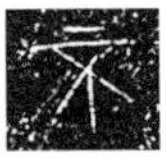
復封壺（春秋早）：～彖夙夜。◎銘圖12447

與兵壺蓋（春秋晚）：～𣪕菅（春）秋歲嘗（常）。◎古研（24）234—235頁

文公之母弟鐘（春秋晚）：～義（宜）又（有）匿。◎夏商周540

宋左師不睪鼎（春秋晚）：宋左帀（師）～睪左朐（庖）之饙（饙）貞（鼎）。◎臨淄88頁

杯*

競孫不服壺（春秋晚）：吉晨（辰）～貸（忒）。◎銘圖12381

競孫不服壺（春秋晚）：競孫～服，羕（永）保之用亯（享）。◎銘圖12381

競孫旟鬲（春秋晚）：龠（飲）哉～服，永保之用亯（享）。◎銘圖3036

工吳王叡矣工吳劍（春秋晚）：～可告人。◎銘圖17948

相邦吕不韋戈（戰國晚）：吕～韋。◎故博2006（2）83頁

【案】競孫壺、鬲「不服」，黃錦前（2012b）讀「丕服」，謂猶金文常見之「大服」，難通。董珊（2012d）釋「示服（？）」，於形不確，但疑二字爲人名，則是。董氏於文末評論中則已改從「不服」之釋。予意「不服」當即公孫朝之字，蓋名、字相因，取意於朝其不服者。其兄名「寧」而字「子國」，取意於寧其國，兄弟名、字之立意及其構成方式如出一轍也。

虎簋蓋乙（西周中）：對揚天子不（丕）～魯休。◎新收1874

𩰫鼎（西周中）：敢對昜（揚）皇不（丕）顯天子不（丕）～休。◎銘圖2441

【案】金文「杯」字過去影響較大的有讀「顯」與讀「丕」二說，近年又有讀「福」之說，均不可信。「杯」字構形以兩花柎表達雙倍之意，即倍數之「倍」之初文。金文「不杯」應讀爲「丕倍」，是大而多之意，多用作定語以修飾「休」「魯休」「元德」等詞，亦可作狀語以修飾動詞或整個句子形式。說詳陳斯鵬（2023）。

〔否〕

否否*

伯克父盨（春秋早）：唯白（伯）克父甘婁自乍（作）搸（拜）～（栝）。◎銘續475

伯克父盨蓋（春秋早）：唯白（伯）克父甘婁自乍（作）搸（拜）～（栝）。◎銘續474

曾太保盨（春秋早）：自乍（作）薦～（栝）。◎追回65頁

【案】「𥑮」「𥗲」爲「𥐻」之繁體。伯克父盨「𥗲」字，田率（2017）、黃錦前（2019）等主張讀爲「盨」，於音有隔。夏宸溥（2021）結合盨、栖之形制傳承關係，讀爲「栖」，可從。

至

叔䒕甗（西周早）：～于子子孫孫其邁（萬）年永寶用。◎銘圖 3340

辛䎽相簋（西周早）：王子～于方。◎文物 2004（8）80 頁

叔侄鼎（西周中）：其萬年～于子子孫孫永寶用。◎銘續 168

趞簋（西周中）：～于異。◎銘續 438

柞伯鼎（西周晚）：今女（汝）䀎（其）率蔡侯左～於昏邑。◎文物 2006（5）68 頁

柞伯鼎（西周晚）：虢中（仲）～。◎文物 2006（5）68 頁

文盨（西周晚）：還～于成周。◎字與史（1）221 頁

晉公盤（春秋中）：～于不廷。◎銘續 952

與兵壺（春秋晚）：～于子子孫孫。◎古研（24）234—235 頁

西

西壺（西周早）：～乍（作）父丁寶尊彝。◎銘圖 12215

西簋（西周早）：～乍（作）父丁𩰫（將）彝。◎銘續 355

西宮爵（西周早）：曾白（伯）乍（作）～宮寶尊彝。◎江漢 2016（3）23 頁

㱿鼎（西周中）：王才（在）～宮。◎上博（8）128 頁

鹵

辛王姬簋（西周晚）：辛王姬乍（作）姬～母朕（媵）𣪕（簋）。◎新收1674

師酉盤（西周晚）：𤔲（嗣）乃且（祖）啻（嫡）官邑人、虎臣、～門尸（夷）。◎銘續951

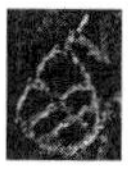

秦政伯喪戈（春秋早）：秦政白（伯）喪戮政～旁。◎珍秦齋秦42頁

曾侯與鐘（春秋晚）：～政（征）南伐。◎銘續1029

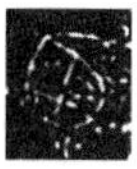

西宮壺（戰國早）：～宫。◎文物2002（1）96頁

西替踣戈（戰國早）：宋～替踣之族戈。◎銘續1203

廿七年蜀守戈（戰國晚）：～工帀（師）乘。◎古研（25）213頁

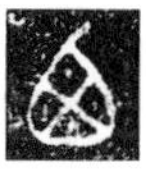

龏簋蓋（西周中）：易（賜）𢿣～百車。◎銘續422

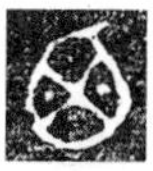

叔休盤（西周晚）：𪞟者君𤔲（司）～弔（叔）休乍（作）寶般（盤）。◎銘圖14482

復封壺（春秋早）：～𤔲（司）者（諸）刻。◎銘圖12447

復封壺（春秋早）：～𤔲（司）者（諸）刻。◎銘圖12448

【案】復封壺「鹵」，新版《通鑒》釋括注「廼」，蓋以爲「廼」之省體，文意雖通，而字形缺乏實據。予疑「鹵」當讀「虜」。《史記·魯仲連鄒陽列傳》：「權使其士，虜使其民。」「虜司諸刻」即虜使司治諸刻之意。叔休諸器「司鹵」，疑讀「司虜」，爲職官名。

〔鹵〕鹽

霸伯簋蓋（西周中）：丼弔（叔）來𠦪（拔）～。◎考報2018（1）105頁

霸伯簋（西周中）：丼弔（叔）來𠦪（拔）～。◎考報2018（1）105頁

〔𠧪〕

霸伯簋（西周中）：丼弔（叔）來䂓（拔）～。◎考報 2018(1)102 頁

霸伯簋（西周中）：丼弔（叔）來䂓（拔）～。◎考報 2018(1)103 頁

【案】「𠧪」象盛鹵於皿之形，爲「鹽」之初文，前已見於包山楚簡等。異體作「𠧪」，所從「口」亦代表器皿，類似寫法已見於古陶文。諸家之説參《出土戰國文字集釋》卷十二「鹽」字條。

戶

戶卣（商晚）：～。◎銘續 839

右孺子鼎（戰國晚）：工帀（師）揚（楊）～眗。◎文物 2004(9)83 頁

庫

南姞甗（西周中）：南姞～（肇）乍（作）氒（厥）皇辟白（伯）氏寶鬻（將）彝。◎考文 2006(6)64 頁

獄鼎（西周中）：獄～（肇）乍（作）朕文考甲公寶尊彝。◎考文 2006(6)58 頁

衛簋甲蓋（西周中）：衛用～（肇）乍（作）朕文考甲公寶鬻（將）彝。◎南開 2008(6)封三

親簋（西周中）：女（汝）～（肇）亯（享）。◎歷文 2006(3)封二

司馬義鎛（戰國早）：用克～（肇）謹祧（先）王明祀。◎山東 104—108 頁

启*

大陰令鄭䧹戈（戰國晚）：冶人～所爲。◎銘續 1263

門

宰獸簋（西周中）：內（入）～立中廷。◎陝博(7)99 頁

太師虘簋蓋（西周中）：王乎（呼）師晨召大（太）師虘入～。◎銘圖 5283

閭

太師虘簋（西周中）：王乎（呼）師朢召大（太）師虘入～。◎銘圖 5282

作册吳盉（西周中）：王乎（呼）萬豩召乍（作）册吳，立唐～。◎銘圖 14797

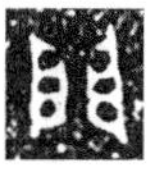
師酉盤（西周晚）：西～尸（夷）。◎銘續 951

卌二年逑鼎乙（西周晚）：嗣（司）工㪔（散）右吳逑入～立中廷。◎考文 2003（3）9 頁

卌三年逑鼎壬（西周晚）：嗣（司）馬壽右吳逑入～立中廷。◎華章 119 頁

文閭鼎（戰國晚）：文～。◎銘圖 708

五年邢令㲃思戟（戰國晚）：工帀（師）～稆沱。◎珍秦齋吳 163 頁

〔閄〕闢

晉公盤（春秋中）：廣～三（四）方，至于不廷。◎銘續 952

闌

䰞方鼎（商晚）：自～倗。◎文物 2005（9）61 頁

小臣唐簋（西周早）：小臣～。◎銘續 385

王廿三年家丞戈（戰國晚）：左工丞～。◎故博 2004（4）70 頁

〔䦨〕

䰞方鼎（商晚）：王返入～。◎文物 2005（9）61 頁

閉

〔⿱宀⿵門東〕

大万尊（商晚）：婦尊宜才（在）~大（太）室。◎銘續790

卌二年逑鼎甲（西周晚）：余隹（唯）~乃先且（祖）考。◎華章39頁

卌二年逑鼎乙（西周晚）：余隹（唯）~乃先且（祖）考。◎華章47頁

隥簋（西周晚）：身皇刺（烈）侯廼~朕毛父。◎銘圖5138

闤

三年武陰令鈹（戰國晚）：武陰令司馬~。◎文物2005（2）68頁

⿵門豙*

仲⿵門豙簋（西周早）：中（仲）~乍（作）宮公寶彝。◎銘續358

⿵門⿱家⿰家家*

婦⿵門⿱家⿰家家卣蓋（商晚）：婦~乍（作）文姑日癸尊彝。◎銘續875

婦⿵門⿱家⿰家家爵（商晚）：婦~□文姑□□彝□。◎近出910

耳

耳竹爵（商晚）：~竹。◎近出861

鼎卦戈（西周晚）：貞（鼎）黃~，奠之。◎銘續1265

子耳鼎（春秋早）：奠（鄭）白（伯）公子子~乍（作）盂鼎。◎文物2006（4）7頁

耴

卅一年鄭令戈（戰國晚）：坣庫工帀（師）皮～。◎珍秦齋吳259頁

聯

任鼎（西周中）：王事（使）孟～父蔑（勉）曆（勞）。◎歷文2004(2)21頁

聖

卌二年逑鼎甲（西周晚）：則繇隹（唯）乃先～且（祖）考。◎華章39頁

卌二年逑鼎甲（西周晚）：余弗叚諲（忘）～人孫子。◎華章39頁

卌三年逑鼎乙（西周晚）：則繇隹（唯）乃先～且（祖）考。◎華章63頁

柞伯鼎（西周晚）：才（在）乃～且（祖）周公繇又（有）共于周邦。◎文物2006(5)68頁

卌三年逑鼎乙（西周晚）：肄余弗諲（忘）～人孫子。◎華章63頁

復封壺（春秋早）：趄乍（作）～公命。◎銘圖12447

良夫盤（春秋早）：奠（鄭）武公之孫～白（伯）之子良夫睪（擇）氒（厥）吉金。◎銘圖14521

曾伯霥壺（春秋早）：曾白（伯）霥昚（慎）～孔武。◎江漢2017(6)9頁

曾姬無卹鼎（戰國中）：～趄（桓）之夫人曾姬無卹之甬（用）貞（鼎）。◎銘續150

【案】逑鼎乙一文蓋受其上「諲」字影響，「耳」旁訛作「臣」形。

〔耳口〕聽

王子聽鼎（商晚）：王子～。◎近出259

聽簋（商晚）：士～用乍（作）父辛尊彝。◎銘續420

職

□子鼎（商晚）：□～子乍（作）文父辛尊彝。◎銘圖 1854

燕王職壺（戰國晚）：唯郾（燕）王～𨁏（踐）𤰈（阼）承祀。◎上博（8）146 頁

聞

宰獸簋蓋（西周中）：母（毋）敢無～智（知）。◎陝博（7）99 頁

豳公盨（西周中）：好德～（婚）遘（媾）。◎歷文 2002（6）4 頁

伯武父鼎（西周中）：其朝夕用卿（饗）倗友～（婚）遘（媾）于宗室。◎銘續 174

聞尊（西周中）：師多父令（命）～于周。◎論稿 10 頁

聞尊（西周中）：～蔑（勉）曆（勞）。◎論稿 10 頁

【案】聞尊「聞」字下加「蚰」，董珊（2008b）謂是加注聲符，可從。

聝

聝觚（商晚）：～。◎銘續 674

䓊簋（西周中）：執訊隻（獲）～。◎新收 1891

柞伯鼎（西周晚）：隻（獲）～十人。◎文物 2006（5）68 頁

聑 𦣞 巸

伯𢦚父簋（西周晚）：窺（親）執訊十夫、~廿。

◎首陽107頁

伯𢦚父簋（西周晚）：窺（親）執訊十夫、~廿。

◎古研（27）198頁

卌二年逑鼎甲（西周晚）：女（汝）執訊隻（獲）~。

◎華章39頁

格仲簋（西周中）：隻（獲）訊二夫，~二。

◎考報2018（2）235頁

格仲簋蓋（西周中）：隻（獲）訊二夫，~二。

◎考報2018（2）234頁

【案】《說文》「聝」或體從「首」。金文或從倒「首」省，僅留頭皮毛髮部分。格仲簋似以「或」所從「〇」兼充人首形，又增雙手持兵器，前所未見。

聑爵（商中）：~。

◎銘續543

疑尊（西周早）：延（誕）兄（貺）~于宋白（伯）。

◎銘續792

鑄子叔黑𦣞盨（春秋早）：鑄子叔黑~肇乍（作）寶須（盨）。

◎銘圖5608

賈孫叔子屖盤（春秋晚）：它它~~（熙熙）。

◎山東675頁

鮑子鼎（春秋晚）：它它~~（熙熙）。

◎歷文2009（2）51頁

齊侯子仲姜鬲乙（春秋晚）：它它~~（熙熙）。

◎銘續261

手

倗伯爯簋（西周中）：爯捧（拜）~䭫（稽）首。
◎文物2006（8）8頁

⿰鬲⿱東田鼎（西周中）：⿰鬲⿱東田（紳）捧（拜）~⿰旨頁（稽）首。
◎銘圖2441

戚簋蓋（西周中）：戚捧（拜）~⿰旨頁（稽）首。
◎銘續450

具鼎（西周中）：具捧（拜）~⿰旨頁（稽）⿰首寸（首）。
◎銘續229

拇

鼎卦戈（西周晚）：~。
◎銘續1265

二年平陶令范戾戈（戰國晚）：冶~狱。
◎考文2007（6）56頁

【案】陳劍（2004）釋甲骨金文「」爲「拇」字表意初文，其說可從。字至戰國猶見沿用。

〔⿰舟拳〕拳

楚子黑拳戈（春秋晚）：楚子黑~之用。
◎銘續1155

【案】黃錫全（2016）謂字從「𠂹」或「脊」、「朕」聲，疑是「腃」字或體，讀爲「肱」。石小力（2017）謂字從「舟」從「拳」，用爲「拳」。當以石說爲近是。字宜分析爲從「手」、「朕」聲，爲「拳」之繁體。

〔拜〕捧

㝬鼎（西周早）：㝬~䭫（稽）首。
◎銘續195

宰獸簋（西周中）：獸~䭫（稽）首。
◎陝博（7）99頁

親簋（西周中）：親~䭫（稽）首。
◎歷文2006（3）封二

虎簋蓋乙（西周中）：虎~䭫（稽）首。
◎新收1874

〔搴〕

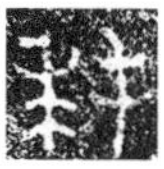

太師虘簋蓋（西周中）：虘～䭫（稽）首。◎銘圖5283

太師虘簋蓋（西周中）：虘～䭫（稽）首。◎銘圖5282

柬盉蓋（西周中）：柬～䭫（稽）首。◎銘圖14790

免簋（西周中）：免～䭫（稽）首。◎回家（2019二）71頁

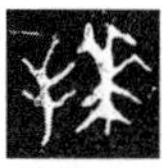

卌三年逑鼎丁（西周晚）：逑～䭫（稽）首。◎華章79頁

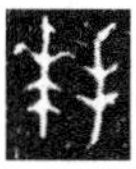

頌盤（西周晚）：頌～䭫（稽）首。◎文物2009（9）52頁

伯克父盨（春秋早）：唯白（伯）克父甘婁自乍（作）～𥁰（梧）。◎銘續474

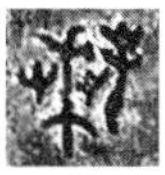

孝簋（西周中）：孝～𩒨（稽）首。◎銘續441

夾簋（西周中）：夾～䭫（稽）首。◎新收1958

聞尊（西周中）：聞～䭫（稽）首。◎論稿10頁

卲簋（西周中）：卲～䭫（稽）首。◎回家（2019一）79頁

霸伯盂（西周中）：霸白（伯）～䭫（稽）首。◎銘圖6229

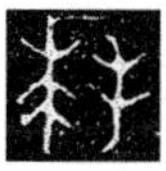

卌三年逑鼎丙（西周晚）：逑～䭫（稽）首。◎華章71頁

師酉盤（西周晚）：師酉～䭫（稽）首。◎銘續951

伯克父盨（春秋早）：唯白（伯）克父甘婁自乍（作）～𥁰（梧）。◎銘續475

與兵壺（春秋晚）：參（叁）～頣（䭫）首于皇考剌（烈）俎（祖）。◎古研（24）234—235頁

【案】伯克父盨「捧」字，《銘續》所釋不誤。田率（2017）以爲從二「𠦪」，於形未審，而以爲相當於「餗」，則近是。金文「餗（饙）」爲具飯食以祭拜之意，字又可作「𠦪」或「捧（拜）」，其音義之源疑即祭拜之「拜」。故伯克父盨「捧」字逕讀「拜」亦無不可。參卷五「餗」、卷十「𠦪」字條。

操

王八年內史操戈（戰國中）：內史～左之造。

◎故博 2005（3）50 頁

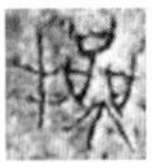

內史操戈（戰國中）：內史～□之造。

◎銘續 1239

承

丞仲觶（西周中）：～中（仲）乍（作）旅彝。

◎銘圖 10589

荀侯戈（西周晚）：筍（荀）侯～斵工。

◎銘圖 16749

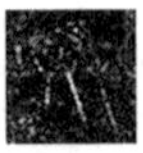

九年承匡令鼎（戰國晚）：九年～匡命（令）犬。◎西安 14 頁

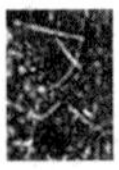

三年大將李牧弩機（戰國晚）：塚長（張）～所爲。◎文物 2006（4）封三

燕王職壺（戰國晚）：唯郾（燕）王職踐（踐）𠂤（阼）～祀。◎上博（8）146 頁

揚

右孺子鼎（戰國晚）：工帀（師）～（楊）戶眗。

◎文物 2004（9）83 頁

虎簋蓋乙（西周中）：對～天子不（丕）杯魯休。

◎新收 1874

老簋（西周中）：皇～王休。◎考文2005年增刊65頁

旍簋（西周中）：旍對～王休。◎字與史（1）211頁

槐簋（西周中）：敢對～天子不（丕）顯休。◎銘續454

格仲簋（西周中）：䜂（對）～且（祖）孝（考）畐（福）。◎考報2018（2）234頁

追夷簋（西周晚）：對～氒（厥）覭且（祖）之遺寶。◎華夏2000（3）20頁

琱生尊（西周晚）：琱（周）生對～朕宗君休。◎考文2007（3）8頁

師酉盤（西周晚）：對～天子不（丕）顯休令（命）。◎銘續951

棘肰鼎蓋（西周早）：～王休。◎銘續217

旂伯簋（西周中）：旂白（伯）對～王休。◎銘圖5147

夾簋（西周中）：夾敢對～王休。◎新收1959

二式獄簋蓋（西周中）：對～王休。◎考文2006（6）60頁

獄盨蓋（西周中）：對～王休。◎銘圖5275

叔夨方鼎（西周早）：其萬年～王光氒（厥）士。◎文物2001（8）9頁

宰獸簋（西周中）：敢對～天子不（丕）顯魯休命。◎陝博（7）99頁

〔敉〕播

拲

曶簋（西周中）：用對～王休。◎文物2000(6)87頁

親簋（西周中）：敢對～天子休。◎歷文2006(3)封二

束盉蓋（西周中）：對～王休。◎銘圖14790

伯𢦏父簋（西周晚）：用乍（作）寶𣪘（簋），～。◎首陽107頁

卌二年逑鼎甲（西周晚）：逑敢對天子不（丕）顯魯休～。◎華章39頁

卌三年逑鼎乙（西周晚）：逑敢對天子不（丕）顯魯休～。◎華章63頁

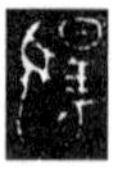
卌三年逑鼎戊（西周晚）：逑敢對天子不（丕）顯魯休～。◎華章87頁

頌盤（西周晚）：頌敢對～天子不（丕）顯魯休。◎文物2009(9)52頁

用揚戈（春秋晚）：用～。◎銘續1082

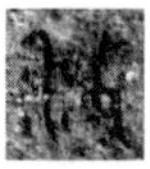
聽簋（商晚）：～王賌。◎銘續420

任鼎（西周中）：易（賜）脡、牲大牢，又䨏束、大卉（對）、鬱～。◎歷文2004(2)21頁

亢鼎（西周早）：㠯（以）鬱～、鬯𩰫、牛一。◎上博(8)121頁

【案】陳絜、祖雙喜（2005）釋爲《禮記・投壺》「二筭爲純」之「純」，於形無據。黃錫全（2002b）以「」爲「并」，讀亢鼎字爲「瓶」，然「」從二「又」，與「并」之從二「人」異，亦不可從。董珊（2005）謂「」象兩手拇指爲囚具夾住之形，

犨*

即《說文》訓「兩手同械」之「拲」字的表意初文，亢鼎「拲」字加「収」爲聲；二銘之「拲」俱讀作鬱草之專用量詞「貫」（《說文》：「鬱，芳艸也。十葉爲貫。」）。釋「拲」可從，而讀「貫」則於韻稍遠。陳哲君謂可讀「拱」，似更勝。

犨鼎（西周晚）：～屯（純）亡敃。
◎文博2007(2)17頁

琱生尊（西周晚）：用旂（祈）通彔（祿）、～屯（純）、霝（靈）冬（終）。◎考文2007(3)8頁

京叔簋（西周晚）：～屯（純）霝（靈）終。
◎銘續428

女

女嫜祖丁角（商晚）：～嫜且（祖）丁。
◎近出887

作册般黿（商晚）：乍（作）～（汝）寶。
◎歷文2005(1)封二

親簋（西周中）：～（汝）乃諫訊有粦（諝）。
◎歷文2006(3)封二

鬻公盨（西周中）：成父～（母）。
◎歷文2002(6)4頁

宰獸簋（西周中）：昔先王既命～（汝）。
◎陝博(7)99頁

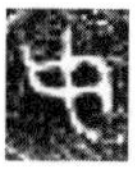
甾盨蓋（西周中）：令（命）～（汝）乍（作）服。
◎銘圖5673

虎簋蓋乙（西周中）：～（汝）毋敢不善于乃政。
◎新收1874

采隻簋（西周中）：命～（汝）乍（作）嗣（司）土。
◎銘圖5154

采隻簋（西周中）：用乍（作）義～尊設（簋）。
◎銘圖5154

槐簋（西周中）：易（賜）～（汝）幽黃（衡）、鋚鞸（勒）。◎銘續453

姜　姓

卌二年逨鼎甲（西周晚）：～（汝）克奠於氒（厥）自（師）。◎華章39頁

卌二年逨鼎甲（西周晚）：～（汝）□長父吕（以）追博（搏）戎。◎華章39頁

卌三年逨鼎丙（西周晚）：令（命）～（汝）官嗣（司）歷人。◎華章71頁

卌三年逨鼎己（西周晚）：令（命）～（汝）官嗣（司）歷人。◎華章95頁

頌盤（西周晚）：易（賜）～（汝）玄衣黹屯（純）。◎文物2009（9）52頁

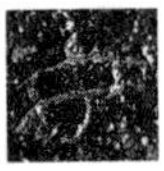

秦子簋蓋（春秋早）：義（宜）其士～。◎故博2005（6）22頁

晉公盤（春秋中）：乍（作）元～孟姬宗彝般（盤）。◎銘續952

鮑子鼎（春秋晚）：男～無碁（期）。◎歷文2009（2）51頁

攻（吳）大叔戈（春秋晚）：工（攻）盧（吳）大弔（叔）戉～嬰自（作）元用。◎珍秦齋吳23頁

之乘辰鐘（戰國早）：而乍孫夫台之貴～（甥）。◎文物2004（2）72頁

晉姜簋（西周中）：晉～乍（作）寶𣪕（簋）。◎晉國60頁

伐簋蓋（西周中）：用乍（作）吕～猒寶尊𣪕（簋）。◎銘圖5321

宰獸簋（西周中）：用乍（作）朕剌（烈）且（祖）幽中（仲）、益～寶盦𣪕（簋）。◎陝博（7）99頁

虢仲簠（西周晚）：虢中（仲）乍（作）獻（醜）～寶匿（簠）。◎文物2000（12）28頁

姬

琱生尊（西周晚）：䜌（召）～吕（以）琱生戝五尋、壺兩。◎考文2007（3）8頁

虢姜鋪（西周晚）：虢～乍（作）甫（鋪）。◎中銅展76頁

仲姜甗（春秋早）：中（仲）～乍（作）爲趄（桓）公尊鬳（甗）。◎芮國84

仲姜鼎（春秋早）：中（仲）～乍（作）爲趄（桓）公尊鼎。◎芮國81

仲姜簋（春秋早）：中（仲）～乍（作）爲逗（桓）公尊殷（簋）。◎天地2006（10）85頁

許公簠（春秋中）：無（許）公乍（作）弔（叔）～賸（媵）𠤳（簠）。◎銘續510

叔子孥盤蓋（戰國早）：弔（叔）子孥乍（作）孟～祖大宗盤。◎銘圖19237

吕季姜簋（西周晚）：吕季～乍（作）尊殷（簋）。◎銘續401

鄭井姜匜（西周晚）：奠（鄭）井～乍（作）寶寍（匜）。◎銘續986

王季姜鋪（西周晚）：王季～乍（作）羞甫（鋪）。◎回家（2019二）111頁

南宮姬鼎（西周早）：南宮～乍（作）寶尊鼎。◎曲村348頁

南姬爵甲（西周早）：南～公寶彝。◎首陽71頁

南姬爵乙（西周早）：南～公寶彝。◎首陽71頁

隁王尊（西周早）：隁王乍（作）夨～寶尊彝。◎文博2008（2）7頁

季姬尊（西周中）：君命宰茀易（賜）𠃬季～畋臣于空桑。◎文物2003(9)89頁

趞伯簋（西周中）：朕文考其巠（經）趞（遣）白（伯）、趞（遣）～之德音。◎銘圖5214

作册吳盤（西周中）：用乍（作）弔（叔）～般（盤）盉。◎銘圖14525

番伯鬲（西周中）：釆（番）白（伯）乍（作）畢～寶尊鬲。◎銘續246

相姬鬲乙（西周中）：相～乍（作）齍鬲。◎銘續242

辛王姬簋（西周晚）：辛王～乍（作）弔（叔）西父姬西母媵𣪘（簋）。◎銘圖5018

應侯視工簋蓋（西周晚）：雁（應）侯乍（作）～遼（原）母尊𣪘（簋）。◎首陽114頁

太祝追鼎（西周晚）：白（伯）大（太）祝追乍（作）豐弔（叔）～䵼（將）彝。◎上博(8)132頁

趞伯簋（西周中）：朕文考其巠（經）趞～、趞白（伯）之德音。◎史學2006(2)封二

倗伯簋（西周中）：倗白（伯）乍（作）□～寶旅𣪘（簋）。◎文物2006(8)17頁

𧦝應姬鼎（西周中）：𧦝（胡）雁（應）～見于王。◎銘續221

芮伯簋（西周中）：內（芮）白（伯）乍（作）倗～寶朕（媵）𣪘（簋）三（四）。◎銘續372

趞伯簋蓋（西周中）：朕文考其巠（經）趞（遣）～、趞（遣）白（伯）之德音。◎銘續443

叔駒父簋（西周晚）：弔（叔）駒父乍（作）趞～□𣪘（簋）。◎文博2008(2)8頁

膳夫吉父鬲（西周晚）：善（膳）夫吉父乍（作）京～尊鬲。◎銘圖2970

秦子簋蓋（春秋早）：秦子～□亯（享）。◎故博2005(6)22頁

〔⿰女士〕

姞

蔡侯鼎（春秋早）：蔡侯乍（作）宋～媵（媵）鼎。◎首陽127頁

鬟姬鬲（春秋早）：鬟～乍（作）孟妊姞丝（兹）羞鬲。◎文物2004（12）9頁

仲姬敦（春秋晚）：中（仲）～脔之盞。◎淅川38頁

曾仲姬壺（春秋晚）：曾中（仲）～之尊壺。◎文物2008（2）8頁

曾孟嬭鄁姬簠（春秋晚）：穆穆曾孟（孟）嬭朱（鄁）～乍（作）時（持）。◎淅川183頁

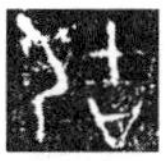

南姞甗（西周中）：南～庳（肇）乍（作）氒（厥）皇辟白（伯）氏寶䵼（將）彝。◎考文2006（6）64頁

叔釗父甗（西周晚）：弔（叔）釗父乍（作）柏～寶獻（甗）。◎晉國149頁

芮姞簋（西周晚）：內（芮）～乍（作）旅毁（簋）。◎新收665

楊姞壺（西周晚）：楊～乍（作）羞醴壺。◎晉國161頁

晉侯簋蓋（春秋早）：晉侯乍（作）師氏～毁（簋）。◎銘圖4712

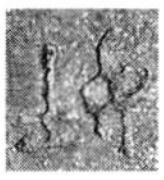

尹氏士吉射簋甲（西周中）：尹氏士吉射乍（作）㾓～朕（媵）毁（簋）。◎銘圖4809

仲姞壺（西周中）：中（仲）～乍（作）寶壺。◎銘圖12257

晉侯簋（春秋早）：晉侯乍（作）師氏～毁（簋）。◎銘圖4713

【案】「姞」所從「吉」或省「口」，作「⿰女士」。參卷二「吉」字條。

嬴

嬴盤（西周中）：～乍（作）般（盤）。◎銘圖14380

京叔鑐（西周晚）：京弔（叔）□～朕（媵）鑐。◎銘續900

鄴仲盤（春秋早）：鄴（養）中（仲）乍（作）其孫弔（叔）～䚗朕（媵）盤。◎銘續943

曾孟嬴剈簠（春秋早）：曾孟～剈自乍（作）行匿（簠）。◎棗陽93頁

姚

覭公簋（西周早）：覭公乍（作）嫢～㲃（簋）。◎考古2007（3）圖版3.5

應姚鬲（西周晚）：雁（應）～乍（作）弔（叔）𠬪（誥）父尊鬲。◎考古2003（3）93頁

姚季鼎（春秋早）：～季賸（媵）孟姬㐁（溫）母飤器。◎銘續135

嫣

郙仲簠蓋（西周晚）：邘（郙）中（仲）賸（媵）孟～寶䀇（簠）。◎文物2003（4）90頁

郙仲簠（西周晚）：邘（郙）中（仲）賸（媵）孟～寶䀇（簠）。◎文物2003（4）90頁

伯國父鼎（春秋早）：鄦（許）大戠白（伯）國父乍（作）弔（叔）～緣貞（鼎）。◎銘續194

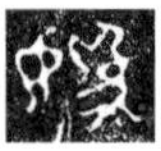

卹余敦（春秋）：卲翏公之孫卹余及陳弔（叔）～爲其膳𦎫（敦）。◎保利續184頁

妘〔娟〕

亞妘簋（西周早）：亞～乍（作）寶彝。◎銘續327

蔡妘盉（西周中）：蔡～乍（作）朕（媵）器。◎銘續964

娸

邾季簠（春秋）：鼄（邾）季㝬䕍用乍（作）中（仲）～。◎回家（2018）33頁

婚

豳公盨（西周中）：好德~遘（媾）。◎歷文2002(6)4頁

【案】《説文》「婚」字籀文作「𤕎」，實爲「聞」之會意初文之假借，「聞」字重見。

妻

伯雝倗鼎（西周早）：白（伯）雝倗宿小~貞（鼎）。◎曲村361頁

王妻簋（西周早）：王~乍（作）寶𣪘（簋）。◎曲村494頁

上鄀㺲妻鼎（春秋早）：上鄀㺲~自乍（作）尊鼎。◎銘續176

黃子婁簠（春秋晚）：台（以）乍（作）其~弔（叔）㛸（芈）女（母）賓飤𠤳（簠）。◎銘續506

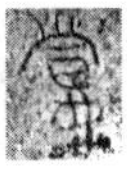
黃子婁缶乙（春秋晚）：台（以）乍（作）其~其□飤𨥑（缶）。◎銘續907

賈孫叔子屖盤（春秋晚）：~□壽老無碁（期）。◎山東675頁

婦

婦闟爵（商晚）：~闟□文姑□□彝□。◎近出910

□婦觚（商晚）：□~彝。◎滕州232頁

大万尊（商晚）：~尊宜才（在）寘大（太）室。◎銘續790

婦闟卣蓋（商晚）：~闟乍（作）文姑日癸尊彝。◎銘續875

巽壺蓋（西周早）：乍（作）~日庚寶尊彝。◎銘圖12214

婦傳尊（西周早）：~傳乍（作）辟日己䵼尊彝。◎銘續785

婦𠯋兄癸尊（西周早）：~𠯋兄癸。◎滕州272頁

婦己爵（西周早）：~己。◎銘圖7665

妊

進盤(西周早):進乍(作)金~尊彝。

◎銘續 930

婦丁尊(西周早):㚸~丁。

◎文物 2003(10)83 頁

圓君婦媿靁壺(春秋早):圓(昆)君~媿靁乍(作)旅壺。◎小邾 65 頁

華孟子鼎(春秋中):華孟子乍(作)中(仲)~氏~中(仲)子賸(媵)寶貞(鼎)。◎銘續 207

妊鼎(西周早):~乍(作)孟恆父尊鼎。

◎銘續 112

妊簋(西周早):~乍(作)寶尊彝。

◎夏商周 231

兒慶鼎(春秋早):兒慶乍(作)秦~它(匜)鼎。

◎歷文 2003(5)65 頁

槊姬鬲(春秋早):槊姬乍(作)孟~姑丝(兹)羞鬲。◎文物 2004(12)9 頁

邾君慶壺(春秋早):邾君慶乍(作)秦~醴壺。

◎小邾 34 頁

郳慶匜(春秋早):兒(郳)慶乍(作)秦~它(匜)。◎銘續 985

母

䣄侯尊(商晚):䣄侯~壬。

◎保利續 79 頁

父丁母丁戈(商晚):父丁~丁。

◎首陽 88 頁

司母樂甗(西周早):司~卅樂。

◎陝博 2001(8)297 頁

子簋(西周早):乍(作)魚~子寶毁(簋)。

◎近出 427

南單母癸甗(西周早):南單~癸。

◎夏商周 222

長子方鼎(西周早):長子乍(作)~癸寶彝。

◎銘圖 1791

季姬尊（西周中）：其對揚王～休。◎文物2003（9）89頁

州簋甲（西周中）：州乍（作）王～寶毁（簋）。◎銘圖4284

伯獄簋蓋（西周中）：其諆（世）～（毋）望（忘）。◎銘續460

姜休母鋪（西周晚）：姜休～乍（作）羞甫（鋪）。◎銘圖6119

卌三年逑鼎乙（西周晚）：～（毋）敢不中不井（型）。◎華章63頁

頌盤（西周晚）：皇～龏（龔）始（姒）。◎文物2009（9）52頁

杞伯雙聯鬲（春秋早）：杞白（伯）乍（作）車～朕（媵）鬲。◎銘續262

楚太師登鐘辛（春秋早）：萬年～（毋）改。◎上博（11）153頁

虎簋蓋乙（西周中）：女（汝）～（毋）敢不善于乃政。◎新收1874

聞尊（西周中）：女（汝）～（無）又（有）一不（否）。◎論稿10頁

宗人簋（西周中）：用乍（作）朕文～釐姬寶毁（簋）。◎銘續461

卌三年逑鼎甲（西周晚）：～（毋）敢不叓不井（型）。◎華章55頁

卌三年逑鼎己（西周晚）：～（毋）敢妄寧。◎華章95頁

辛王姬簋蓋（西周晚）：辛王姬乍（作）弔（叔）西父姬西～朕（媵）毁（簋）。◎新收1674

楚太師登鐘乙（春秋早）：萬年～（毋）改。◎上博（11）150頁

文公之母弟鐘（春秋晚）：余文公之～弟。◎夏商周540

姑

鮑子鼎（春秋晚）：其壽君～（毋）死。◎歷文2009（2）51頁

宋君夫人鼎蓋（春秋晚）：其萬（萬）年沬（眉）壽，爲民父～。◎第四屆116頁

魚顛匕（戰國）：蕅入蕅出，～（毋）處其所。◎銘圖6320

婦闟爵（商晚）：婦闟□文～□□彝□。◎近出910

婦闟卣蓋（商晚）：婦闟乍（作）文～日癸尊彝。◎銘續875

燕侯旨卣（西周早）：匽（燕）侯旨乍（作）～妹寶尊彝。◎銘續874

應侯視工簋蓋（西周晚）：余用乍（作）朕王～單姬尊毁（簋）。◎首陽114頁

應侯視工簋蓋（西周晚）：～氏用易（賜）沬（眉）壽永命。◎首陽114頁

槷姬鬲（春秋早）：槷姬乍（作）孟妊～丝（兹）羞鬲。◎文物2004（12）9頁

杞伯雙聯鬲（春秋早）：用亯（享）孝于其～公。◎銘續262

攻吳王姑讎亓雓劍（春秋晚）：攻虞（吳）王～讎亓雓。◎銘續1352

吳王劍（春秋晚）：工虞（吳）王～發者反自乍（作）元用。◎中原2019（4）31頁

威

復封壺（春秋早）：戠龏（恭）～（畏）誋（忌），不彖夙夜。◎銘圖12447

〔妣〕妣

或爵（西周早）：或乍（作）~壬尊彝。◎銘圖8518

復封壺（春秋早）：用亯（享）用孝于其皇且（祖）、皇~、皇丂（考）、皇母。◎銘圖12447

姊

姬彘母鼎（西周早）：用旨尊乎（厥）公乎（厥）~。◎銘續153

公仲徙簋（西周中）：公中（仲）徙乍（作）公~寶𣪘（簋）。◎保利續120頁

芮伯盤（西周中）：敢乍（作）王~般（盤）。◎銘續939

芮伯盉（西周中）：敢乍（作）王~盉。◎考古2019（1）53頁

井公簋（西周晚）：井公乍（作）中（仲）~婁姬寶尊𣪘（簋）。◎文物2017（3）83頁

妹

妹□□觚（商晚）：~□□。◎銘圖9679

燕侯旨卣（西周早）：匽（燕）侯旨乍（作）姑~寶尊彝。◎銘續874

□卣（西周早）：乃~子□其乍（作）父戊寶尊。◎銘續878

叔尊（西周中）：有~具（俱）成。◎銘圖11818

楷侯盉（西周中）：榰（楷）侯賸（媵）~寶盉。◎銘續968

奴

高奴戈（戰國晚）：高~。◎珍秦齋秦114頁

上郡守壽戈（戰國晚）：高~工師帚。◎銘圖17281

改

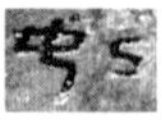

□改鼎（西周中）：□～乍（作）䵼（齍）鼎。◎銘續91

蘇公盤（西周晚）：穌（蘇）公乍（作）晉～鈘。收藏2007（4）100頁

蘇公匜（春秋早）：穌（蘇）公乍（作）中（仲）～朕（媵）它（匜）。◎夏商周474

蘇公匜（西周晚）：穌（蘇）公乍（作）晉～它（匜）。◎晉侯507頁

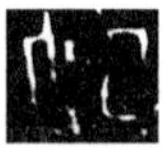

晉刑氏妃鼎（春秋早）：晉刑氏～乍（作）寶鼎。◎回家（2019二）122頁

始

姒簋甲（西周晚）：□～（姒）乍（作）善尊毁（簋）。◎徵集5

鲍子鼎（春秋晚）：中（仲）匋～（姒）彶（及）子思。◎歷文2009（2）51頁

頌盤（西周晚）：皇母龏（龔）～（姒）。◎文物2009（9）52頁

媚

子媚罍（商晚）：子～。◎近出980

好

公豊父簋（西周早）：公豊父乍（作）琼妃～寶毁（簋）。◎銘圖5014

叔卣（西周中）：女（汝）～友朕敏（誨）才（在）丝（兹）羕。◎銘圖13327

非盂（西周早）：廼□興還異～自丝（兹）。◎銘續536

[艹+害]簋（西周中）：用乍（作）棈（楷）中（仲）～寶。◎新收1891

姘

𪾔公盨（西周中）：民～明德。◎歷文2002(6)4頁

𪾔公盨（西周中）：用氒（厥）邵（紹）～。◎歷文2002(6)4頁

𪾔公盨（西周中）：巠（經）齊～祀。◎歷文2002(6)4頁

𪾔公盨（西周中）：～德聞（婚）遘（媾）。◎歷文2002(6)4頁

毁仲姜盆（西周晚）：毁中（仲）姜乍（作）～盤。◎銘續537

加芈編鐘（春秋中）：台（以）樂～賓嘉客。◎江漢2019(3)17頁

文公之母弟鐘（春秋晚）：𨐨～朋友。◎夏商周540

婦姘爵（商晚）：帚（婦）～。◎銘續593

齋

□改鼎（西周中）：□改乍（作）～（齍）鼎。◎銘續91

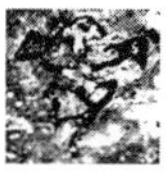

亯鼎（西周晚）：亯乍（作）～（齍）鼎。◎銘續138

加芈編鐘（春秋中）：大夫庶士，～～（齊齊）趩趩（翼翼）。◎江漢2019(3)18頁

〔妖〕媄

滕侯夫人戈（春秋晚）：賸（滕）侯夫人～之艁（造）。◎銘續1199

妄

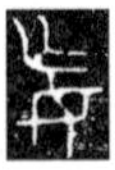

卌三年逑鼎甲（西周晚）：母（毋）敢～寧。◎華章55頁

卌三年逑鼎乙（西周晚）：母（毋）敢～寧。◎華章63頁

卌三年逑鼎丙（西周晚）：母（毋）敢～寧。◎華章71頁

嫚

曾亘嫚鼎（春秋早）：曾亘～非彔（祿），爲爾行器。◎棗陽63頁

曾亘嫚鼎（春秋早）：曾亘～非彔（祿），爲爾行器。◎棗陽65頁

嬬

龐孺子鍾（戰國晚）：龐～（孺）子。◎銘續825

龐孺子鍾（戰國晚）：龐～（孺）子。◎銘續826

婁

𪺺鼎（西周晚）：朕皇高且（祖）師～。◎文博2007（2）17頁

丼公簋（西周晚）：丼公乍（作）中（仲）姊～姬寶尊設（簋）。

伯克父盨（春秋早）：唯白（伯）克父甘～自乍（作）㨃（拜）𥁰（栝）。◎銘續475

媿

媿氏盨（西周中）：～氏乍（作）旅盨。◎銘續463

倗番生簋（西周晚）：倗番生乍（作）□～朕（媵）設（簋）。◎銘續370

芮子仲殿鼎（春秋早）：內（芮）子中（仲）殿肇乍（作）弔（叔）～尊鼎。◎銘圖2125

圅君婦媿靁壺（春秋早）：圅君婦～靁乍（作）旅壺。◎小邾65頁

〔娸〕

曾侯諫簋（西周早）：曾侯諫乍（作）～寶尊彝。◎銘續 367

姦

婦姦尊（商晚）：婦～㠯（以）且（祖）丁尊彝。◎銘圖 11620

姤*

者女觥蓋（商晚）：者（諸）～（后）㠯（以）大（太）子尊彝。◎銘續 890

姤觚（商晚）：～（后）。◎西安 48

昔雞簋（西周中）：王～（后）乎昔奚（雞）遣芀姞于韓（韓）。◎陝金集成 28

【案】諸家釋「姛」，或讀作「姒」，非是。「姤」字《說文》新附云「偶也」。金文「姤」即后妃之「后」之專造字。者女觥蓋作「姤（后）」，器作「女（母）」，「諸后」「諸母」異文而同義。

妥*

曾侯鐘（春秋晚）：～（綏）遺（？）皮（彼）無□。◎銘續 1025

七年王子戈（戰國晚）：冶～戈。◎珍秦齋吳 237 頁

如*

郳慶父簋（春秋早）：鼄（郳）慶父乍（作）州～車母寶𣪕（簋）。◎銘續 388

妃*

伯雝盤（春秋早）：番弔（叔）之孫白（伯）雝用朕（媵）季夢～。◎銘圖 14467

妧*

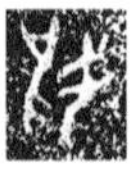

公豊父簋（西周早）：公豊父乍（作）㝩~好寶殷（簋）。◎銘圖 5014

妶*

□妶父己尊（西周早）：□~父己。◎近出 623

敕*

敕盉（商晚）：~。◎滕州 304 頁

始*

啟婦姒鼎（商晚）：攺（啟）帚（婦）~（姒）。◎銘續 46

叔向父簋（西周晚）：弔（叔）向父乍（作）婞~（姒）尊殷（簋）。◎近出 461

娶*

雝姒簋（西周早）：雝~（姒）乍（作）寶尊彝。◎茴明樓 97

婞*

叔向父簋（西周晚）：弔（叔）向父乍（作）~始（姒）尊殷（簋）。◎近出 461

姛*

公伯鼎（西周早）：公白（伯）乍（作）覭~（姒）。◎銘圖 1591

疑尊（西周早）：~（姒）賞貝。◎銘續 792

芮公叔盤（西周中）：內（芮）公弔（叔）用乍（作）內（芮）少~（姒）。◎銘圖 14514

姒簋蓋(西周早)：～(姒)乍(作)父乙寶尊彝。◎銘圖4412

尸鼎(西周中)：尸易(賜)氒(厥)執辛～(姒)。◎文博2006(3)6頁

㛐*

㛐鼎(西周中)：嫁易(賜)～玄衣。◎銘續214

𡢽*

曾孟㛤郳姬簠(春秋晚)：穆穆曾～(孟)㛤朱(郳)姬乍(作)峙(持)。◎淅川183頁

孟芈玄簠(春秋晚)：～(孟)嬭(芈)玄之行𠤳(簠)。◎銘續481

【案】「𡢽」當爲排行之「孟」增益「女」旁而成，爲女性之「孟」的專造字。

嫞*

單叔鬲丙(西周晚)：單弔(叔)乍(作)孟～(祁)尊彖。◎華章136頁

單叔鬲己(西周晚)：單弔(叔)乍(作)孟～(祁)尊彖。◎華章148頁

嫢*

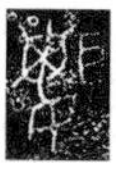
禽簋(西周晚)：禽乍(作)姬～寶毀(簋)。◎銘續391

【案】《銘續》釋「嫢」，不確。

媞*

昜媞鼎(春秋早)：昜～乍(作)寶鼎。◎中原2019(4)11頁

嫁*

㛐鼎(西周中)：～易(賜)㛐玄衣。◎銘續214

蔡嫁盤(春秋早)：□侯曾(贈)蔡～般(盤)。◎全集(10)390頁

【案】此二器「嫁」字，諸家多釋「嫣」。

嫊*

邾友父鬲（春秋早）：鼄（邾）友父朕（媵）其子胄~（曹）寶鬲。◎歷文2003（5）65頁

邾友父鬲（春秋早）：鼄（邾）友父朕（媵）其子胄~（曹）寶鬲。◎銘圖2941

杞伯每亡簋（春秋早）：杞白（伯）每亡鼄（邾）~（曹）圂段（簋）。◎銘圖4860

杞伯每亡壺蓋（春秋早）：杞白（伯）每亡乍（作）~（曹）氏醴（醴）壺。◎銘續836

膢*

召生簋蓋（西周晚）：祰弔（叔）祰~其萬年子子孫孫永寶用。◎銘圖5064

召生簋（西周晚）：[illegible]（召）生乍（作）祰~賸（媵）鼎段（簋）。◎銘圖5064

嬭*

楚王領甗（春秋早）：楚王領賸（媵）郤（徐）季~（芈）塑（朔）母賸（媵）甗（甗）。◎銘圖3358

黃子婁盞（春秋晚）：黃子婁㠯（以）乍（作）弔（叔）~（芈）盂。◎銘續523

〔嬭〕

曾侯鼎（西周晚）：曾侯乍（作）季［姬］湯~（芈）賸（媵）［鼎］。◎穆穆曾侯12頁

楚王鼎（春秋中）：楚王賸（媵）隨（隨）中（仲）~（芈）加飤緐。◎銘圖2318

鄬子孟升芈鼎蓋（春秋晚）：倗（鄬）子孟升~（芈）之飤貞（鼎）。◎淅川130頁

鄬子孟青芈簠（春秋晚）：倗（鄬）子孟青~（芈）之飤匠（簠）。◎淅川227頁

嬟*

嬟簠（春秋晚）：~之行匠（簠）。◎銘續478

嬟盤（春秋晚）：~睪（擇）其吉金。◎銘續948

嫪*

女嫪祖丁角（商晚）：女～且（祖）丁。◎近出887

嫇*

倗番生簋（西周晚）：倗番生乍（作）～媿朕（媵）𣪘（簋）。◎銘續370

【案】馬超（2017：157—158）隸作「嫞」，以爲從「闢」聲。實則字中從「興」，當隸作「嫇」，疑即「嬹」之繁體。

嬗*

郘夫人嬗鼎（春秋晚）：郘（鄖）夫人～斁（擇）丌（其）吉金。◎中原2009（3）11頁

民

豳公盨（西周中）：降～監德。◎歷文2002（6）4頁

豳公盨（西周中）：乃自乍（作）配，卿（嚮）～。◎歷文2002（6）4頁

豳公盨（西周中）：～唯克用幺（茲）德。◎歷文2002（6）4頁

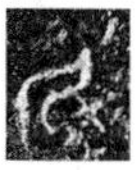

曾伯陭鉞（春秋早）：用爲～𥃝（型）。◎棗陽27頁

曾伯陭鉞（春秋早）：用爲～政。◎棗陽27頁

曾伯霥壺（春秋早）：隹（唯）此壺章，先～之尚。◎江漢2017（6）9頁

曾侯與鐘（春秋晚）：萬～。◎銘續1039

與兵壺（春秋晚）：于後～永寶孶之。◎古研（24）234—235頁

郘夫人嬗鼎（春秋晚）：後～勿惶（忘）。◎中原2009（3）11頁

宋君夫人鼎蓋（春秋晚）：其萬（萬）年沬（眉）壽，爲～父母。◎第四屆116頁

弗

魚顛匕（戰國）：下～無智。◎銘圖6320

內史亳觚（西周早）：～敢虒。◎銘圖9855

霸姬盉（西周中）：余某～爯（稱）公命。◎銘圖14795

虎簋蓋乙（西周中）：肄天子～朢（忘）氒（厥）孫子。◎新收1874

卌二年逑鼎甲（西周晚）：～逆朕新令（命）。◎華章39頁

卌三年逑鼎甲（西周晚）：肄余～謹（忘）聖人孫子。◎華章55頁

作册封鬲乙（西周晚）：王～叚謹（忘）。◎歷文2002（2）4頁

柞伯鼎（西周晚）：諆（其）～敢烝（昧）朕皇且（祖）。◎文物2006（5）68頁

應侯視工簋蓋（西周晚）：余～敢且（沮）。◎首陽114頁

攻吳王姑讎亓雗劍（春秋晚）：雖～克，未敱（敗）盧（吳）邦。◎銘續1352

新造戈（戰國）：新告（造）自敍（命）～戈。◎銘圖16820

弋

珚生尊（西周晚）：～（式）許勿史（使）楸（散）亡。◎考文2007（3）8頁

珚生尊（西周晚）：～（式）許勿史（使）楸（散）亡。◎文物2007（8）20頁

射壺蓋（西周晚）：～（式）穮（勉）射曆（勞）。◎銘圖12443

⿹乁䰛

有兒簋（春秋早）：𨻰（陳）洹（桓）公之孫有兒自乍（作）爲其~𣪘（簋）。◎銘圖5166

鄦子受鼎（春秋中）：𨚕（鄦）子受之~螀。◎淅川177頁

鄦子受鬲（春秋晚）：𨚕（鄦）子受之~螀。◎淅川177頁

競孫旟鬲（春秋晚）：競孫旟也乍（作）鑄~鬲。◎銘圖3036

景之𩊚鼎（春秋晚）：競之𩊚自乍（作）𤫕（將）彝~盉。◎銘續178

【案】吳振武（1990）謂字從「乁」、「䰛」（同「鬲」）聲，爲「瀝」字異體，讀「歷」，訓列。李零釋（2020）釋「丽」，鄔可晶（2022）釋「儔」，字形解釋上似均不如吳説合理。

也

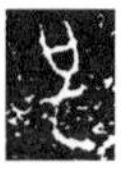

競孫旟鬲（春秋晚）：競孫旟~乍（作）鑄⿹乁䰛鬲。◎銘圖3036

𡇒陽戈（戰國晚）：㳄（𡇒）陽冶瘠鑄~。◎珍秦齋吳145頁

氏

韓伯豐鼎（西周早）：𠭰（且）白（伯）~宕卿事，𤔲（辭）曰：侖（論）。◎銘圖2426

宗人簋（西周中）：白（伯）~命宗人舞。◎銘續461

媿氏盨（西周中）：媿~乍（作）旅盨。◎銘續463

吕簋蓋（西周中）：更乃考□𤔲（司）奠師~。◎論稿167頁

南姞甗（西周中）：𦘔（肇）乍（作）氒（厥）皇辟白（伯）~寶𩰫（將）彝。◎考文2006(6)64頁

柞伯鼎（西周晚）：䢊（遣）~曰。◎文物2006(5)68頁

讆鼎（西周晚）：□乍（作）尹～。◎文博2007（2）17頁

卌三年逑鼎甲（西周晚）：王乎（呼）尹～册令（命）逑。◎華章55頁

卌二年逑鼎乙（西周晚）：尹～受（授）王贊書。◎華章47頁

應侯視工簋蓋（西周晚）：姑～用易沬（眉）壽永命。◎首陽114頁

⿱余糸氏劍簋蓋（西周晚）：⿱余糸～劍乍（作）𣪕（簋）。◎中原2008（5）63頁

琱生尊（西周晚）：吕（以）君～命曰。◎文物2007（8）20頁

琱生尊（西周晚）：報⿱宀帚（婦）～帛束、璜一。◎文物2007（8）20頁

頌盤（西周晚）：尹～受（授）王令（命）書。◎文物2009（9）52頁

卌三年逑鼎壬（西周晚）：王乎（呼）尹～册令（命）逑。◎華章119頁

晉侯簋蓋（春秋早）：晉侯乍（作）師～姑𣪕（簋）。◎銘圖4712

臧氏鼎（春秋早）：臧～乍（作）□母賸（媵）貞（鼎）。◎銘續180

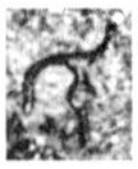

曾伯克父簠蓋（春秋早）：曾邦～（是）保。◎銘續518

杞伯每亡壺蓋（春秋早）：杞白（伯）每亡乍（作）嫀（曹）～醴（醴）壺。◎銘續836

行氏伯爲盆（春秋早）：行～白（伯）爲□天姬子姑賸（媵）盆。◎銘續539

華孟子鼎（春秋中）：華孟子乍（作）中（仲）叚～婦中（仲）子賸（媵）寶貞（鼎）。◎銘續207

文公之母弟鐘（春秋晚）：余⿱𠦝廾好朋友，～尸（夷）僕。◎夏商周540

氒

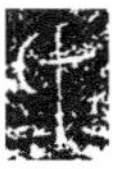

盛氏官鼎（戰國晚）：盛～官。◎王坡158頁

雒氏戈（戰國晚）：雒～。◎古研（27）326頁

幽氏中官冢子戈（戰國晚）：幽～中官冢子。◎銘續1196

師衛簋（西周早）：鬸（召）公𧶘（賚）衛貝廿朋、臣廿、～（厥）牛廿、禾卅車。◎銘圖5142

仲盉父簋（西周早）：中（仲）盉父乍（作）～（厥）弔（叔）子寶器。◎銘續403

豐觥（西周早）：豐肇乍（作）～（厥）且（祖）甲齊公寶尊彝。◎銘圖13658

叔夨方鼎（西周早）：王乎（呼）殷～（厥）士觴（唐）弔（叔）夨（虞）。◎文物2001（8）9頁

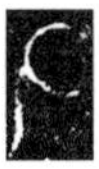

寶尊彝鼎（西周早）：乍（作）～（厥）寶尊彝。◎文博2006（3）5頁

南姞甗（西周中）：肁（肇）乍（作）～（厥）皇辟白（伯）氏寶䵼（將）彝。◎考文2006（6）64頁

趞伯簋（西周中）：朕文考其用乍（作）～（厥）身。◎史學2006（2）封二

𪍮公盨（西周中）：～（厥）顯唯德。◎歷文2002（6）4頁

豳公盨（西周中）：用～（厥）卲（紹）好。◎歷文2002（6）4頁

季姬尊（西周中）：㠯（以）～（厥）友廿又五家。◎文物2003（9）89頁

虎簋蓋乙（西周中）：肄（肆）天子弗朢（忘）～（厥）孫子。◎新收1874

虎簋蓋乙（西周中）：付～（厥）尚（常）官。◎新收1874

夾簋（西周中）：王穖（勉）～（厥）老夾曆（勞）。◎新收1958

一式獄簋（西周中）：𦎫示于～（厥）百神。◎考文2006（6）59頁

獄盨蓋（西周中）：其日夙夕用～（厥）𩞁（馨）香。◎銘圖5275

祈伯簋（西周中）：其用于～（厥）倗友。◎銘圖4738

訣應姬鼎（西周中）：用乍（作）～（厥）啻（嫡）君公弔（叔）乙尊貞（鼎）。◎銘續221

卌二年逑鼎甲（西周晚）：女（汝）克奠于～（厥）自（師）。◎華章39頁

追夷簋（西周晚）：對揚～（厥）覭且（祖）之遺寶。◎華夏2000（3）20頁

應侯視工簋蓋（西周晚）：敢噂～（厥）眾䍙（旅）。◎首陽114頁

逑盤（西周晚）：克明悊（慎）～（厥）德。◎盛世34頁

逑盤（西周晚）：竝宅～（厥）堇彊（疆）土。◎盛世34頁

逑盤（西周晚）：克幽明～（厥）心。◎盛世34頁

逑盤（西周晚）：䨶保～（厥）辟考（孝）王、徲（夷）王。◎盛世34頁

秦子鎛（春秋早）：～（厥）音鈇鈇（肅肅）雝雝。◎歷文2008（4）圖版二

遷邟鐘（春秋早）：睪（擇）～（厥）吉金。◎銘續1027

季子康鎛（春秋中）：余莪～（厥）于之孫。◎考文2009（3）106頁

鄝子受鎛（春秋中）：其永配～（厥）休。◎淅川85頁

氏

鄦子受鐘（春秋中）：其永配～（厥）休。◎淅川72頁

許公買簠蓋（春秋晚）：鄦（許）公買睪（擇）～（厥）吉金。◎中原2004（1）55頁

吳王夫差鑑（春秋晚）：攻吳王夫差睪（擇）～（厥）吉金。◎銘續1000

曾侯與鐘（春秋晚）：業業～（厥）⿰言聖（聖）。◎銘續1029

昭王之即簠（戰國早）：卲（昭）王之即睪（擇）～（厥）吉金。◎銘續516

任鼎（西周中）：王才（在）～。◎歷文2004（2）21頁

翮鼎（西周中）：用乍（作）文考～孟寶尊鼎。◎銘續230

霸伯簋（西周中）：唯正月王[illegible]劊于～。◎考報2018（1）108頁

戈

戈父辛盤（商晚）：～父辛。◎曲村348頁

戈父己鼎（西周早）：～父己。◎新收670

昔須甗（西周中）：多鈞工（功），孚（俘）～。◎銘圖3349

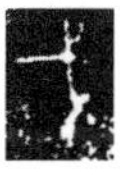

吕簋（西周中）：～琱戚歇必（柲）彡（彤）沙（緌）。◎論稿167頁

宗人簋（西周中）：乃易（賜）宗人干、～。◎銘續461

輔伯戈（西周晚）：輔白（伯）乍（作）兵～。◎中原2007（5）10頁

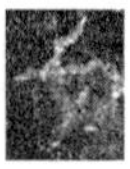

秦政伯喪戈（春秋早）：乍（作）造左辟元～。◎珍秦齋秦42頁

黃之公庫戈（春秋早）：鄚（黃）之公庫之造～。◎銘續1197

晉侯戈（春秋早）：晉侯車～。◎銘續1100

晉侯戈（春秋早）：晉侯車～。◎銘續1102

行戈（春秋晚）：行～。◎銘續1077

南君旟鄒戈（春秋晚）：南君旟鄒之車～。◎歷文2007（5）17頁

許公戈（春秋晚）：無（許）公之造徒～。◎文物2007（9）23頁

君臣戈（春秋晚）：君臣之用～。◎銘續1132

武王攻□戈（春秋晚）：武王攻□乍（作）爲用～。◎安金彙編163

成陽左戈（春秋晚）：成陽（陽）左～。◎文物2018（8）89頁

曾侯乙走戈（戰國早）：曾侯乙之走～。◎湖北60

鄝守戈（戰國中）：鄝～。◎珍秦齋吳175頁

廿八年陽邑戈（戰國晚）：肖（趙）敘爲陽邑～。◎珍秦齋吳207頁

陳窒散戈（戰國）：陳窒散～。◎山東832頁

許公戈（春秋晚）：嚻（許）公之～。◎淅川彩版五〇

蔡侯申戈（春秋晚）：蔡侯𪚍（申）之～。◎銘圖16833

肇

玄鏐之戈（春秋晚）：玄鏐之～。

◎銘續 1114

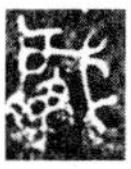

再爵（西周早）：再～乍（作）文考彝。

◎銘圖 8519

肇卣（西周中）：～乍（作）且（祖）寶尊彝。

◎北京 97

倗伯鼎（西周中）：倗白（伯）～乍（作）尊鼎。

◎文物 2006（8）17 頁

伯或父鼎（西周中）：～學前文人。

◎銘續 231

畢伯克鼎（西周晚）：畢白（伯）克～乍（作）朕不（丕）顯皇且（祖）受命畢公𩱧（將）彝。◎銘圖 2273

卌二年逑鼎甲（西周晚）：余～建長父，侯于采。

◎華章 39 頁

鑄子叔黑臣盨（春秋早）：鑄子弔（叔）黑臣～乍（作）寶須（盨）。◎銘圖 5608

之用戈（戰國）：□□之用～。

◎銘圖 16737

倗伯鼎（西周中）：倗白（伯）～乍（作）尊鼎。

◎文物 2006（8）17 頁

𤛾簋（西周中）：𤛾～夙夕明亯（享）。

◎銘圖 4695

倗伯簋（西周中）：倗白（伯）～乍（作）內（芮）姬寶𣪘（簋）。◎銘續 442

𠈪簋（西周中）：𠈪～乍（作）寶𣪘（簋）。

◎銘續 400

□甗（西周晚）：□～賈，又（有）贏，弗敢取（沮）。◎銘圖 3356

正叔之士𦅫嫞簠蓋（春秋早）：魯酉子安母～乍（作）匠（簠）。◎小邾 44 頁

【案】「肇」與「肈」爲一字之異體，參卷三「肇」字條。

戎

戎方彝（商晚）：～。◎山東730頁

⿱艹害簋（西周中）：馭～大出于棔（楷）。◎新收1891

⿱艹害簋（西周中）：⿱艹害博～。◎新收1891

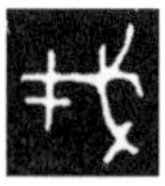

霸伯盤（西周中）：～大截（斬）。◎考報2018（1）125頁

格仲簋蓋（西周中）：～截（斬）于喪邍（原）。◎考報2018（2）234頁

應侯視工簋蓋（西周晚）：敢加興乍（作）～，廣伐南國。◎首陽114頁

卌二年逑鼎甲（西周晚）：女（汝）敏于～工（功）。◎華章39頁

卌二年逑鼎甲（西周晚）：女（汝）□長父吕（以）追博～。◎華章39頁

卌二年逑鼎乙（西周晚）：女（汝）不□～。◎考文2003（3）9頁

柞伯鼎（西周晚）：辛酉，尃（搏）～。◎文物2006（5）68頁

⿱弜皿戎盨（西周晚）：⿱弜皿～鑄須（盨）。◎文博2008（2）6頁

楚太師登鐘辛（春秋早）：武於～工（功）。◎上博（11）153頁

競之定鬲甲（春秋晚）：大有社（功）於洛之～。◎文物2008（1）81頁

競之定豆乙（春秋晚）：大有社（功）於洛之～。◎文物2008（1）82頁

⿰美戈*

秦公戈（春秋中）：用厰（嚴）～武靇（靈）。◎銘續1238

戟

攻吳王戟(春秋早):⿱穴⿰工口(攻)䱷(吳)王之新族~。◎銘圖 16977

魏叔子戟(春秋早):䰟(魏)弔(叔)子之左軙(車)𢍰輅徒~五百。◎銘續 1229

【案】攻吳王戟「戟」字,《銘圖》隸作「㦸」,不確。謝明文(2015)指出字仍從「𠦝」,是。

戲

虎簋蓋乙(西周中):疋(胥)師~𤔲(司)走馬馭人。◎新收 1874

⿰⻊戈

伯國父鼎(春秋早):⿱無皿(許)大~白(伯)國父乍(作)弔(叔)嬀䜌貞(鼎)。◎銘續 194

或

或爵(商晚):~。◎文物 2017(6)28 頁

祖辛鼎(西周早):筐~且(祖)辛。◎銘續 69

或爵(西周早):~乍(作)妣(妣)壬尊彝。◎銘圖 8518

伯□鼎(西周早):𣪘(徂)南~(國),至于漢。◎銘續 213

獄簋(西周中):王~(又)睗(賜)獄佣(佩)。◎銘圖 5317

宰獸簋(西周中):今余唯~(又)𤕰(申)𦎫(就)乃命。◎陝博(7)99 頁

二式獄簋蓋(西周中):王~(又)睗(賜)獄佣(佩)。◎考文 2006(6)60 頁

霸伯盂(西周中):㠯(以)胆(俎)~(又)延。◎銘圖 6229

柞伯鼎（西周晚）：廣伐南～（國）。◎文物2006（5）68頁

逑盤（西周晚）：用奠三（四）～（國）萬邦。◎盛世34頁

作册封鬲甲（西周晚）：諫辥四～（國）。◎歷文2002（2）4頁

仲⿰言樂父簋（西周晚）：其～貿易，則盟（明）殛。◎銘圖4845

郘君鮮鼎（春秋早）：其～隹（唯）桑（喪），則明亟（殛）之。◎江漢2016（5）18頁

鮑子鼎（春秋晚）：勿～（有）柬巳。◎歷文2009（2）51頁

廿一年晉國下庫戟（戰國中）：晉～（國）下庫工帀（師）。◎珍秦齋秦136頁

【案】「或」字早期作「」「」，舊多釋「戉」，不確。李學勤（2005）改釋爲「或」，謝明文（2016）有詳論，可信。

戮

秦政伯喪戈（春秋早）：秦政白（伯）喪～政西旁。◎珍秦齋秦42頁

秦公戈（春秋中）：～畏不廷。◎銘續1238

𢦏

二式獄簋蓋（西周中）：～（緇）市、𣪊（朱）亢（衡）。◎考文2006（6）60頁

趞伯簋（西周中）：念冉～（哉），亡匄（害）。◎史學2006（2）封二

獄簋乙（西周中）：王或睗（賜）獄伽（佩）、～（緇）市、𣪊（朱）亢（衡）。◎銘續458

晄簋（西周中）：～甾乃且（祖）考䌛又（有）茸（庸）于先王。◎銘圖5386

戕

魚顛匕（戰國）：欽～（哉），出斿（游）水虫。◎銘圖 6320

伯戕父簋（西周晚）：白（伯）～父從王伐。◎首陽 107 頁

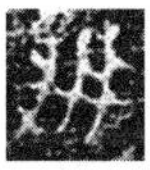

伯戕父簋（西周晚）：白（伯）～父從王伐。◎古研（27）198 頁

武

武父乙盉（商中）：～父乙。◎考古 2001（5）25 頁

𩰫方鼎（商晚）：王宜（賓）文～帝乙彡（肜）日。◎文物 2005（9）61 頁

武鼎（西周早）：～乍（作）父乙尊。◎銘續 143

伯武父鼎（西周中）：白（伯）～父乍（作）寶𩰫（齍）鼎。◎銘續 174

應侯視工簋乙蓋（西周晚）：用乍（作）皇考～侯尊𣪕（簋）。◎保利續 126 頁

卌二年逑鼎乙（西周晚）：不（丕）顯文～。◎考文 2003（3）9 頁

卌三年逑鼎丙（西周晚）：不（丕）顯文～。◎華章 71 頁

應侯視工鼎（西周晚）：余用乍（作）朕剌（烈）考～侯尊鼎。◎上博（10）105 頁

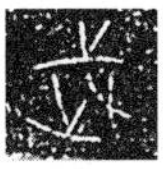

復封壺（春秋早）：～又（有）工（功）。◎銘圖 12447

楚太師登鐘辛（春秋早）：～于戎工（功）。◎上博（11）153 頁

晉公盤（春秋中）：左右～王。◎銘續 952

秦公戈（春秋中）：用厰（嚴）𢦏～𩃎（靈）。◎銘續 1238

戠

封子楚簠（春秋晚）：坓（封）子楚鄭～公之孫。
◎銘續 517

曾侯與鐘（春秋晚）：憖（壯）～愄（畏）誋（忌）。
◎銘續 1029

曾侯與鐘（春秋晚）：差（左）𤕌（右）文～。
◎銘續 1029

武王攻□戈（春秋晚）：～王攻□乍（作）爲用戈。◎安金彙編 163

公族申戟（戰國中）：㠯（以）厲（礪）～士。
◎銘續 1266

修武使君甗（戰國晚）：攸～使君。
◎夏商周 603

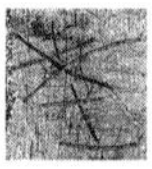

上郡假守黿戈（戰國晚）：廣～。
◎珍秦齋秦 89 頁

上郡假守黿戈（戰國晚）：～庫。
◎珍秦齋秦 89 頁

高武戈（戰國晚）：高～。
◎西安 117

廿七年蜀守戈（戰國晚）：江～庫。
◎古研（25）213 頁

鄭武庫殳鐓（戰國晚）：鄭～庫。
◎銘圖 18542

武陽右庫戈（戰國晚）：～陽右庫。
◎銘續 1121

采隻簋（西周中）：易（賜）女（汝）～衣、赤予市、䜌（鑾）旅〈旂〉。◎銘圖 5154

采隻簋蓋（西周中）：易（賜）女（汝）～衣、赤予市、䜌（鑾）旅〈旂〉。◎銘圖 5154

復封壺（春秋早）：～龏（恭）威（畏）諆（忌）。
◎銘圖 12447

復封壺（春秋早）：～龏（恭）威（畏）諆（忌）。
◎銘圖 12448

戔

昭之王孫即盞（戰國早）：卲（昭）之王孫即自乍（作）鑄其飤~（盞）。◎銘續 525

蛓*

應侯視工簋蓋（西周晚）：~（蠢）淮南尸（夷）屮敢噂（敷）氒（厥）眾魯（旅）。◎首陽 114 頁

卌二年逨鼎甲（西周晚）：~（蠢）厰（玁）𤞤（狁）出戲（斬）于井阿。◎華章 39 頁

卌二年逨鼎乙（西周晚）：~（蠢）厰（玁）[𤞤（狁）]出戲（斬）于井阿。◎華章 47 頁

【案】蔣玉斌（2018）釋「蛓」，讀爲「蠢」，甚是。

找*

鍾離公柏戟（春秋中）：童（鍾）麗（離）公柏之用~（戟）。◎考古 2009（7）43 頁

鄬子受戟（春秋中）：倗（鄬）子受之用~（戟）。◎淅川 164 頁

裔肯敦年戟（春秋晚）：裔肯敦（敦）年~（戟）。◎銘續 1131

范毂戟（戰國早）：軋（范）毂之戠（用）~（戟）。◎銘續 1135

平夜君成戟（戰國中）：平夜君成之用~（戟）。◎文物 2002（8）7 頁

砓*

攻吳大叔戈（春秋晚）：工（攻）盧（吳）大弔（叔）~女嬰自乍（作）元用。◎珍秦齋吳 23 頁

⿰禾戈*

燕王職壺（戰國晚）：滅鄁（齊）之~。◎上博（8）146 頁

【案】周亞（2000）釋「殺」。董珊、陳劍（2002）改釋爲「秡」，即「穫」之表意字，引傳抄古文「穫」作「」「」爲證，甚是；於壺銘中讀「獲」，亦可信。

𢦒*

攻吳王叡𢦒此邻劍（春秋晚）：攻𪊨（吳）王叡~此郘（邻）。◎考古2000（4）95頁

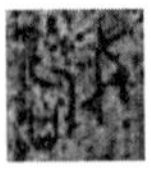

攻吳王姑讎亓𦣻劍（春秋晚）：叡~郘（邻）命戈（我）爲王。◎銘續1352

𢦔*

免簋（西周中）：熒（榮）~入右免。◎回家（2019 二）71頁

𢧦*

越王差徐戈（戰國早）：戉（越）王差郐（徐）目（以）其鐘金鑄其~戜（刺）。◎古研（25）212頁

㦸*

呂簋（西周中）：戈琱~㪣必（柲）彤沙（緌）。◎論稿167頁

宗人簋（西周中）：戈琱~㪣必（柲）彤屡（緌）。◎銘續461

師道簋（西周中）：戈畫~㪣宓（柲）彤屡（緌）。◎新收1394

𢧅*

蔡侯朔戟（春秋晚）：蔡侯朔之用~（戟）。◎銘續1161

蔡侯產戟（戰國早）：蔡侯產之用~（戟）。◎銘續1169

鄧冢ີ戟（戰國）：鄧冢ີ之用~（戟）。◎銘續1192

旇*

十年宅陽令隖登戟（戰國晚）：名𠦪□～（戟）。◎古研（27）326頁

冢子韓政戟刺（戰國晚）：冶肙（尹）𪐴造□～（戟）朿（刺）。◎銘續1289

⿰匽戈*

越王差徐戈（戰國早）：戉（越）王差郐（徐）吕（以）其鐘金鑄其戕～（刺）。◎古研（25）212頁

⿰尚戈*

攻吳王光劍（春秋晚）：台（以）～戕（勇）人。◎銘圖17919

⿹戈建*

楚王卲戟（春秋晚）：楚王卲之行～（戟）。◎銘續1147

王子要戟（春秋晚）：王子要之行～（戟）。◎銘續1154

⿰畁戈*

晉公盤（春秋中）：敎（教）～（威）百繇（蠻），廣闢（闢）三（四）方。◎銘續952

⿰眔戈*

琱生尊（西周晚）：䚄（召）姜吕（以）琱生～五尋（尋）、壺兩。◎考文2007（3）8頁

琱生尊（西周晚）：䚄（召）姜吕（以）琱生～五尋（尋）、壺兩。◎考文2007（3）8頁

【案】袁金平（2006）分析爲從「火」、「蔑」省聲，讀爲「幭」。陳英傑（2007）分析爲從「戈」、從「炅」（「莫」省），釋「蔑」，解爲饋贈、進獻。吳鎮烽（2007b）、羅衛東（2008）俱以左旁爲「㬅（睪）」，釋爲「斁」字異體，吳氏讀作細布義之「緆」，羅氏謂通「擇」。李學勤（2007b）謂字從「威」聲，讀爲「幣」。王輝（2008）疑「熾」字訛省，讀「織」。王進鋒（2008）謂字從「眔」聲，讀「及」，訓至、致。就字形言，諸説均不確。字當由「戈」「眔」二部件構成。林澐（2008b）指出「眔」已見於甲骨文，作「」「」，甚是。唯尊銘「⿰眔戈」字音義尚難確説。從其以「尋」爲計量單位看，不少學者認爲指幣帛一類之物應可肯定，而作動詞解者則顯然不通。句子的謂語動詞是「以」，而非「⿰眔戈」。

戠*

師衛鼎（西周早）：豐（豐）公～（捷）反尸（夷）。◎銘圖 2185

格仲簋蓋（西周中）：戎～（斬）于喪遼（原）。◎考報 2018（2）234 頁

格仲簋（西周中）：戎～（斬）于喪遼（原）。◎考報 2018（2）234 頁

卅二年逑鼎甲（西周晚）：戟（蠢）厥（玁）執（狁）出～（斬）于井阿。◎華章 39 頁

霸伯盤（西周中）：戎大～（斬）于［□］。◎考報 2018（1）125 頁

戠之王戈（春秋）：～之王造。◎南方 2004（4）43 頁

【案】此字與魏三體石經「捷」之古文「」相合，故諸家多據以釋讀爲「捷」，而馬超則改釋爲「翦（戩）」，謂石經古文「捷」屬同義換讀，詳見馬超（2017：518—522）。字之主體以戈斬草或木會意，馬氏以霸伯盤一文所從「木」（）爲「耑」，並當作聲符，不可信。疑字當釋爲「斬」，以「邑」爲聲。「斬」「捷」實爲一對音近義通之同源詞，用字可相通，故石經用作「捷」。金文用作捷獲義時亦應讀「捷」；用於己方戰勝之語境，讀「斬」或「捷」均可；而用於敵方主動之語境，則不宜讀「捷」，而應讀「斬」。

⿹戈⿱爻貝*

右中庖鼎蓋（戰國晚）：冶小所爲，賜右中～（庖）。◎銘圖 1950

【案】郭永秉（2012）釋「⿹戈⿱爻貝」，謂從「爻」聲而讀「庖」。劉洪濤、李桂森（2017）釋「⿹戈貝」。當從郭說。

⿰壽戈*

曾侯鐘（春秋晚）：楚王弗～（讎）是無（許）。◎銘續 1025

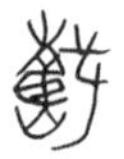

燕王職壺（戰國晚）：東～（讎）國。◎上博（8）146 頁

【案】燕王職壺一文，周亞（2000）疑爲「創」字異體。董珊、陳劍（2002）隸定作「⿰壽戈」，謂是「⿰壽殳」或「⿰壽攴」之異體，讀爲「討」。黄錫全（2002d）初疑釋「⿱艹戠」，讀「會」；後又傾向於釋「⿰壽戈」，但主張讀「籌」，作籌劃、謀策解。依字形，當以釋「⿰壽戈」爲是，唯其後「國」尚未確釋，故「⿰壽戈」之音義亦難遽定。「⿰壽戈」字亦見於楚簡，如郭店簡《尊德義》26「弗愛，則⿰壽戈（讎）也」、

戉

上博簡《天子建州》甲6「戟(仇)戠(讎)戔(殘)亡」皆讀作「讎」。若壺銘「國」指敵國而言，則「戠」自亦可讀「讎」，當報復講，如《史記・范雎蔡澤列傳》：「今君之怨已讎而德已報。」曾侯鐘一文，湖北省文物考古研究所等(2015)讀爲「討」，諸家多從之；馬超(2017：288)疑亦可讀「讎」；吳超(2017)則讀「棄」。實仍以讀「讎」爲是。

戉鼎(商晚)：～。
◎銘續5

曾伯陭鉞(春秋早)：曾伯陭乍(作)鑄戚～(鉞)。
◎棗陽27頁

越王差徐戈(戰國早)：～(越)邦之先王未得居乍金。
◎故博2008(4)26頁

越王伯侯劍(戰國早)：～(越)王白(伯)侯。
◎銘圖17872

越王諸稽於睗劍(戰國早)：～(越)王。
◎文物2000(1)71頁

越王諸稽於睗劍(戰國早)：～(越)王。
◎文物2000(1)71頁

戚

戚簋蓋(西周中)：散(微)史册命～。
◎銘續450

戚簋蓋(西周中)：～拜手頧(稽)首。
◎銘續450

曾伯陭鉞(春秋早)：曾伯陭乍(作)鑄～戉(鉞)。
◎棗陽27頁

我

非盂(西周早)：隹(唯)曰：若～王𣁋(頻)宔。
◎銘續536

[illegible]卣(西周中)：今氒(厥)僕～興。
◎銘續882

豳公盨（西周中）：生～王。◎歷文2002(6)4頁

師酉鼎（西周中）：□夙夜辟事～一人。◎歷文2004(1)封二

應侯視工簋蓋（西周晚）：～孚戈。◎首陽114頁

卌三年逑鼎甲（西周晚）：虔夙夕（助）雝～邦小大猷。◎華章55頁

卌三年逑鼎丙（西周晚）：用乍（作）余～一人夗（怨）。◎華章71頁

卌三年逑鼎戊（西周晚）：虔夙夕（助）雝～邦小大猷。◎華章87頁

琱生尊（西周晚）：～僕𩫏（庸）徒（土）田多柔（擾）。◎文物2007(8)20頁

琱生尊（西周晚）：～僕𩫏（庸）徒（土）田多柔（擾）。◎考文2007(3)8頁

伯克父鼎（春秋早）：用追孝于～大不（丕）顯。◎銘續223

曾伯霥壺（春秋早）：用耆（孝）用亯（享）于我皇且（祖）及～父考。◎江漢2017(6)9頁

楚太師登鐘乙（春秋早）：用樂庶侯及～父兄。◎上博(11)150頁

晉公盤（春秋中）：～剌（烈）考憲公。◎銘續952

季子康鎛（春秋中）：台（以）從～師行。◎考文2009(3)104頁

加芈編鐘（春秋中）：龏（恭）⿰畏攵（畏）儔公，及～大夫。◎江漢2019(3)17頁

與兵壺蓋（春秋晚）：其用亯（享）用孝于～皇俎（祖）文考。◎古研(24)234—235頁

褱兒鎛（春秋）：㠯（以）樂嘉賓，及～庶士。◎銘圖15805

義

韓少夫戟（戰國晚）：工帀（師）啟～。◎珍秦齋吳229頁

義鼎（西周早）：～乍（作）父乙寶尊彝。◎銘續122

義爵（西周中）：～乍（作）。◎銘續619

𩰫卣（西周中）：乃兄殅（僭）鼻（畀）女（汝），害～。◎銘續882

采隻簋（西周中）：用乍（作）～女尊𣪕（簋）。◎銘圖5155

采隻簋蓋（西周中）：用乍（作）～女尊𣪕（簋）。◎銘圖5154

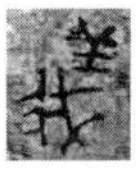

伯義父鼎（西周晚）：白（伯）～父乍（作）矩姬鼎。◎銘續154

秦子簋蓋（春秋早）：～（宜）其士女。◎故博2005（6）22頁

文公之母弟鐘（春秋晚）：不～（宜）又（有）匿。◎夏商周540

義子曰鼎（春秋晚）：～子曰自乍（作）飤𩰫。◎中原2006（5）8頁

司馬義鎛（戰國早）：睘睘（煢煢）～非敢□□。◎山東104—108頁

廿一年晉國下庫戟（戰國中）：～陽。◎珍秦齋秦138頁

倉端王義鼎（戰國晚）：倉端王～。◎銘續159

【案】采隻簋「義」，《銘圖》誤釋作「姜」。「義女」疑讀作「義母」，倗簋（《集成》3667）有「義妣」，可參。

作册般黿（商晚）：卒～（無）灋（廢）矢。◎歷文2005（1）封二

𨞹公盨（西周中）：康～不楙（懋）。◎歷文2002（6）4頁

𨞹公盨（西周中）：～（無）誨（悔）。◎歷文2002（6）4頁

𧽊伯簋（西周中）：念爯戈（哉），～匄（害）。◎史學2006（2）封二

一式獄簋蓋（西周中）：～（無）不鼎〈則〉。◎考文2006（6）59頁

任鼎（西周中）：其萬～（無）彊（疆）。◎歷文2004（2）21頁

霸伯盂（西周中）：天子蔑（勉）其～（無）曆（勞）。◎銘圖6229

瑚生尊（西周晚）：弋（式）許勿事（使）㪔（散）～。◎文物2007（8）20頁

𩛥鼎（西周晚）：㬎屯（純）～（無）敃。◎文博2007（2）17頁

杞伯每亡簋（春秋早）：杞白（伯）每～鼄（邾）嫊（曹）圂𣪘（簋）。◎銘圖4860

杞伯每亡壺蓋（春秋早）：杞白（伯）每～乍（作）嫊（曹）氏豐（醴）壺。◎銘續836

鄦子受鐘（春秋中）：～伎味𧴃（爽）。◎淅川67頁

亡□戈（春秋晚）：～□。◎銘續1083

【案】霸伯盂「亡」字，李學勤（2011b）釋，是。或釋「臣」，殊誤。

𡨦孿商方鼎（商晚）：用～（作）父辛尊彝。◎曲村348頁

𨚵甗（商晚）：𨚵～（作）且（祖）癸彝。◎近出155

作太子卣（商晚）：～（作）大（太）子丁尊彝。◎考文2007（3）4頁

作册般黿（商晚）：王令（命）寑（寢）馗兄（貺）于～（作）册般。◎歷文2005（1）封二

作册般黿（商晚）：～（作）女（汝）寶。◎歷文2005（1）封二

作尊鼎（西周早）：～（作）□□尊貞（鼎）。◎曲村414頁

大丏簋（西周早）：～（作）父丁尊彝。◎文博2008（2）8頁

榮仲方鼎（西周早）：王～（作）熒（榮）中（仲）宫。◎文物2005（9）64頁

毅尊（西周早）：毅～（作）旅彝。◎近出677

鬵觶（西周早）：用～（作）父癸寶尊彝。◎首陽74頁

六卣蓋（西周早）：六～（作）寶彝。◎銘圖13014

伯作寶彝罍（西周早）：白（伯）～（作）寶彝。◎曲村173頁

⿱宀昜邑司方鼎（西周早）：⿱宀昜邑嗣（司）～（作）父丁寶尊彝。◎銘圖1930

何簋蓋（西周早）：用～（作）且（祖）乙尊彝。◎文物2009（2）55頁

曾侯諫鼎（西周早）：曾侯諫～（作）寶彝。◎銘續100

叔桑父簋蓋（西周早）：弔（叔）桑父～（作）寶尊彝。◎銘續359

甫父簋（西周早）：甫父～（作）寶尊彝。◎銘圖4336

辛囂相簋（西周早）：辛□～（作）用□。◎文物2004（8）80頁

作旅鼎（西周中）：～（作）旅。◎文博2008（2）9頁

羚簋（西周中）：～（作）册尹册命羚。◎字與史（1）211頁

仲枏父鬲（西周中）：師湯父有嗣（司）中（仲）枏父～（作）寶鬲。◎首陽96頁

趞伯簋（西周中）：朕文考其用～（作）氒（厥）身。◎史學2006（2）封二

親簋（西周中）：更乃且（祖）服～（作）冢嗣（司）馬。◎歷文2006（3）封二

豳公盨（西周中）：～（作）臣。◎歷文2002（6）4頁

豳公盨（西周中）：乃自～（作）配，卿（嚮）民。◎歷文2002（6）4頁

太師虘簋蓋（西周中）：用～（作）寶𣪘（簋）。◎銘圖5282

焄啇簋（西周中）：焄啇～（作）父癸寶𣪘（簋）。◎近出445

卌三年逑鼎甲（西周晚）：用～（作）余我一人夗（怨）。◎華章55頁

應侯視工簋蓋（西周晚）：敢加興～（作）戎。◎首陽114頁

咭相伯甗（西周晚）：咭相白（伯）～（作）寶獻（甗）。天地2008（10）87頁

子耳鼎（春秋早）：奠（鄭）白（伯）公子子耳～（作）盂鼎。◎文物2006（4）7頁

秦公簋乙（春秋早）：秦公～（作）鑄用𣪘（簋）。◎首陽138頁

芮太子白鬲（春秋早）：内（芮）大（太）子白～（作）爲邁（萬）寶鬲。◎芮國82

晉侯簋（春秋早）：晉侯～（作）師氏姑（姑）𣪘（簋）。◎銘圖4713

匄

仲姜簋（春秋早）：中（仲）姜～（作）爲逗（桓）公尊毀（簋）。◎銘圖4535

曾侯宝鼎（春秋中）：自～（作）阩貞（鼎）。◎銘圖2219

曾侯宝鼎（春秋中）：自～（作）阩貞（鼎）。◎銘續187

鍾離君柏簠（春秋中）：～（作）其飤𠤳（簠）。◎銘圖5898

鄬子受鐘（春秋中）：𨛬（鄬）子受～（作）䵼（將）鏏（彝）。◎淅川58—59頁

競之定豆甲（春秋晚）：甬（用）～（作）尊彝。◎文物2008（1）82頁

楚王熊悆盤（春秋晚）：楚王酓（熊）悆～（作）寺（持）盥盤。◎文物2008（1）79頁

曾孟嬭邾姬簠蓋（春秋晚）：穆穆曾嫞（孟）嬭朱（邾）姬～（作）時（持）。◎淅川183頁

許公買簠蓋（春秋晚）：自～（作）飤𠤳（簠）。◎中原2004（1）55頁

鄭莊公之孫盧鼎（春秋晚）：～（作）鑄䵼（將）彝。◎湖北56

曾仲𡏕簠（春秋晚）：自～（作）飤𠤳（簠）。◎銘圖5930

之乘辰鐘（戰國早）：而～𦅫夫叴之貴姓（甥）。◎文物2004（2）72頁

南姞甗（西周中）：用～百福。◎考文2006（6）64頁

伯𩞁簋蓋（西周中）：其用～沬（眉）壽萬年。◎銘圖5100

匽　匿

一式獄簋蓋（西周中）：用～百福。◎考文2006(6)59頁

衛簋甲（西周中）：用～百福。◎南開2008(6)封三

趞伯盨（西周中）：亡～（害）。◎銘圖5666

加卣（西周中）：加乍（作）父戊寶尊彝，用～桒（拜）。◎銘圖13302

丼叔咼壺（西周中）：用～壽老（考）。◎銘圖12375

頌盤（西周晚）：旛（祈）～康𩁹、屯（純）右（佑）。◎文物2009(9)52頁

文公之母弟鐘（春秋晚）：不義（宜）又（有）～。◎夏商周540

燕侯簋（西周早）：～（燕）侯乍（作）姬□。◎銘續322

燕侯旨卣（西周早）：～（燕）侯旨乍（作）姑妹寶尊彝。◎銘續874

仲太師鼎（西周晚）：用～（宴）旨飤。◎銘圖2196

加芈編鐘（春秋中）：𨌲獻謌（歌）𦧲（舞），～（宴）喜歙（飲）飤。◎江漢2019(3)18頁

曾侯與鐘（春秋晚）：～（宴）樂爰卿（饗）。◎銘續1034

文公之母弟鐘（春秋晚）：用～（宴）樂者（諸）父兄弟。◎夏商周540

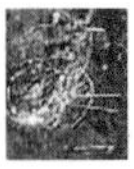

匽氏戟（戰國中）：十四年□平～氏造。◎故博2006(2)66頁

上郡守匽氏戈（戰國晚）：十四年上郡守～氏造。◎銘圖17290

匹

京師畯尊（西周早）：京𠂤（師）畍（畯）克～王。

◎銘圖11784

鬻觶（西周早）：史鬻昜（賜）馬～。

◎首陽74頁

季姬尊（西周中）：㠯（以）生（牲）馬十又五～。

◎文物2003(9)89頁

應侯視工簋乙蓋（西周晚）：馬三（四）～。

◎保利續127頁

逑盤（西周晚）：克逑～成王。

◎盛世34頁

卌三年逑鼎乙（西周晚）：馬三（四）～。

◎華章63頁

卌三年逑鼎丁（西周晚）：馬三（四）～。

◎華章79頁

加𦬁編鐘（春秋中）：楚既爲代（代），盧（吾）逑～之。◎江漢2019(3)16頁

【案】京師畯尊「匹」字，李學勤（2010）釋「斤」，以爲地名，並在其後斷句。吳鎮烽（2012）等從之。實當從陳劍（2012）改釋「匹」，並連下「王」字爲句。

匡

楚伯氏孫皮簠（春秋晚）：自乍（作）～𠤳（簠）。

◎銘續512

九年承匡令鼎（戰國晚）：九年承～命（令）□。

◎西安14頁

𠤳

虢仲簠（西周晚）：虢中（仲）乍（作）𪓑姜寶～（簠）。◎文物2000(12)28頁

鄂姜簠（西周晚）：噩（鄂）姜乍（作）旅～（簠）。

◎銘續479

曾孟嬴削簠（春秋早）：曾孟嬴削自乍（作）行～（簠）。◎棗陽93頁

邾公子害簠（春秋早）：鼄（邾）公子害自乍（作）～（簠）。◎銘圖5907

鍾離君柏簠（春秋中）：乍（作）其飤～（簠）。◎銘圖5898

許公簠蓋（春秋中）：無（許）公乍（作）弔（叔）姜賸（媵）～（簠）。◎銘續511

鄦子孟青羋簠（春秋晚）：⿰仆阝（鄦）子孟青嬭（羋）之飤～。◎文物2004（3）26頁

蔡侯申簠（春秋晚）：蔡侯䜌（申）之飤～（簠）。◎中原2009（2）82頁

許公買簠（春秋晚）：自乍（作）飤～（簠）。◎中原2004（1）55頁

嫨簠（春秋晚）：嫨之行～（簠）。◎銘續478

曾子季𢍰臣簠（戰國早）：曾子季𢍰臣之飤～（簠）。◎曾國394頁

昭王之即簠（戰國早）：乍（作）鑄告（造）～（簠）。◎銘續515

⿷匚故*

邿仲簠（西周晚）：𨛜（邿）中（仲）賸（媵）孟嬀寶～（簠）。◎文物2003（4）90頁

⿷匚鈷*

史𠤳簠（西周晚）：史𠤳乍（作）旅～（簠）。◎山東377頁

⿷匚从*

⿷匚从公戈（春秋晚）：～公之用。◎銘續1106

⿷匚曳*

飤元牡乘馬匜（春秋）：鑄𠤳～（匜）。◎青銅器與金文（2）15頁

⿷匚重*

鄭遣伯㞋父鼎（西周晚）：奠（鄭）趞（遣）白（伯）㞋乍（作）～姬賸（媵）鼎。◎銘續 152

⿷匚金*

宰獸簋（西周中）：用乍（作）朕剌（烈）且（祖）幽中（仲）益姜寶～毁（簋）。◎陝博(7)99頁

郳季簠（春秋）：用鑄寶～。◎回家(2018)33頁

【案】字亦見仲其父簠（《集成》4483）、京叔姬簠（《集成》4504），舊多讀作「簠」。孫稚雛（1984）釋爲「匡」字異體，似可從。

⿷匚段*

曾仲妻簋蓋（春秋晚）：自乍（作）con䵼（薦）～（簋）。◎銘圖 5029

曾仲妻簋（春秋晚）：自乍（作）con䵼（薦）～（簋）。◎銘圖 5029

⿷匚會*

飤元牡乘馬匜（春秋）：鑄～匽（匜）。◎青銅器與金文(2)15頁

曲

曲臣□父癸爵（商晚）：～臣□父癸。◎銘續 664

曲臣□癸盤（商晚）：～臣□癸。◎銘續 922

甾

史此觥（西周早）：白（伯）～父易（賜）史此貝五十朋。◎銘續 892

晄簋（西周中）：𢦏～乃且（祖）考繇又（有）䒞（庸）于先王。◎銘圖 5386

⿰者甾*

仲⿰者甾父簋（西周中）：中（仲）～父乍（作）匊汝尊毁（簋）。◎銘續 381

甗

甗□友簋蓋(西周中)：~□友乍(作)寶𣪘(簋)。◎銘續397

弓

弓父丁爵(西周早)：~。◎銘續638

卌二年逑鼎甲(西周晚)：乃即宕伐于~谷。◎華章39頁

卌二年逑鼎乙(西周晚)：乃即宕伐于~谷。◎華章47頁

張

悍距末乙(戰國晚)：光~上[下]。◎古研(24)269頁

彊

任鼎(西周中)：其萬亡(無)~(疆)。◎歷文2004(2)21頁

有司簡簋蓋(西周晚)：其萬年無~(疆)。◎文物2004(3)96頁

卌三年逑鼎丙(西周晚)：逑萬年無~(疆)。◎華章71頁

逑盤(西周晚)：竝宅氒(厥)堇~(疆)土。◎盛世34頁

卌二年逑鼎甲(西周晚)：逑其萬年無~(疆)。◎華章39頁

卌三年逑鼎乙(西周晚)：逑萬年無~(疆)。◎華章63頁

頌盤(西周晚)：頌其萬年沬(眉)壽無~(疆)。◎文物2009(9)52頁

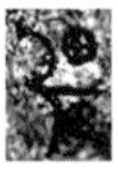

京叔簋(西周晚)：用匃沬(眉)壽無~(疆)。◎銘續428

引

季大盤（春秋早）：沫（眉）壽無～（疆）。◎銘續 936

僉父瓶（春秋早）：沫（眉）壽無～（疆）。◎小邾 33 頁

曾伯克父簋蓋（春秋早）：曾白（伯）克父其用受多福無～（疆）。◎銘續 445

加芈編鐘（春秋中）：余叀其～（疆）啚（鄙）。◎江漢 2019（3）16 頁

許公買簠蓋（春秋晚）：永命無～（疆）。◎中原 2004（1）55 頁

二式獄簋蓋（西周中）：其日～勿替。◎考文 2006（6）60 頁

衛簋甲蓋（西周中）：其日～勿替。◎南開 2008（6）封三

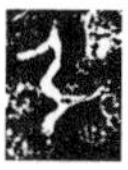

叔尊（西周中）：乃工（功）日～。◎銘圖 11818

邾公子害簠蓋（春秋早）：其沫（眉）壽無～（疆）。◎銘圖 5907

叔䟤父鼎（春秋早）：其萬年無～（疆）。◎銘續 215

吳季大甗（春秋早）：萬壽無～（疆）。◎銘續 283

伯遊父壺（春秋中）：其沫（眉）壽無～（疆）。◎上博（10）119 頁

獄盉（西周中）：其日～勿替。◎考文 2006（6）63 頁

伐簋蓋（西周中）：自（師）曰～吕（以）友五十夫。◎銘圖 5321

頌盤（西周晚）：宰～右頌入門。◎文物 2009（9）52 頁

弘

伯弘父盨（西周中）：白（伯）～父乍（作）寶料。◎中原 2016（4）68 頁

發

陳發戈（戰國晚）：陳～槖（造）鈛（戈）。◎文物 2001（10）48 頁

吳王劍（春秋晚）：工𠭯（吳）王姑～者反自乍（作）元用。◎中原 2019（4）31 頁

⿰弓口*

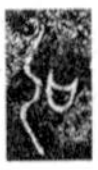

伯⿰弓口簋（西周早）：白（伯）～乍（作）寶𣪘（簋）。◎銘續 326

⿰弓旦*

強丘令戈（戰國晚）：～（強）丘命（令）□異。◎銘續 1236

⿰弓支*

亘⿰弓支方簋（西周早）：亘～方。◎中原 2001（2）8 頁

吞發父丁甗（西周早）：吞～父丁。◎銘圖 3210

⿸产弓*

仲姬⿸产弓敦蓋（春秋晚）：中（仲）姬～之盞。◎淅川 38 頁

仲姬⿸产弓敦（春秋晚）：中（仲）姬～之盞。◎淅川 38 頁

⿰弓矦*

相室趙翌鼎（戰國中）：工帀（師）棺（椁—郭）～。◎考文 2008（5）40 頁

弜

亞弜爵（商晚）：亞～。◎流散歐美 265

典兔尊（西周早）：□令小臣豐易（賜）典～。◎保利續 146 頁

弦

叔尊(西周中)：自今生(往)～其又(有)達(迭)女(汝)于乃丂(巧)。◎銘圖11818

叔卣(西周中)：女(汝)之巤(繼)自今～又(有)不女(汝)井(型)。◎銘圖13327

弦伯隹壺(春秋早)：～白(伯)隹乍(作)雍寶壺。◎棗陽94頁

盭

逨盤(西周晚)：～龢于政。◎盛世34頁

孫

矩方鼎(西周早)：子～其永保。◎新收1664

敹尊(西周早)：～子用言(侃)出入。◎近出677

叙卣蓋(西周早)：□其子子～其永用。◎曲村505頁

家父盤(西周早)：其萬年子子～永寶。◎曲村505頁

豐姬盉(西周中)：～～子子其㳄(永)寶。◎銘續976

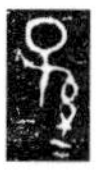

霸伯豆(西周中)：其子子～～永寶。◎考報2018(1)110頁

舲簋蓋(西周中)：世～子其永寶用。◎字與史(1)210頁

甾鼎(西周中)：甾其萬年子子～永寶用。◎銘圖2453

南姞甗(西周中)：其邁(萬)年～子永寶用。◎考文2006(6)64頁

季㚣父匜(西周晚)：子子～永寶用。◎文物2000(12)28頁

單五父方壺甲蓋（西周晚）：其萬年子子～永寶用。◎華章 169 頁

單五父方壺乙蓋（西周晚）：其萬年子～永寶用。◎文物 2003（6）29 頁

伯𢦏父簋（西周晚）：其子～永寶亯（享）。◎古研（27）198 頁

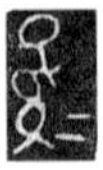
芮公鬲（春秋早）：子子～～永寶用亯（享）。◎考文 2007（2）8 頁

卹余敦（春秋）：邵翏公之～卹余。◎保利續 184 頁

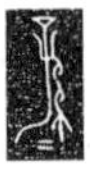
與兵壺（春秋晚）：至于子子～～。◎古研（24）234—235 頁

競孫不服壺（春秋晚）：競～不服，永保之用亯（享）。◎銘圖 12381

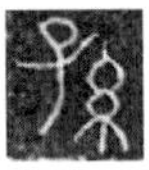
公孫鼎（戰國早）：公～。◎銘續 43

鄭登伯盨蓋（西周晚）：子子～～永寶用。◎文物 2009（1）46 頁

𧝑氏劍簋乙（西周晚）：子子～永寶用亯（享）。◎銘圖 4916

遷邟鐘（春秋早）：舍（舒）王之～。◎銘續 1027

季子康鎛（春秋中）：余菽氒（厥）于之～。◎考文 2009（3）106 頁

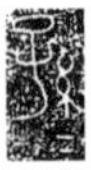
鮑子鼎（春秋晚）：子～～永保用。◎歷文 2009（2）51 頁

曾孫卲簠（春秋晚）：曾～卲之行匿（簠）。◎銘續 482

之乘辰鐘（戰國早）：世世鼓之，後～勿忘。◎文物 2004（2）72 頁

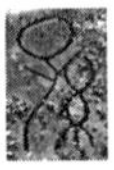
昭之王孫即盞（戰國早）：子～羕（永）保用之。◎銘續 525

繇

二年邦司寇趙春鈹（戰國晚）：下庫工帀（師）～疋。◎珍秦齋吳 211 頁

晥簋（西周中）：戈留乃且（祖）考～又（有）葬（庸）于先王。◎銘圖 5386

卌二年逑鼎甲（西周晚）：則～隹（唯）乃先聖且（祖）考。◎華章 39 頁

卌三年逑鼎壬（西周晚）：則～隹（唯）乃先聖且（祖）考。◎華章 119 頁

柞伯鼎（西周晚）：才（在）乃聖且（祖）周公，～又（有）共于周邦。◎文物 2006（5）68 頁

【案】《說文》分析「繇」字之結構不確。曾憲通（1983）釋爲從「言」從「鼬」之象形初文得聲。其說甚是。

卷十三

紿

八年武城令弩機（戰國晚）：武城倫（令）鄆～。◎中國文字學報（4）140頁

〔㡭〕繼

叔卣（西周中）：女（汝）之～自今弜又（有）不女（汝）井（型）。◎銘圖13327

【案】朱鳳瀚（2011）釋「䜌」，謂從「乀」、「幺（茲）」聲，即「滋」字。董珊（2012b）釋「㡭（繼）」。當以董說爲是。

〔緯〕續

新城令矛（戰國晚）：司寇～巡（順）。◎銘續1288

繯

廿七年頓丘令龐酉戟（戰國中）：右庫工帀（師）桃～。◎珍秦齋吳109頁

九年左使車壺（戰國中）：嗇夫事～。◎古研（27）296頁

卅三年工師繯戈（戰國晚）：工帀（師）～。◎珍秦齋吳296頁

終

逑盤（西周晚）：永令（命）霝（靈）～。◎盛世34頁

琱生尊（西周晚）：用旂（祈）通彔（祿）㝵屯（純）霝（靈）～。◎考文2007（3）8頁

綰

頌盤(西周晚):霝(靈)~。◎文物2009(9)52頁

曾侯與鐘(春秋晚):珥(彌)~無疆。◎銘續1037

曾侯乙鼎(戰國早):曾侯乙詐(作)時(持)甬(用)~。◎銘續119

王子臣俎(春秋晚):恖(淑)~。◎銘圖6321

卌二年逑鼎甲(西周晚):沬(眉)壽𩠐(綽)~。◎華章39頁

卌三年逑鼎乙(西周晚):沬(眉)壽𩠐(綽)~。◎華章63頁

卌三年逑鼎丁(西周晚):沬(眉)壽𩠐(綽)~。◎華章79頁

卌三年逑鼎庚(西周晚):沬(眉)壽𩠐(綽)~。◎華章103頁

綰方甗(春秋早):卿事□之元子~。◎九如園24

紳 〔⿰𤔔⿱東田〕

親簋(西周中):王乎(呼)乍(作)册尹册~(申)令(命)親。◎歷文2006(3)封二

虎簋蓋乙(西周中):天子其萬年~(申)兹(兹)命。◎新收1874

伯⿰𤔔⿱東田簋(西周中):白(伯)~乍(作)寶毁(簋)。◎銘圖5100

⿰𤔔⿱東田鼎(西周中):密弔(叔)右~。◎銘圖2441

卌三年逑鼎甲（西周晚）：～（申）臺（就）乃令（命）。◎華章55頁

卌三年逑鼎丙（西周晚）：～（申）臺（就）乃令（命）。◎華章71頁

卌三年逑鼎壬（西周晚）：～（申）臺（就）乃令（命）。◎華章119頁

申文王之孫州桒簠（春秋晚）：～（申）文王之孫州桒。◎古研（25）193頁

彭子射兒鼎（春秋晚）：～（申）公之孫彭子射兒睪（擇）其吉金。◎銘圖2264

王子申匜（春秋晚）：王子～（申）之鎗鍨。◎中國文字新（25）93頁

蔡侯申簠（春秋晚）：蔡侯～（申）之飤匿（簠）。◎中原2009（2）82頁

縈

縈陽上官皿（戰國晚）：～（縈）陽上官。◎文物2003（10）79頁

緘

邵子緘盤（春秋晚）：邵子～睪（擇）其吉金鑄其盥盤。◎歷文2004（5）34頁

【案】此字金文及楚簡多見之，舊有「織」「緘」「箴」等釋法，從鄂君啟節職官「～尹」即古書「箴尹」看，字可讀「箴」已成共識。然字形分析上，諸家尚未有一致意見，詳參趙平安（2017）及《出土戰國文獻字詞集釋》卷十三「緘」字條。意者字從「糸」、「箴」省聲，爲「緘」字異體。

緐

𣪕甗（西周早）：王□□𣪕事（使）于～。◎文物2007（1）65頁

遣仲白虜鼎（春秋早）：遣中（仲）白虜自乍（作）鑄其～貞（鼎）。◎銘續202

彝

楚王鼎（春秋中）：楚王賸（媵）𨞿（隨）中（仲）嬭（羋）加飤～。◎銘圖2318

王鼎（商晚）：王乍（作）䵼（將）～。◎保利續99頁

作太子卣（商晚）：乍（作）大（太）子丁尊～。◎考文2007(3)4頁

作寶彝鼎（西周早）：乍（作）寶～。◎曲村375頁

叔矢方鼎（西周早）：用乍（作）寶尊～。◎文物2001(8)9頁

作寶彝簋（西周早）：作寶～。◎曲村375頁

伯作寶尊彝卣（西周早）：白（伯）乍（作）寶尊～。◎曲村348頁

妊簋（西周早）：妊乍（作）寶尊～。◎夏商周231

宋兒鼎（春秋晚）：塦（陳）侯之孫宋兒自乍（作）飤～。◎銘續162

甗方鼎（商晚）：用乍（作）父丁寶尊～。◎文物2005(9)61頁

父戊鼎（商晚）：乍（作）父戊～。◎殷墟全形64

作寶尊彝鼎（西周早）：乍（作）寶尊～。◎銘圖1279

作寶彝簋（西周早）：乍（作）寶～。◎曲村356頁

伯作彝簋（西周早）：白（伯）乍（作）～。◎曲村398頁

暦簋（西周早）：暦乍（作）父乙～。◎保利續33頁

叔㲋簋（西周早）：弔（叔）㲋乍（作）□尊～。◎新收1842

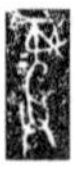
大丏簋（西周早）：乍（作）父丁尊～。◎文博2008（2）8頁

作旅彝卣（西周早）：乍（作）旅～。◎曲村416頁

同簋（西周早）：同乍（作）父壬尊～。◎曲村480頁

鄦尊（西周早）：鄦乍（作）父乙寶尊～。◎周原1888頁

作旅彝尊（西周早）：乍（作）旅～。◎新收1914

何簋（西周早）：用乍（作）且（祖）乙尊～。◎文物2009（2）55頁

陽仲卣蓋（西周早）：陽中（仲）乍（作）寶尊～。◎保利續143頁

何簋（西周早）：何鑄且（祖）辛寶尊～。◎銘圖5137

伯生盉（西周早）：白（伯）生乍（作）～。◎銘圖14705

曾侯諫簋（西周早）：曾侯諫乍（作）寶～。◎銘圖4351

何簋（西周早）：何鑄且（祖）辛寶尊～。◎銘圖5137

南姞甗（西周中）：肁（肇）乍（作）氒（厥）皇辟白（伯）氏寶䵼（將）～。◎考文2006（6）64頁

一式獄簋蓋（西周中）：孫孫子其邁（萬）年羕（永）寶用幺（兹）～。◎考文2006（6）59頁

量伯承父爵（西周中）：量白（伯）承父乍（作）寶～。◎西安47

夷爵（西周中）：尸（夷）乍（作）父癸寶尊～。◎首陽66頁

馬方彝（西周中）：馬乍（作）且（祖）日辛朕考日丁尊～。◎新收1845

〔𨘉〕

夷曰匜（西周中）：尸（夷）曰乍（作）寶尊～。◎新收1670

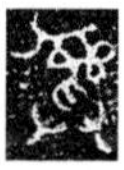
衛簋甲蓋（西周中）：衛用庫（肇）乍（作）朕文考甲公寶𩰫（將）～。◎南開2008（6）封三

虎尊（西周中）：虎乍（作）父乙寶尊～。◎銘圖11773

𠷎簋（西周中）：用乍（作）朕刺（烈）考𩰫（將）～。◎銘續437

洛仲卣（西周中）：洛中（仲）乍（作）寶～。◎考報2018（1）118頁

卌三年逑鼎乙（西周晚）：用乍（作）朕皇考龏（恭）弔（叔）𩰫（將）～。◎華章63頁

應公鼎（西周晚）：雁（應）公乍（作）尊～簟鼎。◎華夏2007（1）27頁

加芈編鐘（春秋中）：用自乍（作）宗～龢鐘。◎江漢2019（3）17頁

競之定鬲己（春秋晚）：甬（用）乍（作）尊～。◎文物2008（1）81頁

競之定豆甲（春秋晚）：甬（用）乍（作）尊～。◎文物2008（1）82頁

景之𨟻鼎（春秋晚）：競（景）之𨟻自乍（作）𩱛𩰫（將）～𩁹霝。◎銘續178

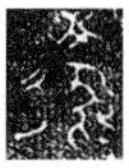
鄭莊公之孫盧鼎（春秋晚）：乍（作）鑄𩰫（將）～。◎湖北56

與兵壺蓋（春秋晚）：自乍（作）宗～。◎古研（24）234—235頁

王子臣俎（春秋晚）：王子臣乍（作）𩰫（將）～。◎銘圖6321

紋*

歸各戈（春秋早）：歸各爲士～鑄用戈。

◎銘續 1207

絧*

公族申戈（戰國中）：大～（治）周密。

◎銘續 1266

給*

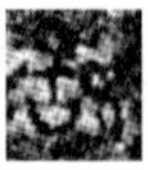

給左戈（戰國中）：～左。

◎江漢 2009（4）85 頁

【案】鄒芙都（2009）釋爲「玄舍」二字，作墓室解，非是。「給」字亦見《古璽彙編》2307，作「」，用作人名。戈銘「給」當用作地名。

絑*

朱絑劍（春秋晚）：朱～睪（擇）氒（厥）吉金。

◎銘圖 18024

⿰糹帶*

春成侯盉（戰國早）：⿰金羊金～（帶），⿰金羊金足。

◎上博（8）152 頁

⿰糹直*

新城徒萃戈（戰國晚）：敬～新城徒⿱林衣（萃）。

◎文物 2004（10）85 頁

【案】黃錫全、馮務建（2004）疑是「織」字或體，讀「敬⿰糹直」爲「警戒」「儆戒」。説似可從。

纗*

正叔之士纗俞簠（春秋早）：正叔之士～俞乍（作）旅匡（簠）。◎小邾 43 頁

纏*

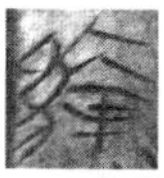

徐莫敖昭啚戈（戰國晚）：司馬巷啚、□～之所告（造）。◎銘圖17310

【案】陳劍（2010）釋「紌」。郭理遠（2019）釋「纏」，以其右上「大」形爲「乘」之省，右下爲「車」之省。此從郭說。

素

素子簋（商晚）：～子。◎新收1504

⿰素卓

卌二年逑鼎乙（西周晚）：沬（眉）壽～（綽）綰。◎考文2003（3）9頁

卌三年逑鼎丁（西周晚）：沬（眉）壽～（綽）綰。◎華章79頁

⿱八系*

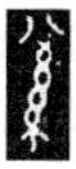

⿱八系氏劍簋（西周晚）：～氏劍乍（作）𣪘（簋）。◎新收1612

⿱八系氏劍簋乙（西周晚）：～氏劍乍（作）𣪘（簋）。◎銘圖4916

【案】許齊平（2008）釋爲「八系」二字，非是。《通鑒》《銘圖》謂是「⿰系卞」字異體，讀爲「卞」，亦未可定。

⿰素令*

秦子鎛（春秋早）：秦子㫃～才（在）立（位）。◎歷文2008（4）圖版二

⿰糸系

獄盉（西周中）：王睗（賜）獄伂（佩）戈（緇）市、～亢（衡）。◎考文2006（6）63頁

晉侯銅人（西周晚）：侯昜（揚）王于～（兹）。◎晉侯417頁

轡

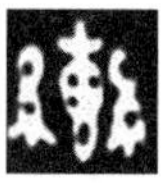

師道簋（西周中）：旂五日、～。◎新收1394

鬗

鬗啇簋（西周中）：~啇乍（作）父癸寶殷（簋）。◎流散歐美102

卒

作册般黿（商晚）：~亡（無）灋（廢）矢。◎歷文2005（1）封二

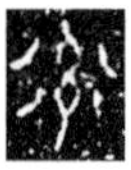

柞伯鼎（西周晚）：今女（汝）娸（其）~蔡侯左至于昏邑。◎文物2006（5）68頁

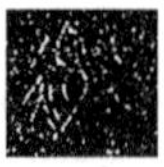

復封壺（春秋早）：復（復）卦（封）~徒伐者（諸）剢。◎銘圖12447

虫

魚顛匕（戰國）：出斿（游）水~（蟲）。◎銘圖6320

〔蜼〕雖

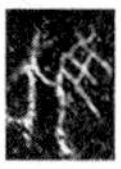

晉公盤（春秋中）：余~今小子，敢帥井（型）先王。◎銘續952

晉公盤（春秋中）：~今小子，整（諫）辥（乂）爾家。◎銘續952

攻吳王姑讎亓雒劍（春秋晚）：~弗克，未敗虞（吳）邦。◎銘續1352

【案】晉公盤二文，晉公盞同，諸家或隸釋作「𨾊」（舊或讀「午」，以爲晉定公名），或隸作「蜼」，多讀爲「唯」。從文例看，實均當用爲「雖」，秦公簋「余雖小子，穆穆帥秉明德」，可與晉公盤合證。在相似文例中，何尊、㝬簋、師㝨簋以「隹」爲之，蔡侯申歌鐘以「唯」爲之。攻吳王劍一文，亦應讀「雖」甚明。字又見於清華簡《子產》28、《畏天用身》13，分別作「」「」，又見於《筮法》39，加「口」作「」。據後者可逕釋爲「雖」，不從「口」者則可隸定作「蜼」。蓋其「虫」旁中畫較直，不作常見之明顯屈曲狀，遂與「午」相混耳。《說文》另有訓「如母猴」之「蜼」，應視爲同形字。清華簡諸例在具體語境中讀「唯」。「唯」「雖」二詞古文字資料中用字常相通。

蜀

蜀守顙戈（戰國晚）：～西工。◎銘續 1253

廿七年蜀守戈（戰國晚）：廿七年～守□。◎古研（25）213 頁

〔𧖜〕蚳

魚顛匕（戰國）：延（誕）肘（鑄）～匕。◎銘圖 6320

【案】諸家或釋爲「氏蚰」二字，不確；王寧（2014b）釋爲「𧖜（蚳）」字，與《說文》「蚳」籀文相合，是。但王氏讀「蚳」爲「眡」，陳健（2016）讀「衹」，則均可疑。吳雪飛（2016）讀「匙」，意較勝。予則疑或即《搜神記》卷十二引《管子》「蚳者，一頭而兩身，其狀若蛇」之「蚳」，「蚳匕」蓋謂匕形似蚳也。

〔⿱寺䖵〕蚩

魚顛匕（戰國）：參（三）目取之～（蚩）蚘（尤）命。◎銘圖 6320

蚘*

魚顛匕（戰國）：參（三）目取之⿱寺䖵（蚩）～（尤）命。◎銘圖 6320

蜩*

卲簋（西周中）：用乍（作）（朕）剌（烈）考～中（仲）尊𣪕（簋）。◎回家（2019 一）79 頁

螣*

冶尃秦匕（戰國晚）：冶尃秦、苛～爲之。◎銘續 542

蠶

伯蠶爵（西周早）：白（伯）～乍（作）寶。◎銘圖 8496

⿱者䖵*

士山盤（西周晚）：芇侯、~方賓貝、金。◎歷文2002(1)4頁

⿱婁䖵*

黃子螻簠（春秋晚）：黃子~睪（擇）其吉金。◎銘續506

黃子螻鼎（春秋晚）：黃子~睪（擇）其吉金。◎銘續216

黃子螻盞（春秋晚）：黃子~目（以）乍（作）弔（叔）孎（半）盂。◎銘續523

【案】「⿱婁䖵」當即「螻」字異體。《銘續》釋「婁」，非是。

它

非盂（西周早）：無夅多爲~。◎銘續536

叔五父匜（西周晚）：弔（叔）五父乍（作）旅~（匜）。◎文物2003(6)37頁

者僕故匜（西周晚）：者僕故乍（作）~（匜）。◎山東696頁

蘇公匜（西周晚）：穌（蘇）公乍（作）晉改~（匜）。◎晉侯507頁

皇與匜（春秋早）：皇與乍（作）~（匜）。◎銘圖14933

虢宮父匜（春秋早）：虢宮父乍（作）~（匜）。◎文物2009(2)24頁

季大匜（春秋早）：季大乍（作）其般（盤）~（匜）。◎銘續989

季大盤（春秋早）：季大乍（作）其般（盤）~（匜）。◎銘續936

齊侯子仲姜鬲乙（春秋晚）：~~巸巸。◎銘續261

賈孫叔子屖盤（春秋晚）：~~巸巸。◎山東675頁

黽

鮑子鼎（春秋晚）：～～巸巸。◎歷文2009（2）51頁

卅一年鄭令戈（戰國晚）：司寇肖（趙）～。◎珍秦齋吳259頁

黽叔弔觶（商晚）：～弔（叔）。◎山東504頁

鼄

杞伯每亡簋（春秋早）：杞白（伯）每亡～（邾）媡（曹）圂𣪘（簋）。◎銘圖4860

邾慶父簋（春秋早）：～（邾）慶父乍（作）州姒車母寶𣪘（簋）。◎銘續388

邾公子害簠（春秋早）：～（邾）公子害自乍（作）匿（簠）。◎小邾67頁

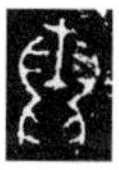
邾君慶壺（春秋早）：～（邾）君慶乍（作）秦妊醴壺。◎小邾38頁

邾友父鬲（春秋早）：～（邾）友父。◎歷文2003（5）65頁

邾慶簠（春秋早）：～（邾）慶乍（作）秦妊匿（簠）。◎小邾116頁

鼂

上郡假守鼂戈（戰國晚）：上郡叚（假）守～造。◎珍秦齋秦88頁

二

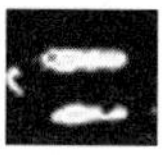
⿰鬲反方鼎（商晚）：隹（唯）王廿祀又～。◎文物2005（9）61頁

亢鼎（西周早）：亞賓亢洋金～勻（鈞）。◎上博（8）121頁

榮仲方鼎（西周早）：才（在）十月又～月生霸吉庚寅。◎文物2005（9）64頁

夾簋（西周中）：易（賜）玉十又～瑴。◎新收1959

亟

霸伯簋蓋（西周中）：丹～糧，虎皮一。◎考報2018（1）102頁

格仲簋（西周中）：隻（獲）訊二夫，馘～。◎考報2018（2）234頁

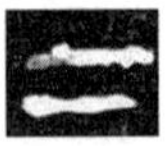

卌二年逑鼎甲（西周晚）：隹（唯）卌又～年五月既生霸乙卯。◎華章39頁

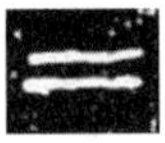

柞伯鼎（西周晚）：柞白（伯）執訊～夫。◎文物2006（5）68頁

郾得鼎（戰國晚）：冢（重）十～益三兩。◎銘圖2387

琱生尊（西周晚）：公則明～（殛）。◎文物2007（8）20頁

與兵壺（春秋晚）：卑（俾）邁（萬）枼（世）無諆（期）～（極）。◎古研（24）234—235頁

昭王之即鼎（戰國早）：霝（靈）福之既～（極）。◎銘續224

恆

妊鼎（西周早）：妊乍（作）孟～父尊鼎。◎銘續112

〔亙〕

師道簋（西周中）：用匄𦤎屯沗～命霝（靈）終。◎新收1394

〔外〕

期思公戟（春秋晚）：恆（期）思公智上爲～（期）思左王造𢦔（戟）。◎安金彙編166

亘

亘弦方簋（西周早）：～弦方。◎中原2001(2)8頁

曾亘嫚鼎（春秋早）：曾～嫚非彔（祿），爲爾行器。◎棗陽63頁

凡

鬻簋（西周早）：～朕臣興晦。◎首陽83頁

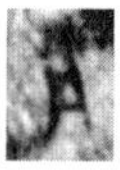

癸鼎（西周早）：癸乍（作）氒（厥）考～公寶餗（饋）彝。◎銘續133

伯或父鼎（西周中）：～姬乃親于宗人曰。◎銘續231

土

宰獸簋（西周中）：嗣（司）～（徒）熒（榮）白（伯）。◎陝博(7)99頁

豳公盨（西周中）：天令（命）禹尃（敷）～。◎歷文2002(6)4頁

采隻簋蓋（西周中）：命女（汝）乍（作）嗣（司）～（徒）。◎銘圖5154

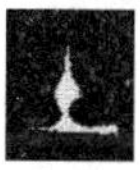

逑盤（西周晚）：竝宅氒（厥）堇彊（疆）～。◎盛世34頁

諆旟缶（春秋晚）：繇（蠻）～是保。◎銘續911

曾侯與鐘（春秋晚）：王譴（遣）命南公，鎣（營）庄（宅）汭～。◎銘續1029

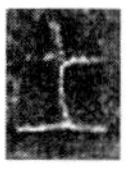

越王差徐戈（戰國早）：吕（以）攸（修）□鄒（邊）～。◎故博2008(4)26頁

坡

工尹坡盞（春秋晚）：工尹～之𤉲鉳。◎論稿20頁

坪

平夜君成戟（戰國中）：～（平）夜君成之用戟（戟）。◎葛陵66頁

武平車府鈁（戰國晚）：武～（平）車府。◎銘續821

均

葉公臧鼎（戰國早）：鄴（葉）公臧之～邦之𧇊（鼎）。◎墨影125

奇令均戈（戰國中）：奇命（令）～。◎銘續1219

凷

凷盨蓋（西周中）：熒（榮）白（伯）入右～。◎銘圖5673

凷盉（西周中）：王曰：～，令（命）女（汝）乍（作）服。◎銘圖14798

【案】近來諸家多釋「由」。釋「凷」說詳陳斯鵬（2002）。

⿰丰凷*

晉公盤（春秋中）：～（懷）燮萬邦。◎銘續952

晉公盤（春秋中）：卲倉皇卿，～（懷）𠏠（順）百帶（秩）。◎銘續952

【案】近來諸家多釋「㽕」，於此或讀「柔」。此說在字形上之部分問題，管文韜（2019）已予指出，可參看。但管氏贊同吴鎮烽（2014）等讀「協」，亦不可從。金文「⿰丰凷」與「凷」通用，疑即「凷」加注聲符「丰」而成，說詳陳斯鵬（2002）。晉公盤「⿰丰凷」可讀「懷」。《周易·師》「王三錫命，懷萬邦也」、曾侯與鐘「裦（懷）燮四旁（方）」文例正相似。秦公鎛「⿰丰凷邦」亦宜讀「懷邦」。

塍

虞叔匜（春秋早）：夨（虞）弔（叔）□父～（媵）孟姬元女𡧊（匜）盤。◎江漢2016（5）48頁

垣

漆垣戈（春秋）：桼（漆）～。◎銘圖16401

垣上官鼎（戰國晚）：～上官財（載）四分（半）齋。◎文物2005（8）91頁

在

首垣鼎（戰國晚）：首～。◎銘圖 1493

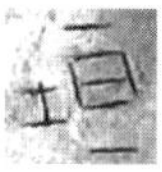

漆垣矛（戰國晚）：桼（漆）～。◎銘續 1283

𧗿鼎（西周晚）：～朕皇高且（祖）師婁。◎文博 2007（2）17 頁

鄬得鼎（戰國晚）：儔～（士）序（舍）折勁。◎銘圖 2387

坒

曾侯與鐘（春秋晚）：君～淮尸（夷），䚇（臨）有江滬（夏）。◎銘續 1029

【案】字形認定上或釋「此」，如凡國棟（2014）、黄傑（2016）；或釋「㧊」，如許可（2015）；或釋「比」，如黄鳳春、胡剛（2014）、王恩田（2015）、李零（2015）；或釋「坒」，如清華大學出土文獻讀書會（2014）、李學勤（2015）。當以釋「坒」爲是，蓋左「匕」與「土」發生合筆也。黄鳳春、胡剛讀「毖」，王恩田讀「比」，李零及魏棟（2016）讀「庇」，似不若清華讀書會、李學勤之讀「庇」。

封 〔𡉚〕

作封从彝罍（西周早）：乍（作）～从彝。◎山東 645 頁

作冊封鬲乙（西周晚）：乍（作）冊～異井（型）秉明德。◎歷文 2002（2）4 頁

復封壺（春秋早）：齊大（太）王孫逷（復）～象嗣（司）右大徒。◎銘圖 12447

復封壺（春秋早）：逷（復）～率徒伐者（諸）㓹。◎銘圖 12447

封子楚簠（春秋晚）：～子楚莫（鄭）武公之孫。◎銘續 517

城

趙城黑戈（戰國早）：肖（趙）～黑用。◎銘續 1117

公族申戈（戰國中）：公族申叏（作）陽～賁（造）丰（戟）。◎銘續 1266

新城徒萃戈（戰國晚）：敬緪新～徒棻（萃）。◎文物 2004（10）85 頁

新城令矛（戰國晚）：新～倫（令）□痞。◎銘續 1288

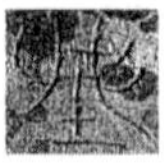
燕王職壺（戰國晚）：日任（壬）午，恴（克）邦隚（踐）～。◎上博（8）146 頁

齊城左戈（戰國晚）：齊～左冶所汉造。◎文物 2000（10）74 頁

齊城右戈（戰國晚）：齊～右。◎銘續 1096

卅七年上郡守慶戈（戰國晚）：工～旦貴。◎徵集 9

〔𩫖〕

師衛簋（西周早）：臨射于覺㲋～。◎銘圖 5142

疑尊（西周早）：隹（唯）中（仲）𢍉父于入（納）噩（鄂）侯于盩～。◎銘續 792

柞伯鼎（西周晚）：既圍～。◎文物 2006（5）68 頁

滕司城𡚥戈（春秋早）：朕（滕）𤔲（司）～𡚥之仕用戈。◎銘續 1206

毀

霸伯盂（西周中）：賓用虎皮爯（稱）～。◎銘圖 6229

霸伯盂（西周中）：用魚皮兩側～。◎銘圖 6229

霸伯盂（西周中）：白（伯）或（又）邍（原）～，用玉先車。◎銘圖 6229

〔礋〕

瘞

曾侯丙缶（戰國中）：曾侯辻缶，～吕（以）爲……◎銘續 904

曾侯丙缶蓋（戰國中）：曾侯㔷（丙）之辻缶，～吕（以）爲長事。◎銘續 904

【案】湖北省文物考古研究所等(2014)釋「硤」，王子楊(2014)從而讀作挾持之「挾」，董珊(2014e)讀「攝」，陳劍(2014b)讀「兼」，均不確。王子楊(2014)引及馮勝君釋「瘞」之説，甚確。袁金平、王麗(2015)有補説。

圭

伐簋蓋(西周中)：昜(賜)～瓚、彝一斆(肆)。◎銘圖5321

玉苟盉(西周中)：玉苟獻鳳～于穆王。◎出土文獻(11)65頁

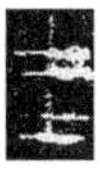

卌三年逑鼎甲(西周晚)：反入(納)堇(瑾)～。◎華章55頁

卌三年逑鼎丁(西周晚)：反入(納)堇(瑾)～。◎華章79頁

坂*

蒲阪鼎(戰國晚)：莆(蒲)～(阪)行□□□小斗(半)齋。◎銘圖1985

𡋭*

曾仲器座(春秋中)：曾中(仲)郘(鄦)～□之且執。◎淅川109頁

𡍮*

伯歸𡍮盤(春秋早)：□季之白(伯)歸～(夷)。◎曾國288頁

趙氏余戈一(春秋中)：趙氏余嗀䜴～用元鎬乍(作)鑄戈三百。◎銘續1259

曾仲𡍮簠(春秋晚)：曾中(仲)～睪(擇)其吉金。◎銘圖5930

塼*

曾侯與鐘(春秋晚)：親～(搏)武攻(功)，楚命是爭。◎銘續1029

塚*

春成侯盉（戰國早）：～（重）十二益（鎰）九釿。◎上博（8）152頁

⿱萬土*

宋公固鼎（春秋晚）：其沬（眉）壽～（萬）年。◎銘續209

宋君夫人鼎蓋（春秋晚）：其～（萬）年沬（眉）壽，爲民父母。◎第四屆116頁

司馬義鎛（戰國早）：子孫～（萬）年是保。◎山東成104—108頁

堇

卌三年逨鼎乙（西周晚）：反（返）入（納）～（瑾）圭。◎華章63頁

卌三年逨鼎丁（西周晚）：爵～大令（命）。◎華章79頁

卌三年逨鼎壬（西周晚）：爵～大令（命）。◎華章119頁

逨盤（西周晚）：竝宅氒（厥）～（勤）彊（疆）土。◎盛世34頁

卌三年逨鼎丙（西周晚）：反（返）入（納）～（瑾）圭。◎華章71頁

頌盤（西周晚）：反（返）入（納）～（瑾）章（璋）。◎文物2009（9）52頁

卌三年逨鼎丙（西周晚）：爵～大令（命）。◎華章71頁

里

齊伯里父匜（春秋早）：齊白（伯）～父乍（作）周姜賸（媵）鉈（匜）。◎銘圖14966

匽上官鼎（戰國晚）：路～斤。◎銘圖1889

釐

陵里車飾（戰國晚）：陵～。◎銘續1374

叔友簋（西周中）：弔（叔）友追考（孝）于剌（烈）考～白（伯）釐姬。◎銘續434

叔友簋（西周中）：弔（叔）友追考（孝）于剌（烈）考釐白（伯）～姬。◎銘續434

孝簋（西周中）：用乍（作）朕文孝（考）～白（伯）釐姬寶𣪘（簋）。◎銘續441

宗人簋（西周中）：用乍（作）朕文母～姬寶𣪘（簋）。◎銘續461

士山盤（西周中）：用乍（作）文考～中（仲）寶尊般（盤）盉。◎歷文2002（1）4頁

師酉盤（西周晚）：公族𤩽～入右師酉。◎銘續951

應侯視工簋乙蓋（西周晚）：敢對陽（揚）天子休～。◎保利續126頁

伯太師釐盨蓋（西周晚）：白（伯）大（太）師～乍（作）旅𩒨（盨）。◎夏商周402.1

野〔埜〕

朿盉蓋（西周中）：王才（在）～。◎銘圖14790

田

臣中尊（西周早）：中眚（省）井～。◎銘圖11752

曾侯壺蓋（西周早）：曾侯乍（作）～壺。◎銘圖12132

聞尊（西周中）：肩朕采□～外臣僕。◎論稿10頁

季姬尊（西周中）：□易（賜）厥～。◎文物2003（9）89頁

晉侯簋蓋（西周中）：晉侯乍（作）~嬃（妻）餗（饋）殷（簋）。◎銘續361

衍簋（西周中）：易（賜）女（汝）~于盇、于小水。◎銘續455

晉侯對盨（西周晚）：其用~獸（狩）。◎首陽117

卌二年逑鼎甲（西周晚）：~于鄭卅田。◎華章39頁

卌二年逑鼎甲（西周晚）：于厗廿~。◎華章39頁

琱生尊（西周晚）：我僕高徒（土）~多柔（擾）。◎考文2007(3)8頁

復封壺（春秋早）：易（賜）之玄衣、攸（鋚）勒、車馬、衣裘、子（采）邑、土~。◎銘圖12447

元年安平相邦戈（戰國晚）：元年安平相邦司徒~子。◎銘圖17349

晦

鬻簋（西周早）：凡朕臣興~。◎首陽83頁

甸

衞鼎（西周晚）：□妾~人。◎文博2007(2)17頁

時

秦子簋蓋（春秋早）：……~。◎故博2005(6)22頁

畯〔畍〕

京師畯尊（西周早）：京自（師）~克匹王。◎銘圖11784

畯簋（西周中）：右~立中廷。◎銘圖5386

畯尊（西周中）：~乍（作）文考日庚旅彝。◎銘續 783

卌三年逑鼎甲（西周晚）：~臣天子。◎華章 55 頁

卌三年逑鼎己（西周晚）：~臣天子。◎華章 95 頁

秦子鎛（春秋早）：秦子~黔（令）才（在）立（位）。◎歷文 2008(4)圖版二

【案】金文「畯」字，出現在多種語境，舊或讀「駿」（訓長、大），或讀「允」，或讀「俊」等，參陳致（2014）。由甲骨文「𠷎（乂）畯四方」（《合集》3087）可證，金文「畯尹四方」（大克鼎）、「畯保四國」（㝬鐘）、「畯保其孫子」（晉姜鼎）、「畯正氒（厥）民」（大盂鼎）、「達（迖）殷畯民」（史牆盤）等之「畯」應是動詞。史牆盤「畯民」即今本《書·多士》「俊民甸四方」之「俊民」（敦煌本、内野本仍作「畯民」），舊注多以「俊民」爲名詞，訓作賢人，非是。唯徐灝、姚永樸等讀「俊」爲「馴」「訓」「順」，作動詞解，甚確。金文「畯」字亦多應作此解，謂訓導教誨，使之馴順也。而《書·君奭》「明我俊民」，又《書·洪範》「俊民用章」「俊民用微」等之「俊民」（《史記·宋微子世家》作「畯民」）則是馴順之民之意。金文「畯臣天子」「畯令在位」等文例中的「畯」則可讀「遜」，恭慎之意，與「馴」「訓」「順」等音義並通。《書·舜典》：「百姓不親，五品不遜。」《書·多士》：「攸服奔走臣我多遜。」

留

之乘辰鐘（戰國早）：疋剆次~之元子。◎文物 2004(2)72 頁

畜

復封壺（春秋早）：公是用大~之。◎銘圖 12447

晉公盤（春秋中）：余咸~胤士。◎銘續 952

畺〔疆〕

昭王之即鼎蓋（戰國早）：沬（眉）壽無~。◎銘續 224

曾侯與鐘（春秋晚）：珥（彌）終無~。◎銘續 1037

⿰⿱廾田刂*

陳子皝盞（春秋晚）：其沬（眉）壽無～。

◎銘續 526

壽夢之子劍（春秋晚）：～（荊）伐郐（徐）。

◎文物 2005（2）68 頁

曾侯與鐘（春秋晚）：～（荊）邦既𤓷（削）。

◎銘續 1029

攻吳王姑讎亓雒劍（春秋晚）：命御（禦）～（荊）。◎銘續 1352

⿱乍田*

燕王職壺（戰國晚）：唯郾（燕）王職踐（踐）～（阼）承祀。◎上博（8）146 頁

【案】字下所從周亞（2000）謂是古文「囟」，黃錫全（2002d）認爲是「田」，今從黃說。「⿱乍田」即「阼」之異構。

黃

親簋（西周中）：幽～（衡）。

◎歷文 2006（3）封二

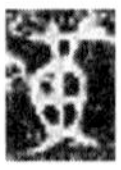

甾盨蓋（西周中）：幽～（衡）。

◎銘圖 5673

呂簋蓋（西周中）：載（緇）市、同～（衡）。

◎論稿 167 頁

槐簋（西周中）：易（賜）女（汝）幽～（衡）。

◎銘續 453

曶簋（西周中）：易（賜）載（緇）市、同～（衡）。

◎文物 2000（6）87 頁

太祝追鼎（西周晚）：白（伯）氏其沬（眉）壽～耇萬年。◎上博（8）132 頁

述盤（西周晚）：天子其萬年無彊（疆）耇～耇。◎盛世34頁

逑盤（西周晚）：幽～（衡）。◎盛世34頁

黄子鐳（春秋早）：～子乍（作）黄甫（夫）人孟姬行器。◎新收94

曾伯克父簋蓋（春秋早）：～耇霝（靈）終。◎銘續445

克黄鼎（春秋中）：克～之𥂴。◎淅川9頁

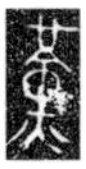

黄仲酉壺（春秋晚）：曾少宰～中（仲）酉之行壺。◎文物2008（2）8頁

曾侯與鐘（春秋晚）：難老～枸（耇），珥（彌）終無疆。◎銘續1037

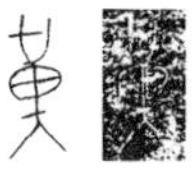

內黄右庫戈（戰國晚）：內～右庫。◎珍秦齋吳157頁

頌盤（西周晚）：朱～（衡）。◎文物2009（9）52頁

鼎卦戈（西周晚）：貞（鼎）～耳，奠之。◎銘續1265

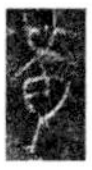

秦政伯喪戈（春秋早）：作造左辟元戈喬～。◎珍秦齋秦42頁

伯遊父卮（春秋中）：～季之白（伯）遊父乍（作）其旅朳。◎上博（10）124頁

加芈編鐘（春秋中）：余睪（擇）辞（台）吉金玄鏐～鏞。◎江漢2019（3）17頁

黄子螻缶（春秋晚）：～子螻睪（擇）其吉金。◎銘續907

黄仲酉匜（春秋晚）：曾少宰～中（仲）酉之行皿（匜）。◎曾國351頁

男

㝬男將鼎（西周早）：㝬～鼎（將）乍（作）父丁寶尊彝鼎。◎銘圖 1898

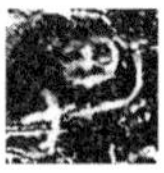

家伯束邘簋（春秋早）：姜季～子沫（眉）壽。◎銘續 452

鮑子鼎（春秋晚）：其隻（獲）之～子。◎歷文 2009（2）51 頁

鮑子鼎（春秋晚）：～女無碁（期）。◎歷文 2009（2）51 頁

力

□力觚（商晚）：□～。◎銘圖 9476

勁

鄒得鼎（戰國晚）：偖在（士）序折～。◎銘圖 2387

加

滎仲方鼎（西周早）：子～熒（滎）中（仲）丮章（璋）一、牲大牢。◎文物 2005（9）64 頁

嘼叔奐父盨（西周晚）：～（嘉）賓用卿（饗）。◎文物 2004（4）90 頁

應侯視工簋蓋（西周晚）：敢～興乍（作）戎。◎首陽 114 頁

加芈編鐘（春秋中）：余乳（孺）子～嫋（芈）曰。◎江漢 2019（3）16 頁

楚王鼎（春秋中）：楚王賸（媵）蠶（隨）中（仲）嫋（芈）～飤緐。◎銘圖 2318

加芈簋（春秋中）：～嫋（芈）之行毁（簋）。◎銘續 375

曾侯與鐘（春秋晚）：乃～於楚。◎銘續 1029

徐歆平加戈（春秋晚）：余（徐）歆平～之用。◎銘續 1148

〔⿰用戈〕
勇

滎陽上官皿（戰國晚）：府嗇夫成～、史孪觮（校）之。◎文物2003（10）79頁

【案】滎陽上官皿「加」，或誤釋「左」或「右」，吳振武（2005）改釋「加」，是。

攻吳王光劍（春秋晚）：台（以）戠～人。◎銘圖17919

〔戜〕

范毂戟（戰國早）：軋（范）毂之～（用）戜（戟）。◎銘續1135

【案】戰國文字「戜」一般爲「勇」字異體，此讀爲「用」，疑是「用」之通用字「甬」受語境影響加「戈」旁而成。

劦

寐孿商方鼎（商晚）：遘且（祖）甲～日，隹（唯）王廿祀。◎曲村348頁

豳公盨（西周中）：亦唯～（協）天。◎歷文2002（6）4頁

卷十四

金

辛嚻相簋（西周早）：辛嚻相日□弔（叔）□□～。◎文物2004（8）80頁

滎仲方鼎（西周早）：子昜（賜）白～旬（鈞）。◎文物2005（9）64頁

進盤（西周早）：進乍（作）～婦尊彝。◎銘續930

霸簋（西周中）：內（芮）公舍霸馬兩、玉、～。◎銘圖4609

獄盉（西周中）：～車。◎考文2006（6）63頁

曶簋（西周中）：用赤～一勻（鈞）。◎文物2000（6）87頁

親簋（西周中）：～勒。◎歷文2006（3）封二

獄盤（西周中）：～旟。◎考文2006（6）61頁

衛簋甲蓋（西周中）：～旟。◎南開2008（6）封三

伯𢦏父簋（西周晚）：得孚（俘）～五十勻（鈞）。◎古研（27）198頁

卌三年逑鼎丙（西周晚）：～甬。◎華章71頁

射壺蓋（西周晚）：昜（賜）余～。◎銘圖12443

衛伯須鼎（春秋早）：衛白（伯）須用吉～乍（作）寶鼎。◎棗陽187頁

曾卿事宲簋（春秋早）：隹（唯）曾卿事宲用吉～自乍（作）寶㲃（簋）。◎銘續427

僉父瓶（春秋早）：乍（作）其～[illegible]（瓶）。◎小邾33頁

曾侯宏鼎（春秋中）：曾侯宏睪（擇）其吉～。◎銘圖2219

夓膚簠（春秋中）：夓膚睪（擇）其吉～。◎銘續500

攻吳王光鐸（春秋晚）：攻敔（吳）王光初得其壽～。◎銘續1047

唐子仲瀕兒匜（春秋晚）：惕（唐）子中（仲）瀕兒睪（擇）吉～。◎江漢2003（1）3頁

之乘辰鐘（戰國早）：睪（擇）氒（厥）吉～。◎文物2004（2）72頁

復封壺（春秋早）：爰睪（擇）吉～。◎銘圖12447

曾伯宮父鬲（春秋早）：唯曾白（伯）宮父穆用吉～。◎江漢2015（4）127頁

鍾離君柏簠（春秋中）：童（鍾）麗（離）君柏睪（擇）其吉～。◎銘圖5898

曾侯宏鼎（春秋中）：曾侯宏睪（擇）其吉～。◎銘續185

浅公宜脂鼎（春秋晚）：浅公宜脂余（擇）其□～。◎銘續191

許公買簠蓋（春秋晚）：鄦（許）公買睪（擇）氒（厥）吉～。◎中原2004（1）55頁

越王差徐戈（戰國早）：司（始）得居乍～。◎故博2008（4）26頁

越王差徐戈（戰國早）：戉（越）王差郐（徐）吕（以）其鐘～鑄其戟戲。◎古研（25）212頁

銅

高陵君弩機（戰國晚）：工起、～。
◎歷文 2009（1）49 頁

內史亳觚（西周早）：乍（作）祼～。
◎銘圖 9855

【案】內史亳觚此字從「同」從「●●」，「●●」諸家或以爲飾筆，或以爲酒滴，或以爲金餅，當以金餅說爲是，實即「金」之初文，說參劉傳賓（2014）。故字可隸釋爲「銅」。諸家以爲即《書·顧命》「上宗奉同瑁」之「同」（《白虎通·爵篇》引作「銅」），爲酒器之名，是。此種用法之「銅」亦見於齊侯壺（《集成》9729，9730），說見陳斯鵬（2021b）。此「銅」與訓「赤金」之形聲字「銅」，實同形而異構。

鋻

槐簋（西周中）：易（賜）女（汝）幽黃（衡）、～鞞（勒）。◎銘續 453

衍簋（西周中）：易（賜）女（汝）同（絧）衣、赤舄、幽黃（衡）、～鞞（勒）。◎銘續 455

鏤

春成侯盉（戰國早）：白金～銾（盉）。
◎上博（8）152 頁

【案】唐友波（2000）謂字從「金」、「蜀」聲，同時保留會意「鑄」字的部分字形，爲「鑄」之異體。李家浩（2001）則分析爲從「金」、「螻」聲，爲「鏤」字異體，並舉少府盉「銅金婁（鏤）鍋（盉）」之文例相參證。今從李說。

鑄

何簋（西周早）：何～且（祖）辛寶尊彝。
◎銘圖 5137

盜戎盨（西周晚）：盜戎～須（盨）。
◎文博 2008（2）6 頁

芮太子鬲（春秋早）：内（芮）大（太）子乍（作）～⿱鬲皿（鬲）。◎考文2007（2）8頁

晉姞匜（春秋早）：晉姞乍（作）～旅般（盤）⿱宀皿（匜）。◎銘圖14954

逢子詹壺（春秋早）：夆（逢）子詹～弔（叔）嬴⿰爿旨（將）壺。◎銘續817

唐子仲瀕兒匜（春秋晚）：～其御⿺辶曾⿱由廾（匜）。◎江漢2003（1）3頁

曾季㚸臣盤（戰國早）：曾季㚸臣～其盥盤。◎曾國396頁

太保鼎（西周早）：大（太）俘（保）～。◎銘續63

曾伯陭鉞（春秋早）：曾伯陭乍（作）～戚戉（鉞）。◎棗陽27頁

郘夫人⿰女靁鼎（春秋晚）：乍（作）～辶鼎。◎中原2009（3）11頁

鑄客簠（戰國晚）：～客爲王句（后）六室爲之。◎南大32

夒膚簠（春秋中）：爲羋兒～賸（媵）⿱古皿（簠）。◎銘續500

競孫旟鬲（春秋晚）：競孫旟也乍（作）～⿱鬲鬲鬲。◎銘圖3036

昭王之即簠（戰國早）：乍（作）～告（造）⿷匚古（簠）。◎銘續515

郘公𦑏父鎛（春秋晚）：刑（型）～和鍾（鐘）。◎銘圖15818

趙氏余戈一（春秋中）：趙氏余瞉馨𡊁（夷）用元鎬乍（作）～戈三百。◎銘續1259

鑄仲簋（西周晚）：～中（仲）乍（作）季姬寶𣪘（簋）。◎銘續364

鑄子叔黑臣盨（春秋早）：～子弔（叔）黑臣肇乍（作）寶須（盨）。◎銘圖5608

晉侯對鋪（西周晚）：晉侯對乍（作）～尊匍（鋪）。◎新收857

秦公壺（春秋早）：秦公乍（作）～尊壺。◎文博2008（2）封二

秦公簋甲（春秋早）：秦公乍（作）～用𣪘（簋）。◎首陽138頁

晉侯鬲乙（西周晚）：晉侯乍（作）～尊鬲。◎故周金83

邾季簠（春秋）：用~寶⿷匚金。◎回家（2018）33頁

我自鑄鈹（春秋晚）：我自~少卒之用鈹。◎銘圖17860

⿰氵⿱巛戈公宜脂鼎（春秋晚）：用~其煰宜鼎。◎銘續191

商鞅鈹（戰國中）：畢侯湍之~。◎首陽183頁

王孫叔諲甗（春秋）：乍（作）~鏫獻（甗）。◎銘圖3362

啚陽戈（戰國晚）：洁（啚）陽冶瘖~也。◎珍秦齋吳145頁

九年承匡令鼎（戰國晚）：冶期~。◎西安14頁

鍾

楚季鐘（西周中）：楚季寶~（鐘）。◎銘續1015

郳公鞁父鎛（春秋晚）：刑（型）鑄和~（鐘）。◎銘圖15815

鍾戈（戰國早）：~。◎珍秦齋吳181頁

鍾戈（戰國早）：~。◎山東822頁

鐈

曾伯霥壺（春秋早）：用其~鏐，隹（唯）玄其良。◎江漢2017（6）9頁

鎬

趙氏余戈一（春秋中）：趙氏余斁𩡫叀（夷）用元～乍（作）鑄戈三百。◎銘續1259

鎣

周晉盉（西周中）：鑄寶般（盤）～。◎銘圖14793

攻吳王之孫鎣（春秋晚）：……乍（作）爲～。◎考古2003（9）19頁

錡

克黃豆（春秋中）：楚弔（叔）之孫克黃之～。◎攷茵堂114

【案】原書釋「鋯」（疑「鎬」之音誤），葛亮（2009）釋「鎬」。陳劍（2009）釋「錡」，並舉豆類器或稱「盎」「琦」爲證。陳說可信。

鈹

我自鑄鈹（春秋晚）：我自鑄少卒之用～。◎銘圖17860

鈭

工尹坡盞（春秋晚）：工尹坡之𥁕（饙）～。◎論稿20頁

【案】「鈭」爲盞之自名，與《說文》「鈭錍，斧也」之訓無關，依形隸此。曹錦炎（2008）讀「盞」，似可從。

鈇

燕王喜鈹（戰國晚）：郾（燕）王喜巸某旅～。◎銘續1303

鋸

燕侯載戈（戰國早）：郾（燕）侯載乍（作）帀（師）萃～。◎銘續1204

燕王喜戈（戰國晚）：郾（燕）王喜巸（作）玫～。◎銘續1194

鈞

昔須甗（西周中）：多～工（功），孚（俘）戈。◎銘圖3349

二年梁令張猷戟（戰國晚）：冶～造嬰旊（戟）柬。◎古研（27）327頁

鐲

之乘辰鐘（戰國早）：自乍（作）其～。◎文物2004（2）72頁

【案】曹錦炎（2004）釋「鐸」，董珊（2004）釋「鐘」，於形均未合。趙平安（2004）釋「鐲」，可從。

鈴

仲[illegible]父簋（西周早）：中（仲）[illegible]父乍（作）寶～𣪘（簋）三（四）。◎全集（3）210頁

楚太師登鐘庚（春秋早）：自乍（作）～鐘。◎上博（11）153頁

楚太師登鐘辛（春秋早）：自乍（作）～鐘。◎上博（11）153頁

【案】仲[illegible]父簋「鈴」字，《全集》釋「命」，謝明文（2020）改釋，是。

鉦

[illegible]子䝉鉦（春秋晚）：[illegible]子䝉乍（作）鑄行～。◎銘續530

〔鎛〕鑮

姑仲衍鐘（西周晚）：姑中（仲）衍乍（作）寶～。◎考文2007（3）7頁

秦子鎛（春秋早）：秦子乍（作）寶龢鐘，㠯（以）其三～。◎歷文2008（4）圖版2

郐鎛矢（戰國）：郐（徐）～。◎山東923頁

【案】鎛鐘之「鎛」，《說文》作「鑮」，而金文與經籍多作「鎛」。本卷「鎛」字條重見。

鐘

秦子鎛（春秋早）：秦子乍（作）寶龢～。◎歷文2008（4）圖版2

曾侯子鐘乙（春秋早）：曾侯子之行～。◎銘圖15142

楚太師登鐘辛（春秋早）：自乍（作）鈴～。◎上博（11）153頁

鍾離君柏鐘乙（春秋中）：童（鍾）麗（離）君柏乍（作）其行～。◎銘續1017

季子康鏄（春秋中）：自乍（作）龢～之鈚。◎考文2009（3）104頁

鄬子受鐘（春秋中）：倗（鄬）子受乍（作）䵼（將）鏭（彝）訶（歌）～。◎淅川63頁

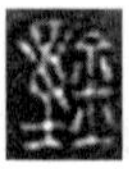

越王差徐戈（戰國早）：戉（越）王差郐（徐）㠯（以）其～金鑄其戕戟。◎古研（25）212頁

鏄*

曾侯子鏄甲（春秋早）：自乍（作）行～（鏄）。◎銘圖15763

曾侯子鏄丙（春秋早）：自乍（作）行～（鏄）。◎銘圖15765

曾侯子鏄丁（春秋早）：自乍（作）行～（鏄）。◎銘續1044

【案】《通鑒》《銘圖》《銘續》讀「鏄」，當是。其結構特殊，疑可分析爲從「鐘」省、「叀」聲，爲「鏄」之異構。

鎛

枯仲衍鐘（西周晚）：枯中（仲）衍乍（作）寶～。◎考文2007（3）7頁

加芈编鐘（春秋中）：余睪（擇）辝（台）吉金玄鏐黃～。◎江漢2019（3）17頁

【案】《說文》以「鎛」爲鎛鱗或錢鎛字，與鎛鐘字同形。

鍠

登鐸（春秋早）：元鳴孔～。◎文物2013（7）15頁

鎗

逑鐘一（西周晚）：～～悤悤（鍯鍯）。◎銘續 1028

鉈

艿盤（西周晚）：𦫳（艿）乍（作）旅般（盤）～（匜）。◎銘續 940

艿匜（西周晚）：𦫳（艿）乍（作）旅般（盤）～（匜）。◎銘續 993

齊伯里父匜（春秋早）：齊白（伯）里父乍（作）周姜賸（媵）～（匜）。◎銘圖 14966

良夫匜（春秋早）：自乍（作）𣪘（盥）～（匜）。◎銘圖 15000

遊孫癸鼎（春秋中）：遊孫癸之飤宕～。◎全集（12）321 頁

【案】金文「鉈」常用爲「匜」字異體，又用於鼎之一種自名「宕鉈」，與《説文》訓「短矛」之「鉈」屬同形字。

鏐

曾伯霥壺（春秋早）：用其鐈～，隹（唯）玄其良。◎江漢 2017（6）9 頁

壬午吉日戈（春秋晚）：壬午吉日乍（作）元用玄～戈。◎故博 2008（6）79 頁

玄鏐戈（春秋晚）：玄～之用。◎文報 2008.8.29

玄鏐之戈（春秋晚）：玄～之戈。◎銘續 1114

玄鏐戟（春秋晚）：玄～之用戕（戟）。◎淅川 310 頁

【案】玄鏐戟一文右旁寫法特別，諸家多逕釋「鏐」而無説，蘇建洲（2010）隸作「銇」，並援冀小軍、陳劍等人説，以「桼」讀幽部韻，故謂「銇」從「桼」聲可讀作「鏐」。然典型之「桼」字與此頗異，蘇説可商。今疑此字仍是「鏐」，唯「翏」旁訛變耳。下半由「㐱」形變來較易理解，上部蓋「羽」先省複爲單作「ヨ」（「羽」字省半已見包山木牘等），再訛作「屮」。

鈇

秦政伯喪戈（春秋早）：市～，用逸宜。
◎珍秦齋秦42頁

鋪

趞盄父鋪（西周晚）：趞盄父乍（作）寶～。
◎銘續528

鉅

伯有父劍（春秋晚）：自作□～。
◎銘續1351

鈙*

蘇公盤（西周晚）：穌（蘇）公乍（作）晉改～。
◎收藏2007（4）100頁

【案】字當分析從「金」、「攴」聲，爲盤之自名，或即可讀「盤」。與《説文·攴部》「鈙」字同形。

鈚*

唐子仲瀕兒瓶（春秋晚）：鑄其御～。
◎江漢2003（1）3頁

鈛*

王子戈（春秋晚）：王子□之用～（戈）。
◎銘圖16814

鄆公戈（春秋晚）：鄆公之郜（造）～（戈）。
◎銘續1127

陳窒散戈（戰國）：陳窒散～（戈）。
◎山東832頁

陳發戈（戰國晚）：陳發棗（造）～（戈）。
◎文物2001（10）48頁

鉡*

郛氏戟（春秋晚）：郛氏之造～（戟）。
◎銘續1128

𨧫*

右府戈（春秋晚）：右𢊖（府）之用~（戟）。
◎銘續 1130

鉌*

春成侯盉（戰國早）：白金鏤~（盉）。
◎上博（8）152 頁

⿰金盉*

王盉（戰國早）：王之~（盉）。
◎銘圖 14668

⿰金西*

䣄卣（西周中）：今氒（厥）僕我興：邑、競、諫、~、芟、饟。◎銘續 882

【案】董珊（2014b）釋「鉏」。此從李學勤（2014b）釋。

鉥*

秦子鎛（春秋早）：氒（厥）音~~（肅肅）雝雝。
◎歷文 2008（4）圖版 2

⿰金臾*

曾弁臣匜（戰國早）：曾弁臣之會~（匜）。
◎曾國 398 頁

⿰金畀*

王子申匜（春秋晚）：王子紳（申）之鐈~（匜）。
◎中國文字新（25）93 頁

⿰金缶*

黃子婁缶乙（春秋晚）：台（以）乍（作）其妻其□飤~（缶）。◎銘續 907

鍺*

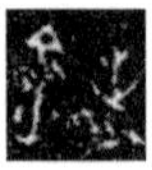

瓔同盆（春秋晚）：𤔲（瓔）同鑄用～二。
◎全集（7）129頁

鍚*

褱兒鎛（春秋）：中（終）𠃬（翰）叡（且）～（揚），元鳴孔皇。
◎銘圖15805

銜*

霸伯簋（西周中）：霸白（伯）用乍（作）寶～（鈛）。
◎考報2018（1）108頁

⿱㲋金*

登鐸（春秋早）：自乍（作）龢～（鐸）。
◎文物2013（7）15頁

【案】襄陽市文物考古研究所（2013）誤釋「鑼」。謝雨田（2013）釋「⿱㲋金」，謂從「金」、「㲋」聲，即「鐸」字異體。說是。

⿰金⿱亼日*

王子申匜（春秋晚）：王子紳（申）之～𨥞（匜）。
◎中國文字新（25）93頁

⿰金𦍌*

春成侯盉（戰國早）：～金𦄻（帶）。
◎上博（8）152頁

春成侯盉（戰國早）：～金足。
◎上博（8）152頁

⿰金無*

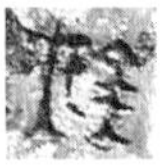

水姬鬲（西周中）：水姬乍（作）寶～。
◎銘續247

【案】《銘續》釋「銼」，於形不確。鬲自名「⿰金無」，前所未見。

鏣*

莽仲𨟭缶（戰國早）：莽中（仲）𨟭乍（作）其宗器尊～（甒）。◎銘圖14087

鍞*

仲宮父盨（西周晚）：中（仲）宮父乍（作）姬氏旅～（盨）。◎銘圖5585

京叔休父盨（西周晚）：京弔（叔）休父乍（作）旅～（盨），其永寶用。◎論稿149頁

叔禹父盨（西周晚）：弔（叔）禹父乍（作）寶～。◎銘續468

鐱*

攻吳王叡䣄此邻劍（春秋晚）：自乍（作）元用～（劍）。◎考古2000(4)95頁

攻吳王姑讎亓䜌劍（春秋晚）：自乍（作）元用～（劍）。◎銘續1352

吳季子之子逞劍（春秋晚）：吳季子之子逞之元用～（劍）。◎銘續1344

〔鐱〕

吳王闔廬劍（春秋晚）：攻敔（吳）王者彶叡虘自乍（作）元用～（劍）。◎江漢2009(3)彩版二

鑗*

羅子童鼎（春秋晚）：罹（羅）子童之飤～。◎銘續111

鐫*

逑鐘一（西周晚）：䧹䧹（肅肅）～～（雝雝）。◎銘續1028

⿰金⿹勹奧*

王孫叔諲甗（春秋）：乍（作）鑄~獻（甗）。◎銘圖 3362

【案】《銘圖》隸定作「⿰金盈」。周忠兵（2017）隸定作「⿰金⿹勹䜴」，謂字從「糂」之初文，爲「糂」之異體。新版《通鑒》從之。鄔可晶（2023）則謂字從「奧」，讀「鏕」。今依形隸定作「⿰金⿹勹奧」，音義待考。

鑵*

伯飲壺（西周中）：白（伯）乍（作）酓（飲）~。◎銘圖 10855

⿰金齎*

荀侯鬲（西周中）：筍（荀）侯爲~（齍）鬲。◎銘續 238

【案】字從「金」、「齎」聲，爲「齍」字異體。《銘續》誤釋「齎」。

⿰金彝*

鄬子受鐘（春秋中）：受乍（作）䣮（將）~（彝）訶（歌）鐘。◎淅川 68 頁

【案】「⿰金彝」爲「彝」增益意符「金」而成，爲彝器義之專造字。所從「彝」上端作「尸」屬變形表音。

钀*

叔甗（西周早）：弔（叔）乍（作）寶~（甗）。◎銘圖 3233

【案】字從「金」、「獻」聲，爲「甗」字異體。

幵

仲太師鼎（西周晚）：用匽（宴）旨飤，~壽受福。◎銘圖 2196

仲太師壺（西周晚）：用匽（宴）旨飤，~壽受福。◎銘圖 12370

【案】《銘圖》2196 釋「幵」，是；《銘圖》12370 釋「下」，非。「幵」本象髮笄之形，單複無別。傅修才（2016）讀「匄」，固甚通。予疑亦可讀作「干」。《詩·大雅·旱麓》：「豈弟君子，干祿豈弟。」毛傳：「干，求也。」

〔處〕処

且

吳王劍（春秋晚）：余～江之陽。◎中原2019(4)31頁

魚顛匕（戰國）：母（毋）～其所。◎銘圖6320

帚孿商方鼎（商晚）：遘～（祖）甲劦日。◎曲村348頁

⿰必卩甗（商晚）：⿰必卩乍（作）～（祖）癸彝。◎近出155

未祖丁卣（商晚）：未～（祖）丁。◎考文2007(3)4頁

何簋（西周早）：用乍（作）～（祖）乙尊彝。◎文物2009(2)55頁

小臣臯簋（西周早）：宔～（祖）乙。◎曲村505頁

祖乙簋（西周早）：～（祖）乙。◎文物2007(8)42頁

仲甗（西周早）：中（仲）乍（作）～（祖）庚。◎銘續268

子祖丁觶（西周早）：子～（祖）丁。◎流散歐美181

⿰絲攵鼎（西周中）：⿰絲攵乍（作）文～（祖）寶尊彝。◎銘圖1738

親簋（西周中）：用乍（作）朕文～（祖）幽白（伯）寶𣪘（簋）。◎歷文2006(3)封二

老簋（西周中）：用乍（作）～（祖）日乙尊彝。◎考文2005年增刊65頁

羚簋（西周中）：朕文～（祖）豐中（仲）寶𣪘（簋）。◎字與史(1)211頁

宰獸簋（西周中）：更乃～（祖）考事。◎陝博(7)99頁

馬方彝（西周中）：馬乍（作）～（祖）日辛朕考日丁尊彝。◎新收1845

〔且〕

朿盉蓋（西周中）：用乍（作）朕～（祖）日戊、文考日甲彝。◎銘圖14790

師酉盤（西周晚）：嗣（嗣）乃～（祖）啻（嫡）官邑人。◎銘續951

䜌鼎（西周晚）：朕皇高～（祖）師婁。◎文博2007（2）17頁

䜌鼎（西周晚）：亞～（祖）師僕。◎文博2007（2）17頁

柞伯鼎（西周晚）：乃聖～（祖）周公。◎文物2006（5）68頁

柞伯鼎（西周晚）：朕皇～（祖）。◎文物2006（5）68頁

柞伯鼎（西周晚）：朕剌（烈）～（祖）幽弔（叔）。◎文物2006（5）68頁

卌三年逑鼎甲（西周晚）：乃先～（祖）考。◎華章55頁

應侯視工簋蓋（西周晚）：余弗敢～（沮）。◎首陽114頁

追夷簋蓋（西周晚）：對揚氒（厥）覝～（祖）之遺寶。◎華夏2000（3）20頁

伯戔父簋（西周晚）：用亯（享）于文～（祖）考。◎首陽107頁

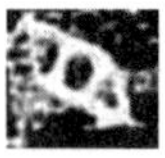
伯戔父簋（西周晚）：用亯（享）于文～（祖）考。◎古研（27）198頁

曾仲器座（春秋中）：曾中（仲）郘（鄢）君□之～執。◎淅川109頁

曾侯與鐘（春秋晚）：用考（孝）［台（以）］亯（享）于悴（台）皇～（祖）。◎銘續1030

〔且〕

倗季尊（西周早）：倗季乍（作）～（祖）丂（考）寶尊彝。◎銘圖11687

楷尊（西周中）：㮨（楷）乍（作）～（祖）寶彝。◎新收1669

引簋（西周中）：余既命女（汝）更乃～（祖）䟽（總）𤔲（司）齊𠂤（師）。◎銘圖5299

晉侯㫁簋（西周中）：用亯（享）于文～（祖）皇考。◎銘續423

𨺩簋（西周晚）：用亯（享）于其皇文～（祖）考。◎銘圖5138

□甗（西周晚）：弗敢～（沮）。◎銘圖3356

組

無忌組（春秋中）：自乍（作）歆（旨）～。◎青銅器與金文（3）18頁

與兵壺（春秋晚）：其用亯（享）用孝于我皇～（祖）文考。◎古研（24）234—235頁

與兵壺蓋（春秋晚）：其用亯（享）用孝于我皇～（祖）文考。◎古研（24）236頁

斤

咸少燈（戰國中）：十三～。◎國博2011（5）16頁

大官盉（戰國晚）：九～十兩。◎銘續974

咸阳方壺（戰國晚）：重十九～四兩。◎故博2006（2）87頁

信宮罍（戰國晚）：十九～。◎珍秦齋秦131頁

斨

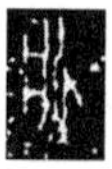

唐子斨戈（春秋晚）：煬（唐）子～之用。◎考古2008（4）43頁

釿

春成侯盉（戰國早）：塚（重）十二益（鎰）九～。◎上博（8）152頁

春成孺子鼎（戰國早）：冢（重）十三益（鎰）八～半釿。◎銘圖2255

卅年銅人（戰國晚）：卅年十八～斗（半）釿冢（重）。◎銘圖19342

卅年銅人（戰國晚）：□二～。◎銘圖19342

所

彭公之孫無所鼎（春秋晚）：彭公之孫無～自乍（作）湯鼎。◎中原2004（2）47頁

郘公𣪕父鎛（春秋晚）：台（以）共（供）朝于王～。◎銘圖15818

鄗得鼎（戰國晚）：冶臣市～伐。◎銘圖2387

右中庖鼎蓋（戰國晚）：冶小～爲，賜右中戠（庖）。◎銘圖1950

十四年下邑令瘍鈹（戰國晚）：左庫工市（師）沖～□者。◎銘圖18002

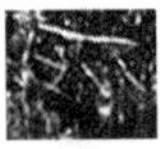

三年大將李牧弩機（戰國晚）：彖（掾）長（張）承～爲。◎文物2006（4）封三

魚顛匕（戰國）：母（毋）處其～。◎銘圖6320

斯

公乘斯戈（戰國中）：邦司寇公乘～。◎銘續1249

新

大万尊（商晚）：奏庸，～宜畋。◎銘續790

叔觶（西周早）：弔（叔）乍（作）～邑旅。◎曲村417頁

⿰巨斤*

虎簋蓋乙（西周中）：王才（在）周～宮。◎新收1874

孝簋（西周中）：君窔（安）父才（在）～宮。◎銘續441

師酉盤（西周晚）：～易（賜）女（汝）赤市、攸（鋚）勒。◎銘續951

卌二年逑鼎乙（西周晚）：弗逆朕～令（命）。◎考文2003（3）9頁

逑盤（西周晚）：雩朕皇高且（祖）～室中（仲）。◎盛世34頁

新城徒萃戈（戰國晚）：敬⿰糹直～城徒⿱林衣（萃）。◎文物2004（10）85頁

新城令矛（戰國晚）：～城倫（令）□㾓。◎銘續1288

新陽戈（戰國早）：～昜（陽）。◎南方2004（4）43頁

新造自司矛（戰國晚）：～造自司乍瓬。◎歷文2004（5）35頁

廿八年晉陽令趙去疾戈（戰國晚）：上庫工帀（師）～城得。◎珍秦齋吳199頁

晉侯⿰巨斤簋（西周中）：晉侯～乍（作）□毁（簋）。◎晉國99頁

晉侯⿰巨斤壺（西周中）：晉侯～乍（作）尊壺。◎晉國97頁

【案】晉侯⿰巨斤與晉侯蘇器物同出一墓，二者是否同人及如同人「⿰巨斤」「蘇」二字音義關係如何，迄無定論。陳松長（2002）曾疑是「所」字，何景成（2008）亦主張釋「所」，此說影響較大，但仍有待驗證。

斷*

荀侯戈（西周晚）：筍（荀）侯丞～工。◎銘圖16749

斗

曾公子棄疾斗（春秋晚）：曾公子厺（棄）疾之辻～。◎銘續913

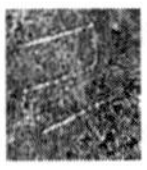

咸阳方壺（戰國晚）：四～少半升。◎故博2006（2）87頁

信宮罍（戰國晚）：四～。◎珍秦齋秦128頁

府鍪（戰國晚）：斗（半）～。◎文物2005（8）89頁

鄗得鼎（戰國晚）：容一～四益（溢）。◎銘圖2387

倉端王義鼎（戰國晚）：一～。◎銘續159

〔斗〕料

春成孺子鼎（戰國早）：～（半）齋。◎銘圖2255

春成孺子鼎（戰國早）：冢（重）十三益（鎰）八釿～（半）釿。◎銘圖2255

郭佗壺（戰國晚）：棺（椁—郭）佗乍（作）梁～（半）。◎新收1695

沬廚鼎（戰國晚）：沬胅（廚）一斗～（半）。◎上博（9）54頁

匡上官鼎（戰國晚）：匡脣（齎）～（半）齋。◎銘圖1889

蒲阪鼎（戰國晚）：莆（蒲）坂（阪）行□□□小～（半）齋。◎銘圖1985

卅年銅人（戰國晚）：卅年十八釿～（半）釿冢（重）。◎銘圖19342

㪷*

季陾父匜（西周晚）：季陾父乍（作）～（匜）。◎文物 2000（12）28 頁

升

鄬子孟升𢆶鼎蓋（春秋晚）：倗（鄬）子孟～𡢁（𢆶）之飤貞（鼎）。◎淅川 130 頁

咸少燈（戰國中）：五～半。◎國博 2011（5）16 頁

咸阳方壺（戰國晚）：四斗少半～。◎故博 2006（2）87 頁

浧鼎（戰國晚）：浧九升𠚤（半）～。◎銘續 170

龐孺子鍾（戰國晚）：七斗四升少半～。◎銘續 825

𩑶*

伯太師釐盨（西周晚）：白（伯）大（太）師釐乍（作）旅～（盨）。◎夏商周 402.1

矛

有司伯喪矛（春秋早）：又（有）𤔲（司）白（伯）喪之車～。◎珍秦齋秦 46 頁

競戣矛（戰國早）：競（景）戣（畏）自乍（作）䡅（萃）～。◎銘圖 17695

越王諸稽矛（戰國早）：戉（越）王者（諸）旨（稽）自乍（作）用～。◎銘續 1281

𥎦

新造自司矛（戰國晚）：新造自司乍～。◎歷文 2004（5）35 頁

車

車犬爵（商晚）：～犬。◎近出864

叔夨方鼎（西周早）：～馬。◎文物2001（8）9頁

凷盨蓋（西周中）：金～。◎銘圖5673

獄盤（西周中）：金～。◎考文2006（6）61頁

卌二年逑鼎甲（西周晚）：孚（俘）器～馬。◎華章39頁

卌三年逑鼎丙（西周晚）：駒～。◎華章71頁

祖辛尊（商晚）：～且（祖）辛。◎銘續753

【案】《銘續》釋「串」，非是。

師衛簋（西周早）：禾卅～。◎銘圖5142

楷大司徒仲車父簋（西周中）：楴（楷）大𤔲（司）徒中（仲）～父乍（作）寶𣪘（簋）。◎銘圖4683

龏簋（西周中）：易（賜）敳鹵百～。◎銘圖422

衛鼎（西周晚）：王命衛豫市（韍）、金～、旂。◎銘續222

伯逆車簋蓋（西周晚）：白（伯）逆～乍（作）辛始（姒）賸（媵）𣪘（簋）。◎銘續382

晉侯戈（春秋早）：晉侯～戈。◎銘續1100

有司伯喪矛（春秋早）：又（有）𤔲（司）白（伯）喪之～矛。◎珍秦齋秦46頁

車戈（戰國早）：～戈。◎曾國399頁

輅

魏叔子戟（春秋早）：𩰫（魏）弔（叔）子之左戟（車）𢍜～徒戟五百。◎銘續1229

較

卌三年逑鼎甲（西周晚）：桒～（較）。◎華章55頁

卌三年逑鼎丁（西周晚）：桒～（較）。◎華章79頁

⿰車憂〔⿰車昏〕

卌三年逑鼎丙（西周晚）：畫轉畫～。◎華章71頁

轙〔钀〕

叔甗（西周早）：弔（叔）乍（作）寶～（甗）。◎銘圖3233

【案】「甗」字異體，與《說文》「轙」字或體「钀」同形。本卷金部重見。

載

燕侯載戈（戰國早）：郾（燕）侯～乍（作）帀（師）萃鋸。◎銘續1204

軍

壽夢之子劍（春秋晚）：敗三～。◎文物2005(2)68頁

範〔⿰車㔾〕

范毅戟（戰國早）：～（范）毅之戠（用）戜（戟）。◎銘續1135

輔

輔伯戈（西周晚）：～白（伯）乍（作）兵戈。◎中原2007(5)10頁

軾*

魏叔子戟（春秋早）：𩲡（魏）弔（叔）子之左～（車）夆輅徒戟五百。◎銘續 1229

輂*

春成侯盉（戰國早）：蓋、柯～（連）睘（環）備。◎上博（8）152 頁

輹*

祖輹伯壺（春秋早）：祖～白（伯）乍（作）寶壺。◎銘續 831

【案】字從「車」從「皀」（「退」之初文），疑即表示車退之專造字，此用爲人名。

輣*

王孫賓鼎（戰國早）：王孫賓之～鼎。◎銘續 141

轉*

卌三年逑鼎乙（西周晚）：畫～畫轓。◎華章 63 頁

⿰車睪*

昭王之諻戈（戰國中）：乍（作）寺（持）～（萃）戈。◎江漢 2016（2）88 頁

𠂤

武鼎（西周早）：～（師）䀇父易（賜）武馬。◎銘續 143

引簋（西周中）：余既命女（汝）更乃曼（祖）䪖（總）𤔲（司）齊～（師）。◎銘圖 5299

㪟鼎（西周中）：王克西～（師）。◎銘續 228

卌二年逑鼎甲（西周晚）：女（汝）克奠于𠂤（厥）～（師）。◎華章 39 頁

官

晉公盤（春秋中）：建宅京～（師）。◎銘續952

季子康鎛（春秋中）：台（以）從我～（師）行。◎考文2009（3）106頁

虎簋蓋乙（西周中）：付氒（厥）尚（常）～。◎新收1874

免簋（西周中）：～𤔲（司）六𠂤（師）卜事、工卜。◎回家（2019二）71頁

卌三年逑鼎丙（西周晚）：令（命）女（汝）～𤔲（司）歷人。◎華章71頁

卌三年逑鼎辛（西周晚）：令（命）女（汝）～𤔲（司）歷人。◎文物2003（6）20—21頁

頌盤（西周晚）：令（命）女（汝）～𤔲（司）成周賈廿家。◎文物2009（9）52頁

師酉盤（西周晚）：𤔲（嗣）乃且（祖）啻（嫡）～邑人。◎銘續951

昭宮鼎（戰國晚）：內～右工。◎銘圖2099

昭宮鼎（戰國晚）：卲（昭）宮私～。◎銘圖2099

冢子韓政戟刺（戰國晚）：大～上庫嗇夫狢賈。◎銘續1289

盛氏官鼎（戰國晚）：盛氏～。◎王坡158頁

滎陽上官皿（戰國晚）：縈（滎）陽上～。◎文物2003（10）79頁

廿年冢子戈（戰國晚）：大～。◎古研（27）322頁

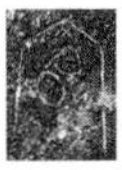
信安鼎（戰國晚）：訫（信）安上～器府。◎珍秦齋吳188頁

信安鼎（戰國晚）：訫（信）安下～器府。◎珍秦齋吳189頁

邵陰下官銅箍（戰國晚）：邵陰（陰）下～。

◎陝金集成 1486

⿰𠂤光*

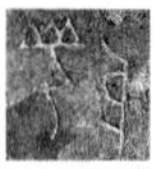

⿰𠂤光簋（西周早）：～。

◎文物 2018（2）80 頁

【案】或釋「觥」，不確。

陵

高陵君弩機（戰國晚）：高～君。

◎歷文 2009（1）49 頁

少府戈（戰國晚）：杏～。

◎文物 2004（9）89 頁

陵里車飾（戰國晚）：～里。

◎銘續 1374

陳侯因資戈（戰國中）：陳侯因資造～左。

◎歷文 2007（5）15 頁

陰

武用劍（戰國早）：～□武用。

◎陝金集成 974

陰晉右庫戈（戰國中）：～晉右庫信。

◎銘續 1136

上郡武庫弩機（戰國晚）：雕～。

◎銘圖 18577

陽

應侯視工簋甲蓋（西周晚）：敢對～（揚）天子休釐。◎保利續 126 頁

衛鼎（西周晚）：用嗣（司）寺卓～人。

◎銘續 222

〔㙐〕

〔陽〕

叔䵼父鼎（春秋早）：~小弔（叔）䵼父乍（作）龏（恭）弔（叔）姬宲（寶）鼎。◎銘續 215

吳王劍（春秋晚）：余處江之~。◎中原 2019（4）31 頁

廿九年段陽庫戈（戰國中）：廿九年段~庫冶。◎歷文 2007（5）6 頁

公族申戈（戰國中）：公族申乍（作）~城賁（造）丰（戟）。◎銘續 1266

滎陽上官皿（戰國晚）：縈（滎）~上官。◎文物 2003（10）79 頁

宜陽鼎（戰國晚）：宜~。◎文博 2007（3）16—17 頁

雙陽燈（戰國晚）：雙~乳（孺）子。◎文物 2004（1）9 頁

廿八年晉陽令趙去疾戈（戰國晚）：晉~倫（令）肖（趙）迲（去）疾。◎珍秦齋吳 199 頁

宅陽令戟刺（戰國晚）：宅~命（令）□愳。◎珍秦齋吳 249 頁

卅年詔事戈（戰國晚）：中~。◎故博 2006（2）70 頁

圁陽戈（戰國晚）：浯（圁）~冶痦鑄也。◎珍秦齋吳 145 頁

冢子韓政戟刺（戰國晚）：穎~。◎銘續 1289

陽侯□隋夫人壺（春秋晚）：~侯□陸（隋）夫人行壺。◎銘續 829

成陽左戈（春秋晚）：成~左戈。◎文物 2018（8）89 頁

陸

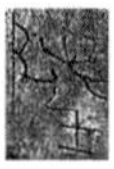

元年上郡假守暨戈（戰國）：平～。◎珍秦齋秦93頁

阿

卌二年逑鼎甲（西周晚）：出戡（斬）于井～。◎華章39頁

卅二年相邦冉戈（戰國晚）：延行延～。◎故博2006（2）73頁

〔陘〕

平阿右僕戈（戰國中）：平～右僕造戈。◎銘續1191

阪

仲阪父盆（西周晚）：中（仲）～父乍（作）玳白（伯）寶盆。◎文物2018（10）封三

限

辛嚻相簋（西周早）：王才（在）～。◎文物2004（8）80頁

隥

隥簋（西周晚）：～乍（作）爲寶。◎銘圖5138

陟

師衛簋（西周早）：豐公史（使）衛～于氒（厥）啻。◎銘圖5142

加芈編鐘（春秋中）：烏（嗚）虖（呼），龔（恭）公棗（早）～。◎江漢2019（3）16頁

降

豳公盨（西周中）：～民監德。◎歷文2002（6）4頁

卌二年逑鼎甲（西周晚）：～余康𢊁屯（純）右（祐）通录（祿）永令（命）。◎華章39頁

〔隆〕

⿰阝⿱大圭

卌三年逑鼎丁（西周晚）：～余康受屯（純）右（祐）通彔（祿）永令（命）。◎華章79頁

卌三年逑鼎乙（西周晚）：～余康受屯（純）右（祐）通彔（祿）永令（命）。◎華章63頁

逑盤（西周晚）：～逑魯多福。◎盛世34頁

逑鐘（西周晚）：～余多福。◎首陽121

宅陽令戟刺（戰國晚）：～。◎珍秦齋吳249頁

曾侯與鐘（春秋晚）：其肫（純）德（德）～舍（余），萬葉（世）是尚（尚）。◎銘續1029

豳公盨（西周中）：天令（命）禹尃（敷）土，～山叡（濬）川。◎歷文2002(6)4頁

陽侯□隋夫人壺（春秋晚）：陽（陽）侯□～（隋）夫人行壺。◎銘續829

單父司寇鈹（戰國中）：單父司寇～。◎銘續1347

【案】裘錫圭（2002a）謂其字形本象用手使「𨸏」上之土墮落，後因形、音俱近，「圣」變爲「左」。說是。

⿱𦥑日

侯古堆鎛（春秋晚）：百歲外，述（遂）㠯（以）之～（侃）。◎侯古堆57頁

侯古堆鎛（春秋晚）：百歲外，述（遂）㠯（以）之～（侃）。◎侯古堆圖版24

【案】或釋「韶」，或釋「音」，均非。字與曾侯乙鐘銘「」所從相同，實是加注聲符「辛」而省去「臼」旁之「⿱𦥑日」。謝明文（2011a）讀「逝」；又據謝文，董珊有讀「遺」之說。似不若讀「侃」，訓樂也。

陭

曾伯陭鉞（春秋早）：曾伯～乍（作）鑄戚戉（鉞）。◎棗陽27頁

陳

衈余敦（春秋）：邵翏公之孫衈余及～弔（叔）嬀爲其膳章（敦）。◎保利續184頁

陳窒散戈（戰國）：～窒散鈛（戈）。◎山東832頁

〔陸〕

陳平徒戈（戰國早）：～平徒戈。◎考古2011（10）28頁

陳賫子戈（戰國中）：～賫子。◎銘續1094

陳發戈（戰國晚）：～發棗（造）鈛（戈）。◎文物2001（10）48頁

陳窒散戈（戰國）：～窒散鈛（戈）。◎山東832頁

陶

〔阝勹〕

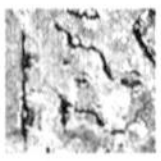

陶觥蓋（西周早）：～用乍（作）上且（祖）癸尊彝。◎銘續893

【案】鄔可晶（2018）釋「覆」。此仍從舊說。

阩*

曾侯宦鼎（春秋早）：自乍（作）～（升）貞（鼎）。◎銘續186

崎鼎（春秋晚）：崎之～（升）貞（鼎）。◎銘續79

陮*

陮仲卣（西周早）：～中（仲）乍（作）寶尊彝。◎保利續143頁

陮仲卣蓋（西周早）：～中（仲）乍（作）寶尊彝。◎保利續143頁

陕*

何簋（西周早）：隹（唯）八月公～（夷）殷年。◎文物2009（2）55頁

⿰阝舌*

⿰阝舌卣（西周早）：～乍（作）父丁寶尊彝。◎中原2001（2）8頁

⿰阝圭*

五年邢令殷思戟（戰國晚）：～（邢）命（令）殷思。◎珍秦齋吳163頁

⿰阝言*

耳伯⿰阝言簋（西周早）：耳白（伯）～。◎近出406

⿰阝金*

建陰氏孝子鼎（戰國中）：建～（陰）氏孝子。◎銘圖1763

信安鼎（戰國晚）：䟫（長）～（陰）侯。◎文物2009（11）71頁

四年成陰嗇夫戟（戰國晚）：成～（陰）嗇夫司寇或。◎珍秦齋吳151頁

邵陰下官銅箍（戰國晚）：邵～（陰）下官。◎陝金集成1486

大陰令鄭𤔲戈（戰國晚）：大～（陰）命（令）鄭𤔲。◎銘續1263

信陰君漆卮底（戰國晚）：諍（信）～（陰）君少府。◎銘續1381

陖*

陖陽壺（戰國晚）：～陽。◎北京2251105

⿰阝屖*

卌二年逑鼎甲（西周晚）：于～廿田。◎華章39頁

卌二年逑鼎乙（西周晚）：于～廿田。◎華章47頁

陘*

季陘父匜(西周晚)：季~父乍(作)𠂤(匜)。
◎文物2000(12)28頁

隅*

隅公戈(春秋晚)：~公之造。
◎銘續1107

宅陽令隅登矛(戰國晚)：七年乇(宅)昜(陽)命(令)~登。◎銘續1286

十年宅陽令隅登戟(戰國晚)：宅陽倫(令)~登。◎古研(27)326頁

⿰阝業*

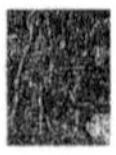

燕王職壺(戰國晚)：⿱克心(克)邦~(踐)城。
◎上博(8)146頁

⿰阝嬰*

逑盤(西周晚)：龢訇于政，明~于德。
◎盛世34頁

⿰阝薦*

曾仲𡔲簋(春秋晚)：自乍(作)~(薦)𣪕(簋)。
◎銘圖5029

⿰阝⿱鬲鬲*

射壺蓋(西周晚)：用乍(作)朕皇考~壺。
◎銘圖12443

射壺蓋(西周晚)：用乍(作)朕皇考~壺。
◎銘圖12444

四

鄬子受鎛(春秋中)：隹(唯)十又~年參(三)月。◎淅川85頁

悍距末乙(戰國晚)：光張上[下]，~方是備(服)。◎古研(24)269頁

〔三〕

首垣鼎（戰國晚）：財（裁）～分。
◎銘圖 1493

咸阳方壺（戰國晚）：重十九斤～兩。
◎故博 2006（2）87 頁

叔矢方鼎（西周早）：隹（唯）十又～月。
◎文物 2001（8）9 頁

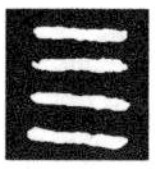
獄盤（西周中）：唯～月初吉丁亥。
◎考文 2006（6）61 頁

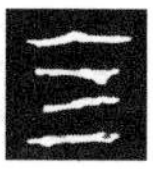
卌三年逑鼎丁（西周晚）：匍有～方。
◎華章 79 頁

作册封鬲甲（西周晚）：諫辥～或（國）。
◎歷文 2002（2）4 頁

秦子簋蓋（春秋早）：卲（昭）于聞～方。
◎故博 2005（6）22 頁

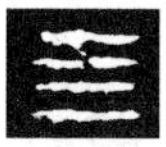
曾伯克父簠蓋（春秋早）：徔（走）追～旁（方）。
◎銘續 518

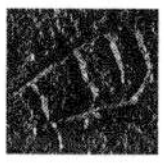
信宮罍（戰國晚）：～斗。
◎珍秦齋秦 128 頁

龐嬬子鍾（戰國晚）：七斗～升少半升。
◎銘續 825

芮伯簋（西周中）：內（芮）白（伯）乍（作）倗姬寶朕（媵）𣪘（簋）～。◎銘續 372

應侯視工簋乙（西周晚）：馬～匹。
◎保利續 126 頁

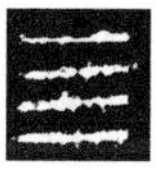
⿱衍言鼎（西周晚）：諫辥～方。
◎文博 2007（2）17 頁

柞伯鼎（西周晚）：隹（唯）～月既死霸。
◎文物 2006（5）68 頁

復封壺（春秋早）：隹（唯）王～月既生霸庚亥。
◎銘圖 12447

卅一年鄭令戈（戰國晚）：～年。
◎珍秦齋吳 259 頁

宁

宁斝（西周早）：～。

◎考古2008（12）12頁

【案】疑「宁」本象盾形，即「櫓」之初文，可用爲「賈」「貯」之聲符。蓋本爲kl-型聲母，分化出l-聲母（櫓）、k-聲母（賈）和tl-聲母（貯）。

亞

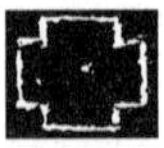

亞長方斝（商晚）：～長。

◎考古2004（1）12頁

亞西觚（商晚）：～西。

◎近出730

亞牧父乙鬲（西周早）：父乙～牧。

◎周原1881頁

亢鼎（西周早）：公大（太）保買大琟于美～。

◎上博（8）121頁

𨟭卣蓋（西周早）：～牧。

◎周原1894頁

曆簋（西周早）：～俞。

◎保利續110頁

韋亞乙鼎（西周早）：乍（作）韋～乙尊。

◎文物2016（1）10頁

弱簋（西周中）：僖～。

◎銘圖4953

逑盤（西周晚）：雩朕皇～且（祖）懿中（仲）。

◎盛世34頁

𩰫鼎（西周晚）：～且（祖）師僕。

◎文博2007（2）17頁

五

甗方鼎（商晚）：才（在）～月。

◎文物2005（9）61頁

伯□鼎（西周早）：公易（賜）白（伯）□寶玉～品。◎銘續213

倗伯鼎（西周中）：隹（唯）~月初吉。

◎文物2006（8）17頁

羚簋（西周中）：取徵~寽（鋝）。

◎字與史（1）211頁

虎簋蓋乙（西周中）：縊（鑾）旂~日。

◎新收1874

季姬尊（西周中）：㠯（以）氒（厥）友廿又~家。

◎文物2003（9）89頁

卌二年逑鼎甲（西周晚）：隹（唯）卌又二年~月既生霸乙卯。◎華章39頁

琱生尊（西周晚）：戭~䵼（尋）、壺兩。

◎文物2007（8）20頁

文盨（西周晚）：唯~月初吉。

◎字與史（1）221頁

曾侯宝鼎（春秋早）：隹（唯）王~月吉日庚申。

◎銘圖2219

羚簋蓋（西周中）：取徵~寽（鋝）。

◎字與史（1）210頁

虎簋蓋乙（西周中）：~邑走馬馭人。

◎新收1874

老簋（西周中）：隹（唯）~月初吉。

◎考文2005年增刊65頁

應侯視工簋乙蓋（西周晚）：易（賜）玉~瑴。

◎保利續127頁

伯𢦚父簋（西周晚）：得孚（俘）金~十勻（鈞）。

◎首陽107頁

單五父方壺甲蓋（西周晚）：單~父。

◎華章169頁

芮匜（西周晚）：唯~月初吉丁亥。

◎銘續993

鄬仲匜（春秋早）：隹（唯）正~月初吉乙亥。

◎銘續994

六

與兵壺（春秋晚）：隹（唯）正～月初吉壬申。◎古研（24）234—235頁

五年邢令殷思戟（戰國晚）：～年。◎珍秦齋吴163頁

大万尊（商晚）：才（在）～月。◎銘續790

仲枏父鬲（西周中）：隹（唯）～月初吉。◎首陽96頁

季姬尊（西周中）：牛～十又九叙。◎文物2003（9）89頁

[凶丮]卣（西周中）：白（伯）氏易（賜）[凶丮]僕～家。◎銘續882

卌三年逑鼎戊（西周晚）：隹（唯）卌又三年～月既生霸丁亥。◎華章87頁

伯吕盨（西周晚）：隹（唯）王元年～月既眚（生）霸庚戌。◎夏商周395

卌三年逑鼎丁（西周晚）：隹（唯）卌又三年～月既生霸丁亥。◎華章79頁

夆子選簠（春秋早）：隹（唯）～月初吉庚午。◎銘圖5891

六陽戈（春秋晚）：～昜（陽）。◎銘續1081

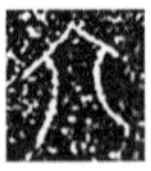

相室郭嬰鼎（戰國中）：～年。◎考文2008（5）40頁

太子鼎（戰國中）：武、～，亦取。◎文物2001（6）70頁

鑄客簠（戰國晚）：鑄客爲王句（后）～室爲之。◎南大32

滎陽上官皿蓋（戰國晚）：少一益（溢）～分益（溢）。◎文物2003（10）79頁

七

九六六一伯鼎（西周早）：九六～一。◎銘續130

矢當盧（西周早）：～。◎陝金集成110

七八甗（西周早）：～八。◎陝金集成1831

伐簋蓋（西周中）：唯王～年正月初吉甲申。◎銘圖5321

壽夢之子劍（春秋晚）：攴～邦君。◎文物2005（2）68頁

廿七年頓丘令靡酉戟（戰國中）：廿～年。◎珍秦齋吳109頁

十七年相邦瘠戈（戰國晚）：十～年。◎珍秦齋吳139頁

鑄客爲王后鼎（戰國晚）：鑄客爲王句（后）～賡（府）爲之。◎銘續136

九

𩰫簋（西周早）：隹（唯）～月者（諸）子具服。◎首陽83頁

親簋（西周中）：隹（唯）廿又三（四）年～月既望庚寅。◎歷文2006（3）封二

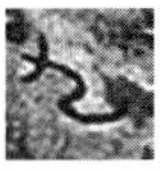

師酉鼎（西周中）：隹（唯）王三（四）祀～月初吉丁亥。◎歷文2004（1）封二

季姬尊（西周中）：牛六十又～叙。◎文物2003（9）89頁

晉侯㪿壺（西周中）：隹（唯）～月初吉庚午。◎晉國97頁

晉侯㪿簋蓋（西周中）：隹（唯）～月初吉庚午。◎銘續423

射壺蓋（西周晚）：隹（唯）～月初吉甲寅。◎銘圖12444

伯戔父簋（西周晚）：隹（唯）王～月初吉庚午。◎首陽107頁

馗

琱生尊（西周晚）：隹（唯）五年～月初吉。◎考文2007（3）8頁

鄧公孫無忌鼎（春秋早）：隹（唯）～月初吉丁亥。◎王坡34頁

上郡守遣戈（戰國晚）：十～年。◎考文2009（3）32頁

信宮罍（戰國晚）：十～斤。◎珍秦齋秦131頁

作册般黿（商晚）：王令（命）寑（寢）～兄（貺）于乍（作）册般。◎歷文2005（1）封二

禽

羍盉（商晚）：羍～人（夷）方澭白（伯）。◎滕州303頁

亓亞禽爵（商晚）：亓亞～。◎考報2018（4）483頁

禽簋（西周晚）：～乍（作）姬嫢寶𣪘（簋）。◎銘續391

萬

萬戈（商晚）：～。◎近出1070

萬父己爵（商晚）：～父己。◎新收1509

叔夨方鼎（西周早）：其～年揚王光氒（厥）士。◎文物2001（8）9頁

晉韋父盤（西周中）：其～年子子孫永寶。◎文物2004（2）62頁

倗伯鼎（西周中）：其～年寶用亯（享）。◎文物2006（8）17頁

任鼎（西周中）：其～亡（無）彊（疆）。◎歷文2004（2）21頁

邦簋蓋（西周中）：其～年子孫寶用。◎新收1668

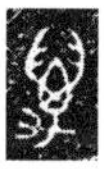

宰獸簋（西周中）：獸其～年子子孫永寶用。◎陝博（7）99頁

晉侯昕簋（西周中）：～啻（億）寶用。◎晉國99頁

叔尊（西周中）：用自今生（往）至于啻（億）～年。◎銘圖11818

霸伯盉（西周中）：其～年孫子子永寶。◎考報2018（1）125頁

楷尊（西周中）：其～年用。◎新收1669

逑盤（西周晚）：用奠亖（四）或（國）～邦。◎盛世34頁

卌三年逑鼎乙（西周晚）：逑～無彊（疆）。◎華章63頁

有司簡簋蓋（西周晚）：其～年無彊（疆）。◎文物2004（3）96頁

晉侯蘇鼎（西周晚）：其～年永寶用。◎首陽110頁

單五父方壺甲蓋（西周晚）：其～年子子孫孫永寶用。◎華章169頁

應侯壺乙（西周晚）：其～年永寶用。◎保利續155頁

單五父方壺乙蓋（西周晚）：其～年子子孫孫永寶用。◎文物2003（6）29頁

單叔鬲丙（西周晚）：其～年子子孫孫永寶用。◎華章136頁

單叔鬲戊（西周晚）：其～年子子孫孫永寶用。◎華章144頁

毛虢父簋（西周晚）：其～年無彊（疆）。◎銘圖424

禹

□□父簋（西周晚）：其～年無彊（疆）。◎銘圖421

邾公子害簠蓋（春秋早）：其～年沬（眉）壽無彊（疆）。◎銘圖5907

秦子鎛（春秋早）：沬（眉）壽～人（年）無彊（疆）。◎歷文2008（4）圖版2

杞伯每亡壺（春秋早）：其～年沬（眉）壽。◎銘續836

曾伯宮父鬲（春秋早）：其～年子子孫孫永寶用亯（享）。◎江漢2015（4）127頁

晉公盤（春秋中）：烏（於）屌（兆）～年。◎銘續952

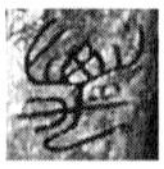

敀竇尹仲彔鼎（春秋晚）：其永保～年永用之。◎銘續211

鄭莊公之孫盧鼎（春秋晚）：～世用之。◎湖北56

無所簠（春秋晚）：其沬（眉）壽～年無期。◎中原2006（5）8頁

侯古堆鎛（春秋晚）：～年無諆（期）。◎侯古堆圖版24

祖辛禹𦗕卣（商晚）：且（祖）辛～𦗕。◎銘圖13077

禹盤（西周中）：～易（賜）□市、朱黄（衡）。◎銘圖14516

豳公盨（西周中）：天令（命）～尃（敷）土。◎歷文2002（6）4頁

加芈編鐘（春秋中）：白（伯）舌（括）受命，帥～之堵（緒），有此南洍。◎江漢2019（3）16頁

嘼

嘼叔奐父盨（西周晚）：～（單）弔（叔）奐父乍（作）孟姞旅須（盨）。◎文物2004（4）90頁

【案】古文字中「嘼」本爲「單」之繁體。《説文》别爲一字，訓「㹡」，蓋由誤解「獸」字構形而誤立也。

獸

宰獸簋（西周中）：嗣（司）土熒（榮）白（伯）右宰～內（入）門立中廷。◎陝博（7）99頁

宰獸簋（西周中）：～其邁（萬）年子子孫永寶用。◎陝博（7）99頁

晉侯對盨蓋（西周晚）：其用田～（狩）。◎首陽117

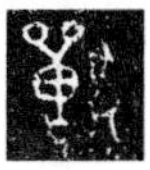

獸簋（西周中）：～肈夙夕明亯（享）。◎銘圖4695

甲

甲壺（商早）：～。◎考古2004（7）95頁

帚攣商方鼎（商晚）：遘且（祖）～劦日。◎曲村348頁

父甲簋（西周早）：旅父～。◎徵集2

一式獄簋蓋（西周中）：朕文考～公。◎考文2006（6）59頁

虎簋蓋乙（西周中）：隹（唯）卅年三月初吉～戌。◎新收1874

太師虘簋蓋（西周中）：正月既望～午。◎銘圖5282

射壺蓋（西周晚）：隹（唯）九月初吉～寅。◎銘圖12444

頌盤（西周晚）：隹（唯）三年五月既死霸～戌。◎文物2009（9）52頁

獄鼎（西周中）：朕文考～公。◎考文2006（6）58頁

一式獄簋（西周中）：白（伯）獄乍（作）～公寶尊彝。◎考文2006（6）59頁

乙

取飲壺（西周中）：取乍（作）考日～寶彝。
◎銘續 739

伽夫人嬺鼎（春秋晚）：盂～才（在）奎之迒。
◎中原 2009（3）11 頁

曾侯與鐘（春秋晚）：隹（唯）王正月吉日～午。
◎銘續 1029

武父乙盉（商中）：武父～。
◎考古 2001（5）25 頁

鬳方鼎（商晚）：王窒（賓）文武帝～彡（肜）日。
◎文物 2005（9）61 頁

父乙卣（商晚）：父～。
◎滕州 282 頁

史父乙尊（商晚）：史父～。
◎滕州 272 頁

亞牧父乙鬲（西周早）：父～亞牧。
◎周原 1881 頁

祖乙簋（西周早）：且（祖）～。
◎文物 2007（8）42 頁

□父乙簋（西周早）：□父～。
◎新收 1942

文母日乙爵（西周早）：□□肇乍（作）文母日～。◎山東 575 頁

牧父乙爵（西周早）：□父～。
◎周原 1905 頁

□父乙觶（西周早）：□父～。
◎西安 52

何簋蓋（西周早）：用乍（作）且（祖）～尊彝。
◎文物 2009（2）55 頁

父乙爵（西周早）：父～。
◎江漢 2016（3）24 頁

丙　亂

𡔷應姬鼎（西周中）：易（賜）貝十朋、玄布二～（匹）。◎銘續 221

昔須甗（西周中）：用乍（作）父～寶尊彝。◎銘圖 3349

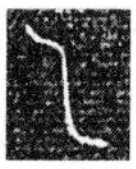

郳仲盤（春秋早）：隹（唯）正五月初吉～亥。◎銘續 943

曾侯乙鼎（戰國早）：曾侯～詐（作）峕（持）甬（用）冬（終）。◎銘續 119

琱生尊（西周晚）：其又（有）敢～丝（兹）命。◎考文 2007（3）8 頁

作册般黿（商晚）：～申。◎歷文 2005（1）封二

□父丙爵（西周早）：□父～。◎文物 2006（3）19 頁

晉姞盤（春秋早）：隹（唯）八月～寅。◎銘圖 14461

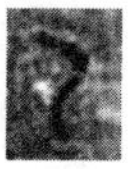

師酉鼎（西周中）：朕文考～白（伯）、寃姬。◎歷文 2004（1）封二

卌二年逑鼎甲（西周晚）：隹（唯）卌又二年五月既生霸～卯。◎華章 39 頁

宋公固鼎（春秋晚）：有殷天～唐（湯）孫宋公豳（固）。◎銘續 209

曾侯乙走戈（戰國早）：曾侯～之走戈。◎湖北 60

曾侯與鐘（春秋晚）：吳恃有衆庶行～。◎銘續 1029

父丙觚（商晚）：父～。◎考古 2009（9）28 頁

𦧙簋（西周中）：隹（唯）三（四）月初吉～午。◎文物 2000（6）87 頁

〔⿱丙口〕

曾侯丙缶蓋（戰國中）：曾侯~之𨑥缶。◎銘續904

錯金干支儀（戰國）：~。◎國博2016（5）139頁

丁

豆鼎（商晚）：□豆乍（作）父~彝。◎保利續30頁

女嫜祖丁角（商晚）：女嫜且（祖）~。◎近出887

作太子卣（商晚）：乍（作）大（太）子~尊彝。◎考文2007（3）4頁

□丁父卣（西周早）：□~父乍（作）寶尊彝。◎文物2001（6）43頁

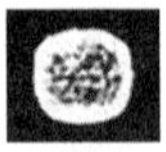

山父丁鼎（西周早）：山父~。◎首陽80頁

婦丁尊（西周早）：□婦~。◎文物2003（10）83頁

□兄丁卣（西周早）：□兄~。◎流散歐美129

叔父丁鼎（西周早）：弔（叔）父~。◎玫茵堂93

馬方彝（西周中）：馬乍（作）且（祖）日辛朕考日~尊彝。◎新收1845

應公鼎（西周晚）：珷（武）帝日~。◎華夏2007（1）27頁

應侯視工簋蓋（西周晚）：唯正月初吉~亥。◎首陽114頁

曾侯子鎛甲（春秋早）：隹（唯）王正月初吉~亥。◎銘續1041

許公簠（春秋中）：隹（唯）王五月初吉~亥。◎銘續510

季子康鎛（春秋中）：隹（唯）王正月初吉~亥。◎考文2009（3）103頁

戌

季子康鎛（春秋中）：隹（唯）王正月初吉～亥。◎考文2009（3）105—106頁

許公買簠（春秋晚）：隹（唯）王正月初吉～亥。◎中原2004（1）55頁

黄子婁缶乙（春秋晚）：隹（唯）正月初吉～亥。◎銘續907

之乘辰鐘（戰國早）：隹（唯）正十月，吉日～巳。◎文物2004（2）72頁

子父戌鼎（商晚）：子父～。◎近出265

□父戌角（商晚）：□父～。◎夏商周99

臤父戌簋（商晚）：臤父～。◎銘續299

父戌鼎（商晚）：乍（作）父～彝。◎殷墟全形64

戈父戌簋（西周早）：戈父～。◎銘圖3809

史祖戌爵（西周早）：且（祖）～。◎銘續626

□父戌簋（西周早）：□父～。◎周原2122頁

父戌觶（西周早）：父～。◎文物2006（3）19頁

倗伯爯簋（西周中）：唯廿又三年初吉～戌。◎文物2006（8）8頁

獄盉（西周中）：用乍（作）朕文旻（祖）～公般（盤）盉。◎考文2006（6）63頁

成

鄬子受鎛（春秋中）：月隹（唯）～申。

◎淅川 85 頁

錯金干支儀（戰國）：～。

◎國博 2016（5）139 頁

叔夨方鼎（西周早）：才（在）～周。

◎文物 2001（8）9 頁

內史亳觚（西周早）：～王易（賜）內史亳豊（醴）祼。◎銘圖 9855

𤔲卣（西周中）：付𤔲于～周。

◎銘續 882

𪓐公盨（西周中）：～父女（母）。

◎歷文 2002（6）4 頁

逑盤（西周晚）：～受大令（命）。

◎盛世 34 頁

逑盤（西周晚）：克逑匹～王。

◎盛世 34 頁

逑盤（西周晚）：又（有）～于周邦。

◎盛世 34 頁

逑盤（西周晚）：又（有）～于猷。

◎盛世 34 頁

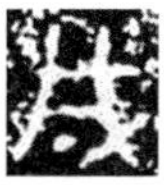

文盨（西周晚）：還至于～周。

◎字與史（1）221 頁

伯𢦏父簋（西周晚）：王出自～周。

◎首陽 107 頁

成陽左戈（春秋晚）：～㫆（陽）左戈。

◎文物 2018（8）89 頁

春成侯盉（戰國早）：春～侯中府。

◎上博（8）152 頁

平夜君成戟（戰國中）：平夜君～之用戟（戟）。

◎文物 2002（8）7 頁

滎陽上官皿蓋（戰國晚）：府嗇夫～加。

◎文物 2003（10）79 頁

己

卅一年鄭令戈（戰國晚）：春～左庫。◎珍秦齋吳259頁

四年成陰嗇夫戟（戰國晚）：～险（陰）嗇夫司寇或。◎珍秦齋吳151頁

廿八年晉陽令趙去疾戈（戰國晚）：上庫工帀（師）新～得。◎珍秦齋吳199頁

程成夫人鼎（戰國）：程～夫人。◎國博2012（9）82頁

己网鼎（商晚）：～网。◎新收1920

萬父己爵（商晚）：萬父～。◎新收1509

子祖己觶（商晚）：子且（祖）～。◎新收1938

戈父己鼎（西周早）：戈父～。◎文物2004（7）8頁

旅父己爵（西周早）：旅父～。◎考文2000（4）16頁

滎仲方鼎（西周早）：～子（巳）。◎文物2005（9）64頁

己爵（西周早）：～。◎山東575頁

穀簋（西周中）：穀乍（作）～白（伯）父丁寶尊彝。◎銘續374

叔左鼎（春秋中）：唯～考中（仲）之子弔（叔）左□之□三鼒。◎銘圖2334

鄭莊公之孫盧鼎（春秋晚）：隹（唯）正六月吉日隹（唯）～。◎湖北56

唐子仲瀕兒匜（春秋晚）：隹（唯）正月咸～未。◎江漢2003（1）3頁

錯金干支儀（戰國）：～。◎國博2016（5）139頁

巽

昔雞卣（西周中）：用對～白（伯）休。◎陝金集成31

鄧子仲無忌戈（春秋早）：登（鄧）子中（仲）無～（忌）之用戈。◎王坡48頁

㤥鼎（戰國早）：～姜生之孫㤥爲妃（？）善會貞（鼎）。◎文博2008（2）封二

庚

父庚方鼎（商晚）：父～疋吾。◎保利續23頁

父庚觚（商晚）：父～。◎近出753

作婦日庚壺（商晚）：乍（作）婦日～寶尊彝。◎銘圖12214

𪭢伯諆卣（商晚或西周早）：～寅。◎保利續131頁

榮仲方鼎（西周早）：才（在）十月又二月生霸吉～寅。◎文物2005（9）64頁

父庚爵（西周早）：父～。◎周原1903頁

父庚鼎（西周早）：乍（作）父～寶彝。◎江漢2016（3）12頁

𠙵盨蓋（西周中）：隹（唯）正[月]初吉～寅。◎銘圖5673

宗人簋（西周中）：隹（唯）正月初吉～寅。◎銘續461

伯𡚬簋甲（西周中）：用廟（朝）夜～（康）于宗。◎美好82頁

伯㦰父簋（西周晚）：隹（唯）王九月初吉～午。◎首陽107頁

伯吕盨（西周晚）：隹（唯）王元年六月既眚（生）霸～戌。◎夏商周395

康

晉侯對盨蓋（西周晚）：隹（唯）正月初吉～寅。◎首陽117頁

曾侯寎鼎（春秋早）：隹（唯）王五月吉日～申。◎銘圖2219

曾仲棗簋（春秋晚）：隹（唯）王正月士（吉）日～申。◎銘圖5029

司馬義鎛（戰國早）：隹（唯）正孟歲十月～午。◎山東104—108頁

錯金干支儀（戰國）：～。◎國博2016（5）139頁

宰獸簋（西周中）：䡅（總）𤔲（司）～宮王家臣妾。◎陝博（7）99頁

二式獄簋（西周中）：王各（格）于～大（太）室。◎考文2006（6）60頁

伯㚸簋乙（西周中）：用廟（朝）夜～于宗。◎全集（3）202頁

晉侯對鋪（西周晚）：隹（唯）九月初吉～寅。◎新收857

曾侯寎鼎（春秋早）：隹（唯）王五月吉日～申。◎銘續185

彭啟簠（春秋晚）：正月孟～。◎墨影73

昭王之即鼎（戰國早）：隹（唯）正孟菅（春）吉日隹（唯）～。◎銘續224

豳公盨（西周中）：～亡不楙（懋）。◎歷文2002（6）4頁

夾簋（西周中）：王才（在）周～宮。◎新收1958

應侯視工鐘（西周晚）：王各（格）于～宮。◎保利續159頁

辛

卌二年逑鼎甲（西周晚）：降余～𢿃屯（純）右（祐）通彔（祿）永令（命）。◎華章39頁

卌三年逑鼎壬（西周晚）：王才（在）周～穆宮。◎華章119頁

頌盤（西周晚）：王在周～邵（昭）宮。◎文物2009(9)52頁

逑盤（西周晚）：會䜌（紹）～王。◎盛世34頁

七年師兌簋蓋（西周晚）：各（格）～廟。◎銘圖5302

季子康鎛（春秋中）：柏之季～是良。◎考文2009(3)104頁

辛□爵（商晚）：～□。◎考古2007(1)29頁

戈父辛盤（商晚）：戈父～。◎曲村348頁

辛大觚（商晚）：～大。◎近出716

父辛卣（商晚）：父～。◎銘續849

辛嚻相簋（西周早）：～嚻相。◎文物2004(8)80頁

叔祖辛鼎（西周早）：弔（叔）且（祖）～。◎文博2008(2)8頁

父辛爵（西周早）：父～。◎考古2008(12)12頁

左父辛爵（西周早）：左父～。◎近出881

冉辛卣（西周早）：冉～。◎近出559

守宮卣（西周早）：守宮乍（作）父～。◎近出591

辪

父辛觶（西周早）：父～。◎江漢2016（3）18頁

尸鼎（西周中）：尸易（賜）氒（厥）埶～㚸（姒）。◎文博2006（3）6頁

馬方彝（西周中）：馬乍（作）且（祖）日～朕考日丁尊彝。◎新收1845

任鼎（西周中）：氒（厥）皇文考父～。◎歷文2004（2）21頁

隥簋（西周晚）：身皇刺（烈）侯迺閉朕毛父。◎銘圖5138

伯逆車簋蓋（西周晚）：白（伯）逆車乍（作）～始（姒）賸（媵）𣪘（簋）。◎銘續382

唐子仲瀕兒盤（春秋晚）：隹（唯）正月弍～亥。◎江漢2003（1）3頁

鄬子大簠（春秋晚）：⿰亻郘（鄬）子～之飤⿷匚古（簠）。◎近出510

錯金干支儀（戰國）：～。◎國博2016（5）139頁

𩐯鼎（西周晚）：諫～亖（四）方。◎文博2007（2）17頁

逑盤（西周晚）：保奠周邦，諫～亖（四）方。◎盛世34頁

作册封鬲甲（西周晚）：諫～四或（國）。◎歷文2002（2）4頁

作册封鬲乙（西周晚）：諫～四或（國）。◎歷文2002（2）4頁

楚太師登鐘丁（春秋早）：楚大（太）師登～⿱紤心（慎）。◎上博（11）152頁

楚太師登鐘辛（春秋早）：余保～楚王。◎上博（11）153頁

〔⿰肙辛〕〔𤔲〕辭

晉公盤（春秋中）：保～王國。◎銘續 952

晉公盤（春秋中）：讐（諫）～爾家。◎銘續 952

䜴應姬鼎（西周早）：䜴（胡）雁（應）姬見于王，～皇。◎銘續 221

霸姬盉（西周中）：襄（倘）余亦改朕～。◎銘圖 14795

霸姬盤（西周中）：襄（倘）余亦改朕～。◎考報 2018（2）239

𤔲尊（西周早）：～乍（作）父己寶尊彝。◎銘圖 11649

寡邑司鼎（西周早）：寡邑～（司）乍（作）父丁寶尊彝。◎銘圖 1930

韓伯豐鼎（西周早）：卿事～曰。◎銘圖 2426

仲枏父鬲（西周中）：師湯父有～（司）中（仲）枏父乍（作）寶鬲。◎首陽 96 頁

䚄簋（西周中）：～（司）工□入右䚄立中廷。◎歷文 2006（3）封二

曶簋（西周中）：用事，～（司）奠騎馬。◎文物 2000（6）87 頁

䚄簋（西周中）：更乃且（祖）服乍（作）冢～（司）馬。◎歷文 2006（3）封二

卌三年逑鼎丁（西周晚）：□～（司）三（四）方吳（虞）䔷（林）。◎華章 79 頁

卌三年逑鼎甲（西周晚）：令（命）女（汝）官～（司）歷人。◎華章 55 頁

琱生尊（西周晚）：有～（司）眔𢍜（賜）兩屖。◎考文 2007（3）8 頁

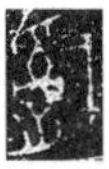

卌三年逑鼎丙（西周晚）：令（命）女（汝）官~（司）歷人。◎華章71頁

卌三年逑鼎辛（西周晚）：~（司）馬壽［右吳逑］入門立中廷。◎華章111頁

頌盤（西周晚）：令（命）女（汝）官~（司）成周賈廿家。◎文物2009（9）52頁

頌盤（西周晚）：監~（司）新造。◎文物2009（9）52頁

楷大司徒仲車父簋（西周中）：楷（楷）大~（司）徒中（仲）車父乍（作）寶𣪘（簋）。◎銘圖4683

宰獸簋（西周中）：□~（司）康宮王家臣妾。◎陝博（7）99頁

虎簋蓋乙（西周中）：疋（胥）師戲~（司）走馬馭人眔五邑走馬馭人。◎新收1874

𦉢簋（西周中）：~（司）朕走馬駭（馭）。◎銘續437

卌三年逑鼎丁（西周晚）：~（司）馬壽右吳逑入門立中廷。◎華章79頁

有司簡簋蓋（西周晚）：有~（司）簡。◎文物2004（3）96頁

師酉盤（西周晚）：~（嗣）乃且（祖）啻（嫡）官邑人。◎銘續951

復封壺（春秋早）：鹵~（司）者（諸）剢。◎銘圖12447

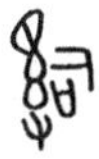

有司伯喪矛（春秋早）：又（有）~（司）白（伯）喪之車矛。◎珍秦齋秦46頁

毆侯尊（商晚）：毆侯母~。◎保利續77頁

壬

未祖壬卣（商晚）：未且（祖）~。◎考文2007（3）4頁

癸

戈父壬尊（商晚）：父～。
◎文博2006（3）6頁

同簋（西周早）：同乍（作）父～尊彝。
◎曲村480頁

作父壬尊（西周早）：乍（作）父～。
◎銘圖11385

萿簋（西周中）：隹（唯）十月初吉～申。
◎新收1891

作册吳盤（西周中）：天月既生霸～午。
◎銘圖14525

虞叔匜（春秋早）：隹（唯）九月初吉～午。
◎江漢2016（5）48頁

與兵壺（春秋晚）：隹（唯）正五月初吉～申。
◎古研（24）234—235頁

錯金干支儀（戰國）：～。
◎國博2016（5）139頁

得父癸鼎（商晚）：得父～。
◎近出240

卲甗（商晚）：卲乍（作）且（祖）～彝。
◎近出155

史子日癸角（商晚）：史子日～。
◎滕州263頁

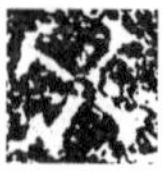
癸觚（商晚）：～。
◎新收1516

父癸觚（商晚）：父～。
◎山東521頁

从丁癸卣（商晚）：从丁～。
◎近出575

長子方鼎（西周早）：長子乍（作）母～寶彝。
◎銘圖1791

南單母癸甗（西周早）：南單母～。
◎夏商周222

子

亞弜鼎（商晚或西周早）：乍（作）父～寶尊彝。
◎曲村 348 頁

齹觶蓋（西周早）：用乍（作）父～寶尊彝。
◎首陽 74 頁

父癸斝（西周早）：父～。
◎近出 927

史子日癸壺（西周早）：史子日～。
◎滕州 276 頁

夷爵（西周中）：尸（夷）乍（作）父～寶尊彝。
◎首陽 66 頁

夷鼎（西周中）：史尸（夷）乍（作）父～尊鼎。
◎文博 2006（3）6 頁

癸簋蓋（西周晚）：～乍（作）寶毁（簋）。
◎銘圖 4698

錯金干支儀（戰國）：～。
◎國博 2016（5）139 頁

王子聽鼎（商晚）：王～耶。
◎近出 259

子父戊鼎（商晚）：～父戊。
◎近出 265

子龍鼎（商晚）：～龍。
◎歷文 2006（5）9 頁

子爵（商晚）：～。
◎近出 780

作太子卣（商晚）：乍（作）大（太）～丁尊彝。
◎考文 2007（3）4 頁

長子口卣（西周早）：長～口。
◎長子墓 107 頁

史子日癸壺（西周早）：史～日癸。
◎滕州 276 頁

鼻子卣（商晚）：鼻～。◎新收1838

子倗觚乙（商晚）：～倗。◎保利續61頁

長子口鼎（西周早）：長～口。◎長子口61頁

滎仲方鼎（西周早）：～加裝（滎）中（仲）𡚸章（璋）一。◎文物2005（9）64頁

辛䰜相簋（西周早）：王～至于方。◎文物2004（8）80頁

辛䰜相簋（西周早）：□～～孫其□寶。◎文物2004（8）80頁

甶鼎（西周中）：甶敢對揚天～不（丕）㬎（顯）休。◎銘圖2453

𢘔卣（西周中）：隹（唯）六月既望丁～（巳）。◎銘續880

子媚罍（商晚）：～媚。◎近出980

子父戊鼎（商晚）：～。◎近出265

長子方鼎（西周早）：長～乍（作）母癸寶彝。◎銘圖1791

𩰫簋（西周早）：隹（唯）九月者（諸）～具服。◎首陽83頁

斆尊（西周早）：孫～用言出入。◎近出677

任鼎（西周中）：敢對揚天～休。◎歷文2004（2）21頁

趞伯簋（西周中）：其競余一～。◎銘圖5213

應侯視工簋乙蓋（西周晚）：敢對陽（揚）天～休釐。◎保利續126頁

太祝追鼎（西周晚）：隹（唯）卅又二年八月初吉辛～（巳）。◎上博（8）132頁

單五父方壺乙蓋（西周晚）：其萬年～～孫孫永寶用。◎文物2003（6）29頁

芮太子鬲（春秋早）：內（芮）大（太）～乍（作）鑄鬲。◎考文2007（2）8頁

秦子鎛（春秋早）：秦～畯𪓑才（在）立（位）。◎歷文2008（4）圖版2

彭子射鼎（春秋晚）：彭～射之行𩰫。◎銘圖1666

鄬子受鬲（春秋晚）：仳（鄬）～受之𩰳鬲。◎淅川181頁

鄭莊公之孫盧鼎（春秋晚）：余剌之疚～盧。◎湖北56

唐子仲瀕兒匜（春秋晚）：睗（唐）～中（仲）瀕兒睪（擇）其吉金。◎江漢2003（1）3頁

卌二年逑鼎甲（西周晚）：畯臣天～。◎華章39頁

衛伯須鼎（春秋早）：～孫用之。◎棗陽187頁

邾公子害簠蓋（春秋早）：鼄（邾）公～害自乍（作）匿（簠）。◎銘圖5907

曾子壽鼎（春秋早）：曾～壽自乍（作）行器。◎江漢2016（5）30頁

吳季子之子逞劍（春秋晚）：吳季子之～逞之元用鐱（劍）。◎銘續1344

鄬子昃鼎（春秋晚）：仳（鄬）～昃之飤鐈（鼎）。◎淅川255頁

義子曰鼎（春秋晚）：義～曰自乍（作）飤𩰫。◎中原2006（5）8頁

侯古堆鎛（春秋晚）：～樂父兕（兄）。◎侯古堆圖版24

㝅　字

鮑子鼎（春秋晚）：其隻（獲）之男~。◎歷文 2009（2）51 頁

與兵壺（春秋晚）：余鄭大（太）~之孫與兵。◎古研（24）234—235 頁

蔡公子頒戈（春秋晚）：蔡公~頒之用。◎銘續 1175

曾子季𢍰臣簠（戰國早）：曾~季𢍰之飤𠤳（簠）。◎曾國 394 頁

之乘辰鐘（戰國早）：疋剔次留之元~。◎文物 2004（2）72 頁

虘台丘子俅戈（戰國晚）：虘台丘~俅之造。◎山東 853 頁

幽氏中官冢子戈（戰國晚）：幽氏中官冢~。◎銘續 1196

鄬子孟芈青簠（春秋晚）：郱（鄬）~孟孎（芈）青之飤𠤳。◎文物 2004（3）26 頁

王子臣戈（春秋晚）：王~臣之用。◎安金彙編 184

𡨦孿商方鼎（商晚）：甲~。◎曲村 348 頁

字父己觶蓋（商晚）：~父己。◎新收 1939

虎簋（西周中）：用疋（胥）師~嗣（司）田（甸）人。◎銘圖 5295

應侯視工簋乙（西周晚）：易（賜）玉五~（玨）。◎保利續 126 頁

孿

應侯視工簋甲蓋（西周晚）：易（賜）玉五～（玨）。◎保利續126頁

㝅伯鼎（西周晚）：～白（伯）乍（作）季姜寶鼎。◎銘續169

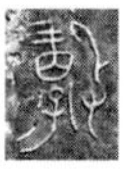

㝅兒鼎（春秋晚）：～兒睪（擇）其吉金。◎銘續524

㝅戈（春秋晚）：～之用戈。◎銘續1105

范㝅戟（戰國早）：軓（范）～之酨（用）𢦒（戟）。◎銘續1135

寑孿商方鼎（商晚）：王易（賜）寑～商。◎曲村348頁

士山盤（西周中）：罙大虘服、履服、六～（蠻）服。◎歷文2002(1)4頁

伯𢦏父簋（西周晚）：南征伐艮～（蠻）。◎首陽107頁

伯𢦏父簋（西周晚）：南征伐艮～（蠻）。◎古研(27)198頁

【案】「孿」字已見於𤕌鐘等，舊多據《說文》「孳」籀文「𢇇」釋爲「孳」，讀作「子」。董蓮池（1995，2005）、李學勤（2003b）認爲字從「子」字籀文，從「𢆶」聲，改釋爲「孿」，讀「艮孿」「六孿」之「孿」爲「蠻」，於義較勝，今從之。伯𢦏父簋「孿」字「𢆶」旁遭銹蝕，但仍可辨認。李學勤（2008）以爲只作「子」字籀文而放棄前說，未審。

季

倗季尊（西周早）：倗～乍（作）𣅀（祖）丂（考）寶尊彝。◎銘圖11687

季姬尊（西周中）：君命宰茀易（賜）𠦪～姬畋臣于空桑。◎文物2003(9)89頁

司季簋甲蓋（西周中）：司～學駟守宦旅𣪘（簋）。◎銘圖4463

衍簋（西周中）：用乍（作）朕文考奠（鄭）井～寶𣪘（簋）。◎銘續455

孟

季隱父匜（西周晚）：～隱父乍（作）㠯（匜）。◎文物2000（12）28頁

季大盤（春秋早）：～大乍（作）其般（盤）它（匜）。◎銘續936

季子康鎛（春秋中）：童（鍾）麗（離）公柏之～子康。◎考文2009（3）103頁

曾子季𢍰臣簠（戰國早）：曾子～𢍰臣之飤匿（簠）。◎曾國394頁

孟得簋蓋（西周早）：～得乍（作）寶𣪘（簋）。◎曲村555頁

妊鼎（西周早）：妊乍（作）～恆父尊鼎。◎銘續112

任鼎（西周中）：王事（使）～聯父蔑（勉）曆（勞）。◎歷文2004（2）21頁

邿仲簠（西周晚）：䢼（邿）中（仲）賸（媵）～嬀寶匳（簠）。◎文物2003（4）90頁

單叔鬲甲（西周晚）：單弔（叔）乍（作）～媾（祁）尊彖。◎華章128頁

㠱姬鬲（春秋早）：㠱姬乍（作）～妊姑丝（兹）羞鬲。◎文物2004（12）9頁

曾孟嬴削簠（春秋早）：曾～嬴削自乍（作）行匿（簠）。◎棗陽93頁

華孟子鼎（春秋中）：華～子乍（作）中（仲）叚氏婦中（仲）子賸（媵）寶貞（鼎）。◎銘續207

鄬子孟升芈鼎蓋（春秋晚）：倗（鄬）子～升嬭（芈）之飤貞鼎（鼎）。◎淅川130頁

鄬子孟芈青簠（春秋晚）：倗（鄬）子～嬭（芈）青之飤匿。◎文物2004（3）26頁

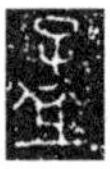

賈孫叔子屖盤（春秋晚）：賈孫弔（叔）子屖爲子～姜賸（媵）盥盤。◎山東675頁

蔡大司馬燮盤（春秋晚）：蔡大䚄（司）馬燮乍（作）賸（媵）～姬赤盥盤。◎古研（24）68頁

孤

佀夫人孄鼎（春秋晚）：～甲才（在）奎之远。◎中原 2009（3）11 頁

彭啟簠（春秋晚）：正月～庚。◎墨影 73

叔子孶盌蓋（戰國早）：弔（叔）子孶乍（作）～姜祖大宗盌。◎銘圖 19237

司馬義鎛（戰國早）：隹（唯）正～歲十月庚午。◎山東 104—108 頁

亞寠孤竹鼎（商晚）：亞寠～竹。◎銘圖 1218

〔逘〕疑

叔疑尊（西周早）：弔（叔）～啟（肇）乍（作）寶尊彝。◎銘續 777

〔⿺辶⿰丬矣〕

疑鼎（西周早）：～爲尊彝。◎銘圖 1799

疑尊（西周早）：公姛（姒）乎（呼）～逆中（仲）氏于侃。◎銘續 792

孶

與兵壺（春秋晚）：于後民永寶～（效）之。◎古研（24）234—235 頁

虸*

邽仲簠（西周晚）：～（邽）中（仲）賸（媵）孟嬀寶匜（簠）。◎文物 2003（4）90 頁

芓*

新城令矛（戰國晚）：貞～（莊）王廿〓（二十）三年。◎銘續 1288

孷*

叔子孷盨（戰國早）：弔（叔）子～乍（作）孟姜祖大宗盨。◎銘圖 19237

叔子孷盨蓋（戰國早）：弔（叔）子～乍（作）孟姜祖大宗盨。◎銘圖 19237

【案】諸家釋「𣪘」，不確。字當從「子」、「敖」聲，疑爲「敖」之繁體或「傲」之異體。

⿸厂孷*

仲太師鼎（西周晚）：宜～（釐）允異。◎銘圖 2196

仲太師壺（春秋早）：宜～（釐）允異。◎銘圖 12370

⿱𦍌孷*

疑尊（西周早）：隹（唯）中（仲）～父于入（納）鄂（鄂）侯于盩䤵（城）。◎銘續 792

育〔㼌〕

曾孟㼌郝姬簠蓋（春秋晚）：穆穆曾𡥓（孟）～朱（邾）姬乍（作）時（持）。◎淅川 183 頁

丑

肸簋（西周中）：隹（唯）正月初吉丁～。◎字與史（1）211 頁

鄬子受鐘（春秋中）：隹（唯）十～（又）四年參（三）月。◎淅川 65 頁

景之䣐鼎（春秋晚）：隹（唯）王八月丁～。◎銘續 178

錯金干支儀（戰國）：～。◎國博 2016（5）139 頁

羞

叔尊（西周中）：有妹具（俱）成，亦唯小～。◎銘圖 11818

姜休母鋪（西周晚）：姜休母乍（作）～甫（鋪）。◎銘圖 6119

寅

楊姑壺（西周晚）：楊姑乍（作）～醴壺。◎晉國161頁

槷姬鬲（春秋早）：槷姬乍（作）孟妊姑丝（兹）～鬲。◎文物2004（12）9頁

榮仲方鼎（西周早）：才（在）十月又二月生霸吉庚～。◎文物2005（9）64頁

公豊父簋（西周早）：隹（唯）正月初吉庚～。◎銘圖5014

[illegible]鼎（西周中）：隹（唯）八月初吉庚～。◎銘圖2441

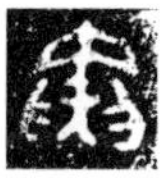

旽簋（西周中）：隹（唯）十年正月初吉甲～。◎銘圖5386

宗人簋（西周中）：隹（唯）正月初吉庚～。◎銘續461

甾盨蓋（西周中）：隹（唯）正［月］初吉庚～。◎銘圖5673

衛簋甲蓋（西周中）：唯八月既生霸庚～。◎南開2008（6）封三

親簋（西周中）：隹（唯）廿又三（四）年九月既望庚～。◎歷文2006（3）封二

晉侯對盨蓋（西周晚）：隹（唯）正月初吉庚～。◎晉國84頁

王子寅戟（春秋晚）：王子～之行㨗（戟）。◎銘續1154

錯金干支儀（戰國）：～。◎國博2016（5）139頁

卯

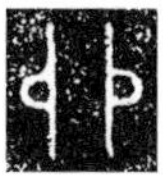

川卯卣（商晚）：川～。◎陝金集成944

典兔尊（西周早）：丁～。◎保利續145頁

辰

虢簋（西周中）：隹（唯）廿又八年正月既生霸丁～。◎銘圖5295

卌二年逑鼎甲（西周晚）：隹（唯）卌又二年五月既生霸乙～。◎華章39頁

龏王之卯戈（春秋晚）：龏王之～之造戈。◎南方2004（4）43頁

南行唐令鈹（戰國晚）：南行昜（唐）倫（令）明～。◎夏商周591

錯金干支儀（戰國）：～。◎國博2016（5）139頁

臣辰父癸鼎（西周早）：臣～。◎新收1684

元卣（西周早）：臣～[illegible]册。◎銘圖13270

季姬尊（西周中）：隹（唯）八月初吉庚～。◎文物2003（9）89頁

夒膚簠（春秋中）：隹（唯）正月丙～。◎銘續500

〔唇〕

競孫旟鬲（春秋晚）：吉～不貣（忒）。◎銘圖3036

之乘辰鐘（戰國早）：之乘～曰。◎文物2004（2）72頁

巳

遷邟鐘（春秋早）：它它～～。◎銘續1027

吳王劍（春秋晚）：～用龍隻（獲）。◎中原2019（4）31頁

㠯

錯金干支儀（戰國）：～。◎國博2016（5）139頁

之乘辰鐘（戰國早）：吉日丁～。◎文物2004（2）72頁

【案】吳王劍「巳」，李家浩（2020）釋「云」。

叔矢方鼎（西周早）：～（以）尚（裳）衣、車馬、貝卅朋。◎文物2001（8）9頁

仲畐父壺（西周早）：中（仲）畐父令色～（以）旁壺□□□。◎曲村440頁

季姬尊（西周中）：～（以）氒（厥）友廿又五家。◎文物2003（9）89頁

季姬尊（西周中）：～（以）生（牲）馬十又五匹。◎文物2003（9）89頁

霸伯盂（西周中）：～（以）𦙃（俎）或延。◎銘圖6229

霸姬盤（西周中）：霸姬～（以）气訟于穆公。◎考報2018（2）239頁

霸姬盤（西周中）：～（以）公命。◎考報2018（2）239頁

卌二年逑鼎乙（西周晚）：女（汝）□長父～（以）追博戎。◎考文2003（3）9頁

卌二年逑鼎甲（西周晚）：受册賚～（以）出。◎華章39頁

卌三年逑鼎甲（西周晚）：受册，佩～（以）出。◎華章55頁

琱生尊（西周晚）：～（以）君氏命曰。◎文物2007（8）20頁

琱生尊（西周晚）：𩰫（召）姜～（以）琱生戠五㝷（尋）、壺兩。◎考文2007（3）8頁

午

秦子鎛（春秋早）：～（以）其三鏄。◎歷文2008（4）圖版2

有兒簋（春秋早）：～（以）祰沫（眉）壽無碁（期）。◎銘圖5166

許公買簠蓋（春秋晚）：～（以）旂（祈）沫（眉）壽。◎中原2004（1）55頁

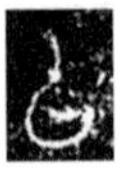

鄭莊公之孫盧鼎（春秋晚）：～（以）爲父母。◎湖北56

侯古堆鎛（春秋晚）：百歲外，述（遂）～（以）之瞖（侃）。◎侯古堆圖版24

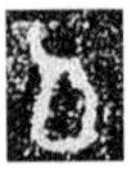

曾季弁臣盤（戰國早）：～（以）征吕（以）行。◎曾國396頁

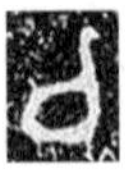

曾季弁臣盤（戰國早）：吕（以）征～（以）行。◎曾國396頁

越王差徐戈（戰國早）：差郐（徐）～（以）鑄其元甬（用）戈。◎故博2008（4）26頁

叔子孶盌（戰國早）：～（以）貿（匄）羕（永）令（命）是保。◎銘圖19237

大市量（戰國中）：攻差（佐）競之𧺆（上）～（以）爲大市鑄武顏首（鴈首）。◎古研（22）129頁

史午觚（商晚）：史～。◎滕州242頁

曶簋（西周中）：隹（唯）三（四）月初吉丙～。◎文物2000（6）87頁

晉侯斷簋（西周中）：隹（唯）九月初吉庚～。◎晉國99頁

太師虘簋蓋（西周中）：正月既望甲～。◎銘圖5282

作册吳盤（西周中）：天月既生霸壬～。◎銘圖14525

格仲簋蓋（西周中）：唯正月甲～。◎考報2018（2）234頁

未

伯戔父簋（西周晚）：隹（唯）王九月初吉庚～。
◎首陽107頁

曾侯與鐘（春秋晚）：隹（唯）王正月吉日甲～。
◎銘續1029

司馬義鎛（戰國早）：隹（唯）正孟歲十月庚～。
◎山東成104—108頁

錯金干支儀（戰國）：～。
◎國博2016（5）139頁

亯方鼎（商晚）：乙～。
◎文物2005（9）61頁

未祖丁卣（商晚）：～且（祖）丁。
◎考文2007（3）4頁

未罕（西周早）：～。
◎滕州225頁

應侯視工鐘（西周晚）：辛～。
◎保利續159頁

唐子仲瀕兒匜（春秋晚）：隹（唯）正月咸己～。
◎江漢2003（1）3頁

攻吳王姑讎亓雜劍（春秋晚）：～敗（敗）盧（吳）邦。◎銘續1352

大市量（戰國中）：辛～之日。
◎古研（22）129頁

錯金干支儀（戰國）：～。
◎國博2016（5）139頁

越王差徐戈（戰國早）：戉（越）邦之先王～得居乍金。◎故博2008（4）26頁

【案】差徐戈「未」寫法特殊。董珊（2008c）謂乃由鄘子受鐘「昧」字所從「」一類寫法變來，可信。

申

作册般黿（商晚）：丙～。
◎歷文2005（1）封二

申鼎（西周早）：～乍（作）庇（比）鼎。
◎曲村491頁

子申盤（西周早）：子～。
◎新收1844

夾簋（西周中）：隹（唯）十又一月既生霸戊～。
◎新收1958

曾侯宝鼎（春秋早）：隹（唯）王五月吉日庚～。
◎銘續185

與兵壺（春秋晚）：隹（唯）正五月初吉壬～。
◎古研（24）234—235頁

廿四年上郡守疾戈（戰國晚）：丞～。
◎考報2002（1）112頁

尹臾方彝蓋（西周早）：尹～。
◎銘續886

彭子射匜（春秋早）：彭子射之行會～（匜）。
◎銘圖14878

大万尊（商晚）：王鄉（饗）～（酒）。
◎銘續790

伐簋蓋（西周中）：唯王七年正月初吉甲～。
◎銘圖5321

豳公盨（西周中）：敏用考（孝）～（神）。
◎歷文2002（6）4頁

鄱子受鎛（春秋中）：月隹（唯）戊～。
◎淅川85頁

公族申戟（戰國中）：公族～乍（作）陽城賁（造）丰（戟）。◎銘續1266

錯金干支儀（戰國）：～。
◎國博2016（5）139頁

廿四年芒令戈（戰國晚）：右庫工師甘（邯）丹（鄲）～。◎左冢66頁

垣上官鼎（戰國晚）：大十六～。
◎文物2005（8）91頁

酉鼎（西周早）：～。
◎考古2001（4）38頁

醴

師酉鼎（西周中）：事（使）師俗召師～。◎歷文2004（1）封二

師酉盤（西周晚）：公族瑀釐入右師～。◎銘續951

柞伯鼎（西周晚）：辛～。◎文物2006（5）68頁

正叔之士𦂥俞簠（春秋早）：魯～子安母肇乍（作）匠（簠）。◎小邾44頁

黃仲酉簠蓋（春秋晚）：曾少宰黃中（仲）～之行貞（鼎）。◎文物2008（2）8頁

廿七年頓丘令𩫖酉戟（戰國中）：邨（頓）丘命（令）𩫖～。◎珍秦齋吳109頁

錯金干支儀（戰國）：～。◎國博2016（5）139頁

夾簋（西周中）：王才（在）周康宮，卿（饗）～。◎新收1958

楊姞壺（西周晚）：楊姞乍（作）羞～壺。◎晉國161頁

邾君慶壺（春秋早）：邾君慶乍（作）秦妊～壺。◎小邾34頁

〔醴〕

曾季卿事㚸壺（西周晚）：自乍（作）寶～壺。◎銘續835

杞伯每亡壺蓋（春秋早）：杞白（伯）每亡乍（作）嫊（曹）氏～壺。◎銘續836

配

𨟻公盨（西周中）：迺自乍（作）～，卿（嚮）民。◎歷文2002（6）4頁

逑盤（西周晚）：用～上帝。◎盛世34頁

醻

鄘子受鐘（春秋中）：其永～氒（厥）休。◎淅川72頁

鄘子受鐘（春秋中）：其永～氒（厥）休。◎淅川64頁

文公之母弟鐘（春秋晚）：朕～遠鉨（邇）。◎夏商周540

加芈編鐘（春秋中）：～獻譽（歌）趣（舞），匽（宴）喜歓（飲）飤。◎江漢2019（3）18頁

酢

曾侯與鐘（春秋晚）：自～（作）宗彝龢鐘。◎銘續1029

醬

〔⿰爿酉〕

曾仲姬壺（春秋晚）：曾中（仲）姬之～（將）壺。◎文物2008（2）8頁

曾侯與鐘（春秋晚）：而天命～（將）誤（虞）。◎銘續1029

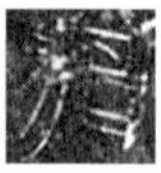

三年大將李牧弩機（戰國晚）：大～（將）吏（李）牧。◎文物2006（4）封三

上將軍之牌飾（戰國）：上～（將）軍之。◎出土文獻與古文字研究（4）113頁

〔⿰爿齊〕

曾伯克父簋乙蓋（春秋早）：用齍用～（將）。◎銘續519

〔⿰爿盧〕

飤元牡乘馬匜（春秋）：㠯（以）□〻～（漿）。◎青銅器與金文（2）15頁

【案】曾仲姬壺「⿰爿酉」，《銘圖》釋「⿰阝酉」而讀「尊」。謝明文（2016b）從本書初版釋「⿰爿酉」，而讀爲「⿱將鼎」，作籠統之「祭祀」義理解。新版《通鑒》改釋「⿰爿酉」而讀「漿」。實當與景之⿱般皿鼎「⿰爿醴彝」之「⿰爿醴」同讀爲將亨之「將」。曾伯克父簠乙蓋「⿰爿⿱酉廾」，《銘續》隸定作「⿰爿⿱酉廾」，張光裕（2017）隸「⿰爿亯」讀「享」，謝明文（2017b）隸「⿰爿⿱酉廾」讀「⿱將鼎」。隸「⿰爿⿱酉廾」是。「⿰爿⿱酉廾」即「⿰爿酉」之繁體，加「収」與「⿰爿醴」之加「止」同爲強調動作之意，亦當讀將亨之「將」。飲元牡乘馬匜「⿰爿⿱酉皿」同《說文》籀文，張光裕（2018）讀「漿」，謂指流質飼料，可從。

酓

伯飲壺（西周中）：白（伯）乍（作）～（飲）罐。

◎銘圖 10855

楚王熊悉盤（春秋晚）：楚王～（熊）悉乍（作）寺（持）盥盤。◎文物 2008（1）79 頁

競孫旟鬲（春秋晚）：～（飲）哉不服，羕（永）保之用亯（享）。◎銘圖 3036

【案】「酓」字《說文》大徐本漏脫，小徐本有，今次此。競孫旟鬲「酓」字，黄錦前（2012b）讀「欽」，訓敬、慎，可從。月下聽泉（2012）、董珊（2012d）等讀「㦰」，非是。參卷十二「哉」字條、卷十二「不」字條。

⿰酉彡*

叔夨方鼎（西周早）：王～、大⿰示冊、奉才（在）成周。◎文物 2001（8）9 頁

棘⿰甘犬鼎（西周早）：王～祀才（在）北宗。

◎銘續 217

⿰酉彡簋（西周早）：～乍（作）父丁尊彝。

◎銘續 351

⿰酉比*

□逑尊（西周中）：氒（厥）～史。

◎銘續 789

⿱⿰阝聿酉*

伐簋蓋（西周中）：~尊吕（以）乎（厥）備。◎銘圖5321

酷*

酷敀想簠蓋（春秋晚）：~敀想之飤匿（簠）。◎淅川259頁

酷敀想簠（春秋晚）：~敀想之飤匿（簠）。◎淅川259頁

曾大酷尹壺（春秋晚）：曾大~尹𨱍之行壺。◎銘圖12225

⿰酉履*

應侯視工簋乙（西周晚）：王才（在）䢅，卿（饗）~。保金續127頁

應侯視工簋乙蓋（西周晚）：王才（在）䢅，卿（饗）~。保金續127頁

【案】朱鳳瀚（2001）隸作「⿰酉复」，李學勤（2005b）隸作「⿰酉嬰」讀爲「醪」，於形均未密合。裘錫圭（2002b）指出右旁爲「履」字初文，字從「酉」、「履」聲，爲「醴」之異體，其說甚是。

⿰阝⿱酉畐*

師衛簋（西周早）：~（召）公賚（賚）衛貝廿朋、臣廿、乎（厥）牛廿、禾卅車。◎銘圖5142

䧹應姬鼎（西周中）：唯~（昭）王伐楚荆（荊）。◎銘續221

召叔簋（西周中）：~（召）弔（叔）乍（作）東室寶尊殷（簋）。◎銘續426

卌三年逑鼎丙（西周晚）：夾~（紹）先王。◎華章71頁

琱生尊（西周晚）：用乍（作）~（召）公尊𨱍。◎文物2007（8）20頁

逑盤（西周晚）：會~（紹）康王。◎盛世34頁

〔尊〕尊

琱生尊（西周晚）：～（召）姜㠯（以）琱生戠五䢅（尋）。◎文物 2007（8）20 頁

卌二年逑鼎乙（西周晚）：夾～（紹）先王。◎華章 47

𠂤丁父卣（西周早）：𠂤丁父乍（作）寶～彝。◎文物 2001（6）43 頁

南宫姬鼎（西周早）：南宫姬乍（作）寶～鼎。◎曲村 348 頁

妊鼎（西周早）：妊乍（作）孟恆父～鼎。◎銘續 112

賈𩰫尊（西周早）：賈𩰫乍（作）父丁寶～彝。◎銘續 782

霸伯罍（西周中）：霸白（伯）乍（作）寶～。◎考報 2018（1）118 頁

叔帶父簋（西周晚）：弔（叔）帶（帶）父乍（作）～𣪘（簋）。◎銘續 394

仲姜壺（春秋早）：中（仲）姜乍（作）爲亘（桓）公～壺。◎芮國 87

諻旟缶（春秋晚）：自乍（作）～缶。◎銘續 910

〔隮〕

𩰫方鼎（商晚）：用乍（作）父丁寶～彝。◎文物 2005（9）61 頁

大丏簋（西周早）：乍（作）父丁～彝。◎文博 2008（2）8 頁

叔矢方鼎（西周早）：用乍（作）寶～彝。◎文物 2001（8）9 頁

南宫姬鼎（西周早）：南宫姬乍（作）寶～鼎。◎曲村 348 頁

妊簋（西周早）：妊乍（作）寶～彝。◎夏商周 231

卿簋（西周早）：卿乍（作）父乙寶～𣪘（簋）。◎周原 1886 頁

〔⿰阝彝〕

作寶尊簋（西周早）：乍（作）寶～彝。◎周原 2114 頁

雔姒簋（西周早）：雔嬰（姒）乍（作）寶～彝。◎皕明樓 97

𩰫觶蓋（西周早）：用乍（作）父癸寶～彝。◎首陽 74 頁

伯尊（西周早）：白（伯）乍（作）寶～彝。◎曲村 348 頁

何簋蓋（西周早）：用乍（作）且（祖）乙～彝。◎文物 2009（2）55 頁

姒簋蓋（西周早）：㚸（姒）乍（作）父乙寶～彝。◎銘圖 4412

叔疑鼎（西周早）：弔（叔）遙（疑）啟（肇）乍（作）寶～彝。◎銘續 114

夷鼎（西周中）：事（史）尸（夷）乍（作）父癸～鼎。◎文博 2006（3）6 頁

作寶尊彝簋（西周中）：乍（作）寶～彝。◎文物 2005（4）15 頁

晉侯㚸馬壺（西周中）：晉侯㚸馬乍（作）寶～壺。◎晉國 69 頁

夷曰匜（西周中）：尸（夷）曰乍（作）寶～彝。◎新收 1670

伯㪚甗（西周中）：白（伯）㪚乍（作）寶～彝。◎考報 2018（1）110 頁

馬方彝（西周中）：馬乍（作）且（祖）日辛朕考日丁～彝。◎新收 1845

肇卣（西周中）：肇乍（作）且（祖）寶～彝。◎北京 97

虎尊（西周中）：虎乍（作）父乙寶～彝。◎銘圖 11773

晉叔家父方壺（西周中）：晉弔（叔）家父乍（作）～壺。◎晉國 197

柞伯鼎（西周晚）：用乍（作）朕剌（烈）且（祖）幽弔（叔）寶~鼎。◎文物2006（5）68頁

有司簡簋蓋（西周晚）：乍（作）朕皇考益弔（叔）~𣪕（簋）。◎文物2004（3）96頁

晉侯鬲乙（西周晚）：晉侯乍（作）鑄~鬲。◎新收1672

晉侯對盨（西周晚）：晉侯對乍（作）寶~彶（及）須（盨）。◎首陽117

單五父方壺甲蓋（西周晚）：單五父乍（作）朕皇考~壺。◎華章169頁

競之定豆甲（春秋晚）：甬（用）乍（作）~彝。◎文物2008（1）82頁

陭壺（春秋晚）：陭之~壺。◎銘續806

〔⿰阝酋〕

賈叔簋（春秋早）：賈弔（叔）乍（作）晉姬~𣪕（簋）。◎銘續432

〔⿰阝酉〕

楚君酓嘼尊（戰國晚）：自乍（作）~盤。◎銘圖11790

〔⿰阝𣪕〕

仲姜簋（春秋早）：中（仲）姜乍（作）爲洹（桓）公~𣪕（簋）。◎文物2006（10）85頁

〔酟〕

彭射缶（春秋晚）：彭射之~。◎銘圖14057

〔隮〕

單叔鬲丙（西周晚）：單弔（叔）乍（作）孟媾（祁）～彖。◎華章136頁

戌

虎簋蓋乙（西周中）：隹（唯）卅年三月初吉甲～。◎新收1874

倗伯爯簋（西周中）：唯廿又三年初吉戊～。◎文物2006（8）8頁

宰獸簋蓋（西周中）：唯六年二月初吉甲～。◎陝博（7）99頁

伯呂盨（西周晚）：隹（唯）王元年六月既眚（生）霸庚～。◎夏商周395

頌盤（西周晚）：隹（唯）三年五月既死霸甲～。◎文物2009（9）52頁

師酉盤（西周晚）：唯三（四）年三月既生霸甲～。◎銘續951

亥

獄盨蓋（西周中）：隹（唯）十又一月既朢丁～。◎銘圖5275

獄盤（西周中）：唯三（四）月初吉丁～。◎考文2006（6）61頁

槐簋（西周中）：隹（唯）正月初吉丁～。◎銘續453

應侯視工簋乙（西周晚）：唯正月初吉丁～。◎保利續127頁

㝅氏訇簋蓋（西周晚）：隹（唯）八月初吉丁～。◎中原2008（5）63頁

㝅氏訇簋乙（西周晚）：隹（唯）八月初吉丁～。◎銘圖4916

應侯鼎（西周晚）：唯□月丁～。◎考古2003（3）92頁

卌三年逑鼎丁（西周晚）：隹（唯）卌又三年六月既生霸丁～。◎華章79頁

〔咳〕

卌三年逑鼎甲（西周晚）：隹（唯）卌又三年六月既生霸丁～。◎華章55頁

曾侯子鎛丁（春秋早）：隹（唯）王正月初吉丁～。◎銘圖15766

季子康鎛（春秋中）：隹（唯）王正月初吉丁～。◎考文2009（3）105頁

楚王鼎（春秋中）：唯王正月初吉丁～。◎銘圖2318

許公簠蓋（春秋中）：隹（唯）王五月初吉丁～。◎銘續511

許公買簠蓋（春秋晚）：隹（唯）王正月初吉丁～。◎中原2004（1）55頁

邵子緘盤（春秋晚）：隹（唯）正月初吉乙～。◎歷文2004（5）34頁

侯古堆鎛（春秋晚）：隹（唯）正月初吉丁～。◎侯古堆圖版24

此余王鼎（春秋晚）：隹（唯）王正月之初吉丁～。◎銘續220

楚伯氏孫皮簠（春秋晚）：隹（唯）正月初吉乙～。◎銘續512

嬟盤（春秋晚）：隹（唯）曾八月吉日隹（唯）～。◎銘續948

曾季弁臣盤（戰國早）：隹（唯）正月初吉丁～。◎曾國396頁

亥之屯量器（戰國晚）：～之屯。◎銘圖18804

良夫盤（春秋早）：隹（唯）王正月初吉丁～。◎銘圖14521

合文

一月

辛囂相簋（西周早）：唯王十又～～。◎文物 2004（8）80 頁

臤鼎（西周中）：隹（唯）十又～～辰才（在）甲申。◎銘續 228

一子

爯簋蓋（西周中）：其競余～～。◎銘續 444

二十

州令慶忞戈（戰國晚）：～～三（四）年。◎銘續 1232

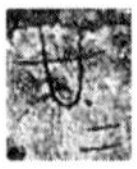

榆次令鄭糕戈（戰國晚）：～～年。◎銘續 1254

二百

霸伯簋蓋（西周中）：事（使）伐用嘼（幬）～～，丹二糧，虎皮一。◎考報 2018（1）103 頁

二月

衛鼎（西周晚）：隹（唯）王～～初吉。◎銘續 222

二朋

㝑尊（商晚）：子商（賞）㝑（賓）貝～～。◎銘圖 11761

荊子鼎（西周早）：賫奮卣（卣）、貝～～。◎銘圖 2385

三十

九年左使車壺（戰國中）：冢（重）二百~~七刀之冢（重）。◎古研（27）296頁

卅三年戈（戰國晚）：~~三年。◎銘續122

三百

趙氏余戈一（春秋中）：趙氏余𣪘鼛𡍮（夷）用元鎬乍（作）鑄戈~~。◎銘續1259

三千

應侯視工簋甲（西周中）：矢~~。◎保利續126頁

厽分

宜信孺子鼎蓋（戰國晚）：脣（羹）~~（叁分）。◎銘續120

四分

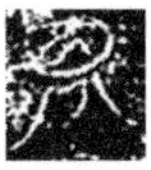

右嗣鼎蓋（戰國晚）：右嗣脣（羹）~~貞（鼎）。◎文物2004（9）83頁

三匹

卌三年逑鼎乙（西周晚）：馬~~。◎華章63頁

伯□鼎（西周早）：馬~~。◎銘續213

五十

[illegible]鼎（西周中）：[illegible]（紳）易（錫）禾于王~~朿（秭）。◎銘圖2441

伐簋（西周中）：𠂤（師）曰引吕（以）友~~夫。◎銘圖5321

五百

霸姬盤（西周中）：[illegible]（鞭）~~。◎考報2018（2）239頁

霸姬盤（西周中）：罰~~孚（鋝）。◎考報2018（2）239頁

五朋

師衛尊（西周早）：宮公賞師衛貝～～。◎銘圖11786

䓦簋（西周中）：貝～～。◎新收1891

六分

滎陽上官皿（戰國晚）：少一益（溢）～～益（溢）。◎文物2003（10）79頁

六朋

師衛鼎（西周早）：易（賜）貝～～。◎銘圖2185

八月

景之盤鼎（春秋晚）：隹（唯）王～～丁丑。◎銘續178

九六

九六六一伯鼎（西周早）：～～六一。◎銘續130

十朋

何簋蓋（西周早）：公易（賜）何貝～～。◎文物2009（2）55頁

𧦝應姬鼎（西周中）：易（賜）貝～～。◎銘續221

廿朋

師衛簋（西周早）：𥁕（召）公贅（賚）衛貝～～、臣廿、氒（厥）牛廿、禾卅車。◎銘圖5142

夾簋蓋（西周中）：貝～～。◎新收1959

卅朋

叔矢方鼎（西周早）：貝～～。◎文物2001（8）9頁

五十朋

亢鼎（西周早）：公大（太）保買大玽于美亞，才～～～。◎上博（8）121頁

百朋

臤鼎（西周中）：王休易（賜）臤貝～～。◎銘續228

小臣

典兔尊（西周早）：□令～～豐易（賜）典弜。◎保利續145

小臣臮簋（西周早）：王商（賞）～～臮。◎曲村505頁

小夫

陶觥蓋（西周早）：乍（作）冊殿友～～麗。◎銘續893

小子

異好盉（西周早）：異□～～其肇乍（作）器。◎銘續536

爯簋（西周中）：罘逆～～𢍰倗㠯（以）友卅人。◎銘圖5214

小大

卌三年逑鼎丙（西周晚）：虔夙夕惠雝我邦～～猷。◎華章71頁

少曲

上皋落戈（戰國晚）：上咎（皋）茖（落）大命（令）～～夜。◎考古2005（6）95頁

少斗

沫廚鼎（戰國晚）：脣（羹）～～（少半）齋。◎上博（9）54頁

少府

信陰君漆卮底（戰國晚）：謞（信）险（陰）君～～（少府）。◎銘續1381

大夫

曾侯與鐘（春秋晚）：虘（吾）吕（以）及～～。◎銘續1035

九年承匡令鼎（戰國晚）：～～悍。◎西安14頁

三年大將李牧弩機（戰國晚）：邦～～王平。◎文物2006（4）封三

大牢

榮仲方鼎（西周早）：子加熒（榮）中（仲）玔章（璋）一、牲～～。◎文物2005（9）64頁

夫人

秳成夫人鼎（戰國）：秳成～～。◎國博2012（9）82頁

父甲

父甲簋（西周早）：～～。◎徵集2

父乙

曆簋（西周早）：曆乍（作）～～彝。◎保利續110頁

父丙

父丙爵（西周早）：□～～。◎文物2006（3）19頁

父丁

榮仲方鼎（西周早）：用乍（作）~~䵼（將）彝。◎文物2005（9）64頁

父己

耒父己爵（西周早）：耒~~。◎考報2000（2）231頁

父辛

戈父辛盤（商晚）：戈~~。◎曲村348頁

父壬

緻卣蓋（西周早）：子~~。◎曲村356頁

父癸

父癸壺蓋（西周早）：~~。◎夏商周262

且辛

祖辛鬲（西周早）：□~~（祖辛）。◎文物2004（7）期8頁

且甲

寍孳商方鼎（商晚）：遘~~（祖甲）劦日。◎曲村348頁

甲公

獄盨（西周中）：用乍（作）朕文考~~寶尊須（盨）。◎銘圖5275

示壬

聽簋（商晚）：子壬辰彡（肜）～～。
◎銘續420

【案】聽簋「示壬」合文，殷德昭（2017）釋。

戊午

荊子鼎（西周早）：～～。
◎銘圖2385

工帀

相室趙翆鼎（戰國中）：～～（工師）稽（椁—郭）弦。◎考文2008（5）40頁

廿八年工師愉戟（戰國中）：～～（工師）愉。
◎珍秦齋吳117頁

韓少夫戟（戰國晚）：～～（工師）敀我。
◎珍秦齋吳229頁

廿八年公乘戈（戰國晚）：～～（工師）書。
◎銘續1234

鉅鹿令張密戈（戰國晚）：～～（工師）王宜。
◎銘續1251

中官

幽氏中官冢子戈（戰國晚）：幽氏～～冢子。
◎銘續1196

甘丹

廿四年芒令戈（戰國晚）：右庫工師～～（邯鄲）臾。◎左冢66頁

之冢

九年左使車壺（戰國中）：冢（重）二百三十七刀～～（之重）。◎古研（27）296頁

彤弓

應侯視工鐘（西周中）：易（賜）～～一。◎保利續158頁

彤矢

應侯視工鐘（西周中）：～～百。◎保利續158頁

方子

房子令趙結戈（戰國晚）：～～（房子）令肖（趙）結。◎黃盛璋76頁

顏首

大市量（戰國中）：攻差（佐）競之走（上）㠯（以）爲大市鑄武～～（鴈首）。◎古研(22)129頁

孝子

建陰氏孝子鼎（戰國中）：建険（陰）氏～～。◎銘圖1763

乳子

吳乳子鼎（戰國晚）：吳～～（孺子）貞（鼎）。◎銘圖1674

右孺子鼎（戰國晚）：右～～（孺子）脣（羹）四分貞（鼎）。◎文物2004(9)83頁

雙陽燈（戰國晚）：雙陽～～（孺子）。◎文物2004(1)9頁

冢子

宜信冢子鼎蓋（戰國晚）：宜訡（信）～～。◎銘續120

邵陰下官銅箍（戰國晚）：皮嗇夫王佗～～起斪信卲一益。◎陝金集成1486

子孫

競孫旟鬲（春秋晚）：～～是恖（則）。◎銘圖3036

競孫壺（春秋晚）：～～是恖（則）。◎銘圖12381

行昜

南行唐令鈹（戰國晚）：南～～（行唐）倫（令）明卯。◎夏商周591

司徒

元年安平相邦戈（戰國晚）：元年安平相邦～～田子。◎銘圖17349

司馬

南行唐令鈹（戰國晚）：庫工帀（師）～～殃。◎夏商周591

司寇

卅一年鄭令戈（戰國晚）：～～肖（趙）它。◎珍秦齋吳259頁

二年梁令張飤戟（戰國晚）：～～事昔。◎古研（27）326頁

鉡金

春成侯盉（戰國早）：～～紼（帶）。◎上博（8）152頁

春成侯盉（戰國早）：～～足。◎上博（8）152頁

吕鄧

以鄧鼎（春秋中）：楚弔（叔）之孫～～（以鄧）睪（擇）其吉金。◎銘續201

馬重

冶馬童器（戰國晚）：冶～～（馬童）。◎銘圖19500

造戈

龏王之卯戈（春秋晚）：龏王之卯之~~。

◎南方2004（4）43頁

下庫

廿一年晉國下庫戟（戰國晚）：晉或（國）~~工市（師）。◎珍秦齋秦136頁

附錄上

001

父戊角（商晚）：~父戊。
◎夏商周 099

父丁卣（西周早）：~父丁。
◎滕州 292 頁

父辛壺（西周早）：~父辛。
◎銘續 801

昔須甗（西周中）：~日庚。
◎銘圖 3349

002

父乙壺（西周早）：~父乙。
◎收藏 2006(6)26 頁

□爵（西周早）：~。
◎銘續 602

003

父丁尊（商晚）：~父丁。
◎流散歐美 155

004

□觶（西周早）：~。
◎流散歐美 174

005

□子鼎（商晚）：~□子乍（作）文父辛尊彝。
◎銘圖 1854

006

□鼎（西周早）：～。

◎流散歐美 9

007

□鼎（商晚）：～。

◎銘續 15

008

□戈（商晚）：～。

◎銘圖 16038

009

作父乙簋（西周中）：～。

◎陝金集成 1446

010

□鼎（商晚）：～。

◎銘圖 326

011

父辛觚（商晚）：～。

◎銘續 698

012

子□尊（商晚）：子～。

◎新收 1935

013

□觚（商晚）：～。

◎流散歐美 194

014

长子方鼎（西周早）：～。

◎銘圖 1791

015

父甲簋（西周早）：父甲～。

◎新收 682

016

兇鼎（商晚）：～。

◎銘續 6

父乙鼎（西周早）：～父乙。

◎江漢 2016（3）14 頁

017

□卣（商晚）～。

◎流散歐美 117

018

□簋（西周早）：～。

◎銘圖 3718

019

□兄丁卣（西周早）：～兄丁。

◎流散歐美 129

020

□爵（商晚）：～。

◎流散歐美 275

□爵（商晚）：～。

◎流散歐美 274

021

□方彝（商晚）：～。

◎新收 1860

022

父癸壺（西周早）：～父癸。
◎夏商周 262

父癸壺蓋（西周早）：～父癸。
◎夏商周 262

023

□爵（西周早）：～。
◎全集（3）232 頁

024

□斝（商晚）：～。
◎近出 923

□觶（商晚）：～。
◎流散歐美 167

025

□鼎（商晚）：～。
◎考古 2008（8）26 頁

026

□箕（商晚）：～。
◎考古 2008（8）26 頁

027

父乙簋（西周早）：～父乙。
◎新收 1942

028

□鼎（商晚）：～。
◎銘續 32

029

□觚（商晚）：～。
◎新收 1514

030

□戈(商晚):~。

◎銘續 1056

031

□鼎(西周早):~。

◎銘續 21

032

父己觶(西周早):~父己。

◎銘續 723

033

左戈(商晚):~辛。

◎銘續 1088

034

□觶(西周早):~。

◎流散歐美 165

父癸斝(西周早):~。

◎流散歐美 316

035

□爵(商晚):~。

◎銘圖 6561

036

□鼎(西周早):~乍(作)父丁、戊。

◎新收 932

037

父乙鼎(商晚):~父乙。

◎南大 11

038

□爵（商晚）：～。

◎新收1507

039

□簋（商晚）：～。

◎流散歐美66

040

□爵（商晚）：～。

◎流散歐美242

041

□鼎（商晚）：～。

◎夏商周53

042

父乙觶（商晚）：～父乙。

◎首陽45頁

043

父戊觚（商晚）：～父戊。

◎銘圖9754

044

□鼎（商晚）：～。

◎殷墟全形61

045

亞□爵（商晚）：亞～。

◎流散歐美264

046

□觶（商晚）：～。

◎新收 1433

□鼎（商晚）：～。

◎銘圖 328

047

□鼎（商晚）：～。

◎國博 2016（7）85 頁

048

南□爵（商晚）：南～。

◎新收 1573

南□罍（商晚）：南～。

◎新收 1587

049

□鼎（西周早）：～乍（作）彝。

◎流散歐美 53

050

□爵（商晚）：～。

◎新收 1150

051

父乙爵（西周早）：～父乙。

◎銘續 632

052

□爵（西周早）：～。

◎銘續 588

053

亞□爵（西周早）：亞～。

◎流散歐美 263

054

父丁鼎（商晚）：~父丁。

◎銘圖 842

055

□戈（商晚）：~。

◎銘續 1058

056

□珸爵（商晚）：~珸。

◎銘續 592

□珸弓柲（商晚）：~珸。

◎銘續 1360

057

父己盉（商晚）：~子父己。

◎銘圖 14681

058

□觚（商晚）：~。

◎銘續 687

059

□爵（商晚）：~。

◎新收 1506

060

□癸爵（商晚）：~癸。

◎流散歐美 273

061

珸鼎（商晚）：~。

◎銘續 14

□珸弓柲（商晚）：□~。

◎銘續 1360

062

□方彝（商晚）：～。
◎新收1434

□戈（商晚）：～。
◎銘續1070

063

□鼎（商晚）～。
◎流散歐美20

□觚（商晚）：～。
◎新收1835

064

□父乙觶（商晚）：～父乙。
◎殷墟全形85

065

卑爵（西周早）：～卑。
◎陝金集成1355

066

□爵（商晚）：～。
◎流散歐美247

067

□父癸鼎（西周早）：～父癸。
◎銘續57

068

□斝（商晚）：～。
◎流散歐美312

069

□□壺（商晚）：□～。
◎銘圖12014

父乙尊（西周早）：□～父乙。
◎銘圖11477

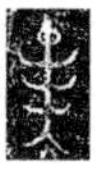

中簋（西周早）：～。

◎銘續376

070

父丁觚（商晚）：～父丁。

◎滕州239頁

071

□鼎（西周晚）：～。

◎銘續19

072

父丁爵（西周早）：～父丁。

◎銘續637

073

□爵（西周早）：～。

◎銘續578

074

□卣蓋（西周早）：～。

◎首陽79頁

075

子乙鼎（西周早）：～。

◎銘續58

076

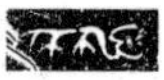

元卣（商晚）：～。

◎銘續867

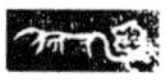

元卣蓋（商晚）：～。

◎銘續867

077

父辛鼎（商晚）：～父辛。
◎銘續 53

078

父丁觚（商晚）：～交父丁。
◎銘續 703

079

父癸尊（西周早）：～父癸。
◎銘續 761

080

□壺（西周早）：～。
◎銘圖 11960

081

□罍（春秋中）：～。
◎文物 2016（6）92 頁

082

□簋（商晚）：～。
◎新收 1426

□爵（商晚）：～。
◎銘圖 6855

備尊（西周早）：～。
◎流散歐美 148

083

父辛簋（西周早）：～父辛。
◎流散歐美 82

父癸觶（西周早）：～父癸。
◎銘圖 10479

084

辛□爵（商晚）：辛～。

◎考古2007（1）29頁

父甲壺（商晚）：父甲～。

◎銘續799

085

□鼎（商晚）：～。

◎流散歐美16

086

□戈（戰國）：～。

◎銘續1069

087

□觚（商晚）：～。

◎考古2017（3）35頁

088

□觚（商晚）：～。

◎文物2013（11）75頁

089

□鼎（商晚）：～。

◎殷墟全形29

090

父庚觚（商晚）：～父庚。

◎近出752

091

父己爵（西周早）：～父己。

◎流散歐美291

092

戈同父鼎（商晚）：~同父。

◎銘續61

093

□觚（西周早）：~。

◎銘續685

□卣（西周早）：~。

◎銘續846

094

□觚（商晚）：~。

◎銘圖9041

095

□戈（西周早）：~。

◎陝金集成970

096

□尊（商晚）：~。

◎銘圖11170

097

虘尊（西周中前）：~。

◎銘圖11773

098

□觚（商晚）：~。

◎新收1513

□觶（商晚）：~。

◎滕州300頁

□卣（西周早）：~。

◎近出559

□爵（商晚）：~。

◎銘圖6736

□盉（西周早）：~。

◎夏商周 282

□父庚鼎（西周中）：~父庚。

◎銘續 52

099

□□作父己尊（西周早）：□□乍（作）父己尊彝，~。◎銘續 786

100

□丁父卣（西周早）：~丁父乍（作）寶尊彝。

◎文物 2001（6）43 頁

101

□鼎（西周早）：~。

◎文物 2007（8）42 頁

102

□爵（商晚）：~。

◎流散歐美 16

103

癸□鼎（商晚）：癸~。

◎銘續 35

104

旅卣（西周早）：~。

◎銘圖 13257

105

□戈（西周早）：~。

◎文物 2006（8）31 頁

106

□舌母鼎（商晚）：～舌母。
◎銘續 62

107

亞□鬲（商中）：亞～。
◎銘續 233

108

父甲鼎（西周早）：～父甲。
◎銘圖 759

109

□戈（商晚）：～。
◎銘續 1054

110

□爵（商晚）：～。
◎考古 2017(3)35 頁

111

□爵（商晚）：～。
◎銘續 568

112

□觚（商晚）：～。
◎銘續 684

□天卣（西周早）：～天。
◎銘圖 12746

113

父辛甗（西周早）：～父辛。
◎文物 2016(1)10 頁

114

□戈（商晚）：～。

◎西安 107

115

□簋（商晚）：～。

◎流散歐美 71

□爵（商晚）：～。

◎銘續 562

116

□觚（商晚）：～。

◎銘圖 9197

□爵（商晚）：～。

◎銘續 565

□爵（商晚）：～。

◎銘續 566

117

父庚觶（西周早）：～父庚。

◎墨影 1

118

□己鼎（商晚）：～己。

◎流散歐美 31

119

馬方彝（西周中）：～。

◎新收 1845

120

□戈（商晚）：～。

◎流散歐美 344

121

□鼎（商晚）：～。
◎流散歐美 25

122

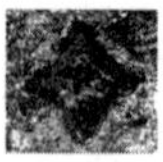

□鼎（商晚）：～。
◎新收 1909

123

父丙爵（西周早）：～父丙。
◎文物 2006（3）19 頁

124

□爵（商晚）：～。
◎流散歐美 252

祖辛鬲（西周早）：～祖辛。
◎新收 383

125

□爵（商晚）：～。
◎銘續 556

126

犅伯㜪卣蓋（商晚）：～。
◎保利續 131 頁

127

□方鼎（西周早）：～。
◎新收 1437

128

□戈（西周早）：～。
◎銘續 1062

129

□盂（西周中）：～。

◎陝金集成 557

130

□簋（西周早）：～。

◎九如園 11

131

□簋（西周早）：～。

◎銘續 293

132

伯姜簋（西周中）：～。

◎銘續 348

133

□鼎（商晚）：～乍（作）父己彝。

◎銘圖 1371

134

□泡（西周）：～。

◎陝金集成補 1

135

父簋爵（商晚）：～父癸。

◎銘圖 7934

136

□甗（西周早）：～。

◎銘續 264

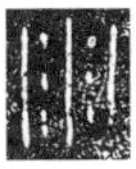

□卯卣（商晚）：～卯。

◎陝金集成 944

137

父丁簋（商晚）：~父丁。

◎流散歐美88

138

豐甗（西周早）：豐~。

◎銘圖3157

139

□簋（西周早）：~。

◎銘圖3478

140

父辛觶（西周早）：~父辛。

◎銘續725

141

祖丁鼎（商晚）：~且（祖）丁。

◎銘續60

142

□壺（戰國）：~。

◎陝金集成補7

143

父壬觚（商晚）：~父壬。

◎流散歐美231

144

□鼎（商晚）：~。

◎考古2007（1）29頁

145

父戊斝（商晚）：～父戊。

◎銘續 744

□爵（商晚）：～。

◎銘圖 7547

146

□觚（商晚）：～。

◎新收 1858

147

父丁卣（商晚）：～父丁。

◎通鑒 13320

148

□爵（商晚）：～。

◎流散歐美 305

149

□鼎（商晚）：～。

◎流散歐美 34

150

父戊鼎（商晚）：父戊～。

◎殷墟全形 64

151

□卣（商晚）：～。

◎考古 2009（9）47 頁

□卣（商晚）：～。

◎考古 2009（9）28 頁

152

□觚（商晚）：～。

◎銘圖 9455

153

子□爵（商晚）：子～。
◎銘圖 7379

祖癸爵（西周早）：～。
◎銘圖 8093

154

素子□簋（商晚）：素子～。
◎新收 1504

155

□鼎（商晚）：～。
◎夏商周 52

156

□盉（商晚）：～。
◎新收 1435

157

父己卣（商晚）：子□父己。
◎銘圖 13081

158

□子天勺（商晚）：～子天。
◎新收 1520

子□箕（商晚）：子～。
◎新收 1521

159

□爵（商晚）：～。
◎新收 1508

160

□爵（商晚）：～。
◎近出 863

161

父癸觚（商晚）：～父癸。

◎銘圖 9619

162

□尊（商晚）：～。

◎銘圖 11169

163

□觚（西周早）：～。

◎江漢 2016（3）26 頁

164

□爵（商晚）：～。

◎滕州 250 頁

165

父丁鬲（商晚）：～父丁。

◎近出 232

□妶父己尊（西周早）：～妶父己。

◎近出 623

166

□弓柲（商晚）：～。

◎銘圖 18494

167

□鼎（商晚）：～。

◎銘續 30

168

□壺（商晚）：～。

◎近出 947

169

□觶（商晚）：～。
◎近出 654

170

□觚（商晚）：～。
◎追回 93 頁

171

□卣（商晚）：～。
◎流散歐美 145

172

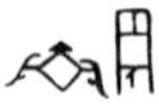

父庚觚（商晚）：～父庚。
◎近出 753

173

父辛卣（西周早）：～父辛。
◎新收 1908

父辛卣蓋（西周早）：～父辛。
◎新收 1908

174

父丁簋（商晚）：～父丁。
◎銘續 297

175

□爵（商晚）：～。
◎銘續 567

176

曾□爵（商晚）：曾～。
◎滕州 256 頁

曾□觚（商晚）：曾～。
◎滕州 234 頁

177

豆鼎（商晚）：～豆乍（作）父丁彝。

◎保利續30頁

178

祖乙簋（西周早）：～且（祖）乙。

◎文物2007（8）42頁

179

□尊（商晚）：～。

◎保利續71頁

180

□簋（商晚）：～。

◎新收1058

□卣（商晚）：～。

◎新收1057

181

□鼎（商晚）：～。

◎新收1060

182

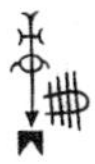

□觚（商晚）：～。

◎流散歐美222

□觶（商晚）：～。

◎新收1859

183

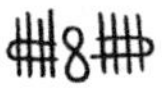

父癸簋（商晚）：～父癸。

◎流散歐美89

184

□鐘（西周晚）：～。

◎考文2007（3）6頁

185

弔册鼎（西周早）：～。

◎銘續 40

186

作父乙盉（西周早）：～。

◎銘續 972

187

元卣（西周早）：～。

◎銘圖 13270

188

睘壺（西周早）～。

◎近出 600

189

父己甗（西周早）：～。

◎文物 2007（8）36 頁

190

父乙觶（商晚）：～父乙。

◎回家（2019 一）53 頁

191

父乙鼎（西周早）：～竹父乙。

◎銘續 88

192

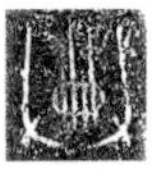

□簋（商晚）：～。

◎銘圖 3628

193

□鼎（商晚）：～。

◎新收1419

194

□鼎（商晚）：～乍（作）父癸寶尊彝。

◎新收923

195

□觶（商晚）：～。

◎殷墟全形39

196

□鼎（商晚）：～。

◎銘續28

明□卣（商晚）：明～乙。

◎陜金集成991

197

□方鼎（商晚）：～。

◎夏商周203

198

父丁鼎（西周早）：～執父丁。

◎文物2018（2）77頁

199

父乙尊（商晚）：～父乙。

◎玫茵堂61

200

□鼎（西周早）：～。

◎流散歐美27

201

□鼎（商晚）：～。
◎銘續 44

202

父丁角（商晚）：～。
◎銘續 669

203

□爵（西周早）：～。
◎流散歐美 266

204

司母樂甗（西周早）：～。
◎徵集 1

205

中簋（西周早）：～。
◎銘續 376

206

父己鬲（西周早）：～父己。
◎旅博 17 頁

207

亞獸器蓋（商晚）：～。
◎國博 2016（7）109 頁

208

□罕（西周早）：～。
◎銘圖 11035

209

□觚（商晚）：～。

◎銘續700

210

父乙罍（商晚）：～父乙。

◎銘續896

211

□觶（商晚）：～。

◎銘續717

212

～卣（商晚）：～。

◎銘續863

附錄下

001 

司馬義鎛（戰國早）：還還（煢煢）義非敢□～。
◎山東104—108頁

【案】此字拓本難辨，董珊（2014a）摹本如此，釋「褊」，讀爲「慢」。

002 

卅年銅人（戰國晚）：～二釿。
◎銘圖19342

【案】《銘圖》釋「玻」，讀「版」。但其右旁與「皮」有別，疑或從「共」。

003 

□劍（戰國晚）：～。
◎銘續1293

【案】《銘續》釋「蒙」。

004 

楚王戈（戰國早）：楚王之用，克～鑄之。
◎墨影155

【案】《墨影》逕釋讀爲「莒」，張志鵬、喬保同（2018）從之，謂即楚簡王所滅之莒國。蓋以爲從「膚」聲系。謝明文（2021）同意讀「莒」，但以爲從「叀」聲。字形均未能密合。又據文例，「克～」當理解爲人名較妥。

005 

黃子婁缶乙（春秋晚）：台（以）乍（作）其妻其～飤鍂（缶）。◎銘續907

006

唐鼓爵（商晚）：王奏登□□～鼓□□尊□乍（作）乙□。◎銘圖8583

【案】《通鑒》釋「唐」。

007

淺公宜脂鼎（春秋晚）：淺公宜脂余（擇）其～金。◎銘續191

【案】或釋「哏」，讀「良」；或釋「⿰爿口」，讀「臧」。似均不確。

008

曾侯與鐘（春秋晚）：數～曾土。◎銘續1032

【案】諸家多釋「⿰口匀」，或讀「均」，或讀「徇」。若摹本可信，則當從黄錫全（2019）釋「吟」。

009

奝令均戈（戰國中）：冶～。◎銘續1219

【案】《銘續》釋「舊」。

010

□甗（西周早）：～乍（作）父侯寶尊彝。◎銘續278

【案】《銘續》釋「碞」，不確。似即古文字常見之「⿱罒各」之訛。

011

曾侯與鐘（春秋晚）：白（伯）⿱竹适（括）上～，差（左）⿱又右（右）文武。◎銘續1029

【案】諸家或以爲從「甬」聲，而讀「庸」「用」「通」；或以爲從「帝」聲，而讀「帝」「哲」；或以爲從「叏（咢）」聲，而讀「諤」。

012

犀石盤（春秋早）：～人犀石乍（作）寶般（盤）。◎江漢2019（4）32頁

013

師衛鼎（西周早）：才（在）～自（師）。◎銘圖2185

014

親簋（西周中）：嗣（司）工～入右親立中廷。
◎歷文2006（3）封二

015

郜□簋（春秋早）：郜～乍（作）寶𣪘（簋）。
◎銘圖5022
【案】此字舊釋「遣」或「譴」。謝明文（2017b）釋「逝」，分析爲從「足」從「噬」之初文得聲。

016

新城令矛（戰國晚）：新城倫（令）～痞。
◎銘續1288
【案】《銘續》以爲「徒」字重文。

017

曾侯與鐘（春秋晚）：穆～□□。
◎銘續1032
【案】拓本不可辨識，摹本如此，諸家以爲「詿」字，未知確否。

018

曾侯與鐘（春秋晚）：穆□□～。
◎銘續1032
【案】諸家釋「敏」，然摹本未必準確可信。

019

𡢿盤（春秋晚）：余周室～倩。
◎銘續948
【案】新版《通鑒》釋「㕛（介）」。

020

曾侯鐘（春秋晚）：□～臧（壯）武。
◎銘續1025
【案】《銘續》釋「喬」讀「驕」。

021

袒□仲𢦏鼎（春秋早）：袒～中（仲）𢦏乍（作）尊鼎。◎銘續172

袒□仲比鬲甲（春秋早）：袒～中（仲）比尊鬲。
◎銘續255

【案】《銘續》摹作「[illegible]」，隸定作「[illegible]」。

022

𪓐公盨（西周中）：廼～方埶（設）征（正）。◎歷文2002(6)4頁

【案】此字或釋「奏」，或以「収」上所從爲「𠦪」「來」「𠦪」「求」等，讀法甚多，其中以裘錫圭（2002a）讀「疇」之説影響爲較大，而實均有可疑。予疑「収」上部件同金文「逑」字聲旁（但不等於「求」），參卷二「逑」字條。字可讀「勼」或「逑」，訓聚、集，古書常假「鳩」字爲之。《書·堯典》：「共工方鳩僝功。」（《説文》引作「逑」）清華簡《五紀》22有字作「[illegible]」，當與此同字。文云：「～列五紀（紀），以𡖊（文）疋（胥）天則。」整理者參裘説釋「𠦪」讀「疇」。予疑亦應讀「勼」或「逑」。

023

霸伯盂（西周中）：用章（璋）～。◎銘圖6229

【案】諸家釋「奉」。字與典型「奉」有別，倘確是「奉」，則屬省訛之體。亦可能是「奏」之省訛。

024

𨗴伯簋（西周中）：眔逆小子～倗㠯（以）友卅人。◎銘圖5214

【案】《銘圖》釋「𢍭」。

025

□觶（西周早）：～乍（作）且（祖）彝。◎銘續729

【案】《銘續》隸定作「[illegible]」。疑字右從「[illegible]」。

026

□生父簋（西周晚）：～生父自乍（作）寶設（簋）。◎銘續405

【案】《銘續》隸定作「盱」。右上似有「彐」。

027

□鼎（西周中）：~拜䭫（稽）首。

◎上博（8）128頁

□鼎（西周中）：~其萬年子子孫孫永寶用亯（享）。◎上博（8）128頁

【案】陳佩芬（2000）疑字下從「乇」，隸作「㲉」。張新俊（2010）謂字從「殿」從「屯」，是「殿」字加聲符「屯」之異構。張說或是。

028

燕王職壺（戰國晚）：東歗~國。

◎上博（8）146頁

【案】此有可能是「畋」字。若然，「畋國」似可讀「田國」，指齊國。

029

豳公盨（西周中）：~用考（孝）申（神）。

◎歷文2002（6）4頁

【案】豳公盨「敏」字諸家多釋「𠭯」而讀「釐」。裘錫圭（2002a）釋「敏」，後又改從釋「𠭯」之說，見裘錫圭（2004：65）。然其左下與「𠭯」之從「人」形終覺不類，字似仍更可能是「敏」。

030

伯或父鼎（西周中）：白（伯）或父乍（作）凡姬~宮寶尊鼎。◎銘續231

031

父辛尊（商晚）：□~父辛。

◎賽寶會143頁

032

徐莫敖昭啬戈（戰國晚）：司馬巷啬、~纏之所告（造）。◎銘圖17310

033

相室趙翏鼎（戰國中）：治～。

◎考文2008（5）40頁

034

卌二年逑鼎乙（西周晚）：女（汝）不～戎。

◎華章47頁

卌二年逑鼎甲（西周晚）：女（汝）不～戎。

◎華章39頁

035

卅七年上郡守慶戈（戰國晚）：桼（漆）工～。

◎徵集9

036

十五年相邦春平侯劍（戰國晚）：工帀（師）長（張）～。◎文物2005（2）68頁

037

□姒簋（西周晚）：～始（姒）乍（作）善尊簋。

◎新收672

038

廿年冢子戈（戰國晚）：上庫嗇夫事～。

◎古研（27）322頁

039

攴□甗（西周中）：攴～□乍（作）母己尊。

◎銘續279

攴□盉（西周早）：攴～□貝乍（作）母己尊彝。

◎銘續971

040

子後生盉（西周中）：否天魃（威）～朕考寛白（伯）。◎銘續980

041
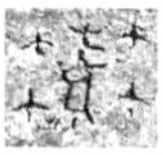
曾卿事宣鼎(春秋早)：唯曾卿事宣用其吉金自乍(作)～鼎。◎銘續157
【案】疑「薦」字異體。

042

強丘令戈(戰國晚)：弫(強)丘命(令)～異。◎銘續1236
【案】《銘續》釋「稅」。然字不從「禾」，似從「竹」，疑可釋「筧」。

043
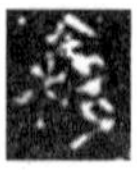
三年武陰令鈹(戰國晚)：躳(信)君左庫叚(假)工師喜～。◎文物2005(2)68頁
【案】或隸定作「衾」，恐非。疑上從「竹」之省，或即「簃」字異體。

044

子後生盉(西周中)：其永既～子用福。◎銘續980

045

曾仲器座(春秋中)：曾中(仲)仦(鄒)君～之且執。◎淅川109頁

046

□伯鼎(春秋早)：～白(伯)自乍(作)飤𩰫沱。◎銘續184
【案】《銘續》釋「𥂴」讀「魏」。

047

元卣(西周早)：元乍(作)高咎日乙～尊。◎銘圖13270
【案】《銘圖》釋「𥁕」，然字並不從「升」。

048

飲元牡乘馬匜(春秋)：㠯(以)～瀘(漿)。◎青銅器與金文(2)15頁
【案】張光裕(2018)隸定作「監」，疑讀「盈」或「盟」；《銘三》1256隸定作「監」。

049

伯簋（西周早）：白（伯）乍（作）寶～。◎銘圖 4039

050

卌三年逑鼎甲（西周晚）：虔夙夕～雝我邦小大猷。◎華章 55 頁

【案】此字甲金文多見，舊多據《說文》「叀」古文「」而釋作「叀」，或讀作「惠」。新出清華簡對應傳世文獻「助」之字作「」，以之爲基本聲符，諸家多據以改讀此字及以之作聲符之字爲「助」，於義均甚合。方稚松（2015）、侯乃峰（2015）等認爲是「菹」之表意初文。劉洪濤（2018）則釋「鹵」而讀作「勴」。似以釋「菹」讀「助」較優，但亦未可定。疑亦可能是「酢」若「醋」之初文而讀「助」。

051

叔駒父簋（西周晚）：弔（叔）駒父乍（作）趞姬～𣪕（簋）。◎文博 2008(2)8 頁

052

京師畯尊（西周早）：王又（有）～工（功）。◎銘圖 11784

【案】李學勤（2010）釋「旡」，孫剛、李瑤（2014）釋「豖（兕）」。

053

□公子伐劍（春秋晚）：～公子伐自乍（作）用鐱（劍）。◎銘續 1304

【案】《銘續》釋「歊」。

054

□逑尊（西周中）：～逑乍（作）妊庚尊彝。◎銘續 789

【案】疑從「亯」從「每」。

055

□婦觚（商晚）：～婦彝。
◎滕州 232 頁

056

強丘令戈（戰國晚）：工帀（師）肙（尹）～。
◎銘續 1236

【案】《銘續》釋「眔」。然字下當從「木」不從「水」，上亦似非「目」，疑可釋「栗」。

057

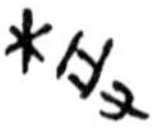

陽人令戈（戰國晚）：左庫工帀（師）～□。
◎銘續 1246

058

卅四年少府戈（戰國晚）：少工～。
◎王坡墓 165 頁

059

陳□人戈（春秋早）：陞（陳）～人。
◎銘續 1090

【案】《銘續》釋「䀑」，可疑。其左旁似「方」，又似「夸」。

060

二年梁令張飫戟（戰國晚）：右庫工帀（師）～□。◎古研（27）327 頁

新城令矛（戰國晚）：右庫工帀（師）梂～。
◎銘續 1288

061

嬟盤（春秋晚）：余～君之元女。
◎銘續 948

【案】《銘續》釋「邦」，趙平安（2016）釋「郟」，王寧（2017）以爲字右從「頸」，釋爲「郢」字或體。

062

武王攻□戈（春秋晚）：武王攻～乍（作）爲用戈。◎銘續 1209

武王攻□戈（春秋晚）：武王攻～乍（作）爲用戈。◎安金彙編 163

063

□左庫劍（戰國晚）：～左庫。◎銘圖 17813

064

謡余鼎（春秋早）：～子謡余睪（擇）其吉金。◎銘續 219

065

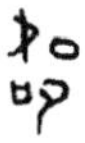

陽人令戈（戰國晚）：左庫工帀（師）□～。◎銘續 1246

066

瓔同盆（春秋晚）：肰旨～之子。◎全集（7）129 頁

【案】《銘三》621 釋「郿」，未確。

067

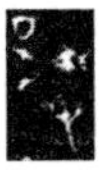

瓔同盆（春秋晚）：僮～公之妻。◎全集（7）129 頁

068

伯□父鼎（春秋早）：大（太）師小子白（伯）～父乍（作）尊鼎。◎文物 2019（7）28 頁

069

炇伯□盤（西周中）：炇白（伯）～乍（作）寶般（盤）。◎玫茵堂 117

070

百工戈柲冒（戰國晚）：百工冶～。
◎故博2006(2)73頁

071

武用劍（戰國早）：陰～武用。
◎陝金集成974

【案】《陝金集成》疑「明」字。

072

□尊（商晚）：～吕（以）父庚宗尊。
◎殷墟全形80

073

目□瓿（商晚）：目～。
◎銘圖13965

【案】《銘圖》釋「果」。

074

應侯盨（西周晚）：雁（應）侯乍（作）寶～𣪘（簋）。◎新收1458

【案】禤健聰（2018）、趙誠（2019）以爲「盨」字異構。

075

新城令矛（戰國晚）：冶～曹（造）。
◎銘續1288

【案】《銘續》疑「寓」字。

076

行氏伯爲盆（春秋早）：行氏白（伯）爲～天姬子姑賸（媵）盆。◎銘續539

【案】《銘續》疑是「安」字。

077

聞尊（西周中）：肩朕采～田。
◎論稿10頁

078

虞叔匜（春秋早）：矢（虞）弔（叔）～父賸（媵）孟姬元女寍（匜）盤。◎江漢2016(5)48頁

079

蒲子戈（戰國晚）：冶～。◎中國文字學報(5)142頁

080

茅□大令戈（戰國晚）：茅□大命（令）肖（趙）～。◎銘續1240

081

陽侯□隋夫人鼎（春秋晚）：瑒（陽）侯～隓（隋）夫人行鼎。◎追回11頁

陽侯□隋夫人壺（春秋晚）：瑒（陽）侯～隓（隋）夫人行壺。◎銘續829

【案】《銘續》釋「朳」。黄鳳春（2018）謂字從「木」從「刀」，釋爲「制」。陳劍（2021）以爲從「市」從「人」，釋爲「佩」，讀作「䀯」。郭理遠（2023）分析爲從「人」持「巾」，釋爲「飾」之表意初文，讀「飭」，訓治。王磊（2023）分析爲從「」、「市」聲，讀爲「賻」。並謂「」即西周早期卣蓋（《銘圖》13272）中的「」字，疑即「賻」字初文。從文例看，此字應表賻贈之意。王氏將其所從「」同「」聯繫起來，可從，字本象一人手中奉物贈與之形。又益以「市」形者，蓋因幣帛爲主要賻贈之物。三門峽虢國墓玉器墨書作「」（整理者釋「貢」），從「巾」與「市」同意。王氏以「市」爲聲符，不可從。予疑可釋「贈」。《左傳》文公五年孔穎達疏引《釋例》：「賵、賻、襚、含，摠謂之贈。」則「贈」爲賻贈義之總稱，義域最廣。此字既可用於鼎、壺等器物，又可用於車馬、玉器等，與「贈」最爲相稱。

082

□伯簋（西周晚）：～白（伯）乍（作）尊𣪕（簋）。◎銘圖4818

【案】《銘圖》釋「⿰坴白」。

083

□子□戈（春秋晚）：□子～用之戟（戟）。◎考古2008（4）43頁

【案】整理者釋「傀」。

084

甗□友簋（西周中）：甗～友乍（作）寶毁（簋）。◎銘續397

甗□友簋蓋（西周中）：甗～友乍（作）寶毁（簋）。◎銘續397

085

□史簋（西周中）：～史乍（作）且（祖）丁寶尊彝。◎銘續369

□史簋蓋（西周中）：～史乍（作）且（祖）丁寶尊彝。◎銘續369

【案】《銘續》釋「⿰余令」。字實不從「余」，而從「俞」字所從。張昂（2021）釋「鈴」。

086

非盂（西周早）：異～小子其肇乍（作）器。◎銘續536

087

□太師齊簋（西周早）：～大（太）師齊乍（作）寶彝。◎銘續356

【案】《銘續》釋「敇」。其右旁不似「攵」，而似「欠」之省。

088

□簋（西周中）：～乍（作）己白（伯）父丁寶尊彝。◎銘圖4548

089

□子□戈（春秋晚）：～子□用之戟（戟）。◎考古2008（4）43頁

090

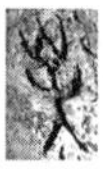

□盉（西周早）：～乍（作）父癸尊。◎銘續 965

□盉蓋（西周早）：～乍（作）父癸尊。◎銘續 965

091

太保鼎（西周早）：～乍（作）尊彝。◎銘續 104

【案】《銘續》疑是「衜」之誤剔，二者字形相遠，可疑。此與《說文》「衡」字古文「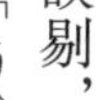」相似。

092

卌三年逑鼎丙（西周晚）：朱虢𩏶～。◎華章 71 頁

卌三年逑鼎辛（西周晚）：朱虢𩏶～。◎華章 111 頁

093

叔㿝簋（西周早）：弔（叔）㿝乍（作）～尊彝。◎新收 1842

【案】《通鑒》釋爲「鬼乙」二字。

094

茅□大令戈（戰國晚）：茅～大命（令）肖（趙）□。◎銘續 1240

【案】《銘續》釋「反」讀「阪」。

095

邵陰下官銅箍（戰國晚）：皮嗇夫王佗、冢子趙（？）起、冶～爲。◎陝金集成 1486

【案】疑可釋「砊」。

096

寡邑□鼎（西周早）：寡邑～乍（作）父乙寶尊鼎。◎銘續 144

【案】《銘續》釋「豖」。

097

仲□父鼎（西周晚）：仲～乍（作）且（祖）乙父鼎。漢字漢語研究 2018（1）25 頁

【案】黄錫全（2018）認爲字由甲骨文「吠」演變而來，釋爲「猧」，並據以肯定讀甲骨文「吠」爲「禍」之說。

098

□簋蓋（西周中）：～拜䭫（稽）首。◎新收 1959

099

叔休盤（春秋早）：～者君嗣（司）鹵弔（叔）休乍（作）寶般（盤）。◎銘圖 14482

叔休盉（春秋早）：～者君嗣（司）鹵弔（叔）休乍（作）寶般（盤）。◎銘圖 14778

100

□甗（西周晚）：～肈賈，又（有）羸，弗敢取（沮）。◎銘圖 3356

101

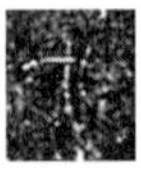

九年承匡令鼎（戰國晚）：九年承匡命（令）～。◎西安 14 頁

102

司馬義鎛（戰國早）：曰古朕皇祖～公。◎山東 104—108 頁

【案】此字右旁拓本難辨，董珊（2014a）摹本如此。諸家釋「悼」，似未合。

103

單父司寇鈹（戰國中）：工市（師）～。◎銘續 1347

104

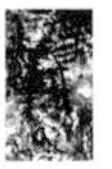

□盉（西周早）：～乍（作）且（祖）庚寶尊彝。◎銘圖 14735

【案】《銘圖》隸定作「悬」。疑字上從「鬲」。

105

甾盨蓋（西周中）：易（賜）女（汝）金車、旂、予～、幽黃（衡）。◎銘圖 5673

甾盉（西周中）：易（錫）女（汝）金車、旂、予～、幽黃（衡）。◎銘圖 14798

106

束仲豈父簋（西周晚）：束中（仲）～父乍（作）邋毁（簋）。◎銘續 404

107

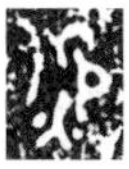

免簋（西周中）：赤市、幽黄（衡）、～勒、旂。◎回家（2019 二）71 頁

【案】《回家（2019 二）》釋「攸」，《銘三》516 釋「鋚」，均不確。疑即金文「盗」字所從，「盗」「鋚」音近可通。

108

十三年右工室鐘甲（戰國晚）：右工室兼～府安入。◎銘續 1009

109

冡子韓政戟刺（戰國晚）：冶肙（尹）黙造～旃（戟）朿（刺）。◎銘續 1289

【案】《銘續》釋「端」。

110

公族申戈（戰國中）：君命右～。◎銘續 1266

111

曾侯與鐘（春秋晚）：臨觀元～，嘉（嘉）梪（樹）芋（華）英。◎銘續 1034

【案】凡國棟（2014）釋「洋」而讀「祥」；李零（2015）、黄錦前（2017）亦釋「洋」，作盛大、衆多講；董珊（2014d）分析爲從「水」、「𩑶」聲，釋爲「灌」；馬曉穩（2016）從董釋而讀爲棧鐘「棧」；馬超（2017：362）釋「潩」，讀爲《說文・㗊部》之「嚚」。

112

□簋（西周中）：～曰。◎銘續 409

【案】《銘續》釋「汃」。

113

秦子戈（春秋早）：西～。◎銘續1243

【案】新版《通鑒》釋「瀘（鹽）」。

114

卌二年逑鼎甲（西周晚）：肄余乍（作）女（汝）～訇。◎華章39頁

卌二年逑鼎乙（西周晚）：肄余乍（作）女（汝）～訇。◎華章47頁

115

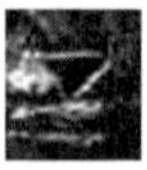

越王差徐戈（戰國早）：㠯（以）攸（修）～鄒（邊）土。◎故博2008（4）26頁

【案】吳振武（2008b）釋爲「強」之省體。今疑亦可能是「治」之省體，然則或可讀「治」。

116

大万尊（商晚）：～十終。◎銘續790

【案】朱鳳瀚（2015）釋「⿰角由」，謂可讀「迪」，而讀作「蹈」，指舞蹈」，李家浩（2016）釋「魯」，謂「口」上一豎筆是爲多餘筆畫，應讀爲「舞」。

117

□尹□鼎（春秋晚）：～尹□之□鼎。◎淅川27頁

【案】整理者釋「闇」。

118

燕侯簋（西周早）：匽（燕）侯乍（作）姬～。◎銘續322

119

攻吳王姑讎焉雒劍（春秋晚）：余戲𢦓鄃（郐）之～弟。◎銘續1352

【案】程義、張軍政（2015）分析爲從「人」從「女」，從「口」從「册」，釋「嗣」。曹錦炎（2015a）疑釋「㑵」。董珊（2015a）分析爲從「尸」從「〇」，從「皿」從「女」。疑釋讀爲「嬖」。吳鎮烽（2015b）隸定作「𡟰」，疑「始」字異構，讀爲「嗣」。李家浩（2015a）隸定作「䰬」，讀爲「義」。

120 
司馬義鎛（戰國早）：儇儇（煢煢）義非敢～□。
◎山東104—108頁

121 
曾侯與鐘（春秋晚）：穆□～□。
◎銘續1032
【案】諸家多隸定作「戠」而讀作「敦」。然其左旁既非「亯」，亦非「𦎫」。

122 
非盂（西周早）：廼～興還異好自幺（兹）。
◎銘續536
【案】曹錦炎（2015b）釋「我」；吳鎮烽（2015a）釋「戈」；董珊（2015b）以爲「柲」字初文而讀爲「必」；新亭客（2017）以爲是「必」字羨一横筆；張崇禮（2015）釋「弋」而讀「式」；李學勤（2017b）釋「弋」而讀「式」，謂即「試」字，訓用。

123 
子□鼎（商晚）：子～。
◎回家（2018）52頁

124 
琱生尊（西周晚）：余～大章（璋）。
◎文物2007（8）20頁

125 
父辛簋（商晚）：～乍（作）父辛□□寶尊彝。
◎陝金集成1833

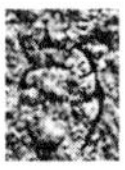
伯□鼎（西周中）：白（伯）～乍（作）寶鼎。
◎銘續86
【案】疑「黽」字。

126

朱緐劍（春秋晚）：旨～君疋壯吳之孫朱緐。
◎銘圖18024

【案】《銘圖》釋「壂」讀「地」。

127

具鼎（西周中）：具尊孠（厥）京～昪（登）。
◎銘續229

128

備君□戈（戰國）：備君～之車。
◎銘圖16739

【案】《銘圖》釋「畐」。

129

曾侯與鐘（春秋晚）：余永用～長。
◎銘續1034

【案】諸家釋「畂」，似可疑。

130

晉侯斷簋（西周中）：晉侯斷乍（作）～𣪕（簋）。
◎晉國99頁

晉侯斷簋蓋（西周中）：晉侯斷乍（作）～𣪕（簋）。◎銘續423

131

□□作父己尊（西周早）：□～乍（作）父己尊彝。◎銘續786

【案】《銘續》釋「琪」。

132

房子令趙結戈（戰國晚）：下庫工帀（師）～梁。
◎黄盛璋76頁

133

引簋（西周中）：同～追，孚（俘）吕兵。
◎銘圖5299

【案】李零（2011）以爲從「叕」；王恩田（2011）以爲從「市」；劉海宇、武健（2011）以爲從「垂」，釋「陲」；李學勤（2011c）以爲從《說文》「羨」字之省，讀爲「隨」。

134

宗人簋（西周中）：白（伯）氏召（詔）湗白（伯）飤湅～。◎銘續 461

【案】曹錦炎（2016）釋「醽」；《銘續》隸定作「醂」；王挺斌（2022）謂其右旁即甲金文之「」「」，從「求」聲，讀「醪」。

135

者兒戈（春秋晚）：爲其～戈。◎銘續 1255

136

□叔□甗（西周早）：～弔（叔）□乍（作）寶尊彝。◎銘圖 3286

137

□叔□甗（西周早）：□弔（叔）～乍（作）寶尊彝。◎銘圖 3286

138

具鼎（西周中）：公復具～。◎銘續 229

【案】《銘續》隸定作「䵼」，讀爲「祼」。字實不從「果」。疑與甲骨文「」爲一字，會以圭瓚酌酒沃於束茅之意，確有可能是「祼」之異體。

139

蔡嫁盤（春秋早）：～侯曾（贈）蔡嫁般（盤）。◎全集（10）390 頁

140

□甗（西周早）：～乍（作）父乙。◎銘續 272

【案】《銘續》釋爲「□狀」二字。

141

馬□鼎（商晚）：馬～。◎考報 2008（3）363 頁

馬□鼎（商晚）：馬～。◎考報 2008（3）363 頁

馬□斝（商晚）：馬～。◎考報 2008（3）368 頁

142

□力觚（商晚）：～力。◎銘圖 9476

143

卌二年逑鼎甲（西周晚）：女（汝）～長父吕（以）追博戎。◎華章 39 頁

卌二年逑鼎乙（西周晚）：女（汝）～長父吕（以）追博戎。◎華章 47 頁

【案】何琳儀、時兵（2006）認爲即見於甲骨文之「矣」字（「」），從「八」、「矢」聲，即「家」之前身，讀「遂」訓進。

144

子□壺（商晚）：史子～。◎陝博（10）185 頁

145

作册般黿（商晚）：王一射，～射三。

◎歷文 2005(1)封二

146

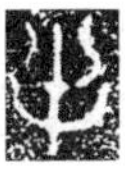

應侯視工鼎（西周晚）：隹（唯）南尸（夷）～敢乍（作）非良。◎上博(10)105頁

應侯視工簋蓋（西周晚）：王命雁（應）侯征伐～南尸（夷）～。◎首陽114頁

147

倗伯簋（西周中）倗白（伯）乍（作）～姬寶旅𣪘（簋）。◎文物2006(8)17頁

148

曾伯克父簠甲蓋（春秋早）：用齋用～。

◎銘續518

曾伯克父簠乙蓋（春秋早）：用齋用～。

◎銘續519

【案】《銘續》釋「雀」讀「穪」。謝明文(2017b)釋「爵」，疑同義換讀爲「觴」，或讀爲與祭祀有關之「鬺」。新版《通鑒》以爲「觴」字之訛變。如確係「觴」之訛變，則可與器銘之「牖」同讀爲將享之「將」。參卷十四「牆」字條。

149

祖辛鼎（西周早）：～或且（祖）辛。

◎銘續69

150

豳公盨（西周中）：益～懿德。

◎歷文2002(6)4頁

151

亡□戈（春秋晚）：亡～。

◎銘續1083

152

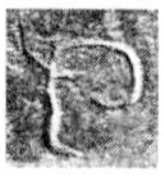

父辛尊（商晚）：～□父辛。◎賽寶會143頁

153

□□鐘（西周中）：～□。◎陝金集成546

154

□□鐘（西周中）：□～。◎陝金集成546

【案】疑從二「⿰爿片」。

155

曾侯鐘（春秋晚）：愄（畏）記（忌）愠（温）龏（恭），□□～□□諭（命）。◎銘續1025

156

□尹□鼎（春秋晚）：□尹～之□鼎。◎淅川27頁

157

□尹□鼎（春秋晚）：□尹□之～鼎。◎淅川27頁

158

䜌鼎（西周晚）：于朕皇考師孝，～乍（作）尹氏，□妾甸人。◎文博2007（2）17頁

159

䜌鼎（西周晚）：于朕皇考師孝，□乍（作）尹氏，～妾甸人。◎文博2007（2）17頁

160

□簋蓋（西周中）：～乍（作）寶設（簋）。

◎銘圖4638

【案】《銘圖》疑隸作「輊」。

161

尊彝鬲（西周早）：□□～□用乍（作）中（仲）□尊彝。◎銘圖2829

162

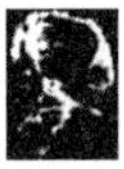

桒盉（商晚）：～首□。

◎滕州303頁

163

桒盉（商晚）：□首～。

◎滕州303頁

164

□卣（西周早）：～乍（作）妣（？）日丁尊彝。

◎文物2001（8）17頁

165

母丁觶蓋（商晚）：～保□。

◎滕州297頁

母丁觶（商晚）：～保羽鳥。

◎滕州297頁

166

母丁觶蓋（商晚）：□保～。

◎滕州297頁

167

辛嚻相簋（西周早）：辛嚻相□賓弔（叔）～□□。◎文物2004（8）80頁

168

辛嚚相簋（西周早）：辛嚚相□賓弔（叔）□～□。◎文物2004（8）80頁

169

辛嚚相簋（西周早）：辛嚚相□賓弔（叔）□□～。◎文物2004（8）80頁

170

辛嚚相簋（西周早）：辛～乍（作）用□。◎文物2004（8）80頁

171

辛嚚相簋（西周早）：辛□乍（作）用～。◎文物2004（8）80頁

172

辛嚚相簋（西周早）：辛嚚相日～弔（叔）□□金。◎文物2004（8）80頁

173

辛嚚相簋（西周早）：辛嚚相日□弔（叔）～□金。◎文物2004（8）80頁

174

辛嚚相簋（西周早）：辛嚚相日□弔（叔）□～金。◎文物2004（8）80頁

175

辛嚚相簋（西周早）：辛～□□□于船宫。◎文物2004（8）80頁

176

辛囂相簋（西周早）：辛□～□□于船宫。

◎文物 2004（8）80 頁

177

辛囂相簋（西周早）：辛□□～□于船宫。

◎文物 2004（8）80 頁

178

辛囂相簋（西周早）：辛□□□～于船宫。

◎文物 2004（8）80 頁

179

辛囂相簋（西周早）：～子子孫其□寶。

◎文物 2004（8）80 頁

180

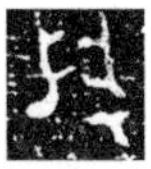

辛囂相簋（西周早）：□子子孫其～寶。

◎文物 2004（8）80 頁

181

□□簋（西周早）：～□。

◎文物 2006（8）17 頁

182

□□簋（西周早）：□～。

◎文物 2006（8）17 頁

183

伯□簋（西周早）：白（伯）□乍（作）寶尊彝。

◎新收 945

184

伯□鼎（西周早）：公易（賜）白（伯）～寶玉五品。◎銘續 213
【案】《銘續》疑是「豸」字。

185

廿八年晉陽令趙去疾戈（戰國晚）：冶～執齋（劑）。◎珍秦齋吳 199 頁

186

仲□父盆（西周中）：中（仲）～父乍（作）旅盆。◎銘圖 6258

187

鄀伯盤（春秋早）：隹（唯）鄀白（伯）貝～自用。◎銘續 941

188

□鼎（西周中）：～乍（作）□寶彝。◎銘續 123
【案】《銘續》釋「光（殺）」。

189

□鼎（西周中）：□乍（作）～寶彝。◎銘續 123
【案】《銘續》疑「聽」字。

190
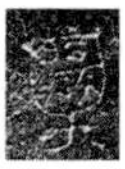
召公之孫鼎（春秋早）：卿事□之元子綰是爲中～大嗣（司）工。◎九如園 24

191

□鼎（西周晚）：～乍（作）嫯（鐙）鼎。◎銘續 138

192

□簋（西周早）：～乍（作）父乙寶尊彝。

◎銘續352

193

妹□□觚（商晚）：妹□～。

◎銘圖9679

194

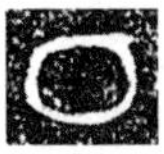

□公簋（西周早）：～公乍（作）寶彝。

◎銘續324

195

□仲鼎（西周早）：～中（仲）乍（作）彝。

◎銘續73

196

父己尊（西周早）：～□乍（作）父己尊彝。

◎考文2017（2）5頁

197

父己尊（西周早）：□～乍（作）父己尊彝。

◎考文2017（2）5頁

198

□爵（商晚）：～。

◎文物2017（6）28頁

199

番仲□匜（春秋早）：隹（唯）番中（仲）～自乍（作）尊它（匜）。◎銘續991

200

□其卣（西周早）：者魯戊公乃妹子～其乍（作）父戊寶尊。◎銘續 878

□其卣蓋（西周早）：者魯戊公乃妹子～其乍（作）父戊寶尊。◎銘續 878

201

公乘斯戈（戰國中）：上庫工帀（師）～議。◎銘續 1249

202

廿八年公乘戈（戰國晚）：冶～。◎銘續 1234

203

者兒戈（春秋晚）：絺（滕）～公之孫。◎銘續 1255

204

者兒戈（春秋晚）：尃～。◎銘續 1255

205

曾侯鐘（春秋晚）：～□臧（壯）武。◎銘續 1025

【案】《銘續》釋「徇」。

筆畫檢字表

六畫

七畫

八畫

九畫

十四畫

十五畫

十八畫

十九畫

二十畫

二十一畫

二十二畫

二十三畫

參考文獻

白軍鵬 2011 《翼城大河口墓地M2002所出鳥形盉銘文解釋》，復旦大學出土文獻與古文字研究中心網站，五月四日。

白於藍 2000 《「玄衣巟屯」新解》，《中國文字》新廿六期，藝文印書館。

白於藍 2001 《郭店楚墓竹簡考釋（四篇）》，《簡帛研究二〇〇一》，廣西師範大學出版社。

白於藍 2015 《說「綏」》，《中國國家博物館館刊》第一期。

蔡運章 2000 《論新發現的一件宜陽銅戈》，《文物》第十期。

蔡運章、趙曉軍、戴霖 2004 《論右孠鼎銘及其相關問題》，《文物》第九期。

曹錦炎 2000 《釋兔》，《古文字研究》第二十輯，中華書局。

曹錦炎 2004 《自鐸銘文考釋》，《文物》第二期。

曹錦炎 2008 《工尹坡盞銘文小考》，《古文字學論稿》，安徽大學出版社。

曹錦炎 2014 《蔡公子縝戈與楚簡中的「慎」》，《古文字研究》第三十輯，中華書局。

曹錦炎 2015a 《新見攻盧王姑發皮難劍銘文及其相關問題》，《出土文獻與古文字研究》第六輯，上海古籍出版社。

曹錦炎 2015b 《異好簋銘文小考》，「饒宗頤教授百歲華誕國際學術研討會」論文，香港大學，十二月五—七日。

曹錦炎 2016 《宗人簋銘文與西周時的燕禮》，《古文字研究》第三十一輯，中華書局。

陳漢平 1989 《說隹、椎、擣、檮、夲、禱、暴》，載所著《屠龍絕緒》，黑龍江教育出版社。

陳　劍 2001a 《據郭店簡釋讀西周金文一例》，《北京大學古文獻研究中心集刊》第二輯，燕山出版社。

陳　劍 2001b 《說慎》，《簡帛研究二〇〇一》，廣西師範大學出版社。

陳　劍 2004 《甲骨金文舊釋「尤」之字及相關諸字新釋》，《北京大學中國古文獻研究中心集刊》第四輯，北京大學出版社。

陳　劍　2005　《釋上博竹書〈昭王毀室〉的「幸」字》，《漢字研究》第一輯，學苑出版社。
陳　劍　2006a　《晉侯墓銅器小識》，《中國歷史文物》第六期。
陳　劍　2006b　《甲骨文舊釋「眢」和「𥂥」的兩個字及金文「𦔻」字新釋》，《出土文獻與古文字研究》第一輯，復旦大學出版社。
陳　劍　2006c　《釋造》，《出土文獻與古文字研究》第一輯，復旦大學出版社。
陳　劍　2007a　《釋「琮」及相關諸字》，《甲骨金文考釋論集》，綫裝書局。
陳　劍　2007b　《金文「彖」字考釋》，《甲骨金文考釋論集》，綫裝書局。
陳　劍　2007c　《釋上博竹書和春秋金文的「羹」字異體》，《2007 中國簡帛學國際論壇論文集》，臺灣大學中國文學系。
陳　劍　2008a　《金文字詞零釋(四則)》，復旦大學出土文獻與古文字研究中心網站，二月五日
陳　劍　2008b　《甲骨金文舊釋「䵼」及相關諸字新釋》，《出土文獻與古文字研究》第二輯，復旦大學出版社。
陳　劍　2009　在葛亮(2009)後的評論(網名「yihai」)。
陳　劍　2010　《試說戰國文字中寫法特殊的「亢」和从「亢」諸字》，《出土文獻與古文字研究》第三輯，復旦大學出版社。
陳　劍　2012　在吴鎮烽(2012)後的評論。
陳　劍　2013　《釋「疌」及相關諸字》，《出土文獻與古文字研究》第五輯，上海古籍出版社。
陳　劍　2014a　在董珊(2014d)後的評論(網名「yihai」)。
陳　劍　2014b　在董珊(2014e)後的評論(網名「yihai」)。
陳　劍　2015　《〈容成氏〉補釋三則》，《出土文獻與古文字研究》第六輯，上海古籍出版社。
陳　劍　2021　《簡談清華簡〈四告〉與金文的「祜福」——附釋唐侯諸器的「佩(賵)」字》，《出土文獻綜合研究集刊》第十三輯。
陳　劍　2022　《昔雞簋銘用爲「送」之字與相關問題》，《有鳳來儀——夏含夷教授七十華誕祝壽論文集》，中西書局。
陳　健　2016　《新見所謂「魚匕」銘文再考》，《安徽文學》第八期。
陳絜、祖雙喜　2005　《亢鼎銘文與西周土地所有制》，《中國歷史文物》第一期。
陳民鎮　2019a　《嬭加編鐘銘文賸義》，清華大學出土文獻研究與保護中心網站，八月七日。

陳民鎮 2019b《嬭加編鐘銘「帥禹之堵」解》，清華大學出土文獻研究與保護中心網站，八月七日。
陳佩芬 2000《新獲兩周青銅器》，《上海博物館集刊》第八期，上海書畫出版社。
陳佩芬 2010《再議曶簋》，《中國古代青銅器國際研討會論文集》，上海博物館、香港中文大學文物館。
陳斯鵬 2002《說「凷」及其相關諸字》，《中國文字》新廿八期，藝文印書館。
陳斯鵬 2004《「眔」爲「泣」之初文說》，《古文字研究》第二十五輯，中華書局。
陳斯鵬 2006《讀〈上博竹書(五)〉小記》，簡帛網，四月一日。
陳斯鵬 2007《簡帛文獻與文學考論》，中山大學出版社。
陳斯鵬 2008《唐叔虞方鼎銘文新釋》，《古文字學論稿》，安徽大學出版社。
陳斯鵬 2011《楚系簡帛中字形與音義關係研究》，中國社會科學出版社。
陳斯鵬 2012a《新見金文釋讀商補》，《古文字研究》第二十九輯，中華書局。
陳斯鵬 2012b《吳王闔廬劍小考》，復旦大學出土文獻與古文字研究中心網站，一月十五日。
陳斯鵬 2013《西周史牆盤銘新釋》，《中山大學學報》(社會科學版)第六期。
陳斯鵬 2017《從〈楚辭〉「不豫」說到〈詩〉〈書〉的「無斁」「無射」》，「出土文獻與傳世典籍的詮釋國際學術研討會」論文，復旦大學，十月十四—十五日。
陳斯鵬 2019a《舊釋「粦」字及相關問題新解》，《文史》第四輯。
陳斯鵬 2019b《清華大學所藏竹書〈邦家之政〉校證》，《中山大學學報》(社會科學版)第六期。
陳斯鵬 2020《曾、楚、周關係的新認識——隨州棗樹林墓地 M169 出土編鐘銘文的初步研究》，《出土文獻》第二期。
陳斯鵬 2021a《金文「蔑曆」及相關問題試解》，《出土文獻》第三期。
陳斯鵬 2021b《齊侯壺銘文新探》，《青銅器與金文》第七輯，上海古籍出版社。
陳斯鵬 2022《釋西周金文中的「虘」字》，「首屆出土文獻語言文字研究國際學術研討會」論文，彰化師範大學，十二月十七—十八日。

陳斯鵬 2023 《說𣎴》，「紀念陳樂素教授誕辰 120 周年暨全國高校古委會第四屆青年學者學術研討會」論文，暨南大學，六月十六—十九日。
陳斯鵬 2024 《談談安大簡〈曹蔑之陣〉中的幾處訛字》，《中國考據學》第一輯，商務印書館。
陳松長 2002 《「」字小考》，《晉侯墓地出土青銅器國際學術研討會論文集》，上海書畫出版社。
陳　偉 2015 《曾侯腆編鐘「汭土」試說》，《江漢考古》第一期。
陳偉武 1996 《軍器及其題銘與簡帛兵學文獻》，《華學》第二輯，中山大學出版社。
陳偉武 2000 《舊釋「折」及從「折」之字平議》，《古文字研究》第二十二輯，中華書局。
陳偉武 2004 《說「貘」及其相關諸字》，《古文字研究》第二十五輯，中華書局。
陳英傑 2007 《新出琱生尊補釋》，《考古與文物》第五期。
陳英傑 2008 《贙公盨銘文再考》，《語言科學》第一期。
陳　致 2014 《「允」「晄」「畯」試釋》，《饒宗頤國學院院刊》創刊號。
陳治軍 2015 《異好簋銘文補釋》，復旦大學出土文獻與古文字研究中心網站，十二月二十四日。
程鵬萬 2018 《從競之漁鼎自名談包山楚簡 265 號簡上的「鐳」》，《古文字研究》第三十二輯，中華書局。
程　燕 2004 《𦉢叔盨新釋》，《古文字研究》第二十五輯，中華書局。
程義、張軍政 2015 《蘇州博物館新入藏吴王餘昧劍初探》，《文物》第九期。
鄧佩玲 2011 《讀山西翼城大河口出土鳥形盉銘文札記》，復旦大學出土文獻與古文字研究中心網站，八月四日。
董蓮池 1995 《金文編校補》，東北師範大學出版社。
董蓮池 2005 《釋𣪘》，《漢字研究》第一輯，學苑出版社。
董蓮池 2008 《「𠦪」字釋禱說的幾點疑惑》，《古文字研究》第二十七輯，中華書局。
董蓮池 2011 《新金文編》，作家出版社。
董　珊 2003 《略論西周單氏家族窖藏青銅器銘文》，《中國歷史文物》第四期。

董　珊 2004　《重讀紹興新發現的甬鐘銘文》,《中國文物報》四月二十三日第七版。
董　珊 2005　《任鼎新探——兼說亢鼎》,《黄盛璋先生八秩壽誕紀念文集》,中國教育文化出版社。
董　珊 2006　《讀珍秦齋藏秦銅器札記》,《珍秦齋藏金·秦銅器篇》,澳門基金會,二〇〇六年。
董　珊 2007　《「弌日」解》,《文物》第三期。
董　珊 2008a　《侯馬、溫縣盟書中「明殛視之」的句法分析》,復旦大學出土文獻與古文字研究中心網站,一月五日。
董　珊 2008b　《讀聞尊銘》,復旦大學出土文獻與古文字研究中心網站,四月二十六日。
董　珊 2008c　《越王差徐戈考》,《故宫博物院院刊》第四期。
董　珊 2008d　爲蕭春源《珍秦齋藏金·吴越三晉篇》所作藏品説明,澳門基金會。
董　珊 2008e　《讀珍秦齋藏吴越三晉銘文劄記》,載蕭春源《珍秦齋藏金·吴越三晉篇》,澳門基金會。
董　珊 2010　《釋楚文字中的「汁邡」與「朐忍」》,《出土文獻》第一輯,中西書局。
董　珊 2011　《翼城大河口鳥形盉銘文的理解》,復旦大學出土文獻與古文字研究中心網站,五月五日。
董　珊 2012a　《五年春平相邦葛得鼎考》,《古文字與古代史》第三輯,「中研院」歷史語言研究所。
董　珊 2012b　《新見魯叔四器銘文考釋》,《古文字研究》第二十九輯,中華書局。
董　珊 2012c　《郘公皶父二器簡釋》,《出土文獻》第三輯,中西書局。
董　珊 2012d　《競孫鬲、壺銘文再考》,復旦大學出土文獻與古文字研究中心網站,六月四日。
董　珊 2014a　《試說山東滕州莊里西村所出編鎛銘文》,《古文字研究》第三十輯,中華書局。
董　珊 2014b　《西絳縣横水 M2 出土肅卣銘文初探》,《文物》第一期。
董　珊 2014c　《達段之命解》,「曾國考古發現與研究」學術研討會論文,十二月二十一日,北京。
董　珊 2014d　《隨州文峰塔 M1 出土三種曾侯與編鐘銘文考釋》,復旦大學出土文獻與古文字研究中心網站,十月四日。
董　珊 2014e　《曾侯丙方缶銘文解釋》,復旦大學出土文獻與古文字研究中心網站,十二月三十一日。
董　珊 2015a　《新見吴王餘昧劍銘考證》,《故宫博物院院刊》第五期。

董　珊 2015b《異好簋小箋》，復旦大學出土文獻與古文字研究中心網站，十二月十三日。
董　珊 2015c《韓伯豐方鼎初論》，「漢字國際學術研討論暨東亞研究型大學協會第三屆漢字文化研討會」論文。
董　珊 2020《秦武公銅器銘文的新發現》，《秦漢銘刻叢考》，上海古籍出版社。
董珊、陳劍 2002《燕王職壺銘文研究》，《北京大學中國古文獻研究中心集刊》第三輯，北京大學出版社。
ee 2016《〈商周青銅器銘文暨圖像集成續編〉釋文校訂》，簡帛網「簡帛論壇」，十一月四日。
凡國棟 2013《隨州葉家山新出「□子鼎」銘文簡釋》，羅運環主編《楚簡楚文化與先秦歷史文化國際學術研討會論文集》，湖北教育出版社。
凡國棟 2014《曾侯與編鐘銘文柬釋》，《江漢考古》第四期。
方勤等 2017《湖北京山蘇家壟遺址考古收獲》，《江漢考古》第六期。
方稚松 2007《釋殷墟花園莊東地甲骨中的瓚、祼及相關諸字》，《中原文物》第一期。
方稚松 2008《談談甲骨金文中的「肇」字》，復旦大學出土文獻與古文字研究中心網站，一月十七日。
方稚松 2015《關於甲骨文「叀」字構形的再認識》，《故宫博物院院刊》第二期。
馮　聰 2020《河南新出「倗夫人嬺鼎」銘文補釋》，《中國文字研究》第三十輯，社會科學文獻出版社。
馮勝君 2004《釋戰國文字中的「夗」》，《古文字研究》第二十五輯，中華書局。
馮勝君 2010《試說東周文字中部分「嬰」及从「嬰」之字的聲符——兼釋甲骨文中的「瘿」和「頸」》，《出土文獻與傳世典籍的詮釋：紀念譚樸森先生逝世兩周年國際學術研討會論文集》，上海古籍出版社。
馮　時 2003《燹公盨銘文考釋》，《考古》第五期。
馮　時 2006《坂方鼎、榮仲方鼎及其相關問題》，《考古》第八期。
馮　時 2009《倗夫人嬺鼎銘文及其相關問題》，《中原文物》第六期。
馮　時 2014《葉家山曾國墓地札記三題》，《江漢考古》第二期。
傅修才 2013《新見宋公𤔲鋪銘文辨正——兼論宋公𤔲鋪與宋公圝鼎的關係》，復旦大學出土文獻與古文字研究中心網站，十月十八日。
傅修才 2016 《新出仲太師器銘文釋讀》，陳偉武主編《古文字論壇》第二輯，中西書局。
葛　亮 2009 《〈攻茵堂藏中國銅器〉有銘部份校讀》，復旦大學出土文獻與古文字研究中心網站，十二月十一日。
葛　亮 2019 《九如園藏方甗銘文考釋》，鄒芙都主編《商周金文與先秦史研究論叢》，科學出版社。
管文韜 2019 《試論晉公盤銘文及相關問題》，《青銅器與金文》第三輯，上海古籍出版社。
廣瀨薰雄 2010 《釋「卜缶」》，《古文字研究》第二十八輯，中華書局。
郭長江等 2019 《嬭加編鐘銘文的初步釋讀》，《江漢考古》第三期。
郭理遠 2019 《飛諾藝術品工作室所藏「向壽戈」銘文補釋》，《出土文獻》第十四輯，中西書局。
郭理遠 2023 《新見唐侯作器銘文釋字一則》，《中國美術學院學報》第三期。
郭永秉 2008 《釋上博楚簡〈平王問鄭壽〉的「訊」字》，《古文字研究》二十七輯，中華書局。
郭永秉 2010 《談古文字中的「要」字和從「要」之字》，《古文字研究》二十八輯，中華書局。
郭永秉 2011 《釋三晉銘刻「鬲」字異體——兼談國博藏十七年春平侯鈹銘真僞》，《簡帛》第六輯，上海古籍出版社。
郭永秉 2012 《談談戰國文字中可能與「庖」有關的資料》，《出土文獻研究》第十一輯，中華書局。
郭永秉 2013 《從戰國楚系「乳」字的辨釋談到戰國銘刻中的「乳（孺）」子》，《簡帛・經典・古史》，上海古籍出版社。
郭永秉 2016 《曾伯陭鉞銘文平議》，《中國古代法律文獻研究》第十輯，社會科學文獻出版社。
郭永秉 2020 《魏國青銅器記容銘文中的「㦸」和「脣」》，《中華文史論叢》第四期。
郭永秉、鄔可晶 2013 《說「索」、「⿰索刂」》，《出土文獻》第三輯，中西書局。
韓自強 2007 《新見六件齊、楚銘文兵器》，《中國歷史文物》第五期。
韓自強 2008 《過眼雲煙——記新見五件晉系銘文兵器》，《古文字研究》第二十七輯，中華書局。
何景成 2008 《釋「花東」卜辭的「所」》，《古文字研究》第二十七輯，中華書局。
何景成 2009 《鮑子鼎銘文補釋》，復旦大學出土文獻與古文字研究中心網站，九月十八日。

何景成 2012 《瑀生尊「有司眔注兩屖」試解》，《古文字研究》第二十九輯，中華書局。
何景成 2015a 《釋曾侯與編鐘銘文中的「堂」》，《出土文獻》第六輯，中西書局。
何景成 2015b 《釋金文詞語「逆送」》，《中國文字研究》第二十二輯，上海書店出版社。
何景成 2017a 《甲骨文字詁林補編》，中華書局。
何景成 2017b 《霸伯盂與周代皮幣制度》，《出土文獻》第十一輯。
何景成 2018 《新出昔雞簋與甲骨文「害」字考釋》，《青銅器與金文》第二輯，上海古籍出版社。
何景成 2021 《論「叔子穀卮」的自名》，《青銅器與金文》第七輯，上海古籍出版社。
何琳儀 1998 《戰國古文字典》，中華書局。
何琳儀 2003 《逨盤古辭探微》，《安徽大學學報》第四期。
何琳儀、高玉平 2007 《唐子仲瀕兒匜銘文補釋》，《考古》第一期。
何琳儀、胡長春 2005 《釋攀》，《漢字研究》第一輯，學苑出版社。
何琳儀、時兵 2006 《釋「豙」》，《中國文字學報》第一輯，商務印書館。
侯乃峰 2010 《鮑子鼎銘文補說》，《中國歷史文物》第二期。
侯乃峰 2015 《古文字中的「助」字補說》，《第五屆中國文字發展論壇論文集》，中州古籍出版社。
侯乃峰 2016 《新見魯叔四器與魯國早期手工業》，《考古與文物》第一期。
湖北省文物考古研究所等 2012 《湖北隨州義地崗曾公子去疾墓發掘簡報》，《江漢考古》第三期。
湖北省文物考古研究所等 2014 《湖北隨州市文峰塔東周墓地》，《考古》第七期。
湖北省文物考古研究所等 2015 《湖北隨州文峰塔墓地 M4 發掘簡報》，《江漢考古》第一期。
湖北省文物考古研究所等 2016a 《湖北隨州葉家山 M107 發掘簡報》，《江漢考古》第三期。
湖北省文物考古研究所等 2016b 《湖北棗陽郭家廟墓地曹門灣墓區（2014）M10、M13、M22 發掘簡報》，《江漢考古》第五期。
胡長春 2009 《鍾離氏始祖「宋襄公母弟敖」新證暨「鶩鶩雝雝」釋義的再探討》，《考古與文物》第三期。

胡嘉麟 2016 《上海博物館藏伯弘父盨札記》,《中原文物》第四期。
胡 寧 2019 《異[illegible]簋銘文釋論》,《青銅器與金文》第三輯,上海古籍出版社。
胡其偉 2022 《試論嬭加編鐘的時代與曾楚關係》,《江漢考古》第六期。
黄鳳春 2018 《談「唐侯制隨夫人」壺的國別、年代及相關問題》,復旦大學出土文獻與古文字研究中心網站,七月十九日。
黄鳳春、陳樹祥、凡國棟 2011 《湖北隨州葉家山新出西周曾國銅器及相關問題》,《文物》第十一期。
黄鳳春、胡剛 2014 《再説西周金文中的「南公」——二論葉家山西周曾國墓地的族屬》,《江漢考古》第五期。
黄 傑 2014 在吴鎮烽(2014)後的評論。
黄 傑 2016 《隨州文峰塔曾侯與編鐘銘文補釋》,《中國文字》新四十二期,藝文印書館。
黄錦前 2012a 《霸伯盂銘文考釋》,《中國國家博物館館刊》第五期。
黄錦前 2012b 《郭莊楚墓出土競氏有銘銅器試釋》,復旦大學出土文獻與古文字研究中心網站,六月一日。
黄錦前 2013 《荊子鼎與成王岐陽之盟》,《中國國家博物館館刊》第九期。
黄錦前 2016 《東周金文「石沱」正解》,《江漢考古》第一期。
黄錦前 2017 《曾侯與編鐘銘文讀釋》,《中國國家博物館館刊》第三期。
黄錦前 2019 《讀伯克父甘婁盨銘瑣記》,《中國國家博物館館刊》第四期。
黄盛璋 1983 《戰國「冶」字結構類型與分國研究》,《古文字學論集初編》,香港中文大學。
黄錫全 2002a 《晉侯墓地諸位晉侯的排列及叔虞方鼎補證》,《晉侯墓地出土青銅器國際學術研討會論文集》,上海書畫出版社。
黄錫全 2002b 《西周貨幣史料的重要發現——亢鼎銘文的再研究》,《中國錢幣論文集》第四輯,中國金融出版社。
黄錫全 2002c 《新見宜陽銅戈考論》,《考古與文物》第二期。
黄錫全 2002d 《燕破齊史料的重要發現——燕王職壺銘文的再研究》,《古文字研究》第二十四輯,中華書局。
黄錫全 2002e 《金文「滅宁」試解》,《中國文字》新廿八期,藝文印書館。
黄錫全 2005 《棗陽郭家廟曾國墓地出土銅器銘文考釋》,襄樊市考古隊等《棗陽郭家廟曾國墓地》,科學出版社。

黃錫全 2008 《西周「文盨」補釋》，《古文字學論稿》，安徽大學出版社。
黃錫全 2009 《介紹一件新見銅戈》，《古文字與古貨幣文集》，文物出版社。
黃錫全 2012 《介紹兩件新見有銘銅戈》，《古文字研究》第二十九輯，中華書局。
黃錫全 2016 《介紹一件新見楚子黑肶戈》，《古文字研究》第三十一輯，中華書局。
黃錫全 2018 《甲骨文「禍」字新證》，《漢字漢語研究》第一期。
黃錫全 2019 《湖北出土商周文字輯證（增補本）》，武漢大學出版社。
黃錫全、馮務建 2004 《湖北鄂州新出一件有銘銅戈》，《文物》第十期。
黃益飛 2015 《曾侯腆鐘銘文研究》，《南方文物》第四期。
黃益飛 2018 《略論昔雞簋銘文》，《中國國家博物館館刊》第三期。
冀小軍 1991 《說甲骨金文中表祈求義的桒字——兼談桒字在金文車飾名稱中的用法》，《湖北大學學報》（哲學社會科學版）第一期。
江學旺 2017 《西周文字字形表》，上海古籍出版社。
蔣書紅 2010 《聞尊銘文考釋》，《中國歷史文物》第三期。
蔣玉斌 2012 《釋西周春秋金文中的「討」》，《古文字研究》第二十九輯，中華書局。
蔣玉斌 2018 《釋甲骨金文的「蠢」兼論相關問題》，《復旦學報》（社會科學版）第五期。
鞠煥文 2016 《古文字「葬」字簡釋》，《中國文字研究》第二十三輯，上海書店出版社。
苦行僧 2012 《山東近出青銅器銘文中的一個字》，復旦大學出土文獻與古文字研究中心網站「學術討論」，四月二十日。
苦行僧 2013 在謝雨田（2013）後的評論。
李愛民 2019 《2010年以來新出商周金文的整理與研究》，中山大學博士學位論文（指導教師：陳斯鵬）。
李愛民 2020 《宗人簋銘文補釋》，《文物春秋》第三期。
李伯謙 2001 《叔矢方鼎銘文考釋》，《文物》第八期。

李朝遠 2005 《讀榮仲方鼎》,《中國文物報》,十二月二日。
李春桃 2014 《自鐘銘文補釋——兼說擄器》,《古文字研究》第三十輯,中華書局。
李春桃 2015 《夒膚瑚銘文新釋》,《古代文明》第四期。
李春桃 2018 《金文「醢」字小考》,《青銅器與金文》第二輯。
李春桃 2022 《談青銅器盆的一種自名——兼論仲阪父盆的真僞》,《張長壽、陳公柔先生紀念文集》,中西書局。
李春桃、凡國棟 2022 《嬭加編鐘的定名、釋讀及時代》,《江漢考古》第六期。
李　剛 2012 《盍、篕補釋》,《古文字研究》第二十九輯,中華書局。
李家浩 1985 《盱眙銅壺芻議》,《古文字研究》第十二輯,中華書局。
李家浩 1987 《從戰國「忠信」印談古文字中的異讀現象》,《北京大學學報》(哲學社會科學版)第二期。
李家浩 2001 《談春成侯盉與少府盉的銘文及其容量》,《華學》第五輯,中山大學出版社。
李家浩 2007 《攻敔王姑義䧾劍銘文及其所反映的歷史》,《古文字與古代史》第一輯,「中研院」歷史語言研究所。
李家浩 2008 《釋老簋銘文中的「濾」字——兼談「只」字的來源》,《古文字研究》第二十七輯,中華書局。
李家浩 2010 《讀金文札記兩則》,《古文字研究》第二十八輯,中華書局。
李家浩 2011 《攻敔王者彶叡虜劍與者減鐘》,「第三屆古文字與古代史國際學術研討會」論文,臺北,三月二十五—二十七日。
李家浩 2012 《葛陵村楚簡中的「句鄂」》,《古文字研究》第二十九輯,中華書局。
李家浩 2015a 《吴王餘眜兩劍銘文補釋》,《兵與禮:蘇州博物館新入藏吴王餘眜劍研討會論文集》,文物出版社。
李家浩 2015b 《郳公鞁父鎛銘文補釋》,《出土文獻》第六輯,中西書局。
李家浩 2016 《大万尊銘文釋讀》,《出土文獻》第八輯,中西書局。
李家浩 2018 《楚王孫鮒兵器與競之鮒鼎》,《先秦兩漢訛字學術研討會論文集》,清華大學。
李家浩 2019 《楚墓卜筮簡說辭中的「樂」「百」「贛」》,《出土文獻綜合研究集刊》第十輯,巴蜀書社。
李家浩 2020 《沂水工盧王劍與湯陰工盧王劍》,《出土文獻》第一期。

李　零 2002 《論豳公盨發現的意義》,《中國歷史文物》第六期。
李　零 2003 《讀楊家村出土的虞逑諸器》,《中國歷史文物》第六期。
李　零 2010 《讀〈首陽吉金〉》,《中國古代青銅器國際研討會論文集》,上海博物館、香港中文大學文物館。
李　零 2011 《讀陳莊遺址出土的青銅器銘文》,《海岱考古》第四輯,科學出版社。
李　零 2015 《文峰塔M1出土鐘銘補釋》,《江漢考古》第一期。
李　零 2020 《丽器考》,《青銅器與金文》第四輯,上海古籍出版社。
李守奎 2015 《釋悍距末與楚帛書中的「方」字》,《漢語言文字研究》第一輯,上海古籍出版社。
李守奎 2018 《「俞」字的闡釋及考釋》,賈晉華等編《新語文學與早期中國研究》,上海人民出版社。
李天虹 2011 《湖北隨州葉家山西周墓地筆談》,《文物》第十一期。
李天虹 2014 《曾侯𦚁(與)編鐘銘文補說》,《江漢考古》第四期。
李孝定、周法高、張日昇 1977 《金文詁林附錄》,香港中文大學。
李學勤 1990 《兮甲盤與駒父盨》,《新出青銅器研究》,文物出版社。
李學勤 2001 《春秋鄭器與兵方壺論釋》,《松遼學刊》第五期。
李學勤 2002 《論豳公盨及其重要意義》,《中國歷史文物》第六期。
李學勤 2003a 《眉縣楊家村新出青銅器研究》,《文物》第六期。
李學勤 2003b 《論士山盤——西周王朝干預諸侯政事一例》,《遯亨集——吕紹剛教授古稀紀念文集》,吉林大學出版社。又收入《文物中的古文明》,商務印書館二〇〇八。此據後者。
李學勤 2003c 《釋東周器名卮及有關文字》,《第四届國際中國古文字學研討會論文集》,香港中文大學中國語言及文學系。
李學勤 2005a 《試論新發現的𤼈方鼎和榮仲方鼎》,《文物》第九期。
李學勤 2005b 《論應侯視工諸器的時代》,《青銅文化研究》第四輯,黄山書社;又收入《文物中的古文明》,商務印書館二〇〇八。此據後者。

李學勤 2005c 《論新出現的一片征人方卜辭》，《殷都學刊》第一期；又收入《文物中的古文明》，商務印書館二〇〇八。此據後者。

李學勤 2005d 《青銅器中的簠和鋪》，《中國古代文明研究》，華東師範大學出版社。

李學勤 2007a 《伯獄青銅器與西周典祀》，《古文字與古代史》第一輯，「中研院」歷史語言研究所。

李學勤 2007b 《琱生諸器銘文聯讀研究》，《文物》第八期。

李學勤 2007c 《從柞伯鼎銘談〈世俘〉文例》，《江海學刊》第五期。

李學勤 2008 《談西周厲王時器伯𢦚父簋》，《文物中的古文明》，商務印書館。

李學勤 2009a 《〈首陽吉金〉應侯簋考釋》，《人文中國學報》第十五期，上海古籍出版社。

李學勤 2009b 《釋疏》，《考古》第九期。

李學勤 2010 《由新見青銅器看西周早期的鄂、曾、楚》，《文物》第一期。

李學勤 2011a 《試釋翼城大河口鳥形盉銘文》，《文博》四期。

李學勤 2011b 《翼城大河口尚盂銘文試釋》，《文物》第九期。

李學勤 2011c 《高青陳莊引簋及其歷史背景》，《文史哲》第三期。

李學勤 2012a 《斗子鼎與成王岐陽之盟》，《中國國家博物館館刊》第一期。

李學勤 2012b 《棗莊徐樓村宋公鼎與費國》，《史學月刊》第一期。

李學勤 2012c 《由沂水新出盂銘釋金文「總」字》，《出土文獻》第三輯，中西書局。

李學勤 2013 《石鼓山三號墓器銘選釋》，《文物》第四期。

李學勤 2014a 《曾侯𦚕（與）編鐘銘文前半釋讀》，《江漢考古》第四期。

李學勤 2014b 《絳縣橫水二號墓卣銘釋讀》，《晉陽學刊》第四期。

李學勤 2015 《正月曾侯膱編鐘銘文前半詳解》，《中原文化研究》第四期。

李學勤 2016 《畯簋銘文讀釋》，《出土文獻》第八輯，中西書局。

李學勤 2017a 《試説「達殷之命」》，《清華簡及古代文明》，江西教育出版社。
李學勤 2017b 《非盂銘文試析》，《清華簡及古代文明》，江西教育出版社。
李智裕 2012 《遼陽博物館藏戰國銘文銅鼎》，《中國國家博物館館刊》第九期。
連劭名 2003 《〈燹公盨〉銘文考述》，《中國歷史文物》第四期。
林　澐 1990 《新版〈金文編〉正文部分釋字商榷》，中國古文字研究會第八屆年會論文，太倉。
林　澐 2000 《説干、盾》，《古文字研究》第二十二輯，中華書局。
林　澐 2002 《釋眴》，《古文字研究》第二十四輯，中華書局。
林　澐 2004 《究竟是「翦伐」還是「撲伐」》，《古文字研究》第二十五輯，中華書局。
林　澐 2008a 《琱生尊與琱生簋的聯讀》，《古文字研究》第二十七輯，中華書局。
林　澐 2008b 《琱生三器新釋》，復旦大學出土文獻與古文字研究中心網站，一月一日。
林　澐 2014 《華孟子鼎等兩器部分銘文重釋》，《吉林大學古籍研究所建所三十週年紀念論文集》，上海古籍出版社。
林志強 2002 《説「夲」》，《古文字研究》第二十四輯，中華書局。
劉傳賓 2014 《説「金」字的一種特殊形體》，《中國國家博物館館刊》第九期。
劉　剛 2013 《楚銅貝「圣朱」的釋讀及相關問題》，《出土文獻與古文字研究》第五輯，上海古籍出版社。
劉　光 2016 《補論金文「申固」與「固」字的釋讀》，《出土文獻》第八輯，中西書局。
劉海宇、武健 2011 《「引簋」釋文及相關問題初探》，《海岱考古》第四輯，科學出版社。
劉洪濤 2016 《釋「韓」》，《古文字研究》第三十一輯，中華書局。
劉洪濤 2018 《釋勴——兼談「虘」字的不同來源》，《「中研院」歷史語言研究所集刊》第八十九本第二分。
劉洪濤、李桂森 2017 《右中戠鼎銘文補釋》，《出土文獻》第十一輯，中西書局。
劉懷君、辛怡華、劉棟 2003 《逨盤銘文試釋》，《文物》第六期。
劉　桓 2008 《關於〈五年琱生尊〉的釋讀問題》，《考古與文物》第三期。

劉　桓　2010　《重釋金文「攝」字》，《古文字研究》第二十八輯，中華書局。
劉佳佳　2016　《翼城大河口西周墓地鳥形盉銘文試釋》，《考古與文物》第一期。
劉新全　2023　《釋文峰塔墓地 M61 銅器銘文中的「占」與「貞」》，《中國文字研究》第三十八輯，華東師範大學出版社。
劉信芳、闞緒杭、周群　2009　《安徽鳳陽縣卞莊一號墓出土鎛鐘銘文初探》，《考古與文物》第三期。
劉餘力、褚衛紅　2004　《洛陽宜陽城角村發現戰國有銘銅戈》，《文物》第九期。
劉　雨　2003　《豳公考》，《第四屆國際中國古文字學研討會論文集》，香港中文大學中國語言文學系。
劉　雲　2022　《甲骨、金文中的「𠦪」讀「禱」說辨析》，《古文字研究》第三十四輯，中華書局。
劉　釗　1998　《釋慍》，《容庚先生百年誕辰紀念文集（古文字研究專號）》，廣東人民出版社。
劉　釗　2002　《利用郭店楚簡字形考釋金文一例》，《古文字研究》第二十四輯，中華書局。
劉　釗　2014　《「臿」字源流考》，《古文字研究》第三十輯，中華書局。
龍宇純　1963　《甲骨文金文𠦪字及其相關問題》，《「中研院」歷史語言研究所集刊》第三十四本下册。
盧連城、楊滿倉　1978　《陝西寶雞縣太公廟村發現秦公鐘、秦公鎛》，《文物》第十一期。
盧　路　2021　《競孫鬲器主名之字考釋》，《出土文獻》第二期。
鹿　鳴　2014　在吳鎮烽（2014）後的評論。
羅衛東　2008　《讀〈五年琱生尊〉銘文札記》，《北京師範大學學報》（社會科學版）第三期。
馬　超　2017　《2011 至 2016 新刊出土金文整理與研究》，西南大學博士學位論文（指導教師：胡長春）。
馬承源　2000　《亢鼎銘文——西周早期用貝幣交易玉器的記錄》，《上海博物館集刊》第八期，上海書畫出版社。
馬曉穩　2016　《曾侯與鐘「藉壴華英」試說》，《江漢考古》第五期。
孟蓬生　2004　《釋「𠦪」》，《古文字研究》第二十五輯，中華書局。
孟蓬生　2008　《解「頤」》，《古文字研究》第二十七輯，中華書局。
暮四郎　2012　《隨州義地崗曾公子去疾墓所出銅器銘文中的「葬」字》，武漢大學簡帛論壇，十一月五日。

清華大學出土文獻讀書會 2014　《曾侯與編鐘銘文補釋》，清華大學出土文獻研究與保護中心網站，十月十三日。
裘錫圭 1976　《說「玄衣朱裣襮」——兼釋甲骨文「虣」字》，《文物》第十二期。
裘錫圭 1978　《戰國貨幣考（十二篇）》，《北京大學學報》（哲學社會科學版）第二期。
裘錫圭 1980　《甲骨文中的幾種樂器名稱——釋「庸」「豐」「鞀」》，《中華文史論叢》第二輯。
裘錫圭 1985　《釋殷墟甲骨文裏的「遠」、「𤞷」（邇）及相關諸字》，《古文字研究》第十二輯，中華書局。
裘錫圭 1992　《釋「賈」》，「中國古文字研究會第九屆學術討論會」論文，南京。
裘錫圭 1998　《甲骨文中的見與視》，《甲骨文發現一百周年學術研討會論文集》，文史哲出版有限公司。
裘錫圭 2002a　《𤼈公盨銘文考釋》，《中國歷史文物》第六期。
裘錫圭 2002b　《應侯視工簋補釋》，《文物》第七期。
裘錫圭 2003　《讀逨器銘文札記三則》，《文物》第六期。
裘錫圭 2004　《中國出土古文獻十講》，復旦大學出版社。
裘錫圭 2006　《釋戰國楚簡中的「㕣」字》，《古文字研究》第二十六輯，中華書局。
裘錫圭 2008　《獄簋銘補釋》，《安徽大學學報》（哲學社會科學版）第四期。
裘錫圭 2018a　《讀西周魯國叔器銘文劄記》，《中華文史論叢》第四期。
裘錫圭 2018b　《大河口西周墓地 2002 號墓出土盤盉銘文解釋》，復旦大學出土文獻與古文字研究中心網站，七月十四日（後刊《出土文獻與古文字研究》第八輯，上海古籍出版社二〇一九年）。
裘錫圭 2019　《齊量制補說》，《中國史研究》第一期。
裘錫圭 2021a　《𤭁卣銘文補釋》，《中華文史論叢》第一期。
裘錫圭 2021b　《琱生三器銘文新解》，《中華文史論叢》第四期。
饒宗頤 2002　《曲沃北趙晉侯墓地 M114 出土叔夨方鼎及相關問題研究筆談》，《文物》第五期。
饒宗頤 2003　《𤼈公盨與夏書佚篇〈禹之總德〉》，《華學》第六輯，紫禁城出版社。

任相宏、邱波 2012 《山東沂水天上王城出土芈孟子鼎、[illegible]君季𢘷盂銘考略》，《中國文物報》八月十七日六版。
容庚編著，張振林、馬國權摹補 1985 《金文編》，中華書局。
山西省考古研究所等 2018 《山西翼城大河口西周墓地 1017 號墓發掘》，《考古學報》第一期。
單育辰 2017 《釋「餗」》，《考古與文物》第五期。
沈建華 2003 《讀燹公盨銘文小札》，《華學》第六輯，紫禁城出版社。
沈　培 2017 《釋甲金文中的「迓」——兼論上古音魚月通轉的證據問題》，「上古音與古文字研究整合」國際研討會論文，澳門大學中國語言文學系、香港浸會大學饒宗頤國學院，七月十五—十七日。
沈　培 2018 《新出曾伯霥壺的「元屖」與舊著錄銅器銘文中相關詞語考釋》，《出土文獻：語言、古史與思想》（《嶺南學報》復刊第十輯），上海古籍出版社。
沈　培 2023 《古文字「遺」、「送」原本同形說》，《古文字與出土文獻學術研討會論文集》，北京大學中國語言文學系、北京大學出土文獻與古代文明研究所。
石鼓山考古隊 2013 《陝西寶雞石鼓山西周墓葬發掘簡報》，《文物》第二期。
施謝捷 1989 《楚器「郙子𩰫缶」跋》，《江漢考古》第四期。
施謝捷 2010 《首陽齋藏子范鬲銘補釋》，《中國古代青銅器國際學術研討會論文集》，上海博物館、香港中文大學文物館。
石小力 2014 《安徽六安出土蔡公孫鱒戈補釋》，復旦大學出土文獻與古文字研究中心網站，六月十二日。
石小力 2015 《簠鋪考辨》，《古文字論壇》第一輯，中山大學出版社。
石小力 2017 《〈商周青銅器銘文暨圖像集成續編〉釋文校訂》，載鄒芙都主編《商周青銅器與先秦史研究論叢》，科學出版社。
石小力 2018a 《清華簡第八輯字詞補釋》，「紀念清華簡入藏暨清華大學出土文獻研究與保護中心成立十周年國際學術研討會」論文，清華大學（後刊《清華簡研究》第四輯，中西書局，二〇二一年）。
石小力 2018b 《據清華簡考證侯馬盟書的「趙尼」——兼說侯馬盟書的時代》，《中山大學學報》第一期。
石小力 2020 《隨州棗樹林墓地出土加芈編鐘銘文補釋》，北京語言大學漢字研究所等主編《青銅器銘文研究學術研討會論文集》。
宋華強 2010 《新出內史亳器「虒」字用法小議》，簡帛網，五月三日。
蘇建洲 2007 《論戰國燕系文字中的「梋」》，《中國學術年刊》第二十二期，文津出版社。
蘇建洲 2010 《金文考釋二篇》，《中國文字研究》第十三輯，大象出版社。
蘇建洲 2015 《論新見楚君酓延尊以及相關的幾個問題》，《出土文獻》第六輯，中西書局。
蘇建洲 2017 《西周金文「干」字再議》，復旦大學出土文獻與古文字研究中心網站，二月十二日。
蘇　影 2012 《釋郝慶簠中的「華」》，中國古文字研究會第十九屆年會論文，復旦大學。
孫剛、李瑤 2014 《讀金文札記三則》，《古文字研究》第三十輯，中華書局。
孫合肥 2016 《遼陽博物館藏戰國銅鼎銘文補釋》，《江漢考古》第三期。
孫敬明 2000 《齊城左戈及相關問題》，《文物》第十期。
孫稚雛 1984 《金文釋讀中一些問題的商討》，《古文字研究》第九輯，中華書局。
湯餘惠 1989 《關於全字的再探討》，《古文字研究》第十七輯，中華書局。
唐友波 2000 《春成侯盉與長子盉綜合研究》，《上海博物館集刊》第八期，上海書畫出版社。
田　率 2017 《內史盨與伯克父甘婁盨》，《青銅器與金文》第一輯，上海古籍出版社。
涂白奎 2012 《內史亳觚與西周王號生稱》，復旦大學出土文獻與古文字研究中心網站，六月十二日。
涂白奎、黃錦前 2011 《隨州葉家山 M2 所出荊子鼎銘文補釋》，復旦大學出土文獻與古文字研究中心網站，十一月四日。
王長豐、郝本性 2009 《河南新出「阢夫人孎鼎」銘文紀年考》，《中原文物》第三期。
王長豐、李勇、許玲 2014 《安徽六安出土蔡公孫霍戈考》，《文物》第五期。
王長豐、喬保同 2009 《河南南陽徐家嶺 M11 新出阢夫人孎鼎》，《中原文物》第三期。
王長啟 2002 《西安豐鎬遺址發現的車馬坑及青銅器》，《文物》第十二期。
王恩田 2011 《申簋考釋——兼說高青陳莊齊國公室墓地的年代與墓主》，《海岱考古》第四輯，科學出版社。

王恩田 2013 《棗莊嶧城宋公鼎與䢦公鼎》,《管子學刊》第一期。
王恩田 2015 《曾侯與編鐘釋讀訂補》,復旦大學出土文獻與古文字研究中心網站,一月十七日。
王冠英 2004 《任鼎銘文考釋》,《中國歷史文物》第二期。
王　輝 2003 《逨盤銘文箋釋》,《考古與文物》第三期。
王　輝 2006 《叔夨方鼎》,《商周金文》,文物出版社。
王　輝 2007 《讀扶風縣五郡村窖藏青銅器銘文小記》,《考古與文物》第四期。
王　輝 2008 《琱生三器考釋》,《考古學報》第一期。
王輝、蕭春源 2005 《珍秦齋藏王八年内史操戈考》,《故宫博物院院刊》第三期。
王進鋒 2008 《新出〈五年琱生尊〉與琱生諸器新釋》,《歷史教學》第六期。
王　磊 2020 《釋佖夫人孀鼎的「迒」——兼談中山器中舊釋「蔡」的字》,《簡帛》第二十一輯,上海古籍出版社。
王　磊 2023 《釋春秋文字中的「䡴」(摘要)》,「古文字與中華文明國際學術研討會」論文,清華大學。
王　寧 2014a 在董珊(2014d)後的評論。
王　寧 2014b 《新出魚鼎匕銘文再釋》,簡帛網,十二月十九日。
王　寧 2017 《媄盤銘文補釋》,復旦大學出土文獻與古文字研究中心網站,七月二十五日。
王　寧 2018 在付强《翼城大河口墓地出土氣盤銘文考釋》後的評論,簡帛網「簡帛論壇」,五月三十日。
王人聰 2002 《鄭太子之孫與兵壺考釋》,《古文字研究》第二十四輯,中華書局。
王　森 2021 《甲骨文、金文所謂「乎」字當釋爲「平」字》,《語言科學》第三期。
王挺斌 2022 《宗人簋銘文補釋》,《江漢考古》第五期。
王占奎 2007 《琱生三器銘文考釋》,《考古與文物》第五期。
王占奎 2010 《讀金隨札——内史亳同》,《考古與文物》二期。
王占奎 2011 《湖北隨州葉家山西周墓地筆談》,《文物》第十一期。

王子楊 2014 《曾侯丙方缶銘文「硤以爲長事」解》,《「曾國考古發現與研究」學術研討會論文匯編》,湖北省博物館等。

王子楊 2018 《大河口霸國墓地 M1017 出土青銅器銘文材料的幾點認識》,中國社會科學院歷史研究所先秦史研究室網站,三月九日。

王子楊 2022 《葉家山鄧監簋銘文考釋——兼及周初的監官制度》,《江漢考古》第二期。

魏　棟 2016 《隨州文峰塔曾侯與墓 A 組編鐘銘文拾遺》,《中國國家博物館館刊》第九期。

魏克彬 2004 《說温縣盟書的「恪慎其德」》,《新出簡帛研究》,文物出版社。

魏宜輝 2009 《利用戰國竹簡文字釋讀春秋金文一例》,《史林》第四期。

魏宜輝 2014 《說「盜」》,《語言研究》第一期。

魏宜輝 2019 《談古文字「畟」「鬼」之辨及相關問題》,《出土文獻與古文字研究》第八輯,上海古籍出版社。

鄔可晶 2012 《鄭太子之孫與兵壺「項首」別解》,《古文字研究》第二十九輯,中華書局。

鄔可晶 2018 《說古文字裹舊釋「陶」之字》,《文史》第三輯。

鄔可晶 2019 《釋「鑠」》,「古文字與上古音研究青年學者論壇」論文,厦門大學。

鄔可晶 2022 《金文「儔器」考》,曹錦炎主編《古文字與出土文獻青年學者西湖論壇(二〇二一)論文集》,上海古籍出版社。

鄔可晶 2023 《釋「奧」》,《中國文字》2023 年冬季號(總第十期),萬卷樓圖書股份有限公司。

吳　超 2017 《說曾侯鐘銘的「弗戠是無」》,《江漢考古》第二期。

吳國昇 2017 《春秋文字字形表》,上海古籍出版社。

吳良寶 2012 宛鵬飛《飛諾藏金》藏品說明,中州古籍出版社。

吳良寶 2017 《戰國地名「膚施」、「慮虒」及相關問題》,《文史》第二輯。

吳良寶 2018 《邵陰下官銅簠考》,《古文字研究》第三十二輯,中華書局。

吳雪飛 2016 《新見魚顛匕通讀》,《中國文字》新四十二期,藝文印書館。

吳雪飛 2017 《昔雞簋銘文中的「從辵從害」之字》,簡帛網,六月二十日。

吳鎮烽 2006a《獄器銘文考釋》，《考古與文物》第六期。
吳鎮烽 2006b《近年所見所拓兩周秦漢青銅器銘文》，《文博》第三期。
吳鎮烽 2007a《⿱衛言鼎銘文研究》，《文博》第二期。
吳鎮烽 2007b《琱生尊銘文的幾點考釋》，《考古與文物》第五期。
吳鎮烽 2008a《六年相室趙𡟰鼎》，《考古與文物》第五期。
吳鎮烽 2008b《近年新出現的銅器銘文》，《文博》第二期。
吳鎮烽 2009《鮑子鼎銘文考釋》，《中國歷史文物》第二期。
吳鎮烽 2010《內史亳豐同的初步研究》《考古與文物》二期。
吳鎮烽 2012《京師畯尊釋文補正》，復旦大學出土文獻與古文字研究中心網站，七月二十六日。
吳鎮烽 2014《晉公盤與晉公盞銘文對讀》，復旦大學出土文獻與古文字研究中心網站，六月二十二日。
吳鎮烽 2015a《〈異好簋銘文小考〉補正》，復旦大學出土文獻與古文字研究中心網站，十二月二十二日。
吳鎮烽 2015b《試釋蘇州博物館的吳王餘眜劍——兼論魯迅路壽夢之子劍》，《兵與禮：蘇州博物館新入藏吳王餘眜劍研討會論文集》，文物出版社。
吳鎮烽 2017《昔雞簋銘文補釋》，簡帛網，七月三日。
吳鎮烽、師小群 2006《三年大將吏弩機考》，《文物》第四期。
吳振武 1990《釋⿱亯高》，《文物研究》第六輯，黃山書社。
吳振武 2002《曲沃北趙晉侯墓地M114出土叔矢方鼎及相關問題研究筆談》，《文物》第五期。
吳振武 2003《新見古兵地名考釋兩則》，《九州》第三輯，商務印書館。
吳振武 2005《關於新見垣上官鼎銘文的釋讀》，《吉林大學社會科學學報》第六期。
吳振武 2006a《新見西周爯簋銘文釋讀》，《史學集刊》第一期。
吳振武 2006b《試釋西周獄簋銘文中的「馨」字》，《文物》第十一期。

吳振武 2007 《新見十八年冢子韓矰戈研究——兼論戰國冢子一官的職掌》，《古文字與古代史》第一輯，「中研院」歷史語言研究所。
吳振武 2008a 《釋西周獄簋丙銘中的字》，《華學》第九、十輯，上海古籍出版社。
吳振武 2008b 《談珍秦齋藏越國長銘青銅戈》，《古文字研究》第二十七輯，中華書局。
吳振武 2012 《「者役獻虜」即吳王闔廬說》，《古文字研究》第二十九輯，中華書局。
西安市文物保護考古所 2004 《西安北郊尤家莊二十號戰國墓發掘簡報》，《文物》第一期。
夏宸溥 2021 《試釋伯克父盨自名「」》，《中國文字學報》第十一輯，商務印書館。
夏立秋 2019 《嬭加編鐘銘文補釋》，復旦大學出土文獻與古文字研究中心網站，八月九日。
襄陽市文物考古研究所 2013 《湖北襄陽沈崗墓地M1022發掘簡報》，《文物》第七期。
小　蟲 2006 《說〈上博五・弟子問〉「延陵季子」的「延」字》，簡帛網，五月二十日。
謝明文 2011a 《固始侯古堆一號墓所出編鎛補釋》，《出土文獻與古文字研究》第四輯，上海古籍出版社。
謝明文 2011b 《「」、「」等字補釋》，《中國文字》新三十六期，藝文印書館。
謝明文 2013 《晉公盨銘文補釋》，《出土文獻與古文字研究》第五輯，上海古籍出版社。
謝明文 2014 《新出宜脂鼎銘文小考》，《中國文字》新四十期，藝文印書館。
謝明文 2015 《釋西周金文中的「垣」字》，《中國文字學報》第六輯，商務印書館。
謝明文 2016a 《「或」字補說》，《出土文獻研究》第十五輯，中西書局。
謝明文 2016b 《競之變鼎考釋》，《出土文獻》第九輯，中西書局。
謝明文 2017a 《釋魯侯簋「逝」字兼談東周文字中「噬」字的來源》，《青銅器與金文》第一輯，上海古籍出版社。
謝明文 2017b 《曾伯克父甘婁簠銘文小考》，《出土文獻》第十一輯，中西書局。
謝明文 2019 《伯䢼律簋銘文小考》，《商周金文與先秦史研究論叢》，科學出版社。
謝明文 2020 《讀〈中國出土青銅器全集〉瑣記》，《出土文獻與古文字研究》第九輯，上海古籍出版社。

謝明文　2021　《朿及相關諸字補釋》，《第七屆中國文字發展論壇論文集》，河南大學出版社。
謝雨田　2013　《新出登鐸銘文小考》，復旦大學出土文獻與古文字研究中心網站，九月十二日（即謝明文《新出登鐸銘文小考》《中國文字學報》第七輯，商務印書館二〇一七年）
謝雨田　2014　在董珊（2014d）後的評論。
新亭客　2017　《異簋銘文尋證》，復旦大學出土文獻與古文字研究中心網站，十二月十三日。
辛怡華、劉棟　2007　《五年琱生尊銘文考釋》，《文物》第八期。
徐寶貴　2019　《「翼」字的窮儘考察與考釋——兼論花東卜辭的年代》，《出土文獻與古文字研究》第八輯，上海古籍出版社。
徐少華　2014　《論隨州文峰塔一號墓的年代及其學術價值》，《江漢考古》第四期。
徐世權　2020　《遼寧博物館藏戰國銅鼎的國別及其刻銘「枳成」新考》，《出土文獻》第二期。
徐義華　2007　《新出土〈五年琱生尊〉與琱生器銘試析》，《中國史研究》第二期。
徐在國　2017　《談楚文字中的「兕」》，《中原文化研究》第五期。
徐在國、程燕、張振謙　2017　《戰國文字字形表》，上海古籍出版社。
許　可　2015　《試説隨州文峰塔曾侯與墓編鐘銘文中的從「匕」之字》，《出土文獻》第六輯，中西書局。
許齊平　2008　《八系氏訇簋考證》，《中原文物》第五期。
禤健聰　2016　《曾公子棄疾銅器銘文辨讀二則》，《中原文物》第四期。
禤健聰　2018　《應侯盨自名之字證說》，《古文字研究》第三十一輯，中華書局。
薛培武　2019　《豳公盨拾詁（二則）》，《中國文字》2019 年冬季號（總第二期），萬卷樓圖書股份有限公司。
嚴志斌　2001　《四版〈金文編〉校補》，吉林大學出版社。
楊澤生　2006　《西安豐鎬遺址出土的當盧銘文「鼓師」》，《考古與文物》二〇〇五年增刊《古文字論集》（三）。
殷德昭　2017　《聽簋新探》，復旦大學出土文獻與古文字研究中心網站，二月二十三日。
應金琦　2023　《西周金文所見周代語音信息考察》，復旦大學碩士學位論文（指導教師：鄔可晶）。

余淼淼 2022 《論「報劑」》，《文博》第六期。
于夢欣 2021 《試說古文字中的「兕」》，《出土文獻》第二期。
于　薇 2012 《湖北隨州葉家山 M2 新出𢀛子鼎與西周宗盟》，《江漢考古》第二期。
于省吾主編 1996 《甲骨文字詁林》，中華書局。
御簡齋 2018 《曾伯泰壺銘簡釋》，復旦大學出土文獻與古文字研究中心網站，一月十七日。
袁金平 2006 《新見西周琱生尊銘文考釋》，中國社會科學院先秦史研究室網站，十二月九日。
袁金平 2011 《齊金文考釋二則》，《考古與文物》第五期。
袁金平 2019 《新出霸伯鈛銘考釋》，黃德寬主編《紀念甲骨文發現 120 周年：第七届中國文字發展論壇論文集》，中國文字博物館。
袁金平、王麗 2015 《新出曾國金文考釋二題》，《出土文獻》第六輯，中西書局。
曰古氏 2014 在吳鎮烽（2014）後的評論。
月下聽泉 2012 在黃錦前（2012b）後的評論。
曾憲通 1983 《說繇》，《古文字研究》第十輯，中華書局。
曾憲通、陳偉武主編 2018 《出土戰國文獻字詞集釋》，中華書局。
章水根 2015 《曾侯與編鐘「就」字及其所反映的曾楚關係》，《黃河文明與可持續發展》第十一輯，河南大學出版社。
張　昂 2021 《釋甲骨文中的「鈴」字》，《出土文獻》第四期。
張崇禮 2012 《釋聞尊銘文中的「眉」字》，復旦大學出土文獻與古文字研究中心網站，三月九日。
張崇禮 2014 《晉公盤銘文補釋》，復旦大學出土文獻與古文字研究中心網站，七月三日。
張崇禮 2015 《異好簋銘文考釋》，復旦大學出土文獻與古文字研究中心網站，十二月二十四日。
張富海 2008 《讀新出西周金文偶識》，《古文字研究》第二十七輯，中華書局。
張富海 2014 《說清華簡〈繫年〉之「褫」及其他》，《古文字研究》第三十輯，中華書局。

張富海 2015 《試說「盜」字的來源》，《中國文字學報》第七輯，商務印書館。
張富海 2019 《「敉」字補說》，《訛字研究論集》，中西書局。
張富海 2022 《說「井」》，《出土文獻與古文字研究》第十輯，上海古籍出版社。
張光裕 1982 《從字的釋讀談到盨、盆、盂諸器的定名問題》，《考古与文物》第五期。
張光裕 2002 《虎簋甲、乙蓋銘合校小記》，《古文字研究》第二十四輯，中華書局。
張光裕 2006 《新見老簋銘文及其年代》，《康樂集——曾憲通教授七十壽慶論文集》，中山大學出版社。
張光裕 2007 《西周士百父盨銘所見史事試釋》，《古文字與古代史》第一輯，「中研院」歷史語言研究所。
張光裕 2008a 《西周伯𢦏父簋銘識小》，《華學》第九、十輯，上海古籍出版社。
張光裕 2008b 《新見樂從堂䣄尊銘文試釋》，《古文字學論稿》，安徽大學出版社。
張光裕 2008c 《新見楚式青銅器器銘試釋》，《文物》第一期。
張光裕 2009 《樂從堂藏𤞞簋及新見衛簋三器銘文小記》，《中山大學學報》（社會科學版）第五期。
張光裕 2017 《新見〈曾伯克父甘婁簠〉簡釋》，《青銅器與金文》第一輯，上海古籍出版社。
張光裕 2018 《新見「用歔元駐乘馬匜銘試釋」》，《青銅器與金文》第二輯，上海古籍出版社。
張光裕 2019 《跋新見無嬰俎銘》，《青銅器與金文》第三輯，上海古籍出版社。
張桂光 1998 《古文字考釋十四則》，《胡厚宣先生紀念文集》，科學出版社。
張俊成 2018 《西周金文字編》，上海古籍出版社。
張懋鎔 2013 《新見金文與穆王銅器斷代》，《文博》第二期。
張世超 1996 《金文考釋二題》，《于省吾教授百年誕辰紀念文集》，吉林大學出版社。
張世超 2014 《金文「鑄」、「盜」諸字補說》，《吉林大學古籍研究所建所三十週年紀念論文集》，上海古籍出版社。
張世超、孫凌安、金國泰、馬如森 1996 《金文形義通解》，中文出版社。
張新俊 2005 《上博楚簡文字研究》，吉林大學博士學位論文（指導教師：吳振武）。

張新俊 2010 《殷墟甲骨文「臀」字補論》，《古文字研究》第二十八輯，中華書局。
張宇衛 2017 《説「逑」字及其相關問題》，《臺大文史哲學報》第八十七期，臺灣大學文學院。
張再興 2011 《近年新發表西周金文字形小考》，《中國文字研究》第十五輯，河南教育出版社。
張志鵬、喬保同 2018 《新見楚王克莒戈及相關問題研究》，《出土文獻》第十三輯，中西書局。
趙　誠 2019 《上古漢字創造的任意性和約束性考察》，《上古漢語研究》第三輯，商務印書館。
趙平安 1998 《金文考釋五篇》，《容庚先生百年誕辰紀念文集》，廣東人民出版社。
趙平安 2003 《商周時期金屬稱量貨幣的自名名稱及其嬗變》，《中國文字研究》第四輯，廣西教育出版社。
趙平安 2004 《紹興塔山甬鐘的自名名稱及相關問題》，《中國歷史文物》第五期。
趙平安 2006 《山東泰安龍門口新出青銅器銘文考釋》，《中國歷史文物》第二期。
趙平安 2011 《〈鄭太子之孫與兵壺〉「不𣪘」解》，《漢字教學與研究》第一輯，北京語言大學出版社。
趙平安 2012 《釋戰國文字中的「乳」字》，《中國文字學報》第四輯，商務印書館。
趙平安 2013 《宋公豳作湠叔子鼎與濫國》，《中華文史論叢》第三期。
趙平安 2016 《㜸盤及其「郯君」考》，《中國史研究》第三期。
趙平安 2017 《「箴」字補釋》，《青銅器與金文》第一輯，上海古籍出版社。
趙平安 2019 《論東周金文「庀」當爲「庫」字異體》，「商周金文與禮樂文化交流會」論文，北京語言大學，六月三日。
趙平安 2023 《「達」字新證》，《中國史研究》第四期。
周寶宏 2008 《西周金文考釋六則》，《古文字研究》第二十七輯，中華書局。
周寶宏 2013 《引簋銘文補釋》，《黃河文明與可持續發展》第四期。
周寶宏 2014 《晙簋銘文考釋》，《中國文字研究》第二十輯，上海書店出版社。
周　波 2022 《趙國兵器銘文「執劑」補説》，「古史系統與古史重建」學術研討會論文，北京師範大學，十月二十九—三十日。
周　博 2018 《重慶中國三峽博物館藏仲阪父盆》，《文物》第十期。

周法高、張日昇、徐芷儀、林潔明 1975 《金文詁林》，香港中文大學。
周法高 1982 《金文詁林補》，「中研院」歷史語言研究所。
周鳳五 2003 《燹公盨銘初探》，《華學》第六輯，紫禁城出版社。
周 亞 2000 《燕王職壺銘文初釋》，《上海博物館集刊》第八期，上海書畫出版社。
周 亞 2004 《晉韋父盤與盤盉組合的相關問題》，《文物》第二期。
周 亞 2012 《郘公鎛銘文及若干問題》，《古文字研究》第二十九輯，中華書局。
周忠兵 2014 《釋甲骨文中的「焦」》，《文史》第三輯。
周忠兵 2017 《釋春秋金文中的「糂」》，復旦大學出土文獻與古文字研究中心編《戰國文字研究的回顧與展望》，中西書局。
周忠兵 2018 《釋金文中的「廛」》，《出土文獻》第十二輯，中西書局。
朱德熙 1987 《中山王器的祀字》，《文物》第十一期。
朱德熙、裘錫圭 1972 《戰國文字研究（六種）》，《考古學報》第二期。
朱德熙、裘錫圭 1980 《戰國時代的「料」和秦漢時代的「半」》，《文史》第八輯。
朱鳳瀚 2001 《應侯見工簋》，《保利藏金（續）》，嶺南美術出版社。
朱鳳瀚 2002a 《記中村不折舊藏的一片甲骨刻辭》，《揖芬集——張政烺先生九十華誕紀念文集》，社會科學文獻出版社。
朱鳳瀚 2002b 《燹公盨銘文初釋》，《中國歷史文物》第六期。
朱鳳瀚 2007 《覭公簋與唐伯侯于晉》，《考古》第三期。
朱鳳瀚 2008a 《衛簋與伯獄諸器》，《南開大學學報》（哲學社會科學版）第六期。
朱鳳瀚 2008b 《由伯𢦏父簋銘再論周厲王征淮夷》，《古文字研究》第二十七輯，中華書局。
朱鳳瀚 2010 《射壺銘文考釋》，《古文字研究》第二十八輯，中華書局。
朱鳳瀚 2011 《⿰叀又器與魯國早期歷史》，《新出金文與西周史》，上海古籍出版社。
朱鳳瀚 2012 《對與晉侯有關的兩件西周銅簋的探討》，《古文字研究》第二十九輯，中華書局。

朱鳳瀚 2014 《關於西周金文曆日的新資料》，《故宫博物院院刊》第六期。
朱鳳瀚 2015 《新見商金文考釋（二篇）》，《出土文獻與古文字研究》第六輯，上海古籍出版社。
朱鳳瀚 2017 《金文所見西周貴族家族作器制度》，《青銅器與金文》第一輯，上海古籍出版社。
鄒芙都 2009 《「玄舍」戈考釋》，《江漢考古》第四期。
紫竹道人 2014 在董珊（2014d）後的評論。
紫竹道人 2016 在ee（2016）後的評論。

增訂本後記

本書的增訂工作持續進行了好多年，遠比初版編撰所用的時間要長。這期間既有新冠疫情這樣的世界性災難，也有個人的大小之憂，特别是老父的病及終，工作進度受到相當大的影響，本來也不算意外。但畢竟内心深處從未懈怠，跬步微積，終於還是做成了，掩卷而思，尚可有些許的自慰。

近幾年，我極少出遠門，爭取多點時間用於著書是主要原因之一。去年暑假，我到上海看望裘錫圭師，順便向他匯報了本書的編寫和交付出版的情况。裘師提醒我説：「等書印出來，材料已經落後幾年時間了，後面還要跟進才行。」的確，二〇二〇年以來新公佈金文又復不少，新字形、新文例可采者時有所見，但如果不予收束，則殺青之日將更遥遥無期，所以只好割愛以留待將來了。不特此也，近年學界同仁考釋金文之新見層出不窮，分散各處，限於個人的見聞和精力，勢所不能盡覽盡采，疏忽遺漏，更恐不在少。這些方面，都要敬請讀者鑒諒之。

書稿篇幅較大，涉及材料與問題頗爲紛繁複雜，校讀的工作量之大也頗超乎個人預想。清樣排印出來之後，我全力校改，竟然又用了數月的時間。同時，我還邀請友生陳哲、古廣政通讀清樣，二君也爲指出疏漏疑誤多處，與有勞焉。儘管如此，書中肯定還會存在不少未能避免的錯誤，敬請讀者給予指正。

本項工作曾先後得到二〇一八年度「廣東省文化繁榮發展專項資金」和二〇二一年度中宣部、教育部、國家語委等八部門「古文字與中華文明傳承發展工程」規劃項目的經費支持。書稿承蒙中西書局青眼，慨允出版，並經由書局推薦，入選國家新聞出版署公佈的《「十四五」國家重點出版物出版規劃》。在整個編校出版流程中，責任編輯徐衍老師付出了大量的心血和勞動。在此，我謹向相關機構和個人致以誠摯的謝意！

最後，我還要特別感謝本書初版責編賴炳偉老師。二〇二三年七月初的一個晚上，我突然接到久違的賴老師打來的電話，他説準備向福建人民出版社提議給《新見金文字編》出增訂本，問我的意見。我早已與中西書局簽了出版合同，增訂工作也已進入尾聲，只好如實奉告，並感謝他的雅意。賴老師已經退休數年了，竟然還如此關愛我，關心我的工作，一股暖流驟然湧入我的心田，也讓我深深懷念起十多年前那次愉快的合作。

我此刻的心願是：永不停下在金文學習上的腳步，將來通過對本書一次又一次的增訂，來報答師友親人們對我的厚愛！

二〇二五年三月一日

初版前言

一

文字編的編纂一直是古文字研究中不可或缺的一項重要工作，極受古文字學者的重視。一部好的文字編，往往既是對某方面古文字材料考釋成果的階段性總結和整理，同時又爲進一步的研究提供新的起點，有時還包含著編者個人的創新性意見，給讀者以有益的啟示。當前，文字編的做法是多樣化的。其中有兩種比較基本的做法，一種是重新做，一種是接著做。重新做的可舉劉釗、洪颺、張新俊三位先生合著的《新甲骨文編》和吳良實先生的《先秦貨幣文字編》爲例。接著做的可舉嚴志斌先生的《四版〈金文編〉校補》爲例。現在奉獻在讀者面前的這本《新見金文字編》即屬於後者。

金文是古文字材料之大宗，因此金文方面的字編在古文字研究上的意義尤其突出。容庚先生的名著《金文編》，初版於一九二五年，此後屢經修訂再版，長期以來成爲古文字工作者案頭必備之書，至今仍在發揮著重要作用。現在通行的《金文編》版本是由張振林、馬國權二位先生協助修訂的第四版。該版修成在一九八四年，刊行在一九八五年，此後金文資料不斷有新的發現，積累到一定的程度，自然又有續補增訂的必要，於是有了嚴志斌先生《四版〈金文編〉校補》等著作的誕生。嚴書取材緊接四版《金文編》之後，而斷限於一九九九年。其正編較《金文編》新增字頭有七百餘個之多，貢獻頗大。新世紀以來，地不愛寶，新見先秦有銘銅器絡繹不絕，據粗略估算，數量應在一千五百件以上。其中不乏新見之字、新見之寫法、新見之用法，正宜續加綜合整理，以更好發揮此新資料之新作用。在銘文的集中著錄方面，已先後有《新收殷周青銅器銘文暨器影彙編》《近出殷周金文集錄二編》《商周金文資料通鑒》等大型作品面世，但立足於單字的全面整理則尚未聞。筆者近年在中山大學中文系承乏講授研究生課程《青銅器銘文研究》，感到依靠容、嚴二書，尚不足把握金文單字的全貌，於是萌生了接著嚴先生的工作，著手編纂《新見金文字編》的念頭。

二

本書的取材範圍主要是二〇〇〇—二〇〇九年間新發表的先秦金文，時間上恰與嚴書相接續，又剛好是二十一世紀的第一個十年。這十年間新見的金文不但量大，而且學術價值也十分重要。其價值主要體現在兩個方面，一是作爲歷史資料的價值，二是作爲文字、語言資料的價值。現試結合本書的工作，簡單談談其第二方面，尤其是文字學方面的價值。

（一）出現大量新見字，爲古文字學的研討提供珍貴的新材料

本書所收錄的不見於《金文編》和《四版〈金文編〉校補》的新字（包括構形明顯不同的新異體）有近三百個之多。其中很大部分在先秦古文字資料中屬首次出現，填補了古文字單字體系的不少空白點。既有見於《說文》的，如「韡」「詍」「鬺」「簡」「俅」「想」「零」等，又有大量《說文》所無之字。不見於《說文》者音義或可考定，如「⿰𠦪頁」（從「頁」、「𠦪」聲）爲「拜」之異體，「⿰氏頁」（從「頁」、「氏」聲）爲「䭫」之異體，「⿰它斗」（從「斗」、「它」聲）爲「匜」之異體，「馨」則分別有「⿰⿱囟匕⿱耳壬」（從「⿱囟匕」、「⿰耳壬」聲）、「⿱叀口」（從「口」從「𦣞」之初文爲聲）兩個異構，等等，給我們帶來很多新的認識。至於那些音義尚未能定者，則爲今後進一步研討之重要對象。

有些字雖然在別的古文字資料中出現過，但原來金文資料未見，造成缺環，也可藉此得以彌補，有助於我們作漢字歷史的考察。如「昏」字，原見於殷商甲骨文和戰國文字，近年新見於柞伯鼎，使西周時代的缺環得以補上。又如「衮」

字，以前見於睡虎地秦簡，今在師酉鼎銘文中出現，則其始見年代可提前至西周中期。再如「辟」字，以前最早也見於睡虎地秦簡，近年⿱敄高簋銘文的發表，則又將其歷史上溯到西周早期了。

（二）許多字出現有特色的寫法，豐富了我們對古文字形體的認識

新見金文資料中，有些字出現一些以往所未見的新寫法，這同樣值得重視。如「勿」字在獄器中寫作「」「」等形；「易」字何簋作「」；「虔」字卌三年逨鼎作「」，從「大」不從「文」；「邁」字與兵壺作「」，㝬鼎作「」，「萬」字頭分別變作「叓」字頭和「鹿」字頭，等等，都使我們對古文字形體變化的豐富性、複雜性有了更多的了解。另外，一些較特別的省略也值得注意。如「各（格）」字，二式獄簋作「」，卌二年逨鼎乙作「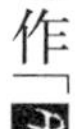」，省「口」，但作倒止之形。我們知道，戰國楚簡「逸」字或作「」（《郭店·性自命出》60）、「」（《上五·季庚子問于孔子》15），所從「各」亦省作「夊」。現在看來，這種省略早在西周時期已經發生。又如鄭莊公之孫盧鼎「剌（烈）」省「刀」旁作「」，正可與上博楚簡《性情論》19「剌（烈）」之作「」相印證，可見春秋已有此寫法。

（三）不少字詞出現新的文例，有助於字義的考索和漢語史的研討

例如，關於西周金文中「蔑厤」的釋義問題，歷來聚訟紛紜。新見曶簋銘云：「弔（叔）朕父加曶厤。」出現了「加某厤」這樣新的搭配，張光裕先生讀「加」爲「嘉」，並類推「蔑」義亦當如之，顯然是很有道理的。又如「貿易」一詞，主要有交易和變易二義，《漢語大辭典》所引前一義的最早書證爲《墨子》，後一義的最早書證爲《後漢書》，而近出仲⿰言樂父簋銘云：「其或貿易，則盟（明）誣（殛）。」「貿易」用變易義。器屬西周晚期物，則書證年代可大大前推。

三

在編纂體例上，本書試圖對《金文編》和《四版〈金文編〉校補》有所改進。比如，此二書移錄字形皆手工摹寫，本書則儘量用拓本或照片的電子本剪貼（個別未見拓本或照片，或者雖有而質量過差者除外），以保證字形的準確真實。又比如嚴書不出文例，容書也只出極少數文例，本書則儘可能每字形均出相對完整的文例，以見其具體語境，以便讀者考察其用法。而且每個單字的較有價值的文例基本上都收錄了，所以本書在一定程度上也可起到單字索引的作用。

文字編通常是不加或極少加案語的。但其實適當的説明性案語對讀者是有幫助的，尤其是那些有爭議的字，最好能有所交代。這一點曾憲通先生的《長沙楚帛書文字編》就做得非常好，堪爲典範。所以，本書嘗試效仿曾先生的做法，對於疑難字或新見字，儘量就見聞所及，參考諸家考釋意見，作簡要的集釋，然後斟酌去取，略加案斷。間有一得之愚，也附帶提出，以供商榷。如果這些工作能使這部文字編在工具性的基礎上增添些許的學術性，爲讀者提供多一些有價值的參考，那就是編者最大的滿足了。但是否能做到，不敢自信，有待讀者的批評指正。

初版後記

本書的編撰工作正式發軔在二〇〇九年的上半年。同年九月，有幸得到全國高等院校古籍整理研究工作委員會的資助（項目名稱爲「21世紀新見商周金文字編、索引及考證」，批准號「0924」），於是重新制訂工作方案，並增加時間投入。研究生石小力、蘇清芳二君欣然接受我的邀請，協助收集資料，切字歸字，出力頗多。至二〇一〇年下半年，字編已具雛形。當年十月，晤賴炳偉先生於香山古文字學研討會，以出版之事相商，幸得賴先生慨允支持。然後乃商定進一步修撰之體例，著手字編的後期加工。然而接下來的工作量有點出乎我的預想，再加上此期間別的工作也分走一定的精力，所以進展較爲緩慢，出版合同約定的交稿期限早就過了，而不得不再四推延。如今到了可以寫後記的時候了，儘管相當疲憊，但仍不免有些興奮，畢竟是久盼的時刻。

但其實心情是頗爲矛盾的。一面急於早日交差完成任務，一面卻恨不得多留一會兒，恨不得在書稿寄出前的最後一秒還看多一眼。今天下午終於在重翻一遍之後，讓快遞員把「定稿」拿走了。明知道後記不需要寫很多寫很久，但我深怕要讓書稿等齊後記一起走的話，肯定還禁不住要回頭去看，去改，沒個盡頭。書稿主體先行到達，不但可先讓賴先生放心，而且也才保證我能稍安下心來寫幾句話。

老實講，本書的編寫還是略顯匆忙，所以工作沒能十分細緻是肯定的。更主要的是，本人在金文研究方面積累淺薄，見識寡陋，因此書中錯誤疏漏之處定不會少。中心惴惴，誠望博雅君子之匡正與賜教。

雖說現代化工具使文字編的編寫效率大爲提高，但假如沒有石、蘇二君的助力，本書也不可能這麽快告竣的。小力畢業之後還繼續參與本書的後期工作，貢獻良多。特別在最後的衝刺階段，他放棄了許多寶貴的節假日，日夕來寒舍並肩作戰，精神十分可嘉。二君是我所帶的第一屆研究生，本書的出版對於我和二君來説，應該都是有紀念意義的。

曾憲通師和陳偉武師審閲過初稿的部分内容，楊澤生教授審閲過初稿全部，訂正許多訛誤；裘錫圭師數次關心本書的進展；陳永正先生賜題書名，使蓬蓽生輝；賴炳偉先生給予諸多的幫助、指教和包涵，在此一併深致謝忱！

長期以來，我的家人，特别是妻子的支持，以及衆多好友們的關愛，是我工作的重要力量源泉。我把所有著作獻給他們！

二〇一二年二月二十三日於卓廬